KB168174

HANGIL
GREAT BOOKS

인류의위대한지적유산

HANGIL
GREAT BOOKS
174

# 신화학 3

## 식사예절의 기원

클로드 레비스트로스 | 임봉길 옮김

한길사

HANGIL
GREAT BOOKS
174

Claude Lévi-Strauss
*Mythologiques 3*
*L'Origine des manières de table*

Translated by Yim Bong-Kil

▲19세기에 살았던 만단족. 왼쪽에 노란 깃털을 달고 있는 사람은
'명예 있는 추장의 아들'이다

▼1835년경 만단족의 오키파(okipa) 의식 장면

만단족은 아메리카 원주민으로 대평원 부족이다. 풍부한 문화를 지니고 있으며
농경문화를 발전시켰다. 만단족의 정확한 기원과 초기 역사는 알려져 있지 않지만
대체로 미시시피강 중부와 오하이오강 계곡에서 기원한 것으로 보인다. 모계체계가
지배적인데 이는 신화에서도 잘 드러난다. 만단족 신화와 의례들은 식물의 여신에게
아주 큰 자리를 부여한다. 이 여신은 달의 의인화이거나 달에 사는 '절대-죽지-않는-
늙은-여인'이다. 만단족은 오키파라고 하는 특별한 석역의 연례축제를 거행한다.
이 행사는 임시로 만든 성격의 재단이 아니라 영구적인 오두막에서 이루어진다.
이 오두막에는 '절대-죽지-않는-늙은-여인'의 어린아이 수만큼, 또는 주요 신들의
수만큼 기둥이 세워져 있다고 전해진다.

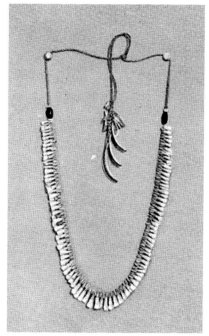

◀아마존의 위토토족

▶1924년경에 찍힌 위토토족의 목걸이

위토토족은 한때 100여 개의 마을 또는 31개의 부족으로 구성되었으나 질병과 분쟁으로
그 수가 꾸준히 줄었다. 그들은 화전식 농업을 하며 땅이 황폐해지는 것을 막기 위해
수확량이 줄어들 때마다 밭을 이전한다. 주요 작물로는 카카오, 코카, 옥수수, 쓴맛과
달콤한 맛의 카사바, 바나나, 망고, 파인애플, 사탕수수, 고구마, 참마 등이다. 담배와
땅콩도 소량 재배하는 것으로 알려져 있고 남성들은 엽총을 들고 사냥을 나가기도 한다.

▲미국 메인주 인디언 타운십의 파사마쿼디족
▼자작나무 껍질에 긁힌 파사마쿼디족 신화

파사마쿼디족은 세인트루이스강 지역에 살았는데 계절에 따른 정착 패턴이 있었다. 겨울에는 내륙으로 흩어져 사냥을 했고 여름에는 해안에 모여 해양 포유류, 연체동물, 갑각류, 물고기들을 잡았다. ‘파사마쿼디’(Passamaquoddy)라는 이름 또한 북아메리카 원주민 언어인 알곤키어 언어로 ‘페스코토무흐카트’(Peskotomuhkat)인 것을 영어화한 것인데, 페스코토무흐카트는 문자 그대로 ‘폴락 물고기(pollock fish)가 풍부한 곳’이라는 뜻이다.

▲카누메강에 있는 문두루쿠 마을
▼메리-메리강에 있는 문두루쿠 마을

문두루쿠족은 아마존강 유역에 사는 브라질 토착민이다. 전통적으로 19세기 문두루쿠의 영토는 타파조스강 계곡이었다. 문두루쿠라는 이름은 붉은 개미를 뜻한다고 알려져 있으며 농업, 사냥, 낚시, 채집이 결합된 형태로 살아간다. 사냥은 남자가 맡는데 그들은 별채에 거주하면서 가족 거주지에 짧게 머무는 것으로 알려져 있다. 이에 따른 독특한 거주형태가 생겼는데 문두루쿠 마을에서는 부부관계나 친족관계에 기초한 거주형태가 아닌 13세 이상의 모든 남성이 한 가정에서 살고 모든 여성은 13세 미만의 모든 남성과 다른 가정에서 산다.

HANGIL GREAT BOOKS 174

# 신화학 3

## 식사예절의 기원

클로드 레비스트로스 | 임봉길 옮김

한길사

# 신화학 3 식사예절의 기원

## 상징 코드표

| | |
|---|---|
| { △ | 남자 |
| ○ | 여자 |
| △ = ○ | 결혼(혼인의 분리: ≠) |
| △ ⌐ ○ | 형제 자매(그들의 분리: ⌐ ≠ ¬) |
| △↑, ○ | 아버지와 아들, 어머니와 딸 등등 |
| T | 변형(변환, 변화) |
| → | ~로 변형(변화)되다 |
| { : | ~은 ~이다 |
| :: | ~와 같이(같은) |
| / | 대립 |
| { ≡ | 합동(관계), 상동(관계), 상응(일치) |
| ≢ | 합동의 반대(부정), 상동의 반대(부정), 상응의 반대(부정) |
| { = | 동일(성) |
| ≠ | 차이(성) |
| ≈ | 동형성 |
| { ∪ | 결합(통합), 재결합, 제휴 |
| // | 분열, 분리 |
| { → | ~와 결합하다 |
| ≠ → | ~와 분리되다 |
| $f$ | 기능(함수) |
| $x^{(-1)}$ | $x$의 역 |
| +, − | 맥락에 따라 다양한 암시적 의미로 사용된다: 플러스/ 마이너스, 출현/ 부재, 대립짝의 첫 번째/ 두 번째 항(용어) |

# 신화 분석의 기본틀로서의 삼각(triade)과 '세세한 내용'의 분석

임봉길 강원대학교 명예교수 • 문화인류학과

레비스트로스는 『신화학 1: 날것과 익힌 것』에서 삼각(triade)이라는 분석도구를 사용한다. 흔히 여러 곳에서 그는 이원적 대립을 말하지만 이원적 대립은 삼각을 이루어 통합되거나 두 극단의 대립을 중재 또는 연결하며, 이로 인해 신화의 새로운 변형이 나타난다고 말한다(우리는 이 원리를 『날것과 익힌 것』의 해제에서 논한 바 있다).

더욱 천체의 삼각, 의례의 삼각, 경제적 삼각과 주기, 시간적 · 공간적인 주기와 연결되어 있는 넓은 지역, 다양한 주제(내용)의 신화들을 통합 · 연결하여 (변이형) 신화집단을 구성하는 원리로 사용된다.

예를 들어서 남아메리카 신화 분석에 사용된 틀을 북유럽 신화 분석에 사용하고, 같은 구조의 삼각틀을 만들 수 있다면, 이들은 같은 구조의 신화집단에 속한다고 볼 수 있다. 『날것과 익힌 것』에서 저자가 증명하듯이 물의 삼각틀을 통해 남아메리카의 천체와 물의 삼각이 유럽의 그것과 구조적으로 일치함을 볼 수 있다.

후반부에서 우리는 '예민한 뱃사공'의 언어나 행위에 나타나는 차이점에 주의를 기울여야 한다. 주인공이 한 말과 행동에 따라 해석과 분석이 달라지기 때문이다. 여기서 주의 깊게 신경써야 할 것은 '간격', '차이', '근접성', '상관관계와 대립관계', '양립 가능성과 양립 불가능성' 등과 '중간항 혹은 매개항', '연속과 불연속', '적과 친구로 표현되는 애매함' 등을 비교하며, 이 '소소한 이야기'를 읽는 것이다. 여기서는 '양립 가능성'/'양립 불가능성'의 의례 시리즈 사이에 '유사성'을 만들어낸다.

또한 카누의 손님이 적정한 '거리'를 유지하는 한 '시간'의 흐름과 '낮과 밤의 교대', '계절의 회귀'를 조절하게 되기 때문이다.

레비스트로스는 먼저 물의 기원신화 네 개를 비교해본 후 보로로 신화들과 제족 신화들은 '교착 어법'으로 대립되는 '변형관계'에 의해 '결합'된다고 말한다.

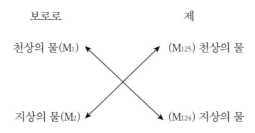

또한 만일 신화 $M_1$이 동시에 물과 불에 관련된다면, 신화 $M_{12}$도 동시에 불과 물에 관련된다는 사실을 알 수 있다. 이런 사실을 바탕으로 우리는 이 신화 $M_{12}$를 위의 도표에 포함시켜 표시함으로써 도표를 완성시킬 수 있다. 그렇게 하여 레비스트로스는 두 개의 비틀림(torsion)으로 구성된 하나의 '변형집단'을 얻을 수 있었다. 여기에서 카야포 신화 $M_{125}$는 두 삼각을 중재하여 '연결'하는 역할을 한다.

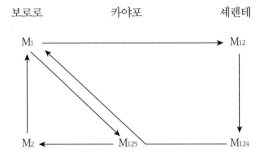

보로로　　　　카야포　　　　세렌테

신화 간의 '변별성'은 각 신화가 '물'이나 '불' 중의 한 요소를 '가지느냐' 또는 '빼느냐'에 달려 있다. 각 요소는 두 가지 형태로 분석할 수 있는데, 즉 '천상적'인 것과 '지상적인' 것이다(이 신화집단에서 유일하게 문제가 되는 취사용 불은 파괴자인 천상의 불과 대립관계를 이루는 지상의 불이다. 이 점에 대해서는 『날것과 익힌 것』, 539쪽 참조). (각 신화에서) 사건의 변별성은 '수직적' 또는 '수평적'으로 이루어지는 '분리'의 결과에 따라 달라진다.

| | $M_1$ | $M_{12}$ | $M_{124}$ | $M_2$ | $M_{125}$ |
|---|---|---|---|---|---|
| 가지다/빼다 | +/(-) | +/(-) | + | + | + |
| 불/물 | -/(+) | +/(-) | - | - | - |
| 지상의/천상의 | - | + | + | + | - |
| 수평적/수직적 | - | - | + | + | - |

도표에 나타난 네 개의 대립을 바탕으로 보았을 때, 신화 $M_2$와 신화 $M_{124}$는 동일한 것으로 보인다. 그렇지만 두 신화의 내용이 매우 다르기 때문에 아무도 이 두 신화가 연계되었다고 생각할 수 없다. 하지만 지상 → 천상, 수평적 → 수직적으로라는 두 번의 '변형'을 통해 신화 $M_2$와도 차이가 나고, 신화 $M_{124}$와도 다른 신화 $M_{125}$ '중간적 위치'의 '매개'를

통해서 그 연관성을 알 수 있을 뿐이다.

이러한 모순을 이해하기 위해 레비스트로스는 도표의 대립관계는 단지 '메시지'와 관련되며, 이 메시지는 '코드'의 도움을 빌려 전달된다는 점을 강조한다. 신화를 분석하면서 레비스트로스는 둘 또는 몇몇 신화에서 '불변적'인 것으로 남아 있는 특성들의 총합을 '골조'(armature)라고 부른다. 각 신화가 이러한 특성들에 부여한 기능들의 체계를 '코드'(code)라고 하고, 한 특별한 신화의 내용을 '메시지'(message)라고 한다. 그는 보로로 신화M₁에서 셰렌테 신화M₁₂로 이행될 때 '골조'는 그대로 유지되고 '코드'는 변형되며, '메시지'는 전도된다고 함으로써 두 신화 간의 '변형관계'를 더욱 정확히 명시할 수 있다고 말한다.

코드는 문법과 어휘(lexique)로 구성된다. 이 코드의 문법적 골조는 검토한 모든 신화에서 불변적이다. 그러나 메시지나 어휘는 이와 같지 않다. 다른 신화의 메시지와 비교해볼 때, 어떤 신화의 메시지는 다소간 변형되어 나타날 수도 있고 또는 동일할 수도 있다. 물론 이러한 차이성은 어휘에 영향을 미칠 수 있다. 같은 신화집단에 속하는 두 신화에서 일치하는 메시지가 심하게 변형되더라도 어휘들은 유사하게 남아 있을 수 있다. 그리고 만일 변형의 영역이 메시지의 층위로 축소된다면, 변형은 어휘의 층위에서 더욱 크게 나타나는 경향이 있다.

따라서 레비스트로스가 이미 여러 곳에서 논한 것처럼 부분적으로 도치된 두 메시지를 결합해 원래의 어휘를 다시 찾는 것이 가능하다. 이것은 다음과 같은 법칙에 따라서다. 말하자면 메시지의 층위에서 일어나는 두 신화의 '반(半)변형'은 어휘의 층위에서 일어나는 하나의 '완전한 변형'과 같다. 그렇지만 각각 '분리'되어 이루어진 반(半)변형은 하나의 완전하게 이루어진 변형보다 어휘의 구성에 더 많은 영향을 미친다. 메시지의 변형이 부분적일수록 본래의 어휘는 더욱더 혼란스러워지며, 메시지의 변형과정을 통해 메시지가 동일해질 때 본래의 어휘는 너무 많이 변해 알아볼 수 없게 된다(이 이론은 뒤에 다시 언급된다).

레비스트로스는 위와 같은 결론에 주목하면서 앞의 사각형 도표를 완성한다. 말하자면 사각형 도표의 앞부분을 차지하는 신화($M_1$, $M_{12}$)는 전도된 메시지를 코드화하기 위해 같은 어휘를 사용하지만, 뒷부분을 차지하는 신화($M_2$, $M_{124}$, $M_{125}$)는 '다른 어휘'를 사용해 '같은 메시지'를 전달한다.

\* \* \*

앞에서 고찰한 모든 부족들이 불을 '파괴자'인 천상의 불과 '창조자'인 지상의 불(취사용 불)의 두 범주로 나눈 것을 볼 수 있다. 그런데 보로로 신화($M_{120}$ 참조)에서는 이러한 대립관계가 약하게 나타난다. 반면 물에 대한 분석은 다른 제족 신화에서보다 셰렌테 신화에서 덜 진전된 것처럼 보인다. 셰렌테 신화는 실제로 유일한 물만을 인정하고 있으며, 이 유일한 물은 바닷물이다. 이 물은 나무둥치에서 가지가 뻗어나가듯 여러 갈래로 갈라진 '수로'에 의해 연장된다.

다른 제족 신화에서는 수로에 대한 특별한 언급이 없다. 그러나 그들은 천상의 물을 두 종류로 구별하는데, '소나기성 비'와 '부드러운 비'다. 이 두 종류의 물은 비에 대한 신화($M_{125}$, $M_{91}$)에서 '아버지'와 '딸'로 연결된다. 보로로족은 물을 명확하게 세 개의 범주로 나누는데, 수로로 연결된 지상의 물($M_2$), 그리고 두 종류의 천상의 물로 하나는 폭풍우($M_1$)고, 다른 하나는 조용하고 부드러운 단비($M_{127}$)를 말한다.

신화 $M_{127}$에서 보로로족은 두 유형의 천상의 물을 상정하고 있다고 말한다. 이 두 유형의 천상의 물은 그들 사이의 상관관계와 대립관계이며, 하나는 조용하고 부드러운 물(비)이고, 다른 하나는 난폭한 물(비)이다. 하나는 신선하고 갈증을 풀어주는 물(비)이고, 다른 하나는 해로운 물

(비)이다. 그것이 지상의 물(보로로 신화$M_2$)이든 천상의 물(카야포 신화$M_{125}$)이든 물의 기원에 대한 카야포와 보로로 신화 사이에는 직접적인 '변형관계'가 있음을 알 수 있다. 그리고 또 역시 천상의 물(해로운)의 기원인 카야포 신화$M_{125}$와 천상의 물(이로운)의 기원인 보로로 신화$M_{127}$ 사이에 직접적인 변형관계가 있다는 것을 알 수 있다.

각 경우에 신화의 내용을 보면, 기능적(사냥꾼)이고 단일적인(남성) 집단 내에서든 또는 가족적이고 양성적인 집단에서든 간에 주인공이 당한 취급의 결과로 '수직적 분리'가 일어난다는 사실을 알 수 있다. 분리된 희생자는 적(카야포 신화) 또는 지지자(보로로 신화)로 변하거나, 주인공의 분신(아들이나 동생)은 주인공을 따라 하늘로 올라가든가 또는 지상에 거주한다. 복수자로서의 주인공은 상품(上品)의 사냥감인 야생돼지의 울부짖음 소리를 내어 동료들의 주의를 끌며, 또한 충실한 동반자들은 주인공이 내는 하품(下品)의 사냥감인 새소리에 이끌린다. 한 경우에는 폭풍우가 엄습해 죽음을 야기하고, 다른 한 경우는 행복과 삶을 약속하는 부드러운 비(단비)가 내린다.

다른 관점에서 보면 보로로족이 참조신화$M_1$에서 '우기'를 다루며, 이 신화는 '건기'의 시작을 다루는 셰렌테 신화$M_{124}$와 '대칭'을 이룬다는 사실을 알 수 있다. 그러니깐 신화$M_{127}$의 부드러운 비(단비)는 우기의 비가 아니라, 틀림없이 건기의 중간에 가끔 찾아오지만 원예에 유익한 비를 말한다고 보여진다. 말하자면 보로로족에게는 물에 대한 체계적 분류가 아래와 같을 것이라고 레비스트로스는 말한다.

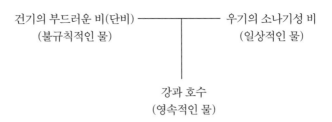

건기의 부드러운 비(단비) ——————— 우기의 소나기성 비
(불규칙적인 물)                              (일상적인 물)

강과 호수
(영속적인 물)

문두루크족 역시 '비와 바람' '폭풍우' '가느다란 비'와 같은 형식으로
물을 세 가지로 분류한다.

여기에서 우리는 신화M₁의 '세세한' 부분을 볼 필요가 있다. 바람과
비의 기원신화(신화M₁₂₄의 우기와 일치한다)는 호수의 물속(수중식물
이 자라고 있는 늪)에 아버지를 빠뜨려 살해하는 것으로 끝맺는다. 그런
데 거대한 늪지대인 판타날은 우기에는 건널 수 없다. 이곳은 열대의 겨
울(4월부터 9월까지) 동안에는 부분적으로 마른다. 결과적으로 수로와
늪은 흐르는 물/고인 물, 비주기적(1년 내내)/주기적(1년의 반)이라는
이중적인 '대립관계'로 표현할 수 있다.

같은 신화(M₁)는 늪이 식인을 하는 신들인 물고기 '피라니아'의 거주
지라고 말한다. 반면 다른 보로로 신화M₁₂₈은 주인공 베토고고가 창조
한 수로는 불안정하다고 말하는데, 이것은 수로에 물고기가 없기 때문이
라고 말한다. 그래서 폐웨 씨족의 베포로라는 주인공은 전임자 베토고고
의 작품을 완성해야 했으므로 여러 종류의 꽃나무 가지를 강에 던져 다
양한 종류의 물고기를 탄생시켜야만 했다.

이처럼 '세 종류'의 물의 범주는 '세 종류'의 음식 규정과 일치한다.
'식인'은 우기의 상대적 함수인 늪과 연관되며, 물의 관점에서 사냥과 합
동인 '어로'는 영속적인 수로와 연관된다. 그리고 '식물성 음식'은 건기
의 불규칙한 비와 연관되어 있다(건기에 내리는 부드러운 단비).

또한 이러한 물의 삼각틀(triade)은 레비스트로스가 한 증명에 따라

서(『날것과 익힌 것』, 326쪽 이하 참조), 신화M₉의 반(反)-음식인 바위 (식인의 역), 딱딱한 나무(고기의 역), 썩은 나무(재배식물의 역)들이 발산하는 세 종류 소리의 '삼각'과 대응한다. 신화M₉는 또한 앞에서 예시한 지상의 물의 기원신화인 셰렌테 신화M₁₂₄의 삼각과 상동관계다. 신화M₁₂₄에서 '불의 삼각'은 참조신화M₁에서 세 악기(딸랑이, 작은 딸랑이, 소리쇠)의 최초의 삼각과 상동관계를 이룬다.

* * *

신화M₁₂₄의 중요한 '세부사항'으로 돌아가보면, 이 신화의 결론 부분에서 주인공의 형들이 서쪽 물가에서 물장구를 치며 노는 장면이 나온다. 후에 '이들은 아주 깨끗하고, 새롭게 단장한 수루루(Sururù), 즉 플레이아데스 성단의 모습으로 하늘에 자신을 나타낸다.'

이 신화의 주인공은 물과 관련된 사실들과 더불어 천체의 모습으로 등장하며, 지구의 어느 지역에서도 관찰되는 또 다른 지역(북반구)의 천체 신화와 연결되어 우리가 보고 있는 '물의 삼각'과의 '연결고리'가 된다.

셰렌테족 민족지에서는 주인공인 아사레가 오리온좌의 별 $x$이며, 토착민들은 오리온좌의 별 $x$와 플레이아데스를 대립시킨다고 기록되었다. 신화M₁₂₄는 오리온좌와 플레이아데스 성단에 관련된다. 신화는 이들은 상관관계(이들은 형제다)인 동시에 대립관계로 놓는다. 말하자면 동생은 결백하고, 형들은 잘못을 저지른 '차이'다. 그리고 이들 모두는 형제이기는 하지만 절반의 차이성을 갖는다.

이러한 '이중적인' 관계는 구대륙에서도 증명된다. 구대륙에서는 두 성좌의 출현이 같은 기상학적 결과를 가져올 수 없는데, 왜냐하면 한(남)반구에서 다른 (북)반구로 이동될 때 계절이 역전되기 때문이다. 그런데 유럽의 고대인들은 오리온좌와 플레이아데스 성단을 폭풍우, 바람

등 나쁜 계절과 관련되었다고 생각했다. 봄에 항해를 하는 선원들은 플레이아데스가 비와 폭풍우를 일으킨다고 믿었다.

상징적인 측면에서 밀접하게 연결된 두 성좌는 흔히 그들을 명명하는 사람들의 '정신 속'에서 '대립'한다. '플레이아데스'는 고대에 '플레이아드'(pléiade), 즉 복수가 아닌 단수로 개개의 별을 구분하지 않고 복수의 별을 포함하는 하나의 복합체로 명명되었다. 마찬가지로 토속적인 명칭에서도 플레이아데스를 프랑스인들은 '새끼염소 떼' '병아리장', 이탈리아인이나 독일인들 역시 '병아리'나 '닭'을 의미하는 명칭을 사용한다.

반면 오리온좌는 쪼개질 수 있는 대상으로 취급된다. 별들 또는 별의 집단은 신체나 사물에 붙어 있는 개개의 부분으로 구별된다. 말하자면 오른쪽 무릎, 왼발, 오른쪽 어깨, 왼쪽 어깨, 그리고 혁대, 칼, 멜빵 또는 쇠스랑 등으로 구별해 부른다.

남아메리카의 많은 언어에서도 같은 대립이 나타나는 것은 놀라운 일이다. 바케리 인디언들은 시리우스(Sirius) 별을 알데바란(황소좌의 1등성)과 플레이아데스를 한데 묶은 '집단'으로 생각한다. 오리온좌는 카사바를 말리기 위한 '나무틀'로 생각하며, 중요한 큰 별들은 말뚝의 머리들이다. 투피족은 플레이아데스와 그들이 '벌집'이라고 부르는 성좌를 연계하고 있으며, 이 벌집 성좌는 그들에게 비를 예측하게 해준다. 카라자족은 플레이아데스를 '앵무새'라고 부르며, 오리온좌를 화전(火田)이라고 한다. 아즈텍인들은 플레이아데스를 '무더기' 또는 '장터'라고 불렀다. 호피 인디언들은 플레이아데스와 오리온좌의 멜빵을 각각 '무더기로 된 별들'과 '일렬로 선 별들'로 보고 이를 '대립관계'로 놓는다.

표현하려고 했던 뉘앙스나 필수불가결한 조정 등의 예외가 있었지만, 레비스트로스는 오리온좌와 플레이아스 성단 사이의 상관관계와 대립관계가 세계 도처에 존재한다고 보았다. 그리고 이러한 관계가 아주 충분하게 표현되고, 또한 지리적으로 상당한 거리가 떨어진 지역에서도 나타나고 있는 점으로 미루어 이 관계에 중요한 가치를 두어야 한다. 그런데 이러한 가치는 두 성좌들이 나타내는 주목할 만한 두 가지 특성에서 유래한다. 먼저 이 두 성좌를 하나의 총체로 본다면, 오리온좌와 플레이아데스 성단은 통시적 관점에서 이 성좌들의 '출현' 또는 '부재'의 용어로 정의될 수 있다. 다른 한편으로 그들이 출현하는 동안에는―이 경우는 '공시적 관점'에서―잘 분절된(분명한) 체계와 분절되지 않은(불분명한) 총체로서 두 성좌는 대립관계에 있게 된다. 달리 표현해보자면 잘 구획 정리된 밭과 혼잡한 형태의 밭이라는 대립관계에 놓이게 된다. 도식으로 표현해본다면,

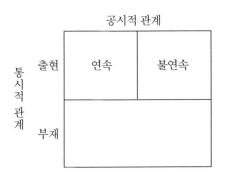

첫 번째 대립관계를 동시에 내재화하고 중복시키는 두 번째 대립관계는 오리온-플레이아데스 짝을 계절의 교체와 연관된 '시니피앙'으로 만든다. 시니피앙은 경험적으로 터득된 것이며, 지역과 사회에 따라 다양한 방식으로 '개념화'될 수 있다. 즉 여름과 겨울, 건기와 우기, 안정된 시기와 불안정한 시기, 일과 여가, 풍요와 기근, 동물성 식이요법과 식물성 식이요법 등등. 여기에서는 단지 '대립의 형태'만이 변함없이 '고정적'이다. 그러나 대립의 형태를 해석하는 방법이나 그 '형태'에 부여하는 '내용'들은 집단에 따라, 그리고 남반구에서 북반구로 이동함에 따라 '다양'하다. 남반구에서 북반구로 이동 또는 그 반대의 경우와 심지어 동

일한 내용의 대립을 나타내기 위해서도 오리온좌와 플레이아데스 성단의 공통된 기능들은 당연히 '전도'될 것이다.

그렇지만 기능의 전도가 분명하게 나타나지 않고도 대립이 형성된 이 상한 문제(들)에 봉착하게 된다. 고대문명 사람들은 오리온좌를 비와 폭풍우에 연계시켰다. 그런데 중앙 브라질에서도 역시 오리온좌는 비와 연계되지만, 이때 비는 천상의 물 대신 지상의 물이다. 그리스-로마의 오리온좌는 비를 '내리게' 했다. 반면 아사레(신화 $M_{124}$)의 목마른 주인공인 오리온좌는 땅의 심연에서 물을 '솟아오르게' 하는 원인이다.

결국 이렇게 해서 레비스트로스가 유일하게 받아들일 수 있는 설명으로 되돌아왔다. 셰렌테 신화의 오리온좌 신화—이 신화에서 별들(천체)은 물과 관련해서 북반구에서 이 별들에게 부여했던 기능과 대칭적인 기능을 수행한다—는 남반구의 또 다른 신화에서 주인공이 수행한 기능은 북반구에서 오리온좌의 기능과 정확하게 일치되어야 한다. 그런데 이런 신화가 존재하며, 그것은 비와 바람, 그리고 폭풍우 기원의 책임자인 보로로의 새둥지 터는 사람의 신화인 참조신화 $M_1$이다. 이 신화의 주인공에게 지중해 연안에서 오리온좌—폴리니우스(Pline)는 오리온좌를 '무시무시한 별'이라고 설명한다—를 수식하는 부가형용사인 '폭풍우의' (*nimbosus*)를 완벽하게 응용하고 있다.

이 주인공은 게리기기아투고라고 불리는데, 이 이름의 어원에 대해 이 지역 신화의 전문가들인 살레시우스회 수도사들은 이 이름을 아투고 '표범'(이 이름이 강조되었는데, 이는 보로로 주인공은 제족 신화들의 표범처럼 불의 주인 자리에 있기 때문이다)과 게리기기 '땅거북'으로 분리했으며, 게리기기는 또한 '까마귀좌'의 이름이기도 하다. 게리기기아투고는 아사레가 오리온좌의 $x$별인 것처럼 '까마귀 성좌'일 수 있다.

이러한 사실로부터 게리기기아투고 신화 $M_1$과 아사레 신화 $M_{124}$ 간에 새로운 '연관성'이 나타난다. 이와는 독립적인 방법으로 레비스트로스는 두 신화가 '변형관계'임을 증명한 바 있다. 이러한 증명은 단지 하나의 영역으로만 확장되지 않는다. 왜냐하면 이 증명은 지금 천문학적인 등치관계를 포함하기 때문이다. 이렇게 우리는 두 개의 중요한 결과를 얻을 수 있게 되었다.

먼저 왜 셰렌테족이 오리온좌로 지상의 물의 기원이나 지상의 물의 표상을 만들고 있는지를 이해할 수 있게 되었다. 구대륙과 신대륙의 민간천문학 사이에는 어떤 직접적인 관계도 없다. 그러나 간접적인 관계, 그것도 수긍할 만한 관계가 존재한다. 그리스인과 라틴 민족들은 '경험적인' 이유로 오리온좌를 나쁜 계절과 연관시키고 있다.

그리고 보로로인들은 그들의 (남)반구에서 까마귀좌를 우기와 연계함으로써 북반구의 전개방식과 비교될 수 있는 방식(전개과정)을 따르거나, 그리고 오리온좌와 까마귀좌가 각기 다른 시기에 남쪽 하늘을 지배하고 있다고 전제한다면 두 신화($M_1$, $M_{124}$)가 모두 같은 어휘를 사용하며 체계적으로 대립하고 있는지 또는 신화$M_1$은 천상의 물과 신화$M_{124}$는 지하의 물과 관련되어(앞쪽 도표 참조) 결국 두 신화 중 하나는 까마귀좌와 연계되고, 다른 한 신화는—토착민들의 사고를 통해 실제로 두 신화 사이의 대립을 나타낼 충분한 조건 때문에— 오리온좌에 필연적으로 연계되는지를 가정해보는 것으로 충분하다.

이러한 사실을 증명함으로써 위의 결과보다 더욱 중요한 다른 결과를 이끌어낼 수 있다. 왜냐하면 위의 분석을 통해 레비스트로스가 신화학 초반부터 추구해온 전개방식, 즉 전체를 구성하는 다양한 부분들이 논리적으로 연계되어 있다는 점에서 전체(별들) 속에서 객관적인 증명을 얻어내야 하기 때문이다. 이들의 사실성은 이제 하나의 가설에 달려 있다. 다시 말해 까마귀좌는 오리온좌가 북반구에서 수행하는 또는 수행했던 기능과 같은 기능을 남반구에서 수행하는가다.

이 가설은 두 가지 방법으로 증명될 수 있다. 먼저 '민족지 자료'를 통해 브라질 인디언들은 실제로 이와 같은(앞에서 언급한) 의도를 가지고 '까마귀좌'를 관찰해왔는가이며, 다음은 이러한 사실을 증명하기가 힘들다면 남쪽 하늘에서 까마귀좌와 오리온좌의 운행 사이의 '간격'이 존재하는가, 그리고 이 간격은 계절의 간격과 대략적으로 일치하고 있는가를 검증하는 일이다.

첫 번째 점에 대해 레비스트로스는 유감스럽게도 남아메리카 민족지가 같은 위도에 위치하는 태평양의 여러 열도에 대한 민족지만큼 정확한 정보를 제공하지 못한다고 이야기한다. 그러나 우기와 까마귀좌 사이에서 직접적이든 간접적이든 토착민들의 사고에 의해 구상된 관계를 지지해줄 상당수의 증거를 찾을 수 있었다.

이제는 두 번째로 다른 방법을 통해 문제를 취급해볼 차례다. 까마귀좌와 오리온좌 사이에, 그리고 계절의 교대와 이들 성좌들 사이에 어떤 관계가 객관적으로 존재하는가를 찾는 일이 남아 있다. 우리는 레비스트로스가 지적했던 어려운 문제에 봉착하게 되었는데, 바로 세차(歲差, précession des équinoxes)가 제기하는 문제다.

레비스트로스는 저명한 천문학자인 페커(Jean-Claude Pecker)의 도움으로 세차 문제에 대한 아래와 같은 해답을 얻을 수 있었다.

1. 기원전 1,000년경에는 오리온좌의 저녁 출현이 10월 말이면 관찰되지 않았다. 이때는 초겨울의 시작과 일치하는 시기였다(석양이 진 직후 별이 보이기 시작할 때 오리온좌는 이미 떠올라 있었다).

2. 이 시대의 오리온좌는 기상학적 의미를 충분히 갖고 있었으며, 오늘날 관찰할 수 있는 까마귀좌와 위상의 대립을 현저하게 드러내고 있었다. 이러한 사실로 보아 까마귀좌는 오늘날 남반구에서—그렇지만 아침에 출현함으로써—옛날에 북반구에서 '오리온좌'에게 부여됐던 '역할'을 수행할 '자격'을 가질 수 있을 것이다.

어떤 한 시기(어떤 시기라도 같은 결과이지만)에 관찰된 오리온좌와 까마귀좌 간의 위상관계는 약 120°이며, 중앙 브라질에서 이 관계는 '건기'와 '우기'의 상대적인 길이(지속 기간)와 일치한다(건기와 우기의 기간은 각각 5개월과 7개월, 토착민들의 계산으로는 흔히 4개월과 8개월)는 점을 고려해본다면, 우리는 천문학이 신화$M_1$과 신화$M_{124}$를 '대립관계'로 놓을 수 있도록 했던 '내재적 질서'에 대한 논거(『날것과 익힌 것』, 416쪽)—신화 구성 논리—를 '외재적'으로 검증할 수 있게 해준다는 점을 인정할 수 있다. 결국 이러한 모든 사실에서 다음과 같은 결과를 얻을 수 있다. 만일 오리온좌가 '건기'와 연관될 수 있다면 까마귀좌는 '우기'와 연결될 수 있다. 그리고 상관적으로 만일 까마귀좌가 '천상의 물'과 연계된다면 '오리온좌'와 물의 관계는 '천상의 물의 역'과 연관되어야 한다. 그리고 '천상의 물의 역'은 밑(지하)에서 나온 물일 수밖에 없다.

이러한 결과는 또 다른 방식으로도 증명될 수 있다. 레비스트로스는 남아메리카의 까마귀좌와 오리온좌의 대칭성을 인정하고 있다. 또한 북반구에서 남반구로 이전할 때 두 개의 축에 따라 오리온좌의 기능들이 전도된다. 계절의 축에 따라 성좌는 습기가 있거나 건조한 것을 상징할 자격이 주어지며, 높고 낮음(하늘과 땅)의 축과의 관계에서 앞의 가치들이 '치환'될 수 있다. 왜냐하면 오리온좌는 항상 '물과의 관계를 내포'하고 있으며, 성좌가 '우기'를 알릴 때에는 '위에서 오는 물'이 되거나 이 성좌가 '건기'($M_{124}$)를 예고할 때에는 '밑에서 오는 물'이 되기 때문이다.

좀더 자세히 말한다면 열대아메리카 인디언들이 오리온좌에 위임한 기능의 대응물(homologue)일 수 있는 까마귀좌의 기능이 구대륙에 존재하는가? 레비스트로스는 『19세기의 대백과사전』에서 "고대인 중 일부는 이 성좌 안에서 아폴로 신이 영원히 목마르도록 벌을 내린 까마귀를 보았다"라는 암시의 글귀를 보고 자신의 동료인 베르낭(J. P. Vernant)의 전문지식에 호소했으며, 다음과 같은 정보를 얻을 수 있었다. 먼저 아라토스(Aratos) '현상학'의 한 대목 히드라(물뱀)좌와 크라테르좌(Cratére, 술잔), 그리고 까마귀좌의 이웃한 세 성좌를 '연계'시키고 있다. "크라테르는 (불뱀좌의) 소라껍질 가운데 놓여 있으며, 끝부분에 부리로 소라껍질을 쪼는 형상을 한 '까마귀(좌)'가 있다"고 쓰여 있다(*Arati Phaenomena*, 제XXV권, 피렌체, 1956년, 172쪽). 오래된 이야기의 세 가지 다른 판본 역시 이러한 성좌의 연계를 이해하고 있다.

여러 가지 다른 이야기 중에 물을 가져오도록 아폴로 신의 요청을 받은 까마귀의 이야기가 있는데, 까마귀는 푸른 밀밭 무화과나무 곁에 머물러 임무를 방기한 채 밀 이삭과 과일이 익기를 기다렸다. 아폴로는 까마귀에게 여름 동안 목이 마르도록 벌을 내렸다. 많은 텍스트와 몇몇 의례를 보면, 까마귀(작은 까마귀와 갈까마귀도 마찬가지로)들은 날씨의 징후, 즉 기상을 알리는 새이며, 특히 비의 예고자들이다.

신화 M124의 주인공 아사레를 인디언들은 오리온좌 가운데 있는 하나의 별로 인정하고 있으며, 까마귀라는 이름을 가진 그리스 신화의 '까마귀좌' 역시 아사레처럼 '목마른 자'다. 아사레의 갈증을 해소시키기 위해 '익은' 과일로는 충분하지 못했다. 그래서 우물을 파야 했고, 우물에서 '대양'이 생겨났다. 그리스 신화의 까마귀 역시 지상의 원천인 물이 솟아나는 샘물을 소홀히 여겼고, 곡식이나 과일이 '익기'를 기다리는 데에만 열중했다. 그런 결과로 인해 그는 '목마름'을 해소할 수 없게 되었다.

과일은 모두 같은 시기에 익지 않는다. 어떤 경우 과일은 우기가 끝날 무렵에 익으며(이 기간 과일들은 수분으로 커진다), 다른 경우 과일은 늘어난 일조량의 결과로 건기가 끝날 무렵에 익는다. 고대 그리스에서 까마귀좌가 비를 예고할 수 있고 건기와 연관된 성좌로 나타나는 것은 이 때문이다. 까마귀는 목마르기 때문에 부재한 천상의 물을 부르며, 햇볕의 혜택을 갈망하고, 실재하는 지상의 물을 무시했기 때문에 목이 마르다(물은 야자열매 속에 포함되어 있다). 그의 심한 갈증을 해소시키기 위해 지상의 물이 존재했을 뿐만 아니라 매우 풍부해서 건기가 오기 전에 주인공이 마음껏 물을 마시고 온몸을 적시도록 했다. 반면 건기 때문에 까마귀의 목소리는 쉬었고, 주름 투성이의 목구멍을 갖게 되었다. 그리스 신화의 다른 판본들 중 하나에서 까마귀좌는 샘물의 주인인 뱀이 자신이 샘물에 접근하는 것을 막았다고 비난하는데, 이것은 브라질 신화에서 물의 주인인 악어가 실제로 그렇게 하기를 바랐던 것과 '대비'된다.

그러니까 두 신화($M_1$, $M_{124}$), 구대륙과 신대륙의 신화는 레비스트로스가 전제했던 것처럼 서로 '반사된다'는 것을 알 수 있다. 명백한 도치가 나타나는 것은 두 신화가 모두 건기와 관계되지만, 한 신화는 '건기의 초기'(우기 바로 뒤에), 그리고 다른 한 신화는 '건기의 말기'(우기 바로 전에)와 관계된다는 사실에서 유래한다. 구대륙과 신대륙의 남쪽 지역에서는 결과적으로 오리온좌와 까마귀좌에 관계되는 신화들이 '대립된 짝'을 형성하며, 마찬가지로 '좋은 계절'과 '나쁜 계절'의 관계로 조직되어 있다.

즉, 교착(변화 반복) 어법(chiasme)을 형성하는 신화의 네 가지 유형, 그리고 각 유형은 세 개의 대립을 통해 규정된다. '구대륙과 신대륙' '건기와 우기' '까마귀좌와 오리온좌'는 아래 그림처럼 나타낼 수 있다.

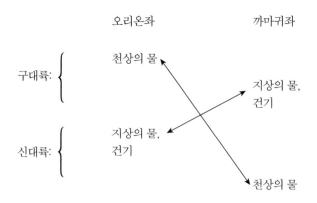

　신화의 진실은 신화의 특별한 내용에 있지 않다. 신화의 진실은 내용을 배제한 '논리적 관계'로 구성된다. 더 정확히 말하자면 논리적 관계의 '불변적 특성'들은 (신화의) 조작적 가치를 고갈시키는데, 이것은 비교할 수 있는 (논리적) 관계들이 수많은 신화의 다른 내용에서 얻은 요소에서 성립되기 때문이다.

　이처럼 한 주제—단명의 기원 주제처럼—는 내용상으로 분명히 서로 다른 신화 속에서도 발견될 수 있으며, 『날것과 익힌 것』에서 보았듯이 이러한 차이들은 감각의 범주들, 미각, 후각, 청각, 촉각, 시각 등의 도움으로 구성된 '코드'들로 축소된다는 점을 증명하고 있다. 앞에서 우리는 또 다른 '코드'—이것 역시 시각 코드이지만—의 실재(réalité)를 볼 수 있으며, 이 코드의 어휘는 한편으로는 1년이라는 '통시적 주기성'과, 다른 한편으로는 하늘의 성운체들이 '공시적 조직' 아래에서 구성된 '시공적 총체'에서 추출한 '대립짝'으로 형성되어 있음을 밝혔다(오리온좌/까마귀좌).

　이러한 천문학적 코드가 명시적으로 혹은 암묵적으로 나타난 신화들을 분석하면서 레비스트로스는 특히 플레이아데스 성단의 기원신화, 예를 들면 보로로족의 별들의 기원신화($M_{34}$)를 기반으로, 마타코족 신화($M_{131a}$), 위안도트족 신화($M_{132}$), 아카와이족 신화($M_{134}$) 그리고 아레쿠나족 신화($M_{136}$)들을 분석한 후, 주인공이 플레이아데스 성단인 이 신화($M_{136}$)가 주인공이 까마귀좌인 참조신화의 마지막 부분과 정확하게 겹쳐진다는 점을 이제 강조할 수 있게 되었다고 말한다. 그런데 보로로족에게 까마귀좌가 비(우기)의 책임자이며, 가이아나 인디언들에게는 이 역할이 플레이아데스에게 주어진다.

　앞의 신화들은 부유하는 내장의 소재가 코드항처럼 구별된 두 가지 기능을 수행할 수 있으며 어떤 면에서는 이분법적인 (두 가지 역할을 하는) 코드로서 활용될 수 있음을 암시한다. '수상' 코드로서, 내장은 물고기와 늪의 식물들과 '합동관계'이며, '천상' 코드로서 내장은 별과 특히 플레이아데스와 '합동관계'이다. 레비스트로스는 만일 2세기 전 보로로족이 점유하고 있던 지역—이 지역의 중앙부(남 15°~20°, 서 51°~57°)—에서 플레이아데스 성단이 건기의 중간 시점에 출현한다면, 별(플레이아데스)의 기원신화 $M_{34}$가 야생동물의 기원신화로서 제시되는 것 또한 당연하다고 본다. 사냥과 관계된 명시적인 준거가 보인다면 이것은 우기에는 행보가 어려운 지역에서 건기가 사냥활동에 특히 적합하기 때문이다. 반면에 우기와 관계를 가진 신화는 부유하는 내장의 소재를 공공연하게 수상 코드로 사용하고 있다. 그러나 플레이아데스와 직접적으로 관계되는 모든 준거는 배제한다.

여기서 레비스트로스가 말하는 '신화적 사고'의 두 가지 근본적인 '특성'을 접하는데, 이 특성들은 서로 '보충적'이며 동시에 '대립적'이다. 첫째로 신화의 구문은 자기 법칙의 한계 내에서 결코 자유롭지 못하다. 신화의 구문은 지리적, 기술적 하부구조의 강제에 영향을 받을 수밖에 없다. 이론적으로 모든 조작 중—유일한 형식적 관점에서 이러한 조작들을 상정했을 때— 몇몇의 조작은 돌이킬 수 없이 배제되며, 여기에서 생긴 구멍들(마치 그림판을 펀치로 뚫은 것 같은 이 공백만 없으면 규칙적인)은 구조 내에서 구조의 주변을 음화(결여된 항)로 묘사하게 된다. 그러므로 실질적인 활용(조작) 체계를 얻기 위해서는 다른 구조에 통합되어야만 한다.

둘째로 위에서 보았듯이 신화적 사고체계에서는 모든 일이 시니피에(기의화된 것, 즉 이미 의미를 갖고 있는 것)가 외부에서 받은 충격(훼손)에 대한 저항으로 마치 시니피앙 체계(기표체계)를 거부하는 것처럼 일어난다. 객관적인 상황이 이렇게 기의화된 것들 중 몇몇을 배제시키게 된다고 하더라도(다시 말하면 시니피앙이 포함하고 있는 개념[의미]이 다른 객관적인 상황에 따라 변한다 하더라도) 상응하는 시니피앙이 즉시 이들과 (기존의 의미) 함께 사라지지 않는다. 적어도 어느 정도 시니피앙은 계속 결여된 항들의 자리를 차지하게 되며, 결여된 항의 주변은 가득차 있지 않은 공백으로 남아 있게 된다. 그래서 가이아나 지역에서 부유하는 내장의 소재는 '이중적 의미'를 가질 수 있는데, 이것은 하늘에 플레이아데스가 출현하는 것과 강가에 물고기가 출현하는 것이 객관적(경험적)으로 일치하기 때문이다. 이러한 일치가 다른 곳 어디에서나 확인되는 것은 아니다.

지금의 보로로족에서 여명 전에 플레이아데스가 하늘에 나타나는 시기는 6월 말경이나 또는 7월 초이다. 말하자면 건기의 한중간이다. 토착민들은 이때 '플레이아데스의 발을 태운다'고 명명된 축제를 거행하는데, 그렇게 함으로써 유목활동에 적합한 건기를 연장시키고 플레이아데스의 운행을 지연시키기 위한 것이라고 그들은 말한다. 이를 통해 셰렌테족처럼 보로로족도 플레이아데스를 건기와 연결시킨다는 것을 알 수 있으나―이는 마치 같은 시기에 플레이아데스를 관찰할 수 있는 것처럼 보이기 때문에―실제로는 그렇지 않다. 셰렌테족과는 달리 보로로족은 플레이아데스에게 부정적인 암시적 의미를 부여하고 있다.

그러나 중앙 브라질의 보로로족과 마찬가지로 알래스카의 에스키모족에서도 플레이아데스 성단은 긍정적인 기의적 기능을 행하지 못하지만, 기표체계 내에 그의 잠재적 자리를 그대로 간직하고 있다. 단순하게 말하자면 코드 중에 하나는 사라지고, 반면에 다른 하나의 코드는 잠재적인 상태로 나타난다. 마치 두 코드 사이(의) '동형관계'의 열쇠를 가로채려는 것처럼(마치 두 코드 사이의 동형관계를 숨기려는 것처럼) 나타난다고 레비스트로스는 말한다. 결국 두 개의 현상 중 하나는 '어휘의 변화'를 수반한다. 에스키모족에서는 동일한 변형을 통해서 '내장 → 내장'

으로, 보로로족에서는 다른 변형을 통해서 '내장 → 수상식물(≠동물)'
로 나타난다(『날것과 익힌 것』, 397~466쪽 참조).

\* \* \*

이번에는 '삼각틀'과 연장해, 하나의 주제를 다루는 신화보다 다양한
주제와 연결될 수 있는 신화$M_{503}$(만단족 신화)를 보도록 하자. 물론 참
조신화$M_1$과 $M_{354}$는 이러한 이유로 『신화학』 제1권과 제3권에서 시작
(참조) 신화로 다루어지고 있다. 신화$M_{503}$에서 직접적으로나 암묵적으
로 연결되는 신화를 다루는 『신화학 3: 식사예절의 기원』의 뒷부분을 보
도록 할 것이다. 특히 여기에 나타난 '방법론적인 측면'을 강조하고 있는
부분을 옮겨 놓는 것으로 만족할 것이다.
　레비스트로스는 이렇게 말한다.
　"신화$M_{503}$의 완전무결한 구성은 설득력 있는 가치를 제공하며, 또한
우리가 이 신화를 논증의 출발점으로 사용하기 위해 선택한 이유를 설명
해준다."

## 의례에 나타나는 양립 가능성/불가능성

대립된 혹은 모순된 두 항을 연결하거나 결합해 신화적 논리에 맞추려
는 노력은 대립된 소재를 다루거나 행위의 모순된 것을 해결하는 데에
있다. 신화에 나타나는 의례 사이의 모순을 해결하는 방식부터 보기로
하자.
　신화$M_{503}$에 나타나는 '대립'은 그 기원을 이야기하고 있는 '큰 새들
을 위한 의례들'과 '다른 모든 의례들' 사이에 나타난다. 20여 개에 달하
는 다른 모든 의례들은 한 번 또는 몇 번에 걸쳐 거행되지만, 항상 대략
한 달 또는 몇 달, 심지어 1년 내내 연속된 시간의 경과 안에서 거행되었

다. 이와는 반대로 큰 새들의 의례는 단지 4월과 11월에 이루어졌다. 이들 의례는 1년의 구별된 두 시기에 불연속적인 양상으로 거행된 의례와 관련되었다. 봄과 가을에 위치하는 이 시기들은 대략 '춘·추분'의 시기와 일치한다.

복잡한 의례인 '들소사냥 의례'들은 두 집단으로 구별할 수 있다. 한편으로 들소의 번식을 위한 '오키파' 큰 부족 의례로 가장 더운 달에 거행되었다. 다른 한편으로 겨울사냥을 위한 다양한 부락 의례들을 들 수 있는데, 이 의례들은 가장 추운 달에 거행되었다. 이 두 시기는 말하자면 '하·동지' 무렵에 위치한다.

이처럼 새(들의) 축제와 들소 축제는 몇 개의 축 위에서 상관관계와 대립관계에 있다. 이 첫 번째 의례들 사이에 나타나는 유사성은 서로 다른 시기에 거행된다는 것이다. 서로 다른 두 번째 '오키파' 들소 의례는 몇 개의 의례들로 구성되는데, 적어도 겨울 들소에 대한 '눈부엉이' '붉은 막대기' '흰 암들소'라는 구별되는 세 개의 의례가 존재한다. 각 의례의 순환주기와 관련해서는 1년이라는 단일한 기간에 거행된다. 결국 첫 번째 의례들(새들의 의례)은 '춘·추분'과 인접해 있고, 두 번째 의례들(들소 의례)은 '하·동지'와 인접해 있다.

반면 잘 구별된 이런 '대립들'과 대비되는 '농업 의례들'은 초봄 수상새들의 도착과 더불어 시작되는데, 1년 내내 '간격'을 두고 이어진다.

사냥과 농업 두 집단의 의례들은 '양립 불가능'하다. 만일 겨울사냥 의례가 파종이 끝난 시기인 봄에 거행된다면 결빙의 시기가 다시 와 모든 새싹을 얼어 죽게 할 수도 있을 것이기 때문이다. 반면 '큰 새 의례'와 '농업 의례'는 양립할 수 있었다. 왜냐하면 농작물 번성에 필수불가결한 '봄비'를 내리게 하기 위한 '부차적인 기능'을 수행하고 있었기 때문이다.

아직 한 문제가 남는데, 이것은 '자존심이 강한 뱃사공'의 에피소드가 적어도 만단족의 신화학에서 세 번 정도 나타나기 때문이다. 큰 새들의 신화($M_{503}$) 이외에도 이 에피소드는 옥수수 의례의 기원신화($M_{460}$)에도 나오며, 겨울 들소를 부르는 의례의 기반이 되는 눈부엉이 신화($M_{462a\sim b}$)에도 볼 수 있다. 달리 말하자면 에피소드는 겨울 들소 의례와 옥수수 의례(농업 의례)의 '양립 불가능'한 두 시리즈와 옥수수 의례와 큰 새 의례 '양립 가능'한 두 시리즈 사이의 '유사성'을 만들어낸다. 그러니까 모든 일은 마치 특별히 약하게 만들어진 체계의 한 지점에서 접합선의 역할이 실행되는 것처럼 일어난다고 레비스트로스는 말한다. 왜냐하면 '양립 불가능성'과 '양립 가능성'의 관계들이 유표된 위치(대립이 선명하게 나타나는 지점)인 이 지점에서 접합(연결)이 이루어지기 때문이다(다른 신화 또는 신화소와의 연결 고리).

### 신화에 나타나는 세세한(중요해 보이지 않는) 이야기의 중요성

그런데 이미 보았던 것처럼 이것은 세 이야기들 사이의 미세한 '차이'들과 관련된다. 겨울 올빼미의 신화는 단연 가장 풍부하다(복잡하다). 왜냐하면 이 신화는 주인공이 뱀에게 더욱더 물가에 접근('간격'을 줄이라는 말)하도록 요구할 뿐만 아니라 괴물의 등에 돋아난 나무들을 잡고 뛰어 올라타는 사건을 포함하고 있기 때문이다. 이러한 '세세한 내용'들은 페리수아트와 문두루쿠 신화($M_{402}$)가 같은 용어로 정확히 이야기하는 것들이다. 더욱 신화 $M_{469}$는 두 가지 점에서 신화 $M_{503}$의 변형이다. 주인공은 4개의 작은 만두 대신 8개를 '뱀의 아가리에 넣지 않고' 두려운 나머지 자신에게서 멀리 떨어진 '물에 이 먹이를 던진다'.

신화 $M_{503}$과 $M_{460}$의 일치하는 에피소드들은 또한 다른 축 위에서 '대립'한다. 첫째로 만일 신화 $M_{503}$의 뱀이 결과적으로 형제들 중 하나를 '삼키고', 신화 $M_{469}$의 뱀이 같은 일을 하는 것에 '방해를 받는다'면 신화 $M_{460}$의 동료(뱀)는 그처럼 '나쁜 계획을 세우지 않는다'. 그는 '도움을 주기만을 바란다'. 단지 그가 길을 가는 도중 기운이 없을 때 힘을 돋우기 위해 음식이 필요할 뿐이다.

이 음식은 '4개가 하나'(quatre-en-un)인 만두 4개와 말린 고기 한 조각으로 구성되었다. 더욱 이 말린 고기는 주인공이 다행스럽게도 더 이상 기운이 없어 앞으로 나갈 수 없는 순간에 찾아낸 것이다.

이런 '세세한 이야기들'이 신화$M_{460}$과 $M_{503}$을 '대칭'으로 만든다. 왜냐하면 신화$M_{503}$은 다섯 번째 음식을 이야기하고 있기 때문이다. 이것은 산토끼 똥과 아주 작은 양의 옥수수에 해바라기 씨를 찧어 만든 '천둥새'로부터 받은 만두였다. 말하자면 한 경우는 '고기'로 만든 것으로 '가루'로 만든 만두보다 더욱 기력 회복에 '효과가 큰' 음식이고, 또 다른 경우는 특히 먹을 수 없는 '똥'으로 만든 '거짓' 음식이다.

더욱 우리는 신화$M_{460}$, $M_{469}$ 그리고 $M_{503}$이 각각 '도움을 주는 뱃사공' '자신의 계획을 빼앗긴 믿을 수 없는 뱃사공' 그리고 '자신의 목적에 거의 이르게 될 믿을 수 없는 불성실한 뱃사공'을 등장시키고 있다는 사실을 알고 있다. 주인공은 첫 번째 뱃사공을 '보상'하고, 두 번째 뱃사공을 '훈육'하며, 세 번째 뱃사공을 '속인다'. '두 개의 극단적인 상황'들은 '춘·추분경'에 거행되는 의례들과 관련된다. 신화$M_{460}$에서는 '봄'에, 신화$M_{503}$에서는 '가을'에, 반면 신화$M_{469}$에서는 '겨울' 동지경에 거행되는 의례들의 기원을 세운다. 의례들은 때로는 '농업', 때로는 '사냥', 그리고 때로는 '전쟁'과 관련된다.

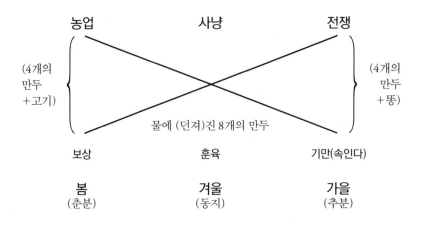

이 도식은 모든 신화적 의례의 체계가 제시하는 (계열적) 특성을 잘 나타내고 있다. 왜냐하면 만약 '농업·사냥·전쟁'과 '봄·겨울·가을' 두 시리즈(계열) 중 앞의 계열이 점진적(단계적)이고, 뒤의 계열이 역행적(가을, 겨울, 봄의 순서로 보아야 하기 때문)이기 때문이라면, '춘·추분'과 '하·동지'의 교대를 표현하는 통주저음(通奏低音, basse continue)이라 부를 수 있는 조화(하모니)를 이루기 때문이다(음악 연주에서 저음을 연속적으로 깔며 하는 연주).

그렇지만 '논리적인 관점'에서 이들을 고려할 때 '춘·추분'은 하나의 동일한 변형에 소속한다. 말하자면 (낮=밤) ⇒ (밤=낮)으로 낮과 밤의 길이는 같지만, 경험적인 관점에서 보면 춘분과 추분은 새와의 관계에서 볼 때 관여적(변별적: 새들의 도착, 출발시기가 다르다)이다.

그러나 신화의 내용 자체가 하나는 받아들이고 다른 하나는 받아들이지 않을 때 생길 수 있을 '개념적 불균형'은 '하·동지'에 걸쳐 있는 사냥 의례들 사이에 존재하는 불균형보다 훨씬 더 클 것이라는 것이 정확한 그 이유다. 말하자면 사람들은 의례들—여름에 '오키파' 의례, 겨울에 특수한 의례들—을 행하고, 이 의례들은 하·동지가 서로 '대립'하기 때문에 (낮〉밤) ≠ (밤〉낮)이 서로 다른 채로 남아 있을 수밖에 없기 때문이다. 신화에서 인디언들이 큰 새들을 기리는 시기가 봄이라고 상정할 때 (히다차 판본에 따르면 가을에) 이 신화가 거론하는 '이론적인 상황'은—굳이 표현하자면— '하·동지'의 '대립'보다 더더욱 '불균형'한 '초(超)하·동지'의 '대립'의 특성을 나타낼 것이다. 그러므로 신화는 '암묵적인 대등한 관계' 위에 놓여 있는 것처럼 보인다(양립 가능/불가능 사이에 '유사성'을 만들어내고 있다).

(유표된 단 하나의 춘분 또는 추분) : (동지 또는 하지) : : (하·동지) : (춘·추분)

이처럼 '암묵적인 대등한 관계'로 볼 수 있기 때문에 우리는 즉시 '왜' '하·동지적' 특성을 가정했던 자존심 강한 뱃사공의 에피소드가 '춘·추분'의 외양을 가진 상황으로 이전될 수 있는지를 알 수 있다.

바로 앞에서 레비스트로스가 행한 해석은 동지를 객관적으로 참조할 수 있는 신화M469와 방금 제시한 것처럼 신화M503에는 유효하다. 춘·추분 사이의 '의례적 균형'을 창시하기 위해 신화는 '논리적 관점'(신화 구성의 논리)에서 '하·동지' 쪽에 위치하는 '불균형'인 '원론적-모델'에 호소한다(그래서 암묵적으로 대등한 관계가 이어진다). 그런데 신화M460에게도 유효할까? 레비스트로스는 겉보기에는 아니라고 대답한다. 왜냐하면 이 신화는 농업 의례를 시작하기 위해 봄에 거행된 '결코-죽지-않는-노파'의 의례 기원을 세우고 있으며, 농업 의례는 가을까지 연속 단계적으로 이어지지만, 겨울사냥 의례들과의 극단적인 '양립 불가능성' 때문에 그 이상 연장하기가 어렵기 때문이다.

## 신화에 나타난 '세세한 이야기'의 양상(표현 행위의 강약, 순서 등)에 따른 비교 분석

이런 어려움을 극복하기 위해서는 다른 관점(세세한 것들에 대한 중요성)에서 만단족의 자존심이 강한(민감한) 뱃사공의 에피소드가 띠는 형식(양상)들을 검토해보는 것이 합당하다. 신화M460에서는 '대단히 약한 양상'을 띠는데, 신화M469에서는 '더욱 강한 양상'을 띤다. 여기에서 뱀은 자신의 손님을 잡아먹고자 한다. 그리고 신화M503에서는 '더더욱 강한 양상'으로 나타나는데 뱀은 그들(형제들) 중 하나를 성공적으로 '삼킨다'.

그럼에도 불구하고 한편으로는 만단 판본들과 히다차 판본들 사이에 현저한 차이가 나타나며, 다른 한편으로는 모든 다른 판본들 사이에서도 마찬가지다. 말하자면 한 명 또는 여러 명의 손님들이 괴물에게 '듣기 좋은 말을 해주지만 거짓'이며, '모욕적인 말을 해주거나 심지어 막대기로 때린다'. 만단 신화의 주인공들은 뱀에게 '음식을 제공한다'. 신화M460에서는 '주저 없이', 신화M469에서는 '신중하게', 그리고 신화M503에서는 우선 '솔직한 양상'으로 다음에는 '거짓'으로 음식을 제공한다. 이때 재난에서 살아남은 형은 '진짜 음식'을 가장하여 '동물 똥으로 만든 만두'를 준다. 결국 만단 신화에서만 나타나는 이 마지막 사건이 유일하게 가장 '일반적인 유형'으로 돌려놓는다(귀착된다). 레비스트로스는 만단족과 히다차족 신화들이 속한 자존심 강한(민감한) 뱃사공의 신화 집단 내부에서 이 신화들(만단족과 히다차족)은 이러한 독특한 점에서 심지어 전도(역)로 귀결되는 부분적 예증(예시)한다고 말할 수 있다고 한다.

이에 대한 이유를 제시하는 것이 가능할까? 레비스트로스는 틀림없이 신화M503의 도움으로 가능하다고 말한다. 신화M503의 완전무결한 구성은 설득력 있는 논증의 가치를 제공하며, 또한 왜 레비스트로스가 이 신화를 논증의 출발점으로 사용하기 위해 선택했는지 그 이유를 설명해준다.

**신화 M₅₀₃에 나타난 장면(시퀀스)별 비교 분석을 함으로써 앞서 나타난 양상들을 통해 신화가 무엇을 이야기하려는지를 보여준다.**

'오피카' 의례에 '새들에 대한 의례'의 거행을 연결시키기 위해 사용한 사냥감의 해방에 대한 에피소드 후, 신화 M₅₀₃의 주인공들의 초자연적 모험과 관계 있는 세 개의 '장면'(시퀀스)을 연결한다.

첫 번째 시퀀스는 주인공들을 결코-죽지-않는-노파의 거처로 인도하며, 여기에서 주인공이 1년 동안 머무른다. 두 번째 시퀀스는 뱀의 등을 타고 '물 건너는 장면'을 기술한다. 세 번째 시퀀스는 주인공들을 '천둥새'들의 처소로 데려가며 이곳에서 역시 1년 동안 지낸다.

첫 번째 장면과 세 번째 장면은 완벽한 '평행관계'를 나타낸다. 즉 동일한 거주 기간, 계절 순환의 전개, 초자연적 신들의 방문이 이루어지고 이들이 도착하는 동안 주인공들은 숨어 있어야만 한다. 그러면 이 두 시퀀스는 어떻게 다른가? 첫 번째 시퀀스(장면)는 농업 신의 거처에 '지상'의 하루를 거론하고, 그동안 주인공들은 '정도를 지켜 행동해야만' 한다. 이들은 사슴들이 정원의 정령(신)임에도 불구하고 사슴류를 사냥할 수 있다. 그러나 조심해서 행동해야 하고 상당수의 규칙을 준수한다는 조건에서다. 반면 세 번째 장면의 새들의 거처에서는, 말하자면 '천상'의 거주지에서는 주인공들의 행위가 '정도를 벗어난 행동'으로 나타난다.

**여기서는 두 극단적인 행위의 대립이 나타날 뿐만 아니라 (소극적이고 애매한 중간적인 행위)가 나타난다. 결국 극단적인 '대립'을 통합하고 연결하는 '중재항'으로서 역할을 하게 될 것이다.**

그러면 두 번째 시퀀스가 동시에 첫 번째와 세 번째 시퀀스에 '대립'한다는 것을 어떤 방식으로 알 수 있는가? 두 번째 장면은 '(물을 건너는)

여행'과 관련되며 '거주'와 관련되지 않는다. 또한 두 번째 시퀀스는 '땅'이나 '하늘'이 아니라 '물' 위에서 진행된다. 마지막으로 뱀에 대해 주인공들은 그들이 농업의 여신 또는 전쟁의 신들 거처에서 보여준 '정도를 지킨 행위'와 '정도를 지키지 않는 행위' 사이의 전적으로 '중간적인 행위'를 취하고 있다. 이들은 그들의 항해(통행)를 '흥정'하며, 이미 행한 서비스 대가로 나중에 지불하기로 한 음식을 '간격'을 두고 '배분'한다. 그러니까 뿔 난 뱀과의 대면에서 주인공들은 '대담성과 조심성의 혼합된 행동'(소극적이고 애매모호한 특성)을 나타내는데, 이런 정치적인 행위의 '모호한' 측면 역시 현명한 형의 '이동을 성공'하도록 하는 반면, 괴물은 모험적인 동생을 '삼킨다'.

마지막으로 옥수수의 어머니 거처에서 주인공들은 '받는' 반면, 새들의 거처에서는 '준다'. 그들은 집주인에게 음식을, 사냥도구와 의례용 물건을 '마련해주기 위해' 말하자면 자신들이 '직접 노력'을 한다. 그리고 뿔 난 뱀들의 거처에서 이들은 만두를 이용해 그들의 통행을 '협상'하는데, 이 음식물 중 몇몇 만두는 모조품(가짜)이지만 상대방을 '속일 수' 있다. 왜냐하면 '흥정'과 '술수'(속임수)의 '간격'은 멀지 않으며, 술수(속임수)와 기만(사기)의 '간격' 또한 크지 않기 때문이다('간격'과 '근접성'에 대해서는 『날것과 익힌 것』 해제 및 본문 참조).

민감한 뱃사공 이야기의 다양한 양상은 현금으로 지불하는 행위부터 칭찬의 말, 거짓말, 모욕과 때리는 행위에 따른 지불까지 '정신적인 이행'을 나타낸다. 그러므로 뱃사공은 '민감'해야만 한다. 때로는 '신체적'으로 북아메리카의 몇몇 판본들에서 뱃사공의 목덜미 또는 아픈 무릎은 아주 적은 접촉도 견디기 힘들다. 가장 흔히 '도덕적'으로 '민감'해야 하는데, 그렇지 못하면 다른 두 유형의 행위 사이에 '중재'를 실행하는 '흥정'(야합)과 '술수'는 신화의 (해결하기 어려운) 문제를 해결하기 위해 '유입'될 수 없을 것이다.

그러나 만일 이러한 '애매한 행위'가 여기에서 '땅'과 '공기'와 더불어 '삼각(틀)'을 구성하는 '물'의 요소를 구현하고 있는 괴물에 대해 '유일하게 적합한 행위'로 나타나는 것처럼 보인다면, 이러한 체계 속에서 '물' 자신이 '애매한 기능'을 수행한다고 할 수 있지 않은가? 레비스트로스는 그 '기능'과 '의미'를 말한다.

신화M₅₀₃의 판본들은 이를 분명하게 말하고 있다. 주인공들은 불〔火〕로 머리가 둘 달린 뱀의 시신을 가로질러 길을 낸 후(물은 가로지르는 머리가 하나인 뱀을 뒤집는데, 이는 〔물을 건너가는 뱀 ⇒ 불에 의해 통과된 뱀〕) 어리석은 형은 신성모독을 한다. 그는 괴물의 살을 먹고, 미주리강의 주인인 뱀으로 변한다. 이제부터 인디언들이 그에게 1년에 두 번 제물을 '바치든가' '바치지 않든가'에 따라—11월의 물길을 막는 장애물(얼음 덩어리)에게, 그리고 4월의 녹는 얼음 덩어리에게—뱀은 인디언들에게 강을 건너도록 도울 것이며, 그렇지 않으면 폭풍우, '대홍수'와 함께 강을 건널 수 없도록 만들며 농작물을 파괴하는 홍수를 일으킬 것이다.

왜냐하면 그는 인간들에게 설명하기를, "나는 이제 너희들 중 하나가 아니다. 이제부터 너희들은 '나의 친구이거나 적이 될 것이다'"라고 했기 때문이다(M₅₀₃b).

이것은 '적이거나 친구'가 될 수 있는, 다시 말하면 두 대립된 항을 '이어줄' 제3의 '중재항'이 생기는 것이다. '통합'이나 '분리'를 가를…….

\* \* \*

이처럼 '물의 힘'은 극단적인 '두 양상' 사이를 진동한다. '한편으로'

카누에 의해 그려진 양상, 승객들이 합당한 '거리'를 유지하고 그들의 좌석이 '내적인 간격'을 유지하는 한, 카누의 도정(코스)은 '시간의 흐름' '낮과 밤의 교대' '계절의 회귀'를 조절한다. '다른 한편'으로 '폭풍우'와 '홍수'는 '사물의 자연적 흐름'을 와해시키며, 이는 승객과 수중 괴물(두 대립항)의 '외적인 간격'의 비-존중의 결과로부터 기인한다. 자존심이 강한(예민한) 뱃사공의 인물은 '중간적인 위치'를 '예시'한다. 그는 물길을 따라 여행하지 않고 물을 가로지른다(물길을 막는 위치에 있다). 그리고 자신의 신체와 승객의 신체 사이에 이루어지는 '근접성'은 주인공이 땅에서 물로, 또는 물에서 땅으로 가기 위해 건너야 할 '거리'(간격)가 '너무 작거나 너무 크지' 않도록 이를 조절하면서 위험을 벗어나지 않는 한, (근접성) 그 자체 내에 치사(죽음)의 위험을 갖고 있다. 이것은 '내부'에 판단의 기준(자)이 있는 것이 아니라 합당한(합리적인) 거리의 '자'를 카누의 '외부'로 이전한 것이다.

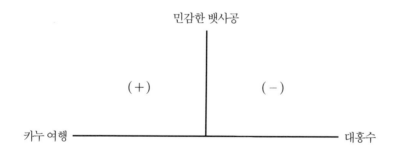

그래서 '뱃사공'과 '카누' (두 항) 사이의 전도된 관계의 너무 단순한 개념—레비스트로스는 임시로 이 개념에 머물러 있었다—을 '완전'하게 만들어야 한다. 사실상 이 두 항(뱃사공과 카누)은 세 번째 항(용어)을 상정하게 하는데, 바로 히다차 신화학에서 본 '대홍수'다. 대홍수 시기에 카누 여행으로 제어되었던 물은 맹위를 떨친다. 반면 성공적인 횡

단은 '대화'로부터 오는 선물(대가)처럼 나타나며, 또한 '대화'는 '계산적인 인간'과 '적의에 찬 물' 사이의 일종의 '결투'다. 대홍수가 커다란 자리를 차지하는 만단족과 히다차족의 기원신화들을 통해 우리는 이러한 명제의 정당성을 확인할 수 있을 것이다.

물이 이들의 눈에 원초적인 요소임에도 불구하고 이 부족이나 저 부족 모두 인류가 물에서 나올 수 있었다는 생각을 상정하지 않는다. 신화들은 '두 견해'를 '결합'한다. 히다차족의 현자들은 Y자형으로 묘사할 수 있는 체계를 도식화하는데, 이(二)지창의 두 팔 중 한 팔은 땅속 깊은 곳에 살고 있었던 조상들이 지상으로의 출현을, 그리고 다른 한 팔은 하늘로부터 내려온 조상을 표상한다. 이지창의 손잡이, 즉 공통의 자루는 이들 조상들이 만나 결합한 후 두 집단의 모험을 거론한다. 신화적 기원에 대해 만단족은 더더욱 복잡한 생각을 보존하고 있다.

그들은 대단히 많은 수의 원초적인 집단을 구분한다. 말하자면 물고기 종족, 곰 종족, 옥수수 종족, 들소 종족 등을 구분하며, 이들 중 3개 종족이 떨어져 나와 신화에서 역할을 한다.

만단족이 신화 속에서 땅속 심연에서 출현한 옥수수 종족과 인간 종족의 대리인으로서 '조물주 유일한-인간'(Seul-Homme)이 빚어 만든 들소 종족에게 특별한 자리를 제공하는 것은 틀림없이 그들의 반족(半族)으로의 분할 때문이다. 이 종의 이름을 갖는 사람들(종족)처럼 반족은 각각 옥수수와 들소, 동쪽과 서쪽, 전쟁과 평화, 남성의 근원과 여성의 근원, 담뱃대와 화로, 흐르는 물과 고인 물, 고르지 못한 땅 혹은 숲이 우거질 땅과 벗겨진 맨땅 등으로 연결되어 있었다(이원적인 대립체계로 이루어져 있었다). 양쪽의 종족들은 서로 만나 통합했는데, 반족의 분화가 이루어졌던 때와 같은 시기였다. 몇몇 판본들은 무엇보다 더 옥수수 종족에 관심을 가지며, 다른 판본들은 들소 종족에, 또 다른 판본들은 결국 두 종족의 '중간'(혼합)에 흥미를 갖는다. 이들 판본들은 모두 다 다른 종족들과 결합하기 위해 땅으로 내려온 천상종족에게 같은 중요성을 주고 있지 않다.

그렇지만 집단 전체가 연관되어 있는 '오키파' 의례들은 '삼원체계'(système ternaire)의 중요성을 증명하고 있다. 춤추는 자들에 의해 의인화된 '독수리'와 '말똥가리'는 사슴류로 분류되는 '영양'(羚羊)과 맞서 싸운다. 영양은 애써 곰과 들소의 음식물을 훔치려고 한다.

기술경제적 '삼각(틀)'인 '농업' '사냥' '전쟁'은 정확히 옥수수 종족, 들소 종족, 하늘(천상) 종족으로 이루어진 원초적 인류의 삼등분(삼각)과 일치한다. 여기에 또한 세 조물주들 각각 미주리강 양안의 공간 창조와 조직을 서로 나누어 지배하는 '유일한-인간'과 '최초의 창조자' 그리고 '점박이 독수리 호이타'가 일치한다. 그런데 호이타 점박이 독수리는 땅 위의 사업에 어떤 역할도 하지 않는다. 왜냐하면 그는 전적으로 '천상의 종족'을 대표하기 때문이다. 그러니까 '이원체계'(système binaire)에서 '삼원체계'로의 이행은 먼저 '두 대립'을 '통합'하는 것으로 행해진다. 말하자면 '유일한-인간'과 '최초의 창조자' 사이의 '대립', 그 뒤에 '최초의 창조자'가 '코요테'로 변형된 후에 '유일한-인간'과 '호이타' 사이의 '대립'이 나타난다.

만단과 히다차 기원신화들의 비교 분석은 엄청난 양의 작업을 요구할 것이다. 그러나 그로부터 훌륭한 결과를 얻으리라는 확신은 없다고 레비스트로스는 말한다. 그래서 그는 모든 판본들에 '공통적인 구도(구조)'를 끌어내는 것으로 만족할 것이다. 옥수수 종족의 출현과 들소 종족 그리고 천상 종족들과의 '융합' 후 조상들은 '모르는 사람' 또는 '이방인'이라 명명된 물가 곁에 살았다. 여러 해 동안 이주 후에 그들은 한 강가에 이르렀다. 그곳에서 그들은 건너편 강가 또는 몇몇 판본에 따르면 한 호수 가운데 있는 섬에서 커다란 마을을 발견했는데, 이 마을의 추장은 마니가(Maniga)라고 불렸다.

조상들은 이 먼 나라의 모래톱에 풍부한 조개를 부러워했다. 마니가의 백성들은 산토끼와 반달 모양의 노란 깃털로 목과 어깨를 장식한 찌르레기(새)의 가죽(털)과 '교환'하는 조건으로 '조개'를 주워가도록 허락했다(만단족의 기원신화$M_{512}$~$M_{513}$, 부분 발췌: 대홍수).

'교환의 본질'은 이미 '신화의 정신'에 나타나 있다. 마실 컵 또는 귀걸이를 만들 진주조개에 대해 만단족은 동물의 가죽, 즉 산토끼($M_{514}$에 따르면 스컹크)와 찌르레기 가죽을 제공한다. 조개는 물에서 나오고, 산토끼와 스컹크는 땅속에서 자고 땅 표면 가까이에서 산다. 찌르레기는 땅에 집(둥지)을 틀고, 낮게 날아다닌다. 만단 편에서 볼 때 두 개의 '교차'(교집합)와 직면하게 된다. '땅속∩땅의 표면' 그리고 '땅의 표면∩공중(높은 하늘이 아니다)'. 이것은 원초적 부족들의 '삼각(틀)'을 '이원적인 형식'으로 '통합'한다. '교환 행위' 속에서 보면, 함께 물과 대결(또는 대립)하는 것은 분명 땅과 하늘이다.

일반적인 관점으로 고려된 신화는 기원적 특성을 나타낸다. 즉 신화는 두 개의 측면, 먼저 지상의 주민과 물속의 주민 사이의 분쟁으로부터 유래한 결과와 다음은 계절 순환의 표현으로 상정하는 하천의 수량증가의 이론을 제시하고 있기 때문이다.

먼저 두 번째 측면을 고려해보자. 만단족은 기후적 상황에 따른 (일)년의 달[月]을 지칭한다. 즉 '작은 추위' '7일의 추위' 또는 동식물의 몇몇 특성에 의한 달들의 지칭을 볼 수 있는데, '늑대의 발정기' '눈병' '익은 옥수수' '낙엽' 등이다. 4월과 11월에 거의 일치하는 두 시기는 '동결'이나 '해빙'을 나타내는 대칭적인 이름을 갖고 있었으며, 이 시기는 방금 본대로 종교적 표상(체계)에서 아주 중요한 위치를 차지하고 있었다.

그렇지만 신화의 이러한 '시간적 측면'에서 '공간적 측면'을 분리할 수 없을 것이다. 계절의 변화와 더불어 만단족은 역시 거주지를 바꾼다.

그들은 강 쪽으로 솟아오른 곳(갑) 위에 여름 거처(마을)를 세우는데, 한 쪽 면은 울타리와 도랑으로 그들을 보호해야만 했다. 20 또는 30미터 층 위의 상대적으로 높은 이러한 위치는 침하된 곳에 있는 밭과 정원보다 높은 곳에 위치한다. 침하된 이곳의 토지는 비옥하고 일하기 쉽다. 이곳에는 일곱 종류의 강냉이, 네 종류의 콩, 다섯 종류의 박, 세 종류의 해바라기가 자라고 있었다. 파종 후에 여름 몇 달 동안 몇 번에 걸쳐 김을 매주어야 했다. (Bowers의『민족지』1, 2권을 통해 레비스트로스는 만단족과 히다차족의 민족지에 나타난 이들의 생각과 사고, 우주관, 삶의 방식을 해석하고 있으며 이들의 실생활을 통해 고찰한 실제적 삶의 방식이 신화에 나타남을 고찰한다. 카누와 마을의 유사성을 증명하여 남북아메리카의 신화가 연결되어 있으며, 같은 사고 속에서 나온 것이라는 점을 암시한다.)

추위가 찾아오면 강은 얼고, 강의 주위는 이제 더 걱정할 필요가 없다. 이때 이들은 산림이 우거지고 바람을 막아줄 장소인 계곡 밑에 자리 잡은 '겨울캠프'로 이사를 한다. 적어도 역사적인 시기에 히다차족은 같은 관습을 따르고 있었다. '겨울마을'은 각 '여름마을'과 일치했다. 미주리강 언덕에 풀 많은 테라스에 있는 여름마을은 나무숲이 있는 강 근처의 겨울마을과 일치했다. 계절에 따라 서로 구별되는 정치적 조직 역시 각 유형의 주거와 일치했으며, 추운 겨울 동안 절대적인 '겨울추장'의 '권력'은 여름마을로 돌아옴과 동시에 여름마을의 통치 방식으로 돌아왔다.

만단족에서의 여름마을은 옛날에 직경 약 50미터의 고르게 다져진 광장을 포함하고 있었다. 이 광장 중앙에 원기둥 모양의 건축물을 볼 수 있는데, 나무판자로 둘러치고 나뭇가지로 이어져 있으며, 이것은 아메리카산 노간주나무 기둥을 둘러싸고 있었다. 1930년까지 그 잔재들이 남아 있었다. 나무는 '조물주 유일한-인간'을 상징했고, 둘러싸고 있는 '나무판자 벽'은 '대홍수'로부터 마을을 보호하기 위해 세운 '방책'을 상징했다. 바로 여기가 마니가에 대한 만단족의 승리와 물의 파괴적인 힘을 추모하기 위한 '오키파' 중심 의례가 거행되는 곳이다. 의례에 나타나는 이러한 '물'의 측면 역시 강 한가운데에 항상 배로 표시되는 성스러운 북의 수가 하류를 향한 3개와 상류를 향한 3개 모두 6개라는 사실에서 유래한다.

만단족은 이 나무판자로 된 건축물을 '성스러운 방주'라고 부르며, 그 말은 '커다란 배'라는 의미다. 레비스트로스가 남아메리카 신화에서 끌어낼 수 있었던 '마을'과 '카누'의 '대립'은 이제 만단족에서 '겨울마을'과 '여름마을'의 '대립'으로 대체된다. 하나(겨울마을)는 물이 얼었을 때 물과 '근접'해 있지만 '움직이지 못한다'. 강의 수위가 올라갈 때 물에서 '멀리' 있는 다른 하나(여름마을)는 이로 인해 너무 쉽게 움직일 수 있게 된다. 결빙과 해빙, '결빙된 물'과 '해빙되어 홍수가 된 물' 사이에서 '여름마을'은 '카누'와 '같은 기능'을 수행한다. 하류로 내려가는 물의 자연적 흐름이 배의 속도를 가속하는 '내려감'과 배의 속력을 늦추는 '올라감'의 '대립'을 초월한다.

그리고 마찬가지로 카누의 천상승객들은 적당한 거리를 유지해야만 한다. 서로 '너무 멀지도 너무 가깝지도' 않아야 한다. 이것은 '낮과 밤' 그리고 '계절의 주기'가 정확하게 계산되기(교차하기) 위해서이며, 또한 겨울마을과 달리 '여름마을'은 '강'과 관련해 합리적인 적당한 높이에 세워져야만 한다. 여름에도 경작을 해야만 하기 때문에 낮은 쪽에 있는 경작지로부터 너무 멀지 않아야 한다. 그러나 강의 수위가 상징적 방벽 밑에 머물 수 있도록 충분히 높아야 집에 도달하지 못한다. 이런 의미에서 그리고 만단족이 그들 스스로 '방주'라고 지칭하며 이를 인정하고 있듯이 '여름마을'은 '카누'다. 왜냐하면 이 카누(마을)는 그들의 물의 위험을 극복할 수 있도록 하기 때문이다(카누가 갖는 중재의 힘).

좀더 생각해볼 필요가 있다. 남아메리카의 사고(思考)가 신비한 '카누'에게 부여하는 역할을 기억하고 있다. 이 사고 안에서 이러한 사고를 활용해 '가까운 것(곳)'과 '먼 것(곳)', '근친상간'과 '독신', '결합'과 '분리' 사이에 '중재'가 행해지고 있다. 또한 이 '사고'가 '중재'하는 '두 극단적인 항들'은 말하자면 '삼원체계'(삼각틀)을 구성한다. 더욱 우리는 만단의 '이원적인 사고' 역시 '삼각틀'에 적용하고 있다는 사실을 알고 있다.

이제 우리는 그 이유를 이해하게 될 것이다. 왜냐하면 만약 '여름마을'이 '중간' 높이에 있다면 그것은 '두 극단적인 항들', 즉 '하늘'과 '땅'이 관계될 수밖에 없을 것이다. 이러한 관점에서 절대적인 '대립'은 일부의 조상들이 살고 있었던 '천상마을'과 '여름마을'보다 더욱 '지상적인' (왜냐하면 여름마을보다 더욱 낮은 곳에 위치하기 때문에) '겨울마을' 사이에 나타날 것이다. 그런데 우리는 이미 또 다른 이유(결빙과 해빙기에) '중재적인 역할'을 보았다.

하늘/땅의 '대립'을 가장 중요한 위치에 놓는 히다차 신화들은 조상들의 천상의 거처를 떠나 지상으로 내려가도록 한 동기(이유)에 대해 강조하고 있다. 그들은 이제 더 사냥감을 찾을 수가 없었다. 그래서 사냥감을 찾아 모든 방향으로 헤매던 중 그들의 아래쪽에 '들소 떼'를 발견했다. 반면 만단족은 사냥감이 사라진 이유를 조물주 호이타―천상주민의 의인화―의 앙갚음 때문이라고 생각하는 것으로 보아 이 개념과 '대칭적'인 이미지를 제공하고 있다. 두 경우 모두 하늘과의 준거에서 '하늘'은 '사냥감의 부재'를 내포하고 있다.

들소 번식 의례로서의 '오키파' 춤은 단지 '관계'를 뒤집는다(관계의 방향을 바꾼다). 여기서 춤은 새들에게 들소의 보호를 맡기는데 정원의 정령들은 들소의 양식을 훔치려고 애쓴다. 그래서 하늘과의 관계에서 '사냥꾼'과 '사냥감'을 '분리 관계'에 있다고 말할 수 있을 것이다.

사냥감을 찾아 하늘에서 하강하는 하다차 신화가 '여름마을'에서 '겨울마을'로의 '계절적 이동'의 길을 열고 있는 것은 의미심장하다. 신화들이 사실상 사냥꾼과 사냥감 사이의 관계가 하늘에 더 우세하다고 한 관계가 '역'으로 나타난 것은 무엇보다도 '겨울'이다. 초겨울부터 봄까지 만단족과 히다차족들의 '생계'는 풀과 피난처를 찾아 계곡의 골짜기로 들어오는 '들소 떼'에 달려 있다. 사실상 인디언들은 '동물들이 자주 드나드는 장소'와 '같은 곳'에 그들의 '마을'을 설치해왔다. 모든 '사회적·종교적 행위'는 마을 한가운데에서조차도 '인간'과 '사냥감'의 '결합'을 도와주는 경향이 있었다. 모든 주민들은 '단식'과 '기도'에 엄격하게 따라야 했다. 만일 들소 떼가 가까이 '접근'하게 되면 엄격한 '규율'이 이들을 '통제'했는데, 나무를 자른다든가 불을 땐다든가 아주 작은 소리도 내지 못하도록 금지했다. '검은 하구'라고 불리는 감시조는 규율을 어긴 사냥꾼들이나 참을성 없는 사람들을 가차 없이 죽였을 것이다. 왜냐하면 놀란 들소들이 더 낮은 계곡에서 더욱 빨리 도망가 다시 이들이 돌아오기까지는 여러 날이 걸리기 때문이다. 인디언들로서는 어린아이들이 배고픔과 추위에 울고 보챌 때 자신들을 제어하기가 매우 힘들었을 것이다. 그렇지만 모든 사람들이 오두막 속에 갇혀 지내야 하지만 곧 오두막 사이로 들소들이 노니는 모습을 보게 된다.

'사냥꾼과 사냥감의 극단적인 접근'이 굶주림을 피하기 위해 요구되는 조건이라는 사실은 틀림없이 왜 '성적인 잡거'가 들소를 위한 '겨울 의례'에서 그렇게 커다란 자리를 차지하고 있는지를 설명한다. 기술적인 측면으로 볼 때 겨울사냥은 '내혼'적인, 아니면 심지어 '근친상간'적인 암시적 의미를 포함하고 있다. 겨울사냥이 암시하는 '결합'은 실제적으로 추상적인 '분리'와 '대립'이며, 단지 몇몇 신화들이 추상적인 분리를 제시하고 있을 뿐 실제에 있어서 인디언들은 사계절 내내 사냥을 해왔다.

그러나 이러한 극단적인 형태 사이에서—하나는 '실제적'이고 다른 하나는 '상직적'인—여름사냥은 '중간적(중재적)'인 경우를 나타낸다. 여름사냥은 마을 멀리 평원에서 이루어진다. 그러니까 사냥꾼들은 들소가 다가올 때를 기다리는 대신 들소에게 다가간다. 우리는 이미 경제생활의 측면에서 이러한 대조가—'외혼'이 '합리적인 거리'가 이루어지는 조건에서—외혼과 내혼 사이에서 이루어지는 사회생활의 대조와 비교할 수 있다는 점을 강조했는데, 이러한 '합리적인 거리'가 이루어지지 않으면 모든 것이 이루어지지 않을 위험성이 있으며, '분리'될 염려가 있을 것이다. '가까운 것'과 '먼 것'의 '중재'에 대한 문제를 제기하면서 달리 표현하자면, 만단족의 '사고'는 열대아메리카 인디언의 '사고'와 합류한다. (움직이는 카누 / 움직이지 못하는 물) ⇒ (움직이지 못하는 마을 / 움직이는 물)로 '변형'하는 조건으로 인디언들의 '사고'는 단지 카누 대신 (카누가 있는 자리에) '여름마을'을 설치하며, 이 마을 역시 위험한 '물'로부터 주민을 보호하며, 정확히 '큰 배'라고 불리는 '성스러운 방주'가 이를 '상징'한다. 한 경우도 다른 경우처럼 '수직 축' 또는 '수평 축' 위에서 매번 또 역시 '시간적인 축' 위에서 같은 공식은 두 개의 신화소(mythèmes)들의 특성을 표현한다. 이 책 308쪽에서 레비스트로스가 카누를 결합(∪)과 분리(//)의 교집합(∩)처럼 정의할 수 있게 한 공식을 '여름마을'에 응용함으로써 다시 재현할 수 있는 공식은 (∪)∩(//)이다.

* * *

이렇게 결론을 내리면서 레비스트로스는 두 번째 여행의 고리를 닫는다고 말한다. 왜냐하면 이 책의 첫 장에서 논의한 신화—사냥꾼 몬마네키의 혼인 이야기를 하고 있는 신화 M354 —는 그를 카누의 이미지와 접하게 했다. 카누를 해석하기 위해서는 우선 '해'와 '달'의 '분쟁' 형식으로 '카누'의 환위를 설명하고 있는 몇몇 북아메리카 신화들에 시선을 돌려야 했으며, 이 마지막 주제를 다시 뒤집으며 레비스트로스는 '화해'한 별(해와 달)의 거처인 '독수리사냥 의례'를 위한 오두막을 만났는데 (M₄₅₈), 이 '오두막'의 '상징'은 이미 '카누'와 이어졌다.

그래서 여정을 다시 시작하며 그는 카누의 주제에서 자존심이 강한 '뱃사공'의 주제로 이동했고, 강을 따라간 여행에서 강을 가로질러 '횡단'하는 여행으로 옮겼다. 역시 신화들이 증명하는 '방향전환'(뒤집기)을 통해 이 마지막 주제인 강의 이동을 불가능하게 만든 '대홍수'와 만났다. 결국 약화된 대홍수는 다시 그를 '성스런 방주'의 형태 또는 '여름마을'의 '이동식 성전'의 형태로 '카누'와 만나게 했다.

만단족과 히다차족에게는 '독수리사냥'을 위한 오두막이 — '여름마을'(중간 높이에 위치하는) 자체가 이 '천상마을'(높은 곳) 및 '겨울마을'(낮은 곳)과 관련되어 있는 것처럼 — 여름마을과 겨울마을과 관련되어 있다고 말할 수 있다. 실제로 독수리사냥은 달력에 따르자면 여름 들소사냥(시기)과 겨울 들소사냥(시기) '사이'에 위치한다. 이러한 두 형태의 들소사냥이 모든 관점, 말하자면 '기술적' '경제적' '사회적' '도덕적' 그리고 '종교적' 관점에서도 '반대명제'를 형성하고 있는 것을 알 수 있다. 이런 '반대명제'는 다른 경우에서도 계속해서 나타나며, 더욱 강화된다. 왜냐하면 '여름마을'은 천상의 '분리'된 사냥과 계곡 골짜기의 '결합'된 사냥 사이를 '중재'하기 때문이다.

그런데 출발 지점으로 회귀하는 레비스트로스의 두 번째 여정은 '방향의 변화'를 상정하는 것이 분명하다. 이것은 '아랫부분'의 두 도식을 비교함으로써 얻은 결과이며, 이 비교의 도식을 신화M₄₅₈과 신화M₅₀₃의 '조화'를 구성하려고 선택(구성)한 것이다. 사실 첫 번째 경우는 왼쪽에서 오른쪽으로 읽는다.

| 하지 | 추분 | 동지 |

그리고 두 번째 경우는 첫 번째 것을 아래와 같은 형식으로 옮겨 적었다.

| 춘분 | 동지 | 추분 |

이 경우에는 오른쪽에서 왼쪽으로 읽어야만 한다(이 책 36쪽 도식 참조).

그런데 조금이라도 이에 대해 생각해본다면 이 두 도정(행정)이 보충적이며, 하나의 닫힌 집단을 명확하게 규명하고 있다는 것을 알 수 있다. 첫 번째 도정에서 남아메리카 신화들은 우리에게 '꺽쇠여인'의 주제를 제공했으며, 우리는 북아메리카의 방향으로 대평원 인디언들의 신화들에 대한 '조사를 확장'하지 않고는 '꺽쇠여인의 계열(paradigme)'을 구성할 수 없었으며, 대평원 인디언들의 신화들은 '별들의 분쟁'을 통해 카누와 다시 연결되었다. 두 번째 도정에서 카누에 대한 북아메리카 주제 양태(양식)에 대한 연구는 자존심 강한 뱃사공의 주제와 연결되었으며, 남아메리카의 예들의 모음 없이는 이 주제의 '계열'을 구성할 수 없었을 것이다. 결국 우리를 '카누로 다시 데려다준 것'은 남아메리카의 예들이다. 만약 이러한 여정의 해독(해석) 방법이 정확하다면 '꺽쇠여인'의 주제와 '자존심 강한 뱃사공'의 주제 사이에 '대칭'관계가 뒤따라야만 한다.

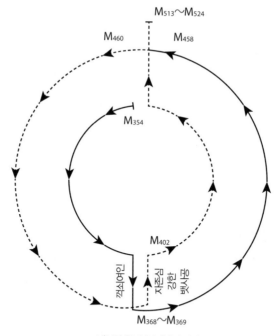

$M_{513} \sim M_{524}$

$M_{460}$     $M_{458}$

$M_{354}$

$M_{402}$

꺽쇠여인

자존심 강한 뱃사공

$M_{368} \sim M_{369}$

내부의 원: 남아메리카 여정
외부의 원: 북아메리카 여정
실선: '떠나는' 여행
점선: '돌아오는'(회귀) 여행

    그런데 이것은 유일하게 '의미론적 관점'에 '서 있을 때'에는 말 할 것
도 없이 분명하게 보인다. 각각의 경우에 '지상 여행'을 하거나 '강'을 건
널 때 두 인물과 관계되는데, 한 명은 다른 한 명의 '등'에 올라타 있다.
'꺽쇠여인'은 남편의 등 위에 가능한 한 '오랫동안' 머물기를 원하지만
남편에게는 치사의 '위험물'이다. '여행하는 주인공'은 그에게 같은 '위
험 인물'인 뱃사공의 등 위에 가능한 한 '덜 오랫동안' 머물기를 원한다.
꺽쇠여인의 실제적인 노예(남편)는 '물 덕분'에 그녀로부터 벗어난다.
왜냐하면 그녀는 '헤엄'을 칠 줄 모르기 때문이다. 식인 '카이만악어'의
잠재적 먹잇감인 주인공은 '땅 덕분'에 그로부터 벗어난다. 괴물은 '발

로 걸을 수 없기' 때문이다.

끝으로 만일 뱃사공이 자존심이 강한(예민한) 것으로 나타난다면 껵쇠여인은 어떤 양상으로든 전혀 그렇지 않다. 그녀는 아무 거리낌 없이 남편의 '등'에 오물을 배설해놓는다(M354). 그리고 뱃사공이 자신의 예민함을 나타내는 방식 중 하나는 주인공(여행자)을 잡아먹겠다고 위협하는 바람에 그가 놀라 배변이 급한 상황이 되어 괴물의 '등'에 일을 보게 되면 이를 핑계로 그를 '잡아먹는 것'이다(M403d).

동시에 '신화 원문 분석'으로 경험적 확증을 얻을 수 있다. '껵쇠여인'의 주제는 두 가지 양상으로 전도될 수 있다. 한편으로 희생자를 구원의 물이 있는 곳까지 굴러 쫓아가는 '구르는 머리'의 주제처럼, 그리고 다른 한편으로 자신의 희생자를 물속 깊은 곳으로 끌고 가 희생자를 죽이는 '잠수하는 거북'의 주제처럼 도치되어 나타날 수 있다. 그런데 항상 신화들은 '자존심 강한 뱃사공'의 주제를 한 주제의 이러한 '두 가지 전도' 중 하나와 연결한다. 레비스트로스가 전제하고 있는 것처럼 이 하나의 주제는 '다른 축' 위에서 그 자체가 먼저 '전도'된 주제이다. 이처럼 자존심이 강한 뱃사공의 북아메리카 '변이형' 판본들에서 '두루미'는 구르는 '머리'에 의해 쫓기는 주인공들의 도망을 돕기 위해 그의 긴 다리를 뻗어 '다리'를 만든다. 남아메리카에서 자존심이 강한 뱃사공의 이야기를 다루는 몇몇 판본들은 '껵쇠-소년'의 주제로 끝나는데(M403b), 이 '껵쇠-소년'은 '껵쇠여인'의 주제가 두 축 위에서 '변형'된 것이다. 말하자면 '여자⇒남자' 그리고 '여성 배우자⇒아들'로 변형되는 데 반해, '구르는 머리'의 주제는 흔히 '여성 배우자⇒어머니'로 변형된다.

여정의 (갈래)길들이 때로는 '같은 방향'을 지속하고 있지만 '평행'으로 가던 길이 '어긋'나고 또는 '교차'되고 심지어 '역행'하는 이런 아주 복잡한 여정은 만일 레비스트로스가 '동시적'으로 '몇몇 작업'을 할 수 있다는 데에 유의하지 않는다면 이해할 수 없을 것이다.

사실 이 책의 '논증'은 세 개의 층위(혹은 차원)에서 전개된다. 즉 '동시에' '민족지적' '논리적(신화 분석의 논리)' 그리고 '의미론적' 차원에서 이루어진다. 그리고 만일 어떤 '독창성'을 열망할 수 있다면, 그것은 모든 단계에서 '각 차원'이 '다른 차원'의 것들과 '밀접한 연계'가 이루어지고 있는 것이 '명료해'질 때 가능할 것이다.

먼저 '민족지적 관점'으로 보자면 광활한 공간을 넘어 열대아메리카 인디언들과 북아메리카 대평원의 인디언들을 갈라놓고 있는 '삶의 양식' '사회조직' 및 '믿음'과 관련된 다중의 '간격'(차이)을 극복해야만 했다고 레비스트로스는 말한다. 그런데 목표의 변화는 거의 다른 위성을 탐험하는 것 같았다. 이 책에는 북아메리카 중앙 지역의 신화들로 한정함으로써 마치 정지 궤도의 위성에서 보는 것처럼……. 다음 권이자 마지막 권인 『벌거벗은 인간』에서 새로운 출발의 기회를 주어 더욱 서쪽과 북쪽 지역을 향해 가도록 했다.

반구의 변경으로 인해 생길 '변형'을 조건으로 그곳으로 갔으나, 첫 작업 이상이었던 처음의 모든 신화들(남아메리카의 신화)을 '거울' 속에서 다시 인정하게 되었다(거울은 같은 모습을 반사하나 위치가 반대다). 이러한 관점에서 신화 $M_{428}$과 $M_{10}$ 사이의 접근은 (신화의) 분산 지역이 확대된 만큼 "신화체계는 항상 닫혀 있다"는 레비스트로스 자신이 제시하기를 원하는 '근거'(증명)의 '예감'을 보일 뿐이라고 말한다.

레비스트로스는 이제 '형식적 관점'으로 이동하여 '신화학' 전개과정의 '세 가지 측면'을 구별한다. 먼저 조사한 첫 번째 신화들이 활용하는 '대립들', 특히 '수직 축' 위에 위치하며, 우주적이고 공간적인 '높고 낮음' '하늘과 땅' '태양과 인류' 등을 넘어 '수평적' '사회적' 그리고 '시간적' 축 위에 위치하는 '대립들' '이곳과 저곳' '가까움과 멂' '내혼과 외혼' 등이 정의하는 '다른 체계'와 관련된 신화들로 향해갔다. 만일 첫 번째 '축'의 펼쳐진 '공간'이 '절대적'인 것처럼 보인다면, 두 번째 '축'의 펼쳐진 '시간'은 '상대적'이다.

　이러한 고찰은 다른 측면을 강조한다. 사실 레비스트로스는 (신화학을 집필하면서) '극단의 항(들)' 또는 '중재항(들)'을 가지고 첫 번째 대립들을 구성했다. 그러나 이에 대해 '항'들이 실재하거나 부재, 결핍하거나 분리되었다고 항시 절대적인 말로 표현할 뿐이다. 반대로 이 책에서 직면해 있는 (우리가 이 글에서 보고 있는) 대립들은 '항'으로서가 아니라 이 '항들' 사이 안에서 '감지할 수 있는 관계(relations)'를 첫 번째 요소로 끌어들인다. 이 '항'들은 너무 '근접'해 있고, 너무 '멀리' 또는 적당한 '거리'에 있는 것처럼 나타난다. '결합' '분리' '중재' 각각은 단지 대략적인 가치를 가지는 '경험적'인 양상으로 묘사되며, 이것들은 틀림없이 '관계'로서 '정의될 수 있다'고 말할 수 있다. 그러나 이것들은 '동시에' 다른 등급(서열)보다 더욱 올라간 등급의 '조합'(결합관계)의 항들이 된다.

　여기에서 우리는 『신화학 2: 꿀에서 재까지』가 명확히 한 '형식의 논리'(logique des formes)를 발전시키고 '형식 논리' 자체는 『신화학 1: 날것과 익힌 것』에서 사용된 '질적 논리'(logique des qualités sensibles)를 추월하는 '명제'의 진정한 '논리'의 시초임을 볼 수 있다. 끈기 있게 같은 신화들을 조사 분석하거나 새로운 신화들은 유입(병합)하지만, 형식적인 관점에서 이 신화들이 '먼저 신화들'의 '변형'이라는 것을 제시할 수 있는 한 '같은 신화 집단'에 속한다(말하자면 '변이형 집단'이다). 이처럼 '구조 분석'은 나선형으로 진보한다(앞으로 나아간다 또는 확장된다). '구조 분석'은 자신의 발자취를 다시 밟는 것처럼 보인다. 그러나 항상 '신화적 재료'의 더욱 깊은 '층'에 도달하려 하며, '구조 분석'이 '재료'의 '심장부'에 파고 들어가 조금씩 재료의 모든 '특성'들을 깊이 통찰하려 한다.

　'불연속적인 양'에서 '연속적인' 양으로의 이행, 또는 적어도 (최소한)

계절의 '큰 간격'으로부터 삭망월과 매일의 반복이 구성하는 '더욱 작은 간격'으로의 이행과 더불어 마침내 '유출'(흐름: 들어오고 나감)의 신화학이라 부를 수 있는 것이 탄생되며 '소설' 유형의 구성이 어떻게 점진적으로 '신화적' 구성을 '대체'하는지를 알게 되었다. 왜냐하면 '유출의 신화학'은 '밤과 낮' '하류와 상류' '밀물과 썰물' '결빙과 해빙' 수위의 상승과 하강'을 '교차(교대)'하게 만드는 이러한 '주기적'인 변동 일정을 해석할 수 있게 하기 때문이다.

이제 '의미론적 측면'만 남아 있다. 여기서도 역시 '변형'이 드러나기 시작한다. '날것'과 '익힌 것'—『날것과 익힌 것』제목으로 제시한—의 '대립'은 첫 번째 책에서 취사의 '부재'와 '출현'의 '대립'이었다. 두 번째 책에서의 '취사'의 '주변', 말하자면 취사의 '내부'에 있는 '꿀'과 관련되는 예법(관습)과 믿음, 그리고 취사의 '외부'에 있는 '담배'와 관련되는 것들을 조사하기 위해 취사의 '출현', 말하자면 취사의 '존재'를 전제로 했다. 같은 방향으로 나아가면서 이 세 번째 책은 취사의 주변(둘레)에 관심을 갖게 될 것인데, '취사의 둘레'는 '자연적 측면' 즉 말하자면 '소화'와 문화적 측면이 있으며, '문화적 측면'은 '요리법'은 물론 '식사예절'까지 확대된다. 실제로 '요리법'이 '자연적인 재료의 문화적 소화'(élaboration)로 규정하는 점에서 '요리법'은 두 개의 서열과 관계된다. 이에 반해 '소화'(digestion)는 '문화적 소화'와 '대칭'적인 위치를 차지한다. 왜냐하면 문화적 소화는 문화에 의해 이미 처리된 '재료'의 '자연적 소화'(élaboration naturelle)로 이루어지기 때문이다. '식사예절'이 어떤 면에서는 '이차적'인 '문화적 소화'와 관련된다. 이렇게 정의한 레비스트로스는 검토된 신화들이 '소화' '요리법' '식사예절'의 3중 이론을 '유기적'으로 '연결'한다고 어떤 '방법'으로, 그리고 어떤 '의미'로 말할 수 있을까? 이것이 저자가 결론을 대신해 우리에게 남겨진 '증명'해야 할 과제다. (레비스트로스는 '취사민족학'이라는 다음 장에서 설명을 이어가지만, 이에 대한 결론은 다음 권(제4권)에서 북아메리카의 북부와 서부의 인디언들의 조사를 진행하면서 끝맺을 것이다.)

* * *

신화 속에는 이를 창조한 사람들의 삶과 죽음, 믿음, 이들의 우주관과 사회조직, 경제, 관습, 종교, 교육, 도덕 등과 이들의 '상상력'의 산물들, '상징적' 창조물들이 엮여 있다. 이 수없이 많은 '재료'를 '엮어' (거의 무의식적으로) 신화를 창조했고 이 창조 법칙이 신화의 '구성 논리'다.

이들은 미개한 사람들이 아니며, 기술적인 측면에서는 우리보다 단순하나 사고의 측면에서는 우리와 차이가 없다. 어떤 면에서는 우리보다 순수하며, 우리를 부끄럽게 하는 '도덕률'을 갖고 있다. 교육과 도덕을 다루는 이 책의 끝에 나오는 저자의 이야기를 끝으로 '해제'를 마치려 한다.

우리가 사용하는 집기들, 오늘날에도 역시 머리빗, 모자, 장갑, 수저 또는 음료를 마시는 빨대 등의 외양으로는 하잘것없는 물건들, 이것들에게 할당된 평범한 임무에도 불구하고, 이들 물건들은 극단들(두 극) 사이에 '중재자'로 남아 있다. 우리들 각자에 의해 사용된, 신체의 보잘것없는 규모에 적응한 이 집기들은 이 책의 분석과정에서 나타났던 '해와 달의 전설적인 '카누'의 이미지'를 반복하고 있다. 카누 역시 기술적인 산물이다. 그러나 '카누'는 '집기들을 잉태시킨 문화' 그 자신과 '모든 기술적 물건들에게' 아마도 마지막 분석에서 인정해야만 할 '기능'을 명명백백히 나타내고 있다. 존재들을 '동시에' '분리'시키고 '결합'시키는 '기능', 말하자면 이것은 인간을 '무기력'과 '이성'의 '결여'로 시달리게 하는 존재들을 서로서로 '너무 근접'시키거나 '너무 멀리' 떨어지지 못하게 하는 '기능'이다.

수천 년 동안 인간이 만족했던 목표와 어울리지 않게 사용된 무능과 무기력에 대한 '승리'가 이성의 '결여'로 귀착시키지나 않았는지를 알아보는 것이 남은 문제다. 신화학 전권 중 앞의 두 권은 '질(質)의 논리'와 '형식의 논리'의 이중적 측면에서 '신화적 사고'를 인도하는 '비밀스런 논리'를 끌어낼 수 있게 했다. 지금 우리의 신화학 역시 하나의 다른 모럴(도덕)을 내포하고 있다. 그러나 '슬프게도' 우리의 것과 너무 멀리 떨어져 있으며 '그의 논리'는 '우리의 논리'와 '같지 않다'는 것을 확인한다. 만일 식사예절의 기원을 좀더 일반적으로 말하자면 '훌륭한 관습'의 기원이 (우리가 이를 제시했다고 생각한 것처럼) "예의범절은 의무(지워진 책무)를 존중하는 것"이라는 세상에 대한 공경 속에 있다면, 신화들에 내재하는 '도덕'은 오늘날 공언하는 '도덕'에 '정반대'의 입장을 취한다는 결과에 이르게 된다. 이들의 '도덕'은 어쨌든 우리에게 다음과 같은 '사실'을 가르친다. (우리에게) "지옥, 그것은 '타인'들이다"라는 커다란 결과를 나타내는 문구는 철학적인 '명제'를 구성하는 것이 아니라 '문명'에 대한 '민족지'적 '증언'이다. 왜냐하면 우리는 어린 시절부터 '밖'(외부)으로부터 오는 '부정'을 두려워하는 데 익숙해 있기 때문이다.

반대로 그들이 "지옥, 그것은 '우리 자신'들이다"라고 선언할 때 '야만적'인 사람들은 아직도 우리가 알아들을 수 있다고 생각하기를 바라는 '겸손'한 가르침을 주는 것이다. 태곳적부터 많은 사회의 '부'와 '다양성'으로 대부분의 '문화유산'을 구성한 이후 인간은 금세기에 들어 '헤아릴 수 없이 많은 살아 있는 형식들'을 집요하게 '파괴'해왔다. 신화들이 말하는 것처럼 잘 정돈된 휴머니즘(인본주의)은 "자신 스스로 시작되지 않으며" "생명 이전에 세상이 있었고" "인간 이전에 생명이 있었으며" "이기심 이전에 타인(타 존재들)에 대한 '존중'이 있었다."

# 서문

　이 책의 초반부가 생경할 수도 있지만, 앞의 두 권의 책처럼 이 책도 독립성을 지닌 하나의 책을 구성한다. 이 책을 두 권의 책보다 먼저 읽기 위해서 독자들은 『신화학 2: 꿀에서 재까지』를 재조명해보는 6줄(행)의 서문을 건너뛰어 곧 논의가 시작될 아마존강 지역의 신화를 읽는 것으로 충분하다. 신화번호 354로 지칭된 이 신화는 우리 논증의 길잡이로 사용될 뿐만 아니라 우리 작업의 마지막까지 같이 가게 될 참조신화의 역할을 하게 될 것이다. 그러므로 이 신화는 우리가 『신화학 1: 날것과 익힌 것』에서 맨 처음 분석을 시작했던 신화($M_1$)의 전략적 지위와 비교되는 지위를 갖게 될 것이며, 이 참조신화($M_1$)와 같이 『신화학』의 마지막까지 전략적인 지위를 갖게 될 것이다.

　아마도 이 책의 논쟁점을 제시하게 될 투쿠나 인디언들의 신화는 처음 시작하는 독자들에게 더욱 바람직한 토양을 제공하게 될 장소가 될 것이다. 왜냐하면 어떠한 신화도 우리의 논의에서 연속적이거나 동시적인, 말하자면 맥락적, 형식적, 민족지적, 의미론적인 여러 관점을 갖고 있으며, 동시에 깊이 파고드는 (면밀한) 분석 대상이 될 수 없기 때문이다. 이러한 점에서 이 책의 첫부분은 학습적인 효과를 갖는다. 이 첫부분은 정확한 예를 바탕으로 우리의 방법론에 입문할 수 있으며, 점진적으로 방법론의 진행과정과 방식에 익숙해지고, 얻은 결과에 따라 방법론의 이점을 판단할 수 있을 것이다. 그러나 그 이상의 이유들이 있다. 한 신화의 진행과정을 한발 한발 추적하다 보면 이 신화를 밝혀줄 또 다른 많은 신화들에 접근하게 되는데, 이들 모두가 서로 결합하는 유기적 이유들을 알 수 있게 된다. 그리고 하나의 사회, 또는 지리적·역사적으로 근접해 있는 여러 사회의 신화적인 세계는 항상 닫힌 체계를 구성하기 때문에 논의의 시작점이 됐던 신화들을 종국에는 반드시 다시 찾을 수 있다. 이렇게 해서(이 책 454쪽) 신화번호 428로 지정된 신화($M_{428}$)는 『신화학 1』에서 신화번호 10을 갖고 있는 신화($M_{10}$)와 다시 접하게 된다. 이어서 이것은 제6부에서 신화번호 495를 갖는 신화($M_{495}$)는 신화학 전체의 시작인 『신화학 1』에서 출발점과 길잡이가 되었던 신화집단{$M_1$, $M_7$~$M_{12}$, $M_{24}$}과 일치하게 된다.

결과적으로 『신화학 3』의 독자들이 신화학 전체(시리즈)를 읽는 데에는 어떠한 방식도 가능하다. 『신화학 3』을 읽고 이어서 『신화학 1』로 시작하지 못할 이유가 없다. 왜냐하면 이 책(『신화학 3』)의 끝부분은 『신화학 1』의 첫부분과 연관되기 때문이다. 그런 다음 계속 흥미롭게 생각된다면 독자들은 『신화학 2』를 읽을 수 있다. 이와 마찬가지로 『신화학 2』로 시작하여 이어서 『신화학 1』을 읽은 다음 『신화학 3』을 읽을 수도 있다. 실제로 이런 식으로 읽는 방식은 1-2-3, 2-3-1, 2-1-3 또는 3-1-2의 여러 가지 순서가 있을 수 있다. 그러나 단지 독자들이 1-3-2와 3-2-1의 순서로 읽는다면 문제가 복잡해질 수 있다. 달리 말하자면 『신화학 3』을 맨 나중에 읽는 조건이라면 『신화학 2』를 읽고 이어서 『신화학 1』을 읽을 수도 있기는 하지만 『신화학 3』을 읽은 후에 『신화학 2』를 읽으려면 『신화학 1』을 먼저 읽어야 된다는 전제조건이 필요하다는 의미이다(말하자면 『신화학 1』의 내용을 알 필요가 있다—옮긴이).

이러한 모순은 두 가지 이유로 설명될 수 있다. 첫째, 한편으로 『신화학 1』과『신화학 2』, 다른 한편으로『신화학 1』과『신화학 3』은 보충적인 역할을 수행한다.『꿀에서 재까지』에서 우리가 설명한 것처럼『신화학 1』이 (취사의 기원을) 정면으로 수행한 같은 여정(코스)을 이 책(『신화학 2』)은 뒤집어서(역으로) 수행한다. 반면에『식사예절의 기원』역시『날것과 익힌 것』에서 출발했던 지점으로 다시 돌아오지만 위와는 다른 여정을 선택하며, 이는 신세계의 다른 두 대륙을 분리하는 광활한 공간을 가로질러야만 한다.

둘째,『신화학 3』에 할당된 임무는 다른 두 권이 수행했다고 상정되는 것보다 훨씬 더 복잡하다. 이 책에서 우리는 세 개의 장(층위)에 위치하는 길을 동시에 가야 한다. 이러한 진행과정은 이 책 677~684쪽에서 자세하게 분석될 것이다. 그러나 혹시 독자들의 혼란을 방지하기 위해서는 처음부터 이에 대한 총체적인 관점을 제시하는 것도 쓸모없지는 않을 것이다.

우선 순전히 지리적 관점에서 우리는 이미 남아메리카에서 예시했던 몇몇 신화적 도식들과, 특히 북아메리카에서 변모된 형태로 다시 나타나게 될 신화적 도식들을 따르게 될 것인데, 이러한 변형은 설명되어야 한다.

그러나 반구(半球)를 바꿈과 동시에 또 다른 차이들이 나타나는데, 이것은 신화들의 골조 자체가 손상 없이 남아 있는 것만큼이나 의미 있는 것이다. 그러니까 이미 연구된 신화들은 높음과 낮음, 하늘과 땅, 해와 인간 등 공간적 대립을 다루었는데, 가장 정확하게 비교되는 남아메리카 예들은 우선 느림과 빠름, 동등한 기간과 동등하지 않은 기간, 낮과 밤 등 시간적 대립을 사용한다.

셋째, 여기서 조사할 몇몇 신화들은 우리가 문학적(소설적 관점)이라고 부를 수 있는 문체와 이야기의 구성에서 기존의 신화와 다른 신화들이다. 이야기의 구성이 단단히 구조화되어 있는 대신 이 신화는 '삽화적인' 이야기의 모습을 보인다. 여기서 에피소드들은 서로 모방한 것처럼 나타난다. 그리고 왜 이 에피소드들의 숫자가 (다소간) 많지 않을 것이란 암시는 당장 볼 수는 없다.

그러나 이 책(M₃₅₄)이 진행되는 동안 참조신화로 사용될 이런 형식의 신화를 분석하면서 우리는 연속된 서로 닮은 에피소드들이 우리가 생각할 수 있는 것만큼 그렇게 동일하지 않다는 것을 알 수 있다. 이 에피소드의 시리즈는 하나의 체계를 숨기고(또는 포함하고) 있는데, 이 체계의 특성들은 우선 우리가 한정하고 있었던 형식의 층위를 넘어선다. 연속된 에피소드식의 이야기는 다른 신화들로부터 파생된 변형들의 극단적인 형식을 반사한다. 그러나 에피소드들이 진행됨에 따라 이들의 구조적 성격(특성)은 점진적으로 최초의 민족지적 참조사항으로부터 멀어지면서 완화된다. 마지막에는 잔류 에너지(에너지를 포함하고 있는 근거지[에너지 중추])는 약화된 형식으로 남아 있게 된다. 이 잔류 에너지는 자체적으로 얼마간의 에피소드들을 재생산할 수 있을 것이나 무한정으로 재생산할 수는 없다.

잠시 아메리카의 문제를 놓아두자. 우리의 유럽 문명에서 (차용한) 비교할 만한 현상들, 말하자면 시리즈 소설, 삽화식의 이야기, 또는 같은 작가의 추리소설—이러한 유의 책에는 매번 같은 주인공, 같은 인물들이 등장하고 이야기의 줄거리(플롯)도 항상 같은 구성을 이룬다—들이 서구에서는 신화학과 아주 가까운 문학 장르에 속한다고 생각할 수 있다면 이러한 소설 장르로의 이행이 신화적 장르와 근본적인 분절(유기적 연결)을 구성하지는 않는지, 그리고 하나에서 다른 하나로의 이행(transition)이 취했을 모델을 제공하는 것은 아닌지 숙고해 봐야만 할 것이다.

다른 한편, 참조신화로 선택한 투쿠나 신화의 첫 장면에 에피소드가 나오는데, 이에 따르면 두 부분으로 조각난 인간 배우자(여)는 자신이 남편 등에 달라붙음으로써 부분적으로 생존한다. 이 에피소드는 통합적 연쇄(신화 그 자체의 문장)만으로는 해석하기 불가능하며, 더욱 남아메리카 신화학 전체로도 밝힐 수 없다. 그러나 북아메리카 신화와 연계된 계열적 체계 내에서는 명백하게 밝혀질 수 있다. 그러므로 지리적 이동이 실제적, 경험적(물리적)으로 일어난 것은 필연적 사실이다. 이제 이론적 관점에서 이를 증명하는 일만 남았다.

아메리카 북부 대평원 인디언 신화들이 유일하게 달라붙는 여인(갈고리 여인)과 개구리 사이의 일치를 상정하고 있다는 사실로 인해 개구리를 주인공으로 하는 열대아메리카의 신화에 영향을 받은 『신화학 2』의 모든 고찰들은 보충 차원에서 더욱 풍부해진다. 이런 새로운 맥락에서 고찰을 전개하면서 우리는 이미 두 대륙에 걸친 신화들의 일반적인 해석이 부당한 시도가 아니라는 점을 보증하는 더욱 향상된 효율성을 바탕으로 기존의 분석들을 다시 고려할 수 있다. 지리적 거리에도 불구하고 상호보완적인 상당수의 변이형 신화와 동일시함으로써 모든 남 또는 북아메리카 대륙의 신화는 질적(본질적)인, 말하자면 수사학적인 변형을 예시한다. 사실상 문자 그대로의 뜻으로 갈고리 여인은 프랑스에서도 은유적인 대중언어로 단지 '찰거머리'라고 부르는 여성인물 이외에 다른 것이 아니다. 서로 멀리 떨어져 있는 아주 다양한 민족들의 신화와 우리(프랑스)의 고유한 대중언어(그렇지만 어떤 언어라도 같은 또는 다른 양상으로)의 비유가 풍부한 표현들에 의해 간접적으로 증명되는 이러한 방식은 일종의 민족지적 증명의 한 양상처럼 생각할 수 있다. 이러한 증명 방식은 더욱 진보된 과학이 사용하고 있는 것과 전혀 관련 없는 것이 아니다. 우리는 흔히 인문과학과 달리 자연과학만 유일하게 다른 장소와 시간, 동일한 조건에서 자신의 경험들을 재현할 수 있는 특권을 가졌다고 말한다. 물론 우리는 우리의 경험을 재현할 수 없다. 그러나 다양화된 인간문화의 선택의 폭으로 인해 인간문화가 있는 곳 어디서나 같은 경험을 찾을 수 있다.

　동시에 전에 등장했던 인물과 대칭관계에 있는 (유사한) 상상의 또 다른 인물의 의미론적 위치와 논리적 기능이 분명해진다. 흔히 동반되는 상상의 인물은 남성이며, 근접해 있는 대신 멀리 떨어져 있는 여성이 아닌 인물이지만 그의 출현은 실제적이 아닌 것도 아니고, 은밀한 것이 아닌 것도 아니다. 왜냐하면 이 인물은 멀리 떨어져 있어 생기는 장애물을 뛰어넘을 수 있는 아주 긴 성기를 소유하고 있기 때문이다.

　참조신화의 마지막 에피소드가 제기한 문제를 해결한 후 우리는 참조신화의 에피소드만큼이나 모호한 또 다른 에피소드로 기울어지게 되는데, 이것은 카누(배) 여행과 관련이 있다. 가이아나 신화는 이 여행의 의미를 끌어내는 데 도움을 준다. 실제로 배에 탄 여행자들은 선장과 조타수의 역할을 각각 맡고 있는 해와 달이라는 사실을 분명히 한다. 이들에게 동시에 맡겨진 역할은 서로 접근(같은 작은 쪽배 안에서)하고, 멀어짐(하나는 뒤쪽에 다른 하나는 앞쪽에)을 유지하는 것이다. 그러니까 낮과 밤의 규칙적인 교차를 보장하기 위해 두 천체가 그렇게 해야 되는 것처럼, 그리고 또한 춘분과 추분에 낮과 밤의 길이가 같아져야 되는 것처럼 천체들은 **적절한 거리**를 유지해야만 한다.

　이처럼 우리는 아마존 지역의 신화가 한편으로 여성 배우자-개구리와 관련되고, 다른 한편으로 천체들을 의인화하는 두 명의 남성 주인공들과 관련된다는 점을 밝히고, 결국 남아메리카에서 유래한 신화와 북아메리카에서 유래한 신화가 하나의 유일한 집단으로 보강되는 덕분에 꺽쇠-여인의 소재는 개구리에 준거하여 해석될 수 있으며, 또 해석되어야 한다는 점을 밝힐 수 있다.

　그러므로 꼭 거론해야 했던 북아메리카 지역 북부와 중앙의 대평원, 미주리강 상류 유역에서도 널리 알려진 신화들은 명시적으로 이러한 모든 소재들을 하나의 이야기 속에 연계하고 있다. 이야기에 따르면 형제인 해와 달은 이상적인 아내를 찾아 떠나며, 인간 아내와 개구리-아내 각각의 덕목에 대하여 논쟁을 한다.

저명한 신화학자인 스티스 톰슨(M. Stith Thompson)이 행한 이 에피소드의 해석을 요약하고 논한 후 우리는 그가 여기서 보는 것에 반대되는 이유들, 말하자면 지역적이고 후에 이루어진 변이형이 아니라 분포지역의 영역이 대단히 넓은 한 신화로부터 알려진 다른 교훈들을 통합하는 변형이라는 점을 이야기할 것이다. 왜냐하면 이 이야기는 알래스카로부터 동부 캐나다와 허드슨만(灣)의 남쪽 지역에서 멕시코만의 경계 지역까지 퍼져 있기 때문이다.

별들(해와 달)의 논쟁을 다루고 있는 10여 개에 이르는 모든 변이형(신화)들을 분석하면서 우리는 모든 신화들이 때로는 명시적으로 내세우는 '춘·추분' 유형의 공리체계(axiomatique)를 명백히 할 것이다. 그리고 공간축에서 시간축으로의 이동에 대하여 이전에 이미 남아메리카 신화들만을 연구하면서 암시했던 가설들을 유효하게 할 것이다. 그러나 또한 이러한 이동이 단순한 축의 변경이 요구했던 것보다 훨씬 더 복잡한 측면을 나타낸다는 사실을 확인할 수 있다. 왜냐하면 시간축의 극은 항(termes)의 형식으로 나타나지 않으며, 말하자면 이들은 이미 불균등하게 이웃한 항들 사이의 관계체계를 구성하고 있으므로—각각 더 길거나 또는 더 짧은—상대적 시간에 따라 대립할 수 있는 간격(intervalles)의 유형으로 구성되기 때문이다. 다른 두 권의 책에서 연구된 신화와 비교해볼 때 새로운 신화들은 더욱 큰 복잡성을 나타낸다. 이 신화들은 항들 사이의 단순한 관계를 사용하는 것이 아니라 관계들 사이의 관계를 적용(실행)한다.

신화적 사고의 구조적 분석을 발전시키기 위해서는 여러 유형의 모델에 호소해야 한다. 이 모델들 사이의 이동(passage)은 어쨌든 가능하며, 모델들의 차이들은 독특한 신화적 내용의 기능(또는 항)으로 해석될 수 있다. 우리의 관심을 끄는 것은 결정적인 이동이 천체 코드의 층위에 위치하는 것으로 보인다는 것이다. 여기에서 성좌들—이들은 느린 주기성이 특징인데, 성좌들은 계절과 관련되며, 삶의 양식 또는 기술-경제적 활동의 주기성이 강조되는 대비로 구조화되어 있기 때문이다—은 새로 유입된 신화들에서 해와 달 같은 개별적인 천체로 대체된다. 낮과 밤의 교대는 또 다른 유형의 주기성을 규정한다. 이들(해와 달)은 동시에 계절의 변화에 상관없이 초연하고 하나의 원칙 아래 있으며, 주기는 더욱 짧다. 하나의 대비된 주기성 안에 있는 이 주기성은 그의 연속적인 진행 양태로 보아 자신을 포함하는—물론 같은 단조로움이 면제된—다른 주기성과 대조를 이룬다.

이런 천체 코드의 일반 공리적 특성은 또 다른 여러 특성과 서로 맞물리는 데(연관되는 데) 장애가 되지 않는다. 이런 특성은 산술철학을 추진하게 한다. 이 책 여섯 번째 파트에서는 전적으로 이를 더욱 심화시키는 데 힘을 쏟는다. 아마도 독자들은 놀랄 것이고, 우선 우리가 먼저 놀랐다. 왜냐하면 신화적 사고의 가장 추상적인 사색은 경험적 행위에 기반하여 (축을 이루는) 또 다른 사색의 열쇠를 제공하기 때문이다. 말하자면 한편으로는 전사들의 관습과 적의 머리가죽을 벗기는 관습적 행위, 다른 한편으로는 취사방법과 기수법(記數法)의 이론, 머리사냥의 이론과 취사의 기술은 모두 함께 도덕(moral)의 근거를 창출하기 위해 서로 연결(결합)된다.

그러므로 우리가 조사 영역을 넓힘과 동시에 신화학 시리즈의 마지막인 제4권에서 문제가 될 북아메리카 신화에서 확고한 기반을 얻도록 하자. 우리는 이론적 효과를 가지는 몇몇 결과를 얻게 될 것이다. 광범위한 신화 전체에 대해 우리는 동시에 내용(fond)과 형식, 질적인 것과 양적인 것, 물질생활의 환경과 윤리를 공고히 할 것이다. 결국 우리는 신화 속에서 작용하는 이러한 것들(위에 열거한 것들)의 축소(reductions)는 모두 같은 길을 간다는 점을 제시할 것이며, 또한 아주 다른 면에서 신화학 자체에서 소설적 양식이 출현하는 것을 보게 될 것이다. 자신의 형식적 특성에도 불구하고 이러한 새로운 양식은 이야기의 내용에 영향을 미치는 변형과 연관되어 있다.

앞의 신화학 두 권과 친숙한 독자들은 틀림없이 분석방법의 가벼운 수정을 지적할 것이다. 이는 멀리 떨어진 지역에서의 더 많은 신화들을 파악해야 하고, 또 이들 신화에 대한 여러 면(층위)에 걸친 동시적인 분석—더군다나 이들 측면들 간의 차이가 엄청나게 큰 상황에서—을 해야 할 처지에 놓이게 된 것으로 설명될 수 있을 것이다. 또는 전기 전문기사의 언어로 표현하자면 우리는 때때로 신화적 장(場)의 주사(走査, 스캐닝)의 강도를 높여야만 했는데—이처럼 강도를 높인 것은 남북아메리카의 신화들을 비교하기 위해서이며—이것은 주사의 사이클을 느슨하게 할 위험이 있기 때문이다. 그러므로 근접한 지역 또는 그리 멀지 않은 지역에서 유래하는 상대적으로 제한된 수의 신화만을 방법론적 주사(스캐닝)의 대상으로 한다면 주사의 반주기(半週期, 교대)는 같은 효과를 얻게 될 것이기 때문에 (이것 대신) 우리는 이 책에서 몇몇 신화들을 심층적으로 연구했으며, 아주 먼 곳에서 찾아야만 할 다른 신화들은 개략적으로 취급하거나 아니면 간략하게 암시하는 것으로 만족했다. 용어의 기술적 의미를 거의 강제하지 않으면서 앞의 책에서 우선적으로 존중했던 주파수 변조(modulation de fréquence)의 규격을 대체하는 진폭 변조(modulation d'amplitude)라고 부를 수 있는 것으로 회귀했는데, 이러한 회귀는 우리가 사용했던 방법의 결정적인 포기를 의미하는 것은 아니다. 그러나 남아메리카 신화로부터 북아메리카 신화에 이르기까지 행해진 이 점진적인 조사방법의 이전으로 인해 우리가 임시적으로 받아들여야 했던 방법론적인 속박에 의한 것이다. 사실 아직 북반구가 광활하기는 하지만 다음 권(『신화학 4』)에서 한정된 지역(북반구)에 조사를 한정할 것이므로 규칙적이며 더욱 세련된 분석방법으로 돌아올 수 있다. 이러한 분석방법의 결과는 우리가 세운 풍부한 계획에 따라 때때로 다다를 수 있었던 과감한 단순화를 소급적인 방식으로 유효하게 할 것이다.

앞의 책들처럼 우리가 감사함을 표시해야 할 몇몇 사람들의 도움이 없었다면 이 책은 이렇게 빨리 출간되지 못했을 것이다. 1963~64년에 장뿌이용 씨가 나의 강의를 적어놓은 노트는 아주 큰 도움이 되었다. 자끌린느 보랑 양은 독일어 자료들을 번역했으며, 니콜 벨몽 양은 자료들을 수집하고 목록을 작성하는 데 도움을 주었다. 이브린 게즈 부인은 원고를 타이핑하는 어려운 일을 담당해주었다. 인간학 학교의 지도제작 연구소의 모니끄 베르캄프 양은 지도와 도표를 작성해 주었다. 리우데자네이루 국립 박물관의 로베르또 까르도소 데 올리비에라 씨는 친절하게 쿠르트 니무엔다주의 미간행 어휘집을 열람하게 해주었고, 더욱 투쿠나 인디언 부족에서 얻은 자신의 귀중한 조사결과를 바탕으로 주석을 달아 니무엔다주의 어휘집을 완성했다. 이 책을 집필하는 동안 우리는 더 정확한 점과 관련해서 또 다른 도움을 받은 것에 고마움을 표할 것이다. 마지막으로 워싱턴 D.C의 스미스소니언 박물관과 필라델피아 대학박물관은 무료로 몇몇 흑백 및 컬러 삽화를 제공해주었다. 나의 부인과 쉬바 씨는 교정쇄 원고를 다시 읽어주었다. 도움을 준 모든 분들께 감사드린다.

# 제1부 조각난 여인의 불가사의

  ……이상한 환상에 빠져 있고 상당한 사회적 지위에 있는 상
궤를 벗어난 아메리카 여인과 관련되었다.

기드 테라몽, 『조각난 여인』, 14쪽

# 1 범죄의 현장에서

집행자들(말하자면 독자들)은 『신화학 2: 꿀에서 재까지』 제2부, 1(세 번째 변화), 신화M₂₄₁을 다시 읽기 바란다. 이 신화는 어린아이를 납치한 개구리(여인)를 다루고 있으며, 꿀 축제—꿀은 독극물과 감미로운 음식의 경계에 있다—에서 개구리는 목숨을 잃는다. 역시 아주 약화된 형식 아래 있으며, 그리고 에피소드식의 방식으로 구성된 투쿠나족의 한 신화에서 우리는 같은 소재들을 다시 만나게 되는데, 이 신화 덕분으로 조사분석은 새로운 국면을 맞게 될 것이다.

### M₃₅₄. 투쿠나족 신화: 사냥꾼 몬마네키와 그의 아내들

조물주의 낚시에 잡히던 최초의 인간들이 살던 시대에(M₉₅: 『날것과 익힌 것』, 359쪽) 사냥이 유일한 일이었던 한 인디언이 살고 있었다. 그는 몬마네키라 불렸다. 늘 길을 가는 도중에 그가 다가가자 구멍 속으로 뛰어 들어가는 개구리를 보곤 했다. 그는 재미있어 하며 구멍 안에다 오줌을 누곤 했다. 어느 날 우아한 젊은 여인이 이곳에 나타났다. 몬마네키는 그녀가 애를 잉태했다는 사실에 놀랐다. "너 때문에 이렇게 됐어, 여자는 설명했다. 왜냐하면 네가 늘 네 성기로 나를 겨냥했기 때문이야." 그래서 그는 그녀를 아내로 삼았다. 주인공의 어머니는 며느리가 아주 예쁘다고 생각했다.

부부는 함께 사냥을 나갔다. 그러나 그들은 같은 방식으로 음식을 먹지 않았다. 몬마네키는 고기를 먹었으나 아내를 위해 검은 초시류(鞘翅類)를 잡곤 했다. 왜냐하면 그녀는 다른 음식물을 원하지 않았기 때문이다. 아무것도 모르고 있던 늙은 여인(시어머니)은 곤충을 보자 어느 날 소리를 질렀다. "왜 내 아들이 이런 쓰레기로 입을 더럽혀야 하느냐?" 그녀는 그것을 집어던졌다. 그녀는 곤충이 있었던 자리(솥)에 고추를 놓았다. 식사시간이 돌아오자 (개구리)여인은 자신의 개인용 작은 솥을 덥히고는 먹기 시작했다. 그런데 고추로 인해 그녀의 입이 데이고 말았다. 그녀는 도망치듯 달려 개구리의 형상을 하고 물속으로 뛰어들었다. 쥐 한 마리가 다가와 그녀가 울고 있는 자신의 어린 아이(남)를 버렸다고 질책했다. 그녀는 자기가 다른 아이를 낳으면 된다고 답했다. 그러나 그녀는 밤에 다시 와서는 그의 할머니 품에 있는 어린아이를 빼앗았다.

몬마네키는 다시 사냥을 시작했다. 어느 날 그는 바카바 종려나무(Oenocarpus종) 숲에 둥지를 틀고 있는 아라파소새를 만났다. "야! 네가 마시는 음료수 한 바가지만 내게 줘라!" 그는 지나가면서 그녀에게 말했다. 돌아오는 길에 예쁜 소녀가 그 자리에 있었다. 그녀는 종려나무술 한 바가지를 그에게 주었다. 그녀는 못생긴 발을 갖고 있었다. 그녀의 발을 본 주인공의 어머니는 더욱 훌륭한 선택을 했을 수도 있는데…… 하고 소리를 질렀다. 기분이 상한 여인은 사라졌다.

그리고 몬마네키는 다시 일상적인 사냥으로 돌아왔다. 어느 날 그는 암컷 지렁이가 땅을 뚫고 있는 구멍 바로 위에 쪼그리고 앉아 배변을 볼 생각이 들었다. 그녀(벌레)가 머리를 내밀고 "와! 멋진 성기네!" 하고 말을 했다. 몬마네키는 눈을 밑으로 돌리자 몸매가 환상적인 한 소녀를 보았다. 그는 그녀와 잠자리를 같이하고는 자신의 집으로 데려왔다. 그녀는 곧 어린아이를 낳았다. 사냥을 떠나기 전 몬마네키는 부인에게 어린아이를 할머니에게 맡기고 농장에 김매러 가라고 말했다.[1] 그러나 어린아이가 울음을 그치지 않으므로 노인은 아이를 어미에게 데려다주기로 마음먹었다. 그래서 노인은 농장으로 갔으나 잡초들이 그대로 있었다. 이것은 지렁이가 땅 밑을 지나갈 때 하는 것처럼 며느리가 흙 밑에 있는 뿌리만 잘라버렸기 때문이다. 잡초들은 이미 시들기 시작했으나 시어머니는 이를 알아차리지 못하고 게으른 며느리에 대해 마음 상한 생각만 했다. 강가의 날카로운 조개껍질로 그녀 스스로 잡초를 제거하기 시작했으나 흙과 같이 있는 뿌리를 갉아 먹던 며느리의 입술을 잘랐다. 불행한 여인은 밤이 되자 집으로 돌아왔다. 어린아이는 울고 있었다. 그녀는 남편이 아이를 돌봐주길 바랐다. 그러나 그녀는 이제 더 이상 자신을 분명하게 표현할 수 없었다. 얼굴이 흉하게 된 것에 모욕을 느낀 여인은 도망쳤다.

몬마네키는 자신의 일상적인 일로 다시 돌아왔다. 그는 날아가고 있는 아라앵무새 떼에게 말을 걸고 옥수수술을 요구했다. 돌아오는 길에 한 소녀-아라앵무새가 원했던 음료수를 가지고 그를 기다리고 있었다. 그는 그녀와 결혼했다. 어느 날 사냥꾼의 어머니는 말리고 있던 옥수수 이삭 모두를 지붕처마 밑에서 걷어 내리고는 자신이 밭에 가 있는 동안 술(맥주)을 담으라고 며느리에게 요구했다. 이 젊은 여인에게는 다섯 개의 커다란 술독을 채우는 데 옥수수 이삭 한 자루로 충분했다. 밭에서 돌아온 늙은 여인은 사용하지 않은 많은 옥수수 이삭에 어리둥절했다. 그러고는 아무것도 하지 않은 며느리를 질책했다. 며느리

---

1) 이 용어(농장)는 너무 일반적이지만 나는 지리학자들이 제시하는 기술적 의미를 고려하지 않고 리트레 사전이 사용하는 '식물(경작물)을 심는 장소'라는 더욱 일반적인 의미로 이 용어를 사용했다.

는 개울에 목욕하러 갔으나 그녀를 나무라는 소리를 들었다. 남편이 돌아왔으나 그녀는 오두막으로 들어가기를 거부했다. 그녀는 (인디언들이 일상적인 물건들을 꽂아놓는 것처럼) 지붕을 덮은 짚 속에 자신의 빗을 떨어뜨려 잃어버렸다고 핑계를 댔다. 그녀는 노래를 부르면서 지붕 위로 올라가서는 "시어머니! 당신은 나를 질책했으니 이제 혼자서 술(맥주)을 다 드시오!"라고 말했다. 늙은 여인은 자신의 잘못을 알았다. 그래서 사과했지만 며느리는 굽히지 않았다. 중앙 기둥 위에 앉은 그녀는 자신의 아라앵무새 형상을 다시 취했다. 동틀 무렵 그녀는 자신의 남편에게 소리친다. "네가 나를 사랑한다면 나를 따르라! 월계수 아루-파나(a:ru-pana)를 찾아라! 월계수의 대팻밥을 물에 던지면 물고기로 변한다. 나무등치로 카누를 파라. 그리고 바이피산(Vaipi)까지 강 하류를 향해 나를 따르라!" 그러고 나서 여자는 동쪽으로 날아갔다.

절망하여 미칠 지경이 된 몬마네키는 월계수 아루-파나를 찾아 사방으로 헤맸다. 그는 도끼로 헛되이 몇몇 나무를 찍어 넘겼다. 결국 그는 나무 하나를 찾았는데, 이 나무의 대팻밥이 나무 밑동이 잠겨 있는 물속에 떨어지자 물고기가 되었다. 카누를 타고 온종일 작업한 후에 매일 저녁 돌아오면서 그는 엄청난 양의 물고기를 가져오곤 했다. 망나니였던 자신의 의붓형제(처남)²⁾가 그를 염탐했다. 이런 무례한 행위는 대팻밥이 물고기로 변하는 것을 정지시키는 결과로 나타났다. 몬마네키는 이런 사실을 알고는 의붓형제가 자기를 돕는 것이 낫겠다고 그에게 소리쳤다. 그들은 함께 카누를 완성한 후 물에 띄웠다. 의붓형제가 별로 깊지 않은 물속에 서 있는 것을 기회 삼아 몬마네키는 갑작

---

2) 투쿠나 부족의 언어로 같은 용어 카우아-아네(čaua-áne)는 남편의 형제(시동생), 부인의 형제(처남)와 누이의 남편(매형)을 가리킨다(Nim. 13, 155쪽).

스레 카누를 뒤집어 그를 배 안에 가두었다. 거기서 그는 끙끙거리며 밤을 보냈다. 몬마네키는 그다음날에야 그를 꺼내주었다. 그리고 그를 잘리모에스강(solimões)을 따라 내려가는 항해에 자신과 동행하도록 했다. 몬마네키는 뒤쪽에 자리를 잡고 의붓형제는 앞쪽에 자리를 잡았다. 그들은 노를 젓지 않고 물이 흐르는 대로 배를 맡겨놓았다. 마침내 그들은 여자 앵무새가 피난해 있는 나라에 도착했다. 모든 주민들이 카누와 배에 탄 사람들을 보러 강가로 몰려나왔다. 그러나 몬마네키의 부인은 군중 속에 숨어 있었다. 모난새(monan)로 변한 의붓형제는 그녀의 어깨 위에 내려앉았다. 카누는 경주를 계속했다. 그러나 갑자기 카누가 수직으로 일어섰다. 아이카새(aiča)로 변한 몬마네키는 아내의 다른 어깨 위에 내려앉았다. 물결은 카누를 큰 호수까지 이동시켰는데, 여기서 그녀는 잘리모에스강의 물고기 주인인 디예바예(dyëvaë) 수중 괴물로 변했다. 더욱 특이한 것은 피라세마스(piracemas: 투피어로 '물고기-탄생'?) 무리가 주기적으로 강의 길을 트기 위해 올라온다.

이런 모험을 한 후 몬마네키는 동향사람인 여성과 결혼했다. 그녀가 오두막에서 아주 멀리 떨어진 선착장에 갈 때마다 그녀의 몸은 허리 부분에서 두 동강으로 분리되곤 했는데, 배와 다리는 강가에 머물러 있고, 가슴과 머리 그리고 팔은 물에 있었다. 살냄새에 이끌린 마트린찬 물고기(matrinchan)들이 쇄도했고, 상체의 반토막으로 축소된 여인은 맨손으로 물고기를 잡았다. 그리고 그것을 리아나 덩굴 가지에 꿰었다. 여인의 상반신은 기어서 강가에 도착해서는 하체 부분 위쪽에 달라붙곤 했는데 이음쇄 역할을 하는 하반신의 척수(脊髓) 끝부분은 돌출되어 있었다.

몬마네키의 어머니는 그처럼 훌륭한 어부 며느리를 얻게 된 것에 감탄하고 있었다. 그녀가 옥수수술(맥주)을 담그던 어느 날 시어머니는 젊은 여인에게 강가에 가서 물을 길어오라고 간청했다. 그녀가 늦어지자 늙은 여인은 참지 못하고 그녀에게 가보기로 했다. 늙은 여자는 누워 있는 하체를 발견하고는 돌출되어 있는 척수의 끝부분을 망가뜨렸다. 젊은 여인의 또 다른 절반(상반신)이 물가로 올라왔으나 여인은 이제 더 이상 몸을 하나로 만들 수 없게 되었다. 반쪽 상반신은 길가로 뻗어 나온 나뭇가지 위에 팔의 힘을 빌려 올라갔다. 밤이 되었다. 자신의 아내가 돌아오는 것을 보지 못한 몬마네키는 횃불을 밝히고 그녀를 찾아 나섰다. 그가 나뭇가지 밑을 지날 바로 그때 반쪽짜리 여인은 남편의 등 위로 뛰어내려 달라붙었다. 그때부터 그녀는 음식을 탐하여 그의 입속의 것까지 빼앗아 먹었으므로 그는 음식을 먹을 수 없었다. 눈으로 보기에도 그는 야위어 갔다. 그의 등은 여자의 오물로 온통 더럽혀졌다.

몬마네키는 이로부터 벗어나기 위한 계략을 생각해냈다. 그는 어로용 댐을 조사하기 위해 물속에 들어가야 하며, 만일 여인이 그동안 눈을 감고 있지 않으면 강을 황폐화시키는 피라니아물고기가 그녀의 눈을 뽑을 위험성이 있다고 말했다. 이러한 계략에 더욱 그럴듯한 인상을 주기 위해 그는 숨겨놓았던 물고기의 턱뼈로 스스로 상처를 입혔다. 겁먹은 여자는 강가에 머무르기로 하고 잠시 동안 희생자를 놓아주었다. 몬마네키는 이 기회를 이용해 잠수하여 헤엄쳐 도망쳤다. 절반의 상체만 남은 채 당황한 여인은 어로용 댐의 기둥에 올라앉았다. 며칠 후 그녀는 '마치 길들여진 수다쟁이 앵무새'로 변해 있었다. 숲속에 몸을 숨긴 그녀의 남편은 결국 그녀가 공중으로 날아올라 잘리모에스강 하류의 산을 향해 재잘거리며 사라지는 것을 보았다(Nim. 13, 151~153쪽).

처음 보았을 때 이야기가 계속 이어지는 것에 아무것도 거칠 것이 없어 보인다. 이야기는 연속적인 에피소드(삽화식 이야기)로 이루어졌으며, 각 에피소드는 자신의 부부생활 경험을 단지 다양화할 목적으로 보이는 한 주인공의 어떠어떠한 혼인 실패를 이야기하고 있다. 그런데 왜 다섯 번째 여자가 마지막 부인이 되는가? 남아메리카 신화학(신화들)은 다수의 이런 유형의 이야기를 제공한다. 한 주인공에 대해 재단된 에피소드가 더욱 많은 수로 이어진다. 그렇지만 이야기를 형식적 관점에서 조사해보면 신화M₃₅₄의 구조가 동시에 열려 있으며, 또한 닫혀 있다. 열려 있다는 것은 마지막 실패 후에도 몬마네키가 역시 재혼할 수 있을 것이기 때문이고, 닫혀 있다는 것은 마지막 결혼이 나머지 네 번의 혼인과 분명히 구별되는 독특한 특성을 보인다는 점을 고려한다면 그럴 수 있다는 것이다. 그래서 신화는 하나의 유일한 문제에 대해 두 개의 극단적인 해결책을 상정하고 있는 것처럼 보인다. 말하자면 신화는 두 극단적인 해결책 사이에 몇 개의 매개 형식을 배열하는데, 이들 매개형식들은 자신들 사이에 그리고 극단적인 형식들과는 상동이며 대립적인 몇몇 관계를 나타낸다.

주인공이 치른 네 번의 혼인은 외혼(exogame)이다. 이 혼인은 심지어 과장된 것으로 규정할 수 있을 만큼 외혼적인 혼인이다. 왜냐하면 이 혼인은 한 남자와 동물 암컷과의 결합이며, 더욱 단순한 이방인보다 훨씬 멀리 (생물학적·사회학적 측면에서) 떨어진 동물이기 때문이다. 반면에 마지막 혼인은 신화의 내용이 나타내는 것처럼 분명한 내혼(endogame)이다—"그래서 몬마네키는 자신과 같은 주민 출신의 소녀와 결혼했다." 이 두 유형의 혼인 사이에 외혼 시리즈의 마지막 결혼은 신화가 놀랄 만큼 풍부한 수단으로 사용하는 돌쩌귀의 역할을 수행한다는 것을 주목해야 한다.

앞의 세 번째까지의 에피소드는 각각 두 개의 장면(시퀀스)을 포함하는데, 1) 만남과 혼인, 2) 주인공 어머니의 개입(행위)으로 인한 분리(헤어짐)이다. 단지 네 번째와 다섯 번째 에피소드는 그 이후까지 이야기가 이어진다. 그러나 에피소드들은 두 번째 장면부터 스스로 달라진다. 앞쪽의 에피소드들처럼 네 번째 에피소드에서 늙은 여인은 **아들로부터** 며느리를 떼어놓는다. 다섯 번째에서 그녀는 **며느리 자신 스스로** 분리되게 한다. 그녀는 며느리의 두 반쪽 신체가 하나로 재구성되는 것을 방해했기 때문이다. 그런데 무엇보다도 대칭(유사성)이 그 뒤를 이어서 나타난다. (말하자면) 아내가 도망가고 남편은 그녀를 추적하거나 그렇지 않으면 아내가 남편을 추적(얼마나 집요하게 접착되는지를 우리는 알고 있다)하고, 도망가는 것은 남편이다. 틀림없이 네 번째 혼인은 외혼인 데 반해 다섯 번째 혼인은 내혼이다. 그러나 네 번째 경우(네 번째 혼인) 남편은 아내의 가족(주민)과 같이 살기를 시도한다. 이것은 전에 생각하지 못했던 일이다. 그는 임시적인 양상으로밖에 성공하지 못한다. 몬마네키는 새로 변해 (그녀는 본래 새였음에도 불구하고) 인간 형상을 보존하고 있던 아내(여인)의 어깨 위에 내려앉는다. 다섯 번째 에피소드의 내혼을 한 여인은 **새로 변한 후** 자신의 가족(주민)과 살기를 결정적으로 포기한다. 그리고 그녀가 날아가 피난하고 있을 강 하구의 산은 그녀의 동족(그녀는 마치 길들여진 것처럼 행동했으나 야생의 새인 앵무새이다. 앵무새 아내 대신 아라앵무새-아내)이 이미 피난해 있던 산과 같은 산이다. 두 여인 중 한 여인은 물고기의 주인이고, 또 다른 한 여인은 어로의 주인이다. 이런 관계에서 보면 두 에피소드 안에 아무 일도 하지 않는 한 파트너(상대)가 첨가되는데, 자신의 매형과는 달리 이 남성 파트너는 고기를 잡을 수 없으며, 여주인공 몸의 하반신(반쪽)―반쪽 중 가장 여성적인 ―은 다른 상반신(반쪽)과 달리 고기를 잡을 수 없다.

두 마지막 에피소드에서 후에 또 다른 연결관계들이 나타날 것이다. 현재로서는 앞의 혼인처럼 외혼과 관련되지만 바로 뒤에 오는 에피소드(다섯 번째)처럼 정확하게 구성된 네 번째 혼인이 이러한 연결관계들로 인해 이원적인 동시에 삼원적인 이중구조를 가지는 한 이야기의 축을 형성한다는 사실을 설명하기 위해 연결관계 중 몇몇을 제시하는 것으로 충분하다.

| 에피소드: | 1 | 2 | 3 | 4 | 5 |
|---|---|---|---|---|---|
| 혼인(규칙): | 외혼 | | | | 내혼 |
| 이야기의 구성: | 첫 번째 부분 | | | 중간 단계 (이행) | 두 번째 부분 |

이렇게 제시한 후 이제 외혼을 조사해보도록 하자. 외혼은 네 동물과의 혼인으로 순서대로 일어나는데, 이들은 '낮은' 곳의 동물(이들은 땅굴 속에 살기 때문이다)과 '높은' 곳의 동물(이들은 새이기 때문이다)이 번갈아 나타난다.

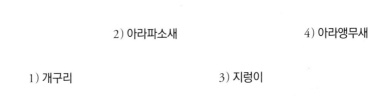

투피어의 파생어인 아라파소(아라파수, 우이라파수)새는 나시카종(*Nasica*)이며(Nim. 13, 57쪽), 벌레를 먹거나 이 신화에서처럼 나무의 진(수액)을 먹는 몇몇 종류의 기어오르는 습성이 있는 새(반금류〔攀禽類〕)를 지칭한다. 남아메리카 신화는 이 새들을 같은 양식의 생활 습성을 갖고 있는 딱따구리 종류처럼 중간세계와 연관시킨다. 이 새들은 나무등치의 움푹 파인 곳에 거주하며, 먹이를 찾기 위해 그 주위를 맴돌기 때문이다. 종려나무 위에 앉아 있는 이 신화의 아라파소새는 아라앵무새 보다 상대적으로 낮은 곳에 있다. 왜냐하면 주인공이 공중에 날고 있는 이

새를 보기 때문이다. 마찬가지로 개구리는 벌레보다 상대적으로 훨씬 낮은 곳에 숨어 있다. 우선 신화가 구멍을 파고 있다고 서술하고, 이어서 땅에 붙어 있는 뿌리를 갉아 먹고 있다고 묘사하기 때문이다. 이러한 관점, 즉 같은 기능적 관계 아래서 보면 짝 중 두 번째 항은 첫 번째 항보다 훨씬 더 유표(대립이 강조)된 것처럼 보인다.

더군다나 단지 개구리의 에피소드만 다루고 있는 힉스카리야나족(Hyxkaryanas)의 한 작은 변이형 신화($M_{355}$: Derbyshire, 100~103쪽)는 모호한 행위를 하고 있는 개구리를 서술하지만 (앞 신화에서처럼) 농장에서 벌레(지렁이)가 하고 있는 것과 같은 일을 그려내고 있다. 그러므로 두 땅속 짐승들은 그리 차이가 없는 맥락에서 같은 기능을 적절하게 예시하는 조합 변이형의 역할을 한다고 볼 수 있다.

그림 1 아라파소새
(이헤링, 363쪽 참조)

주인공이 개구리의 구멍에 오줌을 눌 때 개구리는 움직이지 않는다. 다른 구멍에 주인공이 같은 일(이때는 대변)을 할 때 벌레는 머리를 내밀고 쳐다본다. 아라파소새는 나무 위에 앉아 있고, 아라앵무새는 날아오른다. 그러니까 두 동물은 정지해 있고, 다른 동물은 움직인다. 당연히 이 세 번째 대립짝은 불필요한(중복적인) 것으로 생각할 수 있을 것이다. 왜냐하면 다른 두 대립짝들로 이들 네 동물들을 충분히 구별할 수 있기 때문이다. 그러나 세 번째 대립짝은 이어서 등장하는 항들, 카누와 말뚝(기둥)을 공통적인 면에서 규정지을 수 있는 유일하게 유표된 짝이다. 카누는 주인공이 네 번째 아내를 만나러 가기 위해 통나무를 파내 만든 것이며, 말뚝은 자신의 남편을 결정적으로 떠나기 전에 다섯 번째 아내가 앉았던 나무 기둥이다. 말하자면 하나는 물 위에 떠 움직일 수 있고 수평으로 놓여 있는 패인 나무둥치이며 다른 하나는 물속에 정지되어 있고 수직으로 서 있는 온전한 통나무둥치이다. 이러한 점에서 수직으로 서 있으며 물결에 떠내려가는 카누는 소형 보트(배이기를 거부하고 있다)와 말뚝(배는 말뚝의 측면을 예시한다)의 중간 단계를 나타낸다. 결국 카누는 이중으로 불필요한 의붓형제(처남)를 포함하는데, 말하자면 그는 먼저 카누 속에 갇히게 되고, 다른 사람의 수동적인 여행 동반자이기 때문이다. 대칭적인 양상으로 카누와 대립하는 말뚝은 이중으로 불필요한 몸의 반쪽(하반신)을 배제하는데, 우선 물가에 수동적으로 움직이지 못하고 누워 있고, 결국에는 (자신과 같은 몸의 반쪽인) 같은 여자(상체)의 여행에 동반하지 못한다.

| | 개구리 | 아라파소새 | 벌레 | 아라앵무새 | 카누 | 말뚝 |
|---|---|---|---|---|---|---|
| 높은(+)/<br>낮은(−): | − | + | − | + | | |
| 높음과 낮음의<br>관계 아래서<br>유표한(+)/<br>무표한(−): | + | − | − | + | | |
| 움직이는(+)/<br>정지한(−): | − | − | + | + | + | − |

바로 위에서 작성한 것과 같은 카누와 말뚝의 완전한 대립체계는 이 표 안에 집어넣지 않았다. 이 역시 분명히 군말이 될 것 같기 때문이다. 그러나 이어서 우리가 보게 되는 것처럼 그 이유는 체계가 단지 두 물체의 변별적 특성을 부호화할 뿐만 아니라 신화$M_{354}$~$M_{355}$와 관련된 신화

집단의 소통 기능이 되는 메시지(내용)의 중요한 부분도 부호화하기 때문이다.

우선 네 번째까지의 외혼 에피소드로 한정된 분석은 심화되면서 관여적인(변별적인) 특성들이 전체 이야기에 공통적이 되는 한 장(場)에 이르게 된다. 이런 논리적 기반의 지속성은 곧 분명하게 드러날 것이다.

외혼은 네 개의 우연적 원인과 관련되는데, 그중 두 개는 배설 기능과 관련되고, 다른 두 개는 영양 섭취(음료)와 관련된다. 그러나 이들은 항상 혼재되어 있는데, 또는 성적인 의미로 알아들은 성교와 혼동되거나(이 두 경우 여자는 어머니이다) 차라리 도덕적 서열에서의 결합과 혼동된다(왜냐하면 여자는 남편을 위한 종사자의 역할을 하기 때문이다). 몬마네키는 개구리에게 오줌을 누고, 벌레(지렁이)에게 똥을 싼다. 그리고 그는 아라파소새에게서 종려나무즙을 받고, 아라앵무새에게서 옥수수술(맥주)을 얻는다. 이야기의 세부내용이 증명하듯 술은 익힌 것이다. "옥수수 이삭 한 자루를 익힘(발효)으로써 여자는 다섯 개의 큰 항아리를 가득 채울 만큼 충분한 술을 얻었다……." 술과 배설물(똥)은—소화된 의미로—수액과 오줌보다 더욱 '익힌' 것이다. 그리고 첫 두 항은 역시 다른 두 항보다 더욱 일관성 있는 물질임을 환기하고 있다. 그래서 우리는 삼중의 접근이 가능한 도표를 얻는다.

|  | 날것: | 익힌 것: |
|---|---|---|
| 배설: | 오줌 | 대변(남자가 여자에게) |
| 영양 섭취: | 수액 | 술(여자가 남자에게) |

상단에 기재된 두 경우에 여자는 **배설**과 성교 사이에서 **성적인** 혼동을 범한다. 말하자면 여자는 임신했고 어린아이를 낳는다. 하단에 기재된

두 경우에서는 삼중으로 도치된다. 즉 남편은 **도덕적**인 혼동을 범하는데, 이 경우는 **음식물 섭취**와 성교 사이의 혼동이다. 만난 소녀는 그에게 음료를 제공하지만 그는 그녀를 임신시키지 않고 자신의 아내로 삼는다.

이제 다섯 번째인 마지막 에피소드를 조사해보면 같은 관계들이 계속 둘로 나뉘면서 지속되는 것을 확인할 수 있다. 우선 배우자(여) 자신의 몸은 두 개의 반쪽으로 분리된다. 하부의 반쪽(하반신)은 성적(인 부분과의) 근접성으로 인해 여성적(하반신은 성적인 부분을 포함한다)이고, 성적 유사성으로 인해 남성적(하반신은 삐죽 튀어나온 이음쇠를 이용하여 다른 상반신의 이음쇠 구멍과 결합한다)이다. 같은 방식의 추론을 계속하면 상반신은 비유적 의미로 여성적이지만 사회학적인 측면에서 상반신은 어로라는 남성적인 활동과 관련된다. 그런데 첫 번째 장면에서 이 두 개의 반쪽은 이들이 서로 접합할 때 은유적으로 말하면 서로 성교(짝짓기)를 하는 것이다. 그리고 사회학적 근접성으로 볼 때 남성적이라고 할 수 있는 반쪽(상반신)은 남편의 여성적인 부분에게 (사회학적으로 볼 때) 양식을 제공한다(신화가 이 점을 조심스레 설명하듯이 남편의 어머니는 물고기를 얻는다). 이와는 반대로(역으로) 두 번째 장면에서 이 반쪽은 은유적 의미로 짝짓기를 하는 것은 남편이다(그에게 꺽쇠처럼 달라붙어 있으나 그것은 단지 그의 등일 뿐이므로). 반면 본래의 의미로(실제적으로) 반쪽이 제공한 음식을 남편이 애써 먹으려 하나 그럴 수 없다. 그러니까 결과적으로 네 개의 외혼 에피소드에서 주된 대립(대비)은 배설과 성교 사이에서 이루어지거나 영양 섭취와 성교 사이에서 나타나는데, 다섯 번째 내혼 에피소드에서는 이들이 서로 대립을 이루는 경우 자가-성교와 타가(또는 타인이 제공한)-음식물 취득의 이중 형태로 나타나거나 타가-성교와 자가-음식물 취득이라는 이중 형태로 나타난다.

검은 초시류는 개구리의 독점적인 먹잇감이지만 주인공의 어머니가 배설물(똥)로 분류하고 있듯이 인간에게는 오물이다. 개구리는 인간들이 양념으로 사용하는 고추를 기본 양식으로 취급하는 전도된 잘못을 저지른다. 프랑스인들이 비유적인 의미로 "고추가 그의 입술을 앗아갔다"고 말하듯이 그것은 지렁이 아내의 입술이 잘리게 될 때 본래의 의미로 그녀의 운명이 된다. 개구리-아내는 머리에서 발끝까지 황홀하도록 예뻤다. 그녀의 미모에 대해 주인공의 어머니는 찬사의 표현을 아끼지 않았다. 그녀의 뒤를 이은 아라파소새-아내는 절반은 예쁘고(공중에 있을 때), 나머지 절반은 못생겼다(땅에 있을 때). 실제로 나무에 기생하는 딱따구리 종류의 새들은 안쪽으로 굽은 강한 발톱과 긴 발가락을 갖고 있다. 원래 전체적으로 예뻤던 세 번째 아내는 시어머니가 그녀를 부상 입힌 후 추하게(밉게) 된다. (신체의 부분과 관련하여) **예쁜 / 추한**의 공간적인 대립은 여기서 시간적인 대립이 된다. 결국 마찬가지로 첫 번째 부인이 신체적으로 완전했지만 오물을 섭취하는 도덕적 결점을 갖고 있었고, 네 번째 부인은 도덕적으로도 완전하고, 자신의 일에서도 기적을 만들 수 있었다. 그러나 시어머니는 첫 번째 며느리의 신체적인 아름다움을 감탄한 데 반해 네 번째 부인의 덕목을 깨닫지 못하고 그녀가 게으르다(이것은 도덕적으로 추하다)고 질책했다. 첫 번째와 네 번째 에피소드는 그러므로 완전히 신체적인 것과 도덕적인 것의 대립 위에서 이루어지고, 두 번째와 세 번째 에피소드는 이러한 대립을 또 다른 대립, 즉 공간적 대립을 시간적 측면의 대립에 종속시키는데, 이것은 차용할 수 있는 같은 대립이다.

이 경우에서도 역시 마지막 에피소드는 이 두 개의 축을 다시 취하고 연관시킨다. 동시성 안에서 생각할 때 여자의 반쪽은 게으르고(한 반쪽이 물가에 움직이지 않고 누워 있는 동안), 다른 반쪽은 물속에서 작업을 한다. 다른 반쪽 여인은 부지런한 일꾼이다. 결과적으로 매번 내세우는 품성은 도덕적인 서열상에 있다. 그러나 두 번째 반쪽 여인 역시 지속적인 시간과 더불어 체질적인 성질이 변하는데, 먼저 식량 공급자이고, 다음에는 오물(변)의 생산자가 된다. 그러므로 네 번째까지의 에피소드(의) 연속은 변증법적인 방식으로 체계의 항들을 생성하며, 마지막 에피소드는 이를 통합한다. 그리고 이들이 구조화된 전체를 만든다는 것을 확인할 수 있다.

분석의 정도를 한 단계 심층적으로 해본다면 이 층위에서 통합은 네 번째 에피소드에서부터 시작된다는 것을 확인할 수 있다. 이것은 놀랄 일이 아니다. 우리가 이미 이 네 번째 에피소드가 세 번째까지의 에피소드와 마지막 에피소드를 잇는 돌쩌귀 역할을 한다는 점을 제시했기 때문이다. 지금까지 네 번째 에피소드는 세 번째까지의 에피소드처럼 이루어졌다. 이제부터는 네 번째 에피소드가 마지막 다섯 번째 에피소드와 공통적으로 갖고 있는 형식적 특성들이 우선적으로 나타나게 될 것이다.

개구리는 말하자면 인간이 소비하지 않는 음식인 초시류를 양식으로 삼는다. 아라파소새는 인간이 소비하는 음식인 종려나무 수액을 수집한다. 인간과는 달리 지렁이는 잡초를 먹음으로써 양식식물의 생산을 돕는다(그러나 새처럼 능동적이 아니라 수동적으로 돕는다). 양식과 대비해보면 아라앵무새-아내의 위치는 더욱 복잡하다. 그녀는 인간들이 소비하는 옥수수술(맥주)을 **과잉** 생산하지만 이 술은 **이차적인** 양식이다. 왜냐하면 술을 제조하기 위해서는 먼저 옥수수의 재배가 이루어져야 한다는 것(옥수수의 재배에 여자가 어떤 방식으로든 전혀 개입되어 있지 않다)을 상정해야 하기 때문이다. 첫 번째 장면(시퀀스)에서 술의 **증대의 능동적인 책임자인 여자**는 물고기의 **존재의 수동적인 책임자**가 된다(그녀가 남편에게 물고기의 생산에 대한 비밀을 넘겨줌으로써 남편도 그 이후를 담당한다). 물고기는 이때에 아직 음식물이 아니었다. 왜냐하면 물고기를 먹으려는 생각을 하기 전에 물고기가 나타나야만 하기 때문이다.

결국 다섯 번째 이야기는 물고기의 창조 후에 시작된다. 이야기는 이제 물고기의 창조와 관련되는 것이 아니라 물고기의 어로(수확)와 관련된다. 즉 몸통-여인은 인간의 어로 능력을 **능가하는 기능**을 갖는데, 마치 어로의 **조건**인 양식의 첫 번째 단계처럼 자신의 신체를 낚싯밥으로 내놓는다. 이것은 앞에서 본 것처럼 술의 증대가 농업의 **결과**를 나타내는 역할을 한 것과 마찬가지이다. 첫 장면에서 어로의 증대에 **능동적인 책임자**인 몸통-여인은 두 번째 장면에서 **수동적인** 방법으로 연속적인 어로의 책임자가 된다(말하자면 물고기를 포용하고 있는 댐의 덕분으로). 이때 자신의 남편이 그녀의 도움 없이 나머지 일을 할 수 있게 하기 위해서, 또한 이를 바라며 그녀는 남편을 자유롭게 놓아준다. 홀로 남은 여자는 **의미 없는** 말을 지껄이는 앵무새로 변한다. 이것은 첫 장면의 아내(여인)의 이중적으로 경멸적인 말대꾸 또는 대사이다. 왜냐하면 첫 장면의 아내는 시어머니에게 보내는 **의미가 가득한** 말을 노래하며, 남편이 사용하도록 **효율적인 주문**(물고기 창조의 주문)을 밝히며 자신의 아라앵무새의 본성을 다시 찾기 때문이다.

이제 가장 극단적인 심층분석을 해보자. 우리는 다음과 같은 사실을 기억한다. 첫 번째 아내와 세 번째 아내는 소비하고, 두 번째 아내와 네 번째 아내는 생산한다. 그리고 다섯 번째 아내는 우선 생산하는 것 이외에 아무것도 하지 않고, 그리고 이어서 단지 소비밖에 아무것도 하지 않는다. 이런 연속적인 조작(작업)은 무엇을 대상으로 하는가?

|  | 채집: | 농업: | 어로: |
|---|---|---|---|
| 먹을 수 없는: | 초시류(곤충) | 잡초 | 대팻밥 |
| 먹을 수 있는: | 종려나무 수액 | 옥수수술(맥주) | 물고기 |

주인공의 고유의 활동은 사냥이다. 톨리팡족의 한 신화(M356: K.-G. 1, 81~91쪽)는 앵무새류—(흉내 내는) 앵무새, (흉내 낼 수 없는) 앵무새, 아라앵무새—는 옥수수술의 주인들이라는 점을 확인한다. 만일 우리가 주인공이 사냥원정 중 개구리의 음식인 초시류를 모으고, 밭에서 경작하는 중 잡초를 만나고, 그리고 이 역시 어로의 수단인 배(카누)를 건조(또는 통나무를 파서 건조)하는 중에 대팻밥을 생산하게 된다는 사실을 고려한다면 이 모든 항들 사이에서 서열관계가 나타나는데, 맨 처음 인용했던 항—인간에게는 오물이지만 개구리는 이를 음식으로 변화시키는 검은 초시류—은 일련의 시리즈를 닫는 항 속에서 자신의 응답을 찾을 수 있는 것만큼이나 분명하게 서열관계가 나타날 것이다. 일련의 시리즈를 닫는 항인 몸통여인은 남편의 음식이 틀림없는 양식을 주인공의 등을 더럽히는 오물로 변형한다. '음식물' 항들의 시리즈(연쇄)는 결국 아래와 같이 나타난다.

| 사냥: | 채집: | 농업: | 어로(어업): | 요점 정리(요약): |
|---|---|---|---|---|
| 사냥감 | 수액 | 술(맥주) | 물고기 | 음식 |
| 초시류 | 고추 | 잡초 | 대팻밥 | 오물(똥) |

여기서 농업과 어로(어업) 사이에 있는 잡초의 위치가 이상해 보인다. 그렇지만 투쿠나족에게서 유일하게 옥수수를 심을 수 있는 사람들은 종자 씨앗을 물속에 담그는 것으로 파종을 시작하며, 이어서 특히 몇몇 초식 물고기 종류와 연관된 엄격한 금기사항을 지켜야 한다. 어로용 독극물로 사용되는 식물과의 접촉 역시 금기시된다(Nim. 13, 21~22쪽).

\* \* \*

    선(線)적인 외양에도 불구하고 이야기는 여러 면(面) 위에서 동시에 진행되는데, 여기에서 우리는 이들 사이의 관계 전체를 하나의 폐쇄된 체계로 만들 만큼 충분한 수와 복잡한 유기적 연관(관계)을 발견할 수 있는 것은 위와 같은 분석의 결과에서 온다. 신화를 외관상으로 접근할 때 가장 쉽게 읽는 면은 사회학적 특성이다. 결국 신화는 주인공의 혼인 경험들을 통합하고 있다. 그러나 점점 더 심층적인 면에 다다르려 노력함으로써 우리는 각 측면들과 측면들의 상호관계가 유지되는 삶의 유형에 대한 분석적인 묘사를 발견했다. 이러한 삶의 유형들 중 두 가지는 더욱 강조되는 것 같다. 말하자면 사냥과 어로이다.

    신화가 시작되는 초반에 주인공은 순수한 사냥꾼이다. 왜냐하면 물고기의 부재(不在)로 창조되지 않았으므로, 이런 **필연적인 결과**로 어로는 존재하지 않기 때문이다. 신화 원문은 첫 문장부터 이를 강조하는데, 강에서 잡힌 원초적인 물고기들이 잡히자마자 육지동물과 인간들로 변형되던 시대를 배경으로 이야기가 전개되기 때문이다(Nim. 13, 128~129쪽). 두 주인공들, 각각 어머니와 아들은 이 원초적 시대의 인류에 속한다. 어로에 대해 어머니는 중요한 위치를 차지하는 것이 분명하다. 그녀는 가장 세밀하게 상술된 두 이야기의 공통 주제를 제공하고 있고, 우리가 보았듯이 전체 이야기의 축을 이루는 네 번째 에피소드의 입구(시발점)가 되기 때문이다. 신화는 세 종류의 물고기를 문제 삼고 있다. 즉 마트린찬(matrinchan), 피라니아와 피라세마(piracema)가 그것이다.

    처음 두 물고기는 같은 동물학적 과(科), 즉 차라시니데과(characinidés)에 속한다. 신화는 두 물고기 모두를 육식 물고기로 기술한다. 마트린찬(*Characinus amazonicus*, *Brycon*종)은 몸통-여인의 살냄새에 이끌린다(Ihering, 'piracanjuba' 항목 참조). 그렇지만 이헤링은 아마존 브리콘종의 남쪽 동료인 마트린찬은 때때로 과일, 곡식과 또 다른 식물성 물질을 먹는다고 주장한다. 피라니아(*Serrasalmus*종, *Pygocentrus*종)는 인간을 공격한다. 이들은 두 번째 물고기인 피라니아만이 사람을 먹는다는 점에서 서로 차별화된다. 이로부터 몸통-여인의 태도에서 변화가 나타난다. 그녀는 물고기들(마트린찬)에게 낚싯밥으로 자신의 몸을 제공하지만 다른 물고기(피라니아)와의 모든 접촉을 피한다. 동물학적 근접에 따른 상호 관계에 있는 두 유형의 물고기들은 그러니까 음식 규정으로는 서로 대립한다.

반면, 피라세마물고기들은 이 두 관계로는 규정되지 않는다. 다만 세 번째 관계로 규정된다. 결국 피라세마라는 용어(항)는 분류학적 가치를 갖지 못한다. 이 용어는 산란하기 위해 강줄기를 거슬러 올라오는 모든 종류의 물고기들을 지칭한다(Rodrigues, 『용어집』, 30쪽; Stradelli 1, 602쪽). 그리고 여기서는 틀림없이 5월과 6월에 엄청난 수로 잘리모에스강 지류를 따라 산란하러 올라오는 물고기 떼를 지칭한다(Nim. 13, 25쪽). 그러므로 식인 차라시니데 물고기와 비(非)식인 차라시니데 물고기 사이의 작은(작은 간격의) 대립은 주기적인 물고기와 비주기적인 물고기 사이의 큰(큰 간격의) 대립 안에 포함된다. 이러한 고찰에 대한 중요성은 이제부터 나타날 것이다.

구조적 분석을 통해 우리가 사냥꾼 몬마네키 이야기의 감추어진 조직(구성)을 재현하고 있음에도 불구하고 그것(그의 감추어진 조직)은 아직 우리에게 형식적인 층위에만 존재할 뿐이다. 이야기의 내용이 우리가 보기에는 모호하게 남아 있다. 예를 들면 자신의 의지에 따라 몸을 둘로 나누는 여자의 개념이 어디로부터 오는 것인가? 『날것과 익힌 것』(448~449쪽)에서 간략하게 논한 가이아나 신화($M_{130}$)는 역시 어로와 관련되고, 그리고 신화$M_{354}$처럼 한 남편과 부인 그리고 부부 중 한 명의 어머니가 등장하는 신화이니만큼 더욱 용이하게 이 계열(패러다임)

의 신화를 밝힐 수 있을 것이다. 신화M130에 따르면 배가 고팠던 장모는 사위의 그물에 있는 물고기 한 마리를 훔쳤다. 사위는 그녀를 벌하기 위해 / 파타카pataka / 물고기에게 그녀를 잡아먹으라고 요구했다. 그러나 물고기들은 머리와 팔, 흉부 상층부 끝까지 뜯어 먹을 수가 없었다. 이처럼 상반신(젖가슴 포함)만 남은 노파는 베레니스 성좌가 되는데, 이 성좌의 칼리나어 이름인 옴바타포(ombatapo)는 '얼굴'을 의미한다. 이 성좌는 큰 건기의 마지막 10월에 아침마다 나타난다. 그리고 물고기를 죽인다(Ahlbrinck, 'ombatapo'와 'sirito' 5, b 항목 참조). 영국령 가이아나의 폼메룬강에 후리(huri)라고 이미 인용한 종류의 물고기(*Hoplias malabaricus*)는 사실상 건기의 어로와 관련된다. 사람들은 이 육식 물고기가 거의 물이 마른 강바닥에서 잠들어 있는 동안 칼로 찍어 죽인다(Roth 2, 192~195쪽). 칼리나 인디언들은 죽은 영혼이 좁은 통로(다리)를 지나야 한다고 믿는다. 만일 영혼이 물에 떨어진다면 두 마리의 식인 물고기가 영혼의 중간을 물어 끊는다. 그런 다음 동강 난 두 조각을 다시 붙인다(Goeje 1, 102쪽).

신화M354와는 달리 신화M130은 동강 난 여인의 이야기에 동기를 부여한다. 우리는 그녀가 어떻게 거기에 이르렀고, 왜 그러한지를 알고 있다. 그러나 몬마네키의 마지막 부인의 원형은 내재적 논리(logique interne)를 감추고 있다. 또한 외재적 논리(logique externe)를 갖고 있는가? 다시 말하면 베레니스 성좌가 몸통-여인으로 상징되어야 할 이유가 있는가?

신화M130은 와라우 신화(M28)와 공통된 요소들을 갖고 있다. 와라우 신화M28은 플레이아데스 성단, 히아데스 성좌와 오리온의 멜빵 성좌의 기원을 설명하기를 바라는데, 이 성좌들은 각각 주인공의 아내, 주인공의 몸통과 주인공의 잘린 다리로 표현(상징)된다(Roth 1, 263~265쪽; 『날것과 익힌 것』, 259~261쪽 외). 그러니까 이 신화들은 우리가 함께 다룰 신화M136과 더불어 광범위한 계열 전체 안에 포함된다. 신화M136에서 장모는 사위에게서 물고기를 훔치는 대신 물고기를 음식으로 제공한다. 그런데 그녀는 이 물고기를 자신의 자궁에서 끄집어낸다. 이것은 물고기를 월경 피와 똑같은 오물로 취급하는 것이다. 사위는 장모의 살인을 계획하는데, 단지 내장만 수상식물 형태로 잔존할 뿐이다. 또 다른 가이아나 신화에서 다리가 잘린 한 남자의 내장은 하늘로 올라가 물고기의 도착을 알리는 성좌인 플레이아데스 성단이 된다(M134~M135:『날것과 익힌 것』, 463쪽).

투쿠나 신화에서 가이아나 신화로 이동하면서 사회학적 골조는 동일하게 남아 있지만 두 항 사이의 성(性)은 **어머니-아들, 아내(며느리)** ⇒ **어머니-딸, 남편(사위)**으로 바뀐다(대체된다). 그러나 경우에 따라서 신체 부분과 이들이 탄생시킨 성좌들은 같지 않다. 엉덩이가 붙은 다리 또는 엉덩이가 붙지 않은 다리는 오리온 성좌가 되고, 내장은 플레이아데스 성단이 된다. 그리고 팔이 없는 상체(머리 포함)와 머리 그리고 팔은 베레니스 성좌를 형성한다. 어떤 신화도 완전하게 이러한 3등분(분할)을 이행하지 않는다. 이들은 단순히 때로는 내장, 때로는 하체(다리), 때로는 팔과 머리가 달린 상체가 신체에서 분리되는 것으로 만족한다. 그러나 만일 여주인공이 몸통-여인인 투쿠나와 칼리나 신화에 더 주의를 기울여본다면(여타의 신화들은 여러 곳에서 논의했다.『날것과 익힌 것』 앞줄 인용 부분;『꿀에서 재까지』, 372~375쪽, 386~388쪽, 446~447쪽 참조) 우리는 어찌된 일인지를 잘 알 수 있다. 몸통-여인은 자의적으로 분리되거나(M354) 자신의 신체 나머지에서 분리되지 않는다(M130). 몸통-여인은 배(내장을 포함한)와 다리가 붙은 부분, 다시 말해 플레이아데스와 오리온 성좌의 해부학적인 상징들을 포기하는데, 이들은 성좌로서 서로 연관되지 않는 것도 아니다. 왜냐하면 하늘에서 이들 성좌들을 전체적으로 볼 수 있기 때문이다. 이처럼 신체의 상층 부분(상체)은 베레니스 성좌의 해부학적 상징이 된다. 베레니스 성좌의 적경(赤經)[3]은 성좌집단인 큰곰좌와 까마귀좌의 적경과 같다. 전체적으로 본 이 성단은 다른 성단과 위상(位相)이 대립적이다. 오리온 성좌보다 약간 먼저 떠오르는 플레이아데스 성단은 풍성한 어로를 약속한다. 베레니스 성좌의 떠오름은 이러한 약속을 무효화한다. 왜냐하면 물의 결핍으로 일시적으로 생겼던 호수와 작은 강으로부터 물고기가 사라질 즈음 이 성좌가 떠오르기 때문이다. 그런데 투쿠나 신화의 사냥꾼의 몸통-여인이 자신의 하반신을 결정적으로 잃고, 별이 아니라 앵무새(말을 흉내 낼 수 있는)로 변할 때 그녀는 같은 역할을 한다. 예전에는 인디언들에게 물고기를 공급할 책임이 그녀에게 지워졌지만 이제 그녀는 다시 물고기를 잡지 않을 것이다.

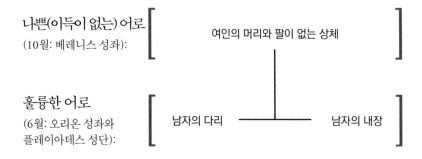

**나쁜(이득이 없는) 어로**
(10월: 베레니스 성좌):

여인의 머리와 팔이 없는 상체

**훌륭한 어로**
(6월: 오리온 성좌와
플레이아데스 성단):

남자의 다리 ——— 남자의 내장

    같은 유형의 대립이 더욱 남쪽에 존재한다. 예를 들면 카두베오족은 숲(산림)과 사바나의 기원을 반쪽인 두 어린아이에게서 찾는데, 어린아이의 어머니가 아기를 파괴할 생각으로 두 동강 낸 어린아이의 상체와 하체로부터 각각 숲과 사바나가 유래했다고 생각한다. 쌍둥이(상체와

---

3) 별의 상승.

하체)는 씨앗을 훔쳐서 뿌렸다. 씨앗은 싹이 트고 나무가 생겨났는데, 씨앗을 뿌린 형제에 따라 나무 뽑기가 가능하거나 또는 불가능했다. 밑부분만 있는 반쪽 형제(하체)는 그렇게 숲의 창조자가 되고, 윗부분만 있는 반쪽 형제(상체)는 사바나의 창조자가 되었다. 얼마 뒤 이들은 더러운 노파가 흘린 땀이 떨어진 솥에서 만든 콩요리를 훔친다. 상체인 형제는 독을 마실까봐 두려워했다. 하체인 형제는 망설이지 않고 음식을 맛보았는데, 맛있다고 생각했다(M357: Baldus 2, 37~39쪽). 이렇게 두 번에 걸쳐 상체의 형제가 소극적이고 비효율적으로 자신을 드러낸 데 반해 하체인 형제는 과감하고 효율적으로 자신을 드러냈다. 이것은 가이아나 인디언 신화학(신화들)에서 베레니스 성좌를 상징하는 신체의 반쪽(상체)과 플레이아데스 성단과 오리온 성좌를 상징하는 반쪽 신체(하체) 각각의 부정적 가치와 긍정적 가치를 확증한다.

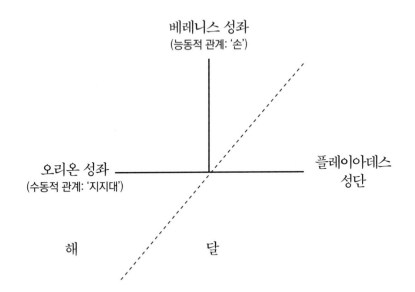

끝으로 가이아나와 아마존강 유역에서의 두 번째 대립은 우리가 막 지적한 대립과 일치한다는 것을 알게 될 것이다. 오리온 성좌와 베레니스 성좌는 마치 '해의 오른손'($M_{130}$)이나 '해의 지지대'($M_{279}$)처럼 해 쪽에 함께 위치한다. 반면 플레이아데스 성단은 마치 달무리의 조합 변이형($M_{82}$)처럼 달 쪽에 위치하는데, 월식의 경우 오리온 성좌가 표범 형상으로 달을 삼킬 때 달무리(플레이아데스 성단)와 대립한다(Nim. 13, 142쪽).

베레니스 성좌의 기원과 어로에 나쁜 계절의 기원에 관한 신화들은 아마존강 북부에서 오리온 성좌(또는 플레이아데스 성단)의 기원과 어로에 좋은 계절의 기원과 관련된 가이아나로부터 유래하는 신화들을 역전시킨다는 것을 알 수 있다. 그런데 투쿠나 신화($M_{354}$)가 자신의 네 번째 에피소드의 관점에서 앞서 언급한 가이아나 신화집단을 역전하는 것 또한 사실이다. 이 네 번째 에피소드에서 몸통-여인은 초자연적인, 차라리 위험한 어로에 자신의 몸을 맡긴다. 그녀는 물고기에게 자신의 동강난 몸을 낚싯밥으로 던진 덕분으로 경이로운 양의 물고기를 잡는다. 현실에서는 이와 같은 물고기의 풍요는 5월과 6월(플레이아데스 성단의 아침 오름의 시기) 이외에는 없다. 이 시기에 이동성 물고기 떼는 강을 따라 올라와 그 지류를 침범한다. 신화는 이런 현상을 그려낸다. 더욱 신화는 이런 현상은 물론 아래와 같은 현상들의 모든 영향력을 주인공에게 부여한다. 말하자면 주인공의 카누는 물속에서 직각으로 일어선다(잘린 다리가 공중에서 변형된다). 그리고 하늘의 또 다른 존재로 변화되는데, 잘린 다리처럼 성좌로 변형되는 것이 아니라 동쪽의 무지개로 변한다. 왜냐하면 카누에서 태어난 수상괴물의 진정한 정체성이 그러하기 때문이다. 그리고 또한 신화는 이 괴물이 물고기의 주인이라고 정확히 밝힌다(Nim. 13, 120쪽과 주 16).

신화$M_{354}$는 뚜렷하게 나타난 계절 코드 이외에 잠재된 천체 코드를 사

용한다. 이러한 확증으로 우리는 아
직 논의하지 않은 네 번째 에피소드
의 세부사항에 특별한 주의를 기울여
야 한다. 카누의 추적자들을 만나자
여자의 남편 그리고 그와 동행한 의
붓형제(처남)가 단지 새의 형태로 그
녀에게 접근할 수 있도록 여자는 강
가에 운집한 군중 뒤로 몸을 숨긴다.
새들은 각기 여자의 어깨에 올라앉

그림 2 피탄구스 술푸라투스새
(브렘, 『뵈겔』 제1권, 548쪽 참조)

는다. 단지 한 통합적 연쇄(여기서는
네 번째 에피소드)만으로는 이런 장
면을 해석하기가 전혀 불가능해 보인다. 같은 유형의 어려움을 제기했던
동강 난 여인의 경우에서 우리가 했던 것처럼 우리는 이 장면을 천체 (코
드의) 계열을 이용하여 밝힐 수 있을까?

신화M354의 몸통-여인의 이중 인물인 신화M130의 늙은 여주인공은 곁
에서 늘 보는(익숙한) 페토코새(petoko, *Pitangus sulphuratus*)의 경고에
도 불구하고 자신의 슬픈 운명을 감내하는데, 이 친숙한 페토코새는 티
라니데새(Tyrannidé)로 오늘날 인디언들은 이 새 소리가 자신들을 잠
수에 초청하는 것처럼 해석한다(Ahlbrinck, 'ombatapo' 'petoko' 항목).
이 새 소리는 브라질 농부들에게 벰떼비(*bem-te-vi*), '나는 네가 잘 보인
다'라고 들린다. 이 새는 길짐승과 물고기를 먹고 곤충을 먹는 새로 기꺼
이 가축의 등에 올라 앉아 피를 빨아먹는 진드기를 잡아먹는다(Ihering,
'bem-te-vi' 항목; Brehm, 『뵈겔』 제1권, 549쪽).

전권에서 논한 오리온 성좌의 기원에 관한 신화—몇몇 변이형 신화들
(M278~M279a~d:『꿀에서 재까지』, 392~396쪽)을 우리는 알고 있다—에
서 두 처남이 그들의 누이를 살해한 자형을 추적한다. 추적당한 남편은

자신에게 위험을 알려줄(예고해줄) 세 마리의 새를 창조한다. 페나르트가 수집하고 코흐-그륀베르크(1, 269쪽)가 재수록한 한 판본에서 이 새는 맹금류인 '카라카라 프레토'(caracara preto, *Ibycter americanus*)와 두 마리의 카시딕스 오리지보라종(*Cassidix oryzivora*)의 곡식을 먹고 사는 새(곡식동물)이다. 이러한 과학적인 명명(이름)에도 불구하고 카시딕스 속(*Cassidix*)의 새들은 대단히 다양한 먹이 규정을 갖고 있는 것 같다. 물론 이들처럼 익테리데과(Ictéridés)에 속하는 큰 포유동물에 기생하는 곤충을 찾는 새들을 배제할 수는 없다. 대륙의 북쪽에서 남쪽에 이르기까지 아메리카의 신화학(신화들)은 체계적으로 같은 신화소의 조합 변이형으로 사용되는 아주 다양한 대표 동물들에게 감시자, 보호자 또는 충고자의 기능을 부여할 이 과의 종 또는 속의 새들을 찾아내는 데 전념한다고 말할 수 있을 것이다. 북쪽의 북아메리카산 찌르레기류의 명금(鳴禽, *Sturnella magna*), 쌀먹이새(*Dolichonyx oryzivorus*)와 찌르레기류의 '검은 새'(blackbirds, *Agelaius* 종)는 남아메리카의 익테리데류와 일치한다. 우리는 뒤에서 이를 다시 보게 될 것이다.

알브링크('peti', §9 항목)가 출판한 판본들은 맥의 기생충을 먹는 두 종류의 새 이빅테르종(*Ibycter*)과 크로토파가 아니(*Crotophaga ani*)를 인용하고 있으며(Goeje 1, 56~57쪽), 이 새들은 음식물 관계에서 신화M$_{130}$의 뱀떼비와 합동이다.

투쿠나 신화의 주인공과 그의 동료는 새로 변하는데, 이 변형된 새가 만일 불행히도 우리가 알지 못하는 크로토파가새라면 우리는 이 새를 천체 계열에 길을 열어줄 수 있는 길잡이로 삼을 수 있을 것이다. 왜냐하면 투쿠나 신화(M$_{358}$)에서 검청색 또는 검은색의 이 새가 게니파(genipa) 나뭇잎에서 생겨나기 때문인데, 근친상간자인 오라비는 누이가 게니파 즙으로 자신을 더럽힌 후 이 게니파 나뭇잎으로 자신의 얼굴을 닦는다(Nim. 13, 143쪽). 아메리카 대륙 한 끝에서 다른 끝까지 그리고 그 이상

그림 3 작은 크로토파가새
(브렘, 『뵈겔』 제2권, 126쪽 참조)

(『날것과 익힌 것』, 543~544쪽 참조)으로 알려진 이 신화의 대다수 판본들에서처럼 강조된 오빠는 달이 된다. 그래서 투쿠나 판본은 크로토파가속(*Crotophaga*)의 새를 천체(달)의 흑점과 연관시킨다. 다시 말하면 흑점을 상대적인 달의 어두움과 일치시킨다. 그리고 우리는 두 새가 아라앵무새-여인과 다시 만날 때 신화M₃₅₄의 아라앵무새-여인은 (그림자에 가려) '일시적으로 사라진다'고 알고 있다. 바케리족(Bakairi)은 일식의 원인을 크로토파가새의 탓으로 돌리는데, 이 새가 날개로 천체를 가리기 때문이다(Steinen 2, 459쪽). 니무엔다주는 앞에서 인용한 책에서 신화M₃₅₈의 새를 모호한 방식으로 서술한다. 말하자면 "**숲속의 칠면조 아눔**(anum, *Crotophaga minor*, 이하 Gm으로 표기) **또는 몇몇 다른 검은색의 새**"로 표현한다. 그러나 작은 크로토파가는 크로토파가 아니(Brehm, 『뵈겔』 제2권, 125쪽)와 같은 새이다. 그리고 크로토파가류(Crotophages)의 새들은 모두 쿠쿨리데과(Cuculidés)에 속하기 때문에 '**칠면조**'라는 명명은 결코 어울리지 않는다. 반면 큰 크로토파가 아누구아쑤(anú-guassú), 즉 큰 크로토파가(*Crotophaga major*)는 길이가 45센

티미터의 새로, 무엇보다도 크기에 있어 야생 칠면조와 유사하다. 이 새의 습성 역시 신화M354의 네 번째 에피소드와 더더욱 일치한다. 이야기는 이동하는 물고기가 나타남으로 완성된다. "물고기들이 강을 따라 올라올 때 피라세마가 나타나는 저녁에 사람들은 흔히 피라세마를 아누페익세(*anu-peixe*)라고 부른다. 아누페익세는 이동하는 물고기를 따라 사냥하면서 이들을 양식으로 삼는다"(Ihering, 'anú-guassú' 항목).

이러한 증거를 우리가 곧 요약할 푸엘취 신화(M359)의 그것과 연관시키길 꺼리는 것은 지리적 거리가 멀기 때문이다. 두 마리 검은 새는 해의 아들을 먹음으로써 어둠(암흑)을 야기한다. 새들을 잡기 위해 달과 해는 썩은 시체(동물이나 인간)의 외관을 취했다. 달은 실패하지만 해는 두 마리 중 한 마리를 잡는 데 성공한다. 그러나 어린아이의 작은 뼈 두 개를 삼킨 다른 한 마리를 잡는 데 실패했다. 그런데 이 뼈가 없으면 어린아이는 다시 살아날 수가 없다. 그런 다음 해는 낮과 밤 그리고 각 계절의 길이를 결정하기 위해 동물들을 소집했다. 모두가 이 일에 동의한 후 (형제였던) 달과 해는 하늘로 올라갔다. 그러자 달이 비명을 질렀는데, 그것은 짜증이 난 아르마딜로가 자신들의 소굴에서 나와 그의 얼굴을 할퀴었기 때문이다. 이것이 달의 흑점의 기원이다(Lehmann-Nitsche 9, 183~184쪽).

현재로서는 이 신화의 주제에 대해 논의할 일정을 잡는 것으로 충분하다. 우리가 이 책에서 다룬 문제들은 후에 남아메리카의 남부 지역과 안데스 지역의 신화들을 연계하여 도움을 청함으로써 확인할 것이다. 다른 한편, 신화M359에서 동시에 나타나는 여러 주제에 대해 우리가 놀랐던 일을 그냥 지나치지는 않을 것이다. 북아메리카의 북부 지역에서 유래한 신화들에서 이런 여러 주제의 예증을 찾기는 더욱 쉬울 것이다. 예를 들면 낮과 밤 그리고 각 계절의 길이에 대한 동물들의 의결(또는 숙고), (해안의 살리시족에서 오지브와족까지) 시체를 먹는 동물들이 작은 뼈를 제자리에 돌려놓으려 하지 않는 바람에 부활의 장애가 되는 경우, 마지막으로 죽음과 계절 주기의 기원에 대한 이중적 주제, 말하자면 이것은 하나의 천체—해 또는 달, 두 개의 별, 두 개의 천체, 두 개의 유성현상(해 양쪽에 나타나는 해 모양의 광[光]점 = 거짓태양 = 환일[幻日])의 한쪽 또는 다른 한쪽과 연관된 아주 특별한 천체현상의 유형과 연관된다.

지금 우리가 진행하고 있는 투쿠나 신화 자체가 북아메리카의 북부 지역과 시베리아에서도 찾을 수 있는(Bogoras 1 참조) 놀랄 만한 유사성(공통점)을 갖고 있다는 점을 주목한다면 대단히 멀리 떨어진 지역에서 같은 신화적 주제(소재)의 출현을 증명하려는 이러한 간결한 탐색은 결코 우연한 일이 아닐 것이다. 코리악, 에스키모, 침시안족과 카틀라멧족은 몇몇 동물과 연속하여 혼인하는 한 남자의 이야기를 다양한 형식을 통해 알고 있으며, 이 남자는 흔히 인간의 음식이 아닌 그들의 음식 체제 때문에 야기된 오해로 인해 아내들을 하나씩 잃는다. 이처럼 한 침시안 신화(M354b: Boas 2, 184~185쪽)의 오리-아내가 엄청난 양의 홍합을 갖고 있었지만, 이 같은 서민의 양식을 보고 모욕감을 느낀 추장은 홍합을 바다에 던지라고 명했다. 이런 일이 있은 후 여자는 사라졌다. 신화M354의 첫 부분을 다시 보는 것 같다.

이것이 전부가 아니다. 신화M354처럼 북아메리카 판본들은 모두 조심스레 인류 삶의 최초 시대의 이야기를 시작하는 데 유의하고 있다. "옛날하고도 아주 오랜 옛날 이 해안의 주민들은 새, 개구리, 달팽이, 생쥐와 또 다른 동물들의 여인들과 결혼했다. 한번은 대추장에게 이런 일이 일어났다……"(같은 책 179쪽). 마찬가지로 동부의 크리족(Cree) 인디언에서 유래하는 한 판본은 아래와 같이 시작한다. "아주 오랜 옛날에 한 남자가 살았는데, 그는 자기 아내로 삼을 수 있는지를 보기 위해 모든 동물의 여인들 중 하나하나 누가 가장 민첩한가를 보았다. 그는 사슴, 늑대, 고라니, 물고기를 먹는 북아메리카산 담비, 담비, 스라소니, 수달, 부엉이, 어치새, 비버……를 시험했다"(M354c: Skinner 1, 104~107쪽). 신화M354의 주인공은 홀로 그의 어머니와 살고 있다. 한 메노미니 판본의 주인공은 홀로 그의 누이와 살고 있다. 그가 비버-아내를 잃자 절망으로 미쳐 신기하게도 사냥꾼 몬마네키의 아라앵무새-아내가 사라진 후 투쿠나 신화가 묘사하고 있는 사냥꾼의 행동을 연상시키는 행위를 한다. "그는 너무 큰 고통에 억눌려 굶어 죽기로 결심한다"(M354d: Skinner-Satterlee, 377쪽).

우리는 두 대륙의 신화에서 천체 코드가 제기하는 문제들에 대해 다음 권(『신화학 4』)에서 더욱 자세하게 논할 것이다. 여기서는 단지 몇 가지만 지적하자. 먼저 투쿠나족에게는 전염병의 상징(기호)인 해의 푸르스름한 후광(Nim. 13, 105쪽)이 틀림없이 해 주변에 나타나는 해 모양의 광점(거짓태양)일 수 있다는 것과, 신화M354의 네 번째 에피소드의 끝부분에 나오는 바이피산은 불사신(不死神)들의 거주지라는 점이다(같은 책 141쪽). 마지막으로 군중 속으로 사라지려 하는 한 초자연적 인물의 어깨 위에 앉은 두 마리의 새로 암시된 삼각 형상은 단순하게 보아 북아메리카 신화들이 체계적으로 사용하는 삼각틀(triade)과 닮아 있다는 점을 지적하자. 그런데 아마존 지역과 가이아나(신화학) 역시 천체의 삼각에 대해 우리의 주의를 끈다.

### M360. 톨리팡족의 신화: 달의 두 딸

옛날에 남성인 달이 자신의 성장한 두 딸을 데리고 땅에 살고 있었다. 달은 그가 감탄해오던 예쁜 어린아이의 영혼을 훔치게 되었다. 그는 영혼을 뒤집어 엎어놓은 솥 안에 가두었다. 사람들은 주술사에게 영혼을 찾도록 했다. 달은 자신이 다른 솥 밑에 숨는 것이 현명하리라 생각하고는 딸에게 자신이 숨은 곳을 밝히지 말라는 부탁을 잊지 않았다. 그러나 주술사는 모든 솥을 깨고는 영혼과 도둑을 찾았다. 달은 자신의 두 딸을 데리고 하늘로 올라가기로 결심하고는 두 딸에게 영혼의 길, 말하자면 은하수를 밝히는 일을 맡겼다(K.-G. 1, 53~54쪽).

정보 제공자는 말하기를 이 두 딸이 두 천체이며, 각각 아버지로부터 아들을 하나씩 얻었다고 한다. 또한 다른 신화에서 이 아들들을 발견하는데, 이들이 금성과 목성이라고 신화는 자세히 설명한다.

### M361. 톨리팡족의 신화: 달의 두 아내

달 카페이(Kapei)는 둘 다 카이우아노그(Kaiuanóg)라고 불리는 두 아내를 하나는 동쪽에 다른 하나는 서쪽에 갖고 있다. 그는 아내를 번갈아가며 같이 산다. 한 아내는 그에게 음식을 잘 먹여 살찌게 하고, 다른 하나는 그를 나쁘게 대하여 여위게 한다. 그는 첫 번째 아내 집에서 (초기 단계에서) 살찌게 되면 두 번째 아내의 집으로 돌아간다. 그렇게 그의 삶이 계속된다. 아내들은 서로 질투하고 미워한다. 그래서 그녀들은 서로 멀리 떨어져 살고 있다. "영원히 그렇게 될 것이다!"라고 훌륭한 요리사(아내)가 선언한다. 이것이 오늘날 인디언들이 여러 명의 아내를 갖는 이유다(K.-G. 1, 55쪽).

큰 별(천체)의 오른쪽과 왼쪽에 위치해 있는 작은 두 별(천체)에 의해 형성된 삼각은 신화M354에서 여주인공의 양 어깨 위에 앉은 두 새가 만드는 그것(삼각)과 상동인 것처럼 보인다. 마찬가지로 천체의 아내들 중 하나가 훌륭한 요리사이고 다른 하나가 그렇지 않은 것과 같이 투쿠나 신화의 두 새가 훌륭한 사냥꾼이고 경이로운 어부인 남편과 그렇지 못한 능력 없는 의붓형제(처남)의 변형 결과라는 점을 지적한다면 이러한 유사점은 더욱더 부각될 것이다. 가이아나와 아마존 지역의 신화들이 거론하는 삼각(형상)은 남아메리카 대륙 최남단의 티에라델푸에고(불의 땅)의 오나족(Les Ona)에서 찾을 수 있는데, 이들 부족의 조물주인 크오니이페(Kwonyipe)는 전갈좌(Scorpion)의 안타레스(Antarès) 별로 변한다. 사람들은 이 성좌의 두 별인 그의 아내의 오른쪽과 왼쪽 사이에 숨어 있는 조물주를 본다. 반면 그의 적수인 차취-킬체쉬(Chach-Kilchesh)는 카노푸스(Canopus) 별(칼리나 성좌의 일등성)의 형상으로 남쪽 아주 멀리서 홀로 빛난다(Bridges, 434쪽). 이제 메시지의 내용이 신화M354와 같은 신화집단에 속하는 신화에서 유래하는 다른 삼각들을 보도록 하자.

### M362. 마쿠시족의 신화: 오리온의 멜빵, 금성과 시리우스(천광성)의 기원

옛날에 세 형제가 살았는데 그중 하나는 결혼을 했다. 두 총각들 중 하나는 풍채가 좋았지만 다른 하나(두 번째 형제)가 너무 추하게 생겨서 첫 번째 형제는 그를 죽일 결심을 했다. 우루쿠나무(*Bixa orellana*)의 씨앗을 수집한다는 명목으로 첫 번째 총각은 못생긴 형제를 우루쿠나무에 올라가도록 했다. 그는 이 기회를 이용해 그가 나무가시에 찔리게 하려고 가지 위에 올라앉도록 했다. 가시에 부상당한 형제는 떨어져 죽었다. 얼마 후 그는 범죄현장에 돌아왔는데, 여기서 그의 제수를 만났다. 그는 말하기를 "이 두 다리를 무엇에 쓸 수 있겠는가. 물고기의 먹이로 쓰면 딱 좋겠다"라고 하고는 두 다리를 물에 던졌는데, 이들은 물고기 수루빔(surubim: 큰메기과의 물고기)으로 변했다. 시체의 나머지 부분도 버렸다. 그러나 영혼은 하늘로 올라가 오리온의 멜빵의 세 별이 되었다. 몸통은 가운데(중앙)의 별이 되고, 두 다리는 각각 양쪽의 별이 되었다. 살인자는 금성인 카이우아논(Caiuanon)으로 변했다(M361과 비교해보라. 카이우아노그, 달의 두 여인 이름). 결혼한 형제는 시리우스 별인 이텐하(Itenha)가 되었다. 말하자면 그가 자리하고 있는 별자리 때문에 이웃에 있는 두 개의 별(두 형제)은 벌을 받아 영원히 서로 바라볼 수밖에 없게 되었다(Rodrigues 1, 227~230쪽).

이 신화에 이어 두 번째 신화를 보자.

### M363. 마쿠시족의 신화: 몇몇 별의 기원

페치오소(Pechioço)라는 인디언은 우에레(Ueré)라는 두꺼비-아내와 결혼을 했다. 그녀가 쿠와, 쿠와, 쿠와 하고 끊임없이 울었으므로 그는 화가 치밀어 엉덩이 위에 붙은 넓적다리를 떼어내 그녀를 부상 입혔다. 물에 던진 다리는 물고기 수루빔으로 변했고, 나머지 몸체는 희생자의 오빠인 에페핌(Epepim)을 만나기 위해 하늘로 올라갔다(Rodrigues 1, 231쪽).

말하자면 여기서 에페핌은 오리온의 멜빵이 된 신화M362의 못생긴 형제일 뿐 다른 것이 아니다. 바르보사 로드리게스는 살인자 남편을 카노푸스 별과 일치시키는 것 같다. 코호-그륀베르크는 시리우스 별로 생각하는데, 그에 따르면 톨리팡족과 마쿠시족은 이 별(시리우스)을 '피호소'(pijoso)라고 부른다. 이것은 신화M362에서 문제가 된 별 '이텐하'가 시리우스가 될 수 없을 거라는 결과로부터 기인한 것이다(K.-G. 1, 273쪽). 어려움을 해결하기 위해서는 역시 어떤 별이 두꺼비-아내의 이름 뒤에 숨어 있는지를 알아내는 것이 필요한데, 이것은 "우에레가 하나의 별을 지칭한다"는 다른 한 신화에 관하여(M131b: 224쪽 주 2) 바르보사 로드리게스의 지시(정보)에 따르면 될 것이다. 이러한 불확실성에도 불구하고 신화M363은 우리가 출발점으로 삼았던 투쿠나 신화(M354)로 다시 이어진다. 양서류-아내는 두 조각으로 나뉘고, 그녀의 하체는 신화M354의 변이형 신화M130에서 일어났던 것처럼 한 물고기 종으로 다시 태어난다(어쨌든 그것이 변신에 의한 것이든 또는 흡수[합병]에 의한 것이든 간에). 다른 한편 신화M354의 몸통-아내(상체)는 어린아이(사실상 자신의 아이라는 이 점에 대해서는 이 책 124~125쪽에서 다시 논할 것이다)를 훔치는 양서류-아내의 조합 변이형이다. 또는 지금 우리가 논하고 있는 신화집단에서 달은 어린아이를 훔치는 도둑으로 출현한다(M360).

확실히 코흐-그륀베르크(앞의 책)가 이 신화들을 오리온 성좌, 히아데스 성좌 그리고 플레이아데스 성단의 기원을 다루고 있는 신화들과 연관시키는 것은 합당하다. 그렇지만 우리는 의미 있는 차이성(변별적 차이)을 무시할 수 없다. 우리가 이 세 성좌의 기원에 관한 가이아나 신화들(M28, M134~136, M279a~c, M264, M285)을 『신화학』의 앞 두 권에서 상세하게 논한 것처럼 이들의 양상을 도식으로 설명하는 데 만족할 것이다.

| | 오리온 성좌 | 히아데스 성좌 | 플레이아데스 성단 | |
|---|---|---|---|---|
| M28 | (넓적)다리 | , 몸통 | // 아내 | (와라우 신화) |
| M285 | // 남편 | // 수컷 맥 | , 아내 | (카리브 신화?) |
| M264 | (넓적)다리 | // 암컷 맥 | // 몸통 | (카리브 신화) |

다시 말해 위에서 아래로 보면 팔다리가 잘린 한 남편의 다리와 몸통 그리고 그의 아내(죄를 범한 처형은 지상에 머무른다), 팔다리가 잘린 남편 그리고 유혹당한 여인과 함께 있는 유혹자(이 경우에는 잘린 다리는 체계 밖에 있다), 마지막으로 이기적인 암컷 맥(그러니까 여기서는 아내가 아니라 비[非]아내)에 의해 분리된 같은 주인공의 다리와 몸통으로 구성된다. 좀더 적합한 방식으로 전체적인 대체의 양상을 나타낼 수 있다.

다리는 항상 오리온 성좌이고, 아내는 늘 플레이아데스 성단이며, 맥은 항상 히아데스 성좌이다. 유일하게 사지가 잘린 몸통만이 세 성좌 중

| M28: | 다리<br>(오리온 성좌) | | 몸통<br>(히아데스<br>성좌) | | 아내<br>(플레이아<br>데스 성단) |
|---|---|---|---|---|---|
| M285: | | | 몸통<br>(오리온 성좌) | 수컷 맥<br>(히아데스<br>성좌) | 아내<br>(플레이아<br>데스 성단) |
| M264: | 다리<br>(오리온 성좌) | 암컷 맥<br>(히아데스<br>성좌) | 몸통<br>(플레이아<br>데스 성단) | | |

어느 것으로도 전환될 수 있는 것 같다. **오리온 성좌 = 다리**에 관해서 보자면 매번 아내와 정반대로 행동하는 범죄자는 체계 밖에 있거나 체계 안에 있다. **히아데스 성좌 = 맥**의 경우 동물은 수컷이거나 암컷이며, (성적인) 유혹자이거나 (음식물과 관계하는) 반(反)여성 유혹자이다. **플레이아데스 성단 = 아내**일 때 아내(배우자)는 자신의 남편에게 친절하거나 적대적이다. 그러니까 우리는 적어도 초벌체계를 얻은 셈이다.

이제 같은 계통의 두 번째 신화집단을 보도록 하자. 이 신화집단에서 아내는 성좌로 변하는 것이 아니라 아구티(agouti: 설치류로 들쥐의 일종), 뱀 또는 아르마딜로로 변한다. 그래서 우리는 아내를 도식의 밖에 놓을 것이다.

(내장을 포함하는 부분) 몸통이 오리온 성좌의 역할에서 다리를 대체할 때 형제가 플레이아데스 성단의 역할에서 아내를 대체하는 이 신화집단은 세 번째 신화집단과의 중간 단계를 구성한다. 세 번째 신화집단 역시 여자(아내)의 부재 또는 희생자의 역할로 이행하는 것이 특징이며, 그리고 한 형제 또는 두 형제의 개입뿐만 아니라 앞의 신화집단(두 번째 신화집단)에서 히아데스 성좌의 언급이 없음을 강조하듯이 플레이아데스 성단에 대한 어떠한 언급도 부재하는 것이 특징이다(그림 4).

| | 오리온 성좌 | 히아데스 성좌 | 플레이아데스 성단 | |
|---|---|---|---|---|
| $M_{134}$: | | | 남편의 내장 | (아카와이 신화?) |
| $M_{135} \sim M_{136}$: | 다리 | | 남편의 몸통 | (톨리팡-아레쿠나 신화) |
| $M_{265}$: | 남편의 몸통 | | 남편의 형제 | (바피디아나 신화) |

결과적으로 히아데스 성좌와 동시에 플레이아데스 성단은 체계에서 사라진다. 우리는 두 가지 현상을 관찰할 수 있다. 우선 불변적 요소를 구성하는 천체 삼각은 유일하게 오리온의 멜빵으로 축소되는데, 오리온의 멜빵은 구별되는 세 개의 별로 분리된다. 이어서 두 번째 삼각은 첫 번째 삼각의 양분(두 개로 분할)으로 생겨난 삼각으로 오리온-히아데스-플레이아데스 체계를 넘어 확장된다. 이 체계로부터 삼각은 단지 오리온 성좌의 중심 부분만 보존하며, 말하자면 멜빵과 훨씬 멀리 떨어진 두 별은 멜빵의 오른쪽과 왼쪽에 서 있다. 이것은(이 별들은) 신화$M_{363}$의 무명의 별(들)이며, 신화$M_{362}$에서 익명의 별과 금성이다. 금성은 신화 $M_{360} \sim M_{361}$에서 달을 동반하는 같은 별이다. 이 신화들은 $M_{362} \sim M_{363}$의 삼각과 같은 (별의) 출몰방위각(천체의 출몰점의 정동[正東]이나 정서 [正西]에서 측정한 각의 거리)의 외부의 삼각을 기술하고 있지만 내부의 삼각과 형식적 관점에서 상동이다. 이 마지막 신화들($M_{362} \sim M_{363}$)은 내부의 삼각을 기준으로 오리온의 멜빵을 기술한다. 이 성좌(오리온의 멜빵)는 잊어버리지 말자. 해 '쪽'에 위치하며, 이러한 사실로 인해 달과 대립한다(이 책 94~95쪽).

그런데 마쿠시족의 이론에서 플레이아데스 성단은 어떤 일이 일어날까? 이 성좌의 기원은 아주 다른 신화와 관련되며, 북아메리카에서는 잘 알려진 신화로 여기서 히아데스 성좌는 동물의 턱뼈 형상으로 다시 나타

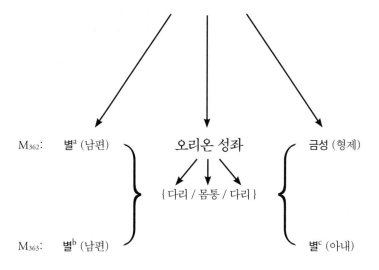

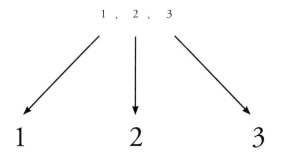

그림 4 천체와 신체 삼각

난다(M₁₃₂:『날것과 익힌 것』, 460~461쪽과 주 16 참조). 이 신화는 칼리나족에도 존재한다. 칼리나족 역시 다리가 잘린 한 남자의 변형으로 오리온 성좌가 되었다고 생각한다(M₁₃₁c: Ahlbrinck, 'sirito' 'peti' 항목).

이런 논의에서 어떤 결론을 끌어내야만 할까? 우리는 역시 가이아나의 배후지에서 북아메리카의 북부 지역에 현존하는 두 전통의 공존을 확인할 수 있다. 한편으로 하나의 주된 항(큰 항)을 대칭으로 둘러싸 작은 두 항으로 이루어지는 천체 삼각과 관련되는 전통이 있고, 다른 한편으로 때로는 욕심스럽고, 때로는 아주 흔히 굶주린 어린아이들인 7명의 인물의 상승으로 플레이아데스 성단이 이루어지는 전통이 있다. 가이아나의 다른 곳에서 이 두 번째 전통(역시 더욱 남쪽에서도 증명된다. 『날것과 익힌 것』, 457~461쪽 참조)은 플레이아데스 성단, 히아데스 성좌, 오리온 성좌의 기원과 연계된 해석을 하기 위해 첫 번째 전통에서 차용한 삼각의 개념을 사용하는 다른 전통으로 대체된다. 우리는 한 방식이 다른 방식보다 더 고전적이라고 단언하지는 않을 것이다. 우리가 이미 『날것과 익힌 것』(436쪽 주 13)에서 이를 지적한 것처럼 와라우-카리브 도식 역시 에스키모 인디언들에게도 존재한다. 그러니까 우리는 같은 재료로부터 북극 지역과 적도 지역에서 이루어졌을 두 개의 독립된 변형과 직면하게 된다. 그러나 우리는 즉시 이러한 반복되는 현상과 관련해 인류학(구조인류학) 이론의 중요성을 알 수 있다. 구조적 분석을 충분히 멀리 밀고 나가는 조건에서 물리학처럼 인문과학도 상이한 지역과 상이한 시대에 같은 경험들이 같은 방식으로 전개되는 층위에 도달하기를 바랄 수 있을 것이다. 이처럼 우리의 이론적 가설을 제어하고, 확인할 수 있을 것이다.

우리는 아직 그러한 지점에 와 있지 않다. 투쿠나 신화($M_{354}$)와 칼리나 신화($M_{130}$)를 특별한 관점에서 고려해볼 때 현재로서 이 신화들이 사회학적, 기상학적 그리고 천체의 층위에서 동시적으로 나타나는 몇몇 변별적 차이를 어로의 절대적 기원이나 상대적인 풍요와 연관시키는 신화들의 소극적 변형처럼 계속 나타난다는 점을 아주 긴 우회의 방법으로 확인하는 데 만족할 것이다. 이러한 점을 일단 받아들이고 나면 우리는 몇몇 성좌와 풍요로운 어로의 기원을 다루고 있는 가이아나 신화들과 물고기의 기원을 다룬 신화$M_{354}$의 네 번째 에피소드를 이어주는 연관관계를 아주 단순한 방식으로 표현할 수 있다.

이 가이아나 신화들은 결국 주인공의 처형(妻兄)에 의해(M28), 그의 아내에 의해(M135~M136, M265, M285), 그의 형제(형)에 의해(M134) 또는 그의 의붓형제(처남)에 의해(M279) **사지가 잘린 주인공**의 이야기를 한다./ 주인공이 **나무** 위로 올라갔음에도 불구하고, 또는 그가 멀리 떠나려고 **카누**에 올랐음에도 불구하고(M279) /직접적이든 간접적이든 물속의 **물고기**의 풍부함은 사지절단의 결과로부터 오며,/ 그리고 **야간** 하늘에 오리온 성좌가 출현한다./ 신화M354의 네 번째 에피소드의 두 번째 장면은 (위의 사실들과) 대칭적인 구성을 나타낸다. 왜냐하면 이 장면은 **주인공**에 의해 **잘린**(=찍어 넘겨진 그리고 홈이 파인)/ 미래의 **카누**인 **나무**와 관련되고,/ 주인공을 감시(염탐)하며 작업을 방해하는 **의붓형제**(M354의 주 참조—옮긴이)에도 불구하고/ 물속의 **물고기**의 풍요는 신체 절단의 결과로부터 오며/ **대낮**의 하늘에 무지개가 출현한다./ 결국 **오리온 성좌** ⇒ **무지개**, 밤 ⇒ 낮으로의 이중적 변형은 **주인공 → 나무, 나무 → 의붓형제, 의붓형제 → 주인공**으로 순환하는 순환적 치환을 나타낸다. 만약 신화 M279에서 사지가 절단된 주인공이 자신의 의붓형제(처남)의 카누로 피신하는 데 성공한다면 신화M354에서 의붓형제(처남)는 카누 밑에 감금된다는 점을 유의할 수 있다. 결국 카누는 주인공에 의해 절단된(사지가 잘린) 나무이다. 그러나 신화M134, 신화M135에서 나무 홈통 속에 갇히는 것은 주인공의 아내이다.

만일 카누를 만드는 '로우로 춤보'(louro chumbo) 나무가 르코인테 (Le Cointe, 260쪽)가 암시한 것처럼 독(毒)나무과(Lauracées)—불행히도 르코인테는 나무의 속(屬)을 명확히 하지 않았다—라면 우리는 나무의 종에 대해 논할 수 있다. 이 나무의 종은 주인공이 자신의 희생을 감수한 나무로 신화M136, 신화M362의 우루쿠나무(*Bixa orellana*)와 신화M135, 신화M285의 아보카도나무(*Persea gratissima*: 열대산 아메리카 녹나무과의 과수)이다.

그때 그들이 본 익어가는 많은 과일들

거기에는 달콤한 바나나가 있었다.

그러나 그가 좋아하는 아보카도 과일을 볼 수 있는

나무를 아직도 조용히 기어오른다.

(Brett 1, 193쪽)

페르세아나무(*Persea*)는 물보다 무겁고 카누 제조에 사용되는 다양한 종의 나무를 포함하는 독나무과 식물이다(Spruce 1, 100쪽 주 1, 160~161쪽, 413쪽; Silva, 184쪽 주 19; Lowie 10, 9쪽; Arnaud). 특히 개아보카도나무를 투피어로 아바카티-라나(abacati-rana)라고 한다(Tastevin 2, 689쪽).

아보카도나무와 빅사나무(남아메리카산 산유자나무과의 일종)를 대립과 상호관계(상관관계)로 놓은 이유는 명백하지 않다. 그렇다 하더라도 빅사세에스나무(Bixacées)와 독나무과 식물은 열대아메리카에서 가장 오래전에 경작한 나무들이다. 아주 초보적인 농업을 하는 부족들조차 빅사나무에 특별한 관심을 쏟는다. 아보카도나무는 아주 초기부터 콜롬비아에서 경작됐던 것으로 보이며(Reichel-Dolmatoff 3, 85쪽), 멕시코에서는 엘 리에고(El Riego) 시대(기원전 6700~5000년: McNeish, 36쪽)부터 경작한 것으로 생각된다. 이 두 과의 나무들은 마찰 또는 회전으로 불을 만드는 막대기로 사용된다(Barrère, 178쪽의 빅사세에스나무 인용; Petrullo, 209쪽과 도판 13, 1의 독나무과 식물 인용; Cadogan 4, 65~67쪽). 아마도 역시 우루쿠나무의 **씨앗**과 아보카도나무의 **과일**(열매) 사이에 대립이 이루어짐이 틀림없다. 우루쿠나무 씨앗의 기능은 근본적으로 문화적인 것이다. 왜냐하면 토착 인디언들의 중요한 염색 재료인 붉은색 물감을 제공하기 때문이다. 그리고 (크고 먹을 수 없는 돌과 대립하는) 아보카도나무의 열매는 사람뿐만 아니라 모든 동물, 심지어 큰 육식

동물까지 대단히 좋아하는 음식이다(Spruce 2, 362~363쪽 Whiffen 인용, 126쪽 주 2; Enders, 469쪽). "모든 동물들이 아보카도나무 열매를 먹으며, 특히 고양이과 동물들이 아보카도나무 열매에 대단한 열정을 갖는다……. 이 나무의 열매에 매료되어 모든 종류의 동물들이 이 나무 아래 모인다고 사람들이 단언했다"(Spruce 2, 376쪽). 만약 우루쿠나무가 문화와 관련된다면 '월계수'(Laurier)는 적어도 와라우어와 연관해서는 초자연적·암시적 의미를 갖는 것 같다. 헤푸루(hepuru)라는 월계수의 이름이 나무의 신(神) 헤푸(hepu), 헤부(hebu)에서 파생되었기 때문이다. 이처럼 월계수는 "신에 속한 나무"(Osborn 3, 256~257쪽)처럼 나타난다. 결국 '로우로 춤보' 아루-파나(a:ru-pana)를 지칭하는 투쿠나 용어는 테베티아나무(*Thevetia*)의 이름인 아루(a:ru)에서 파생되었다(Nim. 13, 56쪽). 테베티아나무는 아포시나세에스과(Apocynacées: 협죽도과의 식물로 개정향불, 빙카 등의 식물)에 속한다. 그러나 그중 한 과일나무의 진액은 독이 있음에도 불구하고 먹을 수 있는 과일을 맺는데(Spruce 1, 343~344쪽), 이 과의 나무는 네리이폴리아(*neriifolia*)라는 '협죽도과의 잎이 달려 있거나' 협죽도과 식물이다. 우리는 이 식물들을 월계수에 접근시켜보자.

신화들이 독나무과 식물 라우라세에스에 부여한 위치가 불확실함에도 불구하고 앞에서 고려한 모든 사실들이 같은 결론을 향해간다는 것이다. 이를 해석할 수 있기 위해서는 사냥꾼 몬마네키의 투쿠나 신화(M$_{354}$)는 **대립된 메시지**를 전하기 위해 베레니스 성좌의 기원 칼라나 신화가 사용한 **어휘**를 사용하여 오리온 성좌와 플레이아데스 성단의 기원 신화들과 같은 **메시지**를 전해야 한다. 한 신화집단에서 다른 신화집단으로 이동하면서 결과적으로 코드는 동일하게 남아 있고, 용어들은 상이하거나 또는 메시지들은 전도된다. 그렇지만 이 공식은 단지 물고기의 절대적 기원과 어로의 상대적인 풍요함에 전념하는(우리는 이를 기억하고 있다) 신화M₃₅₄의 중심 부분에만 유효할 뿐이다. 이야기의 나머지 부분은 또 다른 문제들이다. 우리는 이제 이 문제들로 이동해야 한다.

## 2 달라붙는 반쪽(여인)

어쨌든 열대아메리카에서 유래하는 신화M357은 예외적인 경우로 제외했지만 가이아나 신화학(신화들)에서 벗어나지 않는 범위 내에서 우리는 이 책의 초반부에서 조각난 여인의 수수께끼를 해결할 수 있었다. 그러나 이야기의 후속, 다시 말하자면 여인의 상체가 남편의 등에 달라붙어 그가 먹을 음식을 뺏어 먹어 굶주리게 하고, 자신의 배변으로 그를 더럽히는 일들은 어떤 의미가 있는가? 남아메리카 신화학에는 이러한 이야기의 예가 드물다. 우선 아마존 지역의 한 변이형 신화를 보자.

### M364. 위토토족의 신화: 구르는 머리

야간에 사냥하기를 좋아하는 한 인디언은 숲 신들(정령)의 화를 돋우었다. 신들은 매일 밤 사냥꾼의 오두막을 침입하기 위해 그가 집을 비우는 기회를 이용하기로 했다. 그리고 그곳(오두막)에서 그들은 사냥꾼 아내의 신체를 토막 내고는 사냥꾼이 자신의 귀환을 알리는 일상적인 소리를 듣자마자 신체를 다시 붙여놓곤 했다. 이러한 취급에 순응해가며 아내의 건강은 점점 악화되어 갔다.

의심이 든 사냥꾼은 신들을 불시에 방문하기로 결심했다. 신들은 한 무더기의 뼈로 피범벅이 된 그들의 희생자를 포기한 채 줄행랑쳤다.

몸에서 떨어져 나온 머리가 이리저리 굴러다녔다. 머리는 남편의 어깨 위로 뛰어올라 "자신의 아내를 신들의 분노에 희생시킨 죗값이다"라고 말하며 어깨 위에 달라붙었다.

머리는 마치 (누구를) 물려는 것처럼 끊임없이 턱을 움직여 탁탁 씹는 소리를 냈다. 머리는 (남편이 먹으려는) 모든 음식물을 뺏어 먹었다. 그래서 남자(사냥꾼)는 배가 고팠다. 그리고 머리는 똥으로 그의 등을 더럽혔다. 운이 없는 이 사람은 물속에 뛰어들기로 했다. 그러나 머리(그녀)는 그를 잔인하게 물면서 자신이 숨 쉴 수 있도록 물 위로 올라가지 않는다면 그를 잡아먹겠다고 위협했다. 결국 그는 물 밑바닥에 통발을 설치해야만 한다고 핑계를 댔다. 물에 질식할까봐 겁이 난 머리는 나뭇가지 위에 앉아 그를 기다리기로 했다. 남자는 통발의 구멍을 통해 헤엄쳐 도망갔다. 그러나 그가 오두막에 돌아오자 머리는 다시 따라붙었다. 거기에서 머리는 불〔火〕의 여인이기를 바라며 난로에 머물렀다. 그리고 카사바 캐는 칼을 요구했다. 주인공은 머리와 카사바용 칼을 달 밝은 밤에 노래하는 종의 앵무새로 변형시켰다(Preuss 1, 354~363쪽).

한 가이아나 이야기(신화)의 짧은 에피소드는 주인공이 겪는 일련의 연속 모험 중 하나를 이야기한다.

### M₃₁₇. 와라우족의 신화: 코로로마나의 모험(『꿀에서 재까지』, 539~540쪽 참조)

주인공은 길을 가다가 장난으로 길에 뒹굴고 있는 인간의 해골 눈구멍에 화살을 꽂아넣었다. 실제로 악신이었던 이 해골은 "네가 나에게 상처를 입혔어, 이제 너는 나를 달고 다녀야 할 것이다!"라고 소리 질렀다. 코로로마나는 나무껍질로 매달고 다닐 끈을 만들고, 거기에 머리를 마치 여인들이 채롱을 달고 다니듯 매달았다. 그가 가는 곳마다 머리를 달고 다니며 그(머리)에게 음식을 제공했다. 그는 주인공이 잡은 사냥감에서 자신의 몫을 떼먹으므로 머리가 너무 무거워져 끈이 끊어졌다. 코로로마나는 이 기회를 이용해 도망쳤다. 버려진 머리에서 개미들이 생겨났다(Roth 1, 129쪽; Wilbert 9, 61~63쪽의 장황한 변이형 신화. 또한 M243: Wilbert의 같은 책 34쪽; 『꿀에서 재까지』, 264~265쪽 참조).

### M364b. 시페아족의 신화: 구르는 머리

밤에는 머리가 몸에서 분리되는 한 여인이 있었다. 그녀의 남편은 이를 알아차리고 몸을 그물침대에 둘둘 말아 땅에 묻었다. 그러자 외톨이가 된 머리는 남편의 어깨 위에 올라앉았다. 머리가 그의 모든 음식을 게걸스레 삼켜버렸기 때문에 그는 더 이상 먹을 것이 없었다. 결국 그는 그녀의 머리가 너무 무거워 그녀가 요구하는 과일들을 따러 나무 위로 기어 올라갈 수 없다고 주장했다. 머리는 잠시 동안 그를 떠났다. 그는 도망쳤다. 머리는 다른 짐승 등에 올라타려고 애를 썼다. 먼저 죽은 사슴, 그리고 날아오르는 썩은 고기를 먹는 독수리에 올라탔는데, 독수리는 머리를 땅으로 떨어뜨렸다. 머리는 깨져 산산조각이 났다. 이 조각들은 그만큼의 반지로 변했고, 이 반지들은 반지를 끼고 싶어 하는 사람들의 손을 잘라 먹었다(Nim. 3, 제16~17권, 369~370쪽).

이 판본들은 흥미롭다. 그러나 문제를 단순화하기보다는 더 복잡하게 만든다. 실제로 이 판본들은 북극권에서 티에라델푸에고(남아메리카의 땅끝)까지의 지역에서 증명된 신화의 총합과 관련된다. 이 총합의 계열(paradigme), 이 계열—개미, 흰개미, 모기, 개구리, 옥수수죽, 흐르는 물 표면의 거품, 물고기의 알 등—이 덩어리진 물체 또는 우글거리는 존재들의 기원을 포함하고 있다면 두 아메리카 대륙에서 유래하는 예들에 호소할 수밖에 없다. 우리는 뒤에서 '구르는 머리'의 문제를 다룰 것이다. 무엇보다도 이 문제를 한정할 수 있는 독특한 각도에서 접근할 것이다. 이러한 관점에서 언급하는 것은 우리가 이 문제를 해결하는 데 있어 그만큼 힘을 덜 수 있기 때문이다. 말하자면 북아메리카까지 계열을 확대하는 조건에서—바로 앞에서 보았듯이 이것은 어쨌든 필수적일 것이다—달라붙는 여인의 문제를 더욱더 단순한 항들로 놓을 수 있고, 또 이 모두를 분석하자면 책 한 권이 될 대단히 많은 수의 신화들을 동원하지 않고도 아주 빠르게 이 문제에 대한 진정한 해결책을 제시할 수 있기 때문이다.

그러므로 우리는 이러한 단순한 해결책을 사양할 수 없다. 달라붙는 (격쇠) 인물이 우선 남성적 화신으로 아주 잘 예시된 북아메리카의 신화들을 조사해보자.

### M365. 블랙후트족의 신화: 몸통-인간

한 젊은 전사가 전투에서 두 다리를 잃은 한 동료를 등에 업고 캠프로 운반하는 데 동의했다. 부상자에게 음식을 먹일 때마다 음식물은 절단된 그의 몸 밑부분으로 흘러나왔다. 강을 헤엄쳐 건너야 했다. 전사들은 몸통-인간을 끌고 가기 위해 뗏목에 태웠다. 그러나 그들은 싫증이 났고, 뗏목을 놓아버렸다. 뗏목은 물결치는 대로 떠내려갔다(Wissler-Duvall, 154쪽).

### M366. 이로쿼이족의 신화: 달라붙는(껑쇠) 인간

(대단히 긴 한 신화의) 주인공은 어느 날 길에서 발을 물에 담그고 앉아 있는 불구자를 만났다. 그의 신음 소리를 듣고 불쌍히 여긴 주인공은 그를 마른 곳으로 옮겨주려 했다. 힘들게 구원자의 등에 올라탄

불구자는 내려오려 하지 않았다. 주인공은 그를 내려놓으려고 우선 히코리나무(*Hicoria*종: 북아메리카산 호두과 나무) 둥치에 등을 비벼댔다. 그러고는 주인공 자신이 데일지도 모르는 화롯불의 열기에 달라붙은 불구자를 들이댔다. 주인공은 어쩔 수 없이 그의 짐(불구자)과 함께 벼랑으로 몸을 던졌다. 절망한 주인공은 나무껍질로 만든 끈을 자신의 목과 그의 목에 걸고 아메리카산 보리수나무(*Tilia americana*) 가지에 붙들어 매 자살하기로 결심했다. 그러나 실패하고 말았다. 결국에는 한 주술적인 개가 그를 해방시켜 주었다(Curtin-Hewitt, 677~679쪽; L.-S. 13 참조).

자, 이제 여성인물이 등장하는 신화들을 보자.

### M367. 크리족의 신화: 핏덩이에서 생긴 아이

인간과 동물이 구별되지 않던 시대에 대단히 탐욕스런 대식가인 곰 한 마리가 스컹크와 그의 남편인 오소리를 굶주리게 했다. 두 부부는 도망가기로 결심했다. 곰은 그들에게 약간의 들소 피를 남겨놓았다. 스컹크는 그것을 솥에 넣었는데, 그 핏덩이는 기적적인 어린아이로 변했다. 아이는 빨리 성장하여 자신의 아들들과 함께 곰을 죽였다.

얼마 후 그는 주술대회에서 마을 주민들을 허기지게 만드는 다른 곰에 맞서 승리했다. 승리의 대가로 그는 곰의 딸과의 혼인을 받아들였다. 질투심 많은 곰의 다른 딸이 늙은 여인을 찾아가 주인공의 등에 꺽쇠처럼 달라붙도록 노파를 설득했다. 이제 주인공이 이를 벗어나기 위해서는 원래의 핏덩어리로 돌아가지 않고서는 다른 도리가 없었다. 늙은 여인은 즉시 '피그-베르밀리온'(*pig-vermilion*)[4]과 야광버섯으로

---

4) 이 단어는 인디언들이 만든 복합어로 그 어원도 복합어가 보이는 것과 같다. 블

변했다. 마을의 다른 모든 주민들은 곰, 늑대, 여우, 스라소니와 코요테가 되었다. 그리고 주인공이 자신의 동족들에게 돌아왔을 때 그들이 오소리, 족제비(고약한 냄새를 풍기는) 그리고 또 다른 식용 동물들로 변한 것을 알았다(Bloomfield 1, 시리즈 17, 99~120쪽).

다른 한 판본(M368: 같은 책, 시리즈 22, 194~218쪽)에서는 혼인의 문제가 첫 번째 장으로 이동한다. 주인공은 혼인하는 데에 이르지 못한다. 단지 늙은 여인만 이에 만족하는 것 같다. 주인공이 자신을 무시하는 것에 격노한 늙은 여인은 주인공의 등에 꺽쇠처럼 달라붙어 자신의 몸무게로 짓눌러 괴롭히고, 음식을 먹을 수 없도록 한다. 한 모르는 남자가 주인공을 해방시켰을 때 주인공은 거의 초주검 상태에 있다. 모르는 남자가 밖으로 살이 드러나는 털옷을 입고, 뚱뚱하고 볼품없음에도 불구하고 주인공은 그를 '매제'라고 부르며, 자신의 누이와 혼인하게 한다. 나중에 모든 가족은 생쥐로 변한다.

### M369. 아씨니보인족의 신화: 꺽쇠처럼 달라붙는 여인(꺽쇠-여인)

옛날에 잘생긴 한 젊은이가 있었다. 청년은 소녀들이 자신에게 모두 미쳐 있었음에도 불구하고 이들에게 관심이 없었다. 그녀들 중 한 소녀가 특히 예뻤는데, 할머니와 홀로 살고 있었다. 그녀는 소년에게 은근히 접근했으나 그는 다른 소녀들처럼 그녀를 거절했다. 그녀는 늙은 여인에게 불평을 했다. 늙은 여인은 소년을 숨어 기다리다 자기 곁을 지나갈 때 더는 걸을 수 없다고 소년에게 말했다. 그는 멀지 않은 곳까지 업어 데려다주겠다고 승낙했다. 그런데 그가 그녀를 내려놓으려 했으나 내려놓을 수 없었다. 심지어 달려도 보고, 나무에 부딪쳐 보았

---

룸필드는 이에 대한 해석을 포기하고 있다.

으나 허사였다. 그는 눈물을 펑펑 쏟았다. 여자들이 그를 도우러 쫓아왔지만 늙은 여인은 "나를 가만히 놔두지 못해! 나는 그의 아내야"라고 소리 질렀다. 주인공의 아버지는 누구든 아들을 구해주는 여자에게 아들과 혼인시키겠다고 엄숙하게 약속했다. 모든 여자들이 애썼으나 허사였다. 멀찌감치 서 있던 두 소녀가 이제 지쳐서 배를 깔고 엎드려 있던 주인공 앞으로 다가섰다. 그녀들은 각각 늙은 여인의 옆구리를(M354, M361 참조) 잡아당기기 시작했다. 네 번 시도한 끝에 그녀들은 늙은 여인을 찢어 죽일 수 있었다. 소년의 등은 오줌냄새로 진동했다. 씻기고 보살핌을 받은 주인공은 빨리 회복됐고, 그녀들과 혼인했다(Lowie 2, 180쪽).

정보 제공자들에 따르면 이 이야기는 개구리의 연장된 혼인 졸라매기(혼인으로 졸라매기)(같은 책 주 2)를 연상시키는 것처럼 보인다. 내용이 풍부하지 않은 매개적인 판본들(다코타족 신화[M369b]: Beckwith 2, 387~389쪽; 크로우족 신화[M369c]: Simms, 294쪽; 스키디-파우니족 신화[M369d]: G.A. Dorsey 1, 302~303쪽)을 거치지 않고, 곧장 같은 해석에 더욱 유리한 대평원의 다른 끝 지역으로 이동해보자.

### M370. 위치타족의 신화: 꺽쇠처럼 달라붙는 여인(꺽쇠-여인)

옛날에 한 젊은 전사 우두머리는 초원의 들닭('*prairie-chicken*', *Tympanuchus*종) 사냥 원정대를 조직하기로 마음먹었다. 이 시기에 들닭들은 대단히 위험하고 기만적인 주민집단을 형성하고 있었으며, 양손을 사용하는데 어떤 손으로든 활을 쏠 수 있었다. 사냥일을 마치고 돌아오다가 평소처럼 주인공은 자신의 모든 동료들이 안전하게 강 저편으로 건널 때까지 강 이편에 머무르고 있었다. 한 늙은 여인이 그에게 다가와 도움을 청했다. 그는 기꺼이 그녀를 업어주는 데 동의했다.

그림 5 초원의 들닭
(브렘, 『동물의 생활』 제4권, 329쪽 참조)

그러나 그녀는 이미 밤이 되었는데도 그들이 마을에 도착할 때까지 업어달라고 했다. 늙은 여인은 내리려 하지 않았다. 그리고 그녀는 주인공에게 그가 여자 취하기를 거부한 벌을 주려고 그와 결혼하기로 했다고 설명했다. 체념한 주인공은 그녀가 자신을 풀어주는 조건으로 이를 받아들였다. 늙은 여인은 아무것도 알고자 하지 않았다. 그녀는 항상 달라붙어 있겠다고 말했다.

그렇게 주인공은 그의 짐과 더불어 먹고 자고를 계속했다. 늙은 여인은 그의 등에서 오줌을 싸고 똥을 쌌다. 주인공은 이런 상황에서 벗어나지 못한다면 곧 죽게 될 수밖에 없다는 것을 알았다.

거북이가 나타나 화살을 쏘아 늙은 여인을 조금씩 떼어내는 의식을 행하자는 데 합의할 때까지 모든 사람들은 헛된 애를 썼다. 사람들은 몽둥이로 그녀를 요절냈다. 그리고 주인공의 등에 붕대를 감았다. 늙은 여인의 이름은 '아무것에나 달라붙는'을 의미하며, 오늘날 수상 청개구리를 지칭한다.

또 다른 재앙을 두려워한 인디언들은 가족별로 흩어졌다. 가족 중 어떤 가족은 가금으로, 어떤 가족은 모든 종류의 네발 달린 짐승으로 변했다. 우두머리의 가족은 독수리의 기원이 되었다(G.A. Dorsey 3, 187~191쪽).

컬럼비아강 지역의 살리시족에 속하는 산포일족 역시 껍쇠처럼 달라붙는 여인(껍쇠-여인)의 이야기를 한다. 달라붙는 여인을 불길 속에 갖다대어 그녀를 떼어놓을 수 있는데, 이때 그녀는 물집(수포)으로 뒤덮이며, 두꺼비로 변한다(M371: Boas 4, 106쪽).

그러므로 우리는 북아메리카의 다양한 지역에서 유래하는 달라붙는 여인(껍쇠-여인)을 양서류(또는 M369b에 따르면 등에 새끼들을 업고 다니는 종류의 거미)로 간주하는 여러 개의 증거들을 갖고 있다. 이제 북아메리카 신화학(신화들)을 섭렵하면서 이질적인 지역에 와 있지 않다는 것을 확인하기 위해 가이아나 신화를 간략하게 돌아보도록 하자.

꼬리 없는 동물[無尾類]인 큰 보통 개구리를 칼리나어로 '폴로루' (poloru)라고 한다. 비유적인 의미로 이 말은 '경련'을 의미한다. 말하자면 폴로루 야포이(poloru yapoi)는 "나는 다리에 경련이 났다"는 의미이다. 문자 그대로 번역하자면 "개구리가 나를 손아귀에 넣었다. 나를 취했다"이다. '에세이리 야나타이, 에세이리 폴로루페 나'(ëseïrï yanatai, ëseïrï polorupe na)는 비유적 의미로 '내 다리가 뻣뻣하다, 굳었다'이다. 이 말은 본래의 의미(문자적 의미)로 '개구리'이다(Ahlbrinck, 'poloru' 항목). 신화M354의 껍쇠-여인은 우선 개구리 형상으로 나타난 한 인물의 극단적인 변형을 구현한다. 이 껍쇠-여인은 또한 몸통-여인이기도 하다. 베네수엘라 대륙의 부족인 야바라나족의 사고는 우리가 곧 다루게 될 신화 속의 사고와 아주 비슷한 흐름을 따르는 것 같다. 이 신화(M416)는 한 남자와 한 몸통-여인의 결합인 최초의 인류가 입으로 먹고 목구멍으로 배설했으며, 이 배설물에서 전기뱀장어(*Electrophorus electricus*: Wilbert 5,

59쪽; 8, 150쪽; 10, 56쪽)가 생겨났다고 한다. 실제로 이 물고기의 전기 방전은 경련을 일으키게 하고 때로는 마비까지도 일으킨다(Goeje 1, 49쪽 참조).

이제 또 다른 각도에서 개구리-여인의 주제를 보도록 하자. 우리는 신화M354의 개구리-여인이 어린아이를 훔치는데, 이 어린아이가 자기 자신의 아이일 뿐 다른 아이가 아니라는 사실을 기억한다. 북아메리카에서 이러한 이상한 주도적 행동은 역시 개구리-여인에서 유래한다. 개구리-여인은 초기에는 완전히 벙어리처럼 말을 하지 않지만 그녀가 동물 형상을 취하게 된 후 반년 동안 말을 하게 된다(M372: Ballard 1, 127~128쪽). 많은 매개적 (신화들) 덕분으로 개구리가 행하는 자기 아이의 절도는 북아메리카에서 도둑질의 가장 낮은 단계의 형식을 나타낸다고 할 수 있을 것이다. 이러한 낮은 단계의 도둑질 형식으로도 개구리는 역시 죄인이 된다. 그러나 또한 자기 아이의 도둑질은 양서류(개구리)가 탐냈던 타인의 아이들 절도로 나타난다. 왜냐하면 이들은 자기 아이보다 더 아름다웠기 때문이다.

### M373. 아씨니보인족의 신화: 유괴자 개구리

한 인디언이 예쁜 아이들을 키우고 있었다. 캠프로부터 멀지 않은 곳에 살고 있는 한 개구리의 아이들은 추하게 생겼다. 개구리는 인디언의 제일 어린 아이를 훔쳐 자기 아이들과 같이 키웠다. 그녀의 아이들이 놀라 물었다. "어떻게 이 아이는 이렇게 예쁜데! 우리는 이렇게 밉게 생겼는가?" "아! 그것은 내가 아이를 붉은 물로 씻겼기 때문이야!" 하고 대답했다. 결국 아이의 아버지(인디언)는 자신의 아이를 찾았다. 그의 복수를 두려워한 개구리는 요즈음 그의 동료들이 살고 있는 물속으로 피신했다(Lowie 2, 201쪽).

우리는 클래머스 인디언의 변이형 신화들(M₃₇₃b: Barker 1, 50~53쪽; Stern, 39~40쪽)과 모독의 변이형 신화(M₃₇₃c: Curtin 1, 249~253쪽)를 알고 있는데, 여기에서 개구리는 사슴의 어린아이를 훔친다. 그러나 사실상 유괴자 개구리와 두꺼비의 주제는 북아메리카에 대단히 광범위하게 퍼져 있다. 캐나다 북서부의 아타파스칸(Athapaskan) 어족인 탈탄족(Tahltan)에서부터(M₃₇₃d: Teit 7, 340~341쪽) 중앙과 동부의 알곤킨족(Algonkin)까지 퍼져 있다.

이 신화집단에 대한 체계적인 연구로 인해 우리가 단순히 언급하게 될 다른 몇몇 주제들과 부분적으로 겹치는 일이 일어날 수 있다. 우선 곰-여인과 사슴-여인의 어린아이들의 순환([개구리/사슴] ⇒ [사슴/곰]: Barrett 2, 488~489쪽, 442~443쪽 등; Dangel 참조), 이어서 캘리포니아부터 퓨젯사운드와 컬럼비아 연안까지 퍼져 있는 '이리[漁白]-여인'이 훔친 '조물주-달'의 기원 순환(M₃₇₅: Dixon 2, 75~78쪽; 3, 173~183

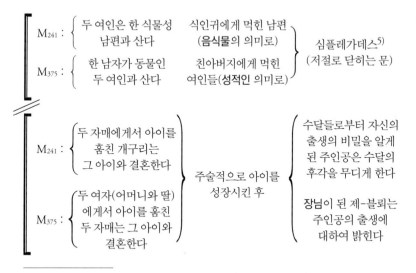

5) symplégades: 그리스 신화의 심플레가데스 바위(clashing Rocks)로 흑해 입구의 양 기슭에 있었다는 두 개의 암초.

쪽; Adamson, 158~177쪽, 265~266쪽, 276쪽, 374~375쪽 등; Jacobs 1, 139~142쪽), 마지막으로 남캘리포니아의 우주관 속에 등장하는 달의 신과 개구리-여인의 운명적인 분쟁(C.G. DuBois, 132~133쪽, 145쪽; Strong 1, 269쪽)을 들 수 있다.

이런 측면들을 심층적으로 조사하지 않고도 단지 어떻게 변형들이 이루어지는가를 개략적인 초벌 그림으로서 아래의 도표를 볼 수 있다.

위에서 제시한 것처럼 만일 오지브와 신화($M_{374}$)가 와라우 신화($M_{241}$)의 변형이고, 와라우 신화($M_{241}$)가 살리시 신화($M_{375}$)의 변형이라면 신화$M_{374}$와 신화$M_{375}$ 사이의 변형은 중요한 변형을 지적하는 것이 틀림없다. 이것은 특별한 연구가 필요할 것이다.

$$M_{374} \left[ \text{요람, 결합하는} \right] \quad \Rightarrow \quad M_{375} \left[ \text{그네, 분리하는} \right]$$

결국 와라우족($M_{241}$에서 식인표범)과 해안의 살리시족(내장 속의 기생충)에서 독립적으로 나타나는 자신 스스로에게 반응하는 이중의 주제와 관련 되는 것이 틀림없을 것이다. 신화$M_{375}$에서 신화$M_{241}$을 재현(재생산)하는 신화학적 체계는 같은 기원의 또 다른 신화 속에서 동등한 정확성을 가지고 이(주제)를 전도시킨다($M_{375b}$: Adamson, 264~267쪽). 여기에서 나이 든 여주인에게 납치된 주인공은 누가 그의 **어머니인가** 보다 누가 그의 **아버지가 아닌가**를 여주인에게서 알게 된다.

남아메리카 신화요소들이 이들 변이형 신화 속에서 많이 발견됨에도 불구하고 알곤킨족에서 유래하는 변이형들이 우선 우리의 시선을 끌게 될 것이다. 왜냐하면 이 경우 요소들이 두 집단의 신화들을 포개 놓을 수 있을 만큼 접근성이 아주 분명하기 때문이다. 페노브스코트어(penobscot)로 두꺼비를 마스-케(mas-ke)라고 하며, '나쁜 냄새가 나는' '더러운'의 의미를 갖는다. 이것은 인디언들이 두꺼비에게 가지는 혐오감 때문이다(Speck 2, 276쪽). 마스키퀘수(Maskiʾ.kcwsu) 두꺼비-여인(M373e)은 남자들을 유혹하고, 어린아이를 유괴하는 고약한 냄새를 풍기는 숲의 정령이다. 푸른 이끼와 나무껍질 옷을 입은 그녀(두꺼비-여인)는 캠프 가까이 머무르며 어린아이들을 자기 곁으로 오도록 구슬린다. 만일 한 아이가 가까이 오면 그를 가슴에 껴안고 애무한다. 그런데 그녀의 의도가 좋음에도 불구하고 이런 행위는 어린아이에게 치명적인 영향력을 행사하게 된다. 어린아이가 다시는 깨어날 수 없는 잠에 빠지기 때문이다(Speck 3, 16쪽, 83쪽). 이러한 믿음이 전 북아메리카에 공통적인 배경막을 이룬다. 이러한 배경막 위에 오지브와족 신화들은 독특한 두드러짐으로 뚜렷이 부각된다.

### M374a. 오지브와족 신화: 늙은 두꺼비-여인 어린아이를 훔치다

한 인디언이 주술적 방법으로 늘 그를 혐오한 여인을 유혹해 그녀와 결혼하는 데 성공했다. 남자가 집을 비운 어느 날, 아내가 밖에서 나무(땔감)를 주워 모으는 동안 그들의 어린아이가 사라졌다. 부부는 아이를 찾으러 각자 다른 방향으로 떠나기로 했다. 얼마의 시간이 지난 끝에 아내는 못생긴 두 아이의 어머니이며, 자신의 어린아이를 훔친 늙은 두꺼비-여인의 오두막에 도착했다. 어린아이는 어른이 되어 있었다. 왜냐하면 늙은 두꺼비-여인이 아이에게 자신의 오줌을 마시게 하여 주술적으로 성장시켰기 때문이다. 그리고 방문객을 집에 머물도록 허락했음에도 불구하고 손님에게 줄 음식물을 자신의 오줌으로 더럽혔다.

소년은 자신의 과거를 잊었다. 그는 어머니를 이방인(손님)으로 보고, 그녀에게 치근거렸다. 그녀(어머니)는 아들이 들고 다녔던 이동 요람과 개들이 납치를 막으려 이빨로 물어뜯은 상처 자국을 보이며, 자신이 어머니라는 사실을 알리는 데 성공했다. 그의 아내와 아들을 만난 남편은 사슴을 죽여 발삼나무(*Abies balsamea*: M495 참조) 꼭대기에 매달았다. 그는 두꺼비-여인에게 사슴을 찾으러 보냈다. 그녀는 나무 위로 올라가 고기를 모두 걷어내는 데 오랜 시간이 걸렸다. 그녀가 자리를 비운 틈을 타 부부는 개구리(본래 신화 원문대로)의 아이들을 질식시켰다. 그리고 그녀를 조롱하듯 부부는 기름이 가득한 방광으로 시체들의 입을 틀어막았다. 이 광경을 본 두꺼비-여인은 비통하게 울었다(Jones 1, 378쪽; 2, 제2부, 427~441쪽).

스쿨크래프트(Williams, 260~262쪽에서 인용)는 그가 여러 번에 걸쳐 출간한 한 판본(M374b)에 이미 이 신화를 실었다. 이 판본의 고전성은 더욱 관심이 가는 대상일 뿐 아니라 존스가 최근에 수집한 판본들과 몇몇 점에서 차이를 보인다. 19세기 전반부에 나온 이 판본은 우리가 방금 보았던 와라우 신화집단(M241, M243~M244)과 세세한 부분에서 놀라운 유사점을 보인다. 이 신화집단의 주인공 역시 어린아이를 훔치는 늙은 개구리이다. 우리는 전권(『꿀에서 재까지』, 254~300쪽)에서 오랫동안 이를 다루었다. 그러나 비교를 정당화하기 위해 이를 다시 논하는 것이 합당하다.

신화M241의 여주인공은 숲속에서 자신의 자매와 같이 사는 젊은 여인이다. 그녀들은 어떤 남성의 도움도 받지 않고 스스로 자신들의 경제적 필요를 채워나간다. 신화M374b의 여주인공 상황 역시 그러하다(신화M374b는 어떤 점에서 신화M374a를 도치하고 있는데, **이끌린 남편 ⇒ 이끌린 여자**로 나타낼 수 있다). 왜냐하면 그녀는 개와 홀로 살고 있기 때문이다. 그렇지만 남편이 되기로 동의한 후 초자연적 존재는 여주인공 한 사람에게는 식물성 음식(M241)을, 다른 한 사람에게는 동물성 음식(M374b)을 선물하고, 각 여인에게 아들을 낳아준다. 초자연적 존재는 얼

128

마 후 신화M374b에서 신화M241보다 그다지 명시적이지 않은 상황에서 사라진다.

한 경우는 여자들이 남편을 죽인 식인귀로부터 벗어나기 위해 도망친다. 다른 경우는 어린아이가 불가사의하게 사라진다. 젊은 여인도 개를 동반하고 아기를 찾아 떠난다. 도망과 추격을 통해 각 어머니는 아이를 훔쳤거나 훔치려고 열의를 보인 늙은 개구리의 집에 도달한다. 늙은 개구리는 아이를 주술로 성장시켜 성인이 됐거나 성인으로 만든다. 또한 각각의 경우 개구리는 입양아들이 (친)어머니(그녀는 이 사실을 모른다)에게 오염된 음식물을 제공하도록 강요하거나 강요한 것처럼 위장한다.

남아메리카에서처럼 북아메리카에서도 인식(또는 인정)의 장면은 이중적인 측면에서 나타난다. 우선 기선을 잡는 것은 동물이다. 왜냐하면 동물이 주인공의 **배설물** 냄새로 기분이 상하거나(M241) 어머니의 젖으로 채운 컵, 다시 말하면 **분비물**이 들어 있는 컵을 선물로 받았기 때문이다. 신화M241의 수달들은 아저씨들(또는 아줌마들, M244)로 어머니의 형제거나 자매들이다. 신화M374b의 개는 아들의 '형제'이다. 『꿀에서 재까지』 284쪽에서 우리는 가이아나 토착민들이 수달에게 부여한 '물고기 잡는 개'의 실제적 또는 신화적인 역할에 대해 주의를 환기한 적이 있다.

둘째로 두 신화집단은 보호 동물들에 의한 폭로가 주인공에게 진정한 회상(잊었던 기억을 다시 이끌어냄)을 유발한다는 점을 강조한다. 주인공은 그의 모든 유년기를 다시 산다. 이런 점에서 신화M374b는 특히 유창함을 보인다. 왜냐하면 주인공은 어머니[6]의 젖을 맛보고, 그녀로부터 예

---

6) 경박스러운 표현을 많이 하고 있는 스쿨크래프트의 텍스트를 환언하여 설명하는 매슈스(85쪽)가 어머니의 젖을 야생 포도즙으로 대체하고 있는 것은 품위에 대한 염려 때문인 것처럼 보인다.

전에 개가 망가뜨린 장난감 조각을 받고……, 이것은 두꺼비-여인이 그에게 주었던 모든 것들 중에서 그의 요람을 인정(인식)할 수 있도록 하기 때문이다. 벨루가(*Delphinapterus leucas*)의 기원에 관한 나스카피 판본은 이러한 어린 시절로의 회귀를 더욱더 있는 그대로 다시 그리고 있다. "소년은…… 다시 아주 어린아이가 된다. 그의 어머니는 그를 업고 숲속을 가로질러 도망친다"(M374d: Speck 4, 25쪽).

우리는 남아메리카에서 신화M241과 동일한 에피소드에 대해 같은 변형을 수행하는 한 문두루쿠 신화(M248: 『꿀에서 재까지』, 283쪽)를 알고 있다. 여기서 수달들은 주인공의 성기를 보잘것없는 작은 길이로 축소하여 주인공을 육체적으로 유년기로 되돌려 놓는다.

개구리에게서 멀리 도망치기 위해 주인공은 신화M241에서 농사와 관련한 술책에 호소하고, 신화M374a에서는 사냥과 관련된 술책(방향을 튼다든가)에 호소하는 것은 각 신화의 최초 장면과 잘 일치한다. 그러나 신화M241과 M374b에서 개구리는 도망자들을 추적한다. 와라우 주인공은 개구리에게 야생꿀을 마련해주면서 개구리의 추적을 지연시킨다. 그의 동료 오지브와 주인공은 우선 자신의 부싯돌과 철을 그의 뒤로 던져 주술적 장애물을 만든다. 이 물건(부싯돌과 철)의 기원이 아마도 유럽일 것이라는 점을 지적하며, 이 물건들에 대한 논의는 잠시 미루어놓자. 야생꿀의 북아메리카 상대물(相對物)은 얼마 지나지 않아 주인공이 스네이크베리(*snakeberries*) 밭을 주술적으로 성장시켰을 때 나타나는데, 개구리는 스네이크베리를 너무 좋아한 나머지 탐욕에 못 이겨 이를 먹으려고 멈춰 섰다. 개구리는 마침내 길을 다시 떠났지만 주인의 명령에 따른 개가 개구리를 덮쳐 산산조각을 낸다(M366 참조). 신화M241이 개구리에게 결정해놓은 운명은 좀 덜 잔인한 것이다. 마치 신화M374a에서처럼 사람들은 이제 개구리가 탄식하며 우는 소리를 들을 수 있게 되었다.

'뱀 장과'(漿果: 수분이 많은 야생의 작고 둥근 열매)인 스네이크베리의 정체를 확인하기가 쉽지 않다. 왜냐하면 일반적으로 사용하는 이 어구(표현)는 여러 식물을 지칭하기 때문이다. 빨리 모호성을 없애기 위해 태평양 연안에서 스네이크베리라고 불리는 마이안테뭄(*Maianthemum*: 백합과 식물의 일종)이라는 가능성을 언급할 것인데, 이 식물의 열매는 기름이 아주 많지만 그리 선호하지 않는다. 밴쿠버섬과 알래스카 사이의 지역에서 때때로 음식물로 사용된다(Gunther, 25쪽). 사실 중앙과 동부 알곤킨족은 이 속(屬)의 식물에 다양한 이름을 부여한다. 말하자면 디어위드(*deer weed*: 북아메리카 서남부의 연꽃 속 잡초), 디어베리(*deer berry*: 미국산 월귤나무, 열매는 식용으로 사용), 칩뭉크베리(*chipmunk berry*: 줄무늬다람쥐) 등으로 부른다(H. H. Smith 1, 373~374쪽; 2, 62~63쪽, 105쪽, 121쪽). 윌리스(2, 504쪽)에 따르면 믹막족(Micmac)은 스네이크베리를 아메리카산 큰 월귤나무(의 열매) 옥시코쿠스 바치니움 마크로카르포리(*Oxycoccus Vaccinium macrocarpori*)라고 부르기도 한다. 더욱 직접적으로 우리의 흥미를 끄는 포타와토미족(Potawatomi)과 오지브와족에 관하여 말하면서 야넬(158쪽)은 이 용어를 악타에아 루브라(*Actaea rubra*)와 연관시킨다. 우리는 캐나다의 저명한 식물학자인 자크 루소의 학식에 도움을 청하였으며 그의 친절에 감사를 표한다. 그는 때때로 스네이크베리라고 명명된 여러 가지 식물을 열거했으나 역시 흰색 또는 종류에 따라 붉은색의 장과 식물들을 포함하는 악타에아가 타당하다고 보고 있다. 이런 종류의 장과는 동시에 이 열매의 반들거림과 독성이 있는 측면 때문에 사람들이 끌리는 것 같다. 증언에 따르면 이런 종류의 다른 식물, 즉 "베인베리(*Baneberry*), 스네이크베리, 네클레이스 베리(*Necklace Berry*) 그리고 악타에아 루브라와 악타에아 파치포다(*Actaea pachypoda* 또는 *alba*)……들은 대단히 아름다운, 붉은 체리 또는 흰 아이보리색의 열매를 맺는데, 이 장과들은 때때로 어지러움과 또 다른 징후의 원인인 유독성이 있는지를 알아보아야 한다"(Fernald-Kinsey,

'Baneberry' 항목). 프랑스의 민간 약제(약전)에서 생크리스토프라고 불리는 유럽의 나물 승마(升麻)처럼 아메리카의 여러 종들은 그들이 갖고 있는 독성을 고려하여 아주 다양하게 의료용으로 사용되었다. 아리카라족(Arikara)은 '태아를 놀래켜' 분만을 촉진시키기 위해 고통받는 임산부에게 장과에 속하는 악타에아 루브라를 처방한다. 이를 우려낸 물은 혈전을 녹이는 데 사용되며, 찜질은 유방의 종기를 치료한다. 젖의 양을 늘리기 위해 악타에아 루브라를 우려낸 물로 산모를 씻기고, 신생아의 입과 눈 그리고 코를 치료한다(Gilmore 2, 73~77쪽).

그러니까 우리는 야생과일과 관계가 있다. 야생과일, 그것은 목걸이를 만드는 진주처럼 매혹적인 작은 예술품의 모습으로 자연이 인간에게 베풀어준 선물이다. 그러나 식물학자의 말에 따르면 "(장과는) 때때로 독이 있다." 이러한 관계에서 열대아메리카의 꿀(들)과 비교된다. 꿀(들) 역시 먹을 수 있도록 준비된 음식의 양상으로 자연이 인간에게 제공한 가장 매혹적인 음식물이다. 그러나 꿀 역시 지속적이거나 일시적인 독성으로 생리적인 혼란을 일으킬 수 있다는 점에서 야생과일(장과)과 비교할 수 있다. 장과와 물고기의 수정란(M375의 이리[魚白]-여인 참조)은 때때로 장과, 더군다나 썩은 장과로 변하는데, 음식물과 독극물(『꿀에서 재까지』, 90~95쪽)의 경계에 있는 꿀이 나름대로 자신의 역할을 하는 것처럼(L.-S. 6, 36~38쪽) 장과와 수정란 역시 음식물의 한계 양상을 예증한다. 이러한 사실을 다시 증명할 필요 없이도 우리는 눈으로 보기에 즐겁지만 의심스러운 장과가 꿀(들)과 같은 의미론적 기능을 수행할 수 있다는 사실을 이해한다. 더욱 꿀은 순수한 음식물의 층위에서도 (장과와) 유사한 모호성을 드러낸다.

더욱 해안의 살리시족은 야생장과와 막시류(膜翅類)의 곤충, 뒝벌, 말벌 또는 무늬말벌 사이에 직접적인 관계를 상정한다. 제아이-블루(Geai-Bleu)가 죽은 누이를 찾아 사자(死者)의 나라를 방문하여 1) 누이로부터 바구니를 받는다. 그러나 2) 바구니를 너무 일찍 여는 과오를 범한다. 3) 막시류의 곤충들('bees')은 붕붕거리며 바구니에서 도망갔다. 그가 조심성을 더 많이 보였다면 벌들은 솔방울이나 장과로 변했을 것이다(M$_{376a}$: Adamson, 21~23쪽). 한 변이형 신화는 제아이-블루가 죽은 자들과 장과를 걸고 게임하여 승리했다고 설명한다. "만일 그(제아이-블루)가 승리하지 않았다면 우리는 장과(들)를 갖지 못했을 것이다"(M$_{376b}$: 같은 책 29쪽).

캘리포니아 판본(M$_{373f}$: Dixon 2, 77쪽; 3, 175~177쪽)에서 전도된 위치의 개구리(달-소년을 훔친 도둑〔녀〕 대신 해-여인이 훔친 아이들 어머니의 위치)는 바구니를 만드는 여인이다. 이 여인의 적(敵)은 주술로 버드나무 가지를 가늘게 만들어 그녀의 작업을 지연시킨다. 버드나무 가지가 하도 가늘어 이를 모으느라 모든 것을 잊었기 때문이다. 결과적으로 여기서도 역시 지연시키는 장애물은 자연과 문화의 교차점에 한계가치를 제시한다. 신화M$_{374d}$에서 지연시키는 장애물의 역할을 수행하며 도취(흥분)시키는 스포츠인 토보강(toboggan: 미끄럼틀) 경기에 대해서도 같은 유형의 추론을 할 수 있을 것이다.

앞에 열거한 동치관계(동등성)들은 간접적으로 우리의 논의를 증명하는 데 적합하다. 『꿀에서 재까지』에서 우리는 신화M$_{241}$의 어린아이 유괴범이며, 또한 꿀에 미쳐 있는 개구리가 유혹적인 음식인 꿀에 푹 빠져 있는 소녀의 변형이고, 꿀에 미쳐 있는 소녀를 본래의 의미로 되돌려보면 성적으로 유혹자 동물에 홀린 한 여인의 은유적인 변형이다라는 사실을 밝혔다. 그런데 와바나키(Wabanaki) 집단의 동쪽 몇몇 알곤킨 부족의 신화학에서 같은 체계의 변형이 나타난다. 여기서 어린아이 유괴범 두꺼비-여인은 파사마쿼디어(passamaquoddy)로 암식인귀인 푹-진-스퀘스(Pook-jin-skwess), 말레시트어(malécite)로 북쉰스퀘스크(Buksschinskwesk)와 혼동된다. 암식인귀는 정원일과 취사를 등한히 하고 곰에 대한 열정에 사로잡혀 홈이 파인 나무를 두드려 곰을 부른다. 그리고—남아메리카의 판본들에서처럼—그녀는 사실을 모른 채 애인의 성기와 온몸을 먹어버린다(Mechling, 50쪽 이하, 83~84쪽; Stamp, 243쪽).

신화M374의 살인자들이 개구리의 어린아이들을 살해한 후 사체의 입에 틀어넣었던 곰의 기름(비게) 덩어리들은 말하자면 곰-애인(곰의 정부는 어머니로서 마침내 그의 살을 먹는다)과 장과(漿果) 사이를 매개하는 장소가 된다. 다른 오지브와 신화(M374c: Williams, 85쪽에서 Schoolcraft 인용)는 주인공을 유혹적인 음식에 대해 경계하도록 유의한다. 이 유혹적인 음식물은 곰의 비게(기름)와 유사한 반투명체이며 흐물흐물한 물질, 즉 개구리의 알로 구성되어 있다. 앞 단락에서 인용한 동부 알곤킨족의 암식인귀 역시 양서류와 유사성(공통점)을 보인다.

### M377. 파사마쿼디족의 신화: 어린아이를 훔치는 암식인귀

조물주 글루스캅이 아직 어린아이였을 때 암식인귀 푹-진-스퀘스는 그를 사랑하게 되었다. 그녀는 마음먹은 대로 하나 또는 여러 명의 남자 또는 여자, 주름진 늙은이 또는 매혹적인 한 무리의 소녀들이 될 수 있었다. 자신의 아이들이 추하게 생겼으므로 그녀는 인디언들의 아이들을 훔쳐 자기 아이들과 같이 키웠다. 고슴도치와 두꺼비는 그의 기생충으로부터 유래한다(Leland, 36~39쪽).

북아메리카의 어린아이 유괴자 개구리는 동물을 애인으로 둔 여인의 변형이기 때문에 결과적으로 개구리가 열렬히 좋아하는 야생과일은 유혹자인 꿀과 마찬가지다. 이 꿀은 남아메리카 신화에서 어린아이 유괴자인 개구리와 관련하여 같은 위치를 점하며, 또한 자연적인 음식물 유혹자로서의 꿀은 본래 의미로 선정적인 동물과 일치한다.

그렇지만 문제가 있다. 여주인공이 개구리인 남아메리카 신화들은—우리가 이미 제2권에서 이를 제시했지만—꿀벌과 몇몇 수상개구리를 꿀의 순환 일부로 다루고 있다. 왜냐하면 이것은 꿀벌이 나무둥치 속에 집을 짓는데, 밀랍 또는 나무진액으로 봉방(蜂房)을 만들고, 그리고 몇몇 수상개구리들, 특히 쿠노아루(cunauaru) 역시 홈이 파인 나무둥치에 나무진액으로 구멍이 난 집(벌집과 유사)을 지어 여기에 알을 낳는데, 꿀벌과 수상개구리의 유사성을 감지한 토착인들의 사고로 볼 때 이 두 동물 사이의 논리적이고 경험적인 관계 때문이다. 생활방식으로 비교할 때 꿀벌은 꿀의 주인이지만 물이 부족하다. 그래서 사람들은 꿀을 마시기 위해 물에 희석해야만 한다. 심지어 건기의 한가운데에도 수상개구리 쿠노아루는 홈통이 있는 나무둥치 속 고인 물의 주인으로 남는데, 이는 알을 보호하기 위해서는 필수적이다. 그러나 개구리에게는 꿀이 부족하다. 이로부터 신화 속에서 이런 음식(꿀 또는 물)이 이들을 움직이는 열정이 된다. 꿀벌과 개구리를 대립과 상동으로 놓는 것은 그러니까 다른 곳에서 우리가 **경험적 추론**(연역)이라고 했던 것에 속한다(『꿀에서 재까지』, 87쪽 주 1; L.-S. 14).

어떻게 열대아메리카에서 꿀과 직접적으로 연관된 한 신화가 북아메리카의 북부 지역에서 아주 세밀한 부분까지 일치할 수 있으며, 더욱 우리가 본 야생 장과의 의미론적 위치가 경험적 관점에서 아주 다른 꿀의 의미론적 위치와 유사할 수 있을까? 이미 오리노코강 델타 지역의 와라우족과 오대호 지역의 오지브와족에서 같은 신화가 되풀이 반복되는 일은 수수께끼이다. 이런 수수께끼는 남쪽 판본이 북부 판본보다 객관적으로 더 일관성이 있어 보인다는 사실로 인해 더욱 복잡해진다. 만일 신화가 남쪽에서 북쪽으로 이동했다면 꿀이 부재한 상태에서 야생 장과가 받아들일 만한 대체품으로 제공됐다고 이해할 수도 있을 것이다. 그러나 아메리카의 주민 이동은 반대 방향으로 이루어졌다. 그리고 한 북부의 신화가 원래의 신화에 적응했을 어휘(동물)보다 자신의 메시지를 더 적절하게 표현해줄 아주 잘 준비된 어휘(동물)를 열대 지역의 민족-동물학 속에서 만날 수 있는 기회를 기다렸다는 것은 놀라운 일이다.

이것이 다가 아니다. 왜냐하면 신화가 유래하는 오대호 지역은 단풍나무 지대로 이 지역의 인디언들은 단풍나무 수액으로 시럽과 설탕을 제조할 줄 알았다. 이 시럽과 설탕은 장과보다 훨씬 꿀과 유사하다. 이 책의 제6부에서 우리는 중앙의 알곤킨족의 신화들이 단풍나무 시럽(메이플 시럽)에 부여하는 위치에 대해 논할 것이다. 지금으로서는 한 측면에 대하여 주의를 기울이는 것으로 충분하다. 즉 신선한 음료일 뿐인 나무 수액과 복잡한 준비과정을 요하는 시럽이나 설탕 사이의 차이는 신선한 꿀과 발효한 꿀보다 훨씬 크게 나타난다. 신선한 꿀은 소비는 물론 농축액으로서도 잘 준비된 음식처럼 제시된다. 이런 이중적인 지위에 더해 자연과 문화를 연결하는 돌쩌귀의 역할을 할 수 있다. 아직 자연 쪽에 위치한 단풍나무 수액이나 이미 문화 쪽에 와 있는 시럽 또는 설탕은 말하자면 이야기의 요구에 합당한 시니피앙(signifiant)을 구성하지 못할 것이다. 남아메리카 개구리는 나무둥치의 홈통 속에 들어 있는 즉시 사용할 수 있는 꿀에 쉽게 끌릴 수 있다. 그러나 단풍나무 수액은 충분히 매력적이지 못하다. 시럽의 생산이 문명의 기술에 의하지 않고, 스스로 흐른 것은 먼 과거(신화 속)의 일이다(M₅₀₁). 그러므로 꿀과 장과의 대체는 정당화된 것 같다.

만일 북아메리카의 인디언들이 남아메리카의 인디언들과 비교할 만한 규모로 야생꿀을 이미 알고 사용했다면 꿀에서 장과로의 변형인 **꿀⇒장과**는 현지에서 이루어졌다고 가정할 수 있을 것이다. 미국 농무성의 양봉과 과장인 맥그레고르(M.S.E. McGregor)와 애리조나 주립박물관의 인류학자인 폰타나(M.B.L. Fontana)의 친절한 제보에 따르면 옛날에 멜리폰꿀벌(Méliponidées)은 멕시코 국경을 넘어 미국 남부에서도 발견됐던 것 같다. 최근의 증언에 따르면 멕시코 소노라 지역의 나무들에 걸려 있는 바짝 마른 물질로 된 엄청 큰 벌집을 관찰할 수 있다. 침이 없는 아주 작지만 물 수 있고 대단히 사나운 이 벌(Trigona?)의 작품인 벌 둥지는 햇빛에도 녹지 않는 아주 진한 꿀을 포함하고 있다. 꿀을 따기 전에 이를 녹이기 위해 불로 덥혀야만 한다(Terrell). 그렇지만 멕시코 북서부 태평양 연안의 카히타족(Cahita)은 단지 현지 조사자들에게 꿀이 어떤 역할을 하는가를 다룬 신화의 한 단편만 제공했다(Beals, 16쪽, 220~221쪽). 그러나 그것이 너무 빈약해 그 내용을 감히 해석할 수가 없다. 푸에블로(Pueblo) 인디언들과 이웃인 피마(Pima) 인디언들은 취사와 의례에 무늬말벌 또는 집의 갈라진 틈새에 둥지를 트는 소목장(小木匠)이 벌이 생산한 야생꿀을 사용했다(Cushing, 256쪽, 304쪽, 625쪽, 641쪽). 캘리포니아 인디언들은 몇몇 뒹벌의 꿀을 아주 미량으로 수확했다(Sparkman, 35~36쪽; C. DuBois, 155쪽; Goldschmidt, 401쪽). 그리고 워싱턴주에서도 같은 꿀의 활용 흔적을 찾을 수 있다(Jacobs 1, 19쪽, 108쪽; Adamson, 145~150쪽, 189쪽). 흔히 그것이 진짜 꿀인지 아닌지 또는 십중팔구 아가베 파리이(Agave parryi) 같은 몇몇 식물의 분비액(진액: 단맛이 남)과 관련되는 것인지는 알 수 없다. 포모족(Pomo)은 이 아가베 파리이 덕분에 우주적 대화재를 제압했고 지상에 흐르는 물의 재창조가 이루어졌다고 말한다(Barrett 2, 472쪽). 백인들이 도착하기 이전 체로키족은 틀림없이 쥐엄나무속(屬)의 나무로 음식물에 단맛을 냈던 것 같다(Gleditschia triacanthos: Klipatrick, 192쪽 주 39). 말하자면 유럽에서 온 벌들은 때때로 야생 상태로 돌아갔다. 꿀을 찾아다니는 남서부의 인디언들은 아피스 멜리피카(Apis melifica) 꿀이 약 1세기 이래 그들 지역에 나타났다고 이야기하면 믿을 수 없다는 표정을 짓는다(McGregor).

꿀의 생산자인 토종벌들이 과거에는 오늘날보다 훨씬 더 북아메리카의 광활한 지역을 차지했다고 생각해도 무방하다. 심지어 유럽의 종들이 이들 토종벌 실종의 책임자라는 관점을 배제할 수 없다. "켄터키와 테네시의 숲에는 식민 개척자들보다 벌이 먼저 도착했다"는 샤토브리앙(Chateaubriand 1, 121쪽; 2, 제1권, 239쪽)의 지적은 그가 그들로부터 들은 이야기를 반복한 것이 틀림없다. "콜럼버스 범선의 뒤를 이어 아메리카에 도착한 이방인들인 이 평화적인 정복자(유럽의 벌)들은 토착민들이 사용할 줄 모르는 새로운 세계의 꽃 보물(꿀)에만 황홀해했다." 그러나 샤토브리앙은 아래와 같은 말을 덧붙이며, 이들 정복자들에게 붙였던 '평화적인'이라는 수식어를 부인한다. 나무둥치 속의 벌 둥지를 공격했던 수많은 곤충들의 말미에 도착한 유럽의 벌들은 그가 인용하고 있지는 않지만 모기와 열대 모기류에 더해 기꺼이 강도질을 행하는 멜리폰벌들(『꿀에서 재까지』, 122쪽 주 8)을 지적하고 있기 때문이다. 그러면 멜리폰벌들이 중앙과 북부 지역까지 퍼져 있었다고 말할 수 있는가? 비록 쉐이엔족(Cheyenne)의 기원신화에 따르면 최초의 인류는 "꿀과 야생 과일로 음식을 삼았으며 배고픔을 몰랐다"(Dorsey 4, 34쪽)고 하지만 이런 가설을 받아들이기에는 주저하게 된다. 쉐이엔족의 가까운 이웃 친족인 아라파호족(Arapaho)은 야생꿀을 기억하는 것처럼 보이지만 과거에 이를 먹었다는 사실을 부인한다(Hilger 2, 178쪽). 그리고 메노미니족(Menomini)은 곰덫(올가미)을 놓는 데 꿀을 사용했지만(Skinner 4, 188~189쪽), 꿀의 사용은 늦게 시작된 것이 틀림없다. 왜냐하면 1748~50년경에 이로쿼이족이 칼름(Kalm)에게 유럽인들이 도착하기 전에는 벌을 몰랐으며, 더구나 벌들을 '영국파리'라고 불렀기 때문이다(Waugh, 143쪽).

일반적으로 북아메리카에는 꿀에 대한 신화가 전무하다는 사실을 받아들여야만 한다. 이러한 부재(不在)는 남아메리카의 꿀에 대한 풍부한 신화와 너무 극적인 양상으로 대조되는데(우리는 이를 논하는 데 신화학 한 권이 필요했다), 이러한 간격(차이)은 (어떤) 의미를 제시하는 것이 틀림없다. 그렇다고 하더라도 어린아이를 훔치는 개구리의 신화가 멜리폰벌들이 서식했을 남부에서 최초의 형태(형식)를 얻고, 이 신화가 남과 북으로 전파되었을 가능성(우연성)은 여전히 남는다. 넥타리나 레셰구아나(*Nectarina lecheguana*, 우유빛 즙:『꿀에서 재까지』, 85쪽 참조)의 출현은 텍사스에서도 증명된다(Schwarz 2, 11쪽). 만일 19세기 초기에 이름을 모르는 인디언들(아마도 캔자스족이거나 오세이지족)이 나무둥치에서 수확한 많은 양의 꿀이 이미 야생 생활로 돌아간 유럽의 벌들 것이 아니라면 멜리폰벌이 더욱 북쪽에 살았다는 사실을 받아들여야만 할 것이다(Hunter, 269쪽). 이러한 가설에서 곧 설명하게 될 이유로 인해서도 다른 개구리와 떼어놓을 수 없고, 그 자신도 개구리인 (달라붙는) 껍쇠-여인의 신화가 카도(Caddo) 인디언의 이주의 축과 거의 일치하게 분포된다는 사실은 의미 있는 것으로 받아들여야 할 것이다. 결국 오리노코강 삼각주의 와라우족의 위치 또한 (틀림없이) 이와 무관하지 않을 것이다. 왜냐하면 이 델타 지역에 거주하는 와라우족은 소(小)서인도제도의 배치(Bullen 참조)가 대(大)서인도제도와 플로리다까지 일련의 여러 단계(또는 계단)를 거쳐야 도달할 수 있는 (델타의) 반대편에 있기 때문이다. 구아메리카의 인구이동이 겨우 5000년 이전에 이루어졌다고 믿고 있을 때는 알래스카에서 출발한 연속적인 이동의 파도가 남아메리카 대륙의 끝 티에라델푸에고(옛 마젤란 해협)까지 이르는데 이 기간이면 충분하다고 판단했다. 요즈음은 그 시간이 1~2만 년 전 또는 그 이상까지[7] 거슬러 올라간다. 그렇다면 이 신화의 이동경로에 대한 가설이

---

7) 우선 열광적으로 받아들였던 더 이전의 추정은 곧 부정되고, 유콘강 연안과 멕시코에서 적어도 2만 년, 아마도 훨씬 더 오래된 지층의 발견 이래 새로운 믿음을 갖게 된다. 이 지층에는 이미 사라진 동물 형상의 잔재와 섞여 있는 뼈로 만든 도구들이 포함되어 있다(*Scientific American* 제216권 6호, 1967, 57쪽 참조).

두 방향(남과 북)으로 이루어졌다고 상정하지 못할 이유가 있을까? 개구리-연인에 대한 신화들의 경우가 남쪽에서 북쪽을 향해 차라리 반대방향으로 때늦은 전파가 있었다는 사실을 확실하게 원용할 수 있는 유일한 경우는 아니다. 그러나 만일 몇 번에 걸친 왕복의 이동이 있었다면 지협(地峽)에 이동의 흔적이 틀림없이 남아 있을 것이다. 그러나 현재까지 심지어 개별적인 여행의 흔적도 발견할 수 없었다. 해상로들이 남아 있는데, 이중에는 서인도제도를 경유하는 뱃길이 있다. 수없이 던졌던 질문에 항상 절망적이고 부정적인 답만 돌아올 뿐이다(Sturtevant). 그렇지만 아직 몇몇 문제점들을 해결하지 않는 한 이에 대한 서류(연구)를 덮을 수는 없을 것이다. 이러한 문제점들은 먼저 서인도제도나 만(Golfe)의 해안에서 생산되는 돌로 만든 '멍에' 또는 '(동물의) 목 끈에 달린 고리'의 존재와 용도의 문제인데, 이 물건들은 서로 한 가족처럼 닮아 있는 조각돌들로, 이곳에서는 '팔마스'(*palmas*), 다른 곳에서는 '세 끝이 뾰족한 돌'이라고 한다. 그리고 또 다른 문제는 북서 해안과 푸에르토리코의 커다란 귀(耳)를 가진 인물들을 표상하는 돌 위에 새긴 조각들 사이의 놀라운 유사성이다.

\* \* \*

역사적 사변(思辨)은 비켜놔두고 구조(적)분석의 더욱 확고한 토대를 찾아보자. 우리는 두 개의 계열(체 또는 축)을 다루고 있다. 꺽쇠-여인의 계열과 개구리-여인의 계열, 이 두 계열의 분포 영역은 남아메리카 대륙과 북아메리카 대륙을 포괄한다. 각 대륙에서 이 계열(축)들은 독립적으로 연관되어 있다. 사실 우리는 여러 곳에서 꺽쇠-여인이 개구리라는 사실을 확인했다. 마침내 우리는 이러한 결합(통합)의 이유를 이해하게 되었다. 말하자면 하나의 계열은 다른 계열이 비유적(은유적)으로 표현할 것을 본래의(실제의) 의미로 표현한다. 껑쇠-여인은 남편이나 남편으로 삼기를 바라는, 자신을 업고 있는 사람의 등에 육체적으로(물리적으로) 그리고 가장 비열한 방법으로 달라붙는다. 양모이지만 과보호자이며, 흔히 자기 애인과의 이별을 해결하지 못하는 늙은 정부인 개구리-여인은 우리가 (일상에서) '달라붙어 떨어지지 않는 여인'이라고 부르는 유형의 여자를 연상시킨다. 물론 이때 비유적인 의미의 용어가 사용된다.

이에 대한 해석의 정당성은 신화(들)에서 껑쇠-여인을 지칭하는 (영어식) 표현의 결과로부터 드러난다. 사람들은 이 껑쇠-여인을 **버르 우먼** (burr woman)[8]이라고 부르는데, 이 용어는 민속학자들이 자의적으로 붙인 단축된 제목으로 표어(catchword)가 아니다. 프랑스어로 번역하기에는 문제가 있다. 왜냐하면 일상적인 용어(프랑스어)로 어떤 몇몇 식물의 부분, 아주 흔히 포(苞: 꽃을 싸는 꽃받이), 또한 끝이 갈고리처럼 굽은 가시를 가진 잎사귀를 지칭하기에는 부족한 면이 있기 때문이다. 이 포나 잎사귀(변형)는 행인의 바지(옷)에 달라붙어 잘 떨어지지 않는다. 어쨌든 간에 우리는 이런 식물(적) 형태의 기원을 설명한다고 볼 수 있는 껑쇠-여인의 신화 판본들을 알고 있다.

### M₃₇₈. 파우니족(Skidi)의 신화: 갈고리 총포(總苞)식물의 기원

사나운 암곰의 학대를 받았던 부부가 들소의 핏덩이에서 태어난 신비한 어린아이(M₃₆₇ 참조) 덕분에 벗어날 수 있었다. 그는 암곰을 죽이고 세상을 떠돌고 있었다. 어느 날 그는 한 마을에 도착했는데 사람들의 인정(총애)을 받았다. 사람들은 그와 결혼할 모든 소녀를 제공했다. 그러나 아무도 그에 눈에 들지 않았다. 그의 냉정함을 벌하기 위해

---

8) 버르(Burr)는 버르(bur)로 흔히 표기한다. 식물의 가시를 의미하는데, 의미가 확장되어 달라붙어 떨어지지 않는 사람, 귀찮게 하는 사람을 말한다.

한 여인이 그의 등에 달라붙어 떨어지기를 거부했다. 주술적인 동물들이 주인공을 구하러 와서 그녀를 갈기갈기 찢었다. 그 조각들은 갈고리 총포식물로 변했다(G. A. Dorsey 1, 87쪽).

같은 수집본의 한 변이형 신화(M₃₇₉: 이 책 538~542쪽)에 따르면 주인공은 도박에 열정을 느끼고 있다(그래서 그는 소녀들에게 흥미를 느끼지 못한다). 그는 매혹적인 젊은 여자를 만났는데, 그녀는 그에게 걸어서 건너갈 수 있는데도 불구하고 개울을 건너게 해달라고 요청한다. 그는 그녀를 업고 건넜으나 자신이 그의 부인이라고 주장하며 등에서 내리기를 거부한다. "그녀의 몸은 젊은이의 몸에 용접되어 달라붙었다." 곧 그녀는 늙은 여인으로 변한다. 네 명의 자매가 개입한다. 왜냐하면 그녀들은 해〔日〕에게서 얻은 고약을 갖고 있었기 때문이다. 고약 덕분에 그녀들은 늙은 여인을 떼어낼 수 있었다. 그녀들은 또한 주술갈고리로 사지를 하나하나 떼어내 찢었다. 몸 조각들은 갈고리 총포식물(가시)이 된다.

이 신화들은 총포식물 자리에 개구리를 놓고 있는 신화M₃₇₀과 동일하다. 아씨니보인족(M₃₆₉)은 개구리가 대단히 끈질긴(접착력이 강한) 혼인 옥죄기(교미)를 한다고 말한다. 껵쇠-여인에 관한 신화의 입문과정에서 아라파호족은 아메리카 도꼬마리(Xanthium종)의 갈고리 포(苞)는 "혼인하려는 욕구, 아내나 남편을 찾으려는 행위를 나타낸다"(Dorsey 5, 66쪽). '난봉꾼'(여자를 쫓아다니는 사람)이라고 알려진 긴 갈고리 포(苞) 잎은 몇몇 의식을 행할 때 젊은 남자들의 얼굴과 몸에 그리는 장식의 주제에 영향을 준다(Kroeber 3, 제3권, 183~184쪽).

### M₃₈₀. 아라파호족의 신화: 너무 사랑받은 사기꾼

한 무리의 소녀들(바르[var]: 생쥐-여인)에 의해 고난에서 벗어난 사기꾼 니한상(Nihansan)은 소녀들에게 이(해충)를 잡아달라고 부탁하고는 그녀들의 무릎을 베고 잠이 들었다. 여자들은 갈고리 총포로 머리를 덮고는 달아났다. 사기꾼은 잠속에서 몸을 이리저리 뒤척이며 돌아누웠다. 총포의 가시(갈고리)가 그의 살을 너무 깊이 파고 달라붙어 그의 표정이 일그러졌다. 잠이 깨자 그는 머리가 아팠다. 머리를 만지자 그는 자신의 머리칼이 가시(갈고리)로 꽉 차 있는 것을 알았다. 그는 머리를 빡빡 밀었다.

주인공이 강에서 수영하는 여자들을 위해 건졌던 총포 잎들은 실제로 도꼬마리(식물)였다. 이야기의 교훈은 그녀들이 그를 남편으로 삼고 싶은 강한 욕구를 갖고 있음을 의미한다(Dorsey 5, 66쪽; Dorsey-Kroeber, 108~110쪽).[9]

같은 맥락에서 만단족(Mandan[M512]: Bowers 1, 352쪽, 365쪽)은 부끄럼을 타는 한 처녀의 이야기를 하는데, 어느 날 그녀의 옷이 갈고리 총포로 뒤덮였다. 처녀는 옷을 갈아입으려고 집 안으로 들어갔다. 그림자 하나가 그녀의 벗은 몸 위로 지나갔다. 이로 인해 그녀는 '태양의 미치광이' 옥신헤드(Oxinhede)를 잉태하게 됐다……

그러니까 북아메리카 신화가 남아메리카 신화의 의미를 밝힐 수 있으리라는 기대는 틀린 것이 아니었다. 이러한 믿음은 모든 꺽쇠-여인의 순환 신화들처럼 우리가 처음부터 이 신화가 혼인 문제를 제기한다는 것을 알고 있었기 때문이다. 신화M354에서 사냥꾼 몬마네키는 우선 결합(혼

---

9) 오글랄라다코타족(Oglala Dakota)에게 갈고리 총포(식물)는 욕망과 질투를 상징한다(Walker, 141쪽 주 1). 체로키족은 이 식물로 통과의례 입후보자들에게 탕약을 달여 먹인다. 왜냐하면 "갈고리 총포가 아무것에나 잘 달라붙어 고정되는 것처럼 입후보자들이 이미 얻은 지식이 머리(정신) 속에 잘 고정되기를 바라기" 때문이다(Mooney-Olbrechts, 101쪽).

인)을 좋아하는 애호가의 측면을 나타낸다. 말하자면 과장된 돈주앙의 모습으로 그는 우리가 흔히 말하듯이 (다양한 〔인간〕 하위종에 차이성을 부여하면서……) 갈색머리에서 금발머리로 옮겨가는 것에 만족하지 않고, 자신의 애정행각을 양서류와 조류, 무척추동물 등 아주 다양한 동물종까지 확대한다. 이러한 관점에서 몬마네키라는 인물은 아리카라 판본(M370c)의 주인공을 연상시킨다. 아리카라족은 만단족의 이웃 북아메리카 부족이지만 파우니족과 위치타족처럼 카도(Caddo) 언어학 집단에 속한다.

(두 신화의) 주인공은 행운의 사냥꾼들이다. 아리카라 주인공은 들소-여인과 성교한 날 이후로 더욱 재주놀이에 두각을 나타낸다. 이 놀이는 작은 고리(둥근 환)를 던져 (움직이는 고리를) 막대기로 꿰는 놀이다. 그런데 신화에서 이 놀이는 3중의 상징을 나타낸다. 즉 교미(성교), 전쟁, 그리고 앞의 둘(교미와 전쟁) 사이의 중간에 위치하는 들소사냥을 상징한다(Dorsey 6, 94~101쪽). 그렇지만 투쿠나 판본과 아리카라 판본들은 두 가지 중요한 점에서 서로 다르다. 한 판본은 어로의 기원과 관련되고, 다른 한 판본은 들소사냥의 기원과 관련된다. 특히 아리카라 주인공은 동물과의 일시적인 사랑에 빠진 것을 제외하면 순결하다. 말하자면 그는 전혀 여자를 몰랐다. 그래서 그의 등에 달라붙은 늙은 여인은 그의 이러한 절제(금욕)를 비난한다. "손자야! 너는 곧장 집으로 돌아가는 것이 낫겠다. 나는 이제 너를 영원히 떠나지 않을 테니까. 젊은이들이 늙은 여자를 업고 가는 너를 보게 되기를! 그래서 네가 그처럼 자만하고 소녀들을 무시한 것을 깨닫기를……!" 반대로 투쿠나 주인공의 꺽쇠-여인은 **거의 내성적이지 않은 남편**이 우리가 수집한 북아메리카 판본들의 **대단히 내성적인 총각** 행세를 하며 난봉꾼의 행위를 한 그에게 벌 주기를 바란다.

그러나 동시에 이 판본 신화들의 특성이 분명해진다. 왜냐하면 우리가 신화들의 초반부에 지적했던 차이성과는 달리 또 다른 일치된 차이성이 신화 끝부분에서 나타나기 때문이다. 즉 대부분의 북아메리카 판본들은 인간과 동물의 분리로 끝을 맺는다. 그리고 동물들은 변별적인 그들의 종들로 분할된다(크리족 신화[M367~M368]; 위치타족 신화[M370]). 남아메리카 신화에서 최근까지 거슬러 올라가는 인간과 동물의 분리는 단지 초반부에 나타난다. 투쿠나 주인공은 동물 암컷들을 마치 아직 인간사회의 일원인 것처럼 취급한다. 크리와 위치타 주인공들은 인간 여인들을 매정하게 거절하면서 마치 신화 끝부분에서나 일어날 수 있는 우연한 일처럼 여인들을 동물종의 지배하에 있는 일원인 것처럼 취급한다. 왜냐하면 세상의 현재 질서(관습법칙) 안에서 인간들은 그들끼리의 혼인 경계선(이러한 한계가 없다면 혼인동맹은 불가능할 것이다) 안에서 대단한 요구 없이 혼인하며, 동물들 역시 종(별)으로 구성되어 있고, 한 종이 다른 종이나 인간들과 혼인하는 것이 아니라 그들 사이에 짝짓기하는 것은 세상의 현재 질서의 요구 때문이다. 이러한 두 극단적인 체제 사이에 아리카라 판본은 돌쩌귀(경첩)의 역할을 한다. 그렇지만 이 판본은 들소라는 특수한 동물종의 경우를 상정한다. 들소의 풍부한(이로운) 사냥은 결혼에 있어 남자와 여자의 결합(역시 대결이기도 하다)이 설명하는 개념, 전통적으로 적대관계에 있는 주민들의 대결(역시 통합이기도 하다)이 설명하는 개념, 사이의 중개적 개념으로서 공모(또는 묵인)의 개념에 기초하고 있다(L.-S. 16 참조).

우리는 앞에서 이야기한 사실의 증거를 제시할 수 있다. 결국 만일 격쇠-여인의 투쿠나 신화가 같은 주제에 관한 북아메리카 신화들을 전도하고 있다면 이 북아메리카 신화들의 전도된 형식들은 북아메리카에서도 틀림없이 투쿠나 신화로 환원시킬 것이다. 우리는 특히 와바나키(Wabanaki) 집단의 신화들에서 이러한 전도를 지적했다. 여기에서 인간 어린아이들에 반한 개구리-여인은 때로는 유혹자 동물의 연인인 인간(여성)으로 변한다. 두 인물 중 하나는 강하게 만들고, 다른 하나는 약화시킨 두 인물을 구별하는 페놉스코트족(Penobscot)은 항아리 또는 (상처의) 딱지-여인 푹-진-스퀘스(M377 참조)의 사랑 경험을 이야기한다 (M381). 이 여인은 곰을 남편으로 취하거나 또는 다른 경우 그녀의 허리 둘레에 조여 묶은 나뭇가지를 남편으로 삼는다. 그러나 그녀가 오두막으로 들어가려고 할 때 이 나뭇가지와 분리될 수 없다. "'나는 네 남편이다' 하고 나뭇가지가 말했다. 너는 나를 네 허리에 묶었다. 나는 지금 내가 있는 위치에 있어야만 한다. 결코 너는 나를 떼어놓을 수 없을 것이다." 이 때부터 그녀는 가는 곳 어디에서나 나뭇가지를 달고 다닌다(Speck 3, 83쪽). 성(性)의 전도가 이루어진다면 이 신화는 투쿠나 신화의 골조 (armature)를 재현한다.

역시 북아메리카 신화는 다른 방향이나 다른 축 위에서 전도되는 일이 일어난다. 첫 경우의 예처럼 해안 지역의 살리시 판본(M382: Adamson, 171쪽, 377~378쪽)을 인용해보자. 여기에서 조물주 달은 벗을 수 없는 (남성용) 벙거지를 쓰고 이것을 벗겨 그를 해방시킬 수 있는 첫 번째 소녀와 결혼하기로 약속한다. 그러나 주름이 많은 두꺼비-여인만 모자를 벗겨 혼인에 이를 수 있었다. 앞으로는 못생긴 여자들이 아름다운 남자를 남편으로 맞이하는 일이 일어날 수 있다. 이러한 변형은 특별한 관심을 일으킨다. 왜냐하면 이 변형은 두 개의 조작(활용)으로 분리되기 때문이다.

a) 꺽쇠-여인의 역 ⇒ 두꺼비-여인

(다른 말로 하면 근접성의 개념에 호소하고 있는 계열의 전도: 꺽쇠-여인 ⇒ 꺽쇠-여인에서 벗을 수 없는 꺽쇠모자를 벗겨 해방시킨 여인으로의 변형은 유사성을 기반으로 한 계열: '달라붙는' 여인의 계열로 재편성된다.) 그러나 본래의 의미에서 비유적 의미로의 이동으로 인한 이러한 회귀는 아래와 같은 결과를 초래하게 된다.

b) 사회학적으로 동등한 배우자(여) ⇒ 체질적으로 동등하지 않은 배우자(여)

즉 해부학적 계열의 재구성은 이 (남성의) 사회에서 여성 배우자들을 개별적으로 차별화하고 있으나, 같은 신화의 '원본' 판본들은 모든 여성 전체를 동물계와 구별하는 역할을 하고 있다(동시에 동물계를 속과 종으로 구별한다). 자연 속에서 외재화(다양화)된 해부학적 계열은 생물학적 근본을 드러내는 사회 속에서 내재화된다. 첫 번째 조작으로 확인된 **고유한(본래의)** 의미에서 **파생된(비유적)** 의미로의 이행은 이와 반대로 전도된 조작을 야기한다. 즉 이것은 **도덕적** 질서의 환상 아래 **체질적 무질서**(차이성)의 숨겨진 진실을 드러나게 한다.

사실 신화는 무엇을 선언하는가? 동물과 인간을 구별하고 또는 동물들 사이를 구별짓는 특징적인 차이를 여성들 사이의 차이와 혼동하는 것은 범죄적이고 위험한 것이다. 이런 앞선 종족차별주의는 사회생활을 위협한다. 사회는 반대로 아름답거나 못생긴 여자들 모두가 **인간 여성**으로서 배우자를 얻을 수 있기를 바란다. 총체적으로 동물 배우자들과 대립되는 인간 배우자들은 우열이 없다. 그러나 신화의 골조가 전도된다면 신화는 이러한 (감추어진) 신비함을 드러나게 할 뿐이다. 사회는 이런 사실이 알려지지 않기를 바라지만 모든 인간 여성들이 동등하지 않다는 것을 알아야 한다. 말하자면 아무것도 여성들이 동물적 본성에서 그녀들 사이의 차이를 보이는 것을 막을 수 없으며, 이런 동물적 본성이 남성들에 대한 여성들의 욕구를 불평등하게 만든다.

이제 여기서 우리가 할 수 있는 것보다 더욱 세밀하게 같은 유형의 결과를 얻을 수 있는 또 다른 치환(신화의 다른 판본들에 대한)을 연구하는 것이 합당할 것이다. 한 아라파호 신화($M_{383}$)는 사기꾼 니한상이 젊은 전사집단을 동반하면서 그들의 외로움(도치된 껵쇠-여인)을 위로해 줄 여성의 밑부분을 가져가도록 요구했다고 말한다. 그러나 그가 귀중

한 물건을 떨어뜨려 두 동강이 나는 바람에 결국 사용할 수 없게 된다. 운 좋게도 니한상은 독신 전사집단의 잠재적인 위로가 될 여성들만 거주하는 한 마을을 발견한다. 이런 사실을 알게 된 전사들은 제일 빨리 달리는 사람이 제일 예쁜 여자를 갖게 되는 경주를 하기로 한다. 균등한 기회를 제공한다는 미명 아래 사람들은 니한상이 무게 때문에 잘 달리지 못하게 돌멩이를 몸에 달도록 설득한다. 물론 그는 꼴찌를 하게 되고 늙은 여인을 얻는 데 만족해야 했다(Dorsey-Kroeber, 105~107쪽). 쇼숀족 (Shoshones)에게 껑쇠-여인은 무엇보다도 먼저 신화M383의 기발한 독신자들의 여성 상대물로 나타난다. 그녀는 인공 남성성기로 자위를 한다. 조카인 코요테가 그녀를 덮쳐 그 일을 대신하지만, 그가 벗어날 수 없을 정도로 너무 세게 (두 팔로) 조이는 바람에 코요테의 양쪽 등 근육이 떨어져 나갔다. 역시 이야기를 가감하여 말하자면 코요테는 자신의 신체적 통합을 위협하는 다른 여러 모험을 한 후 결국 사촌누이의 질 속에서 성기를 잃는다. 이것이 여성 성기 냄새의 기원이다(Lowie 4, 92~102쪽). 신화(M385)의 판본들이 아주 많지만 우리는 단지 젊은 전사들이 원정에서 돌아오며, 자신들의 힘을 비축하기 위해 그들이 가는 방향으로 가고 있는 큰 거북의 등에 올라타는 신화(M385)만 언급하게 될 것이다. 그러나 거북 등에 올라탔던 전사들은 이 탈것이 호수 속으로 잠수하는 바람에 물에 빠져 죽는다(이 신화는 시우족에서 크로우, 쉐이엔, 파이우트 그리고 파우니족을 거쳐 동남부의 인디언에게까지 퍼져 있다). 이 신화는 **껑쇠-여인 / 껑쇠에 박힌 남자** 그리고 **개구리 / 거북**이라는 두 개의 축 위에서 껑쇠-여인의 신화를 도치시키고 있다. 적어도 두 번째 축과 관련하여 한 가이아나 판본(M386)은 이 신화를 다시 제자리로 돌려놓는다. 왜냐하면 젊은 전사들을 데려오는 동물이 개구리이기 때문이다(Brett 2, 167~171쪽; M149a: 『날것과 익힌 것』, 495쪽; K.-G. 1, 51~53쪽; Goeje 1, 116쪽 참조).

가이아나의 동물우화집에서 거북은 달에 가는 탈것으로 사용된다. 거북은 어린아이 도둑(여)인 파사마쿼디(M377)처럼 양성의 존재이며, 그녀의 벌레(기생충)에서 두꺼비가 나왔다. 우리가 이미 보았던 것처럼 거북은 북아메리카에서 가이아나 개구리와 일치한다. 대칭적으로 북아메리카의 북서부 인디언들은 달을 개구리의 탈것으로 생각하며, 이러한 천체계열을 앞쪽에서 그 중요성을 강조한 사회학적 계열과 연계하고 있다. 릴로에트족(Lilloet)(M399: 이 책 182쪽)에 따르면 비버가 그와의 혼인을 거부한 자매 개구리들에게 복수하기 위해 일으킨 대홍수 이후 그들은 달의 얼굴에 매달려 있다(Teit 2, 298쪽; Reichard 3, 62쪽, 68쪽 참조).[10]

* * *

지금까지 우리는 천체계열을 뒤로 미루어놓았다. 그것은 우리가 이 계

---

10) 이 복잡한 체계가 도기(poterie)와 연관된 것처럼 보인다는 사실을 연구자들은 주의하기 바란다. 페놉스코트 신화의 여주인공은 '항아리-여인'이다. 퐁카 판본(M370b: J.O. Dorsey 1, 217쪽)의 격쇠-여인은 도기공이다. 페루의 지바로족에 따르면 쏙독새(*caprimulgus*)는 옛날에 해와 달 형제의 아내였다. 그러나 일처다부제의 경험은 실패했다. 이로부터 부부 사이의 질투와 도자기 재료인 흙의 기원이 생겨났다(M387: Farabee 2, 124~125쪽; Karsten 2, 335~336쪽; Lehmann-Nitsche 8). 멕시코의 코덱스(두루마리책)는 달을 항아리의 형상으로 그린다. 포폴 부 경전은 시발바 사람들이 패한 후 도기공과 양봉가로 변했다고 말한다(J.E. Thompson 1, 44쪽).
우리가 나중에 취급하게 될 신화에서 히다차족은 다른 여인들이 자신의 남편을 접촉하거나 심지어 남편의 옷을 만지지도 못하게 질투 많은 여인을 수중신으로 만들고 있다. 이 수중신은 도자기의 주인인데 특히 하나는 남성이고, 다른 하나는 여성인 두 개의 의례용 도자기의 주인이다. 여름에 가뭄이 들 때 이 두 도자기에 가죽을 덮어 비를 부르는 북으로 사용된다. 이 기능은 또한 개구리에게도 부여된다(M387c: Bowers 2, 390쪽).

열의 중요성을 몰라서가 아니라 격쇠-여인이나 개구리-여인 신화들의 '달과 연관된' 측면들을 이미 독자들이 알고 있으리라 생각했기 때문이다. 사실 이 문제는 너무 넓어 분리해서 다루는 것이 합당하다. 그래서 이 문제를 제2부에서 다루게 될 것이다. 제2부에서의 연구는 이미 앞쪽에서 형성된 가설—바로 앞에서 고려했던 전체 신화들은 『꿀에서 재까지』의 주제가 되고, 꿀의 기원과 관련되는 열대아메리카에 한정된 신화집단과 같은 집단에 소속된다는 가설—을 증명하게 될 더욱 일반적인 고찰이 될 것이다.

우리는 꿀의 기원에 관한 남아메리카 신화들이 기꺼이 꿀의 상실(잃음)을 그려낸다는 점을 강조했다. 더욱 오늘날 활용하고 있는 것과 같은 꿀의 탐색을 마치 신화가 애써 상술하고 있는 환경에서 인간이 더욱 쉽고 유익한 활동의 이점을, 마치 잃어버린 잔재나 자취로서 바라보는 신화들의 이런 기이한 특성을 (신화 자체의 논리에 따라) 적합한 역진적 방식으로 설명했다. 결국 꿀은 토착인의 식료품(음식)의 위계에서 첫 번째를 차지하고, 인간의 산업적 변형이 전혀 또는 거의 첨가되지 않은 꿀의 완전성과, 꿀의 수확은 물론 즉각적인 소비와 관련된 규범(표준)이 부재한다는 사실(이것은 특히 제족에게 있어 사냥과 농업이 대단히 엄격한 규칙에 따라야 되는 것과 아주 현저한 대비를 이룬다)로 인해 꿀은 이율배반적인 특성을 갖는다. 꿀은 모든 음식물 중에서 가장 높이 평가됨에도 불구하고, 말하자면 인간이 꿀을 자연상태에서 찾고, 이를 얻기 위해서는 자신이 잠시 동안만이라도 사회(문명)상태 저편으로 퇴보하는 상황에 처해야만 하기 때문이다.

꿀을 주제로 하는 신화들에서 이 같은 문화에서 자연으로의 퇴보는 흔히 메타-언어적 서열(층위)의 방법에 호소한다는 것을 지적하곤 했다. 즉 시니피앙과 시니피에, 말과 사물, 비유적 의미와 고유한 의미, 유사성과 근접성의 혼동 등에서 유래한다. 이러한 관점에서 우리의 계열을 완성하기 위해 우리가 도움을 청하고 있는 북아메리카 지역에서도 같은 유형의 과정(방법)이 사용된다는 것은 의미심장한 일이다.

### M388. 메노미니족의 신화: 개구리의 노래

옛날에 한 인디언이 살았는데, 그는 해빙기에 겨울잠을 자고 난 개구리와 두꺼비가 노래하며 봄의 시작을 알리는 소리를 듣기 좋아했다. 그러나 양서류들은 분노한다. 인디언은 이들이 즐겁다고 생각하나 그것은 거짓이다. 이와는 정반대로 그들은 슬프다. 개굴개굴 울면서 즐거운 것이 아니라 겨울에 죽은 자신의 가족들을 곡하는 것이다……. 아무것도 이해하지 못한 인디언은 하나의 교훈을 얻는다. 이제 그가 울어야 할 때이다.

그리고 그다음해에 인디언은 아내와 어린 자식들을 잃었다. 이어서 그도 죽었다. 그때부터 사람들은 봄에 개구리가 울면 그 소리를 듣지 않는다(Skinner-Satterlee, 470쪽).

역시 중심인물이 때때로 개구리(또는 벌, 이때 벌은 전도된 개구리의 역할을 한다. M233~M239: 『꿀에서 재까지』, 218~252쪽 참조)인 몇몇 남아메리카 신화의 인물들처럼 신화M388의 주인공은 하나를 다른 하나로 취급하는 잘못을 저지른다. 그는 유사성(개구리의 노래는 슬프다)으로 이해해야 될 것을 근접성(봄이 가까이 오다)으로 해석한다. 그는 문화(장례 의례의 곡)에 속한 것을 자연(계절의 주기성)의 대상으로 취급한다. 결국 그는 신화M236의 주인공처럼 고유한 의미와 비유적 의미의 차이를 이해하지 못해 죽는다.

그런데 우리가 제2권에서 기술했던 개구리 신화에서 전형적으로 나타나는 인간 사고와 조건의 구성적 범주들의 상실은 일련의 대립들을 차츰 변질시킨다. 문화와 자연의 대립, 훌륭한 취사 장소인 부엌과 나쁜 취사의 결과인 구토 사이의 대립, 음식물과 배설물 사이의 대립, 사냥과 식인 사이의 대립 등으로 나타난다. 현재까지 우리는 주제로 사용한 신화M354의 초반부부터 나타나는 같은 유형의 퇴보를 주의 깊게 보아왔다. 결국 거기에서도 역시 개구리와의 우연적인 만남으로 주인공의 모험이 시작되는데, 이때 개구리는 세 번 혼동하는 잘못을 범한다. 먼저 배설과 교미(성교) 사이의 혼동, 이어서 (개구리에게는) 음식물과 인간의 눈에는 배설물(똥)의 범주에 놓아야 할 것 사이의 혼동, 마지막으로 양념과 음식물 사이의 혼동이다. 우리는 아마존 지역의 한 다른 신화 덕분에 동등(동치관계)을 단순화할 수 있다.

### M389. 문두루쿠족의 신화: 두꺼비의 기원

한 남자가 있었는데, 그와 성교를 하면 정액이 여성의 질을 태워버리는 바람에 모든 여자들이 옷을 벗는다. 어느 날 그는 호리병박 위에 자위하면서 자신을 위안하고 있다. 그는 매번 사정한 정액을 호리병박에 모으고는 뚜껑을 닫아 조심스레 숨겨놓는다. 그러나 그의 누이가 그것을 찾아 뚜껑을 연다. 그러자 정액이 낳은 모든 종류의 두꺼비들이 그곳에서 쏟아져 나온다. 누이 역시 붐타야종(bumtay'a)의 두꺼비로 변한다. 그리고 호리병박이 빈 것을 발견한 남자는 메우(mëu) 두꺼비가 된다(Kruse 2, 634쪽).

신화에서 거론되는 동물학적 종류(속)에 너무 중요성을 둘 필요는 없을 것이다. 왜냐하면 이헤링이 올바르게 지적하는 것처럼('sapo' 항목) 브라질의 민속 방언은 거의 모든 종류의 양서류를 '두꺼비'라는 말로 지칭하기 때문이다.

(친족관계상으로) **먼 여자**(개구리) / **가까운 여자**(누이)라는 도치에 대해 생리적인 기능의 층위에서 **음식물** / **교미**(성교)라는 또 다른 도치가 호

응한다. 신화M₃₅₄에서 인디언의 아내(육체적인 근접성의 결과로 그렇게 된)는 불타는 듯이 매운 고추를 먹고 다시 개구리로 변한다. 신화M₃₈₉에서 한 여자(이 여인은 오라비의 성생활에 우연히 끼어들었다는 의미에서 심적으로 아내와 닮았다)는 고추처럼 불타는 정액을 사정하는 한 인디언의 누이이다. 그리고 그녀는 개구리가 된다. 그러므로 우리는 아래와 같은 도식을 만들 수 있다.

a) M₃₅₄  [ 영양 섭취 ∪ 고추 ]  ⇒  [ 외혼 배우자 // 개구리 ]  ⇒  개구리

b) M₃₈₉  [ 짝짓기 ∪ 고추 ]  ⇒  [ 내혼 배우자 // 두꺼비 ]  ⇒  두꺼비

우리가 이를 받아들인 것처럼 결국 신화소인 양서류와 관련해 **짝짓기 / 영양 섭취**의 대립이 관여적(타당한 또는 변별적)이 아니라는 말이 된다.

잘리모에스강 우안의 지류인 주루아강 상류의 한 신화에서 여성(암 컷)인 양서류는 남성(수컷)이 된다.

### M₃₉₀. 카시나와족의 신화: 게걸스런 두꺼비

다른 사람들이 밭에 나가 있는 동안 단둘이 오두막에 남아 있던 두 여인은 죽은 나무의 움푹 패인 둥치에서 노래하고 있던 두꺼비를 모욕했다. 동물은 배가 불룩 나온 한 작은 늙은이의 형상으로 나무둥치에서 나와 말하기를 "나는 울고 있었는데, 너희들은 내가 노래를 너무 한다고 꾸짖었다!"(M₃₈₈ 참조). 그의 노여움을 달래기 위해 여자들은 그에게 먹을 것을 주었다. 그는 그릇까지 모두 먹어버렸다. 남자들이 돌아오자 그들은 큰불을 놓아 두꺼비가 거처로 사용하는 나무를 태워버

렸다. 그는 숨을 내쉬면서 그릇을 토했는데, 땅바닥에 떨어져 산산이 부서졌다(Abreu, 227~230쪽).

신화M354의 쓰레기(검은 초시류)를 먹는 개구리의 조합 변이형인 이 그릇 먹는 두꺼비 역시 반대의 상황을 혼동하는 분위기에서 살고 있다. 그는 그의 여성동료가 양념과 먹을 수 없는 음식, 교미와 배설을 혼동한 것처럼 음식과 음식 그릇을 혼동한다.

우리가 아직 장르(종류 또는 범주)의 모호성에 관하여 논하는 동안 잠시 뒤로 돌아가 그동안 취급했던 것들을 보도록 하자. 우리는 아래와 같은 사실을 제시했다. 즉 신화들 또는 신화들의 일부분들, 이들 중 한쪽은 껵쇠-여인과 관련되고, 다른 한쪽은 개구리-여인과 관련되는데, 이것들은 두 개의 평행적인 시리즈를 구성한다. 이 시리즈 중의 하나는 다른 시리즈가 비유의 의미(달라붙는 여인)로 표현한 것을 본래의 의미(남편의 등에 육체적으로 달라붙는 여인)로 표현한다. 문두루쿠족과 그리 멀지 않은 곳에 있는 부족인 투쿠나족의 신화학은 우리가 바로 앞에서 본 신화(M389)처럼 문두루쿠족의 신화학과 같은 계보(계열)에 속한다. 그렇기는 하지만 신화M354의 주인공이 양서류에게 배우자를 찾도록 부추기는 심리적 태도와 비교될 수 있는 타고난 재능을 이와는 반대로 문두루쿠족의 신화에서는 주인공이 개구리-여인에 대해 본래의 의미로 표현한다. 우리는 신화M354의 주인공을 엽색가(난봉꾼)라고 규정했는데, 물론 이러한 수식어는 은유적인 뜻을 포함한다. 다른 주인공(M248)은 기다란 성기 때문에 고통스러워하고 있다. 이 기다란 성기는 수줍음 때문에 우리가 사용하기 힘든 상징이지만 성적인 층위에서는 '긴 팔'을 갖고 있는 (영향력이 있는) 사람에 대해 말할 때와 같이 사회관계에 자유롭게 활용할 수 있는 비유가 풍부한 표현과 별반 다른 것도 아니다.

## M₂₄₈. 문두루쿠족의 신화: 수달의 치료(『꿀에서 재까지』, 285~291쪽 참조)

어느 날 한 사냥꾼이 와와라고 불리는 암컷 개구리 한 마리가 숲속에서 개굴개굴 하며 '와, 와, 와, 와' 노래하는 소리를 들었다. 그는 나무둥치의 움푹 파인 곳에 사는 동물에게 다가가서 말했다. "너는 왜 그렇게 개굴거리며 신음 소리를 내느냐? 내 아내가 되거라! 그러면 내 성기가 너를 범할 때 그 고통으로 신음 소리를 내게 될 것이다." 그렇지만 개구리는 계속해서 노래했다. 그리고 사냥꾼은 떠났다.

그가 등돌리자마자 와와는 푸른 옷을 입은 매혹적인 젊은 여인으로 변했다. 그녀는 오솔길 한가운데에서 남자 앞에 갑자기 나타나 자신에게 말을 다시 해보라고 요청했다. 사냥꾼의 반복된 거부에도 불구하고, 그녀는 그가 했던 말을 정확하게 반복했다. 그리고 그녀가 동의한 데다 예쁘기 때문에 아내로 삼기로 했다.

그래서 그들은 함께 길을 떠났다. 그리고 곧 사냥꾼은 그녀와 성교할 욕구가 일어났다. "좋다, 그러나 당신이 절정에 이를 순간에 이를 나에게 알려달라고 와와는 말한다." 그가 이를 알려주자마자 와와는 개구리의 형상을 다시 취하고, 자신의 질 속에 사냥꾼의 성기를 꽉 조인 채 팔딱팔딱 뛰면서 멀어져 갔다. 다시 움직이기가 불가능해진 남자는 한없이 늘어난 자신의 성기를 바라볼 뿐이었다. 성기가 십오에서 이십 미터 남짓 되었을 때 개구리는 조임을 풀고 사라졌다.

불행한 사냥꾼은 집으로 돌아가려 했지만 그의 기구가 너무 무거워 끌고 갈 수도, 어깨와 몸에 둘둘 말아 운반할 수도 없게 됐다. 그 옆을 지나가던 수달들이 극단의 절망에 빠져 있는 그를 발견했다. 수달들은 그의 상황을 알고는 카라팅가 물고기(caratinga)를 미지근하게 덥히기 위해 잠깐 동안 불속에 집어넣어 그에게 처방을 제공했다. 즉시 성기가 줄어들기 시작했다. "이 정도면 충분한가? 수달들이 물었다. —

아니오, 조금 더 작게"라고 남자는 말했다. 두 번째 처방으로 그의 성기는 새끼손가락만큼 줄어들었다. 이 물고기를 지칭하는 문두루쿠 이름은 이 모험과의 연관성을 연상시킨다. 만일 카라팅가 물고기가 단지 절반만 검다면 그것은 절반만 구웠기 때문이다(Murphy 1, 127쪽).

바로 앞에서 인용한 저자(머피)는 카라팅가 물고기를 게리데과(Gerridés)(같은 책 142쪽), 디압테루스속(*Diapterus*)에 연결시킨다. 이혜링에 따르면('caratinga' 항목) 이 물고기는 항문 부분에 발달한 아주 큰 돌기가 있어 기다란 성기가 달린 물고기라는 생각을 할 수 있으리라고 보았다. 이혜링이 이 종의 물고기는 하천이 아니라 바닷물에 산다고 단언했으므로 우리는 이런 측면을 더 이상 활용하지 않고 두 가지 유사성만 강조하는 것으로 만족할 것이다. 먼저 이 신화는 카시나와 신화(M390) 및 메노미니 신화(M388)와 유사하다. 왜냐하면 세 경우, 주인공(또는 여주인공)은 개구리의 노래를 이해하지 못하며, 이 노래에 실제와는 다른 의미를 부여한다. 장례의 슬픔 대신 부른 즐거운 노래나, 봄의 시작을 알리는 것을 사랑에 대한 초대로 잘못 해석한다. 다음은 무엇보다도 이 신화의 주인공과 투쿠나 신화(M354)의 사냥꾼 몬마네키와의 유사성이다. 몬마네키가 여인의 품에 들어가게 된 것은 그의 엽색가적 기질이 자아낸 결과라고 볼 수 있다. 다시 말하면 동물의 땅속 구멍에 오줌을 눔으로써 자신의 성기를 상징적으로 늘어나게 하여 개구리와 결합한 결과로 개구리는 그를 얻을 수 있었을 것이다.

그렇지만 차이가 있다. 몬마네키는 능동적인 엽색가로 그의 은유적인 기다란 성기로 온갖 종류의 사랑행위(유혹)를 할 수 있는 반면, 문두루쿠 신화(M248)의 주인공은 실제적인 긴 성기로 인해 몹시 괴로워한다. 자신의 행동을 무력하게 만들고, 자신을 제약하는 기다란 성기와는 반대의 것을 원하므로 그는 보잘것없는 성기를 가질 뿐이다. 이런 변형을 수행하기 위해 신화는 수달, 말하자면 어로의 주인인 수달(『꿀에서 재까지』, 285~292쪽)과 물고기를 선택한다. 그런데 신화M354에서 몬마네키 자신은 물고기의 창조자이다.

이런 전체적 상호관계(상관관계)는 몬마네키가 대팻밥으로 물고기를 창조하는 주제보다 더 주목할 만한 일이다. 이 주제는 도처에서 증명되는데, 기다란 성기를 가진 사람의 주제의 주요 분포 지역처럼 북아메리카의 더 북쪽에 있는 부족들, 즉 컬럼비아강 유역과 북서부 해안의 인디언인 에스키모를 포함한다. 순록 에스키모들은 대팻밥으로 물고기를 창조한 사람이 기다란 성기를 가진 것으로 간주한다. 서부 그린란드의 에스키모들은 이런 사람을 가순가죽쑤아크라고 부르는데, 그는 땅바닥까지 축 늘어지는 엄청나게 큰 고환(불알)으로 괴로우며, 이를 부끄럽고 당황스럽다고 생각한다(Kleivan, 17쪽, 21쪽; Holtved 1, 57쪽). 길게 늘어진 불알이 소유자의 심리적 장애를 일으킨다면 북부 에스키모의 신화학에서 기다란 성기는 몸에 대해 독립적이며, 이로 인해 행동이 용이하다(Holtved 1, 64쪽). 그리고 남아메리카의 여러 판본(M49~M50, M77, M79~M80)도 같은 경우이다. 북아메리카의 북서부와 대평원의 대부분 판본들은—이들 신화에 대해서는 여기서 논하지 않을 것이다—기다란 성기에 매개의 역할을 부여한다. 소유자의 몸통에 붙어 있기 때문에 물리적 독자성이 없지만 기다란 성기는 모든 상상적인 일을 할 수 있다. 기다란 성기가 실제적이거나 은유적일 수 있지만 (성적) 모험을 할 능동적인 수단 또는 소유자를 무력하게 만들고, 부끄럽게 하는 수동적인 짐이 될 수 있는 이런 대조적인(정반대의) 기능을 경우에 따라 수행한다고 추측할 수 있다. 두 번째 기능에서 에스키모 신화의 기다란 성기는 길게 늘어진 불알로 변한다(그러나 아래 부분에 남아 있다). 반면 동쪽의 기다란 성기의 주제를 알고 있는 이로쿼이족에서는 불알이 위쪽으로 이동하여 긴 눈꺼풀로 변한다(Curtin-Hewitt, 213쪽).

와라우 신화(M₃₁₇: 이 책 207쪽 참조)에 늘어진 불알을 가진 어부의 출현과 과라유족(Cardus, 76쪽)에 늘어진 코를 가진 남자의 출현은 남아메리카에서도 같은 변형의 법칙이 준수되고 있다는 사실을 증명하는 것이다. 신화M₂₄₈의 문두루쿠 주인공의 실패는 타카나 인디언(M₂₅₆:『꿀에서 재까지』, 291쪽)의 실패를 상기시키는데, 타카나 주인공은 달과 동침하고 싶어 했다. 그러나 그의 성기가 엄청나게 늘어나 이를 운반하기 위해 채롱을 짜야만 했다. 타카나족의 이웃인 투무파사족(M₂₅₆ᵦ)은 어떻게 해가 자신의 정원에서 물건을 훔치고 있는 달 부인과 그녀의 어린 여동생 금성을 갑자기 덮쳤는지를 이야기한다. 해는 달이 자신의 정부가 되기를 요구했으며, 그의 성기가 엄청나게 늘어나 이를 채롱에 운반해야 했다. 어느 날 금성은 다시 해의 물건을 훔치기 시작했다. 해는 그녀를 향해 성기를 꼿꼿이 세웠다. 그러나 어린 소녀는 이를 뱀으로 착각하여 칼로 두 동강을 냈다. 해는 죽었다. 그리고 하늘로 올라갔다(Nordenskiöld 3, 296~297쪽). 이 볼리비아 저지대 인디언들에게 **기다란 성기 ⇒ 길게 늘어진 불알**의 변형이 커다란(굵은) 성기(『꿀에서 재까지』, 575쪽 참조) 뿐만 아니라 역시 세 개의 불알을 갖는 맥(貘)의 인물로 약화되어 다시 나타나는 것이 불가능한 일은 아니다. 사실 투무파사족(M₂₅₆ᵧ: Hissink-Hahn, 163쪽)은 이런 신체적 특성에 대해 맥이 자신의 부인과 성교할 때 나타난다고 생각한다. 말하자면 맥은 그녀가 습관적으로 막 넘어가는 달을 잡아먹을 바로 그 순간에, 그리고 달이 반대쪽 수평선으로 넘어가 다시 성장하여 나타나도록 달을 자유롭게 풀어주고 기다릴 틈도 없이 그녀(자신의 부인)와 성교한다(은유적으로 잡아먹는다)는 사실이 이런 신체적 특성을 설명한다.

남방(남아메리카)의 의례들 역시 기다란 성기의 소유자와 달 사이의 관계를 증명한다. "달이 만월일 때…… 모코비 어린 소년들은 자신들의 코를 잡아당기며 달에게 길게 늘여달라고 청한다"(Métraux 5, 20쪽의

Guevara 인용). 옛 아라우칸족은 해, 달 그리고 양서류를 동시에 숭배했다. 틀림없이 해의 아들—"열두 개의 해라고 말한다"—마레우푸-안투(mareupu-antü) 자신은 개구리이거나 두꺼비였기 때문이다. 달 쿠이엔(cuyen)은 연속된 운행과정에서 어린 소녀, 임신한 여인 그리고 초췌한 할머니[11]로 의인화된다. 달이 만월일 때 한 연대기 작가는 "춤을 추는 사람들은 손가락 굵기의 두꺼운 털로 만든 줄을 그들의 부끄러운 부분에 매는데, 여인들과 어린 소녀들은 이를 잡아당긴다"고 설명한다. 이 의례에 이어 혼잡한 장면들이 뒤를 잇는다(Latcham 2, 378~386쪽).

몇몇 신화에서 짝짓기의 결과인 기다란 성기는 다른 신화들(Hissink-Hahn, 82~83쪽)에서는 짝짓기의 선행조건이다. 말하자면 달은 땅으로부터 아주 멀리 떨어져 있어 충분히 연장된 기다란 성기를 그에게 제공하는 배려 없이는 그의 인간 애인은 그녀와 결합할 수 없다. 그런데 달이 멀리 떨어진 것은 물리적 양상인 반면, 신화M354, M248의 개구리는 은유의 효과(은유적으로)를 통해 사회적으로 너무 멀리 있는 여인을 상징한다. 우리는 한 번 더 천체계열(패러다임)과 접하게 되었다. 필요하기 때문에 이와 대면하기 전에 이제까지 우리가 진행한 과정이 무엇인가를 요약해보자. 두 아메리카 대륙으로 확장된 비교를 통해 구별된 두 집단에 소속된 것처럼 보이는 신화들을 더욱 공고히 할 수 있었다. 즉 껍쇠-여인을 주인공으로 하는 신화들과 그 역할이 개구리-여인으로 이전된 신화들이다. 사실 두 신화집단은 같은(달라붙는 여인) 메시지를 전달한다. 비록 이 여인들이 고유한 의미로 그렇거나 비유적 의미로 그럴 수 있기는 하지만 매번 달라붙는 여인과 관련된다.

그리고 우리는 동시에 또 다른 결과를 얻었다. 왜냐하면 그것은 세 가

---

11) 쿠토 드 마갈량이스(171쪽)는 투피족에 대해 "인디언들은 달 운행의 각 과정을 구별된 존재로 취급하는 것 같다"고 지적한다.

지 주제, 즉 개구리-여인에 관한 주제, 기다란 성기를 가진 사람의 주제, 그리고 물고기 창조자의 주제를 공고히 결합할 수 있었기 때문이다. 결국 문두루쿠족은 첫 번째와 두 번째 주제를 결합하고, 투쿠나족은 첫 번째와 세 번째(동시에 그들은 두 번째에 자리를 내주지만 두 번째에서는 은유적 표현을 사용한다)를 결합한다. 그리고 에스키모는 두 번째와 세 번째 주제를 결합한다. 이런 동등(동치)체계로부터 마지막 추론단계를 통해 상호관계와 대립관계를 같은 신화들에 적용하면 기다란 성기를 가진 남자와 껍쇠-여인은 대칭의 가치를 갖는다. 즉 기다란 성기를 가진 남자는 멀리 있는 애인에게 다다를 수 있어야 하고, 껍쇠-여인은 남편의 몸에 달라붙어야만 배우자임을 알 수 있다. 달라붙는 여인처럼 그녀의 남성 상대자(대립짝)는 본래의 의미와 비유의 의미를 가질 수 있다. 결과적으로 신화들과 또는 신화들의 부분들을 공고히 하기 위해 우리가 집행한 연속적인 두 번의 작업(조작)을 통해 먼저 분리해서 공고히 했던 이 신화집단들을 다시 결합할 수 있다.

결국 내용과 멀리 떨어진 지역적인 기원으로 다르게 보인 신화들은 모두 유일한 메시지로 귀착되며, 이 신화들은 두 개의 축, 즉 하나는 문체의 축, 다른 하나는 어휘의 축 위에서 변형된다. 하나는 고유한(본래의) 의미로 표현되고, 다른 하나는 비유적(파생적) 의미로 표현된다. 이들이 사용하는 어휘(단어)는 세 개의 층위와 관련된다. 실제의 층위, 상징의 층위 그리고 상상의 층위이다. 왜냐하면 달라붙는 여자들과 난봉꾼 남자들이 있는 것은 경험적 현실인 반면, 갈고리 총포식물과 뱀 같은 성기는 상징이고, 한 남자와 개구리 또는 지렁이와의 혼인은 유일한 상상이기 때문이다.

# 제2부 신화에서 소설로

그들이 끊임없이 되풀이되어 나타나지만 않는다면
숲의 요정과 나이아스(물의 요정)는 기분 좋게 상상의 나래
를 두드릴 수 있다. 우리는 결코 원하지 않는다……

물의 영토(왕국)에서 트리톤을 쫓아내고, 판(숲의 신)의 피
리를 빼앗고, 파르카신들의 가위를 탈취하는 일을……

그런데 결국 그 모든 것이 영혼의 심연에 무엇을 남겨놓
는가?
그것으로부터 마음에 어떤 일이 일어날까?
사고(思考)는 그로부터 어떤 열매를 얻을 수 있을까?

샤토브리앙, 『기독교의 정수(精髓)』, 제4부 제1장

# 1 계절과 날〔日〕

> 찬양받는 신화는 자연을 미화하기는커녕 자연의 진정한 매
> 력을 파괴한다는 사실을 입증하기가 불가능하지 않다. 그리
> 고 우리는 저명한 몇몇 문학가들도 같 은 입장에 있다고 생
> 각한다.
>
> 샤토브리앙, 『기독교의 정수』, 제4부 제1장

이 책 제1부에서 우리는 물고기와 어로의 기원을 다루는 몬마네키 신화가 한편으로는 오리온 성좌와 플레이아데스 성단, 다른 한편으로는 베레니스 성좌 등 몇몇 성좌의 기원에 관한 가이아나 신화들이 포함되는 넓은 총체의 신화집단에 소속된다는 사실을 제시했다. 오리온과 플레이아데스 신화들은 봄에 물고기의 출현과 관계되고, 베레니스 신화는 대건기의 혹독함 때문에 사라진 물고기와 관련된다. 신화M354의 독창성은 다른 신화(다리가 없는 몸통-여인)와 전적으로 같은 어휘를 사용하여 앞부분의 신화들(우선 물고기의 창조라는 절대성에서 나타나는 물고기의 출현과, 이어서 상대적인 형식으로 계절과 관련하여 올라오는 물고기의 출현)과 같은 메시지를 전달하는 것으로 구성된다는 점이다.

투쿠나족은 달과 오리온 성좌를 대립관계로 놓으며, 이때 오리온 성좌는 표범 씨족과 연관된 악마 벤키카(venkiča)의 형상으로 월식을 일으킨다(Nim. 13, 142쪽)는 사실을 상기해보자. 이 인물에 관해서는 다시 논할 것이다. 현재로서는 이 인물의 씨족관계가 열대아메리카에 대단히 널리 퍼져 있는 토착민들의 믿음이란 사실을 환기하고, 이것은 우리의 신화들이 유래하는 지역의 카리브족과 아라와크족(Farabee 1, 101쪽, 107쪽)뿐만 아니라 투쿠나족에도 존재한다는 것을 강조하는 것으로 충분

할 것이다. 동부 해안의 투피족은 달을 잡아먹으려 추적하는 붉은 별을 야누아레(Januaré, 개)(이아우아레[iauaré], 이아우아레테[iauarété], '표범' 참조)라고 부른다(Claude d'Abbeville, 51장). 우리는 과라니족, 쉬리구아노족, 과라유족과 다른 여러 남부 투피족에서 같은 믿음을 수집했다.

결국 우리는 오리온 성좌가 달과 대립한다면 오리온 성좌와 베레니스 성좌는 해와 협력관계를 유지한다는 사실을 기억한다(이 책 95쪽). 그러므로 우리는 어휘의 측면에서 오리온 성좌의 기원신화를, 메시지의 측면에서 베레니스 성좌의 기원신화를 전도시키고 있는 사냥꾼 몬마네키 신화가 그 자신 달 및 해와 연관성을 갖는다고 전제할 수 있다. 이중(二重)의 도치로 인해 (마치 신화가 단 하나의 기후현상인 무지개만 참조하여 이를 암시하고 있는 것처럼) 다만 이런 관계는 야간 대신 주간일 수 있다. 우선은 간접적으로, 그리고 이어서 직접적으로 우리는 이러한 가설을 두 가지 방법으로 확인할 것이다.

아마존 지역의 몇몇 신화들—투쿠나 신화(M₄₀₅) 또는 문두루쿠 신화(M₂₅₅)—은 해와 달을 어로의 주인 위치에 놓는다. 이 두 천체는 말하자면 한편으로는 오리온 성좌와 플레이아데스 성단, 다른 한편으로는 베레니스 성좌와 경쟁적으로 이런 역할을 수행한다. 그러나 각 팀은 자신의 방식에 따라 이 역할을 수행할 뿐이다. 오리온 성좌와 플레이아데스 성단은 물고기 **출현**의 책임자 역할을, 베레니스 성좌는 물고기의 **사라짐**의 책임자 역할을 한다. 반면에 해와 달은 말하자면 두 첫 번째 항들의 대립을 중립화(무력화)하는 물고기의 **부활(소생)**을 보장한다. 이를 도식으로 나타내면 다음과 같다.

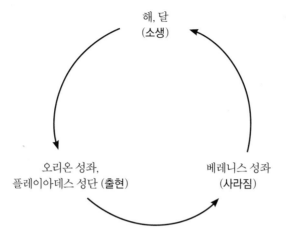

해, 달
(소생)

오리온 성좌,
플레이아데스 성단 (출현)

베레니스 성좌
(사라짐)

이 도식은 만일 오리온 성좌와 플레이아데스 성단에서 출발하여 베레니스 성좌를 거쳐 제자리로 돌아오기를 바란다면 필연적으로 그들의 여정에 따라 해와 달을 거쳐야 한다는 점을 보이고 있다. 그런데 우리 신화(M354)의 과정이 이와 같다. 이 점을 확인하기 위해서는 우선 오리온 성좌와 플레이아데스 성단의 기원을 다루는 가이아나 신화들—마치 플레이아데스 성단이 창자와 연관되고, 오리온 성좌가 절단된 다리와 연관된 신화들의 범 아메리카적인 전파가 이를 암시하는 것처럼—이 변형의 출발점을 제공한다는 사실을 받아들이는 것으로 충분하다(『날것과 익힌 것』, 423~435쪽, 457~466쪽). 그리고 이어서 단순히 통합적 측면으로는 설명이 불가능한 신화M354는 베레니스 성좌에 관한 신화와 관련해 부차적인 위치(이 책 90~96쪽 참조)를 차지하고 있는 계열(패러다임)에 속한다. 다시 말하면 신화M354는 신화M130을 전도하고 있으며, 그 반대는 아니다. 그래서 다음과 같이 표시할 수 있다.

이 변형과정에서 성좌의 개념 자체가 사라질 수 있는 것은 이해하기 어렵지 않다. 왜냐하면 이 변형은 세 단계로 이루어지며, 첫 단계만 실제

$$M_{134} \sim M_{136} \quad \Big[ \text{(오리온-플레이아데스)} : \text{(물고기}(+)) \Big] :: M_{130} \Big[ \text{(베레니스)} :$$

$$\text{(물고기}(-)) \Big] :: M_{354} \Big[ \text{(베레니스}^{(-1)}) : \text{(물고기}(+)) \Big]$$

와 관련되기 때문이다. 결국 오리온 성좌와 플레이아데스 성단 기원신화
들은 하늘(천체)의 상황과 동물학적인 경우가 경험적으로 일치하는 사
실을 확인하는 것으로 그친다. 어디에서도 성좌들이 물고기를 가져온다
고 말하지 않는다. 반면에 적어도 상징적으로 베레니스 성좌는 물고기를
전멸시키는 데 전념한다. 그리고 같은 어휘를 사용하여 전도된 현상을
그려내기 위해서는 반(反)성좌(성좌의 역)를 구상해야만 한다(그러나
반성좌를 주장하지는 말아야 한다). 이러한 조건에는 또 하나의 문제가
남는다. 성좌가 사라지는데 왜 해와 달은 나타나야만 하는가? 왜냐하면
첫 번째 성좌가 해체되어 생겨난 안개 뒤 두 개의 천체가 혼돈된 양상으
로 마치 반(半)투명유리를 통해 보는 것처럼 자신들의 윤곽을 드러내는
것을 우리가 알기 때문이다. 이것은 신화M₃₅₄에서 잠재적 상태로 남겨진
천체 코드의 출현 문제로 이어진다. 이런 방식의 문제제기로 우리는 직
접적으로 이 문제에 접근할 수 있다.

　신세계의 모든 신화들 중 어떤 신화도—최북단에서 남쪽 지역까지
—해와 달의 기원을 남매에 의한 근친상간으로 설명하는 신화보다 더
넓게 전파된 신화는 없다. 이 신화는 남매가 자발적으로 또는 비자발적
으로 법칙을 어겨 죄인이 되는 근친상간($M_{165} \sim M_{168}$: 『날것과 익힌 것』,
543~547쪽), 즉 다시 말해 친족관계가 **아주 가까운** 개인들의 결합으로
달과 해의 기원을 설명하고 있다. 그런데 브라질 중앙과 북부에서 대략
아마존강의 물줄기를 따라, 즉 앞의 신화 전파 축과 직각의 축을 동에서
서로 따라가면 이 신화는 또 다른 신화와의 융합을 연속적인 단계로 예
시한다. 또 다른 이 신화 역시 대단히 널리 퍼져 있으며, 잘린 머리의 운
명을 서술한다. 이미 인용한 다른 예들($M_{317}$, $M_{364}$, $M_{364b}$)에 이어 우선

동쪽 투피족의 순수한 상태로 남아 있는 신화를 보도록 하자.

### M₃₉₁. 템베족의 신화: 구르는 머리

사냥꾼들은 살육의 축제를 벌인 후 숲속에 야영을 하고 있었다. 그들의 훈제용 가마가 사냥감의 무게로 무너질 지경이었다. 머리, 가죽 그리고 창자들이 땅바닥 위에 뒹굴고 있었다. 다른 사람들이 사냥을 하고 있는 동안 한 어린 소년이 조심스레 훈제 가마를 돌보고 있었는데, 갑자기 모르는 사람이 나타나는 광경을 목격했다. 이방인은 불만스런 표정으로 사냥감을 조사하고, 그물침대를 하나하나 세고는 사라져버렸다. 사냥꾼들이 돌아왔을 때 불청객의 방문을 이야기했으나 아무도 그의 말에 귀를 기울이지 않았다. 한참 후 밤이 되자 소년은 자신의 그물침대 옆 침대에 있던 아버지에게 이야기를 반복했다. 그는 경고하는 데 성공할 수 있었다. 두 사람은 그물침대를 내리고 숲속으로 자러 갔다. 얼마 후 동물들의 울부짖는 소리, 사람들의 비명 소리 그리고 뼈가 부서지는 소리를 들었다. 그것은 사냥감의 보호신인 쿠루피라(Curupira)와 그의 무리가 무례하게 행동한 사냥꾼들을 학살하는 소리였다.

날이 밝자 두 사람은 야영지로 돌아왔다. 그들은 피로 물든 그물침대와 널린 뼈 한가운데에서 한 동료의 잘린 머리를 발견했다. 머리는 그들에게 자신을 데려가달라고 간청했다. 아버지는 소년에게 먼저 가라고 이야기하고는 운반하기 위해 리아나덩굴로 머리를 묶었다. 그는 두려움이 엄습할 때마다 머리를 버리고 싶었다. 그러나 머리는 그에게 굴러와 자신을 데려가달라고 애원했다. 아버지는 머리를 떼어놓기 위해 급한 용변을 봐야 한다는 핑계를 대고는 멀리 뛰어가 오솔길 한가운데에 함정(구덩이)을 파고 나뭇잎으로 덮었다. 머리가 초조하여 어쩔 줄 모를 때 사냥꾼의 배설물(똥)이 아직 용변이 끝나지 않았다고 사냥꾼 대신 답했다. "내가 사람들과 함께 있었을 때는 똥이 말을 못했다"고 머리는 말했다. 머리는 앞으로 움직이다 함정으로 떨어졌다. 사냥꾼은 서둘러 흙으로 머리를 덮고는 마을로 돌아왔다. 밤이 되자 사람들은 그가 성공적으로 떼어놓은 머리가 울부짖는 소리를 들었다. 머리는 엄청나게 큰 식인새로 변하여 첫 번째로 만난 인디언을 잡아먹었다. 한 마법사가 화살로 괴물을 죽이는 데 성공했다. 이때 화살은 머리의 한쪽 눈으로 들어가 다른 쪽 눈으로 나왔다(Nim. 2, 290~291쪽; Baldus 2, 47~49쪽; Wagley-Galvão, 145~146쪽의 변이형 신화).

꿰진 두 눈을 가진 머리의 사건으로 끝을 맺는 신화 덕분에 우리는 한 문두루쿠 신화를 소개할 수 있게 되었다. 이 신화는 고립된 이야기의 형태로 수집된 것이 틀림없지만 우리가 앞에서 이미 참조한 신화M255의 뒤를 이어 일어난 이야기의 형식이다.

천상의 신들이 두 의붓형제(처남과 매부) 중 하나는 자신의 '어머니'(달)와 근친상간을 범하지 않았기 때문에 잘생기고 우아한 남자로, 다른 하나는 이와 반대되는 근친상간 행위를 했기 때문에 못생기고 기형인 사람으로 만든 후에, 적들이 그들을 죽였으며, 그들의 머리를 잘라 가져갔다고 사람들은 이야기한다.

**M255. 문두루쿠족의 신화: 여름해와 겨울해의 기원**
**(후속과 끝: 『꿀에서 재까지』, 289~290쪽 참조)**

사람들은 머리들을 기둥에 꽂아놓고 뚱뚱한 소년에게 이를 지키도록 했다. 소년은 자신이 샤먼(무당)의 재능을 갖고 있어 머리들이 움직이고 말하는 것을 알아차린 첫 번째 사람이라는 사실을 본인도 모르고 있었다. 그는 "머리들이 하늘로 올라갈 준비를 하고 있다!"고 어른들에게 소리쳐 알렸다. 그러나 소년의 거듭된 주장에도 불구하고 모든 사람들은 이 뚱보 소년이 거짓말을 한다고 믿었다.

전사들은 전리품(잘라온 머리들)을 붉게 칠하고, 깃털로 장식했다. 정오가 되자 자신들의 배우자를 동반한 머리들은 하늘로 떠 올라가기 시작했다. 한 쌍의 부부는 아주 빨리 올라가는데, 다른 한 쌍의 부부는 그렇지 못했다. 왜냐하면 여자가 임신했기 때문이다. 전사들은 화살로 그들을 쏘아보았지만 허사였다. 단지 뚱보 소년만이 못생긴 남자의 두 눈을 성공적으로 쏘아 꿰뚫을 수 있었다. 달의 자궁 속에 체류함으로써 해의 아들이 된 두 주인공은 우리가 볼 수 있는 해의 두 측면이 되었다. 한 측면의 해인 잘생긴 남자는 맑고 청명한 날씨로 자신의 임무를 하고, 그의 붉은 눈은 빛난다. 그러나 또 다른 측면의 해는 날씨가 음울하고 흐릴 때—그는 보이는 달을 아내로 가졌다—이 못생긴 남자인 해는 잘생긴 남자(다른 측면의 해)를 대체한다. 말하자면 그는 흉측함과 활기 없고 생기 없는 자신의 눈이 부끄러워 자신을 숨긴다. 그래서 인간은 그(해)를 보지 못한다(Murphy 1, 85~86쪽; Kruse 3, 1000~1002쪽 참조).

이 신화는 세 가지의 주제와 연결되어 있다. 먼저, 여기서 일어나는 어머니와의 근친상간, 다음으로 하나 또는 몇 개의 잘린 머리의 이야기, 끝으로 맑은 하늘과 흐린 하늘의 대립으로 정의되는 계절의 대체이다. 여기서 계절의 대체는 낮과 밤의 대립과 상동관계에 있다. 왜냐하면 겨울의 해는 달을 배우자로 갖기 때문이다. 동에서 서로 조사를 계속하다 보면 우리는 서로 연관된 세 가지의 주제를 만나게 될 것이다. 그러나 이 세 가지의 주제는 어머니와의 근친상간이 오누이 사이의 근친상간으로, 계절의 주기는 달의 주기가 되는 이중적인 의미의 변형 대가를 치르게 된다.

## M₃₉₂. 쿠니바족의 신화: 구르는 머리와 달의 기원

한 젊은 인디언 여인은 밤마다 낯선 사람의 방문을 받았는데, 하루는 게니파 잎의 검푸른 액으로 그의 얼굴을 문질렀다. 그렇게 하여 그녀의 정부가 자신의 오라비라는 사실을 알았다. 사람들은 범죄자를 추방했다. 그가 도망하는 중 적들은 그를 죽이고 그의 머리를 잘랐다. 그를 만나려고 찾았던 또 다른 형제는 그의 머리를 주웠다. 그러나 머리는 끊임없이 마시고 먹을 것을 요구했다. 남자는 머리를 따돌리려고 술책을 썼다. 그는 머리를 버리고 도망쳤다. 머리는 마을까지 굴러들어와 자신의 오두막으로 들어가고 싶어 했다. 사람들이 이를 거부하자 머리는 몇 번에 걸쳐 물, 돌 등의 순으로 변신을 시도했다. 결국 머리는 달이 되기로 결심하고 실타래를 굴리며 하늘로 올라갔다. 자신을 고발한 누이를 복수하기 위해 달로 변한 그(머리)는 월경으로 누이를 슬프게 하였다(Baldus 2, 108~109쪽의 Nimuendaju가 수집한 판본 인용).

발두스는 합당한 이유로 이 신화를 템베족 신화(M₃₉₁)에 접근시킨다. 아라와크 언어를 사용하는, 오늘날에는 사라진 쿠니바족은 주루아강 중류의 좌안(左岸)에서 좀더 서쪽에 살고 있는 파노(pano) 언어학 계열에 소속된 카시나와족 지역과 상대적으로 가까이 살고 있다. 코흐-그륀베르크(3, 328쪽)는 이미 템베 신화와 카라자 신화(M₁₇₇: 『꿀에서 재까지』, 555~558쪽)의 공통점(유사성)을 강조했으며, 니무엔다주의 뒤를 이어 발두수(2, 108쪽)가 이를 유의한 것처럼 쿠니바 판본의 발견으로 아마존 지역 부족들 사고 속에 잘린 머리의 주제와 달의 기원의 주제는 이어져 있다는 인상을 더욱 강하게 준다. 틀림없이 이로쿼이족(Hewitt 1, 201쪽, 295~296쪽 외)과 파우니족(Dorsey 2, 31~38쪽) 같은 북아메리카의 부족에서도 같은 연관관계의 예를 인용할 수 있을 것이다. 그러나 여기서 결여된 것은 형제자매 사이에서 벌어진 근친상간의 주제이다. 왜냐하면 두 아메리카 대륙에서 유래하는 이 신화집단의 신화 거개가 근친상간의 주제를 두 개의 다른 주제 중 하나와만 연결하기 때문이다. 말하자면 잘린 머리의 이야기를 그려내지 않고(예를 들면 Rondon, 164~165쪽의 무명의 보로로 판본 M392b 참조), 단지 달의 기원 주제와만 연관시킨다. 이로부터 어려움이 생긴다. 그러나 카시나와 신화들의 연구로 우리는 이 어려움을 극복할 것이다.

### M393. 카시나와족의 신화: 달의 기원 1

두 부족 사이에 전쟁이 벌어지고 있었다. 어느 날 한 인디언은 적을 만나 도망가려고 했다. 다른 인디언은 그를 안심시켜 꾀려고 한 다발의 화살 꾸러미를 그에게 주었다. 그는 이어서 인디언을 자신의 마을로 초청하며, 자신의 부인이 이방인 손님을 맞이하면 대단히 기뻐할 것이라고 주장했다. 아주 기뻐하며 인디언은 화살을 움켜쥐고 깃털 장식 모자를 썼다. 그와 그의 동반자는 그들의 이빨을 검게 만드는 과일을 따먹기 위해 길가에 머물렀다. 오두막 앞에 도착하자 초청받은 인디언은 겁먹고 머뭇거렸다. 그를 데려온 인디언은 그를 안심시켰다. 그는 몸을 단장했다. 빗으로 머리를 빗고, 장식물을 걸치고 팔찌를 꼈다. 그가 쉴 수 있도록 그물침대를 매달았다. 부인은 두 사람이 다 못 먹을 정도로 푸짐한 음식을 제공했다 그들은 손님에게 나머지 음식을 싸서 집에 가져가라고 했다. 식사가 끝날 무렵 항시 친절한 초청자는 잠시 자신과 동행하자고 제안했다. 그가 무기와 아주 날카롭게 날을 세운 숲에서 사용하는 큰 칼을 차고 있었으므로 인디언은 불안했다. 그러자 그는 인디언에게 나무를 잘라 굴봉(풀뿌리를 캐는 도구)을 만들 거라고 답했다. 그렇지만 음식을 싸가던 인디언은 멀리 가지 못했다. 그는 목이 잘려 죽었다. 그의 몸통은 목이 잘린 채 조금씩 움직이다 땅으로 넘겨졌다.

머리에 붙은 눈이 계속 껌뻑거리는 것을 본 살인자는 오솔길 한가운데에 꽂아놓은 장대 위에 머리를 묶어놓고는 떠났다. 희생자의 한 동료가 와서 바람에 휘날리는 머리칼이 달린 머리를 보고는 혼비백산했다. 머리는 죽지 않고 살아 있었다. 눈은 반짝이고, 눈꺼풀은 움직이고, 눈물은 흘러내리고, 입술은 이리저리 움직였다. 그러나 머리는 질문하는 사람의 말에 답할 수 없었다. 인디언은 도움을 청하러 마을로 돌아갔다. 중무장한 전사들이 머리를 찾아 나섰다. 멀리 떨어져 있지 않던 살인자는 사건의 전말을 알기 위해 나무 위로 올라갔다. 죽은 인디언 동료들의 눈물과 희생자의 눈물이 충분히 섞이자 머리의 동료들은 인디언의 시체를 묻고, 머리는 바구니에 담았다. 그러나 아무 소용 없는 일이었다. 머리는 이빨로 바구니 바닥을 기어다니다 땅으로 떨어졌다. 갖은 노력을 기울인 끝에 한 인디언이 자신의 품안에 머리를 끌어안을 생각을 했다. 그러자 머리는 잔인하게 그를 물어뜯었다.

실망한 사람들은 머리를 버리고 도망쳤다. 머리는 그들을 질책하고 괴롭히며 그들의 뒤를 굴러 쫓아갔다. 강을 건너야 했다. 머리 역시 강을 건넜다. 도망자들은 강가에 늘어진 커다란 과일나무 위로 올라갔다. 머리는 그들을 보고 나무 밑에 자리를 잡았다. 머리는 과일을 요구했다. 사람들은 그에게 푸른(설익은) 과일을 던져주었다. 머리는 익은 과일을 요구했다. 게걸스레 먹자마자 익은 과일은 머리 밑으로 다시 나왔다(M$_{317}$, M$_{354}$ 참조). 사람들은 머리가 물에 빠지기를 바라며 강물로 과일을 던졌으나 머리는 속아 넘어가지 않았다. 그러나 한 사람이 멀리 던질 생각을 해냈다. 머리는 사람들이 나무에서 내려와 도망갈 수 있을 만큼 충분히 나무로부터 멀리 있는 과일을 쫓아갔다. 머리가 평소처럼 굴러 마을에 도착했을 때 이미 사람들은 모두 그들의 오두막에 들어가 문을 잠그고 있었다.

머리는 그에게 문을 열어주고 자신의 물건들을 돌려달라고 울면서 애원했다. 사람들은 열린 작은 구멍으로 그의 실타래를 돌려주기로 합의했다. "나는 무엇이 될까? 머리는 자문했다. 채소 아니면 과일이 될까? 사람들이 나를 먹을 것이다. 땅이 될까? 사람들이 나를 밟고 다닐 것이다. 정원이 될까? 사람들이 파종을 하고 식물이 자라면 이를 먹을 것이다. 물이 될까? 사람들은 물을 마실 것이다. 물고기가 될까? 사람들이 이를 잡아먹을 것이다. 어로용 독극물이 될까? 사람들은 독을 풀기 위해 나무를 자를 것이고 그 덕에 잡은 물고기를 먹을 것이다. 사냥감이 될까? 사람들은 사냥감을 죽이고 나를 먹을 것이다. 뱀이 될까? 그러면 사람들은 나를 혐오하게 되고 나는 그들을 물 것이고 그들은 나를 죽일 것이다. 독 곤충이 될까? 나는 사람들을 물게 될 것이고 그들은 역시 나를 죽일 것이다. 나무가 될까? 그들은 나를 찍어 넘길 것이고 내가 마르면 음식을 만들기 위해 나를 불쏘시개로 사용할 것이다. 박쥐가 될까? 나는 어둠 속에서 당신들을 깨물 것이고 당신들은 나를 죽일 것이다. 해가 되면? 추울 때 나는 당신들을 따뜻하게 해줄 것이다. 비가 되면? 나는 하늘에서 떨어질 것이고 강물이 불어나 당신들은 먹을 풍성한 물고기를 낚을 것이고, 그리고 나는 풀을 자라게 하고 이 풀은 사냥감들이 먹을 것이다. 추위(차가움)가 되면? 너무 더울 때 나는 당신을 시원하게 해줄 것이다. 밤이 될까? 당신들은 잠을 잘 수 있을 것이다. 아침이 될까? 일에 열중하도록 당신들을 깨우는 것은 바로 내가 될 것이다. 그러면 나는 무엇이 될까? 아! 생각났다! 나의 피로 적들의 길이 될 무지개가 될 것이다. 그러면 당신들의 아내와 딸들은 피를 흘릴 것이다."―"그런데 왜?" 두려움에 찬 인디언들은 물었다. 머리는 대답했다. "그냥."

머리는 자신의 피를 잔에 담았다. 그것을 하늘에 뿌렸다. 흩어지면서 피는 이방인의 길을 만들었다. 머리는 눈을 뜯어내어 셀 수 없이 많은 별이 되게 했다. 머리는 자신의 실타래를 대머리독수리에게 맡겨

하늘의 정점까지 머리를 끌어올리는 데 사용하도록 했다. 인디언들은 모두 오두막에서 나와 무지개와 그리고 밤에 처음으로 빛나는 보름달과 별을 바라보게 되었다. 그리고 여자들은 월경을 하게 되고, 그녀들은 남편과 잠자리를 같이해 임신하게 되었다(Abreu, 458~474쪽).

우리는 이 신화의 다른 두 판본을 알고 있다. 한 판본($M_{393b}$)은 야간공격에 목이 잘린 한 전사의 머리가 어떻게 달로 변모했는지를 간략하게 이야기한다. 이 판본은 우리가 위에서 요약한 신화와 곧 이어질 신화 판본보다 더 자세하게 여자들은 달과 월경이 동시에 나타난 후에만 임신할 수 있는 능력을 얻었다고 이야기한다. 탄생 순간에 모든 아이들(또는 아마도 텍스트가 해석하기 어렵기는 하지만 월경 중 임신하게 된 어린아이를 지칭하는 것 같다)은 "아주 검은 몸"(Abreu, 454~458쪽)을 갖게 될 것이라고 이야기한다. 여기서 단순히 인디언들의 사고가 남아메리카에서 흔히 나타나는 선천적인 검은 점(흔히 '몽골반점')과 달의 흑점을 연관시키려는 하나의 참고사항으로만 보아야 할까? 이런 의문점에 대해서는 다시 이야기할 것이다.

다른 판본은 달로 변한 머리의 에피소드를 처음 보기에는 전혀 다른 이야기 줄거리에 접목시키고 있다.

### M394. 카시나와족의 신화: 달의 기원 3

옛날에는 달도 별도 무지개도 없었다. 밤에는 완전 암흑뿐이었다. 이러한 상황은 결혼하기를 원치 않았던 한 소녀의 사건 때문에 변했다. 소녀는 이아사(iaça: 투피어로는 자시(jacy), '달')라고 불렸다. 그녀의 고집에 격분한 어머니는 그녀를 내쫓았다. 소녀는 울면서 오랫동안 방황하다가 집으로 돌아가려 했으나 소녀의 어머니는 문을 열어주지 않고, "너는 밖에서 자야 해! 그래야 결혼하지 않으려는 네 잘못을 깨닫게 될 거야!" 하고 소리 질렀다. 절망한 소녀는 이리저리 사방으로 뛰어다니며 문을 두드리며 흐느꼈다. 이러한 행동에 놀란 어머니는 숲에서 사용하는 큰 칼을 집었다. 그리고 문을 열고는 소녀의 머리를 잘랐다. 소녀의 머리는 땅에 떨어져 굴렀다. 그런 후 어머니는 몸통을 강물에 던졌다.

밤마다 머리는 오두막 주위를 구르며 흐느꼈다. 자신의 미래에 대해 자문한 후(M393 참조) 머리는 달이 되기로 작정했다. "그렇게 해야 사람들은 단지 멀리서만 나를 보게 될 거야라고 여자는 생각했다." 머리는 어머니가 자신에게 실타래를 주는 조건으로 그녀에게 앙갚음하지 않기로 했다. 실타래는 대머리독수리가 실의 끝을 이빨로 물고 머리를 하늘로 운반할 때 사용하기 위한 것이다. 목이 잘린 여자의 눈은 별이 되었고, 그녀의 피는 무지개가 되었다. 마침내 여자들은 매달 피를 흘리게 될 것이다. 그런데 이 피가 엉기면 몸이 검은 아이들이 태어날 것이다. 그러나 정액이 엉기면 어린아이는 희게 태어날 것이다(Abreu, 475~479쪽).

우리가 이미 주의를 환기한 것(『날것과 익힌 것』, 503쪽과 주 33 참조)처럼 신화(M393~M394)의 문제는 하나하나 열거하여 배제하는 방식을 넘어 모든 남아메리카 신화의 시리즈에서도 나타나는 것은 물론, 지역적으로 캘리포니아로부터 컬럼비아강 유역, 심지어 로키산맥 동쪽(아씨니보인족: Lowie 6, 3~4쪽; 블랙후트족: Josselin de Jong 2, 36쪽)을 경유하여 북극까지, 그리고 북아메리카의 서부와 북서부에서도 발견되기 때문에 이 카시나와 신화들은 몇몇 문제를 제기한다. 우리는 이 문제들을 연속적으로 검토할 것이다.

본론으로 들어가기 전에 괄호를 열고 잠시 연관된 주제들을 보는 것으로 시작하자. 우리가 카시나와족의 목록에서 멈춘 것은 구르는 머리의 주제가 더 이상 서쪽에 없다는 의미가 아니다. 이 주제는 안데스 (산맥) 지역 신화학에서 큰 위치를 차지한다. 이 주제는 동부 볼리비아의 타카나족으로부터 티에라델푸에고까지 남쪽 지역으로 전파된다. 그렇지만 우리가 흥미를 갖는 주제들의 삼중 연관은 타카나족으로부터 흐려지기 시작한다. 잘린 머리의 주제는 다른 두 주제와 멀어지는데, 이 두 주제는 달의 기원과 혼인에 대한 무절제한 태도와 관련된다. 무절제한 혼인의 태도를 보면 근친상간에 의해 이루어진 혼인은 긍정적인 양상으로 해석되고, 독신에 의해 이루어진 것은 부정적 방식으로 해석된다. 그러나 타카나족은 차라리 티주이(tijui)라는 식인머리로 이루어진 부족이 존재한다고 믿는다. 이 티주이는 높은 나무에서 떨어져 죽은 사냥꾼들(M395a: Hissink-Hahn, 244쪽) 또는 코아타원숭이나 과리바원숭이(*Ateles et Alouatta*; M395b~c: 같은 책 125~144쪽, 242~243쪽)에게 희생된 사냥꾼들이 변한 부족이다. 때때로 잘린 머리들은 쉬마 또는 숀타(*Guilielma*종) 종려나무로 태어나는데, 이 나무들의 열매는 털이 무성한 머리를 닮았으며, 물고기의 먹이로 사용된다(같은 책 68~72쪽). 그런 후 '세상의 끝에' 던져져 새벽에 보이는 별이 된다.

별과 물고기의 분리(**별//물고기**)로 우리는 아메리카 북부(신화들)와 연관지을 수 있게 되었다. 여기에서 머리가 잘린 여자의 남편은 별이 되고, 잘린 머리는 우선 식인을 하고 나서 플레이아데스 성단의 별 중 하나가 되거나(에스키모족: Holtved 1, 16~18쪽) 에스투르존과 벨루가, **흰 물고기** 또는 이 물고기들의 알이 된다(크리족: Bloomfield 2, 271~279쪽; 오지브와족: Williams, 212~213쪽, 268~273쪽에서 Schoolcraft 인용; 나스카피족: Speck 4, 24~25쪽의 M374d). 다른 한편 카비나 판본 M395(카비나족은 타카나족의 이웃 부족이다)는 후에 별똥별이 되어 스스로 자신을 조각내버리는데(Nordenskiöld 3, 294~295쪽), 이는 구르는 머리 신화의 기원에 기여한다. 이런 자신을 부수는 형식은 캘리포니아로부터 컬럼비아강 상류까지 북아메리카 서북부에서도 증명된다. 더욱더 넓은 지역—앞의 지역을 포함하는—에서 구르는 머리의 이야기는 유혹하는 동물($M_{150}$~$M_{159}$)의 이야기에서 파생된다. 유혹하는 동물을 애인으로 삼는 여인은 암컷 동물을 배우자로 삼는 신화$M_{354}$의 사냥꾼 몬마네키에 대해 대칭(대응) 이미지를 제공한다. 결국 우리는 더욱 멋지게 해준다는 명목으로 식인귀를 죽이는 범아메리카 신화의 순환에 속하는 한 가이아나의 아라와크 신화($M_{396}$: Roth 1, 175~176쪽)가 깨진 머리에서 분출된 뇌수로부터 쏙독새($M_{391}$의 맹금류 참조)를 탄생시킨다는 사실을 주지할 필요가 있다. 그런데 북아메리카의 중앙과 서부 지역의 알곤킨족과 남쪽으로 이웃인 여러 부족들은 신화($M_{397}$: Jones 3, 13쪽, 130쪽)에서 쏙독새가 자신의 강력한 방귀의 힘으로 구르는 바위를 조각내는데, 이 바위는 구르는 머리와 함께 꺽쇠-여인과 상동(관계)이다. 이것은 쏙독새가 아메리카에서 구강 욕구(L.-S. 17)의 상징이고, 또한 여기서 항문 욕구의 자제(자기억제)라는 도치된 행위를 수행할 수 있다는 사실에 그리 놀랄 필요는 없다. 북아메리카 신화에서 바람난 여자의 화신(또 다른 모습)인 구르는 머리는 꺽쇠-여인의 인물을 도치하고 있다. 즉 꺽쇠-여인 자신은 경우와 지역에 따라서 아주 호색한이거나($M_{354}$) 또는 호색한이 아닌 ($M_{368}$~$M_{369}$) 한 남자의 여성 배우자 화신(변형)이기 때문이다.

마침내 우리는 북극권에서 티에라델푸에고까지 아메리카의 여행을 통해 모든 '구르는 머리' 신화에 대해 일반화된 해석을 제시할 수 있을 것이다. 물론 우리는 여기에 별 어려움 없이 우리가 조사했던 템베족에서 카시나와족에 이르는 아주 한정된 지역에서 유래하는 몇몇 신화를 포함할 수 있을 것이며, 아마도 언젠가는 이 거대한 여정(코스)을 실현할 수 있을 것이다. 현재로서는 우리가 설명했던 것처럼 구르는 머리, 비난받아야 할 혼인(또는 못지않게 비난받을 수도 있는 모든 혼인의 거부) 그리고 달의 기원에 관한 세 가지의 주제들이 분명하게 결합된 하위 집단신화에 한정할 것이다. 결국 카시나와 신화들의 도움으로 이 책 초반부터 우리의 관심이 집중됐던 남아메리카 신화들의 분석을 확장할 수 있고 또 심화할 수 있었던 것은 바로 천체계열(패러다임)을 간접적인 수단으로 사용해서이다.

* * *

신화M354와 비교할 때 카시나와 판본들은 두 가지 양상으로 사화학적 계열(패러다임)을 풍부하게 나타낸다. 너무 멀거나 가까운 혼인(여기서는 동물과의 혼인이나 동족과의 혼인을 말한다)을 번갈아가며 하는 한 남자 대신 이 판본들에서는 한 남자(M393) 또는 한 여자(M394)가 등장한다. 남자는 적들을 마치 자신의 인척처럼 대하며, **너무 과하게 남을 믿는 여행자**의 행동을 한다. 반면 여자는 **집에 틀어박혀 있으며, 타인을 너무 불신**한다. 그래서 여자가 집에서 추방되자 그녀는 절망하며, 혼인을 거부하는데(카시나와족은 일반적으로 교차사촌혼〔외사촌과 고종사촌 간의 혼인을 말한다〕을 행한다. Métraux 15, 677쪽), 자신의 인척이 될 수 있는 가까운 친족들을 마치 적인 것처럼 취급한다.

이처럼 신화들을 해석했을 때 두 핵심인 카시나와 판본들은(우리가 수평으로 놓으면 합당할) 하나의 축 위에 여성과 남성을 양극점에 놓고 있으며, 이 축

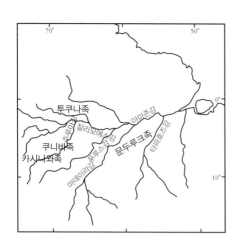

그림 6 투쿠나족과 다른 부족들

은 두 극단적인 행위를 대립시킨다. 혼인했다고 가정할 수 있는 한 남자(왜냐하면 그는 자신의 가족들을 위해 식량을 가져오기 때문에)의 타인을 너무 믿는 행위와 혼인을 거부하는 한 소녀의 너무 수줍어하는(또는 불신하는) 행위를 같이 놓고 대비한다. 결과적으로 이 축 위에서 성(性)의 대립은 관여적(변별적)이 된다. 역시 관여적인 대립은 결핍에 의해 규정된다. 말하자면 동일한 운명을 피하기 위해 너무 수줍은(신뢰하지 않는) 처녀는 더욱 타인을 신뢰하는 행동을 해야만 될 것이고, 타인을 너무 믿는 방문자는 타인을 더욱 불신하는 행위를 해야 될 것이다(그림 7).

그런데 우리는 이미 두 카시나와 판본들이 서로 대립하는 것과 같은 양상으로 투쿠나족에서도 신화M354와 대립하는 또 다른 투쿠나 신화를 알고 있다. 이 두 투쿠나 신화들은 앞의 축에 대해 수직축의 양극에 위치한다. 이미 요약한 이 신화(M358)는 근친상간을 범한 한 형제를 주인공으로 하고 있으며, 이 주인공은 신화M354의 주인공인 모험적인 남편과 같은 성(性)을 가지지만 도를 넘는(남용하는) 특성이 서로 대립된 방향으로 나타나는 행위의 측면에서 신화M354의 주인공과 차이가 난다. 결국 두 주인공들은 각각 하나 또는 다수의 대상물 그리고 너무 가까이 있는(사회집단 내에 있는 친누이) 또는 너무 멀리 있는(인간집단 밖에 있는 동물 배우자) 대상물에 대해 사랑의 행각(작업)을 한다는 점에서 서로 다르다. 이 새로운 축 위에서 성의 대립은 이제 관여적이 아니다. 비록 이들의 행위가 여기에서는 결핍에 의해서가 아니라 과함(지나침)에 의해 정의되기는 하지만 태도의 대립은 관여적이다.

첫 부분은 신화M358과 동일하고 후반부는 신화M393과 유사한 쿠니바 판본(M392)은 이 두 신화의 가운데에 위치한다. 그러나 결론(잘린 머리에서 유래하는 달의 기원)으로 인해 쿠니바 판본(M392)은 신화M393과 신화M394(두 신화는 같은 결론을 갖는다)를 대립시키고 있는 축에서 벗어나 두 신화를 결합(연결)하는 궤적 위에 위치한다.

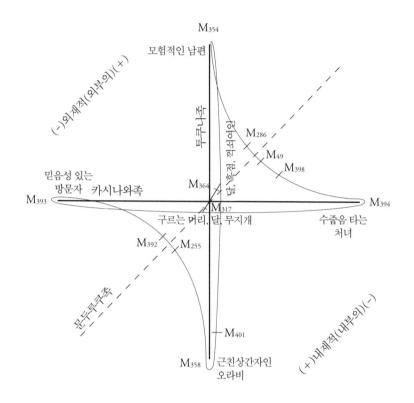

그림 7 투쿠나, 카시나와 그리고 문두루쿠 신화집단의 구조

수줍음 타는(불신하는) 처녀의 이야기($M_{394}$)를 다시 보면 우리는 도중에 연속적인 단계를 거쳐 모험적인 남편의 이야기($M_{354}$)에 이르는 일련의 신화들—주로 문두루쿠 신화들—을 만나게 된다. 성인식 의례 기간에 울에 갇힌 처녀는 개를 정부로 삼으며($M_{398}$: Murphy 1, 114~116쪽), 미혼인 젊은 소녀는 뱀과 사랑의 행각을 벌인다($M_{49}$:『날것과 익힌 것』, 282~283쪽). 심지어 문두루쿠족의 눈에도 이 신화($M_{394}$)는(왜냐하면 여기에 분명한 암시가 있기 때문에) 동물인 정부(암컷-나무늘보)를 쫓느라 자신의 인간아내를 방기하는 혼인한 남자의 신화($M_{286}$)를 도치

하는 것으로 보인다(M₂₈₆: Murphy 1, 125쪽; Kruse 2, 631쪽; 『꿀에서 재까지』, 429쪽). 우리는 이 마지막 신화(M₂₈₆)와 신화M₃₅₄를 다시 연결시킬 수 있다. 왜냐하면 나무늘보-여인은 자신의 합법적인 배우자가 자신의 검은 이빨을 비웃지나 않을까 늘 두려워하고 있기 때문이다(신화M₃₅₄ 참조. 이 신화 주인공의 어머니는 자신의 며느리인 개구리가 양식으로 삼는 검은 초시류를 비웃는다). 그리고 그들이 애지중지하는 동물(나무늘보-여인 또는 아라앵무새-여인)을 잃은 두 주인공이 같은 절망적인 격정에 빠지기 때문이다.

수줍음이 많은 처녀의 인물로부터 모험적인 남편의 인물로의 변화(이동)를 확증하기 위해 문두루쿠 신화들에 도움을 받는 것은 두 가지 방식으로 정당화된다. 투쿠나족처럼 문두루쿠족 역시 아마존 지역의 부족이다. 그리고 쿠니바족 신화와 나란히 그러나 대칭적으로 또 다른 문두루쿠 신화가 근친상간을 범한 형제의 인물과 타인을 너무 믿는 방문자의 인물 사이의 이동을 확인하기 때문이다. 결국 신화M₂₅₅ 역시 우리가 흥미를 갖는 세 가지의 주제, 말하자면 달(의 남편)의 기원에 대한 주제—겨울해와 관계 있기 때문에—그리고 잘린 머리의 주제와 신격화된 달과의 근친상간의 주제를 모두 결집시키고 있다. 틀림없이 여기서 이 신격화된 달은 누이(의 오라비)가 아니라 어머니이다. 우리는 형제자매의 근친상간을 변형하고 있는 부모(혈족)와의 근친상간(투쿠나족에서 아버지와 딸 사이에 일어나는 근친상간)(M₄₁₄: Hissink-Hahn, 79~80쪽)으로부터 출발하여 해와 달의 기원에 대한 해석으로 되돌아올 것이다. 그림 7의 도식에 분명히 드러나 있는 문두루쿠 신화들의 대각선 위의 배치는 이 인디언들의 구르는 머리의 주제를 그들의 신화에서 다루지 않고 있다는 사실만큼이나 의미심장한 것으로 보인다. 아마도 전통적으로 머리 사냥꾼이고 그들이 화려한 방식으로 장식하는 전리품에 대한 사랑 때문에 그들은 잘린 머리에 부정적인 가치보다 긍정적인 가치를 부여하는 동시에 이러한 가치를 신화 영역에서 의례 영역으로 이전했다고 생각된다. 이런 질문은 문두루쿠족들이—다른 어디에서도 찾을 수 없는 방식으로—머리와 잘린 다리가 아니라 그들이 자른 죽은 적의 머리와 죽은 동료들의 상박골(위팔뼈)을 상관관계로 놓는 것 자체에 질문을 던질 필요가 있다. 여기서 죽은 동료를 미라로 만들거나 매장하기 위해서는 팔을 가져오는 것이 너무나 필수적이기 때문에 이들은 중한 부상을 당한 동료가 숨을 거두기 전 마을로 돌아가기 위해 망설임 없이 동료들의 팔을 자른다(Murphy 1, 53~58쪽 참조).

이제 도식으로 돌아가보자. 만일 신화집단이 닫혔다면 모험적인 남편의 인물과 근친상간자인 형제의 인물을—외부적으로는 이 두 인물을 대비하고 있는 축의 바깥쪽에—결합하는 매개의 곡선을 그릴 수 있어야 한다. 이런 여정을 완성하도록 하자. 북아메리카에서처럼 남아메리카 어디에서나 근친상간을 범한 형제는 달이 되고, 그의 얼굴에는 여동생에 의해 숯검댕이나 게니파즙으로 검은 얼룩이 생긴다. 그러니까 우리는 근친상간을 범한 형제로부터 달의 흑점의 기원까지 거슬러 올라갈 수 있다. 다른 방향으로(역방향)—이것은 신화M354의 전개과정 때문이기도 하다—우리는 모험적인 남편으로부터 꺽쇠-여인까지 내려갈 수도 있다. 그런데 꺽쇠-여인을 주인공-달의 얼굴에 달라붙는 개구리로 변형시키는 일련의 북아메리카의 신화들이 존재한다. 오늘날에도 아직 천체의 흑점이 개구리 형상을 드러내고 있다.

우리가 북반구 신화의 도움을 반드시 받아야 되는 이유는 북아메리카 판본들을 고려하지 않고는 꺾쇠-여인의 계열(패러다임)을 구성하기가 불가능하다는 사실에 기인한다.

### M399. 릴로에트족의 신화: 달 흑점의 기원(이 책 147~149쪽 참조)

비버와 그의 친구 뱀은 이웃인 개구리 여동생들의 마음을 얻으려 비위를 맞추고 있었다. 그러나 그녀들이 보기에 너무 못생겨서 이들을 혐오했다. 코요테(원문대로)는 복수하기 위해 홍수를 일으켰다. 한 점 남은 땅마저 물에 잠기자 개구리들은 뛰어올라 달의 얼굴에 달라붙었는데, 사람들은 오늘날에도 그것들을 볼 수 있다(Teit 2, 298쪽).

### M400. 알렌느의 심장족의 신화: 달 흑점의 기원

옛날에 주인공 달은 큰 축제에 이웃들을 초대했다. 두꺼비는 이미 오두막이 손님으로 꽉찬 후에 도착했다. 들어가 앉을 수 있도록 구석자리라도 만들어달라고 했으나 허사였다. 사람들은 그를 밖으로 내몰았다.

두꺼비는 복수하기 위해 호우를 내려 달의 거주지에 홍수가 나도록 했다. 한밤중에 쫓겨난 초대받은 손님들은 불빛을 발견했다. 이 불빛은 두꺼비의 오두막에서 나오는 빛이었다. 그들은 그곳으로 피신하려 했다. 왜냐하면 단지 그곳에만 땅이 말라 있었기 때문이다. 그래서 두꺼비는 달의 얼굴로 뛰어올랐는데, 아무도 그를 잡아 뗄 수가 없었다. 사람들은 거기에서 아직도 두꺼비를 본다(Teit 3, 123~124쪽; Teit 4, 91~92쪽의 Thomson: M400b 참조. 여기서 초대받은 사람은 달의 젊은 누이이다).

우리는 꺽쇠-여인(이것은 이미 개구리의 변형이다)의 주제를 달의 흑점 또는 천체(달) 자체의 기원 주제로 변형하는 같은 지역 또는 이웃 지역에서 유래하는 신화의 예들을 배가할 수도 있을 것이다. 결국 신화곡선은 닫히게 되고, 어떤 판본으로 시작해도 이들 신화들을 생성한 변형의 '자연적' 질서 안에서 정렬된 모든 다른 판본들을 다시 찾을 수 있다. 이 복합적인 곡선—직각의 축들의 측면에서 찾을 수 있는 두 개의 윤곽(곡선)들은 구(球)의 상상적 표면과 일치한다—은 확산된 의미론적 장

(영역)을 한정하게 되며, 구(球) 내부의 어떤 지점에서도 이미 연구했거나 단순히 알고 있거나 그럴 가능성이 있는 신화들의 자리를 찾아낼 수 있을 것이다.

두 가지 이러한 예를 드는 것으로 만족하자. 신화M317은 한 에피소드에서, 신화M364a~b는 더욱 일반적인 방식으로 구르는 머리의 주제와 꺽쇠-여인의 주제를 연관시킨다. 그러니까 이 신화들은 구 안에(중심에) 다른 두 축에 대해 수직인 수평축 위에 상상적(또는 이상적인) 지점에 위치한다. 이 축은 두 축의 교차점을 관통하고, 각각 구르는 머리와 꺽쇠-여인과 일치하는 대칭적인 두 지점에 있는 복합적인 곡선과 연결된다.

이제 신화M393과 신화M286 사이의 세부적이고도 신기한 유사점을 보도록 하자. 그런데 이 두 신화는 도표에서 대칭적인 위치에 있지도 않으며 서로 구별된다. 적의 마을로 가는 길에 신뢰성 많은 방문자와 그의 초청자는 그들의 이빨을 검게 만드는 식물성 물질을 먹는다. 혼인한 여인(초청자의 아내)이 방문자를 환영하고 그를 위해 축제를 연다, 반면 이때 신화M286에서 이방인(방문자)은 혼인한 남자의 정부인 나무늘보-여인과 같은 색의 이빨을 하고 있다. 그리고 나무늘보-여인은 그녀의 정부 아내가 (정확히 말하자면) 자신의 이빨 색깔 때문에 그녀에게 환영의 축제를 열지 않는다고 의심한다. 그러니까 적인 방문자(초청자가 그에게 자신의 아내를 제공할 수도 있을)와 (아내를 자신의 이익을 위해 방기하는) 한 남자가 방문한 암컷 동물을 상호관계(상관관계)로 놓는 주제가 존재하는 동시에 비록 사회학적 또는 동물학적, 문화적 또는 자연적이라는 대립(반대)된 방향임에도 불구하고, 말하자면 인간성 또는 동물성이 각각 극단적인 방향으로 나아간―인간이지만 적이고, 동물이지만 정부인―또 한 가지 유형의 모델(원형)이 존재한다. 이 주제들이 모호함에도 불구하고 이런 주제들을 지바로족까지 연결할 수 있다. 아마존강 상류의 이들 인디언들은 달의 기원에 관한 신화에서 형제인 해의 규칙적인 출현에 싫증이 난 달은 해가 하늘로 피신하기 위해 얼굴에 붉은색을 칠하려는 점을 이용하여 그 역시 하늘에서 자신의 얼굴에 검은색을 칠한다 (M₄₀₁: Stirling, 124쪽). 이러한 사실로부터 우리는 이 신화를 아주 쉽게 신화M₂₈₆과 다시 연결할 수 있다. 지바로 신화의 후속 부분에서 신화는 해와 달의 화해를 통해 나무늘보원숭이를 근친상간으로 태어난 아들로 만들고 인디언의 조상이 되게 한다. 신화M₂₈₆이 문두루쿠족에 속하는 것처럼 지바로족은 머리사냥꾼들이었으며, 인간의 머리를 얻지 못했을 때 그들은 나무늘보의 머리로 만족했다(같은 책 56쪽, 72~73쪽).

\* \* \*

남성 또는 여성, 가까운 또는 먼 관계, 신뢰성이 많은 또는 부끄럼 타는(의심이 많은) 태도, 결핍으로 또는 남용으로 이해되는 태도 등 이런 제한된 대립의 수로 신화들을 정의(규정)할 때 몇몇 신화들은 닫힌 집단으로 조직된다. 다른 관점으로 규정할 때 이들 신화들은 앞에서 행한 분석으로 특성이 고갈되지 않은 또 다른 신화들이 포함된 초-공간 속에 배치된다는 사실을 결코 소홀히 해서는 안 된다. 만일 신화M₃₉₃~M₃₉₄의 집합과 그의 변이형들, 그리고 신화M₃₅₄~M₃₅₈의 집합과 그의 변이형들이 같은 사회학적 계열(패러다임)에 속한다면 이들 집합들은 동시에 우리가 논한 신화들의 해부학적(신체의) 계열에 속한다. 이 해부학적 계열의 신화들(M₁₃₀, M₁₃₅~M₁₃₆, M₂₇₉ₐ~ᴄ)은 우리가 출발점으로 삼았던 신화M₃₅₄로 인해 우리가 관심을 가질 수밖에 없었던 신화들이다.

이 신화들은 몇몇 신화들—오리온 성좌, 히아데스 성좌 그리고 플레이아데스 성단—의 기원을 신체의 조각남과 연관시킨다. 신화 M₃₉₃~M₃₉₄는 유사한 방식으로 달과 무지개의 기원, 그리고 특별한 성좌에 한정하는 대신 일반적인 별의 기원을 설명한다. 이러한 사실로부터 역시 조각남의 형식 변화를 알 수 있다. 그러니까 우리는 새롭게 유입된 신화들 속에서 세 가지 조각남(자르기) 사이에 놀랄 만한 유사점이 지속된다는 사실을 알 수 있다. 세 가지 조각남은 먼저 가까운 것과 먼 것의 범주를 한정하고 정의하는 사회학적 자르기(나누기), 다음은 낮과 밤의 현상을 격리하고 집합시키는 천체 자르기(조각남), 마지막으로 인간 신체를 조각내는 여러 방법 중에서 선택되는 신체의 조각남을 볼 수 있다. 우리가 다루고 있는 신화의 집합은 그러니까 여러 가지 예를 통해 삼중 변형으로 표현되는 몇몇 양태를 예시하고 있다. 우리는 두 관점, 이원적 (대립적) 관점과 유사성의 관점에서 신화의 집합을 분석할 수 있다.

이원적 관점에서 보면 우리는 눈은 (눈을 포함하고 있는) 머리의 환유적 (근접성 관계에 의한) 변이형이고, 다리는 (하체의 부분을 이루는) 하체의 환유적 변이형이라는 것을 받아들여야 한다. 이런 단순화를 통해 임시로 신화$M_{393} \sim M_{394}$에서 (더욱 작은 머리로서의) 눈과 관련된 변형을 무시할 수 있으며, 오리온 성좌의 기원에 관한 신화집단에서 하체를 때로는 엉덩이(때때로 포함된다)까지, 때로는 (하체로서 더욱 작은) 다리에만 관련되는 변화의 사실을 세세히 고려하지 않을 수 있다. 또한 길게 뿌려진 핏자국을 긴 신체의 범주로 분류하기 위해 이(핏자국)를 거론하는 신화$M_{393} \sim M_{394}$의 원문에 근거를 둘 것이다.

이런 점을 수긍한다면, 아래와 같은 방식으로 신체적(해부학적) 변형을 나타낼 수 있다. 여기서 +, - 의 기호는 각 대립(조작)짝의 첫 번째와 두 번째를 지칭(지시)한다.

첫 번째 분리와 관련해서 보면 (넓적다리+다리) // 내장은 신체의 하부와 관련되고, 두 번째 분리와 관련해서 보면 (머리+눈) // 피는 상부와 관련된다. 신화$M_{130}$에서 거론한 분리로부터 베레니스 성좌가 나오는데, 이 분리는 혼합된 형식을 예시한다. 말하자면 인물의 중간을 잘라 신체를

| | 오리온 성좌와<br>플레이아데스 성단의 기원 | | 달과 무지개의 기원 | |
|---|---|---|---|---|
| | 하체 | 내장 | 머리 | 피 |
| 긴 / 둥근: | + | − | − | + |
| 단단한 / 물렁물렁한: | + | − | + | − |

두 동강으로 나눈다. 하부로부터 상부로 점진적으로 절단면을 이동함으로써 유사한 방식으로 변형의 순환을 해석할 수 있는 것은 바로 이런 관찰에서부터 시작된다.

신화집단의 한쪽 극에 있는 절단된 다리(또는 넓적다리)와 흩어진 내장은 각각 오리온 성좌와 플레이아데스 성단을 탄생시키는데, 이 성좌들은 물고기의 출현을 알리는 성좌이다. 몸통 전체가 두 동강이 난 인물의 하반신은 물고기(M362), 물고기의 먹이(M130)가 되거나 또는 어로와 관련해서는 중립적(M354)이 된다. 이 인물의 상체는 같은 어로에서 부정적 수단(M130)이 되거나 긍정적 수단(M354)이 된다. 위쪽(상부)으로 올라가보자. 게걸스럽거나 식인을 하는 잘린 머리는 달라붙는 데 성공하거나 실패한다. 긍정적인 면에서 잘린 머리는 몸통-여인의 한정된 형상을 계속 이어가며, 몸통-여인처럼 꺽쇠(달라붙는)의 역할을 한다. 부정적인 면에서 몸통에서 완전히 분리된 잘린 머리와 흩어진 피는 달과 무지개를 탄생시킨다. 이 천체의 존재들은 하나는 월경과 탄생(생명)을 유발하고, 다른 하나는 피를 흘리게 할 뿐만 아니라 전혀 다른 유형의 사건들(죽음)을 야기한다. 왜냐하면 여기서 문제가 되고 있는 카시나와족은 무지개를 '적의 길'이라고 부르기 때문이다.

이 책 188쪽의 그림은 긴 설명을 간편하게 해준다. 독자들은 우선 신화M354가 서 있는 위치로 보아 (이 신화의 우측에 위치한 신화들에서처럼) 무지개의 기원 주제가 이미 이 신화에 나타나 있으며, 동시에 신화들의 골조(armature)에서 증명된 밤하늘의 천체의 참조사항들이 정확한 메시지를 만들어낼 수 없다는 것을 알아차릴 수 있을 것이다. 결국 왼쪽에 위치한 신화에서 오는 이 참조사항들은 단지 상상적인 한 성좌의 매개를 이용할 뿐이다. 두 번째로—(여성의 잉태와 출산의 메커니즘으로

| 하부 절단 | 중간 부분 절단 | | 상부 절단 | |
|---|---|---|---|---|
| 오리온 성좌-플레이아데스 성단(M135~M136, M279a~c) | 베레니스 성좌 (M130) | 베레니스 성좌(-1) (M354) | 꺽쇠-여인 (M354 등) | 구르는 머리 (M393~M394 등) |
| 동의(합의)한 거부 | | | 강제된 밀착 | 어쩔 수 없이 받아들인 거부 |
| 성좌들 (야간의 물체) | | 해 (주간의 물체)… | …달, 별 (야간의 물체); 무지개(주간의 물체) | |
| 계절의 주기: 풍요 또는 결핍 | | 매일의 주기: 낮과 밤 | 달의 주기: 출산과 죽음 | |
| 내부적 사회 갈등 (질투, 가족의 내분, 간통) | | | 외부적 사회 갈등 (부족 간의 분쟁, 전쟁) | |
| 혼인동맹의 남용 (가족 내의 간통) | | 혼인동맹의 타락(부패) (너무 가깝거나 너무 먼) | 혼인동맹의 거부, (+)의 경우: 혈족 간의 근친상간이나 수간하는 배우자(여); (-)의 경우: 너무 수줍은 소녀 또는 소년 | |

볼 때) 집단으로부터 오는 생명과 적이 끼치는 죽음(왜냐하면 전쟁은 남성들에게 사회적으로 피를 흘리게 하고, 출산은 육체적으로 여성들에게 피를 흘리게 하기 때문에) 사이의 대립을 아주 분명하게 표출하고 있는 —카시나와 판본들은 꺽쇠-여인의 북아메리카 신화 판본들이 왜 혼인을 거부하는 젊은 전사를 희생자로 만드는지 그 이유를 이해할 수 있게 한다. 이것은 그가 전적으로 죽음의 작업에만 전념한다는 사실로부터 생명을 잉태하는 일에 공헌하지 않으려 한다고 유추할 수 있기 때문이다.

근친상간($M_{255}$, $M_{366}$, $M_{392}$)과 수간($M_{370}$과 $M_{150}$~$M_{159}$의 수많은 북아메리카 판본들, 번호화되지 않은 신화들)에 몰두하느라 정상적인 혼인법칙(규율)을 어기거나 집단의 소녀들($M_{394}$) 또는 청년들($M_{367}$~$M_{370}$)이 독신을 고집하고 있는 사회집단은 외래의 것들(인간 이외의 것들)($M_{255}$, $M_{393}$)과의 관계(또는 분쟁)를 해결하기 위해 전쟁 이외의 다른 방법이 없다. 심지어 이런 집단의 자연과의 관계에서도 말하자면 어로($M_{354}$)와 사냥($M_{391}$)은 전사들의 무절제한 행위와 비교할 수 있는 극단적인 남용(과도함)으로 나타날 것이다. 마치 사냥감을 적인 것처럼 대하고, 그래서 자연자원($M_{391}$)을 남용하고 있는 사냥꾼들은 주기(週期)를 부정하는 죄를 저지르게 될 것이다. 왜냐하면 이 계절의 주기—계절의 주기를 모르지 않는 조건에서—는 매년마다 물고기와 사냥감의 회귀를 보장하기 때문이다. 그러나 틀림없이 계절의 주기는 이미 결핍을 내포하고 있다. 말하자면 양식을 1년 내내 풍성하게 사용하기는 불가능한 일이지만, 희망사항일 수 있기 때문이다. 그러므로 신화들이 계절의 주기 안에서 잘못의 결과를 보고 있다는 것을 이해할 수 있다. 마찬가지로 신화는 (혼인)주기 안에 있는 혼인의 남용은 보지만 이를 상정할 뿐이다. 이런 사실로 보아 남용의 잘못은 혼인의 거부보다 덜 심각한 불편함을 제공한다.

신화들은 흔히 남편의 형제, 부인의 자매나 부인의 어머니 같은 직계

밖에 있는 인물들에게 도둑질이나 간통 같은 배신적인 행동의 책임을 돌리며, 신화 속에서 성좌들은 이런 배신적인 행동으로 남용되거나 통념을 깬 인간의 혼인에서 나오거나 혼인의 결과로부터 생겨난다(『꿀에서 재까지』, 425~428쪽). 해와 달의 경우 이들은 비인간적인 혼인 또는 그렇게 판단되는 혼인, 즉 '문화에 반(反)하는' 근친상간 또는 자연에 반대되는 동물과의 결합과 관련된다. 그러나 남아메리카 신화들은 이런 관계를 일반적으로 물고기의 기원($M_{150}$ 외)이나 물고기의 노획 수단인 어로용 독극물($M_{145}$)의 기원과 연관시킨다. 여기서 해와 달은 물고기의 주인($M_{255}$)이다. 오리온 성좌와 플레이아데스 성단은 물고기의 귀환을 알린다($M_{134}$~$M_{136}$). 이처럼 신화집단의 고리는 간접적인 수단을 통해 닫힌다(완성된다).

결과적으로 달과 인간 사이의 혼인 또는 근친상간 형식의 도치로 이루어지는 달과 해의 혼인($M_{256b}$: Nordenskiöld 3, 296~297쪽)은 가능의 극한점에 있는 신화들에서 나타난다. 달이 여성일 경우 결합은 잴 수 없을 만큼 길게 늘어난 인간의 성기를 요구하게 되고, 달이 남성일 경우 결합은 기적의 어린아이를 탄생시킨다. 그러나 불 같은 사기꾼의 기질 때문에 그는 긴 성기($M_{247}$)를 구현한 것으로 말할 수 있다. 북아메리카 북서부와 가이아나-아마존 지역의 달 신화에 대한 연구가 진척됨에 따라 여성인 달은 어린아이의 유괴자(걱쇠-여인의 변형)로 나타나는 반면, 남성인 달은 납치된 어린아이로 나타날 것이다. 그러나 납치는 몇몇 가이아나 신화($M_{241}$)에서 '나무남편'의 변형인 '어린 물고기(치어) 소녀들'에 의해 이루어진다. 나무남편은 개구리가 납치한 어린아이의 아버지이며, 살리시 판본에서는 치어 소녀들이 개구리의 역할을 수행한다.

흔히 달의 성(性)이 변화하지 않을 때 양성적 존재로서의 달은 모호성을 나타내는 신화학의 주제로 사용된다. 해는 달과 너무 가까워서 잘못을 범하지 않고는 결합할 수가 없다. 반면 인간(남자)은 너무 멀리 떨어져 있어 인간 자신이 위험에 처하지 않고는 이들의 결합이 이루어질 수 없다. 야간의 천체는 사회적 무기력 또는 이색적인 것에 대한 굶주린 호기심의 두 가지 양태—즉 양성 사이의 관계 각도에서 볼 때 근친상간과 방종 사이에서만 선택할 여지가 있을 뿐인 양태—사이에서 영원히 동요한다.

불균등하게 이런 심각한 잘못들은 각각 순환주기의 단축과 일치한다. 만약 타락한 혼인이 사회학적인 측면에서 천체현상의 고유한 시간적 주기와 등가를 구성하는 공간적 주기를 왜곡하지 않는다면 이것은 이해하기 힘들 것이다. 배우자를 찾는 과정에서 남자는 너무 가까이 또는 너무 멀리 갈 수 있다. 그리고 어떠어떠한 천체의 주기적인 회귀가 매년, 매월 또는 매일 일어남에 따라 내혼과 외혼의 변동가치를 합당한 주기적 모델을 통해 나타낼 수 있다. 마치 계절적인 성좌들의 위상(진행과정)이 매월의 주기로 진행하는 달과 대립되듯 혼인의 남용은 혼인의 거부와 대립된다. 반면에 해의 진행과 교차하는 달의 출현 또는 부재는 우리가 낮과 밤의 진행과정으로 관찰할 수 있는 가장 짧은 주기(여기서는 '근친상간적인' 의미로)의 형식을 나타내 보인다.

사실 카시나와 신화들은 이 두 짧은 형태의 주기를 의도적으로 접근시킨다. 달이 처음 나타날 때(초승달) 달은 여인들에게 월경으로 피를 흘리게 한다. 그리고 아이 잉태 시기가 초승달이냐 보름달이냐에 따라 남성의 정자 또는 여성의 피는 자궁 안에서 엉기는데, 낮처럼 맑은 피부를 가진 아이가 태어나거나 밤처럼 어두운 피부의 아이가 태어나게 된다.

토착민들의 텍스트(원본)는 해석하기가 대단히 어렵기 때문에 분명한 방법으로 달의 위상(진행과정)과 어린아이의 피부색 사이의 상관관계를 정의하기가 망설여진다. 어쨌든 우리가 구성하려고 애쓰고 있는 집단에 속한 모든 신화들은 이중으로 접근할 수 있는 천체의 체계적 참조사항들을 사용한다. 이 신화들은 주간현상과 야간현상을 상응시키고 있다. 그

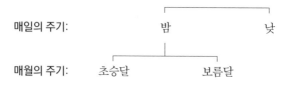

|  | | |
|---|---|---|
| 매일의 주기: | 밤 | 낮 |
| 매월의 주기: | 초승달 | 보름달 |

리고 이들은 서로 다른 순환주기를 참조케 한다. 만일 신화M₃₉₃~M₃₉₄에서 달이 무지개를 야간의 대응물로 갖고 있다면 좀더 뒤에 다시 참조하게 될 가이아나 신화(M₁₄₉ₐ)에서 주간의 해는 자신의 딸들에게 사자(死者)의 길의 조명을 맡길 때 야간현상인 은하수를 탄생시킨다.

해의 야간 형태로서의 은하수와 달의 주간 형태로서의 무지개의 이러한 이중적 상관관계는 은하수 안에 있는 검은 점, 다시 말하면 전도된 은하수와 무지개의―우리가 독립적으로 (다른 것과의 상관관계 없이) 증명한(『날것과 익힌 것』, 467~468쪽)―상응(대응물)을 확인한다. 결국

모든 천체 항들은 둘로 나뉜다. 은하수가 긍정적으로는 (어두운 하늘에 밝은 빛으로 분리되어) 존재하고, 부정적으로는 (은하수의 밝은 바탕 위에 어두운 점으로 분리되어 숯자루 형태로) 존재한다. 달은 보름달(밝음)일 수 있거나 초승달(어두움)일 수 있다. 그리고 해 자신은 두 개의 대립된 양태, 말하자면 여름의 밝은 해와 한겨울의 어두운 해(M₂₅₅)로 나타난다. 마지막으로 인디언들은 무지개를 두 개의 측면으로 상정한다. 동쪽 면과 서쪽의 다른 면 또는 각각 상부(위쪽)와 하부(아래쪽)로 상정

한다(『날것과 익힌 것』, 468쪽).

신화들은 두 가지 측면의 하나 또는 다른 하나를 고려한 천체현상이 서로 다른 형태의 주기를 나타내고, 이중의 기능을 수행할 수 있도록 하기 위해 이 복잡한 코드를 사용한다. 이것은 우리가 『날것과 익힌 것』에서 요약한 것들, 무지개와 관련된 토착민들의 견해들을 이미 분명하게 드러내고 있다. 투쿠나족은 동쪽의 무지개와 서쪽의 무지개를 구별한다. 그리고 하나는 물고기와 관련시키고, 다른 하나는 도기용 흙과 관련시킨다. 말하자면 이 두 자연적 산물들의 수확은 계절적이다. 신화M354도 이 점에서 명시적이다. 신화는 매년 산란하기 위해 강물의 흐름을 거슬러 올라오는 물고기, 말하자면 '피라세마'의 주기적인 이동과 동쪽의 무지개를 연관시킨다. 반면, 도기용 진흙의 주인인 서쪽의 무지개는 더욱 짧은 주기와 관련된다. 사람들은 단지 보름달의 첫날 밤에 진흙을 모아야 한다. 그렇지 않으면 그릇이 깨질 위험이 있으며, 이 그릇을 사용하게 될 사람들은 중병에 걸릴 수 있다(『날것과 익힌 것』, 468~469쪽). 자신의 이중 속성을 통해 무지개는 두 주기율, 즉 연의 주기율과 월의 주기율 사이의 관련성을 사용할 수 있다.

마찬가지로 신화들이 때로는 주간의 특성을 강조하고 때로는 계절적 특성(M255: 겨울해와 여름해)을 강조하는데 해는 연의 주기율과 매일의 주기율을 결합한다. 그러면 달은 어떠한가? 달은 해의 주기성처럼 매일 또는 또한 매월의 주기성으로 이중의 주기성을 나타내지만 성좌들의 이미지와 맞는 계절적 주기성은 나타내지 않는다(그림 8).

주기적 순환의 한 단계에서 단절이 나타날 수 있다. 성좌들은 전적으로 비와 가뭄, 풍성함 또는 결핍, 물고기의 회귀(도착)와 떠남(이동)의 교차(교대)로 강조되고 (매)년과 계절의 주기성으로 구성된 견고한 구조 위에 서 있다. 반면, 달은 짧고 연속(계열)적인 주기성 측면의 전부를 차지하지만 계절적 순환의 주기성과 비교할 만한 변화를 야기하지 않는다. 계절은 서로 대립하지만 매일(날들)은 서로 비슷하다. 그리고 달의 위상(진행과정)은 여름이나 겨울에도 변함없는 질서 속에서 연속된다. 달처럼 일(日)상적이고(하루 단위), 성좌들처럼 연(1년 단위)의 주기를 갖는 해만이 단지 한 측면(구조적)과 또 다른 측면(계열적, 즉 양 측면 다)을 연관지을 수 있는 특권을 갖고 있다.

그러므로 우리는 이런 유형의 체계 내에서 무지개와 은하수에 어떤 보충적 기능들이 다시 나타나는지 알 수 있다. 무지개의 동쪽 형태에 계절적인 암시적 의미를, 무지개의 서쪽 형태에 달(매월)의 암시적 의미를 부여함으로써 무지개는 야간의 장(場)에서 분리되도록 선고된 항들을 주간의 장에서 다시 연결할 수 있다. 말하자면 무지개는 모순을 극복할 수 있다. 자신의 측면과 야간의 장에서 은하수는 모순을 중립화한다. 왜

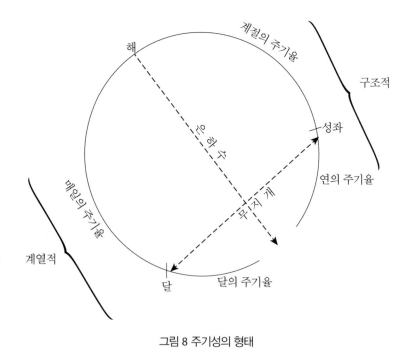

그림 8 주기성의 형태

냐하면 통시성(diachronie) 안에서 반복적인 양상으로 1년 내내 펼쳐지는 매월의 주기로 번갈아가며 초승달과 보름달이 되는 달이 나타내는 밝음과 어두움의 대립을, 은하수는 공시성(synchronie) 안에서 1년 내내 먼지처럼 많은(밝은) 별처럼 그리고 (검은) 숯자루처럼 결집시키기 때문이다. 무지개와 은하수가 각 천체(해와 달)와 갖는 각각의 공통성(유사성)은 일거에 명확해진다. 말하자면 달이 다리를 놓지 않으면 다가설 수 없을 계절의 주기성 쪽으로 무지개의 이중성은 다리를 형성한다. 은하수와 함께 해는 월의 주기성과 연의 주기성 사이의 체계가 파놓은 도랑 위에 다리를 놓는다. 왜냐하면 해만이 유일하게 달과 같이 매일의 주기성이 유사하고, 또 성좌들과는 계절적인 주기의 공통성을 갖기 때문에 이 도랑을 건널 수 있다. 이런 덕분에 해는 두 개의 측면을 연결(결집)할 수 있다.

## 2. 매일의 일과(진행과정)

> 그렇다. 인간이 신(神)을 거부하게 될 때, 수행인도 없고 관
> 람객도 없는 이 생각하는 존재는 우화의 사랑스러운 (하잘것
> 없는) 신들로 둘러싸여 있는 것보다 고독한 세상의 한가운데
> 에서 더더욱 위엄 있는 (존재)일 것이다. 공허한 사막은 아직
> 도 자신의 사고의 범위와 열정의 서글픔과 환상도 희망도 없
> 는 삶의 역겨움과 함께 얼마간의 예법을 갖고 있을 것이다.
>
> 샤토브리앙, 『기독교의 정수』, 제4부 제1장

　앞에서 논의한 것처럼 두 종류의 주기성, 하나는 연 또는 계절의 긴 순
환의 주기성이고, 다른 하나는 매월 또는 매일의 짧은 순환의 주기성이
다. 첫 번째 주기성은 차이성으로 각인된 주기이고, 두 번째 주기성은 단
조로움으로 각인된 주기로 구별할 때 우리는 하나에서 다른 하나로 이동
하면서 왜 성좌들의 기원과 관련된 신화들이 규칙적으로 해와 달의 기원
과 관련된 신화들로 변형되는지를 이해할 수 있는 능력(수단)을 얻게 된
다. 그러나 이러한 변형과정에서 또 다른 변형이 일어나는데, 이 변형은
오직 메시지의 성격뿐만 아니라 이야기의 구성에도 영향을 미친다. (하
나의) 예를 드는 것으로 시작하자.

### M60. 투쿠나족의 신화: 시미디우에의 재난
### (『날것과 익힌 것』, 297쪽과 M129a, 433쪽 참조)

　시미디우에(Cimidyuë)의 남편은 자신의 부인을 미워해 그녀를 사
냥경기 중에 버리기로 마음먹었다. 그는 코아타원숭이(Ateles종)의 성
기가 취시통(吹矢筒, 화살통)의 독침 화살을 장식하는 솜처럼 흰 털로
되어 있으며, 화살에 맞으면 독이 퍼져 (효력을 발휘하여) 원숭이들이

떨어져 죽을 때 이것들을 주워 모으려면 기다려야 한다고 그녀를 설득했다. 자신은 앞으로 나가 다른 사냥감들을 죽였다. 그러나 사냥꾼은 점점 멀어져 자신의 아내에게 이렇다 할 어떤 신호도 남겨놓지 않고 마을로 돌아왔다.

그녀는 나무 밑에서 오랫동안 머물렀다. 그리고 돌아갈 길을 몰랐으므로 그녀는 원숭이들을 따라가기로 결심하고 원숭이들이 던져주는 소르바나무(*Couma*종) 열매로 배를 채웠다. 밤마다 원숭이들은 인간이 되어 그들의 오두막을 장식하고 있는 그물침대 중 하나를 그들의 피보호자에게 넘겨주어 자도록 했다. 이른 아침, 오두막과 그물침대가 사라졌다. 그리고 원숭이들은 동물의 모습으로 다시 돌아왔다.

원숭이들과 오랫동안 방랑한 후 시미디우에는 표범 종족에 속함에도 불구하고 인간 형상을 하고 있는 원숭이들의 수장 집에 도착했다. 그녀는 음료축제를 위해 부드러운 카사바(마니옥) 맥주를 준비하는 데 도와주었다. 원숭이들의 주인은 잠이 들어 코를 골면서 자신이 여주인공(시미디우에)을 잡아먹겠다고 말했다. 불안해진 그녀는 그를 깨웠다. 이런 행동이 그를 몹시 화나게 했다. 그는 /카이바루(čaivarú)/ 열매의 큰 씨를 가져오게 하고는 그것으로 피가 날 때까지 자신의 코(콧등)를 후려쳤다. 그러고는 다시 잠이 들었다. 그리고 코를 골면서 큰 소리로 다시 위협하기 시작했다. 이런 일이 몇 번에 걸쳐 있은 후 시미디우에는 그를 깨웠다. 그리고 인간-원숭이는 계속하여 자신의 코를 짓찧었는데, 그는 마시려고 컵에다 피를 받았다. 그는 맥주를 요구했고, 모든 사람들이 취했다.

그다음날 원숭이들의 주인은 사냥을 떠났다. 그는 잊지 않고 기다란 줄 한쪽 끝으로 시미디우에의 다리를 묶고, 다른 한쪽 끝을 잡고 갔다. 때때로 그는 여자가 여전히 포로로 잡혀 있는가를 확인하려고 끈을 잡아당겨 보았다. 오두막에 자신과 유사하게 묶여 있는 거북을 본 여자는 원숭이들의 주인이 표범이며, 그들을 하나하나 잡아먹을 계획을 갖고 있으니 도망가야 한다고 설명했다. 그들은 서로 매듭을 풀어 그 끝을 오두막 기둥에 묶고는 문 앞에 다리를 꼬고 앉아 있는 원숭이들의 주인 형제인 벤키카(Venkiča)의 뜰(마당)을 지나 사라졌다. 거북의 충고를 들은 시미디우에는 몽둥이를 집어 벤키카의 무릎 바로 슬개골(膝蓋骨) 위를 후려쳤다. 이 매가 너무 아픈 나머지 그는 갑작스레 다리를 오므렸다. "우리를 배반하지 마라!" 여인은 지나가면서 소리를 질렀다. 벤키카는 오리온 성좌에서 볼 수 있다.

원숭이들의 주인은 사냥에서 돌아오자 도망자들을 찾기 시작했다. 그는 자신의 형제에게 '뚱뚱한 소녀'가 지나가는 것을 보았는지 물었다. 여전히 고통스러운 형제는 '뚱뚱한 소녀'와 좀 조용히 지내라고 간청했다. 그는 무릎이 너무 아파 대답할 수조차 없었다. 원숭이들의 주인은 추적을 포기했다.

다시 숲속에서 길을 잃은 시미디우에는 또 다른 재난을 겪어야 했다. 피시데과(picidés)의 한 새가 그녀를 마을로 데려다준다는 명목 아래 길을 잃게 했다. 그녀는 이어서 인함부새를 다른 것으로 잘못 생각했는데, 이 새는 순계류(鶉鷄類)과의 새로 털을 깨끗이 닦기 위해 깃털을 들어올린다. 이것을 본 그녀는 늙은 여인이 오두막 속에 마치 광주리를 펴놓은 것으로 생각하여 여기에서 하룻밤을 묵어가게 해달라고 청했다. 그러나 새는 날아가 버렸다. 그래서 그녀는 별을 쳐다보며 노숙을 해야 했다. 그다음날 그녀가 다시 길을 떠나려고 했는데, 새가 잘못된 방향으로 길을 가르쳐주었다.

다음날 밤 시미디우에는 나뭇가지에 매달려 있는 엄청나게 큰 흰개미집 밑에서 비를 피할 수 있으리라 생각했다. 그러나 이 흰개미 집은 그녀를 위협했던 표범이었다. 그녀는 도망쳐 잘리모에스강 계곡이라고 믿는 지역에 다다랐다. 그날 밤, 그녀는 케이폭(판야)나무 밑, 나무지지(支持) 뿌리 사이에서 웅크리고 잤다. 동물들이 지나갔는데, 우선 큰 도마뱀 그리고 두꺼비들은 그녀에게 음식을 주는 시늉을 하면서 그녀를 조롱했다. 마침내 푸른 나비(*Morphos menelaus*)인 케이폭(판야) 나무의 주인이 잠에서 깨어나 하품을 하면서 그가 선택한 인디언의 정원에 있는 파인애플을 먹으러 간다고 알렸다. 그는 다름 아닌 시미디우에의 아버지였다.

시미디우에는 강가까지 나비를 따라갔다. 아버지의 오두막은 강 건너편에 있었다. 이러한 사실을 알지 못한 채 나비를 따라 무턱대고 강을 건넜다. 나비는 주술 주문을 외워 여인을 붉은 잠자리로 변화시켰다. 두 마리의 곤충들이 함께 다른 쪽 강가로 날아갔다. 여기서 힘이 다해 지친 시미디우에는 그의 동료의 도움이 없었다면 건너편에 다다를 수 없었을 것이다. 그에게 고마움을 표시하기 위해 그녀는 많은 파인애플을 부수었는데, 나비는 그 액즙을 마셨다. 아버지는 으깨진 파인애플을 보고 놀랐다. 그는 아내와 같이 숨어 동정을 살피다 자신의 딸이라는 사실을 알고, 그녀를 잡으려 했으나 허사였다.

도움을 요청받은 마을 사람들은 매복을 하고 있었다. 그들은 사흘 동안 곤충들이 돌아오기를 기다렸다. 마침내 사람들은 시미디우에를 잡는 데 성공했다. 그러나 나비는 그들에게서 벗어났다. 사람들은 그녀의 항의에도 불구하고 그녀를 데려왔다. 아버지는 그녀에게 구토제를 처방해주었다. 나비는 많은 액즙을 토해내고 이성을 되찾았다.

얼마 뒤 시미디우에는 축제에서 남편을 만났다. 그는 솜털이 많은 작은 도마뱀을 표현(나타내기)하기 위해 밀대로 비죽비죽 나오게 만든 가면을 쓰고 있었다. 그리고 그는 그의 희생자에게 전하는 비웃는 가사로 노래를 부르기 시작했다. 희생자(시미디우에)는 송진 조각에 불을 붙여 가면에 던졌다. 마른 짚대에 불이 붙었다. 남자는 그의 나무껍질로 된 의상을 벗을 새도 없이 도망쳤다. 열로 인해 그의 배가 터졌다. 그리고 퍼레네새(pɔrénë)는 피로 자신의 깃털에 물을 들였다(Nim. 13, 148~150쪽).

이 신화는 여러 면에서 투쿠나족에서 유래하는 사냥꾼 몬마네키의 신화(M354)를 떠올리게 한다. 몬마네키는 동물들 중에서 연속적으로 자신의 아내를 얻는 **모험적인** 남편이다. (반면) 시미디우에는 그의 남편이 동물들 수중에 버린 **위험을 무릅쓰는** 배우자로서 신화M354와 대칭을 이루는 경우를 나타내고 있다. 그런데 이 동물들은 시미디우에를 전혀 여자로 취급하지 않고, 차라리 그녀를 양식을 취하는 주체 또는 양식 자체인 대상물로 보고 있다. 말하자면 원숭이들은 그녀에게 양식을 제공하고 원숭이들의 주인과 표범은 그녀를 양식으로 삼으려(잡아먹으려) 한다. 도마뱀과 두꺼비는 그녀에게 양식을 주려 하지 않고, 나비는 그녀 덕에 양식을 얻는다. 그러므로 이러한 (변증법적) 논리는 항상 본래 의미의 범위 안에서 한정된다. 반면, 몬마네키의 동물 배우자들은 이러한 논리(변증법)를 본래의 의미와 비유적 의미의 교차점에 위치시킨다. 말하자면 새-여인(배우자)들은 그들의 남편을 본래의 의미로 양식을 제공하고, 개구리-여인과 지렁이-여인은 비유적 의미로 남편으로부터 양식을 얻는다. 왜냐하면 이 여인들은 수태 자세(비유적 의미로 확장된 영양 섭취와 등가이기 때문에)를 취하면서 배설(본래의 의미로 영양 섭취의 도치) 자세를 취하기 때문이다.

몬마네키 신화의 끝부분에 한 남자와 그의 어머니 그리고 그의 아내가 등장한다. 시미디우에 신화의 마지막 부분에는 한 여자, 그녀의 아버지 그리고 그녀의 남편이 나온다. 한 경우에서는 여자가 물 덕분에 그녀로부터 벗어나려는 남편을 '붙잡는다'. 다른 경우에서는 남편이 불 덕분에 그에게 복수하려는 자신의 아내를 '놓아준다'. 꺽쇠-여인은 (반토막씩) 두 동강이 난다. 아내를 버린 남편은 창자가 있는 부위가 터진다. 때로는 사냥꾼의 어머니가 자신의 동물 며느리의 덕목을 경멸함으로써 재난의 원인이 되거나 때로는 아버지가 사냥꾼과 결혼한 딸이 자주 만나는 동물에 대해 잘못을 저지르며, 그녀의 구원자로 나타난다. 결국 우리는 몬마네키의 신화가 명시적으로 무지개의 기원을 그려내고, 암묵적으로 무지개의 기능을 전도하고 있는 베레니스 성좌의 기원을 거론한다는 사실을 기억한다. 그렇지만 시미디우에 신화는 명시적으로 오리온 성좌의 해부학적 주제(잘린 다리 대신 마비된 무릎)를 약화시킨 오리온 성좌의 기원을 거론하고, 암묵적으로 투쿠나족이 오리온 성좌의 역할을 하는 악신 벤키카에게 부여하는 월식(月蝕)의 기원을 거론한다(이 책 163쪽).

이런 일치된 (정황)증거들로 인해 우리는 신화$M_{60}$과 신화$M_{354}$를 같은 집단으로 놓을 수 있게 되었다. 그렇지만 이 신화들을 통합적인 각도에서 고려할 때 아주 다른 것들로 보인다는 사실을 무시할 수는 없을 것이다. 이 두 신화 모두 에피소드로 이루어진 이야기 형식과 관련되지만 신화$M_{354}$에서 이러한 유사점은 거짓된 것이다. 왜냐하면 우리가 연속된 (시리즈) 형식 뒤에서 볼 때 다양한 관점에서 관찰된 요소들이 항상 정확하게 배치된 구성을 찾을 수 있기 때문이다. 시미디우에의 모험(사건)의 경우에는 그러한 어떤 것도 찾을 수 없을 것이다. 왜냐하면 흩어져 있고 또 유기적으로 연결하기가 어려운 몇몇 지표들을 예외로 놓더라도 에피소드의 숫자, 배치된 순서, 소속된 유형들이 신화적 사고의 속박으로부터 벗어나지 않았다면 속박으로부터 벗어날 모든 준비를 하고 있으며, 더욱 자유로운 창작력에서 기인하는 것처럼 보이기 때문이다. 다른 말로 하자면 시미디우에 이야기는 신화적 장르(양식)에서 장르의 곡선(진행 발전)이 더욱 유연하고, 같은 결정(속박)에 순응하지 않는 소설의 장르(양식)를 예시하고 있지 않은가 자문해볼 수 있다.

남아메리카 인디언들의 구전문학을 수집하고 연구한 모든 사람들은 이 같은 대조의 감정을 갖고 있었다. 우리가 시미디우에 이야기를 빌려

온 니무엔다주는 이 구전문학을 '오디세이와 모험의 전설'이라는 제목
으로 분리된 범주(카테고리)로 정리한다. 틀림없이 몬마네키 신화 역시
이 범주로 분류했지만 이것은 그가 텍스트(원본)를 분석하지 않았으므
로 심층적인 층위에서의 차이를 찾아내지 못하고 우리가 지적한 피상적
인 유사함에 머물렀던 것이다. 몇몇 문두루쿠 신화들을 다시 모으면서
머피(1, 94쪽)는 '모험과 사가'(중세 스칸디나비아 문학의 전설, 영웅담)
라는 특수항목을 만든다. 그리고 그는 그 자신 시미디우에의 투쿠나 이
야기와 템베의 이야기(M403a: Nim. 2, 299쪽)가 일치한다고 지적한 한
신화(M402)를 '사가'(Kruse 2, 642쪽 '여행' 참조)라고 제목을 붙인다.
우리는 이 마지막 이야기의 두 변이형을 알고 있는데, 하나는 와글레이
와 갈방이 수집한 신화(M403b: 140~142쪽), 다른 하나는 메트로가 카야
포족(M404: 8, 30~32쪽)에서 거의 같은 형식인 신화를 수집했는데, 이들
학자들은 로스(1, 126~130쪽)의 예를 따르면서 이 변이형을 그들처럼
'모험'이라고 규정한다. 로스 역시 우리가 여러 번에 걸쳐 참조한 와라우
신화(M317)의 긴 이야기를 이와 같이 '코로로마나의 이야기'라고 지칭했
다. 주인공이 케레-케레-미우-아우라는 한 판본 역시 가족 오두막으로
돌아오게 하는 임무를 나비에게 부과하는데, 이 판본만큼이나 시미디우
에 신화와의 계보는 잘 성립된 것처럼 보인다. 로스는 신화들이 거의 거
론하지 않는 곤충들의 개입에 놀랐다고 이야기한다. 이 점에 대해 그의
정보 제공자는 나비가 인디언들의 충실한 동무라고 답한다. 나비는 이제
더 날아오를 수 없을 정도로 그들이 마시는 맥주에 (도)취하러 오는 것
은 아닐까?

  여기서 괄호를 열고 논의해보자. 많은 신화들과는 반대로 이 신화들
이 다른 동물들에게 부여하는 반(反)구원적인 역할과 대립하는 신화
M60, M317에서 나비가 맡은 구원적인 동물의 역할에 대해 로스가 주장
한 이유와 다른 한 이유를 제시하는 것에 놀랄 수 있을 것이다. 가이아

나 아마존 영역에서 특히 모르포속(*Morpho*)의 나비들은 모두 나쁜(사악한) 암시적 의미를 갖는다. "요술사와 악신의 창조물…… (나비는) 조롱박 속에 말라리아를 휘저어넣어 온 세상으로 전파한다"(K.-G. 2, 328쪽). 이와 같은 정보를 제공한 쿠베오족에서 "화려한 푸른 날개를 가진 모르포나비(*morpho*)는 악과 요술과 연계되어 있다…… 요술사가 멀리 있는 희생자를 죽이기 위해 주술적인 독극물을 준비할 때 모르포나비는 날아올라 (독극물) 항아리 주위를 파닥파닥 난다. 나비가 그 안으로 떨어져 데어 죽는 정확한 그 순간에 희생자 역시 숨을 거둔다"(Goldman, 224~225쪽). 우오페의 투카노족은 나비 /왁스-티-투루(wâx-ti-turu)/, '왁스티(Wâxti)의 조각', 다시 말하면 아마존 서부 지역의 '악마'인 주루파리(Jurupari)의 조각이라고 부른다(Silva, 332~334쪽). 아과루나족(Aguaruna)에 따르면 모르포나비 /우암피숙(uampisuk)/은 악신에게 납치된 어린 소녀들 영혼의 재생인 악마적인 창조물일 것이다(Guallart, 85쪽 주 68). 와브린(626~627쪽)이 취한 이 마지막 지시는 케이폭(판야)나무의 신(정령)을 월경 중인 여자들의 적으로 취급하는(Nim. 13, 92쪽) 투쿠나족에게로 다시 연결된다. 이 케이폭(판야)나무의 정령 자신은 시미디우에의 투쿠나 신화에서 모르포나비로 재생함에도 불구하고 여주인공의 인도자와 보호자가 된다.

나비의 의미론적 가치의 이러한 급격한 방향전환이 마취제나 분말 형태의 들이마시는 향정신성 물질, 특히 파리카(paricá)의 의례적 사용과 연관 있다는 것은 생각할 수 없는 말이 아니다(Wassén 1, 2; Wassén-Holmstedt). 특히 파리카는 미모사에나무(mimosae, *Piptadenia peregrina*) 또는 미리스타세아나무(myristacea, *Virola*종)의 껍질이나 잎, 씨앗을 기본 성분으로 하여 몇 가지 제조과정을 지칭하는 총칭적인 용어이다. 신화에서 잠자리의 개입은 나비의 개입보다 더욱 희귀하다. 시미디우에 신화에서 그녀는 다른 곤충으로 변하여 나비를 동반해 집으로 돌아가는 길을 막고 있는 강을 건너는 데 성공한다. 그런데 투쿠나족은 파리카를 흡입한다. 그리고 마우에족(Maué)에서 유래하는 나무로 조각된 파리카(용) 판때기(쟁반)가 빈 민족박물관에 있다. 이 조각된 판때기에서 사람들은 짝짓기하는 잠자리들과 나비들을 식별하고자 했다(Wassén 2, 그림 12와 45~46쪽). 그러나 뒷부분이 연결된 두 곤충들이 너무 달라서 차라리 이 장면은 시미디우에 신화에서처럼 잠자리를 끌고 가는 나비(나비를 따라가는 잠자리)를 연상시킨다. 마찬가지로 오슬로 민족박물관에 있는 투쿠나 판때기(Wassén 2, 그림 41)에서는 만일 주인공이 투쿠나 가면에서 (바센이 바로 관찰한 것처럼) 세부스원숭이(Cebus)의 특징인 각진 코를 갖고 있지 않다면 기꺼이 날개를 접은 잠자리가 등 위에 올라탄 나비라는 것을 인정할 수 있을 것이다. 그리고 나비 가면들은 일종의 길게 늘어난 코를 과장해 그리고 있다(Nim. 13, 82쪽과 도판 17b) (그림 9).

아마존 지역에서 유래하는 대부분의 파리카용 판때기(쟁반)는 우리가 논해온 신화들(『날것과 익힌 것』, 510쪽 주 37)인 템베-테네테하라, 카야포 그리고 문두루쿠 판본들에서 나비 대신 안내인(뱃사람)의 역할을 수행하는 동물인 뱀 또는 카이만악어처럼 확인된 창조물들을 표현하고 있다. 이 에피소드는 제7부에서 논(해석)하게 될 것이다. 그렇지만 조각된 초상은 신화들이 말을 하지 못한다고 주장하는 카이만악어의 혀를 보여주고 있다(『꿀에서 재까지』, 322쪽). 그리고 프리켈(1, 8쪽)은 토롬베타스강 유역의 카추야나족에서 '수상 표범들'과 더 이상의 정보를 얻을 수 없었던 /쿠라히(kurahi), 코레히(korehi), 안츠키레(antchkire)/라고 불리는 존재를 보았다. 하기는 우리가 보아온 신화들의 분포 영역은 파리카의 분포 영역과 부분적으로만 일치할 뿐이다. 이러한 불확실성에도 불구하고 모든 신화가 주인공 또는 여주인공이 사기꾼이고, 못된 동물, 흔히 거대한 동물(마치 시미디우에가 늙은 여인이 숨어 있는 오두막,

그림 9 왼쪽, 오슬로 민족박물관의 투쿠나 판때기.
오른쪽, 빈 민족박물관의 마우에 판때기(박물관 제공)

여기에 그녀 역시 들어가 숨기를 바랐던 인함부새처럼)의 집(지역)에 여
행을 기술하고 있는 것은 놀라운 일이다. 우리가 파리카를 기반으로 하
는 의례에 대해 알고 있는 것은 이 의례들이 무엇보다도 인간과 거대한
동물신들과의 친밀한 관계를 성립시키는 것이 목적임을 암시한다는 점

인데, 카추야나족은 이 거대한 동물신을 와로키에마(worokiema)라고 부르며(Frikel 1, 여러 곳), 수라라족(Surára)은 /헤쿠라(hekura)/라고 한다(Becher 2, 91~96쪽). 이 의례는 이 동물신들을 위협하고, 이들의 사악한 힘을 무력화하며, 이들의 이로운 힘을 끌어들여 이들과 일체가 되는 것이 결국 목적임을 암시한다. 이것은 이상하고 위협적인 세계에서 길을 잃고, 강으로 인해 자신의 가족과 헤어져 있으며, 때로는 이들이 가는 길에 강을 건너온 기억조차 갖고 있지 못한 우리(신화)의 여행자들이—흔히 공허한 일이지만—애써 하려고 소망한 것이 아닐까(M60, M403a~b)?

이 신화들이 증언하고 있는 자유로운 창작성이 너무 크고, 신화들이 끌어내는 몽환적 매력이 너무 강해서 우리는 단지 이 신화들을 요약했으면 한다. 그런데 다른 측면에서도 이 신화들이 너무 길어 이를 원문대로 게재하기가 불가능하다. 우리는 단지 이에 대한 암시만 할 것이다. (개처럼) 짖는 원숭이 형상을 한 악신들 소굴에서 길을 잃은 후 다른 여러 방법으로 이들을 속인(M317: 『꿀에서 재까지』, 539~540쪽) 와라우 주인공 코로로마나는 자신이 버려졌다는 것을 깨닫는다. 그는 방황하며 별의별 모험을 다하는데, 말하자면 질투가 많은 뱀 남편의 불쌍하고 매력적인 아내 곁에서, 그리고 그녀의 아이를 죽인 후 그가 죽게 만든 암컷 악신의 옆에서, 통발 속에 갇혔다 성공적으로 도망친 식인귀의 곁에서, 그의 목에 걸린 인간의 머리한테 받은 학대(이 책 117쪽)와, 창자를 부풀려 주머니를 만든 후 개울물을 빨아들여 강을 말리는 어부의 곁에서(이 책 158쪽 참조) 다양한 모험을 한다. 그러나 어부는 주인공을 나무감옥에 가둔다. 결국 담배를 봉헌한 덕분에 풀려난 후 아주 작은 다발 속에 대단히 많은 물고기를 받은 코로로마나는 그가 차례로 만난 몇몇 동물이 길을 가르쳐주고 도와준 덕에 그의 어머니와 아내를 다시 만난다(Roth 1, 126~130쪽).

문두루쿠 판본(M402: Kruse 2, 642~646쪽; Murphy 1, 95~102쪽)은

와라우 신화와 공통적인 여러 에피소드를 갖고 있다. 말하자면 한 식인귀 아내의 유혹, 주인공이 자신의 살과 간 대신 원숭이의 살조각을 제공한 또 다른 식인귀에 대한 속임수…… 등등. 그러나 이야기는 다르게 시작된다. 페리수아트(Perisuát)라는 소년이 맥(貘)으로 변한 외삼촌에게 마을에서 멀리 끌려갔다. 맥이 죽은 것으로 생각한 소년은 맥의 뼈대를 부셔버리기 전에 내장을 비우려고 순진하게 이 동물의 항문 속으로 어깨까지 팔을 집어넣었다. 동물이 그의 포로를 놓아주려고 동의하는 순간 사냥꾼들은 동물을 죽인다. 페리수아트는 벌집으로 변신하여 그들로부터 도망쳤다. 그는 그를 잡아먹으려는 카이만악어의 등에 올라타 타파호즈강을 건너 다양한 여러 동물들 곁에서 불쾌한 모험을 한다. 새들, 벌레들, 여러 암·수컷의 표범들, 또 다른 벌레들. 그와 혼인하기를 바라는 딸(들)을 가진 맥의 곁에서, 그리고 온갖 종류의 초자연적 존재들 곁에서, 말하자면 뾰족한 다리를 가진 식인귀, 그를 함정에 빠뜨려 잡은 다른 식인귀, 이로부터 곤충들과 다람쥐가 그를 해방시켜주는데, 이들은 실제 '비의 어머니들'인 원숭이들이다. ……결국 그가 돌봐준 부상당한 표범이 바른 길을 가도록 해주어 집에 도착하지만 너무 화가 난 그는 자신의 애완용 새들을 몰살한다. 그가 너무 오랫동안 숲속에 머무르는 바람에 피부는 생기 없고 희끄무레한 데다 기생충이 들끓는 상태로 돌아왔다. 그의 할머니가 그를 씻기고 치료해주었다. 할머니는 그를 완치시키기 위해 그에게 우루쿠씨 기름을 발랐다. 그러나 상처가 너무 중해서 페리수아트는 죽었다.

우리가 말한 것처럼 템베-테네테하라(M₄₀₃ₐ~ᵦ: Nim. 2, 299쪽 이하; Wagley-Galvão, 140~142쪽), 시페아(M₄₀₃ᵪ: Nim. 3, 390~393쪽) 그리고 카야포(M₄₀₄: Métraux 8, 30~32쪽) 판본들은 대단히 비슷하다. 시페아 판본에 따르면 손이 구멍에(M₄₀₂ 참조) 낀 한 인디언은 털이 많이 난 신령의 망치에 맞아 기절한 후 개미가 가득한 그의 채롱 속에 갇히게 되었다. 그는 어찌하다가 갇힌 상태에서 벗어나는 데 성공했고, 이어서 그를 가두어놓았던 나무둥치 구멍에서 도망치는 데도 성공했다. 능력 있는 카이만악어 한 마리는 그가 강을 건너 도망가는 것에 동의했다. 이어서 주인공은 인함부새가 단지 자신만 사용하려 했던 세 개의 그물침대 중 한 곳에서 잠을 잤는데, 온밤을 뜬눈으로 지새웠다. 그리고 맥 부인(암컷)의 환영을 받았는데, 이 여인의 남편(수컷)은 하도 잠을 깊이 자기 때문에 그를 깨우려면 여러 번 때려야 했다.

다른 신화들에서 전투원정 시 또는 쏙독새 사냥원정 시 길을 잃은 주인공은 그를 강 건너편으로 데려다달라고 여러 동물들에게 요청하나 모두 허사가 된다. 단지 카이만악어가 이에 동의할 뿐이다. 주인공을 잡아먹으려 하기 때문이다. 주인공은 카이만악어가 자신의 모이주머니 속, 막 잡아먹은 물고기 밑에 숨겨놓은 한 섬굼류(학 종류)의 도움으로 위기를 면한다. 카야포 판본에서 주인공은 차례로 사슴, 맥, 원숭이 그리고 코아티(곰)를 만나는데, 이 동물들은 그가 사냥 중에 그들을 부상시켰다고 규탄하면서도 주인공을 그의 마을까지 인도한다고 약속한다. 그러나 나중에는 길을 잃게 만들거나 그를 길에 버린다. 결국 그곳을 지나던 그의 형제가 그를 바른 길로 다시 들어서게 한다. 템베-테네테하라 판본들은 두꺼비, 벌새(파리새), 식인뱀과 같은 동물들과 유쾌하지 못한 모험 이야기에 카이만악어와 섬굼류(학)의 에피소드를 연계시킨다. 단지 야생돼지들만 친절하게 행동할 뿐이다. 이들과 동반하여 주인공은 친어머니의 농장에 도달하는 날까지 씨(씨앗)와 야생과일을 찾아 헤맨다. 한 판본은 설명하기를 이제부터 주인공은 오두막의 한 구석에서 자거나 자신의 모험이야기를 읊조리고, 돼지들한테 배운 노래를 부르며 항시 (야생돼지들과) 거리를 둔다고 설명한다. 왜냐하면 주인공 자신이 (집)돼지가 되었기 때문이다. 다른 판본들은 주인공이 더는 떨어질 수 없을 정도로 격렬하게 어머니의 품에 몸을 던졌다고 주장한다. 다시 돌이킬 수 없는 결합 또는 분리를 겪는 주인공은 잃어버린 후 다시 발견되는데, 결국 동물이 되거나 격쇄-인간(달라붙는)이 된다. 이 주인공들의 인물은 신화M354의 모험적인 남편이 자기 아내들의 인물에서 차례대로 발견하는 속성들을 모두 모아놓은 것처럼 보인다. 왜냐하면 격쇄(달라붙는) 역할을 하는 한 인간 여성을 제외하고는 대부분의 아내들은 동물(아내)들이기 때문이다.

이 모든 신화의 연쇄에서 단지 시미디우에만 여성이다. 다른 주인공들은 남성이다. 여주인공은 친아버지 집으로 되돌아오려고 애쓰며, 주인공들(남성)은 그들의 어머니 집으로 되돌아온다. 이것은 필연적으로 투쿠나족의 부계 거주제와 와라우족의 모계 거주제, 적어도 최근에 문두루쿠족의 모계 거주제(Murphy 3) 사이의 대립을 반영하지는 않는다. 사실상 템베-테네테하라족은 부계 거주제를 실행해왔기 때문이다. 결과적으로 대립구조는 민족지적 토대와는 독립적으로 관여적(변별적)이다. 심지어 (위의 사실들처럼) 숨겨져 있으며, 거리와 (지속)기간 사이의 관계를 기호화할 수 있도록 하는 것은 항상 **성(性) 사이**의 멀거나 가까운 관계이다.

신화가 '뚱뚱한 소녀'로 기술하고 있는 시미디우에는 오리온 성좌를 의인화하고 있는 악신 벤키카의 다리를 마비시킨다. 이중적인 면에서 그녀는 문두루쿠 신화(M255)의 '뚱뚱한 소년'을 연상시키는데, 이 소년은 겨울해의 화신인 한 인물의 눈을 멀게 한다(이 책 168~169쪽). 자신의 불구가 수치스러운 천체(해)는 구름 뒤로 사라진다. 그러자 자신의 불구로 화가 난 악신 벤키카는 월식을 야기할 임무를 갖는다. 해와 달에 대한 약화된 표현들(왜냐하면 이들 천체들은 일·월식을 하기 때문에)은 그러니까 같은 신화들 또는 이웃 신화들에서 이 천체들의 탄생과 관련된 실제 훼손(상해)의 약화된 형태와 연관된 것처럼 나타난다. 예를 들면 목이 잘리는 대신 눈이 파열되든가, 다리나 넓적다리가 잘리는 대신 무릎이 마비된다. 우리는 단지 시미디우에 신화에서만 명시적인 천체의 참조사항을 찾을 수 있다. 그러나 아래의 사실을 잊어서는 안 될 것이다. 이 신화—주인공의 역할을 여성에게 맡기는 신화집단의 유일한 신화—는 투쿠나 신화학의 **자료집**에 속한다. 그리고 이 신화는 다른 판본 신화들이 변형하는 것보다 훨씬 더 즉각적이고 직접적인 양상으로 신화M354를 변형한다는 사실이다. 이 판본들은 다른 여러 부족에 속한다. 우리가 취한 관점에서 보면 이 다른 판본들은 더욱 먼 위치에 있다. 만일 우리가 단지 시미디우에 신화만 사용한다면 오리온 성좌와 플레이아데스 성단의 기원에 관한 신화들에서 출발하여 이 신화들을 역전시키는 베레니스 성좌의 기원에 관한 신화들로 이동한 다음, 이어서 베레니스 성좌의 기원신화를 역전하고 있는 신화M354에 이르게 된다. 우리는 시미디우에 이야기를 통해 오리온 성좌의 기원에 이르게 되었다. 그러나 신체적(해부학적) 주제로는 대단히 약화된 형태로, 그리고 천체의 관점으로는 다르게 기호화된 형태로 오리온 성좌의 기원에 이르게 되었다. 투쿠나족은 그들의 이웃인 가이아나 부족과는 달리 물고기의 귀환(도래)을 설명하기 위해 야간의 성좌인 베레니스 성좌를 역전시킨 주간의 성좌, 즉 무지개의 도움을 청한다는 사실을 (우리는) 알고 있다. 이러한 신화체계에서 오리온 성좌는 더 이상 역할을 못하거나 아니면 달에 비유된다. 달 역시 그의 월식에, 말하자면 우선 찌그러졌다가 없어지는 역할에 맡긴다. 결과적으로 투쿠나족이 오리온 성좌의 역할을 찾게 하기 위해 베레니스 성좌를 이중으로 (시기와 기능에 대하여) 도치하는 것과 같이 이들은 **부재(不在) 속에 실재(實在)하는**—투쿠나족에서 베레니스 성좌처럼—달의 역할(달의 특성)을 찾기 위해 오리온 성좌의 역할과 인물을 변형한다. 이것은 결국 투쿠나 신화학에서 긍정적인 달은 너무 근접한 성적 결합(M358의 근친상간)의 결과이고, 부정적인 달(가리워진 달, 월식)은 부부 사이의 분리(시미디우에와 남편)—이들은 근접한 관계로 있어야만 할 관계이다—결과라는 말이 된다. 더욱 신화의 말미에서 너무 근접한 지상의 불은 범죄적 방화와 창자의 폭발(터짐)을 일으킨다. 이 창자의 폭발은 좀더 후에 다른 신화(M₄₀₆: 이 책 228~230쪽)에서 볼 수 있겠지만 머리의 부서짐(터짐)과 대조를 이룬다. 이 머리의 터짐의 결과로 하늘의 불과 이로운 열을 얻는다. 천체와 성좌를 연결하는 긍정적 그리고 부정적 표현에서 이들을 연결하는 이중의 경로(코드)는 신체의 이중적 부호화로부터 표현 수단들을 빌려오는 것 같다. 말하자면 (신체의) 하부 또는 상부의 절단은 주간의 조각남(M₄₀₆) 또는 야간의 조각남(M₃₉₈, M₆₀)과 일치한다. 이런 조각남은 그 자신들에게 영향을 미치고, 경우에 따라 하부 또는 상부에 영향을 준다.

  결국 '뚱뚱한 소녀'의 인물이 가이아나의 아라와크족의 신화학과 와로우족의 신화학에서 자신의 신체를 수단으로 상층세계(천상세계)의 구멍(출입구)을 막는 천상의 여인 인물로 변형되고 있는 것은 아닌지를 찾아야만 한다. 와라우 신화에서 이 천상의 여인은 새벽별이 된다(Roth 1, 141~142쪽; Wilbert 9, 25쪽, 35쪽의 M₂₄₃; 『꿀에서 재까지』, 264~265쪽 참조). '메우는 신체'로부터 이처럼—매개로 사용되는 숨은 달 덕분에—우리는 잘린 머리로 이동할 수 있다. 이 잘린 머리로부터 한편으로는 '열린 신체'와, 다른 한편으로는 채워진 달(만월)이 나온다. 사용할 수 있는 자료들이 (신화의) 고리를 닫을 수 있을 만큼 충분하다고 보이지 않는다. 식킴(Sikkim) 지역의 렙차족 신화를 살펴보지 않는 한, 충분하지 않을 것이다. 신기하게도 렙차족은 문두루쿠족 신화(M₂₅₅)와 유사한 신화를 갖고 있다. 신화M₂₅₅에서 해의 다섯 형제 중 하나를 살해한 **두꺼비**는 낮의 천체들 중 하나를 화살로 쏘아 장님을 만든 '뚱뚱한 소녀'으로 대체한다. 렙차 신화(Stock, 269쪽 이하)에서 다른 해는 검은 장막 뒤에 몸을 숨기고, 긴 밤을 야기한다. 이 긴 밤은 옛 일본 신화학과 유사한 이야기가 별(천체)을 즐겁게 하여 인간에게 빛을 돌려주는 한 어릿광대 신(神)이 개입할 때까지 지속된다.

* * *

　시미디우에 신화와 같이 별의 부호(코드)에서 달의 부호(코드)로 불연속의 이행(이동)이 일어난다. 우리가 의도적으로 인용한 오리온 성좌는 계절적인 기능을 갖고 있지 않다. 그리고 그의 벤키카 악신으로의 의인화는 단지 달의 결핍(월식)을 거론할 뿐이다. 그런데 이 신화는 물론 같은 집단의 몇몇 신화들은 또 다른 방법으로 이런 불연속의 이동을 명백히 하고 있다. 이것은 대단히 짧은 주기 형식의 출현을 확인한다.

　이야기를 읽을 때 우리는 이야기들이 주인공 또는 여주인공의 각 모험을 12시간 또는 24시간의 간격 안에 배열함으로써 에피소드의 전개와 낮과 밤의 교체를 일치시키기 위해 극단적인 주의를 기울이고 있다는 것을 확인할 수 있다. 시미디우에 이야기($M_{60}$)에는 아래와 같은 (이야기의) 전개방법이 많이 등장한다. 말하자면 밤이 떨어짐과 동시에……, 이 밤에……, 다음날……, 3일 동안…… 등등. 페리수아트 이야기($M_{402}$)에서는 진행과정이 더욱 분명하게 표현된다. 그다음날……, 아침에……, 밤이 되자……, 그는 하루 종일 그리고 한밤중까지 걸었다……, 온종일……, 그날 밤……, 다음날 아침……, 넷째 날 끝 무렵에……, 다섯 번째 날……, 온종일 그리고 밤새도록 다음날 점심때까지 비가 내렸다 등등. 같은 신화의 크루제 판본이 보존하고 있는 15개의 에피소드들 중 여섯 개는 밤의 길이와 일치하는 12시간 동안에 전개된다. 템베와 카야포 신화들($M_{403a}$, $M_{404}$)은 더욱 모호하다. 그러나 단지 짧은 판본들만 있을 뿐이다. 테네테하라 판본(템베족과 같은 계열의 부족, $M_{403b}$)에는 적어도 연속된 나흘 밤을 찾을 수 있다. 와라우 신화($M_{317}$)는 세세한 부분에도 불구하고, 하루하루를 분명하게 전달하는 표현은 잘 보이지 않는다. 몇몇 모험이야기들은 같은 밤이나 같은 낮 동안에 일어난다. 반면 또 다른 모험은 며칠에 걸쳐 전개된다. 그러나 우리는 이 신화에서 짧은 주기가 다른 전개과정에 의해 표시된다는 것을 알 수 있다.

코로로마나는 돌아오는 길에 여섯 종류의 동물들을 만나는데. 이 동물들은 각각 주인공 어머니의 정원에서 나는 과일이나 특별한 채소 하나씩을 갖고 지나갔다. 괴혜(1, 104~105쪽)는 이러한 나열식의 방법을 칼리나족이 달의 변천과정(위상[位相])을 기술하며 사용하는 방법과 비교하는 장점을 발휘했다. "칼리나족은 달이 먼저 낮 동안에 잡은 사냥감을 굽는다고 상상한다. 사냥감이 크면 클수록 달은 더욱 늦게 나타나는데, 사냥감을 굽는 데 더 오래 걸리기 때문이다. 만월인 날에는 작은 사냥감을 굽게 될 것이다. 말하자면 쥐나 생쥐일 것이다. 뒤를 이어오는 날에는 차례로 사냥감의 크기도 더 커진다. 달은 연달아(차례차례로) 고슴도치, 아구티(들쥐의 일종), 파카(중남아메리카의 대형 설치류), 야생돼지 카에테투, 야생돼지 켁사다(카에테투보다 더 뚱뚱하고 크다), 사슴, 개미핥기, 또 다른 종류의 사슴……, 마지막 4분기의 마지막 날에는 맥(貘)을 굽지 않는다. 그리고 달이 보이지 않을 때 달은 이제 더 이상 맥을 굽지 않는다고 말한다"(Ahlbrinck, 319쪽). 와라우 주인공은 동물(식물)과의 만남이 그리 많지 않지만 이 만남은 거의 칼리나족의 연속된 만남과 같은 순서로 이어진다.

더욱 자의적이고 반복적인 말로 꽉차 있는 또 다른 신화의 동물들 출현 장면에 대해서도 말할 수 있을 것이다. 그러나 가이아나의 민족동물학은 우리의 그것으로 축소되지 않는다(우리의 그것보다 더욱 풍부하다). 예를 들면 이야기의 여러 다른 순간에 표범이 등장할 때 인디언들은 이 종류의 동물(표범)들을 다시 나누고, 그 각 종류의 표범은 각자 자신의 독특한 사냥감을 먹는 구별된 하위 부류로 분류된다. 이와 마찬가지로 코로로마나가 만난 동물들은 두 가지 표시를 드러내는데, 각 동물종의 표시와 이 동물들이 먹는 식물종의 표시, 마찬가지로 사람들 역시 표범이 선택적으로 사냥하는 동물종에 따라 표범을 구별한다. 그리고 이들

| 칼리나: | 쥐 | 고슴도치 | 아구티 또는 파카 | | 카에테투 | 켁사다 | 사슴 | | 맥 |
|---|---|---|---|---|---|---|---|---|---|
| 와라우: | 쥐 | | 아구티 | 파카 | | | 사슴 | 개미 | 맥 |
| | 고구마 | | 카사바 (뿌리) | 참마속의 식물 | | | 카사바 (잎) | 카사바 (잎) | 파인애플 |

은 이 사냥감 동물들의 소리를 흉내 낼 줄 안다. 왜냐하면 "각각의 것(사물)은 자신의 표범을 갖고 있기"(Roth 1, 367쪽) 때문이라고 아라와크족은 말한다.

　신화들이 제시하고 있는 동물 목록들이 우리가 보지 못하는 조직원리를 항상 어디서나 숨기고 있다고 말하기는 힘들다. 그러나 이 특수한 경우 목록들은 모든 남아메리카에서 달의 위상에 대해 매일의 변화를 서술하는 데 사용되는 동물 목록과 형식적인 유사성을 제시한다. 여기서 달의 위상 변화는 아주 흔히 서로 구별되는 존재와 연관되어 있다(이 책 158쪽). 이러한 유사성은 "이들 이야기에서…… (구별되는) 어떤 것은 황도대(黃道帶, zodiaque)를 나타내는 것 같다"(1, 104쪽. 또한 16~18쪽 참조)고 한 괴혜의 지적에 많은 무게를 실어준다. 또 역시 가이아나의 인디언들은 각 성좌에서 특별한 종의 사냥감을 지배하는 신(정령)을 본다. 그렇지만 우리는 이 네덜란드 학자의 말을 따르기가 망설여진다. 특히 그는 유명한 포로노미나레 신화(M247)를 같은 집단으로 놓고 있기 때문인데, 이것은 이 신화에서 달의 신에 의한 동물 지배조직이—지리적인 간격에도 불구하고 여러 면에서 아주 유사한—북서아메리카의 살리시족 신화들에서처럼 첫 번째 장(場, 또는 측면)에 나타난다는 이유이지만, 자신의 길을 잃은 후 모험을 감내하고 따르는 대신 포로노미나레는 일관성 있게 모험을 추구하는 덫을 놓는 사냥꾼이기 때문이다. 그는 앞서 나가지만 (반면) 시미디우에와 그와 유사한 주인공들은 그들의 집에 다시 돌아가기 위해 예기치 못한 방황을 계속한다. 그리고 이들 신화에서 괴상한 동물들과의 터무니없는 만남이 자연질서에 긍정적인 기여로 취급(해석)되는 것은 대단히 예외적인 양상이다. 괴혜가 가정한 관계는 아마도 두 신화집단의 양상(시미디우에와 포로노미나레) 사이에 존재하기는 하지만 우리가 견지한 축과 다른 축 위에 있는 그들 각각의 주제들을 변화시키는 조건에서만 그러한 가정이 가능하다.

만일 우리가 신화들을 몇몇 성좌들의 매년 움직임을 반영(반사)하는 황도대(12성좌)의 관례적인 문구(표현)로 축소하는 것으로 만족한다면 신화의 본래 특성(독창성)을 모르게 될 것이다. 사실상 토착민들의 이론으로는 각 동물종이 하나의 성좌와 연결된다. 이것은 성좌의 오름(뜸) 또는 남중(南中, 또는 정상에 오름)이 사냥 또는 어로의 시기, 더욱 이들의 재생산의 시기를 알린다고 생각하기 때문이다. 그러나 여기에서 문제가 되는 것은 상대적으로 짧은 시간의 간격을 두고, 즉 하룻밤이라는 짧은 이상적인 리듬에 따라 행진하는(움직이는) 많은 동물들과 관계가 있다. 동시에 이들에게 부여된 행위가 실제 동물학적인 준거에서만 아니다. 제롬 보슈가 우리에게 환기시키는 가장행렬은 이 동물들과 구르는 머리, 창처럼 뾰족한 다리를 가진 사람 또는 긴 다리를 가진 사람, 뒤로 걷는 악신 그리고 말하는 똥 같은 상상의 존재들을 혼동하고 있다. 모든 것들은 그들이 소속되어 있는 신화의 계열(패러다임)에서 이탈되어 이야기 속에서 느닷없이 튀어나오는데, 이 계열 밖에 있으면 이 모든 것들을 해석하기가 불가능하다. 무엇보다도 동물들은 예기치 않은 선언을 하거나 예기치 못한 일을 수행한다. 말하자면 위라이(M₄₀₃ᵦ)는 잠자리를 찾는 곳의 큰(뚱뚱한) 두꺼비가 주인공에게 자신의 몸 어느어느 부분 아래에 누우라고 여러 번 요청하는 바람에 밤새도록 고통스러운 밤을 보낸다. 나무뿌리 아래에 드러누운 페리수아트(M₄₀₂)는 그가 누운 위쪽 나뭇가지에 앉은 새가 청소년들의 고약한 행동에 대해 욕을 해대는 바람에 눈을 붙일 수가 없다. 다른 새들($M_{402}$, $M_{60}$)은 안락한 오두막의 외양을 취하거나 환영을 불러일으킨다. 그리고 그들 맘대로 환영을 없앤다. 사람이자 표범($M_{60}$)인 원숭이는 많은 열정을 가지고 자기 자신의 코를 망치로 때린다……

이런 신화의 주제들이 본질적으로는 모든 해석의 노력을 벗어난다는 생각은 우리와 거리가 멀다. 심지어 이미 알고 있는 주제들, 원본에서 발췌한 이야기들은 여기에서 인용이나 이것저것을 연결하는 꼴라쥬(collage: 기존 작품들의 일부를 연결하는 작품기법)의 형태를 갖는 이들 주제들은 가장 예기치 못한 관계들의 유지(연결)가 틀림없다. 그러나 구조적 분석은 자신의 연구방향을 변화시키면서 이런 예기치 못한 관계들을 연결할 수 있을 것이다. 여기에 이르려면 신화의 다른 측면들을 고려해야만 할 것이다. 말하자면 천체 코드(부호)의 측면들을 더욱 잘 알고, 또 그렇게 함으로써 줄거리를 더 잘 알게 되며, 서술(이야기의) 문체, 구문 구성법(통사론), 어휘, 또한 아마도 음운론에 주의를 기울여야 한다. 그런데 우리는 그렇게 하기 위해 필요하게 될 베껴쓰기(옮겨 적기)를 할 수 없다. 어쨌든 그것은 우리의 능력 밖이다. 하지만 필요에 의한 만큼 노력에 의해 우리가 머무르기(취하기)로 선택한 어떤 관점에 대해 상대적으로 우리의 무력함이 나타날 수 있으나 또 다른 길을 택한 기술적인 해석의 권리를 보존하고 있다는 사실을 이해하길 바란다. 일상적인 도구로 무장하고, 이 신화들에 어떤 창작(창조)의 자유를 인정해야 하는 우리는 적어도 이러한 자유의 필요성을 증명할 수 있다.

우리는 신화 전체(집합){$M_{60}$, $M_{317}$, $M_{402}$~$M_{404}$}를 긴 변형 시리즈의 항으로 분리시킬 수 있었다. 변형 시리즈의 이론적 출발점은 몇몇 성좌의 기원에 관한 신화들에서 찾을 수 있었다(사실상 우리는 $M_{354}$가 설명하는 매개적인 유형을 상정함으로써 시작했다). 이들 성좌들에서 다른 성좌들로 이동했고, 이어서 실제로 존재하지 않는(그것은 $M_{354}$의 경우이다) 성좌의 논리적 상징들로 이동하고, 마침내 해와 달로 이동했다. 이들 신화에서 이러한 진행은 같은 서열(층위)에서 일어나는 또 다른 진행을 동반하는데, 연 또는 계절적인 긴 주기의 개념에서 월 또는 매일의 짧은 주기의 개념까지, 그리고 이들 사이에서 대립이 일어나며, 성좌들처럼 달과 대립한다. 이들은 극을 형성하고 극들 사이에서 우리가 이야기한 이유들로 인해 해는 매개적 우위를 차지하여 모호한 기능을 행사한다. 그런데 서술하는 하나의 실체가 일련의 조작과정을 겪는 동안 역전 불가능한(돌이킬 수 없는) 어떤 일이 일어난다. 말하자면 빨래하는 여자가 물을 짜내려고 비틀어 짜고 또 짜는 빨랫감처럼 신화의 재료는 점진적으로 자신의 내부적 조직원리를 잃어간다. 자신의 구조적 내용은 사라진다. 처음의 활발하던 변형 대신 끝에는 탈진한(기진맥진한) 변형만 볼수 있을 뿐이다. 이런 현상은 이미 우리에게 실제에서 상징으로, 이어서 상징에서 상상으로의 이동(이 책 159쪽)이 일어났다. 그리고 지금은 두 가지 다른 양상으로 표현된다. 즉 한창 시절에 보았던 사회학적, 천체적 그리고 해부학적인 코드들이 이제는 잠재적 상태로 이동한다. 그리고 구조(structure)는 연속성(sérialité, 연속물)으로 약화된다. 그리고 이러한 약화는 대립구조가 재복제된 구조로 대체되는 순간에 시작된다. 연속되는 에피소드들은 모두 다 같은 주형(거푸집)에서 주조된다. 하나의 형식으로부터 나온 또 하나의 형식인 재복제는 꺼져가는 구조의 마지막 속삭임을 모은다. 신화는 더 이상 아무 할 말이 없으나 만약 조금이라도 있다면 반복되는 조건에서만 이어진다.

그러나 동시에 신화는 늘어난다. 그것은 두 가지 이유에서 그렇다. 우선 어떤 내재적 논리로 속박되지 않는 에피소드들은 그들의 대열에 같은 유형의 다른 에피소드들을 이론적으로 무한정 받아들이는 것 자체를 막을 아무것도 없다. 신화는 이처럼 다른 신화들에서 유래하는 요소들을 영입하며, 그리고 이 요소들은 그들 자신이 대단히 풍부한 계열적 전체의 부분을 이루는 것만큼이나 쉽게 또 신화로부터 떨어져 나간다. 그러나 흔히 요소들의 복잡성으로 인해 이 계열 전체의 일관성(요소의 긴밀한 결합)은 은폐된다. 이어서 무엇보다도 점점 더 짧아지는 주기들을 채울 욕구로 인해 말하자면 신화를 안쪽에서 늘여야 될 필요성에 봉착한다. 각 주기는 자신만을 위해 짧은 이야기를 강력히 요구하게 되는데, 같은 유형의 다른 이야기들과 별 차이가 없지만 대비로 인해 어쨌든 각 이야기를 의미 있게 할 수 있는 변별적 차등이 나타나게 된다.

그때부터 왜 이 기이한 이야기들이 그렇게 고집스럽게 인기 있는 한 장르(의 이야기)를 연상시키는지 이해할 수 있다. 그런데 이 장르의 이야기는 산업사회의 대중적인 욕구와 강력한 기술적 수단이 이어져 있는, 말하자면 시리즈의 황당한 이야기(roman-feuilleton)를 말한다. 왜냐하면 이 경우 역시 모델로부터 약화된 자신의 실질을 끌어내는 하나의 문학적 장르와 관련되기 때문인데, 이 장르의 빈약함은 본래의 작품에서 멀어짐에 따라 더욱 커진다. 신화에서와 마찬가지로 황당한 이야기에서도 창작은 자신들의 원천(원본)을 점진적으로 왜곡하는 모방(모작)으로 진행된다. 그러나 그 이상의 것이 있다. 삽화식의 신화와 황당한 이야기의 유사한 구성은 대단히 짧은 주기의 형식에 그들이 예속화된 결과이다. 차이점이 있다면 한 경우는 이 짧은 주기가 시니피에의 특성으로부터 오고, 다른 경우는 그 주기가 시니피앙의 실제적 요구처럼 외부로부터 과해진다는 것이다. 말하자면 드러나는 움직임에 의해 보이는 달, 그리고 인쇄로 인해 활자화된 신문, 이들은 매일의 주기에 따라 작동한다. 이와 같은 형식의 속박은 어떤 이야기가 하나를 의미하기 위한 경우에 또는 다른 하나에 의해 의미화될 경우에 적용된다.

그렇지만 만일 삽화식 신화와 시리즈식 이야기(황당한 이야기)가 서로 교차한다면, 그들이 각각의 여정을 반대방향으로 수행한다는 사실을 잊는다면 우리는 잘못을 범하게 된다. 소설 장르의 퇴보(약화)의 마지막 상태인 시리즈식 이야기는 신화의 가장 낮은 형식과 유사하다. 이 낮은 형식은 독창성과 최초의 신선함을 가진 소설 창작의 첫 번째 애벌그림이다. '끝을 잘 맺을' 궁리를 하면서 시리즈식 황당한 이야기는 선(善)에 대한 보상과 악한 자를 벌하는 도덕적 질서의 과장된 장(場)으로 이전된 신화의 닫힌 구조와 비슷한 애매함을 찾으려 한다. 이런 도덕적 질서에 대한 이야기에 전념하는 사회는 자신이 버린 논리-자연적 질서를 ―사회 자신이 도덕적 질서에 의해 버림받지 않는 한―도덕적 질서로 대체할 수 있다고 생각한다. 반면, 우리가 고려했던 이야기들은 신화의 계열(패러다임)로부터 멀어져 사실상 끝이 없는 쪽으로 이어진다. 즉 그들이 말(이야기)하는 이야기는 닫히지 않는다. 이 이야기는 사건으로 시작되어 실망스런 모험을 거쳐 결말 없이 계속되며, 그리고 원래의 결핍을 개선하지 못하고 완료된다. 왜냐하면 주인공의 회귀가 아무런 결론을 낼 수 없기 때문이다. 영원히 숲에서 그의 극적인 통행으로 자국을 남긴 주인공은 자신의 배우자나 가족의 일원들을 죽이는 암살자가 되기도 하고, 약속이나 한 듯 그 자신이 이해할 수 없는 죽음에 이르거나 처참한 처지에 놓인다. 말하자면 모든 것이 마치 신화의 메시지는 신화가 탄생한 변증법적 관점을 반사라도 하듯 그대로 일어난다. 그리고 신화는 구조를 반복으로 이행하며 되돌릴 수 없는 약화로 이어진다. 내용의 표현방식으로 축소된 주인공의 운명은 한 형식의 양태를 나타낸다.

소설도 항상 그렇지 않은가? 과거에 이미지와 형식을 생성하고 이들을 진정한 질서 속에 배치할 줄 알던 필요성을 이제 이를 부인하는 우연 또는 다른 필요성이 자신들 안에서(소설 속에서) 신화의 주변을 보전하거나 신화를 다시 찾을 때(논리-자연적 질서가 나타날 때) 과거, 삶, 꿈은 저자(소설가)를 사로잡고 있던 분해된 이미지와 형식을 휩쓸어간다. 그렇지만 이야기의 열기가 유발한 해빙으로 인해 거대한 얼음 조각(빙산)들이 떨어져 나온, 이들 부유하는 물체들 사이에서 소설가의 생각은 물결치는 대로 표류한다. 그는 흩어진 이들 재료들을 모으고, 이를 사용한다. 소설가는 이 재료들이 다른 건축물로부터 유래하고, 또 이 재료들을 함께 묶어놓았던 사조(思潮)와 다른 한 사조가 이를 휩쓸어감에 따라 점점 더 재료들이 부족하게 되리라는 것을 어렴풋이 알면서 이를 사용한다. 소설 줄거리(플롯)의 쇄락은 초기에는 그 전개의 내부에서 일어났으나 최근에는 줄거리의 밖(외부)에서 일어난다—왜냐하면 줄거리 **안에서** 추락이 일어난 이후 줄거리가 추락에 참여했기 때문이다—이 줄거리의 추락은 문학 장르들의 진화(발전)상에서 역사적인 위치 때문에 소설은 잘못 끝나는 이야기를 이야기했고, 그리고 장르로서 잘못 끝나가고 있었다는 것은 불가피한 일이며, 줄거리의 추락이 이를 확인하고 있다. 두 가지 경우에서 소설의 주인공, 그것은 소설 그 자신이다. 소설은 자기 자신의 이야기를 이야기한다. 소설은 신화의 탈진상태에서 태어났을 뿐만 아니라 (소설은) 구조를 찾는 기진맥진한 추적으로 축소된다. 그런데 옛날 신선함의 비밀을 안이나 밖에서 아주 가까이에서도 다시 찾을 수 없는 소설 자신이 미래의 이쪽 편에서 구조를 찾으려 하나, 어쩌면 단지 몇몇 피난처에서 신화의 창조가 자신도 모르게 아직 활발할 수도 있지만, 이는 소설과는 반대되는 일이다.

# 제3부 달과 해의 보트(카누) 여행

폭풍우가 몰아치는 호수 위에서 나무껍질로 만든 작은 배를 타고 모험하는 인디언들을 보는 것은 놀랄 만한 일이다. 그들은 카누 뒷부분에 그들의 신(마니투)을 매달고, 눈보라 폭풍의 한가운데에서 넘실거리는 파도 사이로 몸을 던진다. 카누의 입구(구멍)와 같은 높이로 몰아치는 파도는 그들을 덮쳐 삼켜버릴 것 같다. 보트 가장자리에 앞발을 올려놓은 사냥개들은 슬픈 울음 섞인 소리를 내지른다. 반면 이들의 주인들은 깊은 침묵을 유지하며 박자를 맞추어 노로 물결을 가른다. 카누들은 열을 맞추어 전진한다. 첫 번째 배 앞머리에 한 추장이 서서 단음절의 '오아'라는 소리를 반복한다. 첫 모음에 짧고 높은 음을 두 번째 모음에 묵음(소리를 죽이는)을 그리고 긴 소리를 낸다. 맨 마지막 카누에도 역시 한 추장이 서서 키(타) 형상의 긴 노를 젓는다. 다른 전사들은 카누의 밑바닥에 가부좌(다리를 겹쳐 앉은 자세)를 하고 앉아 있다. 안개, 눈 그리고 파도를 통해 이 인디언들이 머리에 장식한 깃털과 울부짖는 개들의 길게 뺀 목, 그리고 두 추장의 어깨, 안내인과 예언자만 볼 뿐이다. 이들은 마치 이 물의 신들이라고 말할 수 있다.

샤토브리앙, 『아메리카의 여행』, 74~75쪽

(『해외여행 회고록』, 제8부 제1장 참조)

# 1 이국적인 사랑

자신의 아라앵무새-아내를 다시 찾기 위해 신화M354의 주인공인 몬마네키는 의붓형제(처남)를 동반하여 서쪽으로 카누 여행을 한다. 주인공은 뒷자리를 차지하고 의붓형제는 앞쪽에 자리를 잡는다. 그리고 노를 젓지 않고 그들은 물의 흐름에 따라 내려간다⋯⋯.

사람들은 그것을 전혀 알아차리지 못했지만 북서부의 아타파스칸족과 살리시족에서 북동부의 이로쿼이족과 알곤킨족, 아마존 지역의 부족까지 카누 여행을 자세히 서술하는 대부분의 신화들은 대단히 조심스럽게 승객 각각의 위치를 정확히 상술하고 있다는 것이 관심을 가질 만한 사실이다. 해안, 호숫가 또는 강가의 부족에 대한 이런 배려는 우선 항해와 관련되는 모든 중요한 것을 자리(위치)의 문제와 관련 있다고 보기 때문이다. "우오페스강 유역의 쿠베오족과 관련하여 골드만(44쪽)은 있는 그대로 그리고 상징적인 양상으로 적어놓기를 '강은 모든 주민을 연결하는 관계(의 망이다)이다'라고 했다. 최초의 조상들이 출현한 것도 강으로부터이며, 이 물길을 따라 먼저 여행을 했다. 이 유역의 지명은 많은 연대기적·신화학적 참조사항들을 제공하며, 특히 신화학적인 경우 이들이 바위에 새겨놓은 암벽화를 매개로 한 참조사항들이 많다." 좀더 뒤로 가서(46쪽) 같은 관찰자는 이렇게 상술한다. "카누에서 중요한 자리는 노 젓는 사람과 키잡이(조타수)의 자리이다. 한 여자가 남자들과 여행을 하면 여자는 항상 키 잡는 곳[1]에 자리 잡는다. 왜냐하면 가장 덜 힘드는 일이기 때문이다. 여자는 심지어 카누를 인도(운전)하면서도 애의 젖을 먹일 수 있다…… 그리고 만일 여행이 길어질 것 같으면 선수(뱃머리)에 노를 젓는 가장 원기 왕성한 남자를 선택한다. 여자가 없으면 가장 힘이 약한 사람이나 제일 나이가 많은 사람을 선미(고물)에 앉힌다……"

사정이 그렇다면 신화M354가 그 역할을 전도하고 있다는 것은 놀랄 만한 일이다. 주인공은 뒤쪽(선미)으로 가고, 신화에서 마치 무능력하고 게으른 사람으로 그리고 있는 자신의 의붓형제(처남)를 앞쪽(선수)에 앉히기 때문이다. 그렇지만 신화는 역시 물결이 배(카누)를 운반하므로 노 저을 필요가 없다고 말한다는 사실을 잊지 말아야 한다. 자신의 노(카누용 넓적한 노)로 배를 조종하는 사람의 작업만 유일하게 중요시하고 있다. 그렇다면 카누 여행은 무엇을 의미하며, 경우에 따라서 각 위치의 가치는 변화되는 것인가? 투쿠나족과 이웃의 다른 부족의 또 다른 신화들은 이 문제에 대해 아주 중요함을 제시한다.

### M405. 투쿠나족의 신화: 해의 카누

인디언 소년이 혼자서 물고기를 잡고 있었다. 해가 카누를 타고 지나가면서 뭘 좀 잡았는지 그에게 물었다. 소년은 "아니오"라고 답했다. 그러자 해는 그에게 카누를 타라고 하며, "고기 잡기에 아주 좋은 시간

---

1) 인용문에서 우리는 영어 'stroke'와 'steersman'을 번역했다. 그런데 인디언의 카누에는 키 손잡이(barre)가 없다. 이로부터 용어의 문제가 생기는데, 프랑스 캐나다인들은 '키'라는 명사를 물건 대신 사람에게 적용함으로써 문제를 해결했다. 그들은 선미의 선원을 결국 '카누의 키', 그리고 선수의 선원을 '카누의 앞면'이라고 말한다(Kohl, 33쪽).

이다"라고 말했다. 소년은 선수(뱃머리)에 앉은 반면, 해는 선미에서 카누를 조종했다. 해는 그의 손님에게 '해의 길'이 어디에 있는지 아느냐고 물었다. 그러자 해가 자신의 정체에 민감하지 않도록 조심(주의)했음에도 불구하고, 소년은 자신이 어떤 동료와 같이 있는지를 알았다. 그들은 노를 저으며 여행을 계속했다. 소년은 여전히 땅 위에 있다고 생각했다. 그러나 사실 이미 여행은 하늘에서 이루어지고 있었다. 그들은 길이가 1미터나 되는 피라루쿠물고기(pirarucu, *Arapaima gigas*)를 보았다. 해는 물고기를 잡아 카누 바닥에 던졌다. 그리고 자신의 몸에서 나오는 빛의 열로 물고기를 구웠다.

얼마 후 그들은 점심을 먹으려고 멈췄다. 소년은 금방 질리도록 실컷 먹었다. 해는 더 먹으라고 얘기했지만 허사였다. 해는 소년에게 머리를 숙이라고 했다. 그러고는 손으로 젊은이의 관자놀이를 때렸는데 거기에서 많은 바퀴벌레가 떨어졌다. "아! 네가 식욕이 없었던 이유는 여기에 있었구나." 해가 설명했다. 그들은 다시 먹기 시작하여 나머지를 모두 먹어치웠다. 해는 조심스럽게 생선 뼈와 가시를 모아 물고기를 다시 조립한 후 물속으로 던졌는데, 거기에서 물고기는 순간적으로 살아났다(Nim. 13, 142쪽).

이 신화는 다른 여러 신화를 참조하게 한다. 우선 신화M354를 참조해보자. 왜냐하면 어로의 주인이고 물고기의 부활자인 해와 무력하고 비효율적인 젊은 어부로 이루어진 짝은 중요한 천체의 참조사항을 갖고 있으며, 물고기의 창조자이고 어로의 주인인 몬마네키와 그의 무기력한 의붓형제(처남)로 형성된 짝을 재구성하기 때문이다. 우리는 두 경우에서 초자연적인 능력을 가진 인물은 후미(선미)에 서고 다른 인물은 선수(뱃머리)에 선다는 것을 주목할 것이다.

두 번째로, 신화M405는 앞에 출간한 책(M255: 『꿀에서 재까지』,

289~292쪽)에서 우리가 이미 주목했던 한 문두루쿠 신화와도 연관된다. 왜냐하면 이 신화가 어로의 주인이고, 물고기의 부활자인 해와 달(이 책 168쪽), 두 신적인 존재의 시험 대상이었던 두 의붓형제에게 겨울해와 여름해의 기원을 부여하고 있기 때문이다. 그런데 이들이 만나는 과정에서 한 사람은 은유적으로 자신의 성기(어쨌든 큰 가치가 없었다)를 잃는 반면, 다른 사람은 은유적으로 (틀림없이 사실상 수집한 판본들이 분실되지 않았다면) 기다란 성기를 갖는다. 활력과 미모를 되찾은 후 첫번째 인물은 사회학적으로 멀리 떨어진 여자와 혼인하게 되는 반면, (아주) 가까운 여자인, 말하자면 어머니와 근친상간을 범한 다른 사람은 불구와 혐오감을 주는 인물이 될 것이다. 바로 앞에서 취한 새로운 관점에서 우리는 이 책의 제1부에서 한정했던 것과 같은 의미론적 장(관점)을 항상 주시할 것이다. 이제 가이아나 쪽으로 시선을 돌려보자.

### M406. 와라우족의 신화: 아름다운 아사와코의 이야기

옛날에 와이아마리라는 소년이 자신의 삼촌(친) 집에 살고 있었는데, 삼촌의 가장 나이 어린 아내(숙모)가 은근히 접근하여 그들은 같이 강가에서 미역 감고 있었다. "근친상간이야! 부끄러운 줄 아세요!" 소년은 소리 질렀다. 오두막 안에 있던 삼촌이 다투는 소리를 듣고 그의 아내에게 조카를 조용히 놔두라고 소리 질렀다. 소년은 집을 떠나는 게 현명하겠다고 생각했다. 그는 여러 삼촌들 중 오코히라는 제일 큰 삼촌 집에 머물르러 갔다. 그가 떠나자 먼젓번 일이 있었던 삼촌은 그를 의심하게 됐다. 그리고 숙모를 유혹하려 했다고 그를 꾸짖었다. 그들은 서로 싸웠고, 삼촌은 두 번이나 궁지에 몰렸다. 이 순간에 오코히가 개입했다. 그리고 이러한 사고가 다시 일어나지 않도록 하기 위해 와이아마리를 먼 여행에 데리고 가야겠다고 결심했다. 오코히는 카누를 준비하고 배 앞머리 양쪽에 해의 상징을 그렸다. 배 후미에는 달과 함께 있는 한 남자를 그렸다.

다음날 아침 삼촌과 조카는 길을 떠났다. 조카는 앞쪽에서 노를 젓고, 삼촌은 뒤쪽에서 배를 조종했다. 그들은 큰바다를 건너는 모험을 감행했다. 그들의 노가 물을 젓는 데 따라 물은 '와우-우! 와우-우!' 노래를 했다. 마침내 그들은 해안에 닿았다. 그들은 아름답고 현명한 아사와코가 살고 있는 오두막을 향해갔다. 그녀는 그들을 반갑게 맞이했다. 그리고 삼촌에게 조카와 같이 밭에 갈 수 있게 해달라고 청했다. 그들이 밭에 도착하자 아사와코는 먹을 것을 좀 찾아올 동안 쉬고 있으라고 젊은이에게 말했다. 그녀는 얼마 지나지 않아 바나나-채소와 파인애플, 큰 사탕수숫대, 수박 그리고 고추를 갖고 돌아왔다. 소년은 맛있게 점심을 먹었다. 그리고 그녀와 함께 유쾌한 시간을 보냈다. 그녀는 돌아오는 길에 훌륭한 사냥꾼이냐고 그에게 물었다. "조금은" 하고 소년이 답했다. 와이아마리는 아무 말도 없이 멀리 갔다. 얼마 지나지 않아 아르마딜로 고기를 한 아름 안고 돌아왔다. 그녀는 그가 자랑스러웠다. 그리고 마치 아내인 것처럼 뒤쪽(후미)에 자리를 잡았다. 그들이 거의 도착했을 때 그녀는 오두막에 마실 것을 찾을 수 있을 것이라 말하고는 어떤 악기를 연주할 줄 아느냐고 그에게 물었다. "조금은" 하고 소년이 답했다. 그는 악기를 연주할 수 있도록 항아리 가득 든 술을 마셨다. 그리고 그는 놀라운 솜씨로 연주했다. 그들은 부드러운 대화를 하며 밤을 보냈다.

낮이 되자 오코히는 떠날 준비를 했다. 분명히 아사와코는 곁에 자신의 애인을 두고 싶었을 것이다. 그러나 와이아마리는 "나는 삼촌을 버릴 수가 없습니다. 그는 항상 나에게 잘해주었고, 그도 이제 늙었습니다"라고 말하며 미안해했다. 젊은 여인은 눈물을 흘렸다. 그도 역시 슬펐다. 그래서 두 사람은 음악 속에서 얼마간의 위로를 찾았다.

오코히와 그의 조카는 집으로(고향으로) 다시 돌아왔다. 목욕을 하고 몸을 정화한 후 노인은 자신의 그물침대 곁에 가족을 모아놓고 이야기했다. "내가 젊었을 때 나는 막내가 한 것처럼 매일매일 여행을 할 수 있었다. 그러나 지금 나는 늙었고 더는 여행할 수 없다." 이런 말을 하자마자 그의 머리가 터졌다. 그리고 거기에서 낮의 미지근함과 해의 열기가 나왔다(Roth 1, 255~256쪽).

이 신화에 관해서 로스(1, 255쪽 주 2; 2, 611쪽)는 아주 최근래에도 인디언들의 카누에는 해와 달의 상징들이 붙어 있었다고 회상했다. 이러한 상징의 사용이 아주 멀리까지 퍼져 있었던 것 같다. 프라이스는 마르티니크제도에서 카누의 선미와 선수에, 때로는 배 한가운데에 떠오르는 해를 나타내는 그림의 주제 또는 동심원이나 여러 색깔의 꽃모양 장식형상의 주제들을 보았고 또 이를 묘사했다. 1세기 전에는 이런 일이 아주 흔했고, 아마도 세인트-루시에서는 오늘날에도 이러한 그림이 어부들에게 행운을 가져다준다고 믿는다. 사람들은 우리가 지금 분석하고 있는 유형과 같은 신화체계 속에 이 그림의 기원이 있으며, 카누의 앞부분과 뒷부분에 형상화된 해와 달이 관념적으로 카누의 손님이라는 것을 배제하는 것으로 알고 있을 것이다. 베네수엘라의 야루로족(Yaruro)은 해와 그의 누이인 달이 카누 여행을 한다(Petrullo, 238쪽, 240쪽)고 생각한다. 마찬가지로 지바로족의 기원신화의 한 문장에서는 이렇게 묘사된다. "난투인 달과 에트사인 해는 /카오바나무(caoba)/로 카누를 만들었다. 그리고 강을 따라 여행을 떠났는데, 카누에서 그들의 둘째 아들 아오파, 바다소〔海牛〕가 태어났다"(M332: Stirling, 125쪽). 아마존 지역의 투피족은 남십자성의 마지막 네 개의 별에서 어로용 댐의 모서리를 보며, 다른 부족은 이미 잡힌 물고기를 본다. 석탄자루(Le Sac de Charbon)는 바다소(해우)의 포르투갈 이름인 페익세 보이(peixe boi)를 상징한다. 그리고 켄타우루스좌의 두 별은 작살을 던질 준비를 하는 두 어부를 나타낸다. 사람들은 지금 작살을 던지려고 카누 앞쪽에 서 있는 가장 젊은 어부가 과거에는 뒤쪽에 있었다고 말한다. 그러나 노인은 이 작살이 너무 무겁게 느껴졌다. 그래서 그들은 자리를 바꾸었다(M407: Stradelli 1, 'cacuri' 항목). 성좌(의 신화)로 위치를 바꾸어 놓아보면 우리는 여기서 카누에 탄 늙은 어부와 젊은 어부의 짝을 다시 찾을 수 있다. 하나는 능률적이고, 다른 하나는 비효율적인 이미 여러 신화에서 설명된 짝과 아래 신화를 비교해볼 시간이다.

### M149a. 아레쿠나족의 신화: 개구리 둥지를 터는 사람(『날것과 익힌 것』, 495쪽 참조)

옛날에 커다란 나무 꼭대기에 두꺼비 왈로마가 살고 있었다. 이 양서류의 위협에도 불구하고 아칼라피제이마라는 한 인디언은 두꺼비를 잡기로 했다. 몇 번의 시도를 허탕친 후 그는 성공했다고 생각했지만 오히려 두꺼비가 그를 끌고 헤엄쳐 섬에다 버렸다. 섬은 아주 작았고, 대단히 추웠다. 인디언은 나무 밑에 있을 수밖에 없었다. 그런데 이 나무 꼭대기에 앉아 썩은 물고기를 먹는 대머리독수리는 나무 밑을 온통 똥바다로 만들어놓았다.

그는 새똥을 뒤집어썼다. 그래서 아침별(금성: M361 참조) 카이우아노그가 불시에 나타났을 때 고약한 냄새를 풍겼다. 인디언은 자신을 하늘로 데려가달라고 졸랐다. 그러나 새벽별은 거절했다. 왜냐하면 토착민들의 관습에 따르면 카사바 둥근 빵을 낮 동안 오두막 지붕 위에 널어놓고 말릴 때 해에게 제물을 바쳐야 하기 때문이다. 이어서 나타난 달도 같은 이유로 그를 구해주고 따뜻하게 덥혀주기를 거절했다.

결국 해, 웨이가 도착했다. 해는 자신의 카누에 그를 태우는 데 동의했다. 해는 또한 딸들에게 그의 보호자를 씻기고 머리를 잘라주라고 명했다. 그가 자신의 아름다움을 다시 찾자 해, 웨이는 그에게 자신의 딸 중 하나와 결혼할 것을 제안했다. 남자는 구원자의 정체를 모르고 있었으므로 자신을 덮혀줄 해를 불러달라고 순진하게 요청했다. 왜냐하면 그는 몸을 씻은 후 카누의 앞쪽에 앉아 있으면서 추위로 고통을 겪고 있었기 때문이었다. 때는 아침나절이었고, 해는 아직 자신의 행복한 빛을 발산하지 않고 있었다. 웨이는 손님이 돌아앉도록 하고, 자신의 깃털 왕관, 은으로 된 머리장식, 그리고 비단벌레의 앞날개로 된 귀걸이를 그에게 씌우고 걸어주었다. 카누는 점점 더 높이 하늘로 올라갔다. 남자가 고통스러워할 정도로 아주 더워지기 시작했다. 웨이는 그에게 보호복을 주었다. 그는 기분이 좋아졌다.

그를 사위로 삼고자 못내 바라마지않던 해는 그에게 자신의 딸 중 하나를 주기로 약속하며, 다른 여자들에게 치근거리지 못하도록 했다. 마침내 한 마을에 가까워졌다. 웨이와 그의 딸들이 한 오두막을 방문하는 동안 아칼라피제이마는 카누에서 내리지 말라는 명을 받았음에도 불구하고 땅에 발을 디뎠다. 썩은 고기를 먹은 대머리독수리의 딸들이 그를 에워쌌다. 그리고 그녀들이 대단히 예뻤으므로 그녀들에게 수작을 걸었다. 돌아온 해의 딸들이 그를 꾸짖으며 못살게 굴었다. 그녀들의 아버지(해)는 화난 목소리로 말했다. "만약 네가 내 말을 들었더라면 너는 나처럼 영원히 젊고 아름다운 채로 남았을 텐데, 그러나 사정이 그렇게 된 이상 너의 젊음과 아름다움은 찰나일 뿐이다." 그러고 나서 각자의 처소로 자러 갔다.

다음날, 웨이는 아침 일찍 딸들을 데리고 떠났다. 주인공이 대머리독수리들 한가운데에서 잠이 깨었을 때 그는 해가 예언한 대로 늙고 추해졌다. 해(천체)의 딸들은 죽은 자[亡者]의 길인 은하수를 밝히러 하늘로 흩어졌다. 아칼라피제이마는 대머리독수리의 딸과 혼인을 했다. 그리고 새로운 삶을 살았다. 이것이 모든 인디언들의 조상이다. 그 때문에 그의 후손들은 단지 짧은 동안만 젊음과 아름다움을 즐길 수 있을 뿐이다. 그리고 그들은 늙어 추하게 된다(K.-G. 1, 51~53쪽).

주인공 이름의 어원이 '큰머리'라고 제안한 괴헤는 한 변이형 신화를 제시하는데, 이 신화에서 주인공이 개구리의 등에 올라타고, 개구리는 주인공을 섬으로 데리고 간다. 연이어 비, 해, 바람은 그의 구원을 거절한다. 결국 달이 그가 카누에 올라타는 데 동의한다(M149b: Goeje 2, 266쪽; 1, 43쪽, 83쪽, 116쪽 참조). 이 두 판본은 명시적으로 신화M386에서 거론한 가이아나 신화 총체와 관련되며, 이 판본에서 우리는 북아메리카의 유사한 신화들(M385)에 비춰 꺽쇠-여인의 신화집단과 대칭을 이루는 집단을 보도록 암시했다. 신화M149a~b가 이미 조사한 다른 신화들을 전도하고 있는 것 역시 분명하다. 왜냐하면 첫 시퀀스(장면)는 주인공을 분리하는 것으로 시작하여 주인공이 대머리독수리(이들은 오물을 만들어낸다)와 환유적(근접하여 오물과 접촉하기 때문에)으로 오물과 결합하고, 해가 주인공을 해방(분리)시키려는 노력에도 불구하고 주인공은 대머리독수리의 딸들의 유혹에 넘어감으로써 은유적인 의미에서 다시 악취(오물)로 되돌아가는 것이 되기 때문이다. 신화M405~M406의 시퀀스(장면들)의 순서는 그러므로 이중으로 교체되는 것을 알 수 있다. 한편으로 같은 신화의 두 연속적인 장면(시퀀스)들에서 통합현상이 일어난다. 신화M405(바퀴벌레가 주인공의 목덜미를 덮고 있다)에서 본래의 의미의 오물과 신화M406(근친상간으로의 초대)에서의 은유적인 오물(근친상간)을 접근시키고 있다. 다른 한편으로 신화M406에서 우선 (숙모와) 너무 근접한 결합, 이어서 (아사와코, 예쁜 이방인 여인과) 너무 먼 결합을 상정하고 있는 반면, 신화M149a에서는 분리로(해와 그의 딸들과 떠나는 주인공) 시작하여 결합(주인공은 대머리독수리의 오물로 다시 돌아온다)으로 끝난다.

또한 신화들이 주인공의 행위를 벌하는 다양한 방식에 주의를 기울일 필요가 있다. 신화집단의 층위에서 제재방식을 검토해볼 때 이러한 제재방식은 두 가지 유형이라는 것을 확인할 수 있다. 한쪽은 어로와 관련되고, 다른 한쪽은 주기와 관련되는데, 이 주기는 경우에 따라 계절적이거나 생물학적일 수 있다.

어로로부터 시작하자. 근접한 혼인(동족과의 결합)으로부터 신화M$_{354}$는 기적적인 어로로 이동하지만 어부(여)의 신체와 물고기의 **물리적인 접근**으로 이루어지는 악마적인 기술에 의해 얻어진 기적의 어로이다. 먼 여행(해의 카누를 타고)으로부터 신화M$_{405}$는 역시 기적적인 어로로 이동한다. 그런데 이 기적적인 어로의 특성은 이번에는 천사적인 어로이다. 왜냐하면 강에 물고기를 다시 채우기 위해 잡아먹은 물고기의 껍질과 뼈로 온전한 물고기와 **유사하게 만드는** 것으로 충분하기 때문이다. 물론 이렇게 만든 물고기를 물에 던지는 행위로 물고기는 곧 생명을 다시 얻는다. 이처럼 해의 물고기들은 마치 신화M$_{149a}$에서 해의 인간사위가 그렇게 될 수도 있었을 영생을 갖는다. 이로부터 우리는 두 유형의 제재가 혼동되고 있지만 이 제재들이 신화에 따라 때로는 어로의 생산(물고기), 때로는 어부 자신(해의 카누의 승객)과 관련된다는 사실을 알 수 있다.

왜냐하면 신화들은 부활과 부패 사이의 주기(번갈아 교대)의 문제를 제기한다. 두 번째 항(부패) 역시 두 가지 말의 뜻(의미)을 갖는다는 사실에 유의하는 것이 중요하다. 먼저, **신체적 오물**은 어로(성과를 얻지 못한 주인공)와 쾌락(식욕이 없는 주인공)을 연루시키는 바퀴벌레 형태로 나타나거나 혹은 신화M$_{354}$의 꺽쇠-여인(너무 근접하여)이 자신의 남편 등에 달라붙어 음식을 먹지 못하게 하며 또한 어로의 즐거움을 갖지 못하게 하는, 말하자면 음식물 억제와 어로의 즐거움 억제가 연루되는데, 여기서는 남편의 등을 더럽히는 그녀의 똥(배설물) 형태로 나타난다. 다음, **비유적인 오물**은 근친상간에 대한 '부끄러움'(신화M$_{406}$) 또는 늙음과 이른 주름($M_{149a}$)으로 제재되는 너무 가까운 혼인(결합)의 결과로 나타난다. 우리는 세 신화 사이의 차이를 알 수 있다. 신화$M_{354}$의 주인공인 사냥꾼 몬마네키는 연속해서 너무 멀리 있는 배우자들을 **받아들이고**, 이어서 너무 가까운 배우자를 받아들인다. 신화$M_{406}$의 주인공 와이아마리는 너무 가까운 배우자를 **거부하고**, 이어서 너무 먼 다른 배우자를 **받아들인**다. 신화$M_{149a}$의 주인공 아칼라피제이마는 환경으로 인해 너무 멀지 않을 수도 있는 배우자를 **거부한다**. 그리고 그는 너무 가까운 배우자를 **받아들인다**. 첫 번째 신화의 경우 악마적인 어로는 ($M_{405}$의 천사의 어로와 대립하고 있으며, 물고기의 불멸성에 의해) 사라지고, 세 번째와 마지막 신화에서 인간 생명이 단축되는 주기를 창조함으로써 사라지는 것은 어부의 영원불멸성이다. 그렇다면 두 번째 신화의 경우는 무슨 일이 일어나는가?

먼저, 신화집단 안에서 유일하게 신화$M_{406}$은 암시적 간과법(prétérition)을 사용하여 너무 가까운 퇴폐적인 여인의 치근거림과 모든 신체적 · 도덕적 덕목으로 장식한 또 다른 여인, 그렇지만 대단히 먼 여인의 치근거림이 제기하는 혼인의 딜레마(진퇴양난)에 제3의 해결책을 상정한다는 것을 주목하자. 와이아마리는 후원자의 배우자인 숙모의 애인이 되지 않는다. 자신의 후원자의 남편(배우자)도 단지 하룻밤 동안 애인이 되는 것에 동의한다. 그는 자신의 가족에게 돌아갈 것이고, 틀림없이 신화는 이에 대해 말이 없지만 그는 결혼할 것이다. 그런데 와라우족은 모계거주(Wilbert 9, 17쪽) 집단 내에서 내혼을 장려한다는 사실을 잊어서는 안 될 것이다. 이러한 혼인규율은 그들로 하여금 근접(성)의 의미 안에서 다른 두 가지 규율을 변경할 수 있게 한다. 말하자면 근접한 혼인은 근친상간과 혼동되고, 먼 혼인은 단순히 이국적인 혼인이 된다. 반면, 부계거주제이며 외혼을 하고, 옛날에는 엄격한 부계거주(Nim. 13, 96쪽)였던 투쿠나족은 아주 멀리 떨어진 혼인을 느슨해진 결합(혼인),

즉 인간과 동물의 결합으로 상정한다($M_{354}$).

주인공의 늙은 삼촌 오코히(Hokohi: Wilbert 9, 64쪽)를 빛과 유익한 열로 변화시킨 것은 와라우 주인공의 현명함에 따른 결과이다. 와라우족은 문두루쿠족(Murphy 1, 86쪽 주 16)처럼 인격화한 신인 실제 해와 보이는 해를 구별하는 것처럼 보인다. 보로로족도 같은 구별을 한다. 그리고 다른 예들도 들 수 있지만 문두루쿠족의 예가 특별한 관심을 끈다. 그들에게 있어서 실제 해와 보이는 해의 구별은 와라우 신화에서 "덥고 빛나는" 여름해와 "어둡고 구름 뒤에 숨어 있는" 겨울해($M_{255}$: Murphy 1, 86쪽) 사이에 구별과 겹쳐진다. 그러므로 늙은 오코히의 변형은 이중의 측면을 갖는데, 외재적인 해에서 내재적인 해로, 그리고 비주기적인 것에서 주기적인 것으로의 변화를 뜻한다.

이것이 다가 아니다. 로스(1, 255쪽 주 1)는 와라우 용어 오코히(okohi)가 하루에 가장 더운 때(순간)를 지칭하며, 해의 빛남(광도)과 구별되는 해 열량의 힘과 관계된다는 점을 지적한다. 결국 달과 해는 모두 빛을 발하는 힘을 갖고 있다. 단지 해만 열을 낼 수 있을 뿐이다. 이러한 사실에서 우리의 눈에는 이상하게 보이지만 신화는 해가 아주 넓은 조명의 범주에 포함되는 특수한 경우를 설명하고 있다. 남북아메리카의 몇몇 언어에서 해와 달은 같은 말(단어)로 지칭된다. 필요할 때 '낮의' 또는 '밤의' 조명(기구)이라는 한정사로 수식된다. (해와 달의) 구별된 용어를 사용하는 와라우족은 어쨌든 해를 달에 종속시킨다. 달은 해를 '포함한다'(Wilbert 9, 67쪽). 해에 대해 달에 부여한 이러한 논리적 우위는 여러 민족에서 발견된다. 달을 그들의 조상(신)으로 받드는 수라라족(Surára)은 해에 얼마간의 중요성을 인정한다. 왜냐하면 그들은 말하기를 낮의 천체(해)는 하늘에 혼자 있지만 밤의 천체(달)는 그와 밀접하게 연관된 수많은 별을 동반하여 즐기고 있기 때문이라는 것이다. 역시 그들의 숫자 때문에 산(山)은 신들의 위계에서 달의 위계의 바로 뒤를 잇는 위치를 차지한다. 달 곁에서 산은 중재인의 역할을 수행한다(Becher 1, 101쪽, 104쪽; 2, 91쪽 이하). "낮은 거대한 고독을 준비한다, 마치 밤이 천체(별)의 군대가 캠프로 사용하기 위해 이들을 침묵 속에 하늘로 이끌어 오듯이……"(Chateaubriand 3, 제3부 제4편 제5장; 2, 제1부 제6편)라고 시인이 말하는 하늘을 상정하는 이러한 방식은 또한 카시나와족 신화(M393~M394)에서도 나타난다. 몇몇 어휘들을 통해 아주 멀리 남쪽에서도 이를 증명할 수 있는데, 예를 들면 남쪽 과라니족은 /야시(yaci)/ '달'과 /타타(tata)/ '불'이라는 말로부터 별(들) /야시타타(yacitata)/를 지칭하는 용어를 만든다(Montoya).

우오페강 유역의 쿠베오족은 같은 말 /아비야(avya)/를 두 천체에 사용한다. 그렇지만 그들이 관심을 집중하는 것은 해가 아니라 달에 대해서이다. "그들은 말하기를 해는 낮동안에 빛과 열을 나누어준 달 이외의 아무것도 아니다…… 그렇지만 아비야가 갖는 해의 측면은 의인화할 가치를 갖지 않는다. 쿠베오족에게 달이 해보다 더 중요하다면 틀림없이 밤은 그들이 보기에 신성한 시기를 나타내기 때문이다. 거의 모든 의례는 야간에 행해진다. 반면에 낮은 작업(일)에 한정된다"(Goldman, 258~259쪽). 중앙고원의 셰렌테족은 해를 /브두(bdu)/, 달을 /와(wa)/라고 부르는데, 브두라는 용어 대신 아주 기꺼이 '빛, 태양열'을 의미하는 /스다크로(sdakro)/라는 용어를 사용한다(Nim. 6, 84쪽). 이들 두 부족을 갈라놓는 먼 거리에도 불구하고, 차코 지역 토바족의 태도는 신기하게도 쿠베오족의 태도를 닮았다. "노인들의 관심은 달에 집중된다……. 그들은 달이 '우리의 형제이고 사촌'이다……. 달의 진행과정이 인간 일생의 나이(단계)를 설명한다. 이들의 전통은 살해되지만 현장에서 다시 살아난 너그러운 달-노인에 관해 이야기한다. 새로운 달은 어린아이이고, 만월은 늙은 사람이며, 상현달은 '작은 사람'이고, 하현달은 '빈사상태인 사람이다…….' 에모크족(Emok)은 해 /날라(nala)/를 두 가지 측면, 즉 /리다가(lidaga, 빛)/와 /는탑(n:tap, 덥히는)/ 측면에서 기술한다……. 신화적 전통에서 해는 중요한 역할을 하지 않는다……" (Susnik, 22~24쪽). 쿠베오족에서처럼 토바족에서도 달은 남성이다. 말하자면 처녀들의 성(처녀성)을 빼앗는 신이고, 월경의 책임자이다. 이런 산만한 지표(정보)들은 남아메리카는 물론 북아메리카에서도 복잡하고, 회귀적인 관념의 분포지도를 그려야 할 것이라는 전적인 관심을 제시하고 있다. 이러한 관념에 따라 달은 해에 대해 우위를 점하는데, 해는 차라리 주간의 기상학적인 양상처럼 나타나며, 그의 개념은 동시에 더욱 풍부한 의미 내포(왜냐하면 해는 더욱 빛을 발할수록 더워지기 때문)와 더욱 작은 외연을 갖는다. 어떻든 이런 관념은 우리의 신화들에서 가장 존경스러운 동반자(파트너)($M_{405}$~$M_{406}$, $M_{149a}$) 또는 가장 효율적인(능력 있는)($M_{354}$) 동반자인 해는 카누에서 뒤쪽 자리를 차지한다. 우리가 이미 알듯이 이 뒷자리는 여자와 노인의 자리이다. 말하자면 가장 약하게 유표된(변별적인) 항의 자리이다. 신화$M_{407}$에서 노인이 우선 앞쪽[2]에 서 있을 때 그는 곧 체념하고 자신의 아랫사람에게 자리를 양보한다.

그러니까 우리가 구성한 집단신화들이 이미 찾아낸 기술-경제적, 사회학적 그리고 계절적 차원(측면)에 천체의 차원을 추가한다는 것을 알수 있다. 이러한 차원들은 하나를 다른 하나 속에 집어넣은 만큼의 참조 체계를, 감히 말하자면 식물의 구근(球根: 구형의 돔) 모양의 이미지로 만든다. 이 구근의 각 꼭지점에 너무 멀지도 가깝지도 않은 합리적인 혼인의 주제와 신화들이 잠재적 상태(아마도 신화들이 그것을 유토피아적인 것으로 판단하기 때문일 것이다)로 놓아둔 주제는 줄기가 싹을 틔우면 일어날 법하지 않은 (줄기가 취하게 될) 방향을 표시할 것이다.

그림 10의 도해 안에서 독자들은 이를 원한다면 우리가 상정한 신화들

---

2) 앙티유에서 베네수엘라까지 카누에 해를 장식한 그림이 그려지는 위치.

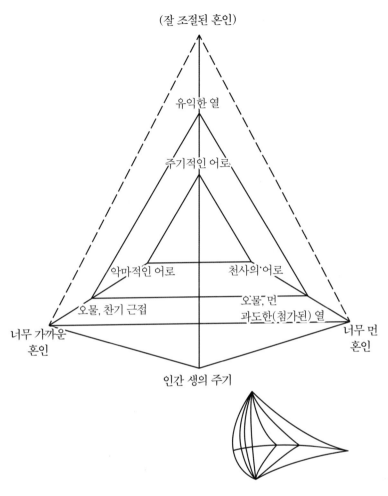

그림 10 '천상의 카누에 연관된' 신화들의 구조

각각에 일치하는 궤적을 떼어내 다룰 수 있다. 그리고 신화M₃₅₄가 가장 복잡한 망을 그린다는 것을 확인할 수 있을 것이다. 왜냐하면 망은 너무 먼 혼인과 너무 가까운 혼인, 근접한 오물, 악마적인 어로(잃어버린)와 주기적인 어로(얻는다)를 연결하기 때문이다. 이러한 풍부함은 우리의 작업에 길잡이로 사용하기 위해 이 신화를 선택한 것이 정당했다는 것을 사후에라도 입증한다.

그렇지만 내용을 더 잘 읽을 수 있게 하기 위해서 도해에 나타난 대칭의 형식이 신화들의 메시지(내용)를 왜곡한다는 것을 지적할 것이다. 균형 잡힌 주기(성)의 형식을 모아놓은 항들과 관련된 수직축 양쪽에 비주기적인(진동이 없는) 형식이 배치된다. 그러나 도해 오른쪽에 있는 형식들은 과다로 인한 비주기이고, 왼쪽에 있는 형식들은 결핍(부족)에 의한 비주기이다. 한쪽은 너무 멀어서 생기는 결과(심지어 과도한 열 역시 주인공이 해와의 여행을 너무 멀리 갔다는 사실로부터 기인하는 것)이고, 다른 한쪽은 너무 가까워서 생기는 결과이다. 신화구조에 더욱 충실한 표현(묘사)은 그러니까 우리가 도해 아래쪽 우축에 병기(倂記)한 도식에 나타난 양상으로 도식(그림)은 일그러지게 변형할 것이다.

*  *  *

우리는 모호하고 불확실한 측면을 모르지 않지만 해와 달이 카누의 선원인 수상 여행에서 선행한 앞의 고찰을 몇 년 전 티칼에서 발견된 마야의 사제 또는 귀족의 무덤에서 나온 뼈에 새긴 장면들을 해석하는 데 응용하려 한다. 이를 발견한 저자들 중 한 사람은 이렇게 묘사하고 있다.

"두 명의 신적 존재가 하나는 카누의 선수에서 그리고 다른 하나는 선미에서 노를 젓는데, 손님으로서 이구아나, 거미-원숭이(Ateles종), 손을 들어 제스처를 하는 사제, 반(半)인적 존재, 반(半)-앵무새 그리고 임시로 '털 많은 개'라고 이름 붙인 동물을 볼 수 있다. 같은 장면의 또 다른 판본은 카누 중간에 신적 존재들 중 한 명과 제스처를 하는 사제, 그리고 동물을 짝으로 앞쪽과 뒤쪽에 배치한다. 신적 존재들은 시선을 고정하고 있으며, 눈은 비정상적으로 크다. 카누를 조정하는 신적 존재는 사시(사

그림 11 카누 여행. 티칼에서 발견된 뼈에 새긴 판화(필라델피아 대학박물관 제공)

팔뜨기)로 고통을 겪고 있는데, 이는 태양신의 독특한(특징을 나타내는) 특징이다"(Trik, 12쪽). 사실 "사팔눈은 해(태양)의 핵심적인 속성 중의 하나이다…… 마야 예술에 있어서"(J. E. Thompson 2, 133쪽). 하나 더 첨가한다면 우리가 섭렵한 남아메리카 신화들에서 태양의 경우처럼 카누의 뒤쪽에 있는 신적 존재는 가장 나이 많은 신인 것 같다. 마지막으로 두 인물은 이른바 '로마인의' 코를 갖고 있는데, 이는 하늘 이트잠나신의 특성이다. 이트잠나신은 약스칠란의 높은 돋을새김(양각) 조각에서 달과 해 사이에 나타난다. 이트잠나는 달 및 해와 밀접하게 연관되어 있으며 낮과 밤의 주인이고, 이가 빠진 노인으로 형상화된다(Krickeberg, 제1권, 도판 39. 또한 Spinden 2 참조).

우리는 잠시 동안 두 장면에서 노 젓는 사람들의 자리 변화를 제기하는 문제를 미루어놓을 것이다. 그러면 다른 신화들이 논의할 기회를 제공하게 될 것이다. 우리가 볼 때 티칼의 조각들이 해와 달의 카누 여행과 동물이 손님으로 등장하는 장면을 하나의 장면으로 통합하고 있는 것처럼 보인다는 사실이 가장 중요하다. 말하자면 한편으로 해와 달의 카누 여행이 신화M354에서 사냥꾼 몬마네키와 그의 처남의 여행 형식의 약한 모사품으로 제시되는 것과, 다른 한편 같은 신화의 두 번째 측면, 즉 동물들이 여기저기에 다르게 나타남에도 불구하고, 마치 모든 것이 마야의 신이 카누에 오를 때—투쿠나 주인공이 구성하려고 했던—동물학적 집단을 카누에 태우는 것처럼 일어난다. 우리는 북아메리카 북쪽 지역의 신화들에서 카누 여행의 주제와 동물 승객의 주제, 즉 두 주제의 결합을 다시 찾는다.

### M₄₀₈. 데네 뽀-드-리에브르족(토끼가죽 데네)의 신화: 뱃사공

조물주의 이름이 쿠냔과 에카-데키네였는데, 각각 '분별 있는 사람'과 '모든 어려움을 뚫고 수상 여행을 하는 사람'이라는 의미이다. 조물주는 두 배우자를 가졌는데, 하나는 가까운 배우자, 즉 자신과 같이 현명한 자신의 친누이였고, 다른 한 배우자는 대단히 먼 배우자였다. 이 먼 배우자는 그에게 손해를 입히는 나쁜 생쥐였다. 그는 수많은 모험을 했는데, 그동안 인류를 멸망시킨 홍수를 일으켰다. 그는 까마귀와 협력해 두 마리 물고기의 배에서 나온 새로운 세대의 인간(그리고 새, 여자)을 탄생시켰다.

에카-데키네는 최초의 소형 배를 제조하고, 매켄지강을 따라 하류 쪽으로 여행을 했다. 그는 도중에 개구리와 곤들매기를 만나 자신의 카누에 태웠다. 곤들매기는 개구리를 잡아먹길 바랐다. 이어서 다른 개구리와 수달을 만났는데, 이들은 무두질하고 있던 가죽을 주제로 서로 다투었다(Petitot 1, 141~156쪽; Loucheux, 같은 책 30쪽 참조).

북부의 아타파스칸족은 베네수엘라의 와라우족과 같이 남자와 여자는 서로 다른 신에 의해 창조됐다는 믿음을 공유한다. 우리는 와라우족에 따르면 이중의 한 신적 존재는 남성 분할의 책임자(M₃₁₇과 Roth 1, 126쪽)인 바로 코로로마나일 것이다라는 사실에 유의할 것이다. 마찬가지로 아타파스칸족은 4방위는 동쪽이 서쪽의 자리를 취하기 전에 전도되었으며, 상호 그렇게 되었다는 믿음을 투쿠나족과 공유한다(Petitot 1, 230~231쪽; Nim. 13, 134쪽).

북아메리카 북동쪽에 사는 이로쿼이족은 항상 해와 달의 기원을 작은 동물들의 하천(강) 여행과 연관시킨다. 천체 스스로 여행을 하는 것이 아니다. 조물주와 그의 신하들은 인간의 행복을 위해 천체들을 동쪽으로 데리러 간다. 에피소드는 자세히 이야기하기에는 너무 복잡한 우주관과 불가분의 관계에 있으므로 단지 간략하게 이야기하자. 사악한 한쪽 쌍둥이는 친어머니의 겨드랑이에서 태어났다며 자신이 태어날 때 친어머니를 죽게 했다. 그러고는 그녀가 다시 살아날 시간이 되자 초조해진 그는 시체의 머리를 잘랐다. 그의 할머니(죽은 자의 어머니)는 동쪽의 나무에 이 머리를 매달았는데, 오논다가 판본에 따르면 해가 되었고, 모화크 판본에 따르면 달이 되었다. 그가 창조한 인류가 낮의 빛을 뺏기고 너무 어두운 밤으로 고통받는 것을 애석하게 여긴 이로움을 주는 다른 한쪽 쌍둥이는 동쪽을 향해 네 동물 거미, 비버, 산토끼 그리고 수달을 데리고 카누 여행을 떠난다. 조물주와 세 동물은 나무를 공격하러 나섰고, 비버만 카누에 남아 있었다. 그의 임무는 동료들이 돌아오자마자 급히 카누를 되돌리는 일이었다. 여행자들이 천체를 탈취한(사로잡은) 이래 천체는 매일과 매월 규칙적인 운행을 실행했다. 그리고 낮과 밤의 교대가 보장되었다. 이본(異本)들에 따르면 여인의 머리는 해가 되고, 그의 몸통은 달이 되거나 그 반대가 되었다(M409: Hewitt 1, 201~208쪽, 295~297쪽, 315~320쪽과 여러 곳).

그런데 신화의 동물들 중 하나는 축의 기능을 수행하는 것 같다. 말하자면 축의 기본 점을 대면(對面)하며 배가 축의 둘레를 돈다. 아마도 여러 신화와 티칼의 조각 작품 속의 카누에 탄 여러 인물 중 하나가 배의 중앙에 서 있는 것을 이와 같은 방식으로 설명해야만 할 것이다. 동부 알곤킨족에 속하는 믹막족에서는 "남자는 카누의 선미에 타고, 여자는 선수에 타며, 개는 한가운데에 앉는다"(Rand, 146쪽).

분명히 더 학문적인 오논다가 판본 신화($M_{409}$)는 할아버지의 몸에서 해를 탄생시킨다. 마지막 단계에서 조물주는 단지 머리에게 낮의 천체(해) 역할을 마련하고, 몸(몸통)에게 여름 동안 주간(낮)에 더워지게 하는 역할을 준다. 대칭적으로 조물주는 자신의 어머니 머리를 야간(밤)에 빛을 내는 역할을 하는 달로 변화시키는 반면, 몸통은 여름 동안 야간(밤)에 더워지게 하는 역할을 준다. 결과적으로 우리는 여기서 이미 남아메리카(이 책 236쪽)에서 지적한 천체들의 밝히는 기능과 열을 내는 기능의 같은 분리를 보게 된다. 같은 맥락에서 일어나는 여러 다른 분리만큼이나 이러한 측면을 심화시키는 것 역시 흥미롭다. 같은 맥락에서 일어나는 다양한 분리는 말하자면 조물주와 최초의 인간의 분리—여기서 최초의 인간은 다른 판본들에서는 조물주로 불렸다—그리고 다른 곳에서는 찾을 수 없는 네 개의 효율적인 동물과 두 개의 비효율적인 동물로 구별되는 동물 여행자들의 분리를 말한다(Hewitt 2, 512~516쪽, 540~545쪽, 551~555쪽과 여러 곳).

이로쿼이족은 대호수 지역에서 동부 해안에 이르는 지역의 중앙에 살고 있었다. 이곳에서 나무껍질로 만든 카누는 일반적으로 베네수엘라와 앙티유에서처럼 별 또는 동심원, 아니면 장미꽃 모양의 장식으로 치장하고 있었다. 말레시테족과 파사마쿼디족에 따르면 원은 해와 달 또는 매월(의 달)을 표시했다(Adney-Chapelle, 83쪽; 68쪽, 122쪽과 그림 75, 125~129쪽, 133쪽, 135~137쪽 참조). 대호수 지역의 오지브와족 또는 치페와족이 여행할 때 그들은 기꺼이 그들이 지나간 뒷자리에 신화적인 의미를 갖고 있지 않은 그림으로 표현한 메시지를 놓는데, 이 그림 메시지는 실제의 사건들과 관련되어 있다. 여기에 그려진 동물들은 여행자들이 속한 씨족(토템 씨족)을 나타낸다. 우리는 하나의 예를 들 터인데, 이

것은 우리가 이들에게서 알게 된 의미와 부합하게 카누의 앞쪽과 뒤쪽의
자리가 갖는 불변적인 암시적 의미 때문에 가능하다(그림 12).

그림 12 나무판 위에 숯으로 그려 메시지를 남긴 치페와족의 그림. 이 그림은 두 가족
의 카누 여행을 나타내고 있다. 아버지 씨족의 시조동물은 선수에 그려져 있고, 어머니
씨족의 시조동물은 선미에 그려져 있다. 이 두 그림 사이에 어린아이들을 볼 수 있는데,
아이들 씨족의 시조동물은 아버지 씨족의 동물보다 훨씬 작게 그려져 있다(부계 출계사
회이기 때문이다). 왼쪽 카누에는 곰 씨족의 한 남자와 메기 씨족의 아내 그리고 그들의
세 자식이 있고, 오른쪽 카누에는 독수리 씨족의 한 남자와 곰 씨족의 그의 아내 그리고
그들의 두 자식이 있다(덴스모어 2, 176~177쪽에 따른 예이다).


　일치된 지표(정보)들에 따르면 이로쿼이족과 이웃 부족의 신화들이
남아메리카에서 유래하는 신화들과 같은 계열(패러다임)에 속한다는 것
을 암시한다. 남아메리카의 신화들은 먼 곳의 여행(전투나 혼인으로 인
한, 받아들였거나 거절했거나)에 대한 사고와 신체의 절단 또는 신체의
터짐(조각남)에 대한 사고를 결합한다. 경우에 따라 신체의 절단 또는
신체의 터짐(조각남)으로부터 천체의 운행이 나타나거나 확산된 따뜻한
빛이 나타난다. 이 신화들은 카시나와족, 아마존 지역, 가이아나 지역 또
는 이로쿼이족에서 유래하며, 대비(대립)된 항들을 같은 짝으로 만든다.
말하자면 **분열** 또는 **폭발**은 신체의 **위쪽**(머리) 또는 **아래쪽**(머리 없는 몸
통, 내장)과 관계 있는데, 한편으로는 **달** 또는 **해**를 탄생시키고, 다른 한
편으로는 단순한 **빛**이나 단순한 **열**, 둘 다 같이 아니면 이것들과 반대의
것들을 나타나게 한다($M_{396}$의 경우에서처럼 터진 머리로부터 나온 쪽

독새는 자신의 배타적인 모습으로 빛도 열도 없는 밤을 표현한다). 이로 쿼이족과 카시나와족의 우주관 사이의 평행관계는 대단히 인상적인 일이다. 왜냐하면 카시나와족이 다른 신화들에 할당하는 인물들, 즉 수줍은(내성적인) 처녀와 과하게 남을 믿는 방문자인 두 인물에게 나누어주는 기능, 예를 들면 쌍둥이를 대립으로 표현한다든가 하는데, 이로쿼이족은 두 기능을 같은 신화 안에 집합시킨다. 내성적인(부끄러워하는) 처녀는 자기 자신 속에 갇혀 있으며, 마치 어머니의 머리에서 발산하는 빛을 혼자 보존하고자 하는 사악한 이로쿼이 쌍둥이 한쪽처럼 사회관계에 도전적이다. 그러나 과하게 남을 믿는 방문자는 세상과 사람들의 요구에 열려 있는데—이들과는 적이었다—이것은 마치 천체들이 운행하도록 만들기 위해 먼 여행 준비에 이로움을 주는 쌍둥이의 한쪽과 같다. 그러나 차이성에 유의할 필요가 있다. 부정적 속성이 부여된 카시나와 주인공들은 결실을 맺지 못하는(불모의) 달이 되는 반면, 이로쿼이 조물주에 의해 해방된 달은 결실을 맺는다. 이러한 관계 아래 두 신화집단은 정확히 복제품이 된다. 목이 베여 떨어진 상태로 축소된 카시나와족의 수줍음 타는 처녀와 과하게 남을 믿는 방문자는 단지 인간들에게 유익한 모든 방책들을 하나하나 열거하며,—이들 중 야채 또는 먹을 수 있는 과일로 변형할 수 있는 것들(이 책 174쪽)을 첫 번째 난에 놓고 망설인 후 이들을 거부하고 달이 되기로 결심한다. 이들의 사고 속의 달은 빛이 나지만 열이 없는 말하자면 불모의 달이다. 그것들(방책들)이 어디에도 사용되기를 원치 않기 때문에 달을 선택한다. 반대로 이로쿼이 조물주는 잘린 머리로 축소된 달에 만족하지 않는다. 여기서 달의 유일한 기능은 밤하늘을 밝히는 일일 것이다. 조물주는 역시 어머니의 신체를 재구성하고, 그녀에게 이러한(아래와 같은) 말을 한다. "나는 네가 여기 이 땅을 밤새워 감시하기를 바란다. 모든 종류의 식물을, 그리고 일상적으로 과일을 맺는 식물을, 역시 몇몇 소관목(小灌木)들이 통상 과일을 맺는 작은 숲(총림)을, 또 역시 몇몇 나무들이 통상 열매를 맺는 모든 종류의 나무들이 있는 숲을, 그리고 지금 이 땅에서 통상 솟아나온 다른 모든 것들을, 인류를, 그리고 사냥감으로 쓰일 동물들을…… 밤새워 감시 보호하기를 바란다. 왜냐하면 너의 역할은 밤이 지상에 내렸을 때 지금 이 순간 네 차례에 (말하자면 해와 교대하여) 땅을 덮히고 비추면 이슬이 내리게 되는 것이다. 너는 또한 네 생각 속에서 너의 손자들의 이름을 부르듯이 손자들을 계속하여 보살필 것이다. 손자들은 계속해서 땅 위에 번창할 것이다"(Hewitt 2, 542~543쪽).

이로쿼이족에게는 달이 여성이고, 해가 남성이다. 그리고 해는 달에 대해 우위를 갖는다. 그렇지만 모든 방언들은 이들을 같은 용어로 지칭한다. 즉 오논다가어로 /가아그와(gaä'gwā)/와 모화크어로 /카라크와(karakwa)/, 이들은 필요할 때 '디스크'(판) 또는 '조명'(기구)이라는 일반적인 의미의 한정사로 의미를 보완한다. 이처럼 /안다-카-가-그와(andá-kā-gă-gwā)/ '낮의 조명'과 /소-아-카-가-그와(so-á-kā-gă-gwā)/ '밤의 조명'으로 사용한다(Morgan, 제2권, 64~65쪽). 해를 지칭하는 /이아케(įaké)/, 달을 지칭하는 /타우스마케(tawsmaké)/의 투쿠나 용어들(Nim. 15)은 같은 어간으로 이루어졌다고 감히 말할 수 있을 것이다. 카시나와족에 관하여 말하자면 이들이 달 /옥소(ôxö)/를 지칭하는 특별한 말을 갖고 있다면 해 /바-리(ba-ri)/를 지칭하는 말은 그들이— 이 역시 남아메리카의 다른 언어들의 경우이기도 하다—여름의 낮과 열기를 지칭하는 데 사용하는 용어와 분명하게 구별되지 않는 것처럼 보인다(Abreu, 553~554쪽). 반면, 우리는 열대아메리카의 몇몇 언어들이 이로쿼이 및 알곤킨 언어와 같은 사용법을 따르며, 한 단어로 별(해와 달)을 지칭한다는 것을 알고 있다. 이 언어를 말하는 부족들처럼 이로쿼이족이 나비를 사악한 창조물의 원형으로 본다는 사실은 기이하다(Hewitt 2, 505쪽). 이러한 믿음은 또한 북아메리카의 또 다른 끝에서, 특히 살리시족에게서 증명된다(Phinney, 53~54쪽).

이 마지막 접근이 의미심장하다. 왜냐하면 그들의 이웃인 쿠테나이족과 클래머스족(Boas 9, 68~69쪽; Gatschet, 여러 곳; Spier 2, 141쪽) 그리고 대부분의 알곤킨족과 이로쿼이족 자신들처럼 한 단어로 해와 달을 부를 수 없는 살리시어를 사용하는 부족들은 일반적으로 달과 해를 형제로 생각한다. 그중 하나는 때때로 다른 하나의 파리한 이중일 뿐이다. 다시 말하자면 남아메리카에서처럼 극단적인 두 가지 경우를 제시할 수 있는데(이 두 극단적인 경우 사이에 매개적인 형식이 존재한다) 두 천체의 성(性)이 다르면 그들을 지칭하는 이름이 동일하거나, 두 천체의 성(性)이 동일하면 서로 다른 이름을 요구한다.

그런데 이러한 대칭적인 진행과정을 나란히 관찰할 수 있는 곳은 특히 북아메리카 지역이다. 여기서는 카누 여행의 주제가 첫 번째로 등장하고 특히 좌석 배치, 말하자면 남아메리카 신화들에서 이미 지적한 연령에 따른, 그리고 여행자의 성에 따른 좌석 배치가 카누 여행의 주제만큼이나 중요하다. 다음 권(『벌거벗은 인간』)에서 자세하게 연구하게 될 신화들을 번호화하지 않을 것이며, 우리는 빠른 암시만 하는 것으로 만족할 것이다. 모독족의 한 신화(Curtin 1, 4쪽)는 선미에 두 형제를 배치하고 선수에 다른 두 형제를 배치한다. 그리고 다섯 번째 형제를 그의 누이와 같이 카누 중간에 앉힌다. 해안의 몇몇 살리시 신화는 먼 혼인 원정(여행)을 위해 같은 카누에 할아버지와 손자를 태우거나(Adamson, 117~120쪽의 M₄₀₆ 참조) 또한 한 형제와 누이를 태운다. 이 경우 형제는 앞쪽에 앉게 되고 누이는 뒤쪽에 앉는다. 왜냐하면 "관습에 따라 여자는 선미에서 배를 조종하기"때문이다. 여행 도중에 누이가 자신의 코걸이나 그들을 둘러싸고 있는 안개에 의해 임신하게 되는 경우가 있는데, 사람들은 그녀가 오빠와의 근친상간을 규탄한다. 다른 말로 하자면 근친상간은 **카누 속**의 여행자 접근을 한정시켜놓은 거리와 대립된다

248

(Adamson, 284쪽; Boas 10, 51쪽). 한 다른 신화집단에서 자신의 딸과 근친상간을 하려고 사기꾼이 카누 여행을 이용하는데, 그는 앞에 타고 자신의 '딸들'은 뒤에 태운다("딸들은 조종을 잘못하여 배가 아무렇게나 갔다")(Adamson, 159쪽; Boas 5, 154~157쪽; E.D. Jacobs, 143쪽). 이러한 참조(사항)들은 사기꾼이 제작한 살리시 신화 속 '치어(어린 물고기) 소녀들'이 우리가 이미 이 책 125쪽과 190쪽에서 이를 유의한 것처럼 가이아나의 중요한 신화집단($M_{241}$~$M_{244}$)의 '나무남편'을 전도하고 있는 것만큼이나 많은 흥미를 제공한다. 이 치어소녀들은 달 주인공의 납치자로서(의 명목으로) 개구리를 대체하며, 달 주인공은 후에 여기서는 그가 눈멀게 한 새로부터(살리시 신화), 다른 곳에서는 그가 악취를 풍겼던 수달로부터(와라우 신화) 자신의 진정한 기원을 알게 된다. 결국 달(신화의) 주인공들과 옛 마야인들은 해가 사팔뜨기라는 이유로 그의 형제인 달과 과거의 역할을 교환하기로 했다는 믿음을 공유한다($M_{407}$ 참조). 해는 사팔뜨기이다. 사실 달이 사라진 후 그의 어머니와 할머니는 형제(달)의 대용품으로 사용하기 위해 달의 꾸겨진 기저귀에서 짜낸 오줌으로 그를(해) 만들었기 때문이다. "그는 사팔뜨기였으므로 달이 해의 역할을 했을 때도 해는 그의 형제(달)만큼 그렇게 덥지 못했다. 만일 달이 낮의 여행을 결심했다면 지금보다 아주 많이 더웠을 것이다. 왜냐하면 그의 눈은 그의 형제(해)의 눈보다 훨씬 강하기 때문이다"(Adamson, 272쪽, 283쪽과 여러 곳). 내륙의 살리시족은 같은 유형의 믿음을 갖고 있다. "해는 애꾸눈이다……. 그래서 울새(아메리카산 울새, *Turdus migiatorius*)가 해의 역할을 할 때처럼 그렇게 해는 덥지 못하다"(Teit 6, 177쪽; Ray 2, 135~137쪽). "옛날에 달은 인디언이었다……. 그의 얼굴은 해의 얼굴만큼 빛나고, 심지어 이보다 더욱…… 어둡게 만든 것은 그의 작은누이였다"(Teit 4, 91쪽; 6, 178쪽; $M_{400}$, $M_{400b}$). 이제 우리는 북아메리카에서 남아메리카까지 확장된 계열(패러다임)을 가지게 됐다. 그

리고 불균등하게 유표되긴 하지만 균일한 요소들을 갖고 있다. 말하자면 절단된 머리, 장님이 된 머리, 애꾸눈이 된 머리, 사팔뜨기, 정상의 시력, 이들은 자신들의 상호적인 관계에서 여름해와 겨울해, 정상을 벗어난 (또는 과도한) 해와 규칙적인(제한된) 해, 낮의 천체와 밤의 천체를 조절하고 규정하는 역할을 한다.

우리는 사용하지 않은 카드들을 강조할 생각 때문에 북아메리카의 자료들을 성급하게 인용하지는 않았다. 다음 권에서 자료로 사용될 이 신화들이 조사 초기에 우리가 출발했던 신화들을 동시에 변형하고 재생산하는 과정을 제시하도록 노력할 것이다. 이것은 또한 이 신화들과 관련된 주민(부족)들과의 문제인 동시에 신화들이 일시적이고 혼돈된 양상으로 우리에게 다가오기 시작하는 순간에 독자들의 주의를 환기하는 것이 필요했기 때문이다. 이러한 접근이 피상적이고 자의적일 수 있다. 그러나 이와 같이 긴 지속적인 작업에서 모든 증거 자료 전체를 제시하기는 불가능하다. 그럴 수 있다면 선행하는 앞부분을 괄호로 남겨놓을 수도 있을 것이다. 이 부분들이 전체적 논증을 마무리하는 데 사용된다는 사실을 독자들은 나중에 알게 될 것이다.

\* \* \*

(우리가 논한 신화에서) 핵심 주인공은 모험적인 남편(M354), 근친상간자인 형제(M392), 과하게 남을 믿는 방문자(M393) 또는 내성적인 처녀(M394)인데, 신화들은 항상 핵심 주인공을 각각 가깝고 먼, 때로는 저것보다 이것을 더 선호하는, 때로는 동시에 받아들이거나 배척하는 혼인의 두 유형에 따라 규정한다. 이 체계(신화체계)에서 카누 여행이 개입될 때마다 카누 여행은 주인공을 너무 가까운 배우자로부터 멀어지게(M406의 근친상간적인 숙모; M149a의 대머리독수리의 딸들) 하거나 주인공을

멀리 떨어진 배우자($M_{354}$의 아라앵무새-여인; $M_{406}$의 아름다운 아사와코)와 접근시키든가, 또는 두 배우자 모두 받아들이든가, 또는 그 반대로두 배우자 모두 거부하는 데 사용된다.

앞의 책($M_{298}$:『꿀에서 재까지』, 442~445쪽)에서 요약하고 논한 한 마

| 혼인: | $M_{149a}$ | $M_{354}$ | $M_{406}$ |
|---|---|---|---|
| 가까운/먼 | + − | + − | + − |
| 수락/거부 | + − | + + | − − |

쉬구엔가 신화는 비록 이 신화가 수상 여행을 육상 여행으로 변형하기는하지만 명시적으로 같은 계열에 속한다. 사실 주인공은 전처와의 사이에서 난 그의 아들을 위해 이방인 아내를 얻어주어 자신의 새로운 아내와의 불미스런 일을 못하도록 할 희망으로 먼 여행을 한다. 신화$M_{393}$에서처럼 그가 동맹으로 삼으려던 이방인들은 그를 적으로 대한다. 신화$M_{392}$에서처럼 아들과 새아내 사이의 의심스러운 근친상간은 진실일 뿐이다.이 신화들에서 우리가 파악한 천체 코드는 **잘린 머리 ⇒ 내장을 빼낸 신체,달 ⇒ 혜성, 무지개 ⇒ 별똥별**(신화집단의 가장 일반적인 경제성 위에서이루어진 변형.『꿀에서 재까지』, 445쪽 주 15 참조)로 규칙적인 변형을겪으며, 신화$M_{298}$로 지속된다. 이러한 간접적인 수단을 통해 우리는 신화들이 가까운 혼인과 먼 혼인의 사회학적인 대립을 천체의 대립과 상관관계로 놓는 다른 보충적인 증거를 얻을 수 있다. 여기서 천체의 대립은빛과 어둠의 대립, 또는 순수한 상태에서 상정할 수 있는 항들의 대립, 말하자면 절대적인 낮은 절대적인 밤과 대립하고, 또는 순수하지 않은 섞인(혼합된) 상태에서 항들의 대립, 즉 낮의 순수한 맑음은 무지개나 희미한 겨울 햇살로 인해 완화(약화)된다. 또한 밤의 암흑(어둠)은 달과 은하수에 의해 완화되며, 은하수들에 비해 별똥별과 혜성은 불안정한 요인(별)들이다.

그런데 신화들은 그 정도로 그치지 않는다. 사실상 빛과 어둠의 타협(양립시키기)은—무지개의 색깔 또는 비를 머금은 구름이 낮의 청명함을 약화시키거나 완화하고, 또 달과 별들이 야간의 하늘을 비칠 때 우리가 이를 볼 수 있듯이—단지 통시성의 서열(층위)에서만 이루어지는 것은 아니다. 공시성 안에서의 이러한 중재는 통시적 중재를 보충적으로 활용한다. 말하자면 낮이나 밤이 독점적으로 지배할 이론적인 상태와 대립하는 낮과 밤의 규칙적인 교대(교체)는 공시적 중재가 보충적으로 필요하다. 우리는 신화적 사고가 매트릭스(matrice, 모체·회로망)의 여러 측면들을 고립하지 않으며, 회로망을 총체 안에서 운용(사용)하는 증거를 제시할 수 있다.

| | 낮: | 밤: | 중재: |
|---|---|---|---|
| **공시적 축** | 절대적 | 절대적 | 다른 하나에 의해 완화된 하나 |
| **통시적 축** | 독점적 (양립할 수 없는) | 독점적 (양립할 수 없는) | 하나와 다른 하나의 교대(교체) |

카시나와족이 달의 기원을 찾던 시대에는 "달도 없고 별도 없는"(M₃₉₄: Abreu, 475쪽) 암흑의 밤이 지배하고 있었다. 또 다른 신화는 최초의 밤이 나타나기 전에 땅을 지배하던 독점적인 낮을 이 절대적 밤과 대립시키고 있다.

### M₄₁₀. 카시나와족의 신화: 최초의 밤

옛날에는 언제나 낮이었다. 새벽도, 어두움도, 해도, 추위도 없었다. 그래서 사람들은 아무 시간도 잴 수 없었다. 사람들은 아무 때나 먹고 일하고 잠잤다. 아무 때나 각자 자기가 하고 싶은 것을 했다. 어떤 사람들은 일하는 반면, 다른 사람들은 먹고, 생리적 욕구를 해소하고, 강가로 물을 길러가거나 밭에서 김을 맸다.

최초로 새벽, 밤, 해 그리고 추위의 주(주인)신들이 이러한 힘(권력)에서 해방시키기로 하자 민망한 광경을 보게 되었다. 밤은 숲속에 있던 사냥꾼, 물가에 있던 어부……를 놀라게 하여 그 자리에 꼼짝 못하게 했다. 강가로 물을 길러갔던 여자는 항아리를 나무에 부딪혀 깨고 밤새도록 나무에 붙어 울었다. 왜냐하면 그녀는 이제 더 길을 찾을 수 없었기 때문이다. 용무를 보러 혼자 떨어져 있던 다른 여인은 자신의 대변 위에 주저앉았다. 쭈그리고 앉아 소변을 보던 세 번째 여자는 다음날까지 그 자세로 있었다.

그러나 지금 사람들은 밤에 자고 아침에 일어나서 일하고 정해진 시간에 밥 먹는다. 모든 것이 해결됐다(Abreu, 436~442쪽).

같은 유래의 한 변이형 신화(M410b: Tastevin 5, 171쪽)는 먼저 사람들이 어떻게 잠잘 시간도 모자라는 너무나 짧은 밤을 얻었으며, 다음 너무나 긴 밤, 이 긴 밤 동안 숲이 밭을 침범했고, 결국 낮과 밤의 길이가 같은 잘 조절된 밤을 얻게 되었는지를 이야기한다.

카리브어를 사용하는 유파족(Yupa) 역시 베네수엘라 서쪽과 콜롬비아 국경에 살고 있으며 독점적인 낮의 개념으로 출발하여 완화된 밤의 개념을 이끌어낸다.

### M411. 유파족의 신화: 달의 운행과정(변화과정)의 기원

옛날 그 시대에는 해가 두 개였다. 하나가 지자마자 다른 하나가 떠올랐다. 그리고 낮이 계속하여 지배했다. 해를 유혹하려고 집 주위에서 춤을 추던 코페초라는 한 여인과 입맞추기를 바란 두 해 중 하나가 뜨거운 숯불로 가득한 구덩이에 빠지는 일이 일어났다. 해는 구덩이에서 나오며 달로 변했다. 그 이래로 낮은 밤과 교대하게 되었다. 코페초에게 복수하기 위해 달-남자는 그녀를 물속에 던졌는데 그녀는 개구리가 되었다.

달마다 별들은 달-남자에게 달려들어 그를 때렸다. 왜냐하면 그가 별-남자와 자기 딸의 혼인을 거절했기 때문이다. 달-남자의 가족은 보이지 않는 별들로 구성되는데, 그가 별들을 가두어놓았기 때문에 별들은 보이지 않는다. 달의 운행과정은 별들과 천체(달)와의 싸움 과정을 반영한다(Wilbert 7, 863쪽).

남캘리포니아에서 컬럼비아강 연안(유역)까지 북아메리카에서 지배적인 같은 주제에 대한 신화들과 카시나와-유파 신화집단 사이에 존재하는 이들 사이의 유사성은 놀랄 만한 것이기는 하나 단호하게 제쳐놓을 것이다. 이들 유사성은 항상 맑음(밝음)을 유지하는 복수의 태양, 낮과 밤, 여름과 겨울 사이의 훌륭한 균형의 추구, 그리고 결국은 근친상간을 범하는 한 쌍의 생식기—이에 대한 정보를 입수한 후 첫 번째 인간을 잉태한다—에 이르기 위해 몸의 각 부분과 그들의 기능을 하나하나 배제하며 나열하는 방식들이다(Tastevin 5, 170쪽; Diegueño-Luiseño-Cahuilla 시리즈 등…… 북부에서 해안의 살리시족까지 연장된 시리즈와 접근한다). 적어도 이들 유사성을 알리는 것은 합당하다. 왜냐하면 남아메리카에서도 유파(족) 신화는 신세계의 서부 기슭과 산맥 서부 지역에 속해 있는 아라우칸(족)의 믿음과 놀랄 만한 유사성을 보이기 때문이다. 더욱 유파족은 페리하(Perija)산맥에 거주하며, 지리적 관점에서 안데스 권역에 속한다.

우리는 유파족과 아라우칸족에서 복수(다수)의 해, 유혹하는 여인, 그리고 개구리를 연계(결합)하는 복합관계의 회귀에 유의하는 것으로 시작할 것이다. 아라우칸족이 해의 아들에게 붙인 이름 마레우푸안투(mareupuantü)는 '12개의 해'를 의미한다. 유파 신화보다 더욱 직접적으로 이 이름의 어원은 클래머스와 조슈아 신화에 나오는 다수의 해와 달을 환기한다(M₄₇₁d: 이 책 503쪽 참조; Gatschet, 제1부, 105~106쪽; Frachtenberg 2, 228~233쪽). 그렇지만 레만-니체(9, 191쪽)는 다른 곳에서 개구리나 두꺼비를 지칭하는 해의 아들 이름에 대한 앞의 해석을 거부한다(Latcham 2, 378쪽). 물에 던져진 그 이후에 개구리로 변한 유파 신화의 유혹하는 여인은 아라우칸어로 숌팔위(shompalwe)라는 초자연적 존재를 상기시킨다. 물고기와 호수의 주인이며, 청소년들을 호수에 빠뜨리는 이 여인(Faron 2, 68쪽, 73~74쪽)도 물의 여신인 청개구리일 것이다(Cooper, 748쪽). 콜롬비아의 산타마르타 네바다산맥의 코기족(Kogi)은 두꺼비와 (여자의) 외음부를 지칭하는 동음이의어의 단어들을 같이 사용한다. 또한 이들은 다수의 태양, 개구리 그리고 원초적으로 아주 뜨거운 해를 완화된 해로의 대체 등 이들을 연결(결합)하는 신화적 복합을 갖고 있다(M₄₁₂: Reichel-Dolmatoff 1, 제2권, 26~32쪽; Preuss 3, 154~163쪽). 이러한 믿음은 북아메리카의 북서 해안으로부터 남아메리카 페루의 마쉬구엔가족(M₂₉₉: 『꿀에서 재까지』, 450~453쪽)—이들 역시 하위-안데스족이다—에서 증명된다.

자기 딸들의 결혼을 거부하는 천상의 인물인 유파 신화의 이기적인 아버지는 딸들을 가두어놓는데, 아버지는 아라우칸족에서 그와 아주 유사한 인물을 만난다.

### M₄₁₃. 아라우칸족의 신화: 긴 밤

늙은 타트라파이의 조카들은 (그의 딸들인) 사촌 여동생들과 혼인하기를 바랐다. 그는 이들에게 시험(시련)을 이겨내라고 요구했다. 그러나 늙은이는 딸들과 헤어지기보다는 차라리 자신의 손으로 딸들을 죽이는 것으로 끝맺었다. 이를 복수하기 위해 구혼자들은 해를 항아리 속에 가두어 4년 동안 암흑의 밤이 되게 했다. 늙은 타트라파이는 굶어 죽었다. 이들에게 위협을 받은 새들은 주인공들에게 대체 여자들을 제공했으나 이들은 하나하나 거절했다. 결국 그들은 타조가 소개한 애꾸눈의 여자들과 결혼했거나 그들의 죽은 약혼자를 찾아 죽음의 나라로 떠났다. 세 번째 변이형 신화에 따르면 죽은 약혼자(해의 딸)들은 그녀들의 아버지의 잘린 머리에서 뿜어져 나오는 피 덕분에 다시 살아났다 (L.-N. 10, 43~51쪽; Lenz, 225~234쪽).

팜파스 지역(대평원)의 아라우칸족은 타조(사실상 아메리카타조의 하나)를 은하수와 연계한다(Latcham 2, 402쪽). 가이아나의 아라와크족은 아버지(해)가 혼인하도록 제공한 딸들을 한 가상의 사위가 거절한 후 그 딸들은 결국 은하수로 변했다고 믿는다. 이러한 관계 아래에서 볼 때 신화M$_{413}$은 또 다른 축 위에서 신화M$_{394}$를 도치하면서 신화M$_{149b}$를 전도하고 있다. 카시나와 신화(M$_{394}$)에서 혼인을 거부하는 소녀는 친어머니에 의해 살해당하고 소녀의 잘린 머리에서 솟아나는 피는 나중에 무지개가 된다. 여기에서(M$_{413}$)는 자기 딸의 혼인을 거부한 아버지의 잘린 머리에서 솟아나는 피가 그가 이미 살해한 딸들을 부활시킨다. 여기서 우리는 한 (신화집단) 체계의 초안(밑그림)이 그려지는 것을 볼 수 있다.

천상의 배우자와 애꾸눈의 배우자(여)에 관해 할 이야기가 너무나 많을 것이다. 그러나 이 주제가 로키산맥의 북부에서 남부 하위-안데스 (문화) 지역까지 우리가 주의를 기울였던 모든 신화들과 같은 전파 영역을 점유하고 있다는 사실을 강조하는 것으로 만족할 것이다. 사실 우리는 코디악족(Kodiak)에서 이를 볼 수 있다(Golder, 24~26쪽, 30쪽). 클래머스족(Gatschet, 제1부, 107~108쪽; Barker 1, 71~73쪽)에서도 볼 수 있다. 그리고 좀더 뒤쪽에서 우리의 논증을 흥미롭게 해줄 북아메리카의 변형들을 만나게 될 것이다. 남아메리카의 보로로족에서 같은 주제(애꾸눈의 달)를 지적할 수 있는데, 이미 인용한 한 신화에서 필요하다면 이들 주민의 하위-안데스적인 유사성을 증명할 수 있을 것이다(M$_{392b}$:

Rondon, 164쪽). 그리고 유파족과 코기족처럼 지바로족은 태양의 아내를 위해 하나 또는 여러 마리의 악한 또는 어리석은 개구리를 제시한다 (Wavrin, 629쪽, 635쪽).

동시에 이 모든 실마리(코스)를 추적하려 하지 말고 우리 여정의 단계를 요약하는 것이 나을 것이다. 신화들이 달과 해의 카누 여행에 돌리고 있는 의미를 찾아 출발하면서 이 주제가 두 차원의 의미의 장(場)에 자리를 잡고 있다는 것을 확인했다. 말하자면 공간의 축은 카누 여행이 중재할 수 있는 교대(대체) 항인 가까운 또는 먼, 받아들인 또는 거부한 혼인을 상호적인 거리관계를 바탕으로 대립시킨다. 시간의 축 위에서의 교대(대체)는 영원한 낮과 긴 밤 사이에서 밝음과 어두움의 완화된 양상—즉 무지개, 겨울의 구름(안개), 달과 별, 은하수—으로 공시적 서열 안에서 중재된다. 그리고 통시적 서열 안에서 낮과 밤의 규칙적인 연속에 의해 중재된다.

더욱 이 장(場)을 조사하면서 신화들이 두 가지 방법(양상)으로 공간의 축을 이끌어가는(인도/유도하는) 것을 확인했다. 신화들은 공간의 축을 수평적 또는 수직적으로 상상한다. 카누 여행이 가까운 극(점)에서 먼 극(점)까지 주인공을 운반할 때는 당연히 수평적이다. 이 수평적 카누 여행을 통해 주인공을 이국적인 환경으로 데려가기 위해서는 우선 가정적인 환경에서 떼어놓아야 하는데, 그는 가정적인 환경에서는 완고한 (냉정한) 총각($M_{394}$)이거나 근친상간적인 애인($M_{392}$, $M_{406}$)이지만 이국적인 환경에서는 주인공이 총각이라면 먼 이국의 공주들을 만나거나 ($M_{406}$, $M_{149b}$) 이미 혼인을 했다면 불성실한 여주인($M_{393}$)을 만나게 된다. 그런데 유파 신화($M_{411}$)는 명시적으로 이 수평축을 수직축으로 올려 세운다. 즉 야간의 해는 수상(水上) 개구리로 변한 인간 여인을 껴안고자 했기 때문에, 말하자면 먼 혼인을 원했기 때문에 뜨거운 구덩이에 빠져 죽는다. 그리고 하늘에 올라가 달이 된 해는 같은 본질의 구원자들인 별들과 자기 딸들의 혼인을 거부한다. 그리고 그녀들과 헤어지느니 차라리 딸들을 가둔다. 그는 가까운 결합(혼인)의 비밀스런 욕구에 영향을 받은 마치 신화M413의 늙은 주인공 타트라파이처럼 근친상간적인 아버지의 방식으로 행동한다. 이 신화(M413)에서 주인공 타트라파이는 같은 유형의 감정에 젖어 자신의 조카들—이들은 "훌륭한(적합한) 거리의 구혼자들이다. 왜냐하면 적어도 이론상으로는 아라우칸족은 교차사촌누이와 모계 교차사촌혼을 권장하고 있기 때문이다(Faron 1, 191쪽)"—에게 죽음의 나라에서 그들의 약혼자들을 찾도록 또는 더욱 먼(멀리 떨어진) 혼인을 하도록 강요한다(그림 13).

　더욱 단순화해보면 수평축은 아마존강과 오리노코강 유역의 하천부족 신화에서 더욱 두드러지게 나타나고, 수직축은 산간 부족이나 산맥

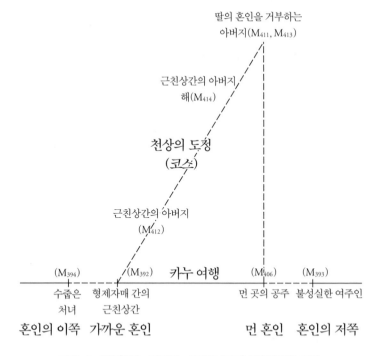

그림 13 사회학적 · 지리적 · 우주적 코드(부호)의 통합 구도

근처의 부족 신화에서 더 잘 나타난다고 말할 수 있다. 여기에 아래와 같은 사실들을 첨가할 수 있다. 몇몇 안데스 또는 하위-안데스 신화들은 이중으로 기울어진(경사진) 축 위에 놓이는데, 이 신화들은 말하자면 근친상간의 아버지 주제를 통해 형제자매 간의 근친상간(평행축) 신화와 이기적인 아버지 신화(수직축)를 연결한다는 의미에서 그렇다고 할 수 있다. 코기 신화($M_{412}$)에서 사악한 해는 자기 딸인 금성과 근친상간을 범한다. 게다가 금성은 변형된 소년이다. 그때부터 그들(해와 달)은 서로 피하기 위해 거리를 두고 여행한다. 두 코드의 일치는 이미 인용한 타카나 신화($M_{414}$: Hissink-Hahn, 79~80쪽)에서도 나타나는데, 여기서 각각 아버지와 딸인 해와 달은 아버지의 사랑행각에 뒤이어 둘 다 이제는 헤어져 있어야 하기 때문에 천체의 속성을 갖게 되었다. 근친상간과 연관된 해와 달의 기원을 말하는 이 신화집단의 또 다른 신화들에서처럼 멀리 떨어진 천체의 상대적 위치(두 천체〔해와 달〕의 속성은 함께 나타날 수 없는 것이다)는 너무 근접한 사회학적 위치를 벌한다(근친상간이기 때문에).

오리노코강 유역에서 우리는 두 축을 통합하려는 한 신화집단을 볼 수 있다. 오늘날에는 사라지고 없는 카리브어를 사용하는 한 부족에서 유래하는 옛 신화 판본은 몇몇 단문장으로 축소되어 있기는 하나 귀중한 정보(증거)를 우리에게 제공한다.

### M₄₁₅. 타마낙족의 신화: 결혼에 강요(강제)된 소녀들

타마낙족의 조상인 아말리바카는 산꼭대기로 피난한 한 남자와 여자를 제외한 모든 인디언들을 익사시킨 대홍수가 날 때 도착했다. 자신의 배로 여행하던 조물주는 엔카라마다의 **채색된 담벽**(Roche peinte) 위에 달과 해의 형상을 새겼다. 조물주는 보위라는 동생이 있었다. 그들은 함께 땅 표면(땅 위)의 형상을 만들었다. 그들의 노력에도 불구하고 오리노코강을 양방향으로 흐르게 할 수는 없었다.

아말리바카는 여행이 자신들의 취미라고 선언하는 딸들이 있었다. 그는 그녀들을 정착민으로 만들기 위해 그녀들의 다리를 분지르고, 타마낙의 대지에 인간을 번식하도록 강제했다(Humboldt, 제8권, 241~242쪽; Gilij, 제3부 제1편 제1장 참조; Brett 2, 110~114쪽).

앞에서 논한 신화들에 비해 이 신화는 전략적이라고 할 수 있는 위치를 점한다. 우선 이 신화는 딸들의 혼인을 못하게 하려는 아버지가 등장하는 신화M413을 전도하고 있다. 그런데 조물주 타마낙은 딸들의 혼인을 강제한다. 여행을 좋아하는 이 소녀들은 신화M394의 수줍고 집 안에 있기를 좋아하는 처녀와 정반대이다. 여자로서 그녀들은 차라리 신화M354의 모험적인 남편과 일치하고, 신화M393의 너무 신뢰성이 많은 방문자와 일치한다. 그녀들은 신화M394의 처녀처럼 다리가 마비되지만 밖(외부)으로부터가 아니라 안(내부)으로부터 온 것이며, 가까운 결합(혼인)을 한 것은 아니지만 의지와는 반대로 강제된 결합이다. 그녀들은 신화M354와 M393의 주인공들처럼 몸이 잘리지만 위(머리)가 아니라 아래(다리)가 절단된다. 카누 여행의 주제가 사회학적 코드와 천체 코드가 너무 잘 통합된 결과로 이들의 공간적이고 시간적인 표현양상들이 동시에 나타나는데, 먼저 강가에 접해 있는 암벽에 해와 달의 형상을 새김으로써 (M406에서 해와 달은 배 선체 자체에 장식되는 대신) 물의 흐름을 양방향으로 흐르게 하려는 조물주들의 계획이 나타난다. 이 조물주들의 계획은 강 상류로의 여행과 강 하류로의 여행이 같은 시간의 길이로 이루어지는데, 이것을 공간적인 용어로 표현하면 같은 집단의 다른 신화들이 창시하려는 낮과 밤의 규칙적인 교대로 해석할 수 있기 때문이다(또한 Reinburg, 15쪽의 Zaparo 참조). 이 점들에 대해서는 다시 논하게 될 것이다. 왜냐하면 타마낙 판본은 너무 간략해서 증명의 근거로 삼기는 좀

빈약하기 때문이다. 더욱 타마낙 부족은 오래전에 사라졌으며, 심지어 이들의 핵심적인 신에 대한 기억조차 이웃 부족의 기억 속에 남아 있지 않다. 19세기 초반부에 훔볼트는 '5,000평방리외(1리외는 약 4km) 안의' 주민들이 아말리바카의 이름을 알고 있다고 관찰했다. 이로부터 1세기 반 이후에 이곳을 여행(탐험)한 숌부르크는 이 인물에 대한 어떤 정보도 얻을 수 없는 것에 놀랐다. "심지어 그의 이름조차 지금은 잊었다고 말할 수 있을 것이다"(Roth 1, 136쪽에서 인용).

아래와 같은 상황이 일어난다면 아마도 대책이 없었을 것이다. 흔히 신화학에서 일어나는 일인데, 옛날에 없어졌다고 믿을 수밖에 없는 이야기가 1세기 반 후에 변형되긴 했지만 아주 쉽게 알

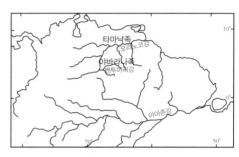

그림 14 타마낙족과 야바라나족

아볼 수 있는 형태로, 그것도 타마낙 부족의 옛 거처와 멀지 않은 곳의 주민들(부족들) 입에서 다시 살아나왔다면 놀라운 상황일 것이다. 이들 주민들은 타마낙과 같은 계통의 언어를 사용하지만 1958년도에 조사한 이 부족의 숫자는 50여 명을 넘지 않았으며, 이들의 전통문화는 깊숙이 변형된 것처럼 보였다.

### M416. 야바라나족(Yabarana)의 신화: 낮과 밤의 기원

시간의 기원이 시작될 시기에 사실상 한 고독한 부부만 존재했다. 이 남자와 여자는 현재 우리의 몸과는 다른, 하지가 없고 아랫배 부분에서 끝나는(절단된) 몸을 갖고 있었다. 이들은 입으로 먹고 목 복숭아뼈 높이에 있는 기관(도관)으로 배설했다. 이들의 배설물에서 **전기뱀**

장어(Electrophorus electricus)가 태어났다.

그들의 신체적 구조가 후손을 생산할 수 없는 두 인간 존재들 이외에 또한 땅 위에는 초자연적 능력(힘)을 갖고 태어난 두 형제가 있었다. 형은 마요워카라고 불렸고, 동생은 오치였다. 어느 날 형은 여러 번 치른 사냥원정 중 한 여정에서 길을 잃은 동생을 찾으러 떠났다. 그는 강가에서 낚시를 하고 있는 몸통-남자를 만났는데, 그것도 바로 이 남자가 막 팔딱팔딱 뛰고 있는 멋진 피라니아물고기를 물가로 잡아 올리는 순간 그를 놀라게 했다. 마요워카가 어부(몸통-남자)의 금낚시를 훔치려고 물고기로 변해 있던 동생(오치)을 알아차린 것은 어부가 잡은 물고기를 죽이려는 찰나였다.

마요워카는 즉시 대머리독수리로 변하여 자신의 똥자루에 물을 뿌리고 있는 몸통-남자를 공격했다. 오치는 이 틈을 타 물속으로 뛰어들었다. 그리고 형은 파리새(벌새)의 형상을 취한 후 낚시를 탈취했다. 그리고 자신의 본래 모습으로 돌아온 그는 새소리가 나오는 이상한 바구니를 얻으려고 남자(몸통-남자)와 치열한 언쟁을 시작했다. 결국 몸통-남자가 새-해[日]를 잡는 데 성공했다. 이 시대에 해는 중천(천정점: 하늘 한가운데)에서 빛을 내며 정지해 있었다는 사실을 말해야 한다. 사람들은 낮도 밤도 알지 못했다.

그러나 몸통-남자는 마요워카의 머리 옆쪽 오늘날 귀가 있는 자리에 붙어 있는 금낚시를 알아보았다. 탈취당한 것에 화가 난 그는 바구니에 대한 모든 제안을 거부했다. 마요워카는 그에게 최상의 제안을 내놓았다. "보건대 당신은 몸의 절반이 없소. 당신은 발로 걷지도 못하며, 겨우 지팡이에 의지해 움직일 뿐이잖소. 새-해와 교환하는 조건으로 내가 당신에게 한 쌍의 다리를 주겠소. 그러면 당신은 아무 장애 없이 세상 어디든지 갈 수 있을 것이오." 움직이는 데에 엄청난 고통을 겪은 몸통-남자는 그렇지만 자신의 부인도 같은 혜택을 얻는다는 조건으로 거래를 받아들였다.

마요워카는 여자를 불러 일을 시작했다. 도기 만드는 진흙을 주무르고 모형을 만들어 몸의 부족한 부분을 완성했다. 남자와 여자는 새로운 다리 위에 올라가 조심스레 걷기 시작했다. 그때부터 인간은 여행을 할 수 있을 뿐만 아니라 후손을 생산할 수 있는 능력을 갖게 되었다.

마요워카에게 바구니를 건네주면서 남자는 절대 바구니를 열지 말라고 신신당부했다. 열면 해는 도망가버릴 것이며 다시는 찾을 수 없을 것이다. 이 새장이 너무 중요하기 때문에 주인(소유자)은 아무에게도 보여주거나 맡겨서는 안 된다.

조물주는 너무 즐거워하며 두 손을 모아 균형 있게 새장을 잡고 떠났다. 그는 새-해의 놀라운 노래를 듣는 데 전혀 싫증을 내지 않았다. 조심하며 걸었음에도 불구하고 그는 자신의 동생을 만났는데, 동생이 피라니아물고기로 변했을 때 입은 상처를 닦고 있었다. 그래서 피라니아는 아직 자신의 머리에 난 검은 줄무늬 형상의 흉터를 갖고 있다. 그들은 함께 길을 걸어 숲으로 들어갔다.

그들은 배가 고팠으므로 곧 과일이 달린 나무 밑에 멈추고는 동생에게 나무 위로 올라가라고 했다. 그러나 동생이 바구니를 알아차렸는데, 거기에서 이상한 노래가 들렸다. 그는 자신이 약하고 힘이 없다는 핑계를 대고 마요워카가 열매를 따는 동안 땅에 머물렀다. 형이 나뭇잎에 가려 보이지 않게 되자마자 형의 만류에도 불구하고 오치는 바구니를 열었다. 새-해는 날아가버렸다. 그의 노래는 끔찍한 비명 소리가 되고, 구름은 한곳으로 모여 태양은 사라졌다. 그리고 온 땅이 검은 옥처럼 캄캄한 밤으로 꺼메졌다. 이때 장대 같은 비가 12일 동안이나 연이어 내려 짜고 검고 차갑고 고약한 냄새를 풍기는 물로 온 땅을 뒤덮었다.

두 인간은 죽을 뻔하였다. 수면 위로 솟은 언덕 덕분에 그들은 살 수 있었다. 어떤 새도 노래하지 않았고, 어떤 동물도 포효하지 않았다. 단지 울부짖는 바람소리와 후려치는 빗소리만 들릴 뿐이었다. 물(바다)과 아직도 엄청 검은 하늘 사이에서 자신의 잘못을 뉘우치며 꿇어앉아 우는 오치의 약한 울음소리가 산 정상에서 들릴 뿐이었다. 마요워카는 그의 울음소리를 들을 수 없었다. 왜냐하면 그는 박쥐로 변신하여 하늘 높이 날고 있었지만 밤이 어두워 장님이 되다시피 했고, 폭풍우로 들리지 않았기 때문이다. 오치는 땅의 표피(지층)가 되었다. 그리고 그 주위에 양식이 될 모든 종류의 네 발 달린 짐승을 창조했다. 같은 의도를 가진 마요워카도 더 높은 곳 폭풍우의 위쪽에 새들과 원숭이들을 창조했다.

여러 해가 지났다. 마지막으로 마요워카는 해를 찾으러 코노토새(conoto)를 보냈다. 새가 지쳐 천정점에 이르렀을 때 해는 거기에 없었다. 새는 활공하며 바람이 부는 방향으로 몸을 맡겼는데, 바람은 땅 끝까지 그를 데려갔다. 기적이 일어났다. 해가 작열하는 공 모양으로 그곳에 있었다. 사실 새장에 갇혀 있는 데 싫증이 난 해는 천정점까지 도망쳤다. 그리고 그는 이제 세상의 한 끝에서 다른 끝까지 달렸다. 그러나 더 이상 도망칠 수가 없었다. 이렇게 하여 낮과 밤의 교대가 나타났다. 밤에 사람들은 해를 볼 수 없다. 왜냐하면 해가 평평한 땅 밑으로 여행하기 때문이다. 해는 아침마다 반대편 끝에서 다시 나온다. 자신이 타버리지 않기 위해 코노토새는 솜털구름 뭉치의 도움을 받아 천체(해)를 붙잡아 땅으로 던졌다. 흰 원숭이가 이 솜뭉치를 받아 한 올 한 올 풀어 새-해를 자신의 새장에 다시 넣었다.

해는 다시 천정점으로 올라갔다. 그곳에 한순간 머물렀다. 마요워카는 그의 동생에게 말했다. 그들 사이에는 악조건의 땅이 있어 오치는 동쪽에 자신은 서쪽에 서로 떨어져 살아야 할 것이다, 라고 그에게 말했다. 마요워카는 이어서 홍수로 살 수 없게 된 세상을 다시 설계하기 시작했다. 단지 생각의 힘(능력)으로 나무를 자라게 하고, 강물이 흐르게 하며, 동물들이 태어나도록 했다. 그는 산을 반쯤 갈라지게 하여 그곳으로부터 새로운 인류가 태어나도록 하고, 이들에게 문명의 기술, 종교적 의례, 그리고 하늘과 소통할 수 있는 발효음료의 제조기술을 가르쳤다. (아들 하나가 태어났는데, 한 식인귀가 그를 잡아먹으려 했다[원문대로].) 결국 그는 구름 속으로 올라갔는데, 그곳에서 사람들은 아직도 그의 두 발자국을 본다.

그렇게 하여 제3의 세상이 탄생했다. 첫 번째 세상은 근친상간을 저지르는 사람들을 벌하기 위해 불로 파괴되었다. 두 번째 세상은 새-해를 놓친 오치의 경솔함 때문에 홍수로 멸망했다. 세 번째 세상은 악마 우카라(ucara)의 휘하에 있는 악신 마와리(mawari)의 수중에서 끝나게 될 것이다. 네 번째 세상은 마요워카의 세상이 될 것인데, 인간과 모든 또 다른 존재들의 영혼은 영원한 행복을 누릴 것이다(Wilbert 8, 150~156쪽).

길기는 하지만 늦게 수집한 이 판본은 확실히 불완전하다. 왜냐하면 정보 제공자는 그가 이야기하지 않은 에피소드들을 끝부분에 나열하는데, 이 에피소드들은 차라리 앞부분에 있어야 할 것들이기 때문이다. 더욱 대홍수가 지는 동안에 그리고 그 후에 첫 번째 부부가 어떻게 되었는지 전혀 알 수 없으며, 왜 새-해가 탈출하여 낮과 밤의 규칙적인 교대를 창시한 후 새장으로 돌아와야만 했는지 전혀 알 수 없다.

이러한 불확실성에도 불구하고 신화M₄₁₅~M₄₁₆에서 조물주들이 갖고 있는 각 이름의 유사성—신화들은 이들에게 매번 인간들을 파괴하는 대홍수의 시련을 부과하고, 세상을 재조직하도록 위임한다—은 다리 없는 원초의 부부와 다리가 부러진 조물주 딸들의 두 에피소드를 도치된 시퀀스처럼 취급하도록 부추긴다. 아말리바카는 딸들이 모든 방향으로(어디든) 여행을 못하도록 그리고 그녀들이 제자리(살던 곳)에 머물도록 그녀들의 다리를 분질렀는데, 이것은 틀림없이 이국 여행(모험) 중에 더럽혀질 딸들의 출산능력을 오직 타마낙 가계 자손의 출산에만 예비해두기 위해서이다. 이와는 반대로 마요워카는 필요에 의해 한곳에 정주하는 원초의 부부에게 동시에 모든 방향(어디든)으로 움직일 수 있고 출산할 수 있도록 다리를 만들어준다. 신화M415에서 해와 달은 고정되어 있거나 더욱 정확하게 말하면 암벽화의 형태로 같이 붙어 있는 이들의 형상화는 이들을 갈라놓은 적절한 거리와 이들을 결합하는 상대적인 근접의 절대적인 기준에 맞춘 것이다. 그런데 암벽이 움직이지 않을 때 암벽 밑을 적시고 있는 강은—완전한 창조라고 가정해본다면—왕복의 여정(코스)을 이처럼 균등하게 하면서 양방향으로 흘러야만 했을 것이다.

카누 여행을 해본 사람들은 모두 강 하류로 내려가는 데 단지 몇 시간의 항해가 필요하지만, 상류로 올라갈 때는 며칠 간의 항해가 필요하다는 사실을 알고 있다. 그러니까 공간적인 표현으로 강의 양방향으로의 흐름은 시간적인 표현으로 낮과 밤 각각의 길이 사이에 적합한 균형을 찾는 것과 일치하며(M410 참조), 달과 해 사이의 그러한 적절한 거리는 암벽화의 형태로 표준에 맞게 새겨놓은 거리에서 얻을 수 있다. 결과적으로 신화M415는 사회학적 장(場)과 같이 천체의 장(場)에서도 같은 방식을 취하고 있다. 신화는 한 번 적절한 거리를 취한 다음에는 주간의 천체와 야간의 천체, 남자와 여자의 위치를 고정시키고, 자리를 움직이는 것은 강이다. 신화M416은 대칭적이고 반대(역전)의 과정을 따른다. 말하자면 원초에 해는 천정점에 고정된 자리를 점하고 있었으며, 원초의 부부는 움직일 수 없었다. 자신의 긍정적 측면과 부정적 측면으로 검토된 창조 작품은 매번 이것들을 움직이는 것으로 구성된다.

말하자면 강을 올라가고 내려가는 시간의 불균형을 무력화시키며, 강 흐름을 양방향으로 놓는 형식 아래 신화M416의 카누 여행과, 역시 신화

M₄₁₅에도 나타나는 전도된 표현은 문제가 되지 않는다. 이러한 강 흐름의 시퀀스를 현재의 신화는 같은 영향을 나타내는 다른 시퀀스로 대체한다. 낚싯바늘을 훔치러 피라니아물고기로 변했던 작은 조물주는 몸통-인간의 낚시에 걸린다.

이런 결과는 직접적으로 이 책의 출발점인 신화M₃₅₄와 연결된다. 즉 신화M₃₅₄에서 피라니아물고기는 주인공이 몸통-여인(역시 꺽쇠-여인이기도 하다)으로부터 벗어나기 위한 구실이 되며, 쌍둥이 조물주 신화에서 피라니아물고기는 몸통-인간의 낚싯바늘(≡꺽쇠)에 걸릴 구실로 사용되기 때문이다. 그러나 그 이상의 것이 있다. 결국 물(강) 흐름의 역할이 삽화적으로 타나날 수 있는 신화M₄₁₆의 흐름의 시퀀스는 이러한 시퀀스가 흔히 나타나는 투피-과라니 신화학의 완전한 의미를 수용하고 있다. 더욱 근친상간에 대한 벌로 나타나는 세상의 파괴(불에 의해서가 아니라 홍수에 의해 이루어진다) 역시 이(투피-과라니) 신화에 속한다 (Cadogan 4, 57~58쪽).

남부 과라니족의 두 조물주는 해와 달이다. 창조 작업(M₁₃:『날것과 익힌 것』, 205쪽, 261쪽) 중 이들은 사악하고 식인을 하는 한 악신의 낚시를 훔치려고 물고기로 변한다. 행동이 재빠르지 못한 동생은 식인귀(『날것과 익힌 것』에서 우리가 부주의로 암식인귀라고 기술한 암식인귀가 아니라)의 먹이가 되는데, 겁먹은 형의 눈앞에서 동생을 잡아먹는다. 이 에피소드 역시 신화M₄₁₆과 같은 신화집단에 속하는 야바라나 신화에 보존되어 있다(Wilbert 8, 154~156쪽). 그런데 형 조물주는 조심스럽게 뼈들을 주워 모아 동생에게 다시 생명을 부여한다. 먹힘에 이은 재탄생(부활)은 달의 진행과정(위상)과 월식을 통해 영속화된다. 다른 관점에서 달은 자기 고모와의 근친상간적인 불장난(연애) 중에 얼굴에 얼룩지게 되었다. 고모는 그가 누구인지 알아보기 위해 야간 방문자의 얼굴에 얼룩을 남겼다. 그 이래로 비가 올 때면 얼룩을 지우기 위해 그는 몸을 씻는다. 일식 역시 조물주인 형과 식인귀 샤리아의 대결까지 거슬러 올라간다(Cadogan 4, 78~83쪽).

우리는 수많은 투피-과라니 우주관(세계관)을 알고 있다. 이 우주관은 신화M416의 천체적인 부호화—M415에서는 사회학적 부호화가 더욱 분명하게 나타나는데—의 결핍을 메우기에 충분하다. 틀림없이 투피족과 과라니족은 신화적인 조물주들을 해와 달에 일치시키고 있다. 이러한 점에서 이 부족은 야바라나족과 차이가 나는데, 야바라나족은 해를 새로 만들고 식인귀에 의해 잡아먹히는 이야기를 만들고 있으며, 더욱 마요워카의 아들이 달로 의인화되고 있다는 뉘앙스를 풍기는 용어로 이야기한다. 조물주들이 동쪽과 서쪽으로 분리됨으로써 차라리 이들이 무지개와의 유사성을 나타내고 있다. 적도 아메리카 인디언들은 기꺼이 기상현상인 무지개를 상부(위)와 하부(아래)—이것은 홍수기 동안 조물주들의 위치와 일치한다—또는 신화의 끝부분에서 일어나는 것처럼 동쪽과 서쪽으로 나눈다. 우리는 이미 카투키나어를 사용하며, 푸루스강과 주루아강 사이의 테페 고원에 사는 카타위쉬족(Katawishi)의 한 신화를 인용했다(『날것과 익힌 것』, 468쪽).

### M417. 카타위쉬족(Katawishi)의 신화: 두 개의 무지개

카타위쉬족은 두 개의 무지개를 알고 있다. 서쪽의 마왈리와 동쪽의 티니이다. 이들은 두 쌍둥이 형제였다. 남자들만 홀로 남겨놓고 아마존 여인들이 떠난 후 새로운 여자들을 만든 것은 마왈리였다. 티니와 마왈리는 대홍수를 일으켜 그들이 아내로 삼을 두 젊은 여인(소녀)만 제외하고 살아 있는 모든 생명체를 죽였다. 이들(두 형제=무지개) 중 어느 하나를 바라보더라도 재수가 없다. 사람들이 마왈리를 보면 여리고 게으르고 사냥과 어로에 운이 따르지 않게 되고, 티니를 보면 너무 서툴러져서 나가기만 하면 길가의 모든 장애물에 발을 부딪혀 상하고,

날카로운 도구를 잡으면 손을 베어 다치게 된다(Tastevin 3, 191쪽).

타스테빈은 회상하기를 /마왈리/ 또는 /마와리/라는 단어가 여러 방언에서 고약한(악한) 신(神) 또는 악하지 않은 신(같은 책)을 지칭한다고 말한다. 이것은 확실히 야바라나 신화의 경우이다. 여기서 /마와리/는 '악신'의 의미를 갖는다(이 책 265쪽). 이 용어는 동시에 사리그와 무지개를 지칭하는 아라와크 용어 /야와리/(『날것과 익힌 것』, 470~472쪽)와 연관되어 있는 것이 틀림없다. 더욱 가이아나의 아라와크족과 카타위쉬족 사이의 중간 지역에 살고 있는 투쿠나족은 동쪽 무지개와 서쪽 무지개를 구별하며(이 책 96쪽, 194쪽), 또한 두 조물주를 상정하고 그중 하나는 신(神)-사리그(『날것과 익힌 것』, 359쪽, 368쪽)인데, 이들 쌍둥이는 결국 헤어지게 되어 하나는 동쪽으로 떠나고 다른 하나는 서쪽으로 떠난다.

타마낙과 야바라나 쌍둥이들처럼 카타위쉬 쌍둥이들은 인류를 파괴하는 홍수를 일으킨다. 그리고 그들은 소녀(여자)들의 합당한 행위에 대해서 대단히 확고한 생각을 갖고 있다. 타마낙 쌍둥이들은 방랑하는 여인들이 짝을 이루어 정착민이 되도록 하며, 야바라나 쌍둥이들은 이중으로 이와 대립한다. 말하자면 이들은 *정착민인 부부를 방랑하게* 만든다. 카타위시 쌍둥이들을 보면 이들은 두 종류의 여인들과 관련된다. 이들(쌍둥이들)을 버렸기 때문에 역시 방랑자가 된 아마존 여인들과 이들(쌍둥이들)의 아내로 삼기 위해 대홍수에서 구원한 이 지역 여인들은 정착민이 된다. 결국 조물주와 인간의 미래적인 관계는 다른 신화들에서 가까운 혼인과 먼 혼인을 대립시키는 방식과 대칭적인 방식으로 덕목의 차원(층위)에서 묘사된다. 무지개들 중 하나를 바라보면 사냥과 어로에 운이 없고 게으르고 연약하게 된다. 말하자면 다른 신화들에서 근친상간의 기원을 다루는 결핍과 유사한 결핍을 초래하게 된다. 다른 무지개에 시선을 고정하면 사고—추락하거나 상처를 입는—를 당하게 된다. 이 사고는 부주의하고 무모한 행위에 대한 일상적인 대가(제재)이다. 이제 사회학적·천체적인 기호화에 이은 윤리(도덕)적 코드화(부호화)가 더해지게 되었다.

그러니까 같은 지역, 그러나 이번에는 카리브족에서 이미 우리가 주의를 기울였던 신체적(해부학적) 암시를 나타내는 네 번째 코드화를 다시 볼 수 있다는 데 놀랄 필요는 없을 것이다.

### M₂₅₂. 와이와이족(Waiwai)의 신화: 첫(최초의) 짝짓기(『꿀에서 재까지』, 286∼287쪽 참조)

시간이 시작되던 시기에 애를 임신한 채 길을 잃고 헤매는 한 거북-여인이 표범의 집에 피신하고자 했다. 표범은 그녀를 잡아먹었다. 단지 그녀의 뱃속에 있던 거북알을 남겨놓았는데, 여기서 두 어린아이가 탄생했다. 어린아이들의 이름은 마와리와 와쉬[3]였다. 한 늙은 여인이 이들을 키웠다. 그들이 성장했을 때 털보와 텁석부리들이 되었다. 그럼에도 이들은 성기가 없었다. 왜냐하면 이 시대에 성기는 숲속에서 자라는 작은 풀(식물)의 형태로 존재했다. 한 마리 새로부터 정보를 얻은 이들은 어느 날 이 풀들을 핥았다. 그리고 잠을 잤다. 그들이 잠자고 있는 동안 각자의 성기가 엄청나게 자랐다. 새로운 성적인 충동에 이끌린 이들은 한 암수달과 성교를 했다. 이 수달은 어떻게 진정한 여인

---

3) 우리는 와이와이어가 쌍둥이 중 하나의 이름 /마와리/와 사리그를 지칭하는 /야와리/를 구분한다는 점에 유의할 필요가 있다. 마찬가지로 칼리나어로 /마와리/와 /아와레/를 구분한다(이 두 단어에 대해서는 알브링크 참조). 그러니까 위에서 신화들이 일치하는 시니피에에 부여하는 각각의 암시적 의미를 기반으로 하여 우리가 암시했던 접근(들)을 완전한 것으로 간주해서는 안 된다. 사리그와 무지개를 지칭하는 단어들에 대해서는 테일러 참조.

(인간여인)들을 낚기 위해 여기서 그들이 해야 할 행동에 대해 설명했다. 그렇지만 이 여인들은 쌍둥이들에게 자신들과는 자지 말라고 충고했다. 왜냐하면 그녀들은 이가 달린 자궁(질)을 갖고 있었기 때문이다. 대단히 급했던 와쉬는 죽을 뻔했다. 그렇지만 그의 성기는 지금처럼 적당한 길이(크기)로 잘렸다. 마와리는 먼저 질 속의 피라니아물고기 이빨을 제거하기 위해 주술 마약을 자신의 부인에게 처방하고자 했다 (Fock, 38~42쪽).

가까운 혼인마저도 불가능하게 하는 성기의 부재에서 우리는 먼 혼인에만 사용할 수 있는 아주 긴 성기의 매개과정을 거쳐 합당한 길이의 성기를 취득하는 과정에 이르렀다. 이처럼 와이와이 신화는 신체적(해부학적) 용어로 표시한다. 몇몇 신화들이 사회학적 용어로 또는 천체의 용어로 이야기하는 반면, 또 다른 신화들은 둘 또는 세 개의 코드를 동시에 사용한다. 모든 경우 각 신화는 (각 신화의) 측면들을 식별(파악)할 수 있는 전체적 의미의 층위 목록(집록)을 찾아 선택하는 과정으로 정의될 수 있다.

도표를 더욱 잘 읽기 위해 많이 단순화한 이 정방형의 행렬(도표)은 각 신화가 자신의 역할(시합)을 할 수 있는 공동의 장기판(놀이판)을 나타낸다. 그러나 무엇보다 더 놀랍고 수수께끼 같은 몇몇 변형들이 존재하는 이유를 이해하고자 한다면 반드시 전체를 고려해야만 한다. 이처럼 투카노 우주관이 '신중한 여자들'과 가벼운 여자들 또는 창녀들(Fulop, 제3권, 121~129쪽)의 두 범주로 구별하는 사실에서 낮과 밤의 규칙적인 교대를 설명하고자 하는 투카노 우주관은 하나의 긴 이야기(M₄₁₈: Fulop, 제5권, 341~366쪽)를 병합하고 있는데, 이야기에서 야바라나 신화(M₄₁₆)에서처럼 부주의로 열린 새장에서 새들이 날아간다. 이 새들은 곧 신성한 피리 /유루파리/가 되는데, 여자들은 이를 탈취한다. 오늘날에

| 천체 코드 | 달의 부재, 월식, 달의 진행과정 · · · · · 고정된 해 |
| --- | --- |
| | 긴 밤 · · · 밤과 낮의 규칙적인 교대 · · · 긴 낮 |
| | · · · · · · · · · · 은하수―무지개 · · · · · · · · · |
| 지리적 코드 | 가까운 · · · · · · · · · · 카누 여행 · · · · · · 먼 |
| | 강 하류 · · · 양방향으로 흐르는 강 · · · 강 상류 |
| 신체 코드 | 다리 없는 여자 · · · · · · · · · · 방랑하는 여자 |
| | 성기 없는 남자 · · · · · · · · · 기다란 성기의 남자 |
| 사회학적 코드 | · · · · 근친상간, 내혼 · · · · 외혼 · · · · · · · |
| | 독신 · · · · · · · · · · · · · · · · · · · · · 잡거생활 |
| 윤리(도덕적) 코드 | 수줍음(소심함) · · · · · · · · · 대담함(뻔뻔스러움) |

는 이 음악 기구가 남자에 의한 여자들의 예속 상징과 수단을 구성하고
있음에도 불구하고, 여자들이 남자들을 노예로 만들 수 있게 했다. 만일
우리가 네그루강과 우오페강 가에 살고 있는 부족들에서 /유루파리/라
는 말이 죽을 수밖에 없는 한 여인을 지칭하며, 이 여인이 해에게서 잉태
한 아들이 여인들의 지배를 끝장내고 결국 그가 세운 엄격한 규칙에 여
자들을 복종하게 만든다는 사실을 고려(참조)하지 않는다면 이러한 변
형을 이해할 수 없을 것이다(M₂₇₅~M₂₇₆:『꿀에서 재까지』, 382~385쪽).
결국 사회학적 코드가 혼인동맹의 층위에서 정치적 관계의 층위(그렇지
만 항상 성(性)의 대립각 아래에서)로 변형(진행)됨과 동시에 천체의 서
열과 사회적 서열 사이의 은유적 관계(유사성을 바탕으로 한 관계)는 여
자들과 피리 안에서 해의 아들의 현현(화신) 사이의 환유적 관계(근접성
관계)로 변화된다. 여기서 피리는 여자들의 엄격한 행위(행동)의 **원인**이
다. 마치 낮과 밤의 천체가 규칙적으로 교차함으로써 잘 이루어진(규칙
적으로 일어나는) 혼인동맹의 **이미지(상)**를 나타내고 있는 것과 같기 때
문이다. 다시 말하면 여자들이 근친상간을 하도록 너무 가깝지도 않고,
자유분방한 기질 때문에 너무 용감(대담)하거나 그녀들을 아마존 여인

들이 되도록 너무 멀지도 않은 혼인동맹을 말한다. 반면, 이 두 가지 위험에 엄격하게 대비된 여인들은 그들의 남편에 순종적이고 온순한 배우자로 나타난다. 투카노족에게는 그들이 엄격한 부족 외혼제를 실행하고 있고, 그들의 동맹 부족들과 누이를 교환함으로써 배우자를 얻거나 심지어 적인 부족에게서 소녀들을 납치함으로써 배우자를 얻기도 하는(Fulop, 제3권, 132쪽; Silva, 408쪽 이하) 이런 첨예한 양상은 진퇴양난의 문제를 야기하기도 한다. 이런 문명화된 한 지역(하늘)의 예로서 흔히 다루기 힘든 이방인들을 규율화하기는 충분하지 않았다. 그래서 이러한 어려운 조건에서 이미 얻은 배우자들이 처음부터 비사교적인(내성적이거나) 또는 근친상간적인 누이들이 되지 않도록 하기 위해, 그리고 그녀들이 이어서 불성실한 여주인이나 방종한 여인이 되지 않도록 하기 위해 틀림없이 피리에 의한 공포가 바람직할 수 있었다.

# 2 천체(별)의 운행

　더욱 일반적인 관점으로 고려해볼 때 우리가 여직껏 논했던 신화들에서 강가의 생활양식이 적도 인근에 정착해 살고 있는 주민들에게 더욱 민감하게 나타나는 모순을 해결하려고 애쓰고 있다. 밤은 시간적 서열에서 정확하게 낮과 교차(교대)한다. 왜냐하면 지구상의 이 지역에서는 두 시기(밤과 낮)의 길이가 같기 때문이다. 그러니까 적어도 이론적인 관점으로 볼 때 경험적인 현실(사실)이 상정할 수 있는 두 가지 상태, 말하자면 낮만 지속되는 상태($M_{410}$~$M_{411}$)와 오직 밤만 계속되는 상태($M_{413}$, $M_{416}$) 사이에서, 또는 심지어 한 시기의 길이가 다른 한 시기의 길이를 엄청나게 초과할 수 있는 두 시기의 상태 사이에서 밤과 낮의 정확한 교차는 성공적으로 이루어진 한 중재의 영원한 이미지를 제공한다.

　반면, 공간적 서열에서 중재의 상태는 차라리 이론적인 시각과 관련된다. 말하자면 카누 여행을 할 때 가고 오는 것이 동일하기 위해 강들은 양 방향으로 흘러야만 했기 때문이다. 그러나 경험적 현실은 그러한 어떤 것도 제시하지 않는다. 사실상 그리고 거리가 같기는 하지만 몇 시간이면 충분한 강의 같은 부분을 다시 거슬러 올라가려면 하루 종일 아니면 며칠을 소비해야 한다. 그것은 무엇보다 강들이 폭포와 급류로 끊겨 있을 때 사실이다. 이럴 경우 강의 흐름은 하류로 향하는 카누가 엄청난 속도를 내게 한다. 그러나 상류로 올라갈 때는 배를 오랫동안 육로로 옮겨야 한다. 그런데 쌍둥이 중 하나가 강의 흐름을 양방향으로 애써 흐르게 하는 신화들에서 다른 한 쌍둥이는 배의 운행 코스의 불균등한 핵심 이유인 급류와 폭포를 창조함으로써 그의 작품을 파괴한다.

결과적으로 공간의 축과 시간의 축은 논리적 관점에서 대칭적이고 전도된 구조들과 관련된다. 시간의 축 위에서 중재의 상태는 경험적으로 제시된 것과 같다. 그리고 사변적인(상상적인) 축 위에서 지배적인(우선적인) 낮이나 혹은 지배적인(우선적인) 밤을 이야기하는 신화들이―이 신화들 사이에 등가(유사성)는 존재하지 않는다―상정하는 두 형식 아래에서는 단지 원초적 상태의 직접적인 관련성만을 재현할 수 있을 뿐이다(『꿀에서 재까지』, 583~586쪽). 공간적 축 위에서는 그 반대이다. 단지 중재의 부재만이 주어질 뿐이다. 양방향으로 흐르는 강에 대한 환상을 가진 생각(상상적인 것)이 대립된 원초적 상태를 구성하기 때문이다. 각각의 경우, 결과적으로 논리적 관점과 일치하는 각 축의 극점들이 하나는 경험적인 극(점)과 다른 하나는 사변적인 극(점)이다.

이런 역설은 지금 다른 두 축(공간적·시간적)의 한 기능처럼 나타나는 사회학적 축에서 특히 예민하게 나타난다. 내혼이거나 외혼(각 경우 다소간 엄격한 양상으로 운용된다)인 혼인 규칙은 배우자를 찾아 가게 될 거리를 조심스레 고려해야 하며, 더욱 인간 종(種)을 영속시키기 위해(다시 말하자면 마지막 분석에서 보았던 것처럼 인간 생명의 길이[기간]를 측정하는 세대의 주기를 보장하기 위해) 혼인의 거리를 고려해야만 한다. 또한 가깝고 먼 혼인의 중재가 불가능함을 다루는 신화들에서 달과 해 사이의 합당한 거리와 동시에 조물주들이 창시한 단명의 주제, 가고 오는 왕복의 수상(강) 여행 기간의 불가피한 차이의 주제, 그리고 여자에게 허용된 이동성 정도의 주제가 다시 나타나는 것에 놀랄 필요는 없다. 신화M415의 알려진 가장 오래된 판본에 따르면 조물주는 강을 양

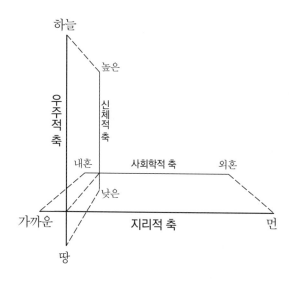

그림 15 우주적·인간적 연계의 변형관계

방향으로 흐르게 하는 작업을 포기했다. 그러나 그는 "에라 아만테 데 카미나테"(era amante de camminate)라고 하며, 방황하는 자기 딸의 다리를 부러뜨리고 단명을 선포했다(Gilij, 제3권, 4~5쪽). 더욱 최근의 다른 판본에 따르면 조물주는 그의 큰 카누에서 나오지 않고 암벽화를 만들고, 돌출 부분들을 완만하게 하여(Brett 2, 111~113쪽) 강의 흐름을 거슬러올라갈 때 특히 느끼는 항해의 방해를 약화시켰다. 대륙의 또 다른 끝에 있는 티에라델푸에고의 오나족(Ona)과 야흐간족(Yahgan)에서 조물주들은 낮과 밤의 교대를 조절하고, 우주의 질서를 잡고, 단명을 창설하고, 인간들에게 짝짓기의 기술을 가르쳐 재생산하는 일에 전념한다(Gusinde, 제2권, 여러 곳). 어디서나 천체 코드, 지리적 코드, 사회학적 코드와 생물학적 코드들은 연관되어 있다.

하늘과 땅이 관련되기 때문에 수직적인 천체의 축, 그리고 가깝고 먼 극 사이의 관계 때문에 수평적인 지리적 축은 이 축들 사이에 역시 수직

(직각)으로 교차하는 축의 형태로 축소된 축척으로 투사된다고 정확히 표현될 수 있다. 말하자면 신체적(해부학적) 축은 높음(머리)과 낮음(다리)의 두 극을 형성하고, 사회학적 축은 내혼(가까운)과 외혼(먼)을 대립시킨다(그림 15).

그러므로 적도 아메리카 지역 신화들의 관념적 골조는 하부구조와 연관되어 있는 것 같다. 이들(신화)의 하부구조에서 모순을 발견하는데, 말하자면 춘·추분 유형의 시간의 축과 본래 같은 거리를 불균등하게 만드는 항해의 방향이 개입되는 공간의 축 사이의 모순이 그것이다. 그러니까 춘·추분을 넘어 하·동지 시기가 관여적(변별적) 현상이 되는 북아메리카의 여러 지역에서 강의 흐름을 양방향으로 놓는 주제의 회귀(반복·되풀이)를 보고 사람들은 놀랄 수 있다. 어떤 관점에서 보면 이런 주제의 회귀는 우리의 견해를 확인한다. 왜냐하면 선례의 보충적 주제인 카누 여행의 회귀를 이미 주목했는데, 그것을 여기서 관찰할 수 있기 때문이다. 선례의 보충적인 주제인 카누 여행의 회귀는 한편으로 이로쿼이족(Cornplanter, 29쪽; Hewitt 2, 466쪽)에서, 다른 한편으로 태평양 해안의 푸젯사운드(Haeberlin, 396쪽)와 북부의 키노족(Quinault: Farrand, 111쪽)에서 카록족(Karok: Bright, 201쪽)과 유록족(Yurok)까지 나타난다. 이들은 "시간이 시작되던 시기에 클래머스강은 한쪽(편)은 상류 쪽으로 흘렀으며, 다른 쪽(편)은 하류 쪽으로 흘렀다. 그런데 창조자는 강물이 하류로 흘러내려가고, 숭어가 상류로 거슬러 오르도록 결정했다"(Erikson, 267쪽, 271쪽)고 말한다. 캘리포니아 북서쪽의 이 부족들은 근본적으로 강가의 생활양식을 갖고 있었다(Kroeber 1, 9쪽, 98~100쪽). 발전된 농업으로 유명한 이로쿼이족은 큰 호수들과 수많은 지류의 물길이 있는 지역에 살았으며, 이 물길로 오늘날 우리가 상상하는 것보다 훨씬 멀리 그리고 자주 항해를 했다(Morgan, 제2권, 83쪽).

결과적으로 이러한 관점에서 양방향으로 흐르는 강의 주제는 그 분포에 따라 부족들의 지리적 거리에도 불구하고 집단의 동일성(일관성)을 확인한다. 역시 이러한 간접적인 방법을 통해 관념과 하부구조의 상관관계를 증명할 수 있다. 그렇지만 이 지역의 하부구조는 적도(또는 춘·추분) 지역의 특성을 갖지 않는다. 왜냐하면 우리가 예로 들고 있는 북아메리카 주민들은 모두 북위 40도와 50도 사이에서 살기 때문이다. 그렇지만 적어도 서쪽의 주민들은 그들의 북부 이웃인 에스키모들을 포함해 낮과 밤의 주기는 물론 계절의 주기에 대해 대단한 강박관념을 갖고 있다(이 책 254쪽). 특히 컬럼비아강 하류의 쉬누크족(Chinook), 북부의 유록족과 카록족(Jacobs 2, 제2부, 395~396쪽; Sapir 1, 173쪽; Boas 7, 12쪽), 해안의 사합틴족과 살리시족(Adamson, 132~133쪽, 188쪽; Jacobs 1, 3~4쪽 등)의 경우이다. 이들 주민들에서 유래하는 신화들은 여러 면에서 가까운 남아메리카 신화들과 관련해 엄청난 차이를 보인다. 말하자면 이들에게는 각 계절의 길이가 동등하게 되는 것을 피하는 것에 별 관심이 없듯이 밤이 낮과 동등한 길이가 되는 것에 큰 관심이 없다. 달리 말하자면 낮과 밤의 **상대적 불균등**은 이들의 **절대적 길이**보다 그다지 문제가 되지 않는다. 반면, 신화들은 체계적인 방식으로 항시 계절의 균등함을 얻을 희망을 갖고, 때로는 속도를 내거나 때로는 브레이크를 잡을 주술적 방법을 거론한다. 북극권에서 캘리포니아까지 이어지는 광활한 지역 사람들은 진행과정에 있는 해를 느리게 하기 위해 줄넘기 놀이를 한다. 또는 빌보케 놀이(한쪽 끝에 공받이가 있고 끈에 공이 매달린 장난감 놀이)가 겨울의 달을 짧게 할 수 있는 반면, 줄넘기 놀이는 이를 연장할 위험이 있다.

줄넘기 놀이를 함으로써 바핀 지역의 에스키모들은 해가 지는 시간을 지연시킨다. 빌보케 놀이로 해가 더욱 빨리 돌아오도록 한다(Boas 8, 151쪽). 산포일족(Sanpoil)은 겨울에 빌보케 놀이를 하여 1년의 길이를 줄일 수 있다고 믿는다(Ray 2, 161쪽). 클래머스어로 빌보케 놀이에서 이기는 것을 "해를 애꾸눈으로 만든다"(Barker 2, 382쪽; 이 책 250쪽 참조)라고 한다. 그들의 이웃이며 같은 계통의 모독족은 '달을 죽이기' 위해 줄넘기 놀이를 한다. 말하자면 지나가는 겨울 달을 줄인다. 샤스타족(Shasta)은 "달이 빨리 쇠퇴(늙고)하고 겨울이 짧아지게 …하기 위해 겨울에 빌보케 놀이를 한다. 역시 어린아이들은 겨울에 줄 놀이를 하지만 단지 초승달 이 뜨는 동안에 하며…… 달이 빨리 진행되도록 하기 위해 줄 놀이를 한 다. 반면, 달이 이지러질 때 더욱 빨리 지게 하려고 연어의 척추뼈로 빌보 케 놀이를 한다"(Dixon 7, 446쪽). 이 모든 활동을 역시 '절름발이'로 규 정지을 수 있을 것이다. 왜냐하면 이 활동은 모두 한쪽은 짧게 하고, 다른 쪽은 길게 하기 때문이다(『꿀에서 재까지』, 640~646쪽 참조. 여기서 우 리는 이 지역들에서 큰 역할을 하는 의례적 또는 신화적 절름발이를 유 사한 방식으로 해석했다). 이런 모든 활동은 계절적 주기의 각도에서 카 누와 긍정적인 등가를 나타낸다. 매일의 주기 각도에서 카누의 성능(유 발성)은 카누가 '절름발이'일 때, 달리 말하면 카누의 코스가 다른 방향 보다 한 방향이 더욱 길 때 부정적이 되기 때문이다. 공간적인 항(용어) 으로 표현된 춘·추분의 역설은 그러니까 서로 아주 멀리 떨어져 있는 부 족들이 시간적인 항(용어)으로 표현한 동·하지의 역설과 일치한다. 사 는 환경의 다양함에도 불구하고 부족들은 이곳에서는 기술적 노하우(항 해술)가 영향을 준 사변적 활동으로, 그리고 저곳에서는 사변적인 채 남 아 있을 운명인—이렇게 표현하는 것은 불필요하다—목적을 이루려는 기술적인 활동(역시 놀이와 관련되는)으로 공통적인 관념을 보존하고 있다. 왜냐하면 강들이 양방향으로 흐를 수 없듯이 북부의 위도에서 계 절의 길이를 균등하게 할 수는 없기 때문이다.

앞의 책(『신화학 2: 꿀에서 재까지』)에서 우리는 남아메리카 인디언 들의 사고에서 주기에 대한 이론이 제시하는 측면들 중 하나를 강조했 다. 이들 신화들이 중재에 대한 실제의 경험을 바탕으로 매일의 주기를 출발점으로 한다는 것을 제시했다. 동시에 신화들은 애써 중재의 부재까지 거슬러 올라가려 한다. 비록 두 가지 구별되는 양상으로 개념을 상정할 수 있기는 하지만 이 중재의 개념은 전적으로 이론적이다. 경우에 따라 사람들은 사실상 원초적인 시간일 때 밤만 있거나 오직 낮만 지배하는 가설을 선택할 수 있다. 그런데 이 밤이나 낮만 지배하는 선택은 논리적 관점과 일치하지 않는다. 시간의 축에서 하나는 해와 땅의 분리와 일치하고, 다른 하나는 이들의 결합과 일치한다. 이를 공간의 축 위에 투사하면 같은 입장의 사회학적 효과를 얻게 된다. 각 사회가 미래의 부부 사이에 선택하고 싶어하는 이상적인 거리에 따르자면 이들이 혼인으로 결합하기 전에 서로 다소간 가깝게 있었을 것이다. 말하자면 상대적으로 결합 또는 분리의 상태에 있었을 것이기 때문이다.

반 콜과 페나르트에 따르면 괴혜가 인용한(1, 108쪽) 두 가이아나 신화는 이러한 연관의 체계적인 특성을 확인한다. 한 신화(아라와크족 신화[M420a])에 따르자면 해와 달은 옛날에 바구니에 가두어놓은 빛을 보호하는 인간들이었다. 해는 한 인디언 여인과 혼인하기를 바랐다. 그렇지만 그는 너무 높이 떠 있어 내려올 수가 없었다. 그래서 소녀가 올라가야만 했다. 그녀가 거의 다다를 찰나에 바구니를 서둘러 열었다. 그러자 빛은 사방으로 퍼졌다. 우리는 이 신화가 일련의 변형과정을 통해 말하자면 **사랑의 불장난 ⇒ 혼인, 천체의 하강 ⇒ 인간 여인의 상승, 야간(밤)의 빛의 기원 ⇒ 주간(낮)의 빛의 기원**으로 변형됨으로써 신화M411을 체계적으로 전도하고 있다는 것을 알 수 있다. 칼리나족에서 유래하는 다른 신화(M420b)는 빛의 주인인 해가 어떻게 자신을 배반한 아내를 더욱 잘 감시하기 위해 빛을 퍼뜨려야 했는지를 이야기한다. "그렇게 해는 눈에 보이게 되었고, 이제 낮과 밤은 교대하게 될 것이다……. 만일 과오가 없었다면 밤은 존재하지 않았을 것이고, 단지 영원한 밝음만 있었을 것이다." 와라우족은 한 노인 부부가 낮의 빛을 갖고 있었다고 이야기한다. 그들의 아들은 처녀성을 보존할 줄 알았던 두 누이 중 하나에게 빛을 주는 것에 동의할 뿐이었다(M₄₂₀ᴄ: Roth 1, 266쪽; Wilbert 9, 64~67쪽).

만일 아마존 지역에서부터 티에라델푸에고까지의 신화들이 순결을 낮과 연관시키고, 육체적 쾌락을 밤과 연관시킨다면 신화들은 낮과 밤의 규칙적인 교대 속에서 부부관계의 정상적인 조건을 보는 것은 합당하다. 이 주제 위에 구성된 문두루쿠 신화(M₄₂₁ₐ: Murphy 1, 88~89쪽)와 카야포 신화(M₄₂₁ᵇ: Métraux 8, 18~19쪽)는 전권(M₃₂₆ₐ:『꿀에서 재까지』, 581~587쪽)에서 요약하고 논의한 아마존 지역의 한 투피족 신화와 연관된다. 이 신화들로 다시 돌아가볼 필요가 있다. 왜냐하면 이미 분석한 신화들보다 더욱 분명한 양상으로 카누 여행의 주제와 낮과 밤의 규칙적인 교대의 주제의 결합에 대한 심오한 이유를 알 수 있기 때문이다. 그러므로 이 신화를 다시 보도록 하자. 영구적인 낮이 지배하던 시기, 한 인디언과 혼인한 큰 뱀의 딸은 남편과의 잠자리를 거부했다. 왜냐하면 사랑을 하기 위해서는 어둠이 절대적이라고 판단하고 있었기 때문이다. 남편은 물 밑 깊은 곳에 빛을 보호하고 있는 장인에게 밤을 요청하기 위해 세 명의 하인을 카누로 파견했다. 장인은 하인들이 귀향할 때까지 밤을 가두어놓은 종려나무 열매(호두)를 열지 않는 조건으로 빛을 돌려주기로 했다. 노를 젓고 있던 두 하인이 호기심을 못 이겨 열매 속에서 들리는 소리의 원인을 알고 싶어 했다. 카누의 키를 잡고 조종하던 하인은 우선 두 사람을 만류했으나 결국 양보하고 말았다. 세 사람은 배 한가운데에 모여 열매를 열었다. 밤은 도망을 쳤고 세상으로 퍼졌다. 뱀의 딸이 개입해야만 했다. 그녀는 빛과 어둠이 규칙적으로 교대하도록 했다.

우리는 이미 천체 삼각을 보았다. 하인의 삼각은 늙고 못생기고 피부가 검은 세 노인을 회상시킨다. 코기족(M₄₁₂: Reichel-Dolmatoff 1, 제2권, 29쪽)에 따르면 이 세 사람은 해를 박해하고, 영원한 밤이 지배하도록 애쓴다. 유래가 불확실한 한 아마존 신화는 우리가 방금 내세웠던 모든 주제를 유사한 인물들과 연결시킨다.

### M₁₀₄. 아마존 지역 부족의 신화: 밤의 기원(『날것과 익힌 것』, 366~367쪽 참조)

시간의 기원이 시작되던 시기, 밤은 존재하지 않았다. 해는 끊임없이 가고 오고를 반복했으며, 인간들은 노동을 하지 않고 온종일 잠을 잤다. 분별력이 없고 반항적인 세 소녀들은 어느 날 여성인 한 수중신이 그들의 눈앞에서 카다우아라는 한 인디언을 납치하는 것을 보았다. 소녀들은 인디언을 붙잡고 싶었으나 물의 흐름에 휩쓸려 갔다. 그리고 단지 강가에 남아 있던 세 늙은 여인들을 제외하고 구원에 나섰던 모든 마을 주민들도 그녀들 뒤를 이어 물에 빠져 보이지 않았다.

세 늙은 여인들은 세 소녀들 중 하나를 데리고 물에 떠 있는 카다우아를 보았다. 여인들은 그에게 소녀를 물가로 데려오라고 소리쳤다. 그는 땅 위로 올라와 물가에서 멀리 떨어져 있기를 고집하고 있는 다른 소녀들을 구하러 갈 시간이었으므로 생존자를 세 노인에게 넘겨주었다. 노인들은 이 시간을 틈타 소녀에게 도망가라고 충고했다. 노인들은 카다우아가 한 여인을 전혀 사랑한 적이 없으며, 그에게 홀딱 반했던 그녀들을 주름진 늙은이로 만들었다고 말했다. 소녀는 말없이 듣고만 있었다. 그사이 카다우아는 헤엄쳐 다른 소녀들을 잡으려고 애썼으나 그녀들은 이제 더 이상 그의 목소리를 알아차리지 못하고 그로부터 도망쳤다. 결국 그녀들은 물에 빠져 죽었다.

카다우아는 펑펑 울면서 돌아왔다. 그는 물에서 나와 같이 울고 있는 그가 구한 예쁜 소녀를 보았다. 그녀는 그의 질문에 답하면서 그가 먼저 만났던 세 여인들처럼 가까이 다가가면 늙을까봐 겁난다고 설명했다. 카다우아 자신은 전혀 그녀들의 애인이 아니며, 오히려 자신이 그녀들에게 무관심하다고 그를 비난했다고 항변했다. 그러자 세 늙은 여인들은 서둘러 여주인공에게로 달려들어 그녀의 머리칼을 모두 뽑아버렸다. 소녀는 물로 뛰어들었다. 카다우아는 그녀를 따라갔다. 반면, 세 늙은 여인들은 사리그로 변했다.

카다우아가 소녀의 뒤를 헤엄쳐 따라가 그녀의 발뒤꿈치를 스칠 만큼 가까이 접근했으나 그녀는 선두를 유지했다. 그들은 그처럼 다섯 달 동안 수영을 했다. 카다우아는 조금씩 머리털을 잃어가고 있었다. 도망치던 소녀의 머리칼도 모두 흰색(백발)이 되었다. 마침내 그들은 함께 강가로 올라왔다. "너는 왜 나를 피해 도망하느냐?" 하고 그는 물었다. 그녀는 자신의 머리칼이 희어지지 않을까 두려워서라고 답했다. 이제는 되돌릴 수 없는 일이 일어났기 때문에 그녀는 그와 만날 수 있을 것이었다. 그런데 카다우아의 머리칼은 어디로 갔나? 카다우아는 자신이 대머리가 되었다는 것을 알았다. 그는 물 때문에 피해를 입었다고 물을 비난했다. 소녀는 물이 그의 머리칼의 '검은색을 씻어낼 줄' 알았으며, 이제 두 사람은 이런 상태로 사람들 앞에 나타나 그렇게 살아야만 할 것이라고 응수했다. 카다우아가 고향으로 돌아가면 그곳의 애인들이 그의 대머리를 얼마나 조롱할 것인가!

남자는 그렇게 생각하지 않았다. "물이 내 머리칼을 밀어낸 것은 다 너 때문이야. 머리칼이 다시 돋아나도록 해라!"라고 그의 동료(소녀)에게 말했다. —"나도 그러고 싶어. 그러나 너의 (늙은) 애인들이 내 머리칼을 다 뽑기 전처럼 내 검은 머리를 돌려놓는 조건에서!"라고 그녀는 답했다.

그들은 서로 다투면서 걷다가 사람이 살지 않는 커다란 오두막에 도착했다. 여기서 그들은 그곳에 있던 음식물(?, 우아레아(uareá))을 구워서 먹었다. 바로 그때 오두막 주인들이 나타났다. 소녀의 아버지와 어머니였다. 그러나 그들은 그녀의 흰 머리 때문에 그녀를 인정하려 하지 않았으며, 고약하게도 동료의 대머리를 비웃었다. 카다우아는 아주 의기소침해져 이틀 동안이나 잠을 잤다. 다시 이틀이 지났다. 두 쌍의 부부들은 세 늙은 애인들이 젊은 사람들을 치료해주리라는 희망을 갖고 카다우아의 마을을 향해 길을 떠났다. 그런데 그녀들의 오두막이 아주 낡아서 감히 안으로 들어갈 엄두가 나지 않았다. 내부에서 늙은 여인들은 "켄! 켄! 켄!" 마치 사리그처럼 소리를 냈다. 카다우아는 오두막에 불을 질렀다. 독하게 타는 냄새가 났다. "네가 내 머리칼을 태울 수 있다!" 소녀가 항의했다. 이 순간 낮이 사라지고, 두꺼운 어둠의 밤이 내려앉았다. 반면에 사리그들의 눈은 열로 인해 터졌다.

곧 빛나는 불티가 하늘로 올라갔는데, 그곳에 그녀들이 자리를 잡고 붙박이가 되었다. 카다우아는 여자 동반자(소녀)의 머리칼을 찾으려고 오두막 안으로 뛰어들어갔다. 소녀가 그의 뒤를 따랐고, 그녀의 부모도 같이 따라 들어갔다. 네 명 모두 불길 속에서 타버렸다. 그들의 신체는 폭발했고 하늘까지 날아올라갔다. 그 이래로 불과 작열하는 숯(나뭇재)은 밤을 아름답게 수놓는다(Amorim, 445~451쪽).

이 신화에 대한 해석은 몇 가지 어려운 문제를 제기한다. 신화는 우선 대단히 복잡한 이야기를 하고 있다. 더욱 이 신화의 유래가 어디인지 모른다. 네엥가투어(語), 다시 말하면 아마존 지역의 투피어로 수집된 것으로는 아무것도 증명할 수 없다. 왜냐하면 이 **링구아 제랄어**(lingua geral)는 아라와크어나 투카노어와 같은 몇몇 언어학 집단의 부족이 마나우스 지역 주변에서 일상용어로 사용하기 때문이다. 지각 없는 세 소녀의 주제와 양성적 존재이기 때문에 성적으로 무기력한 달(월)의 청소년기 주인공에 대한 주제들과 유사한 주제들이 동맹 부족이나 적대관계에 있는 부족의 공통적인 신화적 유산에 전적으로 속한다는 것을 확인하기 위해서는 늘 기원이 정확하지 않은 다양한 아마존 신화들을 수집한 아모림의 모음집을 훑어보는 것으로 충분하다. 그러나 이들 부족 사이의 혼인 교환 또는 여자의 납치(혼)는 모든 종류의 관계를 창출한다(만들어낸다).
민족지적 맥락에 대한 불확실성에 이어 또 다른 불확실성이 첨가된다.
이는 아모림, 스트라델리 그리고 적게는 바르보사 로드리게스가 수집한
대부분의 신화들이 특별한 유형이기 때문이다. 이 저자들은 아직도 틀림
없이 현자조합(賢者組合)이 혼합적인 재료들을 바탕으로 애써 만든 학
자적 신화학에 접근하고 있으며, 또한 이들 조합이 엄격하게 등급화되어
있고, 같은 신화들의 다소간 신비적인(난해한) 판본들은 여러 다른 정도
의 위계에 소속되어야 한다는 사실 이외에 우리는 아무것도 알지 못한다
(『꿀에서 재까지』, 383~384쪽 참조).

그러므로 우리는 몇몇 측면들을 강조하는 것으로 만족하며 조심스레
추론할 것이다. 신화M$_{104}$에 나오는 이중의 여성 삼각이 신화M$_{326a}$에서
남성 하인의 삼각을 연상시키는 것은 명백하다. 왜냐하면 모든 삼각은
밤의 기원과 연관되어 있기 때문이다. 이것들은 또한 초자연적 창조물들
로 구성된 밤과 여성의 삼각에 대한 스트라델리(1, 503~506쪽)의 지시
(정보)를 다시 기억하게 만든다. 초자연적 창조물들은 케레피유아, 키리
유아 그리고 키리리유아인데, 이들은 각각 '꿈의 어머니' '잠의 어머니'
'침묵의 어머니'를 의미한다. 투피족은 첫 번째 인물이 하늘에서 하강한
늙은 여인이라고 생각한다. 그러나 "바니와, 마나오, 타리아나, 바레 등의
부족은 하늘에서 내려온 여인이 늙은이가 아니라 바니와어로 아나바네
리라고 불리는 다리 없는 젊은 처녀이며 무지개의 길을 따라 별빛 위로
여행하기를 좋아한다……"고 말한다. 이 다리가 잘린 인물은 우리가 논
의한 또 다른 인물들을 생각하게 한다.

우리가 다룬 모든 신화의 남성 주인공들처럼 카다우아는 두 가지 유
형의 여자, 두 가지 유형의 혼인 사이에 위치해 있다. 신화M$_{104}$의 독창성
은 이미 이원성의 이미지였던 이 이미지를 둘로 나누는 데 있다. 첫 시작
점에서 신화는 물(강)의 어머니인 한 초자연적 창조물에 의해 멀고 되

돌릴 수 없는 결합(혼인)으로 이끌리는 카다우아를 묘사하고 있는 반면, 염치없는 동향 여인들은 그를 자신들 곁에 애써 잡아놓으려고 한다. 가까운 것과 먼 것 사이의 이러한 공간적 관계의 표현에 대해 또 다른 시간적 차원(층위)의 표현이 이어진다. 표현은 카다우아로부터 **멀어지는** 세 늙은 여인들과 그와 **가까워지는** 세 젊은 처녀(소녀)를 대립시키지만, 이 경우 기간의 등록(명부)이 정해져 있다. 왜냐하면 그로부터 늙은 여인들을 멀어지게 하여 주인공은 첫 번째 늙은 여인들을 사리그로 변형하거나—『날것과 익힌 것』(351~375쪽)에서 이를 제시한 것처럼, 그리고 냄새를 풍기는 사리그의 에피소드가 이를 확인하듯—늙은 여인들을 썩은(부패한) 것으로 변형한다. 그리고 그와 가까워지는 두 번째 젊은 여인들을 하나는 늙은이로 다른 둘은 죽음으로 변형한다. 신화는 두 번째 부분에서 이 두 측면을 통합한다.

결국 빨라진 노화는 카누 여행의 반대(역)인 **수영에 의한 추적으로** 다섯 달 동안 이루어진다. 남자와 여자 두 주인공은 소형 배를 타고 물 위로 떠다니는 대신, 직접 물속에서 헤엄을 친다. 여자는 카누의 후미에 앉아 있는 대신 남자의 선두에 선다(이 책 230쪽 참조). 결국 무엇보다도 여자의 발뒤꿈치를 스치기만 하는 남자는 여자를 따라잡아야만 한다. 반면, 카누 여행에서(이 점에 대해 신화M$_{326a}$의 증언이 결정적이다) 죄의식이 있는 세 명의 여행자들은 카누 중앙에 모이는데, 이들은 이런 행동을 해서는 안 된다. 이 분별력 없는 여행자들(승객들)은 그들 중 하나의 둘레에 모이는데, 이 한 사람은 말하자면 공간적인 중재자의 역할을 하고 있다. 추월당하지 않는 수영자(여)는 결국 그녀가 시간적인 중재자의 주체가 되기를 거부하기 때문에(여기서 늙음은 젊음과 죽음의 중재자이다) 지각 없는 여자 수영자의 삼각에서 유일한 생존자가 된다.

이러한 역전(전도)의 이유는 분명하다. 낮을 전적으로 다루고 있는 신화들처럼 신화M$_{104}$와 신화M$_{326a}$는 같은 방식(양상)으로 긴 낮에 대한 가정을 긴 밤의 가정과 대립시킨다. 그러나 이 두 항들 사이에 신화들은 다른 방식으로 중재를 상정한다. 중재는 신화M$_{326a}$에서 낮과 밤의 규칙적인 교대를 구성하므로 통시적이다. 신화M$_{104}$에서 중재는 공시적이다. 왜냐하면 여기서 지배할 수 있었던 밤은 부재(썩음)와 타버림(불탐)의 결합(이것은 교대가 아니다)으로 인해 달과 은하수라는 동시적인 창조의 덕으로 중재가 존재하자마자 온화(완화)되었기 때문이다.

결과적으로 신화M$_{104}$는 곧 여러 신화들이 서로 교차하는 지점에 위치할 수 있는 학자적인 신화 장르에 속해야만 한다. 분석을 계속하면서 우리는 "켄! 켄! 켄!" 하고 불이 난 오두막 내부에서 우는 사리그들이 종려나무 열매 속에서 "텐! 텐! 텐!" 하고 우는 신화M$_{326a}$의 밤의 동물로 변하며, 열매를 태운 불은 어둠과 동시에 동물들이 열매에서 나오리라는 것을 알 수 있다. 또한 신화M$_{416}$에서 해-새의 새장은 다리가 없는 사람(M$_{416}$)처럼, 양성적 존재(M$_{104}$)처럼, 또는 그를 거부하기 때문에 아내와 잠자리를 같이할 수 없는 남편(M$_{326a}$)처럼 세 신화의 주인공들이 성적인 무능의 경우들을 예시하는 앞쪽의 세 주제들을 더욱 확실하게 전도한다. 티에라델푸에고에서 아마존 지역까지 신화들과 관련된 결핍은 연속적인 낮이 지배하고 있었던 원초적 상태와 관계하고 있는 것이다(Bridges, 433쪽의 M$_{421a-b}$와 오나(족) 신화[M$_{419}$]; Lothrop, 101쪽; Gusinde, 제1권, 586쪽 참조).

또한 신화M$_{104}$는 이미 분석한 또 다른 신화(M$_{149b}$)와 동시에 공시적이고 통시적인 하나의 골조를 공유하고 있다. 이 골조는 이른 노화, 다시 말하자면 단명의 주제와 달, 별 그리고 은하수 같은 야간의 빛을 내는 물체들의 출현으로 어둠을 완화시키는 주제를 분절이 가능하도록 연결한다. 그의 이름이 대머리를 지칭하는 주인공(이 책 234쪽), 곧 대머리가 될 또 다른 주인공인 이들은 해의 우아한 딸들과 대머리독수리의 냄새 나는 딸들 사이에, 또는 젊은 애인(정부)들과 역시 냄새를 풍기는 사리그들 사이에서 경쟁의 쟁점이 된다. 둘 다 괴물 같은 두꺼비와 또는 수중신의 유혹에 이끌려 수상 여행을 한다. 해의 딸들과의 혼인은 남자에게 젊음의 연장을 가져다줄 것이고, 냄새를 풍기는 존재들이 얻게 된 승리의 결과로부터 온다. 주인공에게 버림받은 해의 딸들은 은하수로 변하고, 그에게 충실했던 주인공과 짝을 이룬 신화M104의 여주인공은 밤의 천체(별)로 변한다.

* * *

어느 신화도 완벽하게 명시적이진 않지만, 우리는 이 신화들이 서로 일치를 이루고, 각 신화가 감추고 있는 공통의 메시지 조각이나 혹은 한 측면을 격자망의 양상으로 나타나게 할 때까지 신화들을 서로 겹쳐놓으려 모색했다. 앞의 논의에서 출발점으로 사용한 신화M415가 서술한 대로 이 메시지를 이제 더욱 명료하게 요약해보자. **양방향으로 흐르는 강의 방**법으로는 **가까운 혼인**과 **먼 혼인** 사이의 대립을 중립화할 수 없으므로 아말리바카와 보쉬는 우선 암벽화를 그림으로써(수단으로 하여) 달과 해 사이의 **합당한 거리**를 결정하고(이는 **근친상간**이 일어나지 않으리라는 보증이다), 그런 연후 그들은 **너무 먼** 혼인에 경도돼 있던 자기 딸들의 다리를 부러뜨림으로서 **상대적으로 가까운** 혼인을 실현할 수 있었다고 말할 수 있다.

또한 마찬가지로 다른 신화들의 분리돼 있는 (별개의) 메시지들은 서로 공고해진다. 숙모와의 근친상간을 거부하면서(근친상간을 범하는 대신 M13에서는 암흑을 야기한다) 한 달[月] 신화의 주인공이 너무 먼 거리에 있는 공주와의 혼인에 동의했을 때 멀리 떨어져 버림받은 공주인 해의 딸들(M149a)이 생기 없는 희미한 빛의 밤처럼 낮은 밤의 이미지에 합당한 **열이 없는 빛**(M406)이었다. 자신의 동료들 품으로 돌아옴으로써,

말하자면 **갔다가 돌아오는**(왕복) 과정을 완성한 주인공은 낮의 열을 **가진 빛의 형태**(M₄₀₆)로 해의 출현을 이룰 수 있었다. 말하자면 주간의 천체(해)는 카누에서 춥거나 더워서 고생하는 해의 동료가 (해와) **너무 가깝거나** 또는 **너무 멀리** 있지 않아야 되듯이 **합당한 거리**에 있어야 된다.

최초로 신화M₁₄₉ₐ에 관심을 가졌을 때(『날것과 익힌 것』, 270쪽) 우리는 이 신화가 『날것과 익힌 것』에서 다루었던 신화들과 상반되는 관계를 이루고 있다고 지적했다. 주인공의 인물이 창조신화의 아라앵무새 둥지를 터는 사람(M₁)을 두꺼비 둥지를 터는 사람처럼 전도하고 있다. 왜냐하면 현실에서 양서류는 나무 꼭대기에 둥지를 틀지 않기 때문이다. 그렇기는 하지만 주인공들이 새둥지 터는 사람들인 보로로와 제족 신화들은 가정용 불의 기원과 관계 있고, 단명의 기원과 경작식물의 기원을 결합하는, 특히 제족 신화들과 평행적 시리즈(일련의 연쇄)를 구성한다는 것을 우리는 알고 있다. 단명을 기원적 기능으로 하는 신화M₁₄₉ₐ는 신화들을 두 집단 측면에서 나눈다. 신화의 앞부분은 한 신화집단과 대칭적이고, 그 끝부분은 다른 한 신화집단과 동일하다.

그런데 이제 흥미 있는 확인을 해야만 한다. 지금 환기한 신화들은 모두 하늘 그리고 땅과 관련되는 특성을 갖고 있다. 말하자면 별과 유한한 인간의 결합 결과인 경작식물과 관련이 있거나, 과거에는 너무 근접하여 서로 겹쳐져 있던 해와 땅을 분리하는 취사용 불과 관련되거나, 항상 어디서나 일종의 분리의 결과로 오는 단명과 관련된다. 그러면 신화들은 해와 땅의 관계를 두 가지 양상으로 상정한다고 결론지으면 안 되는 것일까? 하나는 하늘과 땅 사이에 가정용 불의 중재(매개)를 통한 취사의 발견으로 수직적이고 공간적인 결합을 해결하는 형태로, 그리고 다른 하나는 삶과 죽음, 그리고 낮과 밤의 규칙적인 교대를 도입함으로써 수평적이고 시간적인 결합의 형태로 해결하는 것이다.

가이아나의 아라와크족은 낮의 천체(해)와 달의 싸움으로 해의 찌그러짐(일식)을 설명한다. 이들은 애써 엄청난 소리를 지름으로써 해와 달을 분리시키려 한다(Im Thurn, 364쪽). 마찬가지로 칼리나족은 달의 단지 한 부분만 남아 있을 때(보일 때), 또는 월식이 일어날 때 이런 현상들을 해가 달에게 개시하는 전투 때문이라고 생각한다(Ahlbrinck, 'nuno' §4, 7 항목). 사람들은 아마존 지역(M₄₂₂: Rodrigues 1, 211~212쪽)에서 아래와 같은 이야기를 한다. 옛날 해와 달은 약혼했으나 그들의 혼인이 불가능해 보였다. 해의 사랑이 땅을 감싸안았고, 달의 눈물이 홍수를 이루었다. 그러나 이들은 체념하고 서로 떨어져 살기로 했다. 서로 너무 가까우면 해와 달은 썩은 세상, 불타버린 세상 또는 둘 다를 초래하게 될 것이었다. 너무 멀리 떨어져 있으면 낮과 밤의 규칙적인 교대를 위태롭게 할 것이고, 뒤집힌 세상이 되어 긴 밤을 초래하거나 혼돈을 가져올 긴 낮을 초래하게 될 것이었다. 그런데 카누가 이런 딜레마(진퇴양난)를 해결한다. 별들(해와 달)은 함께 카누를 타는데, 이 두 탑승객에게 할당된 보충적인 기능은 하나가 앞쪽에서 노를 젓고 다른 하나가 뒤쪽에서 키를 조종하는 것이었다. 결국 할당된 역할은 이들이 선수와 선미를 선택하도록 강제하고, 서로 떨어져 있도록 강요한다.

그런데 달과 해, 낮과 밤, 이들을 아주 긴 여행 **시간(기간)** 동안 합당한 거리에 묶어놓음으로써 이 둘을 결합하고 있는 카누가 오두막으로 한정된 **공간** 속에 있는 가정의 난로(불)와 비교되는 역할을 한다고 인정할 수는 없는 것일까? 만일 취사용 불이 해와 달을 결합함으로써 이 둘을 중재하지 못한다면 이것은 썩은 세상과 긴 밤의 지배를 초래하게 될 것이며, 또 만일 취사용 불이 이 둘 사이에 개입함으로써(중재함으로써) 이 둘의 분리를 보장하지 못한다면 이것은 대화재로 인해 불탄 세상을 초래하게 될 것이다. 신화적 카누 역시 정확히 같은 역할을 한다. 카누는 수직에서 수평으로, 그리고 거리를 기간(시간)으로 바꾼다.

결국 결론적으로 취사용 불과 경작용 식물에 집중하는 지역과 카누와 어로에 집중하는 지역, 말하자면 브라질 고원 지대에서 가이아나-아마존 유역으로 이동할 때 관념적 상부구조에 영향을 미치는 변형은 계절적 주기에 가장 밀접하게 종속되는 기술적 활동과 관련된 어로 또는 농업만큼이나 하부구조의 변별적 특성들과 더욱더 밀접하게 일치한다. 더욱 계절적 주기는 순환주기가 긴 인간 생명의 주기와 이보다 더욱 짧은 매일매일의 주기 중간에 위치한다.

카누와 가정용 난로(불) 사이에 우리가 받아들인 형식적 상동(관계)을 간접적인 방법으로 증명하기 위해 논의에서 떠나 잠시 괄호를 열어보자. 신화M104는 아메리칸인디언 사회에서 아주 드물게 볼품없는 것으로 생각되는 대머리와 백발이 하나의 신화로서 나타난다. 더욱 민족지적 문학에서도 이에 대해 확인된 예들이 전혀 없다. 그런데 대머리에 대한 신화들이 열대아메리카와 북아메리카의 북서부 지역에 그것도 두 반구(남북아메리카)에 공통적인 다른 주제들과 거의 같은 양상으로 분포되었다는 것과 여기저기를 막론하고 물속이나 부패를 일으키는 습기 찬 환경에 머리를 담그는 것 같은 설명 또한 같다는 것은 더욱 놀라운 일이다. 남아메리카의 위토토족은 (뱀이) 게걸스레 삼킨 뱀의 뱃속에서 부패한 시체들과의 접촉으로 대머리가 된 한 사람의 이야기를 한다(M423a: Preuss 1, 219~230쪽). 우리는 차코 지역에서 같은 주제에 대한 신화를 알고 있다(M423b: Nordenskiöld 1, 110쪽). 베네수엘라의 유파족은 땅속의 난장이들이 인간들의 배설물을 머리(위)로 받은 나머지 대머리가 되었다고 말한다(M423c: Wilbert 7, 864~866쪽).

이미 시베리아에서 등장하는 괴물에게 먹혀 대머리가 된 사람의 주제는 북아메리카의 밴쿠버섬에서 오리건주까지 존재한다(Boas 2, 688쪽; Frachtenberg 1, 31쪽). 데네 뽀-드-리에브르족(Déné Peaux-de-Lièvre)에 따르면 어로의 주인은 벗겨진(대머리) 머리를 가졌다(Petitot 1, 231쪽). 우리는 유파족 신화에서 머리에 뒤집어쓴 배설물로 생긴 대머리의 개념을 환기했으며, 쉬누크족에서도 이 개념을 만날 수 있다(Jacobs 2, 제2부, 326~328쪽; 또한 Jacobs 1, 186~188쪽의 사합틴 판본; Phinney, 106~112쪽에 있는 뚫린-코 참조). 이러한 증거(정보)들로 문제를 다 파헤칠 수 없다. 전체 또는 부분적으로 나오는 대머리 인물은 남아메리카의 카시나와족(Tartevin 4, 21쪽)과 북아메리카의 파우니족(G. A. Dorsey 1, 14쪽)에서는 천둥을 나타낸다(상징한다). 그리고 오지브와족은 우리가 다루게 될 한 신화를 갖고 있는데, 이 신화에서 대머리 여인은 해가 그녀에게 머리칼을 돌려준 이후 이로운 달이 된다(M$_{499}$: Jones 1, 375~376쪽; 2, 제2부, 623~653쪽). 그러나 선행하는 지표(정보)들을 모음으로써 우리는 이를 아라우칸족의 기원신화의 내용과 상관관계로 놓을 생각이다. 이 아라우칸 신화는 레만-니체가 수집 출판하고 비교한 판본들에 따라 요약한 것이다(Lehmann-Nitsche 11, 28~62쪽).

### M$_{424}$. 아라우칸족의 신화: 대머리의 기원

아주 오랜 옛날에 대홍수로 인간이 멸망했다. 몇몇 판본에 따르면 대홍수는 타락한 풍습에 대한 벌로 일어났다(M$_{416}$ 참조). 모든 판본들은 홍수가 /카이카이(caicai)/라는 괴물스러운 바다뱀이 내는 소리로 일어났다고 한다. 물이 불어나고 어둠의 지배로부터 피신하기 위해 식량을 진 사람들은 봉우리가 셋인 산으로 올라갔는데, 카이카이라는 뱀의 적인 또 다른 뱀이 봉우리의 주인이었다. 이 뱀 역시 그가 내는 소리에 따라 /텐텐(tenten)/이라 불렸다. 아마도 텐텐은 인간들을 위협하는 위험을 알리기 위해 가난한 늙은이의 모습을 취하기도 했다. 아주 빨리 기어 올라가지 못한 사람들은 물에 빠져 죽었다. 이들은 다양한 종류의 물고기로 변했으며, 후에 썰물(간조)일 때 물고기를 잡으러 오는 여자들을 잉태시켰다. 그처럼 물고기의 이름을 갖고 있는 씨족의 조상들이 생겨났다.

생존자들이 산 중턱까지 올라갔을 즈음 산이 더욱 높아졌다. 또는 다른 판본에 따르면 물 표면을 떠다녔다. 오랫동안 /카이카이/와 /텐텐/은 서로 지배권을 가지려고 다퉈왔다. 결국 산(텐텐)이 승리했지만 인간들을 너무 해 가까이 접근시켰으므로 사람들은 그들의 음식을 담아놓은 접시로 머리를 보호해야만 했다. 임시적인 접시의 그늘로 머리를 보호했음에도 불구하고 많은 사람들이 죽었으며, 대머리가 되었다. 이것이 대머리의 기원이다.

/카이카이/가 졌다고 고백했을 때는 단지 한두 쌍의 부부만 생존해 있었다. 인간의 희생제의로 물을 빠지게 할 수 있었다. 그리고 그들은 땅에 사람들을 다시 번창시켰다.

우리는 산의 주인인 뱀의 /텐텐, 트렌트렌, 텡텡/ 소리와 신화M104의 /켄켄켄/이라는 사리그의 소리 또는 신화M326a에서 /텐텐텐/이라는 야간 동물들 소리 사이의 음성학적 유사성을 조심해서 원용할 것이다. 그렇지만 언어학자는 틀림없이 남아메리카의 여러 다른 언어에서 결합과 분리의 형식을 내포하고 있는 의성어들—한편으로 /텐텐/과 /틴틴/, 다른 한편으로 아마존 지역의 신화에서 /웨웨/—이 갖는 가치들을 분석함으로써 흥미 있는 결과를 얻게 될 것이다. 여기에서 /카이카이/와 /텐텐/은 대머리의 기원에 관한 신화처럼 생각되는 신화M424가 또한 같은 유형의 아마존 신화들을 전도하는 것만큼이나 놀랄 만한 전도를 보이고 있다. 신화는 이러한 증상을 물에 의한 부패(대머리) 대신 해의 타는 듯한 열기 때문으로 돌린다. 이 마지막 측면은 이 정도로 해두자. 신화M104와 다른 신화들에 따르면 대머리는 수평축에서 이동하는 과정에 물속으로 입몰한(빠지는) 결과로 나타난다. 신화M424에 따르면 대머리는 수직축으로의 상승에 의해 해와 근접한 결과로 이루어진다. 첫 번째 경우에서 능동적인 여행자들(이들은 원기왕성하게 수영을 한다)이 액체의 요소(물)에 잠수하는 대신 나무로 만든 카누를 타고 항해를 하므로 대머리를 면할 수 있었다. 두 번째 경우에서도 물을 피하고(산은 이들에게 엘리베이터 역할을 한다), 나무로 만든 식기(말하자면 배[용기])를 사용하여 해의 근접으로부터 자신들을 보호하는 수동적인 여행자들은 대머리를 면할 수 있는 것처럼 나타난다. 사실상 옛 아라우칸족은 도자기를 모르지 않았을 것이다. 그러나 이들은 나무로 식기를 만들었다. 이 신화의 첫 판본들을 수집한 선교사들 역시 신화의 일관성 없음(모순)을 비웃고 있었다. 불에 타는 재료로 만든 접시로 어떻게 이들이 작열하는 하늘로부터 자신들을 보호할 수 있었을까(Lehmann-Nitsche 11, 34쪽 주 3; 36쪽 주 2; 41쪽 주 3). 그 반대로 이러한 기술적 특성은 우리가 보기에 신화적 전도(신화의 전도)와 잘 일치하는 것처럼 보인다. 이런 신화적 전도가 우리의 가설이 정확하다면 아마존 신화들이 대머리의 기원을 물과 대비한 통나무배(카누)에 암시적 간과법을 통해 할당하는 것처럼 대머리의 기원을 해에 대한 같은 보호 역할을 식기, 더욱이 나무로 된 식기에 할당하고 있기 때문이다. 말하자면 이런 간접적인 수단을 통해 카누와 가정 부엌(취사용 불)의 일치를 확인하는 것처럼 보인다. 마치 각각 수평축에서 이곳과 저곳 또는 수직축에서 낮은 곳과 높은 곳의 매개자들처럼 나타나기 때문이다.

이미 레만-니체가 또 다른 근거들에 대해 전제한 것처럼 만일 이곳저곳의 유사한, 말하자면 몇몇 줄지어 세워놓은 돌들이 긴 밤이 계속되던 때(Frikel 2) 해의 귀환을 간청하는 석화된(돌이 된) 조상들을 표상한다고 가이아나 인디언들이 설명하는 믿음을 근거로 이용할 수 있었다면 가이아나 영역의 신화들과 아라우칸 신화들의 유사성은 더더욱 선명하게 드러날 수 있었을 것이다. 그렇지만 우리의 언어에서처럼 아메리카 언어에서 (우리가 유사한 환경에서 말하기는 하지만) "조약돌 위에…… 이제 아무것도 없다는 사실을 근거로 대머리가 된 조상들을 연상하는 것이 특히 적합한 것인가"라고 감히 추정하지 않는다.

취사의 기원에 관한 신화의 연구($M_1$, $M_7$~$M_{12}$)를 통해 우리는 하늘과 땅의 분리 결과로 오는 부패한(썩은) 세상과 이들의 결합으로 일어나는 불타는 세상 사이의 대립을 상정할 수 있었다. 아라우칸 신화학에서 이 두 세상은 카이카이와 텐텐의 세상과 일치한다. 그리고 지금까지 우리가 논의한 다른 모든 신화들은 이 근본적인 대립의 영향 아래 있다. 말하자면 이 신화들은 몇몇 밴드(대, 부분)에서 이 근본적 대립을 회절(回折: 뒷부분까지 영향을 미친다)시키며, 각 밴드는 의미의 차이를 선별한다. 한편으로 우리는 이처럼 생각할 수 있다. 너무 먼 결합(혼인) 또는 비사교적인 독신자들, 모험심이 많은 남편들, 바람난 소녀들 또는 동물 배우자들, 너무 믿는(신뢰하는) 방문자들과 신의 없는 여주인들, 이들은 모두 소통이 어렵거나 불가능할 때 소통의 측면을 나타낸다.

다른 한편으로 우리는 너무 가까운 결합(혼인), 근친상간하는 부모들, 꺽쇠-여인들을 볼 수 있는데, 이들은 너무 빠른 소통을 나타내는 양상들이다. 또한 달이 좋아하는($M_{256}$) 긴 성기를 가진 남자와 해가 좋아하는($M_{255}$) 성기 없는 사람을 대립시키는 신화들은 우리가 선행하는『신화학 1~2』에서 이미 많은 예를 들었던 뚫린 또는 막힌 인물들, 뚫는 또는 메우는 인물들, 이 마지막 경우에서 너무 무거운 또는 너무 뚱뚱한, 그리고 교환기의 역할을 수행하거나 또는 차단기의 역할을 하는…… 이들과 합동인 일종의 신체적 변증법의 길(방법)을 다시 취하고 있다.

그런데 이 모든 대립들은 논리적인 짝으로 계층화된다. 썩은 세상과 불타버린 세상의 대립은 그 자신이 근본적인 두 가지 양태를 받아들이는 우주적 질서와 관련되는데, 하나는 천체적 서열이고, 다른 하나는 지리적 서열이다. 이는 이들의 요소들을 하늘과 땅을 대립시키는 수직축 위에 배열하거나 가까움과 멀리 떨어짐으로 대립되는 수평축 위에 배열하느냐에 따라 이루어진다. 이어서 수직축을 인간 신체의 축소된 층위로 투사할 수 있다. 인간 신체의 수족과 기관들은 높음과 낮음(위와 아래)으로 나뉠 수 있으며, 역시 이 수족과 기관들을 성적 또는 음식의 관계로 말할 수(규정할 수) 있다. 두 번째 (음식의) 경우 성(性)의 대립은 관여적인(변별적인) 기능을 갖지 않으며, 다른 대립을 위해 자유로운 영역으로 남겨놓는다. 말하자면 하부와 상부로 구별되는 소화관의 구멍(입·출구)들과 이 구멍들은 개별적으로 또는 집합적으로, 열리거나 또는 닫힐 수 있다. 두 번째 경우 성의 대립은 표현하기에 합당한 어휘적인 수단을 요구한다. 즉 여자에게는 닫히거나 또는 크게 벌린 외음부(음문), 이들과 유사한 남성에게는 너무 짧거나 너무 긴 성기 같은 어휘들이다.

신화들은 인간의 관점에 서 있으며, 최초의 대립은 문화와 자연의 대립이 될 것이고, 첫 번째 대립은 우주의 이분화(이분법)의 지리적 극과 일치한다. 그러나 이 자연의 카테고리(범주)는 그 자신 두 개의 양태를 받아들인다. 이미 그 위치를 지적한 생물학적 양태, 문화의 범주에서 나오는 대립항들 중 하나와 일치하는 기술적(기술의) 대립이다. 또 다른 사회학적 항은 그 자신의 대립을 잉태한다. **집단 안/집단 밖**, 이로부터 새로운 이분화로 내혼, 외혼 또는 전쟁으로 이행하거나 독신의 경우 근친상간 또는 혼인 등으로 이행한다(그림 16).

이 책의 앞부분에서 우리가 할 말이 있다고 본 모든 대립은 조직망의 매듭 위에 배분되는데, 이 조직망의 배열(조직)을 식별할 수 있으며, 이 조직망 매듭 위에 다른 신화들을 병합하여 더욱 분석을 진전시켜 이곳저곳의 뚫린(부족한) 부분을 메우면서 새로운 방향으로 연장할 수 있을 것이다. 결국 신화에서 찾아낸 차이들은 신화들이 사용한 대립을 추출한 층위에 붙어 있게(인접해 있게) 되며, 각 신화는 자신의 본래(원초)의 방법에 따라 어떠어떠한 짝과 일치하게 만들고, 그리고 어떤 관점에서는 여러 개의 대립 사이에 우세한(지배적인) 상응관계를 명백히 나타나게 하기 위해 수평적, 수직적 또는 대각선으로 조직망을 자기 자신에게로

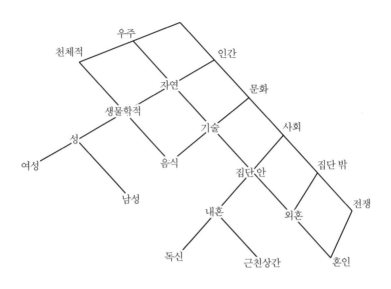

그림 16 한 신화적 대립체계의 조직망(그물망)

되돌린다(접는다).

또한 도식의 필요성 때문에 우리가 조직망을 완전히 설명하려면 또 다른 도면을 필요로 하기 때문에 조직망을 평면으로 납작하게 하고, 또 내용을 빈약화했다는 점을 강조할 필요가 있다. 천체의 축은 공간적 또는 시간적(축)이 될 수 있고 또한 그 자신 두 가지 측면―가깝거나 또는 먼 거리의 공간적 측면과 빠르거나 또는 느린 여행의 시간적 측면―을 받아들이는 지리적 축에 겹칠 수 있게 된다. 음식(물)의 관점에서도 뚫린 인물들은 두 가지 양상으로 그렇게 될 수 있다. 내장이 없을 경우 말하자면 음식물은 입에서 항문까지 그들의 몸을 관통하여 정상적인 경로(과정)를 따르게 되지만 너무 **빠르게** 된다(시간의 축). 몸이 없는 경우(구르는 머리, 몸통-여인 등) 목의 층위(부분)에서 배설되는 음식물의 경로는 비정상적으로 **짧게** 된다(공간의 축). 막힌 인물들의 경우 이들은 입(위) 또는 항문(아래)이 없는 것으로 나타난다. 성적인 관점에서도 유사한 이

원성이 지배한다. 관계된 인물이 남성(너무 길거나 너무 짧은 성기를 가진)이거나 여성(너무 열린 질이나 너무 닫힌 질을 가진), 그리고 이 인물들은 역시 수사학적 의미(말의 뜻)를 갖고 있다는 사실을 (우리는) 알고 있다. 그러므로 신화들이 가정의 부엌(취사용 불)과 카누 사이에 제시하는 기술적 대비(대조)는 높은 곳과 낮은 곳, 가까운 곳과 먼 곳, 공간적인 것과 시간적인 것, 본래(고유한) 의미와 비유적 의미 같은 겹쳐놓을 수 있는 또 다른 대비들 사이에 포함된다.

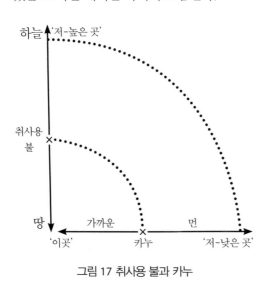

그림 17 취사용 불과 카누

결과적으로 취사용 불의 변형은 논리적 관점에서 수직적 중개구조의 수평축 위에 투사로 귀착되며, 이로부터 신화의 **하늘/땅**의 극들은 다른 신화의 **이곳/저-낮은 곳**의 극들과 일치하게 된다고 말할 수 있다(그림 17). 더구나 많은 신화들은 가장 직접적인 방법으로 하늘 여행($M_{187}$)이 여행객 주인공의 극단적인 모험이며, 그가 너무 멀리 가는 부주의(무모함)를 범했다는 점을 증명한다.

이런 방식으로 표현된 변형은 실질적으로(사실상) 변형된 그 자신과 일치하게 된다. 그리고 우리는 이를 해명(설명)하는 부족들을 알고 있다. 왜냐하면 이 사람들은 가족이나 가정이라고 표현하기보다 차라리 '같은 배의 선원'(batelée)이라는 용어로 그들 사회의 기본 요소들을 묘사하기 때문이다. 말레족(Malais)은 칼집(케이스)의 끝에 있는 배 모양의 부분을 칼날의 '집'이라고 부른다(Rassers, 35쪽). 이처럼 이들은 시베리아에서 실제적으로 완벽한 응용을 찾을 수 있는 대응(일치)을 상징적인 방식으로 표현한다. 해안 추크치족(Chukchee)의 사회적 단위는 '배의 선원'(batelée) —이 선원들과 함께 사냥하고 어로를 하는—으로 구성된다. 토착인들은 이처럼 많은 바틀레(배의 선원집단)로 구성되는 마을에 대해 이야기하는데, 이 바틀레는 친족관계가 있는 가족으로 구성된다(Bogoras 2, 544쪽, 629쪽). 에스키모족에서도 유사한 관습을 볼 수 있다(Boas 11, 601쪽; Spencer, 177~192쪽과 여러 곳). 뉴기니의 이 부족들 경우도 의미가 적지 않다. 여기서 각 씨족은 자신의 고유한 넓은 오두막과 커다란 카누를 소유하며, 오두막에서는 씨족 성원들만 밤에 잠자는 데에 사용하며, 다른 카누에서는 낮에 회의를 하거나 여행을 위해 사용한다. 오두막은 흔히 카누의 형상을 하고 있으며, 두 건물 모두 고정된 이름을 갖는다. 옛 거주 건물을 대체하기 위해 새로 건축된 건물에도 같은 이름이 주어진다. 새로 고쳐야 될 카누를 이어 받는 새로운 카누에도 같은 이름이 부여된다. 델타의 몇몇 지역에서는 하나의 단어(말)가 동시에 '씨족'과 '배'(카누)를 의미한다. 사람들은 낯선 사람에게 어떤 씨족 출신인지 알아보기 위해 실제로 "당신의 배(카누)는 무엇이냐?"고 묻는다. 그러므로 배는 다른 곳에서는 집단 구성원들이 모여 사는 공동의 집 역할을 하는 전형적인 사회적 단위를 구성한다(Wirz, 146쪽과 여러 곳).

결국 남아메리카 인디언들이 항해할 때 그들이 조롱박이나 종려나무 껍질 속에 조심스레 열기를 유지하도록 얼마간의 불씨를 가져가는 행위는 (분명히 집과 달리 움직이지만) 상대적 안전이 항해의 위험도와 불확실성에 대립하는 카누를 가정의 부엌(취사용 불)으로 변형시켜 집과 비슷한 등가를 나타내는 것은 아닐까?

그렇지만 사실 취사용 불(부엌의 불)과 카누는 단순히 한 단계(시기)의 증명만을 나타내는 그림 17보다 훨씬 복잡한 체계와 관련된다. 한 축에서 다른 축으로의 이전을 위해 수직구조―모든 다른 (서열)단계의 것들과 관련해서도 수직구조와 상응할 수 있는―를 수평구조 위에 적용하는 것으로 충분하지 않다. 역시 전체 위상의 변형은 부분 안에서도 실행되어야 한다. 매개항으로 결합된 두 극으로 구성되는 첫 (단계의) 체계는 자기 자신의 매개(조정)자가 된다. 또는 달리 표현하자면 첫 체계는 상위 체계에 대해―옛 체계의 전체적인 이미지를 축소의 층위로 바꾸는 복잡한 구조에도 불구하고―매개(중재)항이 된다.

그러면 원초적 상황은 어떠했을까? 취사의 기원에 대한 신화들이 시작될 때 해와 달은 각각 수직축 위에 자리를 차지했을 것이다. 이 극들 사이에 중재항이 나타나 취사용 불이 나타나게 되어 하늘과 땅의 대립을 중재하게 되었을 것이다. 그러나 취사용 불이 부재하게 되면 두 천체의 결합과 분리의 교대가 이루어지게 되어 먼저 두 극의 결합으로 낮의 궁극적 표현인 불타는 세상이 되거나, 두 극의 분리로 인해 밤의 궁극적 표현인 썩은 세상이 도래하게 되었을 것이다.

그런데 같은 카누 속에 있는 낮의 천체인 해와 밤의 천체인 달(이들은 소형 보트 양쪽[앞뒤쪽]에 앉고 세 번째 인물을 위해 가운데에 빈자리를 남겨 놓는데, 이 세 번째 인물은 노를 젓거나 방향타를 잡을 책임이 없고, 이론적으로 손을 자유로이 쓸 수 있어 민족지적 경험이 이를 증명하는 것처럼 불씨를 감시할 수 있을 것이다)을 통해 카누는 낮과 밤의 관계를 정립(설정)하고 있다. 하늘과 땅의 적절한 **결합**인 낮은 지리적 카테고리의 가까움과 합동이고, 하늘과 땅의 적절한 **분리** 형식인 밤 역시 지리적 카테고리의 먼 것(곳)과 합동이다. **결과적으로 카누 안에 거리를 둔다는**

것, 그것은 카누에서 일어난 결합과 분리 그 자체이다. 만일 낮과 밤, 결합과 분리가 너무 가까워진다면 우리는 해와 달의 근친상간, 일·월식, 매일 매일 주기의 파괴를 보게 될 것이다. 이런 현상들은 지리적 층위에서 가까움과 먼 것 사이의 대립 상실(대립이 없어지는 것)과 일치한다. 반대로 만일 낮과 밤, 결합과 분리가 서로 너무 벌어진다면 그 결과는 영원한 또는 절대적인 낮이 되거나 절대적인 밤이 될 것이다. 이 두 경우 모두 빛과 어두움의 결별 또는 밤 동안 달과 별빛으로 인한 상호적인 이들의 온도의 사라짐, 낮 동안의 구름의 그림자 또는 무지개의 여러 가지 색깔들은 신화들이 선택하기 합당한 주간 또는 야간, 통시적 또는 공시적인 관점에 따를 것이다. 결국 지리적 층위에서 (볼 때) 대립이 아니라 가까운 곳과 먼 곳의 범주들 사이의 중재 상실을 확인하게 될 것이다.

취사의 기원에 관한 신화들에서 낮과 밤의 상호적인 성질 또는 교대의 기원에 관한 신화들로 이동하면서 우리는 첫 번째 열(서열)의 전체 신화의 탐구(연구)로부터 두 번째 열(서열)의 전체 신화의 탐구로 이행했다. 항들(용어들) 사이의 단순한 대립 대신 우리는 지금 더욱 복잡한 다른 대립과 대면했다. 이 새로운 대립은 두 가지 양식에 작용하며(영향을 주며) 이 두 가지 양식을 통해 첫 번째 대립을 표현할 수 있다. 우리가 소개한 새로운 신화들은 항들(용어들)을 대립시키는 것으로 만족하지 않는다. 이 신화들은 다른 방식으로 대립시키며, 이 방법에 따라 그 힘은 서로 대립하게 된다. 그러므로 (다시 말하면) 대립의 형태(형식)를 대립시키는데, 이런 방식으로 신화들은 판단의 논리에서 명제의 진정한 논리로의 이전(이동)을 설명한다.

이런 증대된 복잡성은 만일 보충적 차원에 의뢰하지 않았다면 해석할 수 없는 채로 남아 있을 것이다. 취사의 기원에 관한 신화들은 확실히 시간 안에서 전개된다. 그러나 내재적인 환경에서 신화들은 단지 공간만을 개념화하고 있는 반면, 낮과 밤의 기원에 관한 신화들은 동시에 공간과 시간을 개념화하고 있다. 이런 사실로 보아 공간의 개념은 몇 개의 차원으로 된 연속 안으로 추가되는 진화를 하며, 절대적인 것에서 이제 시간과 분리할 수 없게 된 공간은 상대적이 된다. 이제 공간은 높음(위)과 낮음(아래)의 정태적인 대립으로는 정의되지 않으며, 우주적 좌표가 아닌 사회적 좌표로 규정되는 가까운 것과 먼 것의 역동적인 대립으로 정의된다.

이처럼 시간의 범주는 공간 안에 이미 주어진 다른 여러 관계들 사이의 관계를 분명히 하기 위한 필요한 수단으로 신화적 사고 속에 출현한다. 우리가 이미 본, 변별적 차등이 감소하는 결과로 나타나는 시리즈화된 소설(시리즈물)에서 그 원천(기원)을 취하고 있는 소설 장르는 역시 벌어진(간격이) 항들의 논리적 성질(특성)이 복잡화되는 진보적(발전) 과정에서 생긴다. 이러한 진보는 시간적 차원을 요구하며, 역사적 기간처럼 시간적 차원은 자신의 모순들을 해결할 수 있도록 공시적 공간에 이중으로 대립한다. 형식적인 관점에서 이를 상정할 때 신화적 사고에 제기되는 딜레마는 음악에서 제기되는 딜레마를 상기하지 않을 수 없다. 두 경우(신화와 음악)에서 의미를 드러내는 항들 사이의 간격의 감소는 이 항들이 서로 구별(변별적이)되기 위해서 서로서로 가장 멀리 떨어져 있기를 요구한다. 신화와 음악에 공통적인 가까움과 먼 것의 이러한 변증법은 이들 중 하나 또는 다른 하나를 양자택일하게 한다. 신화의 경우 소설적이 되는 것은(또는 음악의 경우 역시 로맨틱한 음악으로 남아 있기 위해서는) (항들 사이의) 작은 간격에 충실한 것이다. 아니면 신화적인 것으로 남아 있는 다른 것(또는 음악이 구조적이 되기 위해서)은 큰 간격들의 활용으로 회귀하는 것이다. 그런데 이런 큰 간격은 이미 체계의 속성상 존재했던 간격들보다 과장되는데, 항들을 구별(벌려놓고 있는)하는 거리는 인공적으로(의식적인 차원에서) 부여된다. 사람들은 작은 간격들의 체계적 포기(또는 거부)로 큰 간격들을 얻는다.

만일 우리가 소설적 신화학을 섭렵한 후 신화M415에서 논의의 여지 없이 구조적 분석과 관련된 형태(형식)를 다시 볼 수 있었다면 그것은 계열음악(musique sérielle)이 큰 간격들을 사용하기 위해 멜로디의 날개를 부수는 행위를 한 것처럼 아말리바카가 자신의 딸들의 다리를 부러뜨릴 결심을 한 이유가 아닐까?

카누로 다시 돌아가도록 하자. 신화들은 카누 속 대립의 극단적 두 형태 사이에서 중간적인 해결의 매개체를 발견하는데, 매개하는(중재하는) 항이 없다면 양극의 결합이나 또는 분리로 대립은 소멸하게 된다. 카누 여행을 해본 모든 사람들은 경험으로 형식적 차원에서 카누가 이러한 역할을 하는 데에 놀라울 정도로 합당한 도구가 되어야 하는 절대적인 기술적 필요성을 알고 있다. 얼마 동안의 카누 여행을 하려면 하나는 배를 나아가게 하고 다른 하나는 배를 조종하는 보충적인 기능을 수행할 적어도 두 명의 선원이 필요하다. 배를 조종하는 선원은 뒤쪽에 앉아야 하고, 배의 균형을 잡기 위해서 노 젓는 선원은 앞쪽에 앉아야 한다. 항해를 하는 동안 앞이나 뒤에 있는 사람은 움직일 수 없을 것이다. 더 큰 이유는 자리를 옮길 수 없다는 것이다. 배의 운동방향(리듬)을 고려하지 않은 갑작스런 움직임은 배를 전복시킬 것이다. 그러므로 어느 순간에도 두 항해자들은 서로에게 너무 **가까워질** 수 없을 것이다. 그러나 공동의 일(항해)로 결합되어 있는 그들은 역시 너무 **멀리** 있을 수도 없다. 카누의 계측된(제한된) 공간과 항해의 대단히 엄격한 규율은 말하자면 낮의 과도함(남용)과 또는 밤의 과도함이 땅을 불태우거나 부패하지 않게 하기 위해 해와 달이 동시에 함께 그리고 분리되어 있어야 하는 것처럼 항해자들이 **적당한 거리**를 유지하도록 협력한다.

이것이 다가 아니다. 항해(여행)에 *참여하고*(포함되고) 있는 카누는 신화들이 여행에 부여하는 의미론적 기능의 위상적인 변화를 완성한다. 카누는 특권이 있는 공간 안의 여행을 내면화하는 반면, 여행은 불확정된 기간 안에 카누를 외재화한다고 말할 수 있을 것이다. 이처럼 두(카누와 여행) 조작자(집행자)는 모두 가까운 것과 먼 것의 심판을 보장하기 위해 하나는 공간적 조작자, 또 다른 하나는 시간적 조작자의 역할을 할 수 있다. 가까운 것과 먼 것의 대립은 신화 속에서 근친상간과 불가능한 혼인, 집안에 칩거하는(은둔하는) 기질과 모험에 대한 애착, 낮과 밤의 연속성과 절대성의 삼각틀 형태(형식)로 나타난다.

그러므로 카누 여행의 도식은 두 가지 조작(활용)을 동시에 실행할 수 있게 한다. 먼저 논리적 유형의 조작은 여러 다른 단계에서 추출한 대립들의 전체를 고려하며, 하나의 체계로 구성된 총체적 산물을 만들어낸다. 이 체계의 항들은 이들 사이에 새로운 대립을 형성한다. 다음 의미론적 유형의 다른 조작(활용)은 마찬가지로 공간적(수직적 그리고 수평적), 시간적(여행과 달력), 사회학적(미혼과 기혼, 내혼과 외혼, 동맹과 전쟁), 그리고 해부학적(신체의 훼손과 파열, 열림과 닫힘, 생리적 결합[결핍]) 등록부의 전체를 고려하며 총체적 산물을 만드는데, 해-달의 짝은 총체적 산물(특성)의 축소된 모습이다. 그러나 만일 시대와 지역 그리고 부족에 따라 두 천체의 개념 및 기능과 관계되는 놀랄 만한 의미론적 변동의 이유를 이해하고자 한다면 이 점에서 해결해야 할 문제가 생기게 된다(L.-S. 18).

우리는 카누가 조작자라고 말했다. 정확히 그의 특성은 무엇인가? 해와 달을 손님(승객)으로 맞이한 카누는 그들에게(그들 사이에) 변함없는 간격을 유지하도록 강요한다. 여행은 측정의 표준원기(카누)를 자신의 여정에 따라 진행시키며, 카누는 연속적으로 여정의 여러 지점을 두루 돌아다닌다. 이러한 연속된 공간(여정) 위에 있는 불연속 공간 부분(지점)의 이동으로 (인해) 우리는 여정 중 가까운 곳의 거리와 먼 곳의 거리 사이에 일어나는 무한한 연속 시리즈의 역비례 값에 대한 총합을 산출할 수 있다. 초기에 카누는 항구와 너무 가까워 가까운 곳의 거리가 실제로 제로이다. 반면, 모험(여행)의 예측 불가능한 위험성 때문에 사실상 먼 곳의 거리는 무한하게 된다. 그러나 여행이 시작되면 매일 매일 가까운 곳은 멀어지고 먼 곳은 가까워진다. 카누가 목적지에 도달하면 두 항의 원래 값은 전도될 것이다. 귀환 역시 다른 방향으로 같은 조작(계산)을 실험하게 되는데, 제로의 값과 무한의 값을 갖는 극단의 산출물을 배제하면 우리는 카누의 고정된 표준원기로 중간의 산출물(평균값)을 얻을 수 있다.

$$[\text{하늘} \cup \text{땅}] \left( \sum_{\text{먼} // \text{가까운}}^{\text{가까운} \cup \text{먼}} \right) [\text{하늘} // \text{땅}]$$

이 극단적 산출물들이 각각 우리가 불탄 세상과 썩은(부패한) 세상이라고 부른 것과 일치한다고 간주한다면, 그리고 앞의 사실들에 동의하고 카누가 여행 중 가까운 곳과 먼 곳의 결합($\cup$)과 분리(//)로 얻은 모든 값들의 합을 실행한다는 것을 받아들인다면 우리는 카누가 시간의 축 위에서 불탄 세상(하늘과 땅의 결합, 이 두 항의 균형점은 낮일 것이다)과 썩은 세상(하늘과 땅의 분리, 이 두 항의 균형점은 밤일 것이다)의 일체화를 이루는 공간적 조작자이다라고 기록할 수 있을 것이다.

그러나 사실 체계의 논리적 구조는 아직 더욱 복잡하다. 왜냐하면 해와 달의 상호적인 교대는 불탄 세상과 썩은 세상의 균형을 보존하며, 이들은 그들 자신이 조작자로서 의미론적 축 위에서, 그리고 형식적 관점에서, 카누와 여행이 논리적 축 위에서 실행할 구조와 유사한 합(계산)을 실행한다. 좀더 자세히 보도록 하자.

공간의 축 위에서 고려된 해는 하늘과 땅의 결합을 설명한다. 이로부터 가뭄, 불임과 대화재, 말하자면 불탄 세상이 유래한다. 그러나 시간의 축 위에서 해는 순수성(순결)과 성의 분리 측면에서 해석되는 금욕으로 나타난다. 말하자면 연속해서 비추는 빛(밝음)은 사랑의 관계를 배제시킨다고 신화들이 말한다. 대칭적으로 달이 없느냐[不在] 또는 있느냐[存在]에 따라 달은 의미론적 장(場)을 일소(一掃)하는데, 하늘과 땅의 분리는 적의(증오감)와 식인, 부패를 야기하는 너무 긴 밤이 의미론적 장의 절반을 차지하며, 또한 성의 결합이 또 다른 절반을 차지한다. 왜냐하면 밤은 생식능력의 원천인 성적 교미를 허용할 만큼 충분히 길기 때문이다. 결과적으로 각 천체는 다른 축 위에서 자신의 반대로 역전되기 전에 의미론적 축 위에서 가질 수 있는 관계의 연속적 값의 총합을 자신의 방식에 따라 표현한다.

$$\text{해} = \left[ \sum \begin{array}{l} \text{하늘} \cup \text{땅 (공간의 축)} \\ \\ \text{남성} // \text{여성 (시간의 축)} \end{array} \right]$$

$$\text{달} = \left[ \sum \begin{array}{l} \text{하늘} // \text{땅 (공간의 축)} \\ \\ \text{남성} \cup \text{여성 (시간의 축)} \end{array} \right]$$

균형점을 표현하기 위한 교차의 상징 ∩(교차기호)를 사용하는 것이 합당하다면 여기에서 그들(해와 달)의 대립에도 불구하고 결합과 분리의 두 관계 $r$은 불일치를 끝내고, 공통적인 어떤 것을 제시하게 된다. 그러면 해와 달의 여행은 카누가 두 별(해와 달)에게 실행한 조작처럼 나타날 것이다. 그리고 신화의 세계는 카누의 산물이다. 사실상 이 세계는 각 천체가 자신의 방식대로 통합한 모든 공간적 그리고 시간적 관계의 합으로 구성된다.

$$\left[\sum_{\triangle \,//\, \bigcirc \,(\text{시간적})}^{\text{하늘} \,\cup\, \text{땅} \,(\text{공간적})}\right] \left(\cup \cap //\right) \left[\sum_{\triangle \,\cup\, \bigcirc \,(\text{시간적})}^{\text{하늘} \,//\, \text{땅} \,(\text{공간적})}\right] = 1$$

달리 표현하면 신화소인 카누는 결합과 분리의 교대를 조작하며, 둘 다 같이 있지만 분리하여 보호한다고 단언한다. (특히) 이 논리적 조작은 평균값(평균적 가치)을 결합과 분리에 돌린다. 동시에 이 둘을 같은 의미론적 장부에 보존한다. 이와는 반대로 우리가 보듯이 해와 달 역시 다른 조작에서 항의 역할을 하는 조작자들이다. 이들은 가장 극단적인 것들(값)을 배제하지 않고, 결합과 분리의 가변적인 일련(시리즈)의 값들을 합산하지만, 이것들을 다른 의미론적 장부에 의뢰한다. 그로부터 서로에게 반대(대립)되는 이러한 모든 조작들이 무효가 된다. 충분히 뒤로 물러서기만 하면 가까이 그리고 세밀하게 조사하고, 멀리서 보았을 때 놀랍도록 풍부하고 복잡해 보이는 신화의 장(場)은 완전히 빈 것처럼 나타날 것이다. 대립이 대립의 성질을 보존하기만 하면 해와 달의 대립은 무엇이든 의미할 수 있다. 신화적 사고는 처음에 닫힌 체계를 형성한다. 그것(신화적 사고)은 자신의 중복[4](표현이나 정보의 부언, 증언부언)을 희생할 때에만 성공적으로 심화될 수 있다. 신화적 사고는 끊임없이 새로운 대립들을 발견한다고 생각한다. 그러나 이 새로운 대립들은 신화적 사고가 다른 대립들을 만들기 위해 이미 사용했던 항들의 등가를 인정하도록 강제한다(강요한다). 내용이 풍부해지고 그리고 복잡해짐에 따라 형식적인 구성의 엄격성은 약해지거나 차라리 도식적이 됨으로써

---

4) 정보 이론가들이 이 용어에 부여하는 의미로, 이 용어는 코드의 구조에 의해 미리 결정된 메시지의 측면들과 이러한 사실로부터 송신자의 자유로운 선택에서 벗어난 측면들을 지칭한다.

만 존속하게 된다. 해와 달의 경우 많은 신화들이 익숙하게 사용하는 내용의 점진적인 혼돈—천체들(해와 달)을 서로 바꿀 수 있게 하거나 원초에는 해가 달이었고 달이 해였다고 이야기하는—은 해와 달이 추상적으로 같은 또는 다른 의미들을 다르게 표현하는 표현의 양태라는 말로는 이제 더 이상 보상받을 수 없다. 공통적인 불안정성으로 고통스러운 천체들(해와 달)은 이제 오로지 **자신들의 불안정한 고유방식으로** 서로 구별될 것이다. 각 천체는 틀림없이 무엇이나 의미할 수 있다. 그러나 **전체가 하나이거나** 또는 **전체가 다른 하나인** 조건에서 해는 후원자 아버지이거나 또는 식인 괴물이다. 그리고 달 자신이 **하나와 다른 하나인** 경우, 규칙제정자 조물주와 사기꾼 조물주가 되며, 또는 **하나도 아니고 다른 하나도 아닌** 경우, 불임이나 처녀인 소녀, 자웅동체인 인물, 성적 불능이나 방종한 남자가 되는데, 이와 같은 조건에서만 달은 해와 원초적인 상동관계와 대립관계를 유지할 수 있다.

# 제4부 모범적인 어린 소녀들

좋소, 날 용서해주시오. 그는 말을 이어갔다. 그러나 혐오스
럽고, 혐오스럽고, 혐오스러운 것은 사실이오!
— 무엇이 혐오스럽소? 나는 그에게 물었다.
— 여자 그리고 여자들과의 관계와 관련해 우리는 일탈의 늪
(심연)에서 살고 있소.

톨스토이, 『크라우저에게 바치는 소나타』,
플레이아드판, 제3절, 1073쪽

# 1 처녀가 되었을 때

> ……여자의 의무 중에서 첫 번째 중 하나는 청결이다. 자연
> 이 내린 특별하고 불가결한 의무이다. 청결하지 못한 여자보
> 다 더 구역질 나는 물건은 세상에 없다. 그리고 그러한 여자
> 를 역겨워하는 남편은 전혀 잘못이 없다.
>
> 장 자크 루소, 『에밀』, 제1부 제5장

사실상 이 책의 초반부터 우리는 단 하나의 신화만을 논의해 왔다. 우리가 연속하여 채택(소개)했던 모든 신화들은 우리가 출발했던 신화를 더욱 잘 이해하기 위한 명백한 의도 아래 그렇게 했다. 그 신화는 사냥꾼 몬마네키 부부생활의 실패(담)를 이야기하는 투쿠나 신화(M354)이다.

항상 줄거리는 정확하게 이야기를 시퀀스로 나누지 못하지만, 각 시퀀스는 이들이 의미를 계열적 전체(계열이 같은 신화들의 총합)와 연결함으로써 찾을 수 있다. 그런데 이런 연결 덕분에 결국 몇몇 다른 신화들의 대표격인 한 신화로부터 근본적인 특징 네 가지를 끌어낼 수 있었다. 첫째, 신화(M354)는 동물 배우자들과 한 명의 인간 배우자를 비교하고 대립시킨다. 이어서(둘째) 첫 번째 동물 배우자는 본래의 의미로 개구리가 되는 반면, 마지막 유일한 인간 배우자는 비유적인 의미로 잡혀 있는 개구리를 예시한다. 셋째, 이 비유적인 개구리는 꺽쇠-여인의 역할을 한다. 그녀는 혐오하는 남편을 놓아주려고 하지 않는데, 남편은 그녀에게서 벗어나고자 한다. 반대로 본래 의미의 개구리 남편은 벗어나고자 하지 않지만, (비유적 의미로) 며느리의 음식요법을 혐오하는 시어머니에 의해 그녀가 자신에게서 떨어져나가는 것을 본다. 마지막으로(넷째) 두 의붓형제(처남과 매부)를—하나는 능동적이고 다른 하나는 비능률적인—

대비되는 특징과 연계하고 있는 카누 여행의 시퀀스를 통해 우리는 이 신화가 주기성의 각도에서 고려한 해와 달에 관한 방대한 신화집단에 속한다는 것을 증명했다.

우리는 북아메리카에 같은 특징들로 정의될 수 있는 또 다른 신화집단의 존재를 알고 있으며, 이 특징들은 단지 인간 인물로 변신한 천체(해와 달)들의 등장만 추론했을 뿐인 신화M354와는 달리 달과 해의 주제가 첫 번째 층위에 자리 잡고 있다는 사실로부터 더더욱 명료하게 된다. 두 신화집단 사이의 접근으로 그에 대한 설득력이 더욱 커질 것이다. 사실상 우리는 두 대륙에서 유래하는 신화들을 대조할 수 있었는데, 그것은 신화들이 해와 달에 대해 동등하게 중요성을 부여하는 동시에 유사한 역할을 주고 있기 때문에 선택한 것들이다. 그런데 이런 장르의 비교가 귀착될 수 있는 고전적 해결책과 부딪치게 된다. 사람들은 유사성을 독립적인 발명이나 전파로 설명한다. 많은 신화적 주제가 신대륙을 여행했다고 증명할 필요는 전혀 없다. 왜냐하면 사람들은 우리가 그런 예를 더 많이 수집해 놓기를 바라지 않을 것이기 때문이다. 우리가 할 임무는 다른 것이다. 우리의 임무는 서로 유사하지 않은 신화들, 또는 얼핏 보았을 때 유사성이 우연히 나타난 신화들이 (그럼에도 불구하고) 같은 구조를 나타낼 수 있고, 그리고 같은 변형집단에 속하는지를 증명하는 것이다. 그것은 우리가 공통의 특성들을 목록화할 일이 아니라 신화들의 차이에도 불구하고, 아니면 차이성 때문에라도 아무 유사성이 없는 신화들이 같은 원칙에서 유래하고, 그리고 단일한 조작계열(집단)에 의해 생성됐는지를 제시하는 일이다.

여러 신화들에 나타나고, 그에 대한 분석을 오랫동안 지속하게 될 한 에피소드를 요약하는 것으로 시작하자. 두 형제인 해와 달은 인간 배우자와, 정확히 말하면 개구리인 동물 배우자 각각의 장점에 대해 다투고 있다. 합의에 이를 수 없게 되자 각자는 자신이 생각한 대로 선택한다. 배우자-개구리는 남편의 가족을 혐오하는데, 신화M354에서처럼 가족이 먹는 음식 때문이 아니라 먹는 방식(행태) 때문이다. 사실 두 의붓누이들(동서·시누이)—신화M354의 두 의붓형제들(처남·매부)의 관계와 합동—은 대립된 특징을 갖고 있다. 하나는 능동적이며 자신을 가꾸는 데 힘을 쓰고, 다른 하나는 게으르며 자신을 등한히 한다. 자신을 꾸짖는 질책에 몹시 화가 난 개구리는 시동생(의붓형제)인 달에 뛰어올라 떨어지기를 거부한다. 개구리는 결국 꺽쇠-여인이 된다. 사건의 순서가 다름에도, 그리고 의미론적 기능들이 다르게 치환됨에도 불구하고 투쿠나 신화(M354)의 골조를 묘사하기 위해 우리가 사용했던 모든 특성을 다시 볼 수 있다.

수천 킬로미터의 거리에도 불구하고 이 비밀스런 유사성 때문에 마치 북아메리카 신화들이 레이샤르드(2)와 스티스 톰슨이 자세히 연구한 이른바 '별-남편' 신화의 광범위한 전체에 포함되어 지역적인 변이형을 구성하는 것만큼이나 이런 비밀스런 유사성 역시 해결하기 힘든 문제를 제기한다. 톰슨의 작업은 가장 최근의 일이다. 그는 에스키모인들과 남서쪽의 부족들에 퍼져 있는 판본들을 제외한 북아메리카 전체에 걸쳐 있는 86개의 판본들을 고려하고 있다. 만일 덜 엄격한 방식으로 주제들을 한정했다면 더 많은 판본들을 찾을 수 있었을 것이다.

별-남편의 신화는 삽화식 이야기의 측면을 제시한다. 이야기의 완전한 형식 아래 신화는 수많은 에피소드를 포함한다. 그러나 에피소드가 모두 동시에 등장하는 경우는 드물다. 그러므로 완전한 신화는 여전히 잠재적 상태에 있다. 이 신화의 확인된 판본들 중 어떤 판본으로도 이(완전한 신화)를 적합한 방법으로 예증하기는 거의 불가능할 것이다. 독자들이 이에 대한 생각을 할 수 있도록 우리는 레이샤르드(2, 297~302쪽)가 여러 곳에서 특히 북아메리카의 대평원에서 유래하는 요소들을 합당한 순서로 배열하여 공들여 만든 혼합(통합)적인 이야기를 요약할 것이다.

하나 또는 두 젊은 인디언 여인들은 별을 남편으로 삼기를 바란다. 별 (천체)들은 그들의 소원을 들어주어 여주인공이 하늘로 올라가는데, 그곳에서 그녀는 자신의 배우자와 시부모로부터 훌륭한 환대를 받는다. 그렇지만 그녀에게 정원에서 자라고 있는 먹을 수 있는 한 채소의 뿌리를 뽑지 못하게 한다.

호기심으로 또는 할 일이 없어서(심심해서) 그녀는 금기를 어긴다. 뿌리는 천상의 둥근 천장에 구멍을 막고 있었다. 궁창을 열자 여자는 저 아래에 있는 땅과 자신의 마을을 본다. 그녀는 이를 보자 치료하기 힘든 향수를 느낀다. 인내심을 갖고 그녀는 식물의 줄기 또는 가죽[1] 끈을 모아 하나하나 줄을 잇는다. 충분한 길이가 되었다고 생각한 그녀는 자신의 어린아이를 데리고 줄을 타고 내려가기로 한다.

별-남편은 자신의 아내가 사라진 것을 알았다. 그는 구멍 위에 허리를 굽혀 바라보는데, 도망자는 허공에 매달려 있다. 왜냐하면 끈이 너무 짧았기 때문이다. 그녀는 잡고 있던 줄을 놓쳐 죽거나 또는 남편이 던진 돌에 맞아 죽는다. 고아가 된 어린아이는 시체의 젖가슴에서 젖을 먹기 시작한다. 그는 빨리 성장했고, 이어서 자신의 필수용품을 마련한다.

때때로 신화는 여기서 아니면 좀더 일찍 여자의 죽음으로 끝난다. 여자(여주인공)의 수가 둘인 판본(들)에서는 여자들이 땅으로 내려올 수 없는 나무 위(꼭대기)에 착륙하게 만든다. 대평원의 신화들에서 이야기는 다른 이야기로 연속 이어지는데, 몇몇 신화들은 신화 초반부에 삽입하고, '할머니와 손자'라는 특별한 제목을 붙이기도 한다.

고아 또는 같은 상황에서 갑자기 나타난 다른 주인공은 홀로 살고 있

---

1) 영어 단어 'sinew'. 모든 판본들이 사용하는 이 단어는 여기서 들소와 사슴의 등뼈(척추)에 붙어 있는 섬유조직으로 바느질 실로 사용하기 위해 가늘게 잘라놓은 가죽 끈을 지칭한다(W. Matthews, 125쪽).

는 늙은 여인의 정원에서 먹을 것을 도둑질한다. 늙은 여인은 이를 발견하고 입양한다. 모호한 관계로 두 인물이 서로 이어진다. 또는 여인은 청소년이 된 소년을 유혹하거나(M241~M244 참조) 그를 둘러싼 위기를 자세하게 들려주는데, 이것이 그에게 경계하라는 것인지 또는 위험과 과감히 맞서라고 부추기는 것인지 정확하게 알 수 없다. 젊은이는 괴물들의 파괴자가 되며 적과 교섭하는데, 자신의 할머니를 이들(적)에게 넘긴다. 때로는 그녀를 죽인다.

다시 이야기는 여기서 완성될 수 있거나 '별의 아들'의 관례적인(합의된) 제목 아래 이어진다. 그렇지만 판본들에 따르면 주인공은 별의 아들이거나 달 또는 해의 아들이며, 그 자신이 별 중 하나가 된다. 그가 창조의 조직자, 괴물의 정복자 또는 희생자인 지상의 역할을 완수한 후 하늘로 올라가 천체로 변한다.

현재로선 단지 우리가 관심을 갖는 첫 번째 장(場)에 한정된 이 북아메리카 신화의 순환은 남아메리카에서 한 인간(죽을 수밖에 없는 자)의 별-아내의 순환이라는 자신의 짝을 찾는다. 이 순환에서 우리는 때때로 지상의 여주인공의 이중인물(둘로 나누기)(M110)을 동반한 별의 성(性) 전환을 볼 수 있으며, 이 신화(M110)는 몇몇 아메리카 북부 판본들의 골조를 재현한다. 우리는 『날것과 익힌 것』(M87~M93, M95, M106, M112: 346~382쪽)에서 남아메리카 신화의 형식을 논했고, 그리고 이 형식들이 한편으로는 경작식물의 기원과, 다른 한편으로는 단명의 기원과 관련되었다는 것을 지적했다. 경작식물의 기원에 관한 제족(gé) 신화들은 취사용 불의 기원에 대한 제족 신화 및 보로로족 신화들과 평행 시리즈를 구성하며, 특히 제족과 투피족의 사냥감 기원에 대한 세 번째 신화 시리즈가 (앞의) 두 다른 시리즈들의 매개적(중간적) 위치를 차지한다는 것을 알 수 있었다. 그래서 우리는 취사용 불의 기원에서 고기(사냥감)의 기원으로, 그리고 고기(사냥감)의 기원에서 경작식물의 기원으로, 결국 농업의 발견에서 주기성의 생물학적 형식인 단명의 기원으로 이동했다.

이 책은 다른 신화들을 섭렵하고, 다른 층위에서 진전되도록 이 진행 과정을 반복할 것이다. 물고기의 기원과 어로의 기원으로부터 우리는 천체의 주기적 형식인 낮과 밤의 규칙적인 교대의 기원으로 이동했다. 이 주기적 형식은 카누 여행으로 상징되며, 우리는 제3부 끝에서 이를 밝혔다. 카누는 가정의 불(취사용 불)의 변형—취사용 불의 기원은 우리가 조사한 첫 번째 신화들($M_1$, $M_7$~$M_{12}$)에서 다루었다—이 되고, 취사용 불이 위와 아래의 수직축 위에서 행하는 역할을 먼 곳과 가까운 곳의 수평축 위에서 행하는 같은 중개(매개)의 역할은 카누에게 돌린다. 그러나 공간의 축이 기울어짐과 동시에 수직축은 수평축이 된다. 축은 공간적인 것에서 시간적인 것으로 변형된다. 이처럼 날(매일)과 계절의 주기를 다른 주기로 바꿈으로써 인간 생명의 주기 문제로 되돌아온다(이 책 275~277쪽, 286~289쪽).

신화적 상상들(신화적 판화들)을 우연적이고, 이른바 일화적인 특징으로 내세우면서 두 아메리카 대륙의 이야기가 갖는 구조적 유사성을 극소화하는 것은 잘못된 일일 것이다. 왜냐하면 지리적으로나 역사적으로 대단히 먼 신화들이 같은 것을 말할 수(의미할 수) 있다면 그것은 한 속(屬) 안에 그것들(신화들, 이야기들)을 유사한 종(種)으로 만드는 공통의 조직이라는 이유가 있어야 된다는 것을 미리 감지할 수 있다. 건너야 될 구덩이(심연)의 넓이(크기)에 가가 죽기보다는 차라리 역으로 앞서 증명된 논리적이고 의미론적인 선행했던 것들에 대한 친숙함으로 여유 있게 용기를 찾아보자. 그리고 북아메리카 신화들에 대한 진전된 분석은 이것들(북아메리카 신화들)과 관련된 것뿐만 아니라 또한 이미 논의했던 남아메리카 신화들의 어두운 점(설명되지 않은)으로 남아 있는 많은 부분들에 대해서도 분출할 수 있을 새로운 지식(설명)에 의해 확인될 것이다.

         ＊  ＊  ＊

톰슨이 조사한 '별-남편'에 관한 신화의 86개 판본 중 69개 판본에서는 두 여인이 등장하고, 27개 판본은 곧 두 여인 중 한 명을 배제하며, 10개 판본은 처음부터 한 여인으로 만족한다. 여인의 덕목에 대한 주제로 형제인 해와 달의 다툼으로 시작되는 변이형 판본은 첫 번째 범주에 들어간다. 왜냐하면 형제는 각각 자신의 심장(마음)으로 선택하기 때문이다. 그래서 경쟁하는 두 여성 배우자가 있다. 역시 톰슨(118쪽)에 따르면 이 변이형 판본은 대평원 지역에만 존재한다. 그로-방트르족(Gros-Ventre), 히다차족, 크로우족(Crow)과 아라파호족에서 유래하는 이 변이형 판본에 대한 또 다른 9개 판본이 있다.

그로-방트르족 또는 아트시나족과 아라파호족의 분리는 몇 세기 이상 올라가지 않는다. 쉐이옌족과 함께 이들 부족들은 멀리 남쪽으로 알곤킨 언어 계통의 영토적 지배를 연장하며, 같은 언어 계통의 블랙후트족, 크리족 그리고 오지브와족은 더욱 북쪽의 대표적인 부족이다. 그리고 알곤킨 언어 계통의 부족은 중단 없이 북부 로키산맥의 활기 있는 영역으로부터 태평양 해안까지 차지하고 있다. 이런 알곤킨 언어의 집단 속에서 시우어 계통 부족의 중요 분포 지역이 남쪽과 동쪽이긴 하지만, 이들 부족은 두 언저리(귀퉁이) 쪽으로 파고들었다. 한쪽으로는 아씨니보인족이 북쪽으로, 다른 한쪽은 크로우족이 서쪽으로 파고들었는데, 크로우족의 영토는 서쪽 알곤킨족의 영토를 양분하고 있다.

크로우족과 히다차족은 아직도 전통 속에 그들의 분리기억이 남아 있을 정도로 최근에 분리되었으며, 다른 방향으로 진화(발전)했다는 사실 때문에 도식이 더욱 복잡해진다. 대부분 대평원의 부족처럼 크로우족은 특히 말[馬]이 유입된 이래 거의 전적으로 들소사냥에 기반을 둔 생활유형에 적응했다. 반면, 남쪽에 파우니족처럼 '마을사람들'이라고 불리는 이웃 부족인 만단족과 아리카라족과의 접촉으로 히다차족은 정착민이 되었다. 사냥 이외에 농사일(농업)에 전념한다. 그러나 정확히 어떤 양상으로 이런 변화가 일어났는지는 알 수 없다.

17세기 또는 18세기에 말이 유입되기 한참 전에 만단족과 아리카라족 그리고 파우니족이 정착 농부로 살았다는 사실은 고고학이 증명한다. 아마도 히다차족의 일부 역시 경작자였다는 것이 사실일까? 왜냐하면 이 부족은 동질적이지 않아 보이기 때문이다. 알곤킨족 중에서도(언어집단 부족들) 3~4세기 전에 대호수 지역에 거주했던 쉐이엔족은 농업에 종사하는 주민의 전형적인 예를 보인다. 이들의 삶의 양식은 1700년과 1770년 사이에 완전히 변모되었으며, 동시에 대평원으로 침투했다(Jablow, 1~10쪽).

그로-방트르족은 19세기 초에 농업에 종사했다고 믿고 있다. 그러나 슈피리어호 지역에서 온 크로우족과 히다차족 이전에 오랜 세기 동안 자신들의 영토에 정착한 만단족이 시우 계통 언어이고 단일집단을 형성하고 있었으므로 그들은 차라리 언어적으로 동부 시우족[2]과 닮았다. 아리카라족은 그들 자신이 카도 언어 계통에 속하며, 이 계통 언어의 주된 영역은 아주 남쪽의 엄밀한 의미에서 위치타족(Wichita)과 카도족(Caddo) 지역에 위치한다. 파우니족에서 떨어져나온 아리카라족은 북쪽으로 밀고 올라간 카도 언어집단의 전초기지를 구성하는 것처럼 보인다. 본 가지로부터 그들이 분리된 것은 16세기 말이나 17세기 초일 것이다(Deetz, 5쪽).

모든 것이 마치 로키산맥의 산록지대와 동쪽 사면으로 이루어진 광활한 지역에 세 언어 계통의 집단이 부딪치고 복잡하게 뒤얽힌 것처럼 되

---

[2] 관례에 따라 우리는 용어 'siouan'(시우 언어의)을 언어 계통에 한정해 사용할 것이다. 시우 언어 계통의 부족은 그중에서도 시우족 또는 다코타족이다.

어 있다. 아마도 이 지역은 우선 우토-아즈텍 언어 계통의 부족이 정착했을 것이다. 이들은 아라파호족의 남쪽에 코만치족(Comanche) 그리고 키오와족(Kiowa)과 살고 있으며, 이들의 핵심적인 대부분의 부족은 분수령 줄기의 서쪽 대분지를 점유하고 있다. 북쪽에서 온 아타파스칸족(아파치족과 나바호족)의 도착으로 이들은 뒤로 밀려났을 것이다. 시우족의 침투는 더욱 늦은 것 같으며, 이때 캐나다에 정착한 프랑스인들은 그들의 동맹부족인 대호수 지역의 알곤킨족을 무장시켰으며, 다른 부족들에게 떠나도록 압력을 가했다. 히다차족과 크로우족의 분리 원인이 된

그림 18 별들의 논쟁(싸움) 이야기의 분포 지역과 이웃 부족들의 거주 지역

분쟁은 19세기로 거슬러 올라간다. 그리고 수많은 인디언들을 죽인 천연두가 발생한 것은 1837년도의 일이다. 이것은 히다차족을 만단족 근처로 이동하게 만들었다. 그러나 대평원에 정착민의 출현은 적어도 7세기나 8세기로 거슬러 올라간다. 아마도 그 이상일 수 있으며, 그들의 원시적 주거지는 흔히 가정하듯이 미시시피강의 동쪽에 있었다(Strong 2; Wedel 1, 2). 서쪽 알곤킨어족에 관해서 보면 아라파호족과 쉐이옌족 사이에 언어학적 간격이 크다. 그렇지만 이들은 밀접히 연관된 이웃이다. 역시 언어학적 간격은 한편으로 아라파호족과 그로-방트르족, 다른 한편으로 이들과 블랙후트족 사이에도 존재한다. 그런데 최근 사람들이 생각하는 것과 반대로 이들 간격은 중앙과 동쪽의 알곤킨족의 언어에서 볼 수 있는 간격을 능가하지는 못한다. "알곤킨 언어학적 계통이 전체를 형성한다"(Haas, 523쪽). 그렇지만 이런 내부의 차이는 먼 과거에 시작된 것 같다. 결국 로키산맥 서쪽의 쿠테나이, 살리시, 사합틴 언어를 사용하는 주민들은 수천 년 이래로 이곳에 정착할 수 있었다.

다소간 고전적인 특성과 최근의 대혼란(부족의 이동 등)으로 돌릴 수 있는 특성이 서로 뒤얽혀 풀 수 없는 이중의 혼란으로 인해 우리가 흥미를 갖는 변이형 판본이 타집단에 의해서라기보다는 차라리 한 특수한 집단에 의해 유입되었는지 또는 현지에서 생겨났는지를 알기 위해 가설적인 잔존물의 선사학을 내세울 수 없게 되었다. 우리가 이를 제시할 기회를 갖게 되겠지만 사실 별들의 분쟁은 톰슨의 연구에 나타난 것보다 훨씬 광범위하게 분포되어 있다. 사실상 톰슨은 단지 별-남편의 순환에 잘 통합된 예들만 채택했다. 심지어 지리적 관점에서도 로키산맥의 벽이 알곤킨 언어 영역의 서쪽 국경을 표시하는 동시에 블랙후트족, 그로-방트르족, 크로우족과 아라파호족 간 영토의 국경을 표시하고 있음에도 로키산맥이라는 벽의 중요성을 간과했다. 북쪽으로 산맥의 기복은 부드러워지고, 사면들은 서로 소통이 가능하다. 그래서 우리는 알곤킨 부족들의 대단한 신화적 주제와 고립된 쿠테나이족의 주제들 또는 살리시-사합틴족의 주제들 사이에 어떤 연속성의 단절도 없는 것을 이해할 수 있다. 더욱 남쪽에 있는 그곳의 산들(산맥)은 대단히 험하다. 대평원 부족들의 신화학과 쇼숀족의 신화학이 모두 옛 제설 종합(기원이 다른 여러 문화 요소들의 융합 또는 통합)에서 유래한다는 사실을 믿기 위해서는 이 두 신화학을 비교하는 것으로 충분하다. 다행히도 구조적 분석은 역사적 재구성의 불확실성(애매함)을 보충한다. 우리는 구조적 분석을 통해 처음 보기에는 유사성이 전혀 없는 두 반구(남북아메리카 대륙)의 문화에서 같은 신화적 구조(schème)의 회귀(반복)를 해석하는 데 더욱 튼튼한 기반을 얻을 수 있을 것이다.

언어 또는 문화가 서로 다른 여러 주민들이 아주 다양한 시기에 정착함으로써 그들의 신화를 연구하기 위해 우리가 이 접근보다 차라리 다른 접근을 취하는 것이 더 나을 것이라는 아무런 원칙적인 이유가 없다는 사실을 선행한 검토 결과로 알 수 있다. 우리가 아라파호족부터 조사를 시작하는 것은 무엇보다 자료의 풍부함 때문이다.

### M425. 아라파호족의 신화: 별들의 배우자들 1

땅 위의 젊은 인디언 여인들이 각기 결혼하기를 바라는 별을 꿈꾸고 있는 반면, 형제인 해와 달은 하층세계(지상) 여인마다의 덕목을 비교한다. 그들은 하늘 꼭대기에서 허리를 굽혀 멀리 있는 주민들을 면밀히 조사한다. "인간 여자들보다 더 예쁜 것이 있을까. 달은 소리를 지른다. 나를 향해 눈을 들어 바라볼 때 그녀들은 매혹적인 얼굴을 하고 있다. 나는 이들 중 한 여인과 혼인하길 열렬히 바란다." 그러나 해는 항의투로 말한다. "뭐라구, 혐오스럽지 않느냐? 그녀들은 주름이 많고, 아주 작은 눈을 가진 끔찍한 얼굴을 갖고 있어! 내가 원하는 것은 물의 창조물이야!" 사실 물속에 살고 있는 동물들은 커다란 눈을 갖고 있고,

습한 요소들은 해의 강렬한 열기로부터 눈을 보호하기 때문에 그녀들(동물들)은 그(해)를 바라보며 얼굴을 찡그리지 않는다.

맑게 갠 어느 날 아침, 네 명의 인디언 처녀들은 나무하러 갔다. 그들 중 하나가 죽은 나무(*Populus*종) 가까이 갔다. 고슴도치로 변한 달은 나뭇가지 위에 올라앉았다. 처녀는 고슴도치의 털이 갖고 싶었다. 그녀는 나무 위로 기어 올라갔지만 동료들이 건네준 막대기로 고슴도치를 애써 때릴 때마다 동물은 약간씩 자리를 옮기곤 했다. 그녀는 사냥에 온힘을 쏟느라 나무가 자라고 있는 것을 알지 못했다. 다른 여자들이 염려스러운 나머지 그녀에게 내려오라고 소리를 쳤다. "야, 애들아! 여자는 항의했다. 이 짐승은 찬란한 침으로 된 털을 갖고 있어. 우리 엄마가 그것을 보면 행복해할 거야. 왜냐하면 엄마는 그것이 없거든." 그녀는 계속해서 올라갔다. 곧 그녀가 시야에서 사라졌다.

갑자기 고슴도치는 아름다운 젊은 청년으로 변하여 소녀가 혼인하기를 바랐던 (자신이) 달이라고 선언했다. 그녀는 그를 따르기로 했다. 그리고 그들은 하늘로 올라갔는데, 별의 부모들은 새로운 며느리를 환대하여 맞아주었다. "그런데 형이 선택한 여자(형수)는 어디 있지?" 달이 물었다. "밖에!" 난처해하면서 해가 답했다. 그의 아내는 문 앞에서 팔딱팔딱 뛰고 있는 개구리였다. 그녀는 뛸 때마다 오줌을 지렸다. 달은 그녀에 대한 혐오감을 참고, 그녀를 오두막 안으로 들어오게 하고는 여인들에게 창자 한 조각씩을 주었다. 이는 어느 여인이 창자를 먹을 때 가장 듣기 좋은 소리를 내는가 알고자 함이었다. 인간 여인은 경쾌하게 씹기 시작했다. 개구리는 잇몸 사이에 나무숯 조각을 씹으면서 속이려고 했다. 그녀의 입에서 검은 침이 흘러나왔고, 달은 그녀를 비웃었다. 창자 조각을 삼키자마자 인디언 여인은 물을 길러 나갔다. 씹을 수가 없었던 개구리는 손잡이 하나가 달린 항아리를 한 손으로 잡고 질질 끌며 따라갔다. "그녀는 시동생에게 말하기를, 당신 때문에 일이 이렇게 됐으니 나는 이제 너를 떠나지 않을 것이다." 그녀는 달의 가슴 위로 뛰어올랐다. 그곳에서 사람들은 늘 검은 점처럼, 그리고 그 옆쪽에 더욱 작은 점처럼 항아리를 갖고 있는 그녀를 볼 수 있다 (Dorsey-Kroeber, 321~323쪽).

우리는 '별-남편'의 순환에 대한 신화의 전체를 연구하지 않고, 잠시 동안 후속 부분을 밀어놓을 것이다. 마찬가지로 첫 부분만 조사하게 될 다른 신화도 그렇게 할 것이다.

### M₄₂₆. 아라파호족의 신화: 별들의 배우자(아내)들 2

옛날 땅 위에 한 추장과 그의 아내 그리고 두 아들이 살고 있었다. 아직 천체들이 존재하지 않았고, 암흑이 지배하고 있었다. 사람(추장)은 이 낮은 세상을 떠나 가족을 데리고 하늘로 올라가기로 결심했다. 버림받은 인류(인간들)는 이제 어떻게 스스로 통치할지를 알지 못했다.

두 형제는 해와 달이었다. 하루는 그들이 인간 여자들과 수중 창조물들 각각의 덕목에 대해 논쟁을 했다. 달은 인간 여자들을 칭찬했고, 해는 수중 창조물들을 칭찬했다. 왜냐하면 이들의 몸이 우리의 것처럼 생겼기 때문이라고 그는 말했다. 달은 우선 수긍하는 척했다. 왜냐하면 해의 동생이 의심을 품는 것 같았으므로 형은 선택을 변경하도록 그(동생)를 설득했기 때문이다. 인간 여자들은 그를 쳐다보며 얼굴을 찌푸렸기 때문에 못생겼다고 말하지 않았는가? 그러면 그는 수중 여인을 취하고, 달은 인간 여인으로 만족할 것이다.

두 형제는 땅으로 내려왔다. 서쪽 작은 강가 근처에 야영지가 있었다. 달은 그곳을 방문했다. 해는 동쪽으로 갔는데, 그곳에는 다른 야영지가 있었다. 달은 거주지가 있는 언덕까지 강을 따라 올라갔다. 그는 작은 길가 숲에 앉았다. 두 여인이 나타났다. 그녀들은 긴 머리와 아름다운 옷을 입고 있어 황홀했다. 달은 그녀들을 보자마자 커다란 고슴도치로 변했다. 그리고 나무 기둥의 서쪽 밑에 자리를 잡았다. 열광한 여인들이 그를 사냥하려 하자 그는 나무 위로 기어 올라갔다. 두 여자 중 한 명은 동료의 간청에도 불구하고 그를 따라갔다. 고슴도치는 다시 인간의 외양을 취했다. 여자는 하늘까지 그를 동행하여 혼인하기로 했다.

청년의 어머니는 며느리의 미모에 감탄했다. 곧 해가 도착해 늙은 여인에게 자신의 배우자를 환영하라고 말했다. 그것은 팔딱팔딱 뛰며 개굴거리며 우는 개구리였다. 달은 힐난하는 눈으로 형수를 하나하나 뜯어보았다. "그녀는 커다란 눈과 넓적한 얼굴, 울퉁불퉁한 피부, 커다란 배 그리고 짧은 다리를 갖고 있다." 그리고 어머니를 향해 돌아서며 말했다. "어머니는 어느 것(여자)을 더 선호합니까? 그녀들에게 배가 불룩한 항아리에 요리를 만들게 하고, 먹을 때 가장 소리를 크게 내는 여자를 지적하세요." 개구리는 입속에 나무숯 조각 하나를 넣었다. 그러나 그녀는 거무스레한 주스(침)를 흘릴 뿐이었다. 반면, 그녀의 아름다운 적수는 요란스럽게 씹었다. 달은 갑자기 웃음을 터뜨렸다. 결국 개구리는 그에게 말하기를, "나는 너의 형제와 함께 살기를 포기한다. 그러나 늙은 어머니가 나를 무척 사랑하고 무엇보다 내가 떠나고 싶지 않다. 그러니 나는 너에게 달라붙어야겠다." 그녀는 달의 가슴 위로 뛰어올라 거기에 머물렀다(Dorsey-Kroeber, 332~333쪽).

세 번째 판본에서(M427a: Dorsey-Kroeber, 339쪽) 달은 두 배우자를 갖는다. 하나는 인간 배우자이고 다른 하나는 개구리이다. 그는 더욱 훌륭한 치아(이)를 갖춘 가장 젊은 배우자가 누구인지를 판단하기 위해 소리 내어 씹는 시합을 조직한다. 인간 배우자가 승리하지만 얼마 지나지 않아 사라진다. 달은 그가 버렸던 늙은 개구리를 다시 취한다. 이것이 사람들이 그의 얼굴에 고정된 검은 개구리를 볼 수 있는 이유이다. 네 번째 판본($M_{426b}$: 같은 책 340쪽)은 고슴도치를 따라간 여자를 해와 결혼시킨다. 그의 동생은 그의 일관성 없음을 비난한다. 인간 여인들이 너를 바라볼 때 주름진다고 선언(말)하지 않았는가? 사실상 달은 질투를 느낀다. 해는 그녀가 도망칠 궁리를 하는 동안 그녀를 죽인다.

우리가 많은 수의 남아메리카 신화들을 비교하여 조금씩 끌어낸 신화적 지형을 신화$M_{425}$보다 신화$M_{426}$이 더 잘 재현한다. 두꺼운 암흑의 지배 아래 낮과 밤의 올바른 교대가 성립되기 전 인류는 혼란(무질서)과 규율의 부재 아래 있었다($M_{410}$). 한 인간 존재가 하늘로 올라가 절대적인 밤이 온화한 밤($M_{393}$~$M_{394}$)으로 되기 위해 달로 변화되어야만 했다. 낮과 밤 사이에, 그리고 역시 빛과 어둠의 절대적인 양상 또는 온화한 양상 사이에 이러한 균형은 사회학적 층위에서도 두 유형의 혼인, 가까운 혼인과 먼 혼인 사이의 대립으로 표현된다($M_{149a}$, $M_{354}$, $M_{406}$, $M_{415}$ 등). 신화$M_{354}$에서처럼 인간 또는 동물 배우자들은 두 유형을 예시한다. 매번 개구리는 시댁 사람들이 역겨워하는 동물 배우자로 등장하는데, 여기서는 먹는 방식으로 인해서이다. **검은 주스(침)**가 입에서 흘러나온다. 그리고 다른 곳에서는 그녀(개구리)가 먹는 음식에 의해서인데, **검은 초시류**를 씹는 것이 같은 결과를 예측하게 한다. 그러므로 우리가 확인한 투쿠나 신화의 골조와 아라파호 신화의 골조에 공통적인 특성들을 한 번 더 요약해보자. 말하자면 한 인간 배우자와 하나 또는 몇몇 동물 배우자들의 비교, 음식과 관련된 행위 때문에 일어나는 동물 배우자의 신뢰 상실, 개구리-배우자(여인)와 꺽쇠-배우자(여인)의 동일시(아라파호 신화에서는 미래에 올, 투쿠나 신화에서는 표현으로), 마지막으로 해와 달로 구성된 천체의 짝과 이 세(앞의) 주제와의 연계―제3부의 투쿠나 신화에서 해와 달 짝의 암묵적인 역할을 성립시킬 수 있었다―를 들 수 있다. 그런데 북아메리카 신화는 남아메리카 신화가 공개적으로 제시할 수 있었던 몇몇 항들의 발견을 소개하고 있을 뿐이다. 다른 항들을 얻기 위해서는 우리가 인내심을 갖고 연역적인 작업에 임해야 했다. 이들의 필요성은 단지 내재(內在)적인 것처럼 나타나기 때문이다. 그런데 우리가 사실들(faits) 속에 객관적인 내재성의 출현을 확인하는 것은 어떤 신화 체계의 존재를 사실상 확립한 후의 일이다. 북아메리카 예들의 도움에 힘입어 귀납적인 방법으로 그것을 다시 찾음으로써 우리는 연구의 경험적인 단계에 접근하게 되고, 그 덕분에 출발 단계의 가설들을 확인할 수 있을 것이다.

\* \* \*

명시적이든 또는 암묵적이든 이 모든 신화에 출현한 우주적인 참조사항들은 씹어 먹는 경쟁이, 그것이 우스꽝스럽기는 하나 진지한 측면을 배제하지 않는다는 것을 입증한다. 아라파호족과 몇몇 다른 부족들에서 우리가 방금 제시한 몇몇 변이형 신화들의 원본 신화는 대평원 인디언은 물론 그 이웃 부족들의 가장 중요한 연례의식의 기초를 확립하는 신화들 중 하나이다.

일반적으로 '태양춤'이라고 불리는 이 의식은 '눈으로 해를 직시하라'를 의미하는 다코타 이름을 가지고 있으며, 집단에 따라 틀림없이 다양한 방식으로 거행된다. 그런데 이 의식은 제설 종합적인 측면이 있으며, 이것은 (이 의식이) 모방과 차용으로 성립됐다는 것을 의미한다. 평화 시기에는 초청장을 사방에 돌린다. 그리고 외래 방문객들은 그들이 감명받은 의례의 기억을 오래 간직한다. 시퀀스의 수, 시퀀스의 연속 순서는 여러 곳이 같지 않다. 그러나 일반적인 형식으로 개최되는 의례를 기준으로 우리는 아래와 같이 태양춤을 묘사할 수 있다.

태양춤은 모든 부족이 참여하는 대평원 인디언들의 유일한 의식(의례)이었다. 여타의 의례들은 단지 사제협회, 연령집단 또는 협회들에서 개최하는 것뿐이었다. 보호된 장소인 겨울 숙영지에 작은 집단으로 흩어져 살던 인디언들은 봄이 오면 집단사냥을 위해 모였다. 부족 성원 집단이 구성됨과 동시에 결핍에 이어 풍요가 계속되었다. 사회학적 관점과 경제적 관점에서 이 의식은 여름의 시작과 더불어 온 집단이 모두 하나처럼 살아가는 기회를 갖게 하였으며, 이 대단위 종교적 축제를 통해 다시 찾은 통합을 축하하는 기회가 되었다(Wissler 2, v쪽). 19세기 중·후반의 한 관찰자에 따르면 '태양춤'은 부족의 모든 성원이 참여하기를 요구하며, 각 씨족 역시 그들에게 돌아올 장소를 요구한다고 적고 있다(Hilger 2, 151쪽의 Seger 인용).

원칙적으로 의식(의례)은 여름에 개최되곤 했다. 그러나 우리는 더욱 늦게 개최된 예들을 알고 있다. 집단생활을 규제하는 계절의 큰 리듬과 연계된 태양춤은 역시 개인생활의 어떤 사건들과도 이어져 있었다. 개인이 위험을 피했거나 병을 고친 후 부족원은 다음해에 축제를 거행하고 싶다는 소원(서약)을 제기할 수 있었다. 그는 오랫동안 미리 이를 준비해야만 하고 의례의 복잡한 진행과정도 준비해야만 했다. 그리고 초청자들에게 제공할 음식물도 모아야 하고 의례 집행자들에게 줄 모든 종류의 선물도 준비해야만 했다. 태양춤의 새로운 '주인'은 전임자의 직책, 의례의 여러 과정과 관련된 권리, 성직자들 그리고 다른 중요한 인물들을 확보해야만 했다. 이런 뒷일들을 하는 동안 그는 엄숙하게 의례의 '할아버지'라고 부르는 사람에게 자신의 아내를 인도한다. 이때 그는 이 사람의 '손자'가 되며, 실제적인 성교 또는 상징적인 성교는 밤에, 밖에서, 달 밝은 곳에서 일어나며, 그동안 할아버지는 자신의 정액을 상징하는 뿌리 한 조각을 그의 입에서 여자의 입으로 이동시키고, 여자는 이어서 자신 남편의 입속에 이를 뱉었다.

며칠에 걸쳐 이뤄지는 전 축제기간 동안 의례 집행자들은 음식과 음료의 금식을 준수했으며―대평원의 크리족은 이 의례를 '마실 수 없는 춤'이라고 불렀다(Skinner 6, 287쪽)―여러 종류의 고행에 순응해야 했다. 예를 들면 등 근육에 뾰족한 나무 갈고리를 걸어야 했으며, 거기에 긴 가죽 끈을 고정시킨 후 장대 꼭대기에 매단 다음, 장대 둘레에서 고행자들은 갈고리에 살이 찢길 때까지 춤을 추고 뛰어올랐다. 또는 후미에 무거운 물건, 말하자면 뿔 달린 들소 해골을 달았는데, 땅을 갈 때와 같은 방식으로 묶었으며, 같은 결과가 일어났다.

성직자들과 중요 의례 집행자들은 우선 비밀리에 의례 도구를 수선하고, 준비하기 위해 격리된 천막에서 모임을 가졌다. 이어서 전사부대가 푸른 잎으로 덮을 아주 큰 정자의 골조를 세울 통나무를 찾으러 떠났다. 중앙 기둥으로 세울 나무를 마치 적군인 것처럼 공격적으로 잘랐다. 이 공공 정자 아래에서 의례와 노래 그리고 춤이 진행되는데, 아라파호족, 오글랄라족과 다코타족의 경우 하루 저녁의 짧은 기간 동안만 허용되거나, 아니면 기간이 정해졌다(Dorsey 5. 138쪽; Spier 4, 475쪽).

대단히 복잡한 전체 의식들에 붙이는 총칭은 틀림없이 태양에 대한 시사가 과장된 것 같다. 그러나 또한 과소평가해서도 안 된다. 사실 해에 바치는 숭배는 모호하고 애매한 특징이 있다. 한편으로 인간에 대해 자비스럽고, 어린아이들의 생명을 늘려주고, 들소 떼들의 증가를 위해 사람들은 천체(해)에 애원한다. 다른 한편으로는 해를 도발하고, 그(해)에게 도전한다. 최근의 의례들 중 하나는 집행자들이 지쳤음에도 불구하고 하루가 끝난 후까지 연장된 광란의 춤으로 이어졌다고 한다. 아라파호족은 이 춤을 '태양에 반(反)한 연출부분'이라고 불렀으며, 그로-방트르족 역시 '태양에 반(反)한 춤'이라고 했다. 사람들은 지난 며칠 동안 뜨거운 열기를 발산하며 의례의 진행을 방해하려고 했던 천체에 대해 승리하기를 원했다(Dorsey 5, 151~152쪽). 인디언들은 이처럼 해에서 이중의 존재(인물)를 보아왔다. 해는 인간의 생명에 필수불가결하지만 인간이 예측한 가뭄을 연장하고, 뜨거운 열기로 그들을 위협해왔다. 아라파호족 신체화의 주제 중 하나는 춤 추는 아라파호 사람들이 천체(해)의 불에 태워진 모습을 상징하는 것이다(Dorsey 5, 171쪽). 같은 부족의 한 정보 제공자는 다음처럼 말했다. "오래전에 있었던 일로, 춤추는 동안 너무 뜨거워지기 시작하자 집행자는 의식을 중단해야만 했고, 정자를 떠났다고 이야기한다. 다른 춤꾼들도 그를 따랐다. 왜냐하면 그가 없이는 더 계속할 수 없었기 때문이다"(Kroeber 3, 301쪽). 그러나 해가 유일한 이유는 아니다. 사람들은 중앙 기둥의 가지에 천둥-새〔雷鳥〕의 둥지를 놓는다. 무엇보다도 봄 소나기와 천둥과의 연계(연결관계)는 중앙의 알곤킨족에게서 더욱 분명하게 나타난다. 이들에 따르면 다른 곳에서 '태양의 춤'이라고 하는 춤은 소나기성 비를 내리게 하기 위해 행하던 옛 의례의 자리를 대신하는 것 같다(Skinner 5, 506~508쪽; 6, 287쪽). 역시 대평원에서의 춤은 이중적인 목적이 있다. 적을 물리치고—일반적으로 적은 태양이다—천둥-새가 비를 놓아주도록 강제하기 위해서이다. 춤의 기원 신화들 중 하나는 대기근을 말하는데, 이 기근으로 한 인디언과 그의 아내가 의식(의례)에 대한 지식으로 기근을 끝내고 비옥함을 다시 찾았다(Dorsey 7, 650~651쪽).

그러므로 대평원 인디언들의 태양춤과 해의 운행과정을 정확히 조정하고, 가뭄을 그치도록 하기 위해 셰렌테 인디언들이 행하는 대단식 의례 사이에 대단히 깊은 유사성이 있다(『날것과 익힌 것』, 532~536쪽, 540~543쪽, 571쪽 주 17). 두 경우에서 우리는 모든 성인들이 참여하는 부족의 중대한 의식에 대해 할 이야기가 있다. 의례 집행자들은 며칠 동안 먹고 마시는 것을 금한다. 의례는 하늘의 길(하늘 길)을 상징하는 높은 장대(기둥) 곁에서 진행된다. 이 기둥 둘레로 대평원의 인디언들은 춤을 추며, 천둥-새의 소리를 흉내 내기 위해 휘파람 소리를 낸다. 셰렌테족은 화살촉(침)을 지니고 '휘파람 소리를 내는' 말벌의 소리를 들은 후에야 기둥을 세운다(Nim. 6, 96쪽). 이곳저곳에서 축성된 물을 배분하는 것으로 의례는 끝을 맺는다. 셰렌테족에는 특별한 그릇(일상적인 그릇과 다른)에 담은 이 물은 순수할 수도 또는 썩었을(부패했을) 수도 있다. 고행자들이 하나는 받고 다른 하나는 거절한다. 아라파호 의례의 '향기 나는 물'은 그윽한 향기를 풍긴다. 그렇지만 이 물은 성스러운 비밀과 상극인 월경피를 상징한다(Dorsey 5, 22쪽, 35쪽, 177~178쪽).

우리는 『날것과 익힌 것』(536쪽)에서 셰렌테족의 대단식 의례와 새둥지 터는 자에 관한 보로로와 제족 신화들(M₁, M₇~M₁₂)이 사실 같은 구조(Schème)를 재현한다고 제시했다. 신화의 새둥지 터는 사람은 나무 꼭대기에 오른다. 그곳에서 취사용 불의 발견으로 하늘과 땅으로 분리된 두 극 사이를 매개할 때까지 포로가 된다. 같은(평행적인) 양상으로 셰렌테 의례 집행자는 해로부터 꺼진 가정의 불을 다시 얻을 때까지, 그리고 비를 보낼 약속을 얻을 때까지 기둥 꼭대기에 올라 그곳에 머무른다. 말하자면 이것은 하늘과 땅 사이에 계산된 두 가지 소통양태(mode) 중 하나이며, 다른 하나는 인간에 대한 해의 적의로 하늘과 땅이 결합하면 대화재의 재앙을 야기한다고 위협하는 것이다.

그런데 우리는 북아메리카에서도 고슴도치를 '털려는(잡으려는)' 여주인공의 신화와 태양춤의 의례 사이에 같은 합동관계를 찾을 수 있다. 아라파호 정보 제공자들은 이 점을 완벽하게 의식하고 제시하며, 두 체계의 일치점들을 상세히 말한다. 태양춤의 주요 의례들 중 하나는 인간 배우자를 달에게 제물로 바치는 것으로 이루어진다. 신화의 여주인공이 기어 올라간 나무와 같은 수종(Populus종)인 정자의 중앙 기둥이 이를 상징한다. 사람들이 나무등치의 가지를 칠 때 꼭대기에 남겨놓은 나무 갈래가지에 굴봉(뿌리를 캘 때 사용)을 찔러넣은 나뭇가지 다발을 걸어놓는다. 사람들이 말하기를 이 기구는 천사의 궁창을 막고 있는 뿌리를 캐기 위해 달의 인간 아내가 사용한 것과 같은 것이라고 한다. 등을 뚫는 갈고리에 가죽 끈으로 매달린 고행자들은 하늘에서 내려오다 매달린 여자를 상징한다. 그리고 만일 정자 아래에 제단이 작은 구덩이를 나타낸다면 이것은 여주인공이 판 구멍을 기념하기 위한 것이다(Dorsey 5, 27쪽, 112쪽, 114쪽, 177쪽). 태양춤과 별-남편의 신화 사이의 관계(연계)는 블랙후트족(Reichard 2, 279쪽)과 히다차족(Bowers 2, 292~293쪽) 사이에도 존재한다.

그러므로 아라파호족의 태양춤을 조사하던 중 도지가 수집한 신화 판본에 아주 특별한 주의를 돌릴 필요가 있을 것이다. 신화M426과 유사한 이 판본은 우리가 지금까지 조사한 판본들보다 더욱 철학적이고 학문적인 어법(표현)을 취하고 있다. 이런 점에서 이 판본은 확실히 의례의 기원 신화들 중 하나임이 틀림없다. 그리고 이 판본은 주제의 중요성을 의심했을 수도 있는 주제들을 명시적인 방법으로 서술한다. 그러나 이 판본 없이는 주제들을 끌어내기가 아주 대단히 어려웠을 것이라는 점도 서술한다.

### M428. 아라파호족의 신화: 별들의 배우자들 5

먼 옛날 하늘에 한 남자와 그의 아내 그리고 두 아들이 지배하는 넓은 원형 야영장이 있었다. 정신은 단순했으나 능동적이고 너그러운 사람들이었다. 그들의 천막은 빛으로 되어 있었고, 보이는 해가 출구를 형성하고 있었다. 독수리 깃털은 천막 지지대로 사용되었다.

두 소년은 끊임없이 왔다갔다 하고 있었다. 그리고 그들은 온갖 종류의 사람과 동물을 보았다. 그들이 없는 동안 야영장에 머물러 있던 부모는 그들의 후손과 일에 대한 생각으로 골몰했다. 이들 정착민들은 사색적인 사람들이었다.

어느 날 밤 같이 쉬고 있던 두 형제는 혼인에 대해 논의했다. 그들은 이제 여자를 얻을 때가 되었다고 서로 합의했다. 그다음날 형인 해는 공손하게 아버지에게 말했다. 그들 자신들의 행복을 위해, 그리고 늙은 부모의 걱정을 덜어드리기 위해 동생과 그가 결혼하기를 원한다고. 그들은 더욱 자주 집에 머무를 것이고, 아버지와 어머니는 그들에 대해 근심을 덜하게 될 것이다.

부모는 생각을 거듭했다. 그리고 아주 엄숙하게, 물론 지혜와 신중함에 대한 거듭된 충고를 잊지 않고, 그들의 혼인에 동의했다. 야영지는 서쪽에서 동쪽으로 흐르는 독수리의 강 왼편 기슭에 있었다. 각자 자신의 편으로 떠나기 전 형제는 그들의 계획을 서로에게 알렸다. 달은 인간 여자 또는 '부활한 여자'를 찾으러 떠났다. 해는 수상(물) 배우자를 원했는데, 왜냐하면 그는 말하기를 인간들은 못생기고 추잡한 얼굴을 갖고 있기 때문이다. "그들이 머리를 들고 나를 볼 때 비열한 표정으로 눈꺼풀을 깜빡거린다. 그들의 얼굴을 보면 혐오스럽다. 양서류가 아주 훨씬 아름답다. 암컷 두꺼비가 나를 응시할 때 인간 여인들처럼 얼굴을 찡그리지 않는다. 그녀(암컷 두꺼비)는 눈을 찌푸리지 않고도 나만 바라본다. 그녀의 입술은 매혹적이고 사랑스럽다." 달은 인간 여인들이 항상 우아하고 친절한 태도로 나를 바라보며, 잘 자랐고, 관습을 존중할 줄 안다고 항의했다. 그리고 나서 그들은 서로 헤어졌다.

형은 하류로 향했고, 동생은 상류로 향했다. 그들은 만월이 지난 후 보이는 달(하현달)이 사라진 밤에 떠났다. 그들의 여행은 6일 동안 계속됐다. 처음 이틀 동안은 구름이 잔뜩 껴서 하늘이 어두웠다. 다음 이틀 동안은 의례의 휴식을 취했다. 마지막 이틀은 초승달이 뜨기 전이었다.

달은 서쪽 방향으로 사람들 소리와 개 짖는 소리가 들리는 넓은 야영지까지 강을 따라 올라갔다. 공기는 향기로웠고, 경관은 아름다웠다. 사방에서 새들이 노래하고, 파충류들(원문대로)과 곤충들의 소리도 들렸다. 나무들과 하늘이 맑은 물에 반사되어 비쳤다. 야영지의 주민들은 놀이와 다양한 일을 하며 소일하고 있었다.

　달은 죽은 나무를 주워 모으며 강둑을 따라가는 두 여인을 보고는 이 목가적인 풍경에 감탄해 마지않는다. 즉시 고슴도치로 변한 그는 두 여인들 중 하나의 눈에 띄었다. "이렇게 아름다운 고슴도치를 본 적이 있을까? 젊은 처녀는 소리쳤다. 고슴도치의 털은 길고 희고 찬란했다. 나는 저것이 필요해. 바로 우리 엄마가 필요로 하는 거야……."

　고슴도치는 처녀를 커다란 나무(*Populus*종)의 꼭대기로 인도한다. 그녀의 동료가 내려오라고 요청하지만 허사이다. 고슴도치가 자신의 인간 형상을 다시 취하고 말할 때 이미 땅에 머물러 있던 여자는 다른 동료를 볼 수가 없다. 구혼자의 우아함과 아름다움에 매료된 처녀는 하늘까지 그를 따르기로 한다. 달은 자신의 배우자가 통로를 알아보지 못하게 서둘러 하늘의 통로를 다시 닫는다.

　달의 배우자는 북에서 남으로 흐르는 붉은 강 가에 천상의 야영지를 감탄하며 바라본다. 시부모의 천막은 상류에 있다. 달은 젊은 아내에게 저 멀리 밑에 있는 땅의 광경을 감탄하게 만든 후 그녀를 부모에게 소개한다. 부모는 그녀의 아름다움에 매료되어 고슴도치의 가시(털)로 화려하게 수놓은 옷을 선물한다.

　그러나 달은 형이 동방에서 도착했을 때 형수를 볼 수 없어 의아했다. 해는 그녀가 수줍음을 타서 지금 독수리강 가에 머물러 있다고 설명한다. 늙은 어머니가 그녀를 찾으러 간다. 시어머니는 좌로 우로 뛰고 있는 암컷 두꺼비를 보고 사실을 짐작한 후 여자로 변한 양서류에게 우아하게 말을 건넨다. 양서류는 그녀를 따라가기로 한다. 해의 배우자는 주체할 수 없이 나오는 오줌 때문에 번민하고 있었으므로 시동생(달)은 그녀를 '흐르는-여인'(**물-여인**, **액체-여인**)이라는 이름을 붙였다. 그렇지만 시어머니는 다른 며느리 못지않게 훌륭한 환영으로 맞이한다.

해는 인간 제수씨의 아름다움에 엄청나게 반해 달이 못생기고 피부가 주름투성이라고 끊임없이 비난했던 자신의 본마누라를 잊고 그녀에게서 눈을 떼지 못하였다. 해는 자신의 아내가 갑자기 혐오스러웠고, 자기 자신의 선택을 후회했다. 일상생활의 조직체계의 시작은 이 시대로 거슬러 올라간다. 일상의 도구들(물건들)은 자신들의 이름(명칭)과 기능은 물론 음식물 역시 자신들의 이름(명칭)과 기능을 갖게 되었다. 남자와 여자는 자신들의 필수품(필요한 것)과 행위 규율(행동 규범)을 알고 배우게 되었다.

그래서 두 여자는 시부모로부터 가정용 도구를 얻었다. 남편들은 가정에 쓸 음식을 제공하기 위해 사냥을 했다. 남편들이 없을 때 인간 배우자는 가정일에 정성을 다하였다. 그녀는 곧 완벽한 가정의 여주인이 되었다. 반대로 '흐르는-여인'은 한가하게 침대에 앉아 벽을 바라보며 무기력함에 빠져 있었다. 시부모들이 그녀를 아무리 안심시키고 용기를 주어도 소용이 없었다. 아무것도 할 수 없었다.

사냥꾼들이 사냥감을 가득 지고 돌아오자 그들의 아버지는 자신의 며느리들에게 창자 한 사발씩 주려고 아들들에게 이를 끓이도록 했다. 인간 여인은 엄청난 식욕으로 듣기 좋은 소리를 내며 씹어 먹었다. 엉큼한 암컷 두꺼비는 나무숯 한 조각을 입에 넣고 있었지만, 이가 없었으므로 씹는 소리를 낼 수 없었다. 그녀가 고통스럽게 삼키려 하자 검은 즙(침)이 그녀의 입 가장자리에서 흘러나왔다. 달은 그녀를 조롱했다.

늙은 아버지는 아들들을 서로 반대방향으로 사냥을 보냈다. 평상시처럼 그들은 이의를 달지 않고 복종했다. 그러나 그들의 아버지는 농사일을 며느리들에게 가르칠 계획이었다. 어머니는 굴봉을 만들어 그녀들에게 사용법을 설명했다. 풀이 사방에 널려 있는 땅을 경작하기 쉽게 만들어야 했다. 우선 남동쪽에서 시작하여 다음 순서는 남서쪽으로, 북서쪽과 북동쪽으로 하기로 했다. 서쪽부터 뿌리를 뽑기 시작하자 인간 배우자는 최선을 다해 시어머니를 도왔다. 수동적인 다른 며느리는 아무것도 하지 않았다.

형제들이 사냥에서 돌아왔을 때 음식물이 익고 있었다. 늙은 아버지는 각 며느리들에게 굴봉을 주었다. 그는 말하기를 "이것은 너희들이 매일 매일 사용할 일상 도구이다. 천막을 칠 때 사용하거나 풀을 뽑을 때와 먹을 수 있는 뿌리를 뽑을 때 사용하거라"라고 하였다. 두 아들은 조심스럽게 듣고 있었다. 왜냐하면 가르침을 받는 것은 그들의 아내였기 때문이다.

"빨리 와보세요!" 갑자기 인간 배우자가 숨을 몰아쉬며 소리쳤다. 시어머니는 달려가서 그녀의 몸을 살펴보고는 그녀의 두 다리 밑에서 움직이고 있는 완전하게 성장한 아기를 발견하고 아연실색했다. 토라져 있던 두꺼비-여인을 제외한 모든 사람들은 신생아의 미모에 넋을 잃었다. "자신을 멸시하며 바라보고 있던 시동생에게 그녀는 소리쳤다. 너의 어리석은 짓에 신물이 난다. 너는 나를 비웃고 가차없이 나를 비평했다. 자! 나는 너에게 달라붙을 거야! 그렇게 해야 이제부터 너를 더 잘 볼 수 있을 테니까!" 그녀는 달의 가슴 위로 뛰어올라 달라붙었다.

늙은 아버지는 작은아들에게 직접 알렸다. 여자들의 교육과 그녀들에게 행위 규율을 전달하는 일이 끝나지 않았다고 말했다. 애를 갖는 것은 아주 좋은 일이다. 그러나 여자가 예고 없이 분만해서는 안 된다. 그런데 달의 배우자는 언제 그의 매혹적인 아이를 임신한 것인가? 여행에서 있었던 에피소드를 재구성해 보고, 여자를 데려온(납치한) 과정을 자세히 생각해보면 날짜를 계산할 수 있다. 달과 해는 떠났다가 동시에 돌아왔다. 이 시대에는 낮과 밤의 길이가 같았다. 다른 한편 달은 납치한 날과 같은 날에 아내를 데려왔다. 그리고 그녀의 동료가 목

격자였다.

"모든 것이 완벽했다. 늙은 아버지는 말했다. 그러나 나는 이런 갑작스런 출산을 좋아하지 않는다. 문명적이지 못하다(사람답지 못하다). 임신과 출산 사이에 열 달이 경과해야만 한다. 여자가 월경을 한 마지막 달은 포함되지 않는다. 월경이 없는 여덟 달을 센 후 열 번째 달은 피의 유출을 동반한(피를 흘리는) 출산 달이 될 것이다. 이처럼 손가락으로 셈을 하는 여자는 갑작스레 어떤 야생짐승에 의해 임신하지 않았다는 것을 알 것이다. 그녀는 오래전에 미리 자신의 어머니와 남편에게 알릴 것이다. 인간들은 응고된 월경피로 만들어졌다. 그래서 사람들이 선짓국을 좋아한다. 원초에는 피가 흐르기 전에 아이가 먼저 태어났다. 이제부터는 열 달의 간격을 두고 어린아이가 피를 따라 나올 것이다. 그리고 매번 피 흘림(월경)은 상현(달)으로부터 하현달까지 이어질 것이고, 또는 달이 출발하여 여자를 찾아 그가 돌아올 때까지 운행했던 시간과 같은 시간이다"(Dorsey 5, 212~221쪽, 178쪽).

두 판본에서 산부인과학을 알고 있음에도 불구하고 이 산부인과학의 강의는 명료하지 않다. 우리가 번역을 정확히 했는지 확실하지 않다. 신화는 인간 배우자가 애를 데리고 도망가는 것으로 계속 이어지며, 여자의 죽음, 주인공의 어린 시절과 그의 모험들, 그의 죽음에 이은 부활, 그가 하늘로 올라감과 그곳에서 성단이 되는 이야기로 이어진다. 우리는 이 에피소드들을 잠시 동안 미뤄놓을 것이다.

첫 부분으로 축약된 이 신화는 주의를 끌 만한 충분한 문제들을 제기한다. 우선 우리는 신화의 거만하고 도덕군자다운 어조에 놀란다. 별들(해와 달)의 아버지는 권위가 있는 사람이고, 그의 아내는 모든 가정적 덕목을 가진 여자이며, 아들들은 어떻게 하면 충분히 부모에게 사랑, 존경 그리고 온순함을 표시할까(보일까)를 아는 사람들이다. 이처럼 신화는 이상적인 가족의 그림을 보이는데, 완고하고 보수적인 사회에서 도덕 질서의 가장 까다로운 수호자들이나 꿈꿀 수 있는 그런 가족을 그리고 있다. 그렇지만 우리는 프랑스나 지난 세기의 어떤 지방 부르주아지(부호)가 사는 영국에 있는 것이 아니라 아메리카 인디언 사회에 있다. 그럼에도 우리는 이들이 도덕에 관해서는 과장된 규범을 갖고 있고 생물학적 기능에 대해서는 천진한(꾸밈없는) 솔직함이 혼합된 상태라는 것을 알 수 있다. 이러한 우주관, 기술, 사회생활의 규범과 사고능력이 연관되어 나타나는 총체적 체계에서나 필요한 예의범절 안내서는 분명히 프랑스에서는 필요하지 않다.

하늘 가족의 야영지는 두 강의 왼쪽 기슭에 세워졌다. 서쪽에서 동쪽으로 흐르는 강은 지상세계(아래쪽 세상)에 속하고, 북쪽에서 남쪽으로 흐르는 강은 천상세계(위쪽 세상)에 속한다. 생각하는 축에 따라서 야영지 자체는 이 세계에 있을 수도 또는 다른 세계에 있을 수도 있다. 신화 M$_{428}$에 따르면 차라리 위(천상) 세계에 있지만, 신화M$_{426}$에 따르면 최초에 이와 똑같은 야영지가 아래(세상)에 있었다는 것을 우리는 기억한다.

이야기의 시작 부분에서 해와 달은 방랑생활을 한다. 그들은 야영지에 있지 않거나 또는 아주 가끔 있을 뿐이다. 신화가 볼 수 있고 고정된 해와 이동하는 천체를 구별함으로써 우리는 낮과 밤의 규칙적인 교대가 아직 존재하지 않았고, 빛과 어둠이 혼란스런 양상으로 지배하고 있었다는 것을 추론할 수 있다. 신화M$_{426}$은 이 시대가 항상 밤이었다고 확인한다. 혼인을 호의적으로 내세우는 형제의 논쟁 중에서 규칙적이고 정착생활을 하는 것이 다른 것들보다 우위를 차지한다. 우리가 이야기하는 것처럼 일단 한 번 정돈된 해와 달은 각자 자기 갈 길을 가는 대신 함께 있을 것이다. 그리고 이들은 부모를 도울 것이다. 서로 서로 마주 대하는 면에서 보면 형제는 우선 **멀리 있다**가 혼인으로 **가까워질** 것이다.

배우자 찾기는 달이 하현일 때 시작되고 달이 상현일 때 완성된다. 이 시간 동안 사실상 마치 달이 서쪽으로 멀어져 사라진 것처럼 달은 하늘에 존재하지 않는다. 해는 동쪽으로 가고, 매일 밤 땅(지구)의 다른 쪽에서 반대방향으로 자신의 행로를 완성한다(Mooney 4, 971쪽). 틀림없이 이 부재(不在)의 기간은 같지 않다. 그러나 낮과 밤의 교대가 아직 존재하지 않았던 시대에 신화가 시작된다는 점을 우리는 받아들였다. 그러므로 해와 달은 둘 다 오랫동안 없을 수[不在] 있다. 이 부재는 6일 간의 여행과 관련되며, 이 6일은 상현과 하현 사이의 간격과 일치한다. 하지만 이것은 실제적으로 (6일이 아니라) 4일(2일 동안의 휴일을 빼면)이며, 또는 이제부터 여성의 월경이 지속될 기간과 같은 길이의 시간이다.

지금부터 두 형제의 여행을 관찰해보자. 이 여행은 거꾸로 된(뒤집어진) 카누 여행이다. 이것은 두 가지 양상에서 그러하다. 주인공은 항상 해와 달이다. 그러나 그들은 물을 통해서가 아니라 육지(땅)로 여행한다. 그렇지만 이들은 둘 다 강의 흐름을 따라간다. 말하자면 육지 여행의 개념이 단순히 강 여행의 반대가 아니라 이 육지 여행이 강 여행(항해)의 형태를 취했을 법한 그러한 강 여행의 개념과 모순된다. 대평원 인디언들이 강 여행을 전혀 하지 않는 것은 사실이다. 둥근 바구니배(버들가지를 엮은 형태에 가죽을 씌운 배)는 만단족, 히다차족 그리고 아리카라족의 고유한 배(Denig, 579쪽)로 주로 강을 건널 때 사용된다. 이 배에 대해서는 다시 논할 것이다(이 책 438쪽 이하). 출신지인 북부의 육지에서 아라파호족은 대호수 지역의 여타 알곤킨족처럼 카누를 사용했을 가능성을 제쳐놓더라도 신화는 강 여행의 이례적인 표현을 배제하려는 결정적인 논쟁거리를 만들고 있다. 두 형제는 같은 방향으로 가지 않는다. 그러면 그들이 한 명은 상류로, 다른 한 명은 하류로 강 여행을 했다고 가정하더라도 각각의 목적지에 함께(같은 시간에) 닿을 수는 없을 것이다. 왜냐하면 거슬러 올라가는 것은 물길을 따라 내려오는 것보다 훨씬 느리기 때문이다. 그런데 신화는 달과 해가 동시에 도착했다는 점을 정확히 한다. 원문에서 다음처럼 말하고 있다. "낮의 길이와 밤의 길이는 거의 유사했다"(Dorsey 5, 220쪽).

만일 이 같은 각도에서 달과 해의 카누 여행과 상관관계에 있는 남아메리카 신화들과 지금 논하고 있는 아라파호 신화를 비교한다면 결론은 같은 결과에 도달하고, 낮과 밤의 규칙적인 교대(교차)를 알기 위해 서로 상반된 방식으로 처리하는 것이 필요하다는 사실이다. 한쪽 신화들(남아메리카)은 그들이 서로 가까워지거나 멀어지지 않고 적합한 거리에 머물도록 같은 방향으로의 여행을 강제하기 위해서는 두 천체를 함께 배에 태우는 것이다. 대평원 인디언들은 이들을 땅 위에서 각각 다른 방향으로 여행하게 하며, 도정(여행과정)이 (강 여행과 달리) 균등하기 때문에 교대 역시 같은 결과가 나타난다. 비록 두 가지 방법의 묘사(표현) 중 하나가 특수한 공간(카누의 공간)의 불변적인 형태 아래 해와 달이 뒤를 이어 동에서 서로, 하나는 밤으로 다른 하나는 낮으로 운행되는 것과 유사한 도정(운행과정)의 시간적 특성들을 투사하고 있기는 하지만, 두 가지 방법의 묘사는 모순적이지(양립 불가능하지) 않다. 반대로 아라파호족은 펼쳐진 공간 안에 유독 밤에만—반대방향으로 이루어졌다고 가정된—해와 달의 도정(운행과정)을 만들어낸다. 남아메리카에서는 통시적 관점으로 보면 축약된 공간 안에서 (이루어지는) 두 기간 중 가장 긴 기간을 감춘다. 북아메리카에서는 공시적 관점으로 보면 확장된 공간 안에서 가장 짧은 기간을 완화한다(느슨하게 한다). 대칭적으로 카누의 승객들은 자리를 뜰 수 있는 아주 작은 구획의 공간 안에서 움직이지 않고, 지상 여행자들은 전 공간 안에서 자리를 움직일 수 있지만, 움직이지 않고 (정착민의 생활에) 머무른다.

사회학적 층위에서도 같은 대립(관계)이 지속된다. 남아메리카 신화들에서 카누 여행은 가까운 혼인과 먼 혼인을 선택(교대)할 수 있게 하며, 이 두 경우가 아니라면 너무 멀지도 너무 가깝지도 않은 혼인을 선택할 수 있게 한다. 그러나 아라파호 신화의 지상 여행자들은 선택하지도 배제하지도 않는다. 왜냐하면 한 명은 인간 배우자를 데려오고, 다른 한 명은 동물 배우자를 데려오기 때문이다. 그들은 가까움과 먼 곳을 결합한다(하나로 만든다). 결과적으로 아라파호족에게는 낮과 밤의 규칙적인 교대가 남아메리카에서처럼 양극단 사이에서 나오거나 중간에서 유래하는 것이 아니라 이 양극단의 병렬(나란히 놓기)에서 나온다. 이런 논리적 진술이 일·월식의 대단히 특별한 이론과 어깨를 나란히 하며, 이 특별한 이론에 따르면 해와 달이 사라질 때(죽을 때) 하늘에서 각각 그들의 자리를 바꿀 것(교환할 것)이라고 말하는 것은 놀라운 일이다(Hilger 2, 91쪽).

달은 배우자를 찾고자 하는 마을에 접근하며, 경관의 아름다움과 즐거움의 웅성거림, 신바람 남, 동물들의 노랫소리와 시끄러운 소리에 눈과 귀가 매혹되었다. 토착민의 생활을 이상화한 이 그림은 '봉 소바주'(bon sauvage: 사려 깊고 훌륭하고 착한 야만인)에 대한 생각이 이들 야만인들에게도 낯설지 않다는 것을 보여준다. 단어 /타와 티닌 타리히시/ '부활한 여인'은 인간 여인을 지칭하지만 문제를 제기한다. 왜냐하면 인간이 불멸이 된 것은 봄마다 주기적으로 젊어지는 방법을 알았을 시대에 대한 믿음을 암시하기 때문이거나(Mooney 4, 818쪽; 또한 785쪽, 806쪽, 959쪽 참조) 어떤 인간들은 재생한 선조들이라는 믿음을 암시하기 때문이 아닐까? 두 번째 가설에 관심을 두면 이 가설은 무엇보다 이(치아)를 갖고 태어난 사람이나 다른 이(치아)보다 윗니가 먼저 나온 사람들과 관련된다는 점이다(Hilger 2, 5~6쪽). 이 믿음은 북아메리카에 뿌리 깊게 박혀 있다. 왜냐하면 이 믿음이 북부의 아타파스칸족에게서까지 발견되기 때문이다(Petitot 1, 276쪽). 그런데 신화의 후반부에서 달의 아내(배우자)는 아름다운 치아를 소유하고 있어 불멸의 인간(존재)들로 구성된 천상의 시댁과 보충적인 친근성을 창조할 수 있었다. "사회질서가 태양춤과 동시에 나타나고, 그전에 인디언들이 무질서와 규칙이 없는 상태에서 살아왔음에도 불구하고"(Hilger 2, 148쪽) 달의 배우자는 문명화된 사회가 아니지만 적어도 이미 조화로운 자연적 상태가 지배하고 있던 사회에서 유래한다. 더욱 신화M426에서 해가 말하는 것처럼 "인간의 몸(신체)은 우리와(우리의 몸과) 닮았다." 인간 배우자와 동물 배우자는 신체(체질)적 측면과 도덕적 측면에서 차이가 난다. 첫 번째 배우자의 모든 것은 아내와 어머니로서의 적성에 따라 운명지어진다. 두 번째 배우자의 모든 것은 이와 거리가 멀다. 더욱 우리는 첫 번째 배우자가 무사히 문화 상태에 이르게 되는 반면, 두 번째 배우자는 불분명과 혼란 속에 머물러 있다는 사실을 알고 있다.

교육시키기 불가능한 이 여자가 개구리라는 사실을 알고 놀랄 필요는 없다. 왜냐하면 앞의 책에서 우리는 꿀에 미친 여자—말하자면 자연의 노예—의 측면에서 잘못 키운 소녀의 전형을 만났고, 차코 지역에서 가이아나 지역으로 이동하면서 이 여자가 개구리로 변형하는 것을 보았기 때문이다. 결과적으로 잘못 키운 인간 여자의 변형인 남아메리카 개구리는 북아메리카에서 잘 키운 인간 여성과 대립한다. 그러나 도처에서 우리가 『꿀에서 재까지』(400~402쪽)에서 이를 지적했던 것처럼 여자의 예속으로 사회질서를 세우려는 남북아메리카의 공통적인 광범위한 신화체계에 대한 장막이 벗겨진다. 이제 우리는 그에 대한 이유를 이해할 수 있다. 여성 배우자의 시부모는 가정의 도구들을 그녀에게 넘겨주고 이들에 대한 좋은 사용법을 알려주는 것으로 만족하지 않는다. 노인(시아버지)은 또한 며느리의 진정한 육체적 모형(제작)에 착수한다. 원초적 순수성(처녀성)을 갖고 있던 인간 배우자는 월경을 하고 있지 않았으며, 그녀는 갑작스럽고 예측하지 못한 양상으로 분만했다. 자연상태에서 문화상태로의 이전은 결국 여성 신체 조직이 '주기적'이 될 것을 요구한다. 왜냐하면 우주질서는 물론 사회질서 역시 고전적 체제에 연루되어 있었을 것이기 때문이다. 이 고전의 체제(고전적 제국) 아래에서 낮과 밤의 규칙적인 교차, 달의 운행과정, 여성의 월경, 임신의 고정된 기간과 계절의 흐름은 상호간 서로 연관되지 않았을 것이다.

그러므로 주기적 존재로서의 여성은 우주질서를 해칠(훼손할) 위험이 있다. 신화에서 흔히 환기하고 있는 여성의 사회적 예속은 '여성의 지배형태' 아래 한없이 더욱 중대한 위험, 특히 육체적 불복종(주기성의 표현인 월경)은 비주기성의 위험을 먼저 예고하는 삽화이다. 그래서 여성들은 '**규칙**'에 복종해야만 한다. 그리고 그녀들에게 주입시키려는 규칙들은 남성들이 바라고 상정하는 사회질서를 그녀들에게 강요하는 것으로서 그녀들의 복종을 대가로 한 것이며, 여타 규칙들의 상징과 보증(담보)을 제공한다. 이 규칙들 중 육체적 성질의 규칙은 사회적 리듬과 우주적 리듬을 통합하는 연대성(상관성)을 증명한다. 이런 의미에서 상현달과 하현달 사이에 4일이라는 시간의 간격은―해와 달―카누의 승무원들 사이의 간격과 같은 역할을 한다. 달은 달마다 움직이고(달라지고) 달의 연속을 재는 시간의 표준계기(척도)인 여성의 월경(règles: 프랑스어로는 '월경' 이외에 '규칙' '법칙' 또는 '자'의 의미를 갖고 있다)의 지속 기간을 결정한다. 아라파호족의 나이 많은 정보 제공자들은 달이 상현(달이 커지고 자라나는 시기) 또는 하현(달이 작아지고 줄어드는 시기)의 시기를 관찰하지만, 다른 인디언들처럼 달(1월, 2월 등)에 따라 그 이름을 붙일 필요를 느끼지 않았다고 말한다(Hilger 2, 84쪽). 낮과 밤의 연속은 이 또한 이름이 없으며, 운항경로를 따라 움직이는 카누처럼 공간적 표준계기를 사용하여 계측된다. 달의 변화와 여성의 월경 사이의 이론적 일치에 대한 환상은 신화에 더해 한 정보 제공자의 증언에서 재연된다. "태양춤을 위한 합당한 날짜는 초승달 이후 일곱 번째나 열 번째 날 사이, 즉 월경 시기 이후에 있어왔다"(Dorsey 5, 22쪽). 아라파호족을 제외하고 대평원의 몇몇 부족들은 태양춤 기간 동안 젊은 여자들이 남자들에게 자신들의 비행(방탕)을 비난해 볼 테면 해보라고 하는 의례를 행한다. 역시 이러한 점을 통해 태양의 운행을 조정할 목적으로 거행되는 의식과 여성의 도덕성 사이의 연관이 나타남을 알 수 있다.

여성들의 엄격한 주기성에 대한 절대적인 존중의 위반(결핍)은 낮과 밤의 교대를 단절할 수도 있고, 또는 계절 기능의 이상(불순)을 초래할 수 있을 만큼 중대한 양상으로 세상의 질서를 훼손할 수 있을 것이다. 이러한 믿음은 역시 달력에 나타난 다양한 유형의 주기 사이에 등가(등치관계)를 창립하기 위한 신화와 의례가 진행되는 양상에서(으로부터) 나온다.

중앙 기둥에 더해 의례를 위한 정자는 천장을 받칠 원형으로 배치된 16개의 기둥을 포함한다. 원형 도면 안에 내접하는 이상적인 사변형의 남동각 지역과 북서각 지역에 세운다. 이 네 개의 기둥은 바람의 주인들인 아라파호 신전(만신전)의 네 늙은이들을 상징한다. 이들은 각각 여름, 겨울, 낮과 밤을 구현한다(Dorsey 5, 14쪽, 96쪽, 124쪽). 하나는 '동지·하지의 유형'과 다른 하나는 '춘분·추분의 유형'으로 두 유형의 교대축 사이에 토착인들의 사고는 상응(상동관계)하는 것으로 이해한다. 단일한 같은 조처(장치)가 달과 계절의 연속은 물론 낮과 밤의 규칙적인 연속을 보장한다(그림 19).

신화M425~M428 집단에서 해와 달은 남성의 성을 갖는다. 무니(4, 1006쪽)는 또 다른 아라파호 전통들을 암시한다. 여기서 달과 해는 각각 오빠와 누이이다. 몇 줄 간격을 두고 신화M428은 형제(오누이) 관계의 별들을 부부로 변형한다(Dorsey 5, 228쪽). 태양춤 의례는 이러한 천체의 계보와 성의 불안정성을 확인한다(L.-S. 18). 이와 같이 축제의 '할아버지' 또는 '양도하는 자'가 '손자'의 아내와 의례적인 교미(성교)를 하는 상징적 행위는 세 가지로 해석될 수 있다. 여자가 벌거벗고 등을 밑으로 하고 눕는 것은 여자가 자신의 몸을 그녀 위에서 비추고 있는 달에게 상징적

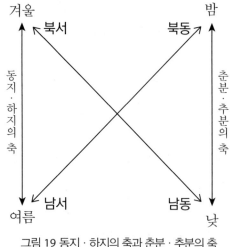

그림 19 동지 · 하지의 축과 춘분 · 추분의 축

으로 제공하는 것이다(Dorsey 5, 101쪽). 그런데 여기서 천체(해)는 남성적 인물이다. 교미 자체는 해를 상징하는 '할아버지'와 달인 여인 사이에 일어난다(같은 책 177쪽; Dorsey-Kroeber, 2쪽). 마지막으로 할아버지의 입에서 여자의 입으로 이전되고, 이어서 여자의 남편 입으로 이전된 한 조각의 뿌리로 비유된 수단을 통해 진정한 성교는 할아버지와 달을 의인화하고 있는 손자를 통합한다. 다시 말하자면 성의 변화가 없는 조건으로 달은 체계의 불변적 측면을 구성하는 세 위치에서 전환될 수 있다. 해가 역시 남성인 달의 누이일 수 있고, 여성인 달이 남성인 해의 배우자가 되고, 신화들이 때때로 '해'를 달의 아버지라고 부르고(Dorsey 5, 178쪽), 마침내 어머니가 죽자 달의 아들을 데려온 늙은 여인 자신이 밤의 정부가 되어 때로는 달과 동일시되는 일(같은 책 99쪽)들을 첨가할 수 있으므로 우리는 신화와 의례가 절대적인 면에서 존재와 사물들에 의미론적 결합 가(價)(변하지 않는 가치)를 부여하지 않으며, 각 용어(또는 항)의 의미는 변형되는 체계(틀) 안에서 항이 차지하는 위치에 따라 달라진다는 사실을 받아들일 수 있다. 왜냐하면 그것들은 전개되는 신화의 발화 속에서 활용된 공시적 절단(토막)의 수와 일치하기 때문이다.

틀림없이 달의 고유한 모호성—신화에 따르면 한 인간 여인의 하늘의 남편, 의례에 따르면 해의 지상 배우자, 게다가 나쁜 행동의 선동자

$$
\begin{array}{ccccc}
& \text{달} & & \text{인간} & \\
1) & \triangle & = (\;\bigcirc & = & \triangle\;)
\end{array}
$$

$$
\begin{array}{cccc}
& \text{해} & \text{달} & \text{인간} \\
2) & \triangle & = \bigcirc & (\; = \quad \triangle\;)
\end{array}
$$

$$
\begin{array}{cccc}
& \text{해} & \text{인간} & \text{달} \\
3) & \triangle & (\; = \quad \bigcirc\;) & = \quad \triangle
\end{array}
$$

(Dorsey 5, 124쪽)—은 자신의 자웅동체(양성적 존재)의 특성으로 설명되며, 우리는 제3부의 끝부분에서 이에 대한 형식적 관점의 필요성을 밝혔다. 아라파호 신화는 이러한 특성에 대해 구체적인 용어[3]로 이해하고 있다. 달은 우선 자신의 형수, 개구리와 분쟁(불화)하는 한 남자이다. 화가 난 개구리는 그에게 뛰어올라 몸에 달라붙는데, 이것은 그가 이중의 특성을 갖게 만든다. 즉 자신의 고유한 특성과 그에 더해 단지 항아리를 갖고 있는 개구리일 뿐인데, 천체(달)의 검은 점은 월경 피의 흐름을 상징한다. 개구리는 그 자신이 임신한 여인의 외양을 나타낸다(Dorsey 5, 177쪽). 결과적으로 개구리의 달라붙음(접착)으로 인해 남성의 달은 여성의 측면을 갖게 된다.

---

3) 오마하족은 여성적인 삶의 태도와 복장을 취하는 남자들을 '달의 열렬한 지지자'라고 부른다(Fletcher-La Flesche, 132쪽).

# 2 고슴도치의 교육

> 당신이 소녀들에게 쏟는 주의를 정당화하세요. 그리고 항상
> 이를 늦추지 마세요. 이들에게 가장 위험한 두 가지 결점은
> 나태함과 순종하지 않는 것입니다. 그리고 이를 습관화해야
> 고치기 쉽습니다. 소녀들은 주의성이 깊고 부지런해야 합니
> 다. 이것이 전부는 아닙니다. 소녀들은 이른 나이에 규칙을
> 지키는 불편함을 인내해야 합니다. 이런 불행—이것은 이들
> 에게 하나의 불행이지만—은 이들의 성(性)과 분리될 수 없
> 습니다. 이 하나의 불행에서 벗어난다 해도 더 많은 잔인한
> 불행으로 고통을 겪을 것입니다.
>
> 장 자크 루소, 『에밀』, 제1부 제5장

해와 달의 다툼(분쟁)은 세 개의 장부(등록부)에서 동시에 전개된다. 첫 번째 천체와 달력의 장부는 매일, 매달 그리고 매 계절의 주기와 관련된다. 두 번째 장부는 사회학적 장부이며, 배우자를 찾는 합당한 거리와 관계가 있다. 해는 자신의 열기가 여자를 찌푸리게 하기 때문에 인간 여자들이 너무 가깝다고 판단한다. 그러나 달은 그녀들이 적당한 거리에 있다고 생각한다. 이와는 반대로 달은 해가 적당한 거리에 있다고 선언한 개구리-배우자가 자신에게서 너무 멀다고 판단한다. 세 번째 장부는 소녀들의 교육과 연관되어 있으며, 이 교육은 심리적이고 체질적인 참다운 모형의 제작처럼 상정된다. 왜냐하면 도덕 교육으로는 충분하지 않고, 소녀들이 자신들의 월경, 임신, 출산의 주기적 기능을 원활하게 완성할 수 있도록 이들의 신체 조직을 만들어야 하기 때문이다. 이 기능들은 서로 연관되어 있다. 바로 월경 피는 임신하는 동안 보존되어 있다가 아이의 몸을 형성하기 때문이다. 그리고 이들 모두 우주의 대(大)리

듬과 이어져 있다. 말하자면 여성의 월경은 달의 변화를 동반하고, 임신은 삭망월(음력의 매달)의 지정된 수만큼 지속된다. 낮과 밤의 교대, 매달의 순서와 계절의 돌아옴(회귀)은 모두 같은 체계에 속한다. 이런 도덕적 · 체질적 교육(훈련)을 감당할 여성들의 불균등한 재능이 다소간 큰 거리(간격의 크기)에 달려 있듯이 모두가 서로 연관되어 있다. 약간 뒤로 물러서서 바라본 아라파호 신화들은 마치 잘 생각해낸 『O의 이야기』(*Histoire d'O*)[4]를 배합한 특이하고 이색적인 창세기의 외양을 갖고 있다.

그렇지만 신화학자들이 현재까지 신화를 연구한 것은 이러한 관점에서가 아니다. 그들이 돋보이게 한 별-남편의 북아메리카 순환은 레이샤르드(2)와 톰슨에 의해 주의 깊게 연구된 대상이었다. 최근에 더욱 완전한 이들의 두 번째 연구는 바로 이 분야의 모델로 취급된다. 이 연구가 없었다면 우리가 연구조사를 진행하는 데 많은 어려움이 있었을 것이다. 우리는 이 연구를 낮게 평가할 생각은 없다. 그러나 이 연구는 역사적 방법론에 영향을 받아 우리의 연구와 대단히 다른 방법론을 사용했다. 이 기회에 우리는 하나의 예에 대해 두 방법론을 모두 시험해 보일 좋은 기회를 갖게 될 것이다. 또한 한 신화에 대해 각 방법론이 성공적으로 **해낼 수 있는 것**이 무엇인지를 살펴볼 기회를 제공할 것이다.

스티스 톰슨의 모든 작품들처럼 『별-남편의 이야기』(*The Star Husband Tale*)는 핀란드학파의 작업을 모델로 삼고, 이들의 정당성(유효성)을 증명했다고 주장한다(95쪽). 실증적이고, 경험적 정신이 강한 핀란드학파는 구전(口傳) 전통으로 전해진 한 이야기의 (알려진) 모든 독본(이본) 수집에 전념한다. 이어서 이 학파는 이야기를 인정할 수 있고 고립될 수 있는 가장 짧은 주제와 에피소드로 자른다. 왜냐하면 여러 판본에서 같

---

4) 무명의 에로틱하고 사도마조키스틱한 변태성욕을 다룬 소설—옮긴이.

은 형식으로 나타난다든가 또는 이와는 반대로 이미 알려진 주제들 중 하나가 갑자기 새로운 판본에 나타나는 경우 때문이다. 이 주제들의 빈도수를 계산하고, 따라서 분포 카드 작성에 사용될 합의된 상징들의 (분량을) 정한다. 빈도수와 이들의 공간적 분포를 비교함으로써 상대적으로 오래된 유형을 구별하고 애써 찾아내려고 하며, 이들의 전파 중심(센터)을 결정하려고 노력한다. 어디에서 생겨났고, 어느 시기에 어떤 형태로 나타났는가를 제시하려 하며, 이어서 수집한 장소에 따라 변이형들을 분류하고, 이들이 나타난 순서를 분류하려는 것은 이야기에 대한 일종의 자연사(自然史)이다.

이 학파가 애써 사실들(faits) 수집에 전념하는 한, 이 방법론에 이의를 제기할 아무런 것도 없다. 왜냐하면 이것은 분석이 불가능하다. 심지어 출발점에서는 내용의 심오한 지식을 요구하지 않는 구조적 분석에 있어서도 마찬가지이다. 핀란드학파와 같은 학파의 유명한 미국 대표학자는 우리의 연구에 개입하여 완전한 수집조사의 요구와 조심, 아주 세부적인 것에 대한 주의, 그들의 작업을 소중하게 만드는 지리적 위치 측정의 정확성을 요구했다. 이 모든 것은 문제가 되지 않는다. 어려움은 사실들의 정의와 함께 시작되기 때문이다.

어느 시점에서도 역사적 방법론은 한 민속적 사실이 무엇으로 구성되는지를 묻지 않는다. 더 정확히 말하자면 이 방법론은 이야기의 (드러나는) 명백한 내용을 바탕으로 내린 조사자의 주관적인 판단(평가)이 지시하는 모든 요소를 사실로서 인정한다. 이들은 전혀 축소를 시도하지 않는다. 이로부터 아래와 같은 결과가 나올 수 있을 것이다. 말하자면 과학적 사실의 특성이 각 주제 또는 이 주제들 중 어떤 것들에는 일치하지 않지만, 아직 자신은 잠재적인 상태에 있음에도 불구하고 주제를 생성하는 구조와는 일치하는 일이 있는 것처럼 피상적인 층위에서 분리된 두 개 또는 몇몇 주제들이 변형관계에 있을 수 있는 결과가 나올 수 있다. 이들은 항들 사이의 관계를 지으려 하지 않고, 단지 분류 정리하는 것으로 만족한다.

이것은 역사적 방법론이-단지 자신에게는 의미가 없는 것으로 되는-요소들의 부재, 출현과 지리적 분포만을 고려하기 때문이다. 그런데 우리는 신화적 이야기를 친족의 법칙과 같은 것으로 말할 수 있다. 이것이나 저것 모두 **존재하는 것**으로 그치지 않는다. 이것들은 어떤 것에 **사용된다**. 하나는 사회학적 문제를 해결하는 데, 다른 하나는 사회-논리의 문제를 해결하는 데 사용된다. 같은 집단에 소속하는 신화들과 아라파호 신화들의 대조를 통해 이를 명확히 제시할 수 있을 것이다.

톰슨(135쪽)은 별-남편 순환의 알려진 모든 변이형들의 비교 연구로부터 통계적으로 가장 많은 빈도수를 보이는 모든 주제들을 모은 근본적인 형식 또는 원형(archétype)의 존재를 추론한다. 두 어린 소녀(65%), 야외에서 밤을 보낸다(85%). 별을 남편으로 갖기를 바란다(90%). 그녀들이 잠든 동안 하늘로 이송(이동)된다(82%). 그녀들과 결혼할 별들에 의해(87%), 청년과 노인은 이들 각각의 나이에 따라 각 천체의 등급 및 밝기와 관계를 갖는다(55%). 여자들은 땅을 파지 못하도록 한 금기를 어긴다(90%). 그리고 천상의 궁창을 의식하지 못하고 뚫는다(76%). 도움 없이(52%), 그녀들은 밧줄을 따라 내려온다(88%). 그리고 무사히 그들의 마을에 도착한다(76%).

수집한 86개의 판본 중 단지 전 분포 영역에 흩어져 있는 15개의 판본이 이러한 근본 형식을 재현한다는 점을 알 필요가 있을 것이다. 그러한 결과는 그리 놀랄 일이 못 된다. 왜냐하면 체질 인류학자들이 통계상 가장 큰 빈도수를 나타내는 특성들을 수집함으로써 프랑스인이나 아메리카인의 유형을 나타내려 할 때 앞의 예와 유사한 결과를 얻게 되었다. 실제 개인들과 거의 유사하지 않은 시늉(유사 모델)만 얻었으며, 어떠한 것도 정확성을 바탕으로 한 그들 조상의 측면을 반영한다고 가정할 만한 아무것도 없었기 때문이다. 통계적 평균(중간 수준)은 그 자신 이외의 다른 어떤 것도 표현하지 못한다. 그것은 사실들을 재집합하는(다시 분류하는) 하나의 방법일 뿐이며, 이것들의 객관적인 재집합(분류)은 과거에도 이루어질 수 있었고, 지금도 도처에서 이루어질 수 있을 뿐 어떠한 특수한 형식에 대해 알려주지 못한다.

만일 이러한 어려움이 거북스럽지 않다면, 그리고 "원형은 현재 분포 지역의 전부 또는 거의 모든 영역에 존재해야 한다"는 톰슨(136쪽)의 견해를 받아들인다면 그것은 특수한 발전이 나타나기 전에 논리적·역사적 관점에서 보면 첫 번째 유형(유형 I)에서 파생되어 나타날 이야기로부터 두 번째 유형을 끌어낼 수 있을 것이다. 톰슨은 이 두 번째 유형(유형 II)을 '고슴도치 편집'이라고 부르는데, 이것은 틀림없이 구전 전통의 연구가 문자로 기록되어 전해오는 전통(기록 전통)의 방법론과 비교할 수 있는 것을 정당화하기 위한 암시이다. 우리의 아라파호 신화들은 이 '고슴도치 편집'의 일부이다. 그러나 이 부족에서 유래하는 8개 판본(우리는 단지 5개 판본만 사용했을 뿐이다. 여타 판본들은 이중으로 사용되었다) 중에서 고른 것이다. 우리는 그로-방트르족, 크리족, 아리카라족, 히다차족, 크로우족, 쉐이옌족과 키오와족에서 수집한 12개의 판본을 포함해 전부 20개의 판본을 알고 있으며, 이 판본들의 분포 영역은 실제적으로 북위 55도에서 35도까지 연속되어 있다. 통계적으로 가장 많은 빈도수를 보이는 특성들을 다시 취하면 아래와 같은 이야기를 구성한다. 한 소녀(100%) 일에 전념하는(84%) 고슴도치를 따라간다(95%). 하늘까지 상승하는 한 나무 꼭대기에(95%) 고슴도치는 달로(45%), 해로(25%) 또는 별로 변한다(15%). 이들은 한 젊은이로 의인화된다(30%). 젊은 소녀는 그와 혼인하여 그에게 아들을 준다(95%). 그녀에게 땅을 파지 말라는 금기에도 불구하고(80%) 그녀는 이에 복종하지 않고, 궁창에 있는 구멍(출입구)을 발견한다(85%). 혼자서(45%) 또는 남편의 도움으로(25%) 그녀는 가죽으로 만든 줄을 따라 내려간다(85%). 그러나 줄은 너무 짧다. 남편은 돌을 집어던지

찌르레기과
새의 이야기

해와 달의 분쟁
(다툼)

고슴도치 편집

기본(근본)적 형식

그림 20 역사학파에 따른 별들의 아내에 대한
신화 분포의 이론적 도식

는데, 여자를 죽이고 애를 구한다(85%). 이야기는 별의 아들, 달의 아들 또는 해의 아들의 모험으로 계속된다(90%).

이 유형 II는 유형 I 또는 기본 유형보다 더욱 밀집되지만, 더욱 축소된 분포 영역을 나타낸다. 결국 유형 II의 영역 내부에는 선행하는 20개의 판본 중 8개를 재결집하는 더욱 작은 해와 달의 분쟁 영역이 있다. 이 판본들은 그로-방트르족, 히다차족, 크로우족과 아라파호족에서 유래한다.

이에 대해 긴 주해를 하고 있지 않는 톰슨은 자신의 주제(138쪽)를 관찰하는 것으로 만족한다. "이 (분야의) 소재는 고슴도치의 에피소드를 유입하는 데 사용되며, 또한 비록 천상세계에서 진행되는 씹기 대회가 줄거리(플롯)에 커다란 어떤 것을 첨가하지는(이야기에 거의 도움을 주지 못한다) 못하지만…… 어느 정도 예술적 가치를 제공한다. 가장 중요한 것은 분명하게 그의 분포 영역을 한정할 수는 없어도 몇몇 판본들이 그 본질적인 것을 통합한 총합일 것이다."

앞의 8개 판본들 중 크로우족과 히다차족(이들은 몇 세기 전에 단일 주민을 구성하고 있었다)에서 유래하는 판본들은 한 가지 점에서 차이가 난다. 하늘정원의 어떤 식물을 뽑는 여인에게 행하는 금기 대신(또는 이에 더하여) 그녀의 아들은 특별한 종인 찌르레기과 새(*meadow-larks*)를 사냥하지 못하게 된다. 어느 날 소년은 순종하지 않는다. 그는 자신을 모독한 새를 때리지 못하고 그에게 자신이 단지 노예일 뿐이라고 말한다. 바삐 설명하느라 찌르레기는 사냥꾼의 어머니가 지상(땅) 출신이라는 사실을 말한다. 사냥꾼은 땅과 자신의 친족들을 너무나 알고 싶어 죽을 지경이었다. 그래서 도망가도록 어머니를 설득한 것은 바로 아들이다(M429~M430: 이 책 396~399쪽, 423~426쪽). 톰슨(138쪽)에 따르면 이 사소한 사건은 역할을 아들에게 주고, 여자(어머니)의 도망 근거를 제시하는 기능 이외 다른 것이 아니다.

기본(근본) 형식 또는 유형 I을 구성하는 판본이 단지 12개이지만, 톰슨은 과거에 모든 현재의 본포 영역을 차지한 것이 틀림없다고 단언한다. 그는 이어서 유형 II는 유형 I의 영역 내부에서 생겨났으며, 유형 I의 일부를 차지한다고 단언한다. 해와 달의 분쟁은 유형 II의 영역 내부에서 발전되었다. 결국 4개 중 가장 축소된 분포 영역을 차지하는 찌르레기의 에피소드는 앞 유형의 내부에서 발전되었다. 역사적 · 지리적 관점에서 고려된 4개 형식 사이의 관계는 원형 순환을 그려낸다(그림 20). 찌르레기의 에피소드는 별들(해와 달)의 분쟁 '안에' 있다. 분쟁은 고슴도치 편집 '안에' 있고, 이 편집 또는 유형 II는 근본 형식 또는 유형 I '안에' 있다. 왜냐하면 이 근본 형식(유형 I)에 가장 오래되고 가장 확장된 이중의 특권을 요구하기 때문이다. 각 형식—다소간 오래된 형식—은 유형이 나타난 시기와 관계 있는 확장된 영역을 점유하고 있을 것이다.

객관적이기를 바라는 분석에서 이런 결론을 일단 얻었지만 더 이상 할 이야기는 아무것도 없다. 주제들과 에피소드들은 이들의 위치를 찾고, 위치를 설정하고, 목록을 작성하고, 시기를 찾은 후에도 찾아낼 수 있는 (해독해야 될) 의미를 갖고 있지 않다. 고슴도치 편집은 여주인공을 하늘로 올려 보낼 또 다른 수단으로서의 방편을 마련해준다. 해와 달의 다툼은 고슴도치 에피소드의 유입을 허용하며, 신화들은 때때로 서로 다르게 이 에피소드를 도입한다. 씹기 대회는 이야기를 더욱 풍요하게 하지 못한다. 찌르레기의 에피소드를 설명하는 이유들은 통속적이다……

이어서 톰슨은 중요한 변이형 또는 유형 III의 연구를 시작한다. 유형 III의 전파 영역은 알래스카의 북동쪽에서 캐나다 남부 지역과 대호수의 북쪽 지역을 경유하여 노바스코샤(Nouvelle-Écosse)의 해안까지 이어진다. 서쪽에서 동쪽으로 이 '북부의 초승달 모양 영역'은 다음과 같은 주민, 즉 카스카족($M_{431}$), 탈탄족($M_{432}$), 체소트족($M_{433}$), 캐리어족($M_{434}$), 크리족($M_{435}$), 아씨니보인족($M_{436}$), 오지브와족($M_{444}$), 파사마쿼디족($M_{437}$) 그리고 믹막족($M_{438}$)을 포함한다. 언어학적 관점에서 앞의 네 부족들은 아타파스칸어 집단에 속하며, 아씨니보인족을 제외한 다른 부족들은 알곤킨어족에 속한다. 아씨니보인족은 그림 21 지도에 나타난 타집단 속에 둘러싸인 시우어족이다(그림 21).

유형 III은 마지막 에피소드를 제외하고 근본 형식을 재현한다. 평탄하게 땅에 안착하지 못하고, 천상세계에서 도망한 두 젊은 여인들은 나무 꼭대기에 떨어지는 바람에 실패한다. 여러 종류의 동물들이 밑으로 지나간다. 그녀들은 이들에게 도움을 청하며, 그들과의 결혼까지도 약속한다. 동물들은 마지막 동물을 제외하고 하나하나 모두 거절한다. 이 마지막 동물은 수집한 13개 판본 중 10개에서 (아메리카산) 오소리이고, 다른 판본들에서는 캐나다산 담비 또는 북아메리카산 호두(피칸, 식물) 또는 잠수조(잠수하는 새)이다. 여자들은 땅에 발을 딛자마자 너무 순진한 구원자를 조롱한다.

초승달 지역의 동쪽 끝에 위치한 두 알곤킨 부족인 믹막족과 파사마쿼디족들은 약간 이야기를 각색한다. 여자들은 도망가지 않으며, 천상 주민들로부터 주술적 이동에 대한 호의를 얻는데, 이는 여자들이 하강하는 동안 눈감고 있어야 하고, 검은머리깨새의 울음소리와 종류가 다른 두 마리 다람쥐의 울음소리를 연속적으로 들은 후에만 눈뜨는 조건으로 그녀들에게 베푼 호의이다. 이를 지키지 않고 순종하지 않은 여인들은 벌을 받는데, 나무 꼭대기에 포로로 남는다. 이 독특한 전개에 대해 톰

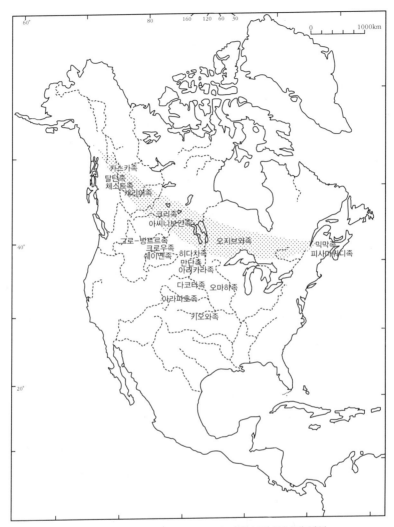

그림 21 북부의 초승달 지역과 별들(해와 달)의 분쟁 영역

슨(140쪽)은 단지 믹막족과 파사마쿼디족이 유형의 분포 영역에서 주변
적인 위치를 차지한다는 점만 이야기할 뿐이다. 또 다른 세 개의 지역적
변이형(유형 Ⅳ, Ⅴ, Ⅵ)에 대해 몇몇 간략한 지시를 한 후―우리는 지금
으로서는 이 변이형들을 다루지 않을 것이다―톰슨(144쪽)은 근본 형

식이 가장 오래 되었으며, 적어도 18세기까지 거슬러 올라갈 것이다. 고슴도치 편집은 1892년 이후일 수 없으며, 유형 III의 탄생은 1820~30년경에 위치할 것이라고 자신의 결론을 제시한다. 가장 규칙적인 양상으로 남아메리카의 신화들을 변형하고 있는—우리는 이를 정립했다—북아메리카 신화들에 대한 (연대) 측정은 어떤 놀라움을 야기한다. 그런데 두 반구에 공통적인 구조가 상호영향을 준다는 것은 필연적이지만, 그에 대한 연대를 숫자화하는 것은 백년단위일 수 없으며, 천년단위일 것이다. 우리는 나무 꼭대기에 포로가 된 두 여인의 상황이 제시하는 유사성을 지적한 후 더욱 이를 확신하게 되었다. 나무 꼭대기에 내린 두 여인의 밑으로 다소간의 구원적인 동물들이 지나가는 이야기와 보로로 및 제 신화들의 구원적인 표범이 새둥지 터는 사람들을 내려오도록 돕는 상황($M_1$, $M_7$~$M_{12}$)의 유사성은 우리를 설득하기에 충분하다. 유사성은 우연적일 수 없다. 왜냐하면 이 새둥지 터는 사람의 신화는 북아메리카의 북서쪽에서 문자의 형태로 존재하기 때문이며, 여기서 우리는 별-남편의 순환으로 데려오는(이어지는) 변형의 모든 단계를 표시할 수 있기 때문이다. 이것을 제시하는 것이 신화학 네 번째 책의 역할일 것이다.

우리는 이 최종 단계의 조사를 서두르지 않고, 다만 톰슨이 별-남편의 순환에 대한 역사적 진보를 재구성했다고 생각하는 4개의 변이형 판본들이 시간과 공간 속에서 불균등한 확장을 받아들이고 이에 만족하는 무기력한 사물(대상)들과 다르다는 점을 증명하기를 바란다. 이 판본들은 차라리 역동적 관계를 유지하고 있으며, 이 역동적 관계는 이 판본들을 서로간의 상동관계와 대립관계로 놓는다. 더욱 이 역동적 관계는 동시에 각 변이형의 변별적 특성을 강화(또는 야기)하고, 이 변별적 특성들은 통계적 빈도수보다 더욱 쉽게 그들의 분포를 설명할 수 있다. 증명을 더욱 설득력 있게 하기 위해서 우리는 이것을 간접수단으로 하여 톰슨이 늦게 지역적인 전개(발전)로 취급하고 있기 때문에 이들에게 거의 어떤 역할도 부여하지 않은 두 개의 에피소드, 즉 유형 II 속의 찌르레기의 에피소드, 그리고 유형 III 속의 검은머리깨새와 다람쥐들의 에피소드를 다룰 것이다. 이 에피소드들은 서로 대단히 멀리 떨어진 지역에서 유래하는데, 첫 번째 것은 서부 시우어족인 크로우족과 히다차족에서 볼 수 있으며, 두 번째 것은 동부 알곤킨어족인 파사마퀴디족과 믹막족에서 찾을 수 있다.

크로우와 히다차 신화들은 주인공에게 찌르레기를 쏘지 못하도록 단호하게 금지한다. 이러한 금기는 이유가 있다. 이야기의 후반부에서 주인공이 금기를 어긴 이후를 설명한다. 공격을 당한 새는 말을 한다. 새는 소년에게 그의 지상(땅의) 원천을 폭로한다. 그러니까 사냥의 금기는 청각적 금기를 은폐하고 있다(감추고 있다). 금기의 목적은 남성 주인공이 사냥감이 그에게 말할 수 있을 소리를 **듣지** 못하게 하는 것이다. 왜냐하면 자신의 지상 원천을 알자마자 주인공이 하늘에서 지상(땅)으로 다시 내려오기를 바랄 것이기 때문이다.

알곤킨 신화(들)에서 깨새와 다람쥐들의 에피소드는 (앞의) 이러한 에피소드를 정확하게 뒤집는다(역전한다). 두 여성 주인공들이 한 남성 주인공을 대체한다. 그녀들은 명령을 받는데, 이 주어진 명령은 그녀들이 땅으로 다시 내려가는 것을 방해하는 것이 아니라 다시 내려가도록 허용하는 것이다. 이 명령은 명확한 형식을 띠고 있다. 눈을 뜨지 마라(마치 크로우–히다차 주인공이 찌르레기들을 '보지' 말아야 되는 것처럼)이다. 그러나 이 형식은 또 다른 형식을 은폐하고(감추고) 있다. 즉 어떤 동물들의 소리(우는 소리, 노랫소리)를 (**듣지 마라** 대신) **들어라**. 결국 이 소리는 하나의 **메시지**가 아니라 **신호**(signal)이다.

틀림없이 몇몇 지시들은 깨새(*Parus*종)가 또한 소식을 전하는 새일 수 있다는 점을 암시한다. 폭스족과 킥카푸족(Jones 3, 83쪽; 4, 99쪽)은 물론 와바나키족(Speck 5, 371쪽)의 신화에도 연루되어 있다. 같은 믿음은 유럽에도 존재하는데, "깨새의 소리(울음소리, 노랫소리)는 다양한 것을 알린다. 에스토니아어로 /줄기/ '나쁜'이라는 말은 예언(예측)적인 새를 지칭하는 라트비아의 레트어 개념과 관계가 있는 단어이다"(Rolland, 124~125쪽). 쉐이엔족과 블랙후트족은 이 역할을 여름을 알리는 새에 한정한다. 왜냐하면 새가 /메헤니우/라고 울며, 그리고 /메하니브/는 쉐이엔어로 '여름이 온다'를 의미하기 때문이다(Grinnell 2, 제2권, 110쪽). 반면, 오지브와족은 만약 깨새가 노래의 마지막 음절을 지-가-베, 지-가-베, 지-가-메처럼 삼킨다면 폭풍우가 올 것이라고 믿는다(Coleman, 105~106쪽).

정보자의 기능이나 충고자의 기능이 깨새에게 이동하는 이러한 경우들을 분석해보아야 할 것이다. 왜냐하면 일반적인 관습에서 이러한 기능이 과해지는 새는 찌르레기[5]이기 때문이다. 수없이 많은 예들을 열거할 수 있다. 해안 지역의 살리시족(Adamson, 225쪽), 쉬누크족(Jacobs 2, 텍스트 14, 24, 27, 36; Sapir 1, 300쪽), 네뻬르세족(Phinney, 205쪽, 222쪽, 227쪽, 251쪽, 381쪽, 401쪽 등), 서부의 사합틴족(Jacobs 1, 111쪽, 121쪽, 163쪽), 포모족(Barrett 2, 350~351쪽, 446~447쪽)에서 만단족과 히다차족(Beckwith 1, 27쪽; Bowers 1, 132, 370~373쪽), 쉐이엔족(Grinnell 1, 308쪽)과 파우니족(G.A. Dorsey 1, 20~23쪽)까지에서 찾을 수 있다. 그런데, 찌르레기의 노랫소리는 여기서 신호의 특성을 제시하지 않는다. 진정한 언어이다. 오글랄라다코타족(Beckwith 2, 381쪽)은 "인디언들이 이해할 수 있는 찌르레기의 말은 그 수가 많다"라고 말한다. 크로우족과 아라파호족은 이를 더욱 풍부하게 만든다. "찌르레기새들은 크로

---

5) 그렇지만 반대로 톰슨이 인용한 인디언들은 찌르레기에게 땅의 가까움을 알리는 임무를 주고 있다(Teit 4, 25쪽과 주 54, 104쪽). 한 토착인의 증언에 따르면 이로쿼이족 자신들은 깨새의 살을 먹은 사람이 거짓말쟁이가 된다고 믿고 있다(Waugh, 133쪽).

우 말을 한다고 크로우족(Lowie 3, 57쪽, 69쪽)은 말하고, 아라파호족은 당신들 아세요, 찌르레기새들이 아라파호 말을 한다는 사실을" 하고 말한다. 만단족과는 달리 아라파호족은 찌르레기새의 말이 나쁘며, 심지어 외설적이라고 생각함에도 불구하고 "그들은 어린아이들이 빨리 말을 배우고 많은 지식을 얻게 하기 위해 이 새의 살과 알을 먹인다"(Hilger 2, 41쪽, 94쪽; Kroeber 3, 317~318쪽). 몬태나주의 "그로-방트르족은 어린아이가 말이 늦고 이해력이 부족할 때 불에 구워 딱딱해진 찌르레기새의 알을 먹인다……. 오늘날까지도 너무 말 많은 수다쟁이에게 사람들은 그의 어머니가 찌르레기새 알을 너무 먹인 것이 틀림없다고 말한다"(Flannery, 143쪽). 블랙후트족은 찌르레기새의 노래를 이해한다고 단언한다(McClintock, 482쪽; Schaeffer, 43쪽). 같은 믿음이 로키산맥의 서쪽에 지속되고 있으며, 야나족은 찌르레기가 외래어를 이해한다고 말하고, 푸젯사운드 지역의 부족들은 말을 더 잘하도록 어린아이들에게 이 새의 알을 먹인다(Sapir 3, 47쪽; Haeberlin-Gunther, 21쪽 주 46).

기능 전도의 경우가 희박함에도 불구하고 두 새의 언어학적 재능을 비교할 수 없을 것이다. 검은머리깨새의 재능은 쉐이엔족과 오지브와족이 이 새에게 부여하는 (우리가 보았듯이) 기상학적 역할이 암시하고 나바호족과 메노미니족이 깨새를 겨울새들 중 하나로 분류하는 사실이 이를 암시하듯 깨새의 기능은 다른 영역에서 행사된다(Franciscan Fathers, 159~160쪽; M$_{479}$: 이 책 520쪽). 철새인 찌르레기와는 달리(Audubon, 제1권, 379~387쪽; McClintock, 같은 책; Grinnell 2, 제2권, 109쪽) 깨새는 일반적으로 텃새이다. 그런데 이 새는 6개의 섬유질 가시(까끄라기)가 있는 혀를 갖고 있다. 쇼손족에 따르면 이 가는 섬유의 가시가 매달 떨어져나가고 여섯 달 후에 다시 돋아나기 때문에 겨울 또는 여름에 어떤 달인가를 알려면 깨새를 잡아 보는 것으로 충분하다고 말한다. 이러한 이유 때문에 이들은 이 새를 죽여서는 안 된다(Culin, 11~18쪽). 이

그림 22 깨새의 혀
(벡위스 1, 147쪽 참조)

런 믿음이 널리 퍼져 있어서 만단족과 히다차족에서도 이를 찾을 수 있으며, 이들 역시 깨새의 혀를 통해 그해의 달을 계산한다. 심지어 이들은 이를 증명하는 그림을 제공한다(그림 22).

『날것과 익힌 것』에서 우리는 인간 수명의 길이와 관련된 남아메리카 신화들에 대해 들어라 / 듣지 말아라의 모순(양도논법)을 만나 논의한 적이 있다. 그런데 주기성을 상징하는 새와 관련 있는 북아메리카 신화들에서 같은 모순을 다시 보는 것은 의미 있는 일이다.

이 검은머리깨새(*Parus atricapillus*)는 다른 두 항들(다람쥐들)인 이들이 출현하는 순서에 따르면 붉은다람쥐와 줄무늬다람쥐를 포함하는 삼각(triade)의 일부를 이룬다. 다람쥐과의 서로 다른 멤버인 이 동물들은 서로 다른 속(屬)에 속한다. 아메리카 붉은다람쥐 또는 취카레(*chickaree*: 검은깨새의 지역 이름인 취카데[*chickadee*]와 혼동하지 말 것)는 수상(樹上) 설치류 타미아스키우루스 후드소니쿠스(*Tamiasciurus hudsonicus*)이다. 줄무늬다람쥐 또는 칩뭉크(*chipmunk*)는 지상 설치류 타미크스 스트리아투스(*Tamiqs striatus*)이다. 동물의 연쇄, 즉 검은머리깨새, 붉은다람쥐, 줄무늬다람쥐는 그러니까(하늘에서 지상으로) 하강의 연속적인 단계를 재현한다.

신화들(M$_{437a\sim b}$, M$_{438a\sim b}$)은 이 점에 대해 아주 명시적이다. 별들의 인간 배우자들이 지상(땅)과 그녀들의 가족을 그리워하고 있다는 사실을 알아차린 후 그들에게 서로 가까이에서 자도록 명한다. 어쨌든 우선 검은머리깨새의 노랫소리, 이어서 붉은다람쥐, 마지막으로 줄무늬다람쥐의 소리를 듣기 전에는 날이 밝아올 때에도 그녀들은 서둘러 눈을 뜨고, 이불 밖으로 머리를 내밀지 말아야 한다. 그러한 연후에야 일어나서 그

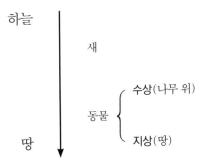

녀들의 주위를 바라볼 수 있을 것이다.

　두 여자 중 더 젊은 여자는 항상 조급했다. 그래서 그녀는 깨새의 노랫소리를 듣자마자 잠자리에서 나오길 바랐다. 언니가 그녀를 잡았다. 그러나 붉은다람쥐가 노래를 했을 때 할 수 있는 일은 아무것도 없었다. 그녀는 두 발을 굴렀다. 다른 여자도 같이 따라했다. 두 여자는 그들이 땅으로 되돌아왔다는 것을 알아차렸으나 높은 미국 솔송나무(*Tsuga canadensis*) 꼭대기에 갇혀 도움 없이는 내려갈 수가 없었다. "그 이유는 여자들이 각 동물의 노래에 따라 먼저 깨새의 노래, 다음 각 다람쥐의 노래에 따라 점점 더 날이 밝아오는 동안 땅을 향해 밑으로 내려왔어야 하는데, 여자들이 기다릴 수 없었으므로 (나무 위에) 버려졌던 것이다"(Leland, 146~147쪽; Prince, 63쪽 참조; Rand, 161쪽, 310쪽).

　그런데 이러한 관계 아래 찌르레기는 동쪽 신화들의 동물 삼각과 대립한다. 만일 이 삼각의 각항이 하늘에서 땅까지 하강의 각 단계 중 하나를 내포하는 의미를 가졌다면 크로우와 히다차 신화들의 유일한 새로 요약된다. 찌르레기새(*Sturnella magna*)는 땅 가까이에 살며 먹이를 찾아 빠르게 종종걸음을 친다. 이 새는 추격을 당하거나 간헐적으로만 나뭇가지에 앉는다. 그러나 잠은 땅에서 잔다. "빽빽히 자란 큰 풀숲 밑에서 이 새의 둥지를 볼 수 있다. 땅바닥 움푹 팬 곳에 자리 잡은 새는 다량의 풀섶,

풀줄기 그리고 다른 식물들의 섶을 둥글게 정돈하고, 그 둘레에서 자신을 덮어 숨긴다. 새는 주변의 풀줄기와 잎을 엮어놓는다"(Audubon, 제1권, 384쪽). 다코타 신화들은 이 땅 위의 둥지를 "오두막처럼 생긴 달걀 모양의 타원형"이라고 기술한다(Beckwith 2, 382쪽). 찌르레기새는 하늘의 주민이다. 그러나 그의 습성은 땅의 것들과 친밀하다. 이 새는 높은 세상에 속한 것과 낮은 세상에 속한 것을 구별할 줄 안다. 이 새가 하늘에 사기꾼처럼 자리 잡은 한 인간 여인의 아들을 고발하는 것은 놀랄 일이 아니다. 무엇보다도 이 새의 모호성이 동부 알곤킨족 신화들에서 세 동물로 이루어진 일련의 삼각틀과 대조를 형성한다는 점이다.

이 지점까지 우리의 조사(분석)과정을 요약해보자. 별들(해와 달)의 배우자에 관한 신화가 자리 잡은 영역의 두 극단 점에 거주하는, 한편으로 크로우족과 히다차족, 다른 한편으로 믹막족과 파사마쿼디족 사이에서 우리는 여러 양상으로 대립하는 형식들을 찾을 수 있었다. 북동의 알곤킨족에서 이야기는 잘 끝나지만, 하늘로 올라간 두 여주인공들은 그들의 마을에 무사히 돌아가기 위해 아래에 있는 땅을 **보아야** 하고(그들에게 내린 금기에도 불구하고), 땅에서 얼마간 거리를 두고 살고 있는 세 동물의 노랫소리를 **들어야** 한다. 크로우족과 히다차족에서 유일한 여주인공은 죽지만, 그녀의 아들은 찌르레기새들(그에게 사냥이 금지된)을 **보지 않았어야** 했고, 자신의 지상(땅) **원천**에 대한 폭로정보를 **듣지 않았어야 한다**(다른 신화집단에서 세 동물의 노랫소리가 구성하는(알리는) 땅으로의 **도착** 신호 이외에 다른 메시지를 듣지 말았어야 했다). 결국 알곤킨 신화들의 동물 삼각은 분석의 기능을 갖는다. 각 동물의 노랫소리는 여주인공들이 땅으로부터 불균등한 거리에 위치한다는 것을 알려준다. 반대로 찌르레기새의 기능은 총합적이다. 이 새의 생활양식으로 볼 때 새는 하늘과 땅 모두 총합적으로 관련된다.

작업가설로서 우리는 이 두 형식이 전도된 대칭관계에 있다는 점을 받아들인다. 각 형식은 공간적으로 대단히 멀리 떨어져 있고, 언어와 문화적으로도 역시 다른—각각 대평원의 시우어족 또는 산림 지역과 해안의 알곤킨어—두 집단의 주민들로부터 유래하는 아주 적은 수의 판본으로부터 표현된 형식들이다. 이 형식들은 이론적 방법으로 볼 때 매개(중개) 영역의 한 부분과 다른 부분이 짝을 이룬다. 지금 이를 조사 분석할 것이다(그림 23)

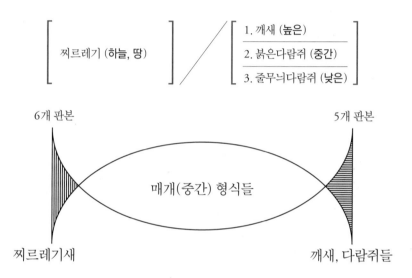

그림 23 구조적 방법론에 의거한(따른) 별(들)의 배우자들에 대한 신화(들) 분포의 이론적 도식(구조)

그런데 같은 유형의 관계는 톰슨의 근본 형식—우리가 기억하기에 이 근본 형식이 유형 III(이 책 352~356쪽)을 구성하는 '북부의 초승달 지역'에서만 경험적으로 증명된다—과 해와 달의 다툼으로 시작되는 대평원의 변이형 판본들 사이에 지배적이다. 근본 형식에 소속된 신화들뿐만 아니라 다른 신화들 역시 남편으로 삼길 바라는 별의 주제에 대해 두 여인 간의 다툼으로 시작된다. 우리가 세부적으로 다루지는 않겠지만, 여러 경우에 따라보면 이러한 모든 대체(또는 치환)의 연구는 틀림없이 유익한 것으로 드러날 것이다. 고려된 두 별들 중 하나는 흐릿하고 다른 하나는 밝다. 하나는 작고 다른 하나는 크고, 하나는 붉고 다른 하나는 푸르고, 희거나 노랗고, 마찬가지로 두 여자 중 하나는 현명하고 다른 하나는 경솔하다. 합리적 선택을 한 여인은 젊은 청년—전사 또는 추장—을 남편으로 얻는다. 그녀의 동료에게는 늙은이나 하인이 돌아온다.

이러한 초기의 상황이 이를 역전시키면서 해와 달의 분쟁을 재현하는 것은 자명하다. 여기서는 남성인 천상의 두 인물이 지상의 여인들 각각의 덕목에 대해 다툰다. 다른 곳에서는 지상의 두 여인들이 천상의 남성 배우자들 각각의 덕목에 대해 다툰다. 매번 한 대화자는 현명하고, 다른 대화자는 비합리적이다. 이 마지막 대화자는 남성이건 여성이건 잘못된 선택을 한다. 말하자면 살갗에 주름이 많고, 때로는 늙은 개구리-배우자(M427a)는 오줌을 참지 못해 고통을 겪으며, 그래서 오줌이 밑으로 흐른다. 또는 눈곱 낀 늙은이(M437~M438)의 눈물은 위로 흐른다. 결과적으로 우리는 다시 포함(내포)관계가 아니라 두 유형의 대칭관계와 관련된다.

그것은 너무나 당연하므로 잘못된 선택(거짓 선택)의 극단적 양식 사이에 매개적(중간적) 형식을 나타내는 신화를 보도록 하자.

### M439. 아리카라족의 신화: 거짓(속이는) 선택

옛날에 영광(영예)을 찾고 있었던 한 젊은 전사가 있었다. 그는 초자연적인 도움을 간청하면서 험한 한 구석에서 홀로 신음하고 있었다. 새 한 마리가 그를 한 장소로 인도했는데, 그곳에 붉은 남자가 그 앞에 나타났다. 그는 해였는데, 간청자의 혀를 요구했다. 머뭇거림 없이 혀를 잘랐다. 그리고 그는 죽었다.

그날 저녁, 역시 한 남자였던 달이 젊은 전사를 부활시켜 자신의 보호 아래 두었다. 달은 그에게 설명했다. 해가 다음날 돌아와서 두 종류의 무기 중 하나를 선택하게끔 소년을 자신의 거처로 데려갈 것이다. 그는 가장 낡은 무기를 선택해야 할 것이다.

그래서 소년은 그렇게 했다. 해는 몹시 화가 났다. 왜냐하면 아주 못 쓰게 망가진 무기들은 그 소유자에게 장수와 영광을 줄 것이기 때문이다. 누차에 걸쳐 해는 그를 죽이려고 시도했다. 또한 자신의 아들들을 시켜 그를 죽이도록 시도했지만 항상 실패한 것은 그들이었다. '혀가 잘린 소년'은 너무 늙어 장님이 되었다. 결과적으로 화평한 방식으로 해는 그를 자신의 곁으로 불렀다(Dorsey 6, 61~65쪽; Will 1, 2의 만단 판본 참조)

그러므로 거짓 선택의 주제는 세 가지 형태로 나타난다. 해와 달이 남자들이고 서로 다른 배우자를 선택하는 형태이거나, 인간 여성 배우자들이 남편으로 서로 다른 별을 선택하거나(때때로 어디서나 이 별들은 해와 달이다. 이것은 두 유형 사이에 대칭을 완성한다), 결국 해에 의해 인도된 한 남자는 서로 다른 물건 중에서 선택하는데, 이 남자는 달로부터 외양[6]을 신뢰하지 말아야 한다는 것을 배운다. 이런 간접적인 방식을 통

---

6) 우리는 대평원의 신화학에서 대단한 자리를 차지하는 거짓 선택의 주제―물론 수많은 다른 측면들도 있다―를 간략하게 다룰 것이다. 할머니와 손자의 순환에서 여성인 조상이 아이에게 제안한 여성들의 물건과 남성들의 물건 중에서 선택한 물건에 따라 아이의 성별을 예언한다($M_{429a}$, $M_{430b}$: Lowie 3, 53쪽; Beckwith 1, 122쪽; 이 책의 접힌 뒤표지에 있는 이 장면의 삽화 참조). 이것은 거짓이 아닌 진지한 천상적 선택 대신 지상의 선택과 관련된다. 신화$M_{430b}$와 다른 신화들에서 여성 배우자들이 별의 아들에게 제안한―이번에는 거짓 선택―선택 역시 지상적이며, 천상의 인물에게 돌리는 선택이다. 그러므로 우리가 알 수 있는 것은 때때로 자연적 특질, 말하자면 별의 예민한 측면(해와 달의 외모) 또는 여성들의 미, 때때로 문화적 특질에 따라, 말하자면 새 물건이나 고장 난 물건, 남자 또는 여자가 사용한 물건 등의 선택에 주의를 기울이는 것을 알 수 있다. 총체적 변형에 대한 특별한 연구가 필요하다.

해 우리는 소녀들의 교육으로 다시 돌아온다. 거짓 선택의 극단적 형식들은 소녀들의 두 가지 측면을 묘사한다. 왜냐하면 다른 것들 중에서도 잘 키운 소녀는 외모(외양)에 자만하지 말아야 함을 배워야 하며, 또한 사람들이 자신을 외모에 따라 판단하도록 놓아두어서도 안 된다는 점을 배워야 한다. 한 경우에서 소녀는 실수를 하고, 다른 경우에서 그녀는 남자들이 자신에 대해 잘못 판단하도록 유도한다.

* * *

'고슴도치 편집'이 남아 있다. 이를 해석하기 위해 우리는 북아메리카 신화학에서 이 동물의 위치에 대한 물음에서 시작해야 할 것이다. 이것은 무엇을 의미하는가? 또는 차라리 신화적 사고는 이 동물을 통해 무엇을 의미하려(나타내려)고 하는가?

아메리카 고슴도치 또는 우르손(*Erethizon dorsatum*)은 곤충을 잡아먹는 유럽의 고슴도치와는 아주 다른 설치류이다. 빽빽한 털이 온몸을 덮고 있다. 이 털은 등과 꼬리, 목과 배 위에 뻣뻣한 털과 고르지 못한 긴 침으로 변한다. 이 동물의 발톱 배열은 나무둥치를 기어 올라가 나뭇가지에 앉을 수 있도록 생겼다. 사실 이 동물은 주로 나무껍질 형성층(부름켜)이나 나뭇잎을 양식으로 삼는다. 고슴도치는 겨울잠을 자지 않지만 겨울 동안 나무둥치의 패인 곳에 머무른다. 단지 그들이 먹을 수 있는 부분들이 다 없어진 후에야 나무를 떠난다. 사람들은 이 동물이 나무 꼭대기(순)부터 먹기 시작해 나뭇가지 그리고 나무둥치로 옮겨가며 먹는다고 말한다(Brehm, *Saügetiere* 2, 567~568쪽; Hall-Kelson, 780쪽).

뾰족한 털을 곤두세운 공처럼 둥근 몸매는 때때로 이 동물이 떠오르는 해와 그 빛을 상징한다고 신화학자들을 확신하게 했다(Curtin-Hewitt, 655쪽, 812쪽). 그렇지만 아라파호 판본과 크로우 판본을 제외한 별들의 다툼에 관한 모든 신화들은 고슴도치를 달과 동류시(동일시)한다. 그렇지만 우리는 인류학적 현지조사가 찾은 근본 특성들이 앞선 주해자들이 선호했던 주관적인 해석과의 관계가 거의 없는 점을 고려해보았을 때 이별(해)보다는 차라리 저 별(달)과의 조합이 2차적인 특징을 제시한다는 것을 알게 될 것이다.

고슴도치의 첫 번째 의미론적 기능은 이 동물을 두꺼비($M_{377}$)와 상동관계로 놓는 알곤킨족의 몇몇 신화로부터 나온다. 믹막족은(Leland, 108쪽, 289쪽) 이 두 동물들이 옛날에 고약한(나쁜) 요술사들이었는데, 이들을 벌 주기 위해 조물주가 그들의 코를 없앴다고 이야기한다. 그때부터 이 동물들이 코가 납작한 얼굴을 가졌다(그림 24). 같은 인디언들은 고슴도치를 불로 인간 주인공들을 파괴하려는 지하의 요술사(들인) 주민으로 생각한다. 그러나 주인공들이 때때로 돌아와 그들의 적을 소탕하려 무기를 들이댄다. 그것이 고슴도치들이 죽는 이유이다($M_{440}$: Rand, 6쪽, 70~71쪽, 320쪽; Speck 8, 63쪽).

우리는 고슴도치들이 겨울 동안 나무둥치 속에 기거한다고 이야기했다. 북서부 해안의 침시안족은 이들이 사는 굴에 연기를 피우는 행위를 금한다(Boas 2, 449쪽). 틀림없이 이들 인디언들은 믹막족과 멀리 떨어져 살고 있다. 그렇지만 우리는 고슴도치의 주제에 대한, 모든 북아메리카에 공통적인 믿음을 곧 다시 보게 될 것이다. 다른 한편, 이 동물의 코와 얼굴이 거의 직선으로 내려온 평평한 앞모습의 특징적 얼굴을 갖고 있는 것은 사실이다. 그리고 많은 신화들이 개구리-배우자 또는 암컷 두꺼비의 넓고 평평한 얼굴을 묘사한다. 고슴도치가 사실상 동면을 하진 않지만 이 두 동물은 추운 계절 동안 숨어 있어서 보이지 않는다. "그(조물주)는 두꺼비처럼 여섯 달 동안 잠을 잔다"고 믹막족은 조물주에 대해 이야기한다(Leland, 134쪽). 알곤킨 신화들에서 고슴도치와 두꺼비는 여성적이고 주기적인 면에서 짝을 형성한다. 대평원의 신화들 속에서 고슴

그림 24 고슴도치(Erethizon dorsatum)
(브렘, *Saügetiere* 2, 567쪽 참조)

도치는 달을 남성인 자신의 모습으로 구현한다. 그리고 개구리는 별(달)에 달라붙음으로써 별에게 주기적이고 여성적인 모습을 부여한다(이 책 346~347쪽). 같은 항들 사이의 관계는 여기저기 어디서나 별 차이 없이 유사하게 달과 고슴도치 그리고 다양한 종류의 양서류를 접근시키고 있다.

앞의 토론에서 이미 암시했던 두 번째 측면을 보도록 하자. 우리는 태평양 해안으로부터 대호수 지역까지에서(M440이 역전하는 것으로 만족하는) 한 신화집단을 알고 있다. 이 신화집단에서 추위의 주인 모습으로 나타나는 고슴도치는 사실상 날(매일) 또는 계절의 주기를 창시한다. 매일의 주기에 대해 한 이로쿼이 신화(M441: E. A. Smith, 86쪽)를 인용하자. 이 신화는 빛과 어둠의 교대에 관해 낮의 챔피언인 줄무늬다람쥐와 밤의 챔피언인 곰 사이에 나타난 차이를 중재하는 역할을 고슴도치에게 맡긴다. 더욱 많은 신화들이 계절의 주기, 주거, 생활양식과 관련되어 있다(Teit 7, 226쪽, 245쪽; Boas 2, 724~727쪽의 일반적 토론 참조). 이처럼 탈탄족, 체소트족, 슈스왑족(Shuswap), 침시안족 등은 비버와 고슴도 치는 하나가 수영을 하고, 다른 하나가 수영을 못하기 때문에 서로 다툰 다(M₄₄₂)고 이야기한다. 섬에 갇혀 포로가 된 고슴도치는 추위를 불러일 으켜 걸어서 빙판을 건널 수 있도록 얼음 덩어리를 불러모았다. 이 동물 들의 세세한 내용까지 토론할 수 있을 정도로 충분한 변이형 판본들은 아주 많다. 이 판본들은 이 두 동물의 대립 시리즈(연쇄)를 만든다.

대호수 지역의 몇몇 부족들은 추위의 주인 주제와 두 젊은 여자가 벌이는 조심성 없는(무뢰한) 사냥의 주제를 연관짓는다. 두 번째 주제는 우리를 다시 '고슴도치 편집'으로 데려온다.

| 고슴도치: | 서쪽 | 나무에 기어올라 이를 갉아 먹는다 | 땅 가까이에서 겨울을 난다 | 산과 연관되어 있다 등 |
|---|---|---|---|---|
| 비버: | 동쪽 | 꺾은 나무에 기어 올라 가지 않는다 | 물속에서 겨울을 난다 | 호수와 연관되어 있다 등 |

### M₄₄₃. 메노미니족의 신화: 추위의 주인 고슴도치

옛날에 아주 잘 달리는 두 자매가 있었다. 그녀들은 서쪽을 향해 정 상적인 걸음으로 이틀이면 닿을 거리에 있는 한 마을에 가능한 한 가 장 빨리 도착하자고 서로 제안했다. 그녀들은 아침이 되자 출발하여 정오까지 눈 위를 달렸다. 이때 그녀들은 고슴도치의 흔적을 발견했는 데, 이 흔적을 따라 길 사이에 쓰러진 속이 빈 나무둥치까지 갔다.

한 자매가 굴속의 동물을 나오게 하려고 나무 막대기로 괴롭히기 시 작했다. 마침내 동물이 나오자 그의 가시(털)를 모두 뽑아 눈 위로 던 졌다. 다른 자매가 그녀를 잔인하다고 꾸짖었다.

그녀들이 다시 길을 걷기 시작했을 때 고슴도치가 전나무 꼭대기로 기어 올라가 눈이 내리게 하려고 작은 딸랑이를 흔들며 노래를 했다. 두 자매 중 합리적인 여자가 뒤돌아 그 장면을 보았다. 그녀는 어떤 일이 벌어질 줄 알아차리고, 마을로 다시 돌아가자고 강조했다. 다른 자매는 전혀 알아듣지 못했다(아무것도 들으려 하지 않았다). 그래서 그녀들은 계속 길을 갔지만 눈은 점점 더 두껍게 내려 앞으로 나아가기가 어려웠다. 그녀들은 소리 지르면 도착지점에 닿을 거리에 이르렀지만 지친 데다가 추위로 죽고 말았다. 그 이래로 사람들은 굴속에 있는 고슴도치를 건드리지 않는다(Hoffman, 210~211쪽; Skinner-Satterlee, 426~427쪽).

윈네바고족(Winnebago)은 고슴도치와 북풍 사이에 특별한 관계를 상정한다(Radin 1, 503쪽). 이로쿼이족은 고슴도치 씨족의 성원들에게 겨울이 혹독할 것인가를 미리 보는 재능을 부여한다. 그리고 이들은 숲속에서 길을 잃을 때 다른 사람들보다 먼저 북쪽이 어디인지 표시를 더 잘할 줄 안다(Curtin-Hewitt, 657쪽). 그러므로 '북부 초승달 지역'의 부족들이 고슴도치와 계절의 주기를 연계하고, 이들 부족들이 고슴도치를 겨울의 주인 또는 예고자로 여기는 것은 당연한 일이다.

그러나 별의 배우자들에 관한 신화에 고슴도치의 에피소드가 없는 것 또한 정확히 말하면 이 북부 초승달 지역이다. 그렇지만 우리는 신화 M443에서 별의 배우자들이 아닌 두 자매가 나온다는 것을 이미 알고 있다. 그런데 어떤 의미에서는 이 두 자매가 별의 배우자 변형이라 할 수 있다. 왜냐하면 이 두 자매는 **수평으로** 움직이지 **수직으로** 움직이지 않으며, 여주인공은 고슴도치의 가시(털)를 탈취하는데, 다른 곳에서는 이 가시의 매력이 자신을 납치하도록 만든다. 한편으로 여주인공은 이 가시를 소중하게 **보존하고자** 하는 대신 눈 위에 **흩뿌린다**. 다른 한편으로 고슴도치는 **바로 선** 나무 꼭대기에 앉아 있는 대신 **넘어진** 나무 속에 기거한다.

고슴도치는 **상승을 촉진하는 대신 경주를 늦춘다.** 우리는 고슴도치와 비버를 대립으로 놓았다. 그런데 별의 배우자에 관한 신화의 카스카 판본(M431: Teit 8, 457~459쪽)은 여주인공들을 비버로 변화시킨다. 이 신화의 변형에 대해서는 다시 논하게 될 것이다(이 책 385~386쪽).

특히 톰슨의 유형 III에 속하는 북부 초승달 지역의 몇몇 판본들은 마지막 에피소드를 포함하고 있는데, 저자(톰슨)는 이 에피소드가 대평원의 부족들 신화 속에서 고슴도치사냥의 초기 에피소드와 정확히 짝을 이루고 있음에도 불고하고, 여기에 주의를 기울이는 것이 좋지 않다고 판단했다. 이 점을 밝히기 위해 하나의 예를 연구해야만 한다.

### M444. 오지브와족의 신화: 별(해와 달)의 배우자들

옛날에 한 남자와 그의 아내 그리고 두 딸이 있었다. 두 딸이 사춘기가 되었을 때 어머니는 그녀들을 멀리 떠나보냈다. 그녀들은 정확한 목적지도 없이 떠났다. 매일 숲속의 빈터에서 잠을 잤다.

여기서 별들에 관해 토론이 이루어지고, 소녀들이 하늘로 이동한 후 별들의 아내가 되었는데, 늙은 남편에게 불만스런 언니 사주로 그녀들이 도주하고, 동정적인 늙은 여인의 도움으로 땅으로 내려온다. 그러나 언니가 너무 일찍 눈을 뜨는 바람에 그녀들이 탄 곤돌라를 잡아주던 줄이 끊어지고 여자들은 맹금류의 둥지가 있는 나무 꼭대기에 내리는 바람에 실패한다. 나무 밑으로 여러 종류의 짐승들이 지나간다. 어느 동물도 불쌍히 여기지 않는다. 마지막으로 오소리(*Gulo luscus*)가 나타나는데 그녀들은 그에게 결혼을 약속한다. 그는 그녀들을 도와 땅으로 내려오게 한다. 언니는 일부러 그를 잃어버린 머리 리본을 찾아달라고 나무 위로 보낸다. 그녀들은 그 기회를 틈타 도망간다. 오소리는 그녀들을 붙잡아 모든 종류의 모욕을 치르게 한다. 동생은 오소리를 죽이고, 온갖 고초를 당하다 죽은 언니를 성공적으로 부활시킨다.

여주인공들은 잠수하는 새(잠수새, *Colymbus*〔앞의 인용문 2쪽: *Podiceps auritus*〕가 수영하고 있는 호수에 다다른다. 그녀들은 잠수조의 이름을 부른다. 그러나 새는 대답을 거부한다. 왜냐하면 새는 '진주옷을입은사람'이라는 다른 사람으로 가장하고 있었기 때문이다. 그는 여자들에게 자신이 그 사람이라는 확신을 주기 위해 재빠르게 귀걸이의 진주를 빼서는 진주를 뱉는 시늉을 한다. 왜냐하면 그가 초자연적 인물의 정체를 부당하게 행하고 있었으므로 침으로 진주를 뱉는 능력을 가져야 하기 때문이다. 열광한 여자들은 그의 카누에 올라탄다. 잠수새는 그녀들에게 노를 젓게 하고 자신은 배 한가운데에 앉는다. 호수 제방 둑에서 세 사람은 연속하여 곰, (캐나다산) 순록 그리고 (캐나다, 알래스카산) 고라니를 알아본다. 그때마다 잠수새는 자기의 가축이라고 주장한다. 그러나 그가 여자들의 요청으로 동물을 부르면 동물은 도망간다. "내가 여자와 함께 있기만 하면 짐승이 이처럼 행동한다"고 설명한다. 그는 고라니사냥을 하여 고라니를 죽인다. 여자들은 고기를 먹을 수 있어 매우 좋아한다. 잠수새의 마을에 도착하기 전에 또 다른 익살스러운 사건들이 일어난다.

그곳에서 여자들은 그녀들 남편(원문대로 번역)의 호언장담과는 반대로 남편의 누이들은 못생겼고, 진주 귀걸이가 아니라 개똥 귀걸이를 차고 있다. 여자들은 잠수새의 금지에도 불구하고 밤에 외출을 한다. 그리고 진짜 '진주옷을입은사람' 둘레에 모인 마을의 아름다움을 본다. 사기꾼 역시 거기에 있다. 그러나 모든 여자들이 그를 비웃고, 그를 떠밀고, 그를 발로 찬다.

이런 광경에 구역질이 난 두 여자는 부부 침대 속 그들이 자는 자리에 개미가 가득 든 장작개비 두 개를 놓아 잠수새가 장작을 끌어안을 때 잔인하게 물도록 한 후 '진주옷을입은사람'의 오두막으로 간다. 잠수새가 일어나 여자들을 찾으러 가서는 자신의 형인 '진주옷을입은사람'과 자고 있는 여자들을 발견한다. 그는 형의 열린 입 속에 불붙는 돌을 던져 그를 죽인다.

사람들이 그의 형이 죽었다고 말하자 잠수새는 절망하는 시늉을 한다. 그리고 단도(작은 칼)로 자살하는 척한다. 그러나 그는 단지 자신의 혁대에 매달아놓은 피로 가득 채운 순록의 창자를 찔렀을 뿐이다. 그리고 그는 자신의 범죄를 자랑하며 헤엄쳐 달아난다. 사람들은 그를 잡으러 나선다. 거대한 거머리들에게 물을 빨아들이는 임무를 준다. 잠수새는 발에 붙어 있던 부싯돌을 가지고 이들을 죽인다. 거머리의 갈라진 배에서 물이 쏟아져 나와 모든 주민이 물에 빠진다(Jones 2, 제2부, 151~167쪽).

이 신화는 몇 가지 관찰을 요한다. 해와 달의 다툼(분쟁) 에피소드를 포함하는 판본들은 남아메리카의 대응 신화들의 특징이기도 한 두 별(해와 달)의 카누 여행 주제를 역전하고 있다. 해와 달의 분쟁을 포함하고 있지 않는 현재의 판본은 별들이 두 배우자와 떠나는 카누 여행을 복원하고 있다. 두 여자의 위치에 대해 보면—앞과 뒤에 자리한다. 왜냐하면 여자들은 노를 젓고 잠수새는 가운데 앉아 있기 때문이다—다른 신화에서 그녀들의 남편들(해와 달)이 차지하는 위치(자리)이다. 이러한 치환은 다른 치환을 동반한다. 예를 들면 카누는 사기꾼 동물들(이들을 불렀을 때 도망간다) 앞에서 열을 지어 행진한다. 이 동물들은 더욱 직접적인 방식의 여행 주제를 표현하는 북아메리카 신화들의 경우처럼 그들 자신이 카누의 손님(승객)으로서가 아니라 호수 제방(둑)에 있다($M_{408}$~$M_{409}$). 또한 (두 번째로) **사열을 받은 동물들(카누는 이 동물들 앞에서 행진한다)**은 동부의 판본들에서 나무 밑으로 **줄지어 행진하는 동물들**을 재현한다. 신화$M_{444}$는 이들을 모르고 있다. 그렇지만 아주 다른 것들에 관심을 보인다.

|           | 1. 고라니: | 2. 곰: | 3. 담비: |
|-----------|-----------|--------|---------|
| M437a | '가을 이래로 결혼' | '봄 이래로 결혼' | '그전 봄이래로 결혼' |
| M437b | — | — | '초봄 이래로 결혼' |
| M438a | — | — | — |
| M438b | (정확성이 없다) | | |

(프린스, 65쪽; 렐런드, 148~149쪽; 랜드, 162쪽, 311쪽)

각 동물의 발정기가 정확히 관찰됐느냐를 아는 것은 그리 중요하지 않다. 두 여자의 제의에 대해 각 동물은 그가 이미 혼인을 했다는 핑계로 옷을 벗고, 혼인의 날짜도 시도할 때마다 뒷걸음질 친다(물러선다). 만일 가장 최근에 이루어진 고라니의 혼인이 가을에 있었다면 여자들은 바로 그 후나 또는 겨울 초에 땅으로 다시 내려왔을 것이라는 결론이 나온다. 그러므로 사기꾼 동물들의 에피소드는 고슴도치의 에피소드를 대체한다. 왜냐하면 고슴도치에게 부여된 겨울을 알리는 역할이 같은 시기에 설정된다는 것을 암시하기 때문이다. 하가르(103쪽)가 이들 신화에서 동물들의 행진이 계절적 특성을 나타낸다는 사실을 이해한 것은 커다란 공을 세운 것이다. 우리 역시 남아메리카 신화집단(M60, M317, M402~M404)에서 주인공 또는 여주인공이 사기꾼 동물들을 만나는데, 이 시기 황도대(黃道帶)의 특성을 다시 알아볼 기회이다.

그런데 이 계절적 특성은 우선적으로 대부분의 오지브와 판본들을 구성하고 있는 에피소드에서 나온다. 만일 다양하게 '진주옷을입은사람' 또는 '진주침을뱉는사람'이라고 명명되는 인물이 잠수새(*Gavia*종)이고, 불붙는 돌의 사건이 이 새의 검은 부리(Speck 7, 52쪽)를 설명한다면 자신의 정체를 사칭한 어리석은 동생은 민물에 사는 작은 농병아리속(屬)의 물새로, 오지브와족이 신지비스(Cingibis), 쉰제비스(Shingebiss)라고 부르는데, 이는 물고기를 먹는 주인이고, 끌 수 없는 불의 소유자이며, 북서풍이 없앨 수 없다고 고백한 겨울 '오리'[7]이다(Schoolcraft 1, 85~86쪽; 2, 113~115쪽; 3, 제3권, 324~326쪽; Williams, 244~245쪽). 한 티마가미 판본($M_{444b}$: Speck 7, 47~53쪽)은 이 소녀들이 지각 없다는 것을 보여주기 위해 별이 빛나는 겨울밤 야외에서 잠잔다는 사실을 근거로 시작한다. 그녀들이 하늘을 방문하고, 오소리와 모험을 한 후 '해빙이 시작된다.' 그녀들이 땅으로 다시 내려온 구멍은 플레이아데스 성단 자리와 일치한다. 이 위도에서 플레이아데스 성단의 남중(南中: 천체의 자오선 통과)은 1월 말이나 2월 초경 밤에 일어나며, 이로쿼이족에게는 새해의 시작을 나타낸다(Fenton, 7쪽). 슈피리어호 지역의 오지브와 판본($M_{444c}$: Jones 1, 371쪽)은 어떻게 형의 암살자인 잠수새가 늪에서 겨울을 보내는가를 설명한다. 겨울의 주인은 그를 얼게 하고 굶주리게 하려고 했으나 허사였다. 잠수새가 한 수 위였다. 또한 그는 메노미니 판본에서 겨울에게도 승리한다($M_{444d}$: Skinner-Satterlee, 408~410쪽). 동쪽 알곤킨족의 신화들에서만큼이나 실제적인 계절의 주기성은 오지브와족의 신화들에서도 어긋난 것처럼 보인다. 이들 모두는 동시에 공간축으로 정당화될 수 있다. 왜냐하면 이야기가 위와 아래 그리고 경우에 따라서는 겨울에서 봄으로 또는 봄에서 겨울로 가는 시간축 사이에서 전개되기 때문이다.

우리의 논의는 어디쯤 와 있는가? 대호수 지역의 신화들은 별들의 배우자들 이야기에 마지막 에피소드—물새의 에피소드—를 첨가한다. 그리고 이 에피소드는 봄이 다시 돌아옴으로써 스스로 완결된다. 반면 대평원에서 최초의 에피소드—고슴도치의 에피소드—는 별들의 배우자

---

7) 믹막족은 첫 번째 새의 역할을 전도한다(Leland, 164~166쪽). 잠수새의 의미론적 유의성(valences)의 문제는 다음 책(『신화학 4』)에서 취급될 것이다.

이야기 앞에 나오는데, 그러니까 이 이야기는 겨울이 오는 것으로 시작된다. 사실상 추위와 결빙(얼음)의 주인인 고슴도치는 기온이 풀림과 해빙의 주인인 물새(농병아리속)와 대립한다. 그래서 우리는 두 대칭적 시리즈를 얻는다.

| | 1 | 2 | 3 |
|---|---|---|---|
| 중앙의 알곤킨족: | | 별들의 배우자들 | 봄의 돌아옴(회귀)<br>(물새 편집) |
| 대평원의 부족들: | 겨울의 도래<br>(고슴도치 편집) | 별들의 배우자들 | |

이로부터 두 개의 질문(의문)이 나온다. 오지브와 시리즈에는 원초(처음)의 시퀀스를 대체하는 어떤 것이 있는가? 대평원의 시리즈에는 마지막 시퀀스를 대체하는 것은 어떤 것인가? 사실 이러한 질문들과 연계된 다른 질문을 던지지 않고서는 이 문제들에 답할 수 없다. 고슴도치는 무슨 권리로 겨울 주기의 상징일 수 있는가?

\* \* \*

추운 계절 동안 고슴도치가 자신의 거처(나무둥치)에 살지만 이 동물은 겨울잠을 자지 않는다. 그리고 이 동물의 체온 사이클(순환)은 별다른 변별적 특성을 제공하지 않는다. 진정한 대답은 다른 곳에 있다.

### M445. 아라파호족의 신화: 채색된 고슴도치(천연색 고슴도치)

가을 초에 인디언들이 숲의 가장자리에서 야영을 하고 있었다. 올해는 풍성했다. 여자들은 가죽을 문지르고 무두질하여 그림을 그려 수놓느라 바삐 움직였다. 불행히도 여자들은 자신들의 자수일에 필수적인 고슴도치의 가시(털)가 없었다. 뛰어난 자수가인 한 여인은 종교적 의무로 생각하는 작품을 끝낼 수 없었다. 예쁘고 현명한 그리고 부모에게 온정적으로 헌신하는 그녀의 딸은 그녀에게 말했다. 그녀는 채색된 고슴도치 이야기를 들었는데, 자신은 가정을 꾸릴 생각이 없지만 고슴도치에게 혼인을 제안하겠다고 했다. 그러면 지금으로서는 얻기 힘든 가시를 수집하여 해결하는 어머니에게 사위가 이를 풍부히 공급할 것이다.

소녀는 채색된 고슴도치 집으로 갔다. "나를 너에게 주고 싶다. 그녀는 얘기했다. 왜냐하면 지금 아주 어려운 시기이다. 내 사랑하는 어머니는 가시가 없어 자수를 놓지 못한다. 내가 당신 아내가 될 터이니 부모와 나, 우리 모두를 도와주기 바란다." 고슴도치는 처음에 망설였지만, 그녀의 아름다움에 매혹되어 결국 승낙하고 말았다. 두 사람 다 아주 훌륭한 부부가 되었다.

그들이 막사 앞에서 햇볕을 쪼이고 있던 어느 날, 고슴도치는 아내의 무릎에 머리를 대고, 몸의 이를 잡을 겸 그녀의 어머니에게 줄 가시를 뽑으라고 말한다. "그는 말했다. 매해 이 시기에 나는 가시가 아주 많이 있다. 여름이 끝날 무렵에는 가시가 거의 없다. 잘 기억해둬! 나는 더운 달에는 많은 가시를 줄 수 없지만 가을과 겨울에는 풍부한 가시를 갖추고 있어." 여자는 가시(털)를 뽑기 시작했다. 이 용도를 위해 마련한 오줌통 주머니 속에 가득 담았다. 어머니는 아주 만족스러워했다. "내가 얼마나 그의 선의와 너그러움에 감탄하고 있는지를 네 남편에게 말해라." 희고, 붉고, 노랗고 그리고 초록의 가시가 가득 든 주머니를 한데 모으면서 소리쳤다.

소녀는 남편의 습성에 대해 부모에게 알렸다. 그리고 남편을 만나러 출발했다. 여자들이 자수일을 하기 위해 가시에 물감을 들이는 것은 바로 이 시대부터이다(Dorsey-Kroeber, 230~231쪽).

'고슴도치 편집'에 속하는 신화들(M₄₂₅~M₄₃₀)에서 소녀들은 가시의 풍부함과 크기, 그리고 흰색에 열광한다. 신화M₄₄₅의 여주인공은 물론 우리에게도 채색된 고슴도치는 아래와 같은 사실을 알려준다. 이러한 좋은 질의 가시가 가을과 겨울에만 수집될 수 있다는 사실은 신화적 이야기가 시작되는 시대에 관한 우리의 가설을 확인해준다. 동시에 우리는 왜 그리고 어떤 양상으로 고슴도치가 주기적 동물인가를 이해하게 되었다. 고슴도치 가시의 양과 질은 계절에 따라 달라진다.

그런데 대평원의 부족들에서 이러한 특성은 두 가지 이유에서 엄청난 중요성을 갖는다. 기하학적 문양과 외형상 순수한 장식적 영감으로 수놓은 고슴도치 가시 수(繡)는 상징적 의미를 나타낸다. 그것은 수예자인 여인이 오랫동안 형식과 내용을 궁리(계획)한 메시지를 담고 있다. 항상 철학적인 수예자의 사고는 때때로 (종교적) 계시를 받는 은총의 상태에까지 도달한다. 작품 제작에 임하기 전에 여자는 금식을 하고 기도하며 의례를 집행한다. 또한 금기를 지킨다. 의식은 작품의 시작과 종결을 나타낸다. "들소를 닮게 하기 위해 사람들은 옷을 배열하고, 옷에 향을 피우며, 동물이 일어서게 하려는 것처럼 옷을 펼친다. 그리고 옷을 늘어놓는다. 그리고 그 위에 다섯 개의 깃털을 놓는데, 각 구석에 하나씩 그리고 가운데에 하나를 놓는다. 여자들은 각각 놓인 깃털들을 꿰맨다. 그리고 '노란-부인'은 그를 위해 옷에 수를 놓고, 그것을 찾으러 올 사람의 이름을 부른다. 그는 '나무-속에-새'였다. 그가 도착하여 문을 향해 시선을 돌리며 앉았다. '노란-부인'은 네 번 옷 위에 침을 뱉었다. 그리고 옷을 여러 번 남자에게 내밀었다. 마침내 그에게 옷을 주었다. 사람들은 옷과 그 소유자에게 향을 피우고, 소유자는 그의 가장 좋은 말〔馬〕을 수예자에게 선물했다. 여자는 이에 감사를 표하기 위해 그를 끌어안고 키스를 했다. 그리고 그는 자신의 새옷을 가지고 나갔다"(Kroeber 3, 34쪽). 가시 수의 예술은 말하자면 물질문화의 가장 고급스럽고 가장 우아한 표현이다. 블랙후트족은 이 기술(예술)을 아주 작은 수(數)의 입문자들에게 만 허용하고 있었다(Dempsey, 53쪽).

둘째, 전적으로 여성들에게만 과해지는 이 작업(일)은 여성들의 엄청 난 기법(능숙함, 솜씨)을 요구한다. 네 종류의 가시(털)가 있는데, 우수 한 순서로 보면 크고(길고) 거친 꼬리의 털, 등의 가시, 목의 가시, 그리 고 배에서 나는 가장 가는 가시가 있다. 이 가시를 납작하게 만들고 부드 럽게 하며 염색하기 위해 여러 가지 다양한 어려움을 극복해야만 하며, 이것들에 더해 이 가시들을 접고, 잇고, 배열하고, 바느질하고, 짜고, 엮 는 어려움이 첨가된다(Orchard). 이 모든 재능은 고통 없이 얻을 수 없 다. 메노미니족은 말하기를, "가시 자수의 기술은 동시에 고통스럽고 위 험한 일이다…… 끝이 날카로운(뾰족하게 된) 가시들은…… 손가락을 찌른다……. 그리고 이 가시들을 가지런히 하기 위해 자를 때 가시들이 튀어올라 눈을 찔러 장님이 되기도 한다"고 한다(Skinner 14, 275쪽).

작업을 시작하기 전에 블랙후트족 여인들은 이런 위험으로부터 얼굴 을 보호하기 위해 주술 그림을 얼굴에 붙인다(Dempsey, 52쪽). 아라파 호족도 같은 종류의 이야기를 한다. "경험이 없는 사람이 처음 수를 놓으 려 하면 그녀는 틀림없이 실패한다. 가시의 뾰족한 끝이 밖으로 튀어나 와 실패작이 된다. 한 여인은 자신이 소녀였을 당시 수예 여인들을 돕고 자 했다. 그것은 그녀의 첫 번째 시도였는데, 모든 조각들만 낭비하고 말 았다. 가시들은 제자리에 붙어 있지 못했고, 다른 여자들은 그가 일을 계 속하지 못하게 했다. 여자는 능숙한 일꾼이 되기를 기도하며, 같은 양식 으로 옷 한 벌을 홀로 수놓기로 결심했다. 한 나이 든 여자가 이를 인정해 주었다. 그 이후로 가시들은 제자리에 가지런히 있게 되었고, 그제서야 그녀는 제대로 수놓을 수 있었다"(Kroeber 3, 29쪽). 그러므로 수놓는 여 인들이 수놓은 옷의 수만큼 눈금을 새긴 막대기를 보존하고 있다는 사실 은 전혀 놀랄 일이 아니다. 상당한 나이가 되면 그녀들은 자신이 수놓는 옷의 장식과 독특한 상징을 세부적으로 묘사할 줄 알게 된다. 그녀들의 과거와 그녀들이 완성한 역작들을 거론할 때마다 삶에 더 많은 용기를 주기 때문이다(같은 책 29~30쪽).

자수는 단지 예외적인 문화 양상만을 표현하는 것은 아니다. 메노미니 사회와 같은 여러 사회에서는 가시 자수가 '부자가 되는 일'을 의미하는 말로 사용된다(Skinner 14, 140쪽). 이것은 또한 여자에게 바랄 수 있는 가장 격조 있는 재능이다. 그리고 그녀들이 완벽한 교육을 받았다는 것을 증명하는 것이다. 고슴도치를 보고 매혹된 신화M425~M430의 여주인공은 자수 작업을 위해 가시를 탐낸다. 그리고 그녀는 가시(털)를 어머니를 위해 쓰려 한다. 폭로하듯 상세히 표현된 이런 사실을 통해 우리는 우선 처녀가 잘 자랐다는 것을 알 수 있다. 심지어 그녀는 과장할 정도로 열성을 보인다. 왜냐하면 남자들에게 한정된 임무인 고슴도치 포획을 시도하고 있기 때문이다(Orchard, 6쪽). 더욱이 고슴도치 편집의 19개 판본 중 12개 판본에서 소녀들은 나무하는 일을 담당하고 있다. 다른 판본들 중 여주인공이 물을 길어오거나 또는 가죽신(모카신) 짓는 일을 하는 두 개의 판본을 제외하고는 명시적인 설명이 없다. 그런데 아라파호족들은 나무해오는 일을 나이 어린 소녀들과 나이 든 여성들에게 맡긴다. "1932년경에 77살의 정보 제공자인 할머니는 말하기를, 내가 어린 소녀였을 때 어머니를 도와 아주 멀리서부터 나무를 운반하는 일을 했다. 그러나 내가 여인이 되었을 때 나뭇단을 등에 지고 운반할 수 없게 했다. 왜냐하면 그 당시 이 일은 나이 든 여성들의 몫이었기 때문이다"(Michelson 2, 599쪽). 결혼 적령기에 있는 좋은 가정 출신의 처녀는 집안일을 더 이상 하지 않는다. 증거에 따르면 여자는 무엇보다도 '더러운' 집안일과 대립되는 고상한 일인 자수, 우리가 흔히 말하는 예능(재예)이란 것을 배운다(Dorsey-Kroeber, 64쪽). 소녀들이 살던 그 시기에 사람들은 가까이서 그녀들의 덕목을 감시했다. 어머니는 그녀들이 강가에 갈 때나 볼일(대소변) 보러 자리를 뜰 때도 그렇게 했다. 조직적인 구속에 더하여 그녀들은 순결 벨트(일종의 정조대)를 착용했는데, 이 벨트는 허리에서 무릎까지 몸 둘레에 끈을 둘러 만들었다. 이런 것은 아씨니보인족(Denig, 590쪽), 크리족(Mandelbaum, 245쪽)에서 사용되었으며, 쉐이엔족에서는 갓 결혼한 신부 역시 결혼 후 1~2주 동안 이러한 보호(감시)를 받았다. 이처럼 신혼 기간(허니문)은 부부관계 없이 대화(對話)로 지나갔다(Grinnell 2, 제1권, 131쪽; 5, 14~15쪽). 아라파호 여자들 역시 결혼할 때까지 순결을 지켰다. 부부 사이의 관계는 엄격하게 낮 동안에는 금지되었으며, 심지어 밤 동안에도, 성교를 하는 동안 신부는 손으로 얼굴을 가리기 위해 팔을 들어 올려야 했는데, 어둠이 이를 감추어주지 못했다. 이러한 규율을 존중하지 않는 여인들은 방탕한 사람으로 취급했다(Michelson 3, 139쪽).

이렇게 잘 보호된 소녀들은 정열적으로 자신의 용모를 꾸몄다. 다양한 미용 재료가 포함된 화장 필수품을 지니고 있는 그녀들은 가시를 제거한 고슴도치 꼬리로 된 작은 술(타래)을 가지고, 머리칼과 얼굴을 장식하는 데 몇 시간씩 보냈다. 그녀들은 보석으로 덮여 있었으며, 자신들의 몸만 치장하여 향기를 내는 것으로 만족하지 않고, 자신들의 말〔馬〕도 치장하고 향기 나게 했다. 이처럼 매혹적으로 가꾼 소녀들은 겸손한 자세를 취했다. 어떤 경우에도 눈을 내리깔고 웃거나 큰 소리로 말하지 않도록 조심했다(Michelson 2, 여러 곳).

아라파호 신화(M446: Dorsey-Kroeber, 64~65쪽)가 자신의 고유한 용어로 이를 설명하는 것처럼 화려하게 치장하고 가장 세련된(우아한) 일을 제외한 모든 잡일에서 벗어난 이 어린 공주들은 너무 멀리 있어서 단지 잴 수 없이 긴 성기만 그녀들에게 도달할 수 있는 것처럼 보였다. 달리 말해 이로쿼이족이 고슴도치 가시로 지칠 줄 모르고 앉아서 수놓는 여인을 별(달)의 흑점으로 만들고 있는 이미지에 따르자면 이것은 이중의 의미로 달의 창조물들(M256; 이 책 158쪽 참조)이었다. 세상의 종말이 덮치기 전에 자신의 작품을 끝내야만 했기 때문이다(Curtin 2, 508쪽).

고슴도치 편집에서 달은 이 여자들 중 하나를 배우자로 선택했다. 그러나 수놓기에는 너무 어렸다. 왜냐하면 소녀는 가시(털)를 어머니를 위해 주어야 할 운명이고, 그녀 자신은 아직 나무를 해오는 일에 속박되어 있기 때문이다. 그러므로 신화M425~M430의 여주인공을 사춘기 바로 전에 있는 나이 어린 소녀로 보아야만 한다. 신화M428은 이를 자세히 설명하는데, 그녀를 위해서뿐만 아니라 전 인류를 위해 그녀와 달의 혼인은 첫 월경이 나타나기 전에 이루어졌다고 설명한다.

이 상세한 내용은 자체의 중요성을 간직하고 있다. 왜냐하면 달의 어린 배우자와 보로로 신화(M1)의 새둥지 터는 사람을 접근시킬 수 있으며, 신화M1은 성년의 나이에 아주 가까운 사춘기에 이른 소년으로 묘사하고 있기 때문이다(『날것과 익힌 것』, 145~148쪽, 160쪽). 그런데 두 경우에 있어서 중심인물(주인공)은 하강이나 상승의 임시적 단계 또는 최후의 항(項)인 나무 꼭대기나 바위 꼭대기에 수직적으로 분리되고 있다. 알곤킨 판본들은 이들의 유사성을 강조한다. 사나운 네발짐승─오소리(L.-S. 9, 67~72쪽 참조)─의 둥지에 내리므로 하강에 실패한 여주인공들은 이 동물과 성적인 관계의 약속을 교환함으로써 도움을 받아 지상에 내려온다. 제 신화(M7~M12)의 새둥지 터는 주인공들 역시 새둥지의 포로가 되며 음식물을 제공하는 대가로 표범(네발 달린 짐승)으로부터 같은 도움을 받는다.

새둥지의 주제는 일반적으로 아라파호 판본들과 대평원의 판본들에서는 나타나지 않는다. 그러나 태양춤 의식에서 천둥-새(뇌조)의 둥지를 표상하는 나뭇가지 다발 형태가 이를 증명하고 있다. 사람들은 정자 중앙 기둥의 가지에 이 나무다발(새둥지)을 걸어놓으며, 여주인공을 상징하는 굴봉을 쑤셔넣는다. 춤 자체는 흔히 천둥-새로부터 비를 얻을 목적을 갖고 있다. 신화M₁이 우기의 기원에 관한 신화라는 사실을 기억한다. 이 신화의 모든 변이형 판본들에 따르면 매해 같은 시기에 시작되며, 특히 아라앵무새와 앵무새가 알을 품고 새끼를 기르는 시기라는 것을 알 필요가 있다. 그러나 성 접촉의 순환이 적도 지역의 열대우림 아래에서 그 주기가 느슨해질 뿐만 아니라 더욱 우리는 앵무새류의 습성에 대해 아주 불충분한 지식을 갖고 있다. 오로르 모노 양과 피에르 베르제 씨가 친절하게도 우리를 대신해 인터뷰를 한 몇몇 브라질의 전공자들에 따르면 중앙 고원 지역에서 이 새들의 산란 시기가 한쪽에서는 8월부터 다른 쪽에서는 12월까지 알을 낳는다. 확실한 정보가 부족함에도 불구하고 어쨌든 이 신화들은 공간축과 계절축의 연결(유기적 결합)로 정의할 수 있는 광활한 집단을 형성한다.

고슴도치로 다시 돌아가보자. 계절적인 동물인 고슴도치는 여성성을 가진 이중의 유연성을 소유하고 있다. 왜냐하면 소녀들 역시 주기적 존재들로 항시 규율을 어길 가능성에 대비한 보호를 위해 잘 양육하는 것이 필수라고 판단하기 때문이다. 그런데 문화적인 면에서 이런 훌륭한 교육은 그녀들이 예능(기예)에서 나타내는 재능으로 평가된다. 이 예능을 구성하는 고슴도치의 가시수예는 자연적 재료로 구성된다. 이것이 전부가 아니다. 우리는 소녀들의 교육에 심리학의 장이 포함된다는 것을 알고 있다. 단지 소녀들이 훌륭한 행동을 하고, 자수를 놓을 수 있기를 요구할 뿐만 아니라, 또한 소녀들은 정해진 시기에 분만해야 하고, 정확하게 월경을 해야만 한다. 고슴도치 가시(털)의 성장 리듬을 문화 주체로서의 여성 행동의 성장 리듬으로 놓을 수 있었으며, 고슴도치는 그의 주기적 특성을 통해 삶의 필수적인 리듬을 위협하는 지체(지연) 또는 혼란들을 미리 예고한다(알린다). 최북단의 테나, 아타파스칸 인디언들은 고슴도치가 고통 없이 새끼를 낳는다고 말한다. "그는 새끼들을 떨어뜨리고, 계속하여 마치 아무 일도 없었던 것처럼 걷고, 깡충깡충 뛰고…… 한다. 그래서 임신한 젊은 여성에게 고슴도치의 태아를 주고, 이를 그녀의 속옷과 벗은 피부 사이로 넣어 마치 아이가 땅에 떨어지는 것처럼 굴러 떨어지게 한다"(Jetté, 700~702쪽). 아라파호족과는 멀리 떨어져 살지만, 카스카족과는 가까이 살고 있는 이들 테나족은 별들의 배우자에 관한 이야기(M431)를 알고 있으며, 고슴도치의 에피소드를 고슴도치에게 문화적 색깔을 주면서 변형시킨다. 오소리를 피하기 위해 여주인공들은 물새의 도움을 얻는데, 물새는 오소리에게 **고슴도치 가시로 수놓은 거들**(스타킹 고정용 밴드)의 제공을 주선함으로써 강을 건너게 한다. 대칭적으로 고슴도치의 에피소드(M444a~c, M437~M438)가 결여된 오지브와, 믹막, 파사마쿼디 신화(들)에서 여주인공들은 우스꽝스러운 자신들의 남편 옆에 자신들 대신 개미가 가득 든 썩은 나무둥치를 대치시켜 놓는데, 이 곤충들은 블랙후트족의 신화학에서 자수자들의 주인 자격으로 등장한다(M480: Wissler-Duvall, 129~132쪽; Josselin de Jong 2, 97~101쪽).

그런데 이처럼 거의 왜곡이 없는데도 불구하고 별도로 톰슨이 유형 III을 정의하면서 내린 것처럼 북부의 초승달 지역에는 고슴도치의 에피소드가 없는 것이 사실일까?

### M447. 오지브와족의 신화: 별들(해와 달)의 배우자들(전도된 변이형 판본)

옛날에 자매가 단둘이 살았는데, 그녀들의 개가 사냥을 도왔다. 겨울이 왔다. 개는 사슴 한 마리를 죽였고, 그 고기는 아주 오랫동안 지낼 수 있을 만큼 충분했다. 고기가 떨어지자 개가 다른 사슴을 죽였다. 짐승은 기름졌다. 여자들과 개는 겨울 중순까지 먹어야 했다. 그다음 세 명은 사냥을 했지만 성공하지 못했다. 그들이 얼어붙은 호수를 건너는 동안 늑대들이 공격해왔다. 대단히 어리석었던 큰언니는 그것들에게 친절한 말로 노래했는데, 이것이 개에게 용기를 주어 늑대들에게 대들었다. 늑대들은 개의 목을 졸랐다. 그리고 달아났다. 여인들은 그들을 추격하고자 했지만, 길을 잃고 말았다. 그녀들은 이제 개가 없는 데다가 더 이상 먹을 것도 없었다.

고슴도치 한 마리가 그녀들의 눈에 들어왔다. 어리석은 언니는 아주 흰 그의 가시(털)를 감탄했고 그것이 갖고 싶었다. 동물은 그가 살고 있는 나무 그루터기에 앉도록 초청했다. 자매는 누가 자신의 뒤(엉덩이)를 보일지 정하기 위해 오랫동안 토론했다. 마침내 가장 아름다운 가시를 갖는다는 조건으로 어리석은 언니가 동의했다. 여자는 입구에 섰다. 그러자 고슴도치는 그녀의 뒤를 꼬리로 크게 한 번 후려치자 엉덩이에 가시(털)가 박혔다. 부풀어 오른 엉덩이로 인해 소녀는 더 이상 걸을 수가 없었다. 동생은 그녀를 썰매에 태우고 끌어야 했다. 그녀들은 호수 가까이 도착해 나무에서 어부새의 둥지를 봤다. 항상 그렇듯이 황홀경에 빠진 언니는 이 새집을 갖고자 했다. 그녀들은 나무에 둘다 다시 갇히게 되었는데, 동생의 절망이 더욱 컸다.

몇몇 동물들이 지나갔는데, 그녀들이 그들에게 결혼을 약속했음에도 불구하고 아무런 동물도 그들을 구하려 하지 않았고 결혼을 원치도 않았다. 오소리가 이에 동의했다. 오소리는 우선 언니를 도왔는데, 그녀를 받치고 있는 동안 그녀는 그에게 오줌을 쌌다. 이어서 동생을 도와주었다. 오소리는 어리석은 소녀와 성교하면서 그녀를 거의 죽여 놓았다. 동생은 도끼로 그를 내리쳐 언니를 구했다. 그 이후로 오소리는 허리(신장) 아래쪽에 항시 도끼자국을 갖고 있다.

부상당한 언니는 더디게 회복됐다. 그녀가 완쾌하자 자매는 낚시(고기 잡기)하려고 강가에 머물렀다. 사기꾼 조물주 나나부슈가 갑자기 나타나 그녀들 곁에 머물기 위해 병든 척했다. 그녀들의 손님이 떳떳하지 못한 욕망을 갖고 있다는 정보를 쥐로부터 들은 동생은 캠프를 떠났다. 언니도 잠시 후 동생을 따라 떠났다. 간호자들을 잡아놓으려

고 죽은 시늉을 했던 나나부슈는 그녀들을 사냥하러 나섰다. 하늘까지
도망갔는데, 그곳에서 어리석은 언니는 누가 더 훌륭한 남편이 되는지
를 알기 위해 별들에 대해 토론을 했다. 언니는 창백한 별을 선호했고,
동생은 가장 밝은 별을 선택했다. 그다음날 그녀들이 잠이 깼을 때 어
리석은 여자는 한 노인 곁에 누워 있었고, 현명한 여자는 아름답고 젊
은 남자(청년)를 남편으로 얻었다(Jones 2, 제2부, 455~467쪽).

이 신화의 '정본 또는 원본'(M₄₄₄)처럼 이 신화의 몇몇 요소들은 역시
오지브와 및 메노미니 신화들의 사기꾼 순환(Jones 2, 제1부, 133~139
쪽; Josselin de Jong 1, 19~20쪽; Hoffman, 165쪽) 안에서 지속되고 있
다. 이 이야기는 때때로 삽화식 소설의 진행 상태를 취하고 있으며, 그 구
성은 이야기식(서술적인) 장르와 닮아 있다. 이에 대해 우리는 남아메리
카 예들의 장르에 주의를 환기한 바 있다(이 책 197~221쪽). 알곤킨 사
기꾼은 대머리독수리를 타고 공중을 여행하다 꽤 (약삭)빠르게 자신을
떨어뜨린다. 그는 속이 빈 나무둥치에 포로가 된다. 여자들이 와서 도끼
로 나무둥치를 열고 자신을 해방시켜줄 기회를 얻기 위해 그는 대단한
가시로 장식한 고슴도치인 척하고자 한다. 그는 이어서 고슴도치의 옷을
훔치고 도망한다. 고라니의 비장으로 가짜 질(여성의 성기)을 만들어 붙
이고 여성으로 분장한 사기꾼은 내성적인 독신으로 가장하여 결혼한 후,
공범인 한 동물을 자신의 아기인 것처럼 해산을 위장한다. 그러나 비장
이 썩기 시작하자 결국 썩은 냄새 때문에 탄로난다.
　더욱이나 논리적 서열과 역사적 서열일 수도 있는 심층연구에 대한 분
석도 없이……, 우리가 여기서 아메리카 신화학의 기반(기초) 중 하나
와 만난 것은 의심의 여지가 없다. 우리는 오래전부터 차코 지역 인디언
들의 신화들과 알곤킨 계통의 신화학 사이에 사기꾼 순환에서 지배적으
로 나타나는 밀접한 평행관계를 알고 있다. 여기서 우리가 특별히 말하

려는 것은 이 평행관계의 아주 독특한 측면이다. 앞의 책(『꿀에서 재까지』, 제1부 제2~3장)에서 우리는 차코 지역의 신화들을 매개로 하여 사기꾼 순환에 이르렀는데, 여기에서 여주인공은 속이 빈 나무등치에서 수집한 다양한 꿀에 미친 소녀를 보게 되었다. 이 기회에 우리는 사냥과 어로의 독극물처럼, 그리고 신화적 인물인 유혹자처럼 유혹의 음식이지만 흔히 독이 있는 꿀은 자연과 문화의 교차점을 구성한다는 점을 제시했다. 잘못 키운 소녀의 남아메리카 원형인 꿀에 미친 소녀는 이 꿀을 문화(적인 것)로 접근시키지 못하고 꿀의 자연적 매력에 매료되는 잘못을 범한다. 그렇다면 알곤킨 신화들의 고슴도치가 정확히 꿀과 같은 기능을 수행하는 것은 아닐까? 고슴도치 역시 완전히 준비된 재료(음식)를 문화에 제공하는 자연적 존재처럼 홈이 팬 나무 속에 기거한다. 그의 가시는 탐내어 찾거나 또는 독이 있는 꿀과 식량 획득의 엄청난 수단이지만 먹을 수 없는 사냥 또는 어로의 독극물과 형식적 유사성 관계를 즉시 파악할 수 있다. 사실상 가시(털)는 꿀이나 독극물 사냥이나 어로 같은 모호한 특성을 갖는다. 모두가 탐내는 귀중한 물건이지만 수예자의 살을 찌르는 날카로운 끝(침) 때문에 위험한 특성을 갖는 점에서 그러하다. 이러한 점에서 (프랑스 왕) 루이 12세와 동의할 수 있는데, 그는 아래와 같은 명구(銘句)를 새긴 고슴도치 옷을 입고 있었다. (Spicula sunt humili pax haec, sed bella superbo). 아라파호족은 고슴도치 가시를 전사의 무기에 비교하며, 가시가 뚫고 나갈 수 없는 유일한 막으로 된 오줌보 속에 갈무리한다(Dorsey-Kroeber, 378쪽). 그런데 알곤킨 신화들에서 은유적 유혹자인 고슴도치는 대평원의 신화들에서 실제의 유혹자로 변한다. 그리고 각 경우 잘 자란 소녀와 잘못 자란 소녀의 구별을 가능하게 한다.

두 반구(남북아메리카 대륙)의 신화들을 가장 심층적인 층위에서 파악하고, 두 대륙의 신화들을 연결시키는 친족관계로 보았을 때 신화$M_{447}$이 다른 알곤킨 판본들과 대평원의 판본들의 원형일 수 있으리라는 암시를 한다. 해와 달 형제들이 지상의 배우자들에 대한 분쟁(다툼)을 원초적인 위치로 다시 놓기 위해서는 천상의 남편들에 대한 지상의 자매들 분쟁을 마지막 위치로 놓고 있는 오지브와 신화를 두 축 위에서 도치시키는 것으로 충분하다. 두 경우에 있어서 고슴도치의 에피소드는 처음에 등장하지만, 모든 항(용어)들이 전도된 상태 아래서이다. **누운 나무**와 **서 있지 않은 나무**, **내부**의 고슴도치와 **외부**에 있지 않은 고슴도치, 현명한 소녀 대신 미친 소녀, 고슴도치에게로 상승하는 대신(밑에서 위로) 고슴도치 위에 **웅크리다**(쭈그려 앉다)(위에서 아래로). **공격적인 동물**과 **유혹적이 아닌 동물**, 앞쪽에서 **그녀의 처녀성**을 뺏는 대신 뒤에서 희생자에 **상처를 입힌다**……. 하나는 현명하고, 다른 하나는 미친 자매 사이의 대립은—개구리처럼 미친 여인은 월경 불순으로 고통을 당하며, 오줌을 참을 수 없어 지리는 것만큼이나—인간 배우자와 개구리의 대립을 재현한다. 대평원의 두 인간 여주인공(하늘로 오르는 여인과 지상에 남아 있는 여인)들은 같은 마을 출신들이다. 하나는 자리를 떠나지 않으려 하고, 다른 하나는 수직으로 자리를 이동한다. 오지브와 신화들의 두 여주인공들은 마을이 없거나, 이제 더 이상 마을이 없다. 세상에 두 사람뿐(M447) 또는 고향을 떠나 있다(M444). 그리고 그녀들은 우선 수평적으로 이동하는데, 한 여인은 경솔함으로, 다른 한 여인은 망설이며 떠난다. 이런 점에서 신화M447은 신화M444와 M443 사이의 중간 단계를 이루는 것 같다. 마치 남아메리카 신화(M415)에서 조물주의 딸들이 본래의 의미와 비유적 의미로 '달리는 여자들'인 것처럼 신화M443에서 자매는 본래의 의미로 '달리는 여자들'이다. 앞서 행한 토론을 통해 이 신화(M415)와의 접근에 전혀 자의적인 어떤 것도 제시되지 않았다는 것이 잘 나타난다. 마지막으로 만일 하늘로의 상승 그리고 별들과의 혼인으로 대평원의 판본들과 알곤킨 '원본' 신화들에서 이야기가 개시된다면 이 두 사건은 역전된 판본(M447)에서 결론을 끌어낼 것이다(이 책 386~389쪽).

아직 완결짓지 않고 있는 대평원의 신화 시리즈에 대해 우리는 하나의 시리즈(이 책 378쪽)가 아니라 동부 알곤킨족에서 유래하는 두 개의 시리즈를 갖고 있다.

| 동부의<br>알곤킨 | 1)<br>2) | 고습도치 편집[-1] | 별들의 배우자들<br>(초반부에)<br>별들의 배우자들<br>(끝부분에) | 물새 편집<br>(농병아리속의) |
|---|---|---|---|---|
| 대평원 | 3) | 고습도치 편집 | 별들의 배우자들<br>(중간 부분에) | ------------- |

대응 도표를 완성하려면 신화들이 여주인공 또는 여주인공들을 올리고 내리는 나무의 유형을 비교해보는 것도 흥미로울 것이다. 불행히도 신화는 나무의 종을 정확히 밝히지 않는다. 아라파호족과 이웃 부족들의 의례에서는 물론 신화들에서 이 나무는 **솜나무**(cottonwood, *Populus monilifera, sargentii*)인 것처럼 보이며, 이런 이름으로 명명하는 것은 이 나무가 봄에 솜털 같은 꽃을 피우기 때문이다. 이 나무는 로키산맥 기슭의 건조한 평원에서 자라는 독특한 종류의 나무[樹種]이다. "이 나무는 흙이 드러난 땅에서는 전혀 자라지 않으며, 단지 몇몇 개울가에서 자란다. 이 나무는 표면에 물이 있다는 확실한 표시가 되거나 자연의 관개가 실제로 불가능한 지역에서는 그리 깊지 않은 지층(얕은 지표면)에 물이 있다는 표시가 된다. 나무와 나무 껍질 사이에 젖빛의 달콤함 진(수액)을 분비하는데, 인디언들은 이 수액을 대단히 좋아한다. 한 정보 제공자는 이것을 인디언들의 **아이스크림**이라고 말한다. 나무는 거의 성스러운 특징을 나타낸다"(Mooney 4, 967~968쪽). 아라파호족에게 이 아메리카 포플러나무는 낙엽수의 원형이며(Kroeber 3, 347쪽), 식물 대장(臺帳)에서는 고습도치와 합동(관계)이다. 이 동물은 달을 구현한다. 더욱 아라파호 의례도구는 한쪽 면이 포플러나무를 받치고 있는 초승달을, 다

른 한쪽 면이 편백나무를 표상한다(같은 책 도판 78과 353쪽).

목질이 부드럽고, 주기적(계절적) 식물인 포플러나무는 "상록수이며 향기가 나고 나무질이 붉고 단단한 것 때문에" 신성한 나무로 취급되는 편백나무(*Juniperus*종)와 사실상 대립한다(Mooney 4, 979쪽). **포플러나무/편백나무**의 짝은 아마도 삼각체계에 자리를 차지하며, 여기에 **버드나무**(*Salix*종)가 세 번째 꼭짓점을 점유한다(Gilmore 1, 57-58쪽). 그런데 만일 포플러나무가 대평원의 알곤킨족 신화들에서 여주인공의 상승에 사용된다면 동부의 알곤킨족에서 여주인공들의 하강에 사용되는 것은 상록수이며 침엽수(*Tsuga canadensis*)인 편백나무와 합동이다.

키오와족은 하나의 문제를 제기한다. 별들의 배우자들에 관한 신화 영역의 변두리에 살고 있으며, 지배적인 언어학 집단 어디에도 소속되어 있지 않은 이들 인디언들은 대평원의 이웃 인디언들처럼 이 신화를 태양춤과 연계하기 때문이다. 이들은 매년 "포플러나무에 부드러운 깃털이 나타날 때" 말하자면 6월에 태양춤을 집행한다(Mooney 2, 242쪽). 이들은 이 나무 수종에 주기적이고 자연적인 기능을 부여함과 동시에 의례적 기능도 부여한다. 왜냐하면 그들은 포플러나무 재목으로 정자의 골조(Moony 2, 243쪽; Spier 3)와 중앙기둥(Parsons 2, 98~99쪽; Nye, 59쪽)을 세우기 때문이다. 비록 한 판본이 이 신화적 나무를 포플러나무로 지칭하고, 역시 고슴도치를 '노란 새'로 변형(Parsons 2, 4~5쪽)하고 있기는 하지만, 무니(4, 979쪽)에 의해 보강된 한 토속 인디언 삽화가는 이 신화적 나무를 명백한 침엽수의 모습으로 그리고 있다(이 책 뒤표지 접지 부분 참조). 굳이 어려움을 해결하려고 하지 않고도, 태양춤이 키오와족에서 변별적 특성들을 나타낸다는 점을 지적하는 것으로 만족할 수 있을 것이다. 여기서 태양춤은 고행과 피흘림(출혈)을 배제하고 있다. 그들의 신화 판본(M448: Mooney 2, 238~239쪽)에서 고슴도치는 이야기 속에 나타나지 않는 달을 구현하는 것이 아니라 태양의 아들을 구현한다.

한 장에서 다른 장으로의 도치가 서로 대칭으로 나타나는 이 특별한 경우(의 예)가 우리가 끌어낸 대립의 일반적 체계를 약화시키는 것은 아니다. 대평원의 고슴도치 편집과 동부와 북부 알곤킨족의 물새(농병아리) 편집 사이에 오지브와족과 메노미니족에서 증명된 '전도된 고슴도치' 편집은 (이 두 편집을 연결하는) 돌쩌귀(경첩) 역할을 한다. 이것은 만일 우리가 이 편집이 계절적 순환의 흐름을 어긋나게 한다는 사실을 알면 더욱 분명해진다. 여주인공들은 겨울 초반부에 방랑을 한다. 그리고 그녀들은 겨울 중반 이후 중간쯤에 고슴도치를 만난다. 언니의 상처가 다 치료되었을 때 그녀들은 고기를 잡으러(낚시를 하러) 강가에 머무른다. 말하자면 봄이 와서 해빙기이다. 마치 동부의 다른 판본들의 사기꾼이나 어로의 주인이며 봄의 주인인 물새가 한 것처럼 사기꾼이 나타나 자매의 애정을 농락하려는 것은 바로 이때이다. 이 두 경우 에피소드의 순서가 단지 전도됐을 뿐이다.

　그러나 만일 대평원의 고슴도치 편집이 동부 알곤킨족의 물새 편집과 상동 및 대립관계에 있다면 이 두 편집은 단지 한 점에서 어긋난다. 고슴도치 편집에서 고슴도치는 두 가지 기능을 겸비한다. 하나는 겨울의 주인으로서 자연적 기능을 갖고, 다른 하나는 자수의 원재료인 가시(털)의 공급자로서 문화적 기능을 갖는다. 물새 편집에서 두 개의 같은 기능을 다른 두 동물이 나누어 갖는다. 한편으로는 문화와의 관계에서 보면 아무 역할도 없지만, 자연과의 관계에서 보면 봄의 주변에 살기 때문에 무적의 인물인 물새이고, 다른 한편으로는 '진주옷을입은자' '진주침을뱉는자' 또는 '진주대가리'(잠수새의 초상은 흰 깃털 목걸이를 하고 있다)라고 불리는 잠수새 또는 **잠수새의 분신**이다. 이 잠수새는 우리가 관심을 갖는 신화에서 자연적 기능은 없으며, 이 신화에서 잠수새는 독점적으로 문화를 구현한다. **왐품**(wampum)이라고 불리는 진주조개(조개의 진주)는 무한한 진주를 생산할 능력을 갖고 있으며, 진주조개의 진주는 고슴도치[8])의 가시(털)와 같은 이유로 문화의 상징이기 때문이다. 자연과 문화의 교차점에 있는 고슴도치는 물새와 잠수새의 분리된 인물들이 확장된 형태로 표현하는 것과 같은 관계를 은폐된(또는 포함된) 형태로 표현한다.

그래서 아래와 같이 쓸 수 있을 것이다.

그런데 이 형식적 구조는 우리가 믹막-파사마쿼디 판본들의 깨새, 붉

$$\left[\ \text{고슴도치} \equiv (\text{자연, 문화})\ \right] \Big/ \left[\ \begin{array}{l} 1.\ \text{잠수새} \equiv \text{문화} \\ \hline 2.\ \text{물새} \equiv \text{자연} \end{array}\ \right]$$

겨울            여름

은다람쥐, 줄무늬다람쥐의 삼각과 크로우-히다차 판본들의 찌르레기새를 대립시키기 위해 사용했던 구조와 같은 구조이다. 하늘과 땅의 교차점에 위치한 유일한 동물인 찌르레기새는 다른 세 동물들이 하늘과 땅의 다양한 거리를 확산된 형태로 표현했던 같은 관계를 은폐된 형식으로 표현했다는 점을 우리는 이야기했다(이 책 363~366쪽). 모든 지역적 형식(형태)들―톰슨은 이들에서 역사적 유래(원천)관계나 또는 지리적 포함관계를 세우려고 노력한다―은 전체적이고 합당한 체계 속에 통합되는 결과가 따른다.

---

8) 가시와 진주의 활용적 유사성은 우리가 주의를 환기했던(이 책 388쪽) 꿀과의 이론적 유사성에 첨가된다. 이것은 왜 같은 지역의 신화에서 자연적 진주의 모습을 띠고 있는 먹을 수 없는 야생 장과(漿果)가 남아메리카 신화들에서 꿀과 동등한(상응하는) 역할을 하는지를 설명해준다($M_{374}$; 이 책 132~133쪽의 논의 참조).

$$
\begin{bmatrix} \text{찌르레기새} \equiv (\text{하늘, 땅}) \end{bmatrix} \quad \vdots \quad \begin{bmatrix} \text{1. 깨새} \equiv \text{하늘} \\ \hline \text{2. 붉은다람쥐} \equiv \text{중간} \\ \hline \text{3. 줄무늬다람쥐} \equiv \text{땅} \end{bmatrix}
$$

$$
\vdots \qquad \begin{bmatrix} \text{고슴도치} \equiv (\text{자연, 문화}) \end{bmatrix} \quad \vdots \quad \begin{bmatrix} \text{1. 잠수새} \equiv \text{문화} \\ \hline \text{2. 물새} \equiv \text{자연} \end{bmatrix}
$$

또는 단순화시켜보면 다음과 같다.

$$
\text{대평원} \begin{bmatrix} \text{찌르레기새 + 고슴도치} \end{bmatrix} \equiv \text{동부의 알곤킨} \begin{bmatrix} \begin{pmatrix} \text{깨새} \\ \text{다람쥐 1} \\ \text{다람쥐 2} \end{pmatrix} + \begin{pmatrix} \text{잠수새} \\ \text{물새} \end{pmatrix} \end{bmatrix}
$$

이 모든 체계는 신화들이 남자들의 다툼으로 시작되느냐 또는 여자들의 토론으로 시작되느냐에 따라 별들의 배우자들에 관한 두 중요한 신화집단 사이에 대립을 발전(확장)시키는 더욱 일반적인 다른 체계에 포함된다(추가된다).

이 책 378쪽에서 제기한 문제 중 두 번째 문제에 답할 일만 남았다. 우리는 다음과 같은 사실을 확인했다. 즉 대평원의 고슴도치 편집은—말하자면—두 가지 양상으로 알곤킨 시리즈에 반사된다. 하나는 대칭적인 전도된 고슴도치 편집이고, 다른 하나는 비대칭적인 물새 편집이다. 먼저 경우 인물들은 같지만 수평 방향은 수직 방향으로 대체되고, 아래(밑)는 위로 대체되고, 뒤는 앞으로, 선은 악으로 등이 대체된다. 다음 경우 인물들이 변하고, 여름은 겨울로 대체되고, 해빙은 추위(결빙) 등으로 대체된다. 체계 전체가 균형을 이루려면 대평원의 시리즈에서는 물새 편집—물새는 여름의 회귀를 환기한다는 점을 잊지 말자—과 대칭 이미

| 이동하는<br>두 여자 | 1. 언니<br>1. 동생 | 미친 언니 | 남편의 **나이**<br>에 대한 잘못 | **(자연)** | 하강의 승인 |
| --- | --- | --- | --- | --- | --- |
| 이동하는<br>두 남자 | 1. 형<br>1. 동생 | 미친 형 | 여자의 **교육**<br>에 대한 잘못 | **(문화)** | 하강의 금지 |

지를 찾아내야만 할 것이다.

별들의 배우자들 이야기에 관한 대평원의 신화학은 보통 할아버지와 손자의 이야기로 이어지며, 또한 이야기는 더욱 많게는 별의 아들(해의 아들)의 모험으로 계속된다(이 책 316~317쪽). 어머니가 죽은 후 주인공은 그를 입양한 늙은 여인 곁에서 자란다. 그는 괴물들을 공격하여 하나하나 격파한다. 그리고 어느 날 만삭인 암컷 물소의 시체를 바쁘게 해체하고 있는 두 사람을 만난다. 털이 없는 물소 새끼의 태아를 본 주인공은 기겁을 한다. 그는 나무 꼭대기로 도피한다. 낯선 사람들이 태아를 나무둥치에 매달아놓는 바람에 피해자가 된 그는 감히 내려오지 못한다. 태아와 대화가 시작된다. 태아는 주인공이 자신의 할머니를 두 사람에게—이 두 사람은 할머니를 사랑한다고 말한다—인도하는 조건으로 여기를 떠날 것이다. 판본들에 따르면 포로는 4일 동안 또는 1년 동안 나무 꼭대기에 머무른다. 어쨌든 그는 비참한 상태로 내려온다.

크로우족, 히다차족, 만단족과 아리카라족에게 공통인 이 이상한 에피소드의 열쇠는 아리카라족에게 있는데, 자신들이 신화의 첫 보유자라고 단언한다($M_{449}$: G. A. Dorsey 6, 60쪽; 2, 56쪽 주 1). "만약 소년이 태아를 무서워했다면 그것은 동물들이 아직도 그 시기의 달에 태어나지 않았고, 그때(그 달에) 자신의 아버지인 별이 소속된 성단이 보이지(나타나지) 않기 때문이다. 그러니까 그는 자신의 아버지(별)가 그를 도우러 나타나지 않으리라는 것을 알고 있었으며, 혼자서 자신을 구하기는 불가능하다는 것도 알고 있었다."

한 크로우 판본(M429a: Lowie 3, 52~57쪽)은 주인공이 여름 동안 숨어 있다가 겨울 여명 전에 뜨는 새벽별이 되었다고 한다. 다른 한 판본(M429c: 같은 책 57~69쪽)은 들소의 태아 에피소드를 자세히 상술한다. "주인공은 여름 내내 나무에 앉아 있었다. 그는 가을에야 다시 내려올 수 있었는데, 그때 썩은 태아가 저절로 나무둥치에서 땅에 떨어졌기 때문이다." 이러한 모험에 진저리가 난 주인공은 별로 변하기로 결정했다. 그리고 설명하기를 들소 암컷들이 새끼를 밴 시기에는 그를 볼 수 없을 것이지만 새끼를 낳은 후에는 볼 수 있을 것이라고 설명했다. 세 번째 판본(M429d: 같은 책 69~74쪽)도 마찬가지로 "주인공은 새벽별이 되는데, 동물들이 새끼를 가질 시기인 봄에는 나타나지 않고, 다만 새끼를 낳은 후에만 그를 볼 수 있다"고 이야기한다.

이 '새벽별'은 혹성인 것 같아 보이지 않는다. 이 별은 주인공의 어머니, 그의 형 그리고 개들이 같이 있는 성좌의 일부에 속한다. 봄의 두 달 동안 성좌(별들)를 볼 수 있으며, 이어지는 두 달 동안 사라졌다가 다시 돌아온다. 통역자는 그것이 플레이아데스 성단과 관련 있다고 생각한다(같은 책 69쪽). 오지브와족은 플레이아데스 성단의 남중(南中)을 별들의 배우자들이 도망간 천상의 궁창이 있는 자리에 위치시킨다(이 책 377쪽). 배우자들은 이 성좌로부터 분리된다. 반면, 크로우 판본들의 주인공들은 성좌와 결합한다. 이런 관계 아래 판본들 사이에 대칭이 지속된다.

다른 인디언들처럼 대평원의 인디언들도 그들의 달력을 만드는 데 천체적 또는 기상학적 지표로 만족하지 않는다. 그들 역시 식물과 동물의 성장을 고려하여 따라간다. 크로우족의 가까운 계통이고 아리카라족의 이웃인 히다차족은 자궁 속에 있는 들소 태아의 성장에 따라 그 해의 시기를 확정해왔다. 다른 관점에서 그들은 털이 나기 전의 들소 태아를 먹는 행위를 금지했다. 왜냐하면 아직 핏덩이인 태아가 월경하는 여자처럼 부정하기 때문이었다(M430b: Beckwith 1, 134쪽). 역시 아리카라족의 이웃인 테톤족(Teton)과 쉐이엔족은 가을 끝 무렵에 새해를 시작하며, 아래와 같은 순서로 달을 열거했다. 낙엽이 떨어지는 달, 들소의 태아가 자라는 달, 늑대가 무리지어 다니는 달, 들소 태아의 피부(가죽)가 색깔을 띠는 달, 들소의 태아가 털로 덮이는 달, 들소 암컷들이 새끼를 낳는 달 등(Mooney 2, 370~371쪽).

무서운 태아의 에피소드는 거의 1월에 위치한다. 한 만단 판본(M460: Bowers 1, 203쪽)이 이를 확인한다. 왜냐하면 이 판본은 손자를 박해한 자들을 벌 주기 위해 늙은 여인은 혹독한 겨울이 되게 했다고 설명하기 때문이다. 만단과 크로우 판본들(M429c: Lowie 3, 65쪽)에 따르면 봄의 도착(시작)과 더불어 다른 판본들에서는 다음해에 각기 다르게 확장된 에피소드가 시작된다. 그러나 이 에피소드는 만단족, 히다차족, 아리카라족, 파우니족, 아라파호족과 크로우 판본(M429a)에서 주인공의 지상 모험으로 종결짓는다. 적의를 가진 뱀(들)을 방문한 주인공은 그가 잠든 것에 많은 의문이 있는 그곳에서 비몽사몽 중에 그들(뱀)에게 이야기한다. 주인공은 뱀 한 마리만 남겨놓고 전부 죽인다. 잠시 후 또는 더욱 늦게 도망간 뱀 한 마리는 항문을 통해 주인공의 몸속에 침입하여 머리로 올라가 뇌(머리) 속에 똬리를 튼다. 주인공은 죽어서 해골이 된다. 불쌍한 생각이 든 그의 천상의 아버지는 많은 비를 내리게 하여 물이 해골(뇌) 속을 가득 채운다. 대단히 뜨거운 열로 끓기 시작하자 뱀은 더 이상(뇌 속에서) 견디지 못하고 떠난다. 부활한 주인공은 하늘에 있는 아버지와 만나고, 그곳에서 별로 변한다.

한 크로우 판본(M429d: Lowie 3, 71~74쪽)이 뱀의 에피소드를 봄의 시작 이후에 놓고, 태아의 이야기를 마지막에 놓는 것처럼 보임에도 불구하고, 별의 아들 이야기는 계절의 이동(변화)을 고려하는 것처럼 보인다. 각 에피소드는 그 해의 시기를 묘사한다. 겨울의 시작, 대단한 추위, 봄, 여름의 시작 시점에 내리는 비와 소나기, 마지막으로 건조하고 강렬한 열기를 열거하고 있기 때문이다. 신화는— 왜냐하면 주인공들이 성좌와 연결된 천체들이기 때문에—물새 편집이 지상동물과 수상(水上)동물의 습성에 따른 각기 자신의 코드로 기술한 여정과 같은 여정을 천체 코드로 묘사한다. 그러므로 우리는 대평원의 시리즈 후속으로 별의 아들의 시퀀스를 등록하여 이 책 390쪽의 도식(도표)을 완성할 수 있을 것이다. 이러면 동부 알곤킨족의 시리즈에서 물새 편집의 시퀀스와 일치하는 자리가 대평원의 시퀀스에게 나타날 것이다.

\* \* \*

우리는 별들의 배우자들에 관한 신화의 모든 유형들이 대립항들의 짝을 구성하며, 체계로 조직된다는 것을 확인했다. 이 항들을 개별적으로 떼어서 해석하려 한다면 헛수고가 될 것이다. 이 항들의 의미는 차별적이며, 의미는 항의 대립이 나타날 때에만 드러난다. 역사학파가 우연적인 연결(관계)과 통시적 진보(변화)의 흔적을 찾아내려는 그곳에서 우리는 공시성 안에서 이해할 수 있는 체계를 발견했다. 역사학파가 항(용어)들을 목록화하려는 그곳에서는 단지 (이들 사이의) 관계만 볼 수 있었다. 역사학파가 알아볼 수 없는 잔해 또는 우연한 (이질적 물질의) 집합체들을 수집하는 그곳에서 우리는 의미 있는 대조(대립, 대비)를 밝혔다. 그렇게 하면서 우리는 페르디낭 드 소쉬르(57쪽)의 가르침 하나를 실천하는 것으로 만족한다. "언어학 연구에 제시된 연구 재료를 심층적으로 접근함에 따라—이를 감추는 것은 불필요할 것이다—무엇보다 특히 사고하게 만드는 진실이 있음을 확신한다. 사물(재료들) 사이에 성립된 관계는—언어학 분야에서—**사물들 그 자체보다 먼저** 존재하고, 이들(의 관계)을 결정짓는다."

그렇지만 역사적 문제를 피해갈 수는 없을 것이다. 왜냐하면 어떻게 사물(사건)이 현재의 상태가 되었는지 합리적으로 자문하기 전에 사물(사건)이 무엇(어떻게)으로 구성되었는가를 알아야 하는 것은 분명한 사실이기 때문이다. 그리고 앞서 활동한 린네와 큐비에의 연구 없이 다윈의 연구를 상정(상상)할 수 없는 것 또한 사실이기 때문이다. 살아 있는 존재들뿐만 아니라 신화들도 원초(초반)부터 완결된 체계에 속한 것은 아니다. 완결된 체계는 기원(생성)을 갖고 있으며, 우리는 이에 대하여 질문할 수 있고, 또 해야만 한다. 현재까지 우리는 모두 같은 장르(속)에 속하는 몇 개의 신화적 종(種)들을 비교한 해부학에 몰두해왔다. 어떻게 그리고 어떤 순서로 각종 신화가 자신의 독창성을 얻게 되었는가를 알아볼 필요가 있다.

크로우족과 히다차족에 고유한 찌르레기새의 에피소드는 고슴도치 편집에 자리 잡아 하나의 체계를 구성하며, 여기에서 관여적인(변별적인) 관계들을 포함된(숨기는) 형식으로 표현된다는 점을 기억한다. 우리는 이 체계를—정확히 대칭적인—또 다른 체계와 정반대로 놓았다. 왜냐하면 믹막족과 파사마쿼디족에 고유한 깨새와 다람쥐들의 에피소드가 찌르레기새의 에피소드를 전도하고, 오지브와족의 물새 편집에 자리 잡으며, 물새 편집 자신은 고슴도치 편집의 역(전도)이 되기 때문이다. 이 두 번째 체계 내에서 관여적 관계들은 확장된(명시적인) 형식으로 표현된다. 지도 위에 투사된 이 논리적 구조는 대략 네 부족의 지리적 분포와 일치한다. 여기서 우리는 네 개의 유형을 볼 수 있다(그림 25). 사실 고슴도치 편집과 물새 편집은 꼭짓점이 대립하고 있는 두 삼각형을 접하고 있다. (점선으로 된) 직선은 두 삼각형을 가로질러(잘라) 각 삼각형의 표면에 하위의 (종속된) 두 삼각형을 만드는데, 이들은 각각 한편으로는 찌르레기새의 영역, 다른 한편으로는 깨새 및 다람쥐들의 영역과 일치한다. 이런 유일한 구조를 탄생시키는 세 직선의 교차점은 슈피리어호의 서쪽 어느 부분에 위치하며, 그곳에 초원지대의 오지브와족과 시우어족 그리고 알곤킨어족 부족들의 접경이 지난다.

교차점의 이 부분과 저 부분에서, 만일 어떤 의미 있는 차이성이 말하자면 생활의 양태, 사회적 구조, 정치적 조직 형태 또는 종교적 실천 사이에 존재한다면, 그리고 이런 차이성이 신화체계의 대면으로 나타나는 규칙적인 역전(도치)을 설명할 고유한 특성이라면 이를 알아야 할 문제가 제기된다.

한편으로 평원과 다른 한편으로 숲과 초원 사이의 단순한 대립이 우선 생각난다. 왜냐하면 이 대립은 원칙적으로 생활양식 사이의 놀랄 만한 차이를 동반하기 때문이다. 그렇지만 이런 대립은 어디서나 명확하게 구분되는 특성을 나타내지 않는다. 실제의 대평원은 대호수 지역에서 시작

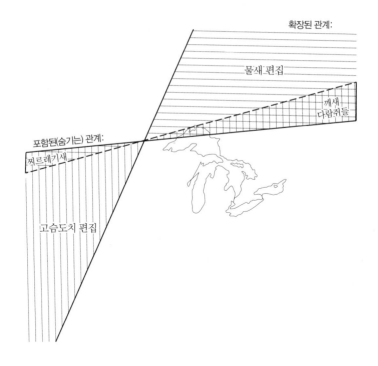

그림 25 별들의 배우자들에 관한 신화들의 논리적 구조와 지리적 분포의 조정(일치)

되지 않는다. 다만 대평원과 호수를 가르는 저지대보다 더 서쪽에서 시작된다. 호수의 이편과 저편의 오지브와족은 북쪽에 숲, 서쪽과 남쪽에 다소간의 숲이 있는 초원을 차지하고 있다. 기후와 식생(식물의 생태 환경)으로 볼 때 마을에 정착생활을 하는 부족들이 사는 플레이트와 미주리강 계곡은 지역적인 예외를 빼고는 서쪽의 건조한 스텝(대초원)과 분명하게 대조를 이루지 않는다. 서부 스텝 지역에서의 들소 사냥꾼들은 1년의 대부분 유목(방랑)생활을 한다. 그런데 우리가 설명하기를 바라는 신화적 대립(대조)은 일관성 있는 동시에 체계적이고 명료하게 구별된다. 말하자면 확장된 관계에 대해 포함된 관계, 여름 대 겨울, 처음 대 마지막, 신화의 흐름에 따른 혼인 에피소드의 다른 위치, 여자들의 다툼 대 남자들의 다툼 등을 들 수 있다.

우리가 사회조직 쪽으로 시선을 돌리면 더 많은 기회를 얻을 수 있을까? 부계출계와 외혼 씨족제가 지배하는 북부와 동부의 알곤킨족과 오지브와족의 사회조직은 상대적으로 단순하고 동질적이다. 가족 행위체계(친족이나 가족집단에 따라 행위 태도가 다를 수 있다)에 있어서 대략 북위 80도쯤에 일종의 단절(층)이 있다는 것을 알 필요가 있다. 제임스만(灣) 동쪽에 거의 존재하지 않는 금기들과 판에 박힌 태도들은 서쪽에 풍부하다(Driver 2). 그러나 출계법칙을 따라가보자. 그림 25의 북-동 삼각 안에는 부계출계가 획일적인 이 출계는 남-서 삼각 안에서 전도된다. 여기 크로우족과 히다차족, 만단족에서는 모계체계가 지배적이다. 주거규정은 역사시대로 들어서면서 거의 어디서나 더욱 유연한 형태가 자리잡기는 했지만, 옛날에 아리카라족(Deetz)과 쉐이엔족, 그로-방트르족, 아라파호족에서는 모거제였던 것 같다.

다른 모든 측면들에서 남-서 삼각의 영역은 전혀 동질적인 것이 없다. 마을 부족들은 틀이 잘 잡힌 사회조직을 소유하고 있으며, 대평원 사냥꾼들의 사회조직은 대단히 느슨하다. 크로우족, 히다차족, 만단족과 마찬가지로 아마도 과거의 아리카라족은 모계혈통의 족보와 논리적 우위성을 근간으로 형성된 이른바 '크로우' 유형의 친족체계(Bruner)를 갖고 있었다. 쉐이옌족과 아라파호족의 친족체계는 모계나 부계의 선호를 두지 않았으며, 차라리 세대의 개념 위에 성립돼 있었다. 그로-방트르족의 체계는 혼합이었다. 즉 비(非)외혼 밴드(무리)로 분할된 쉐이옌족, 아라파호족과 달리 그로-방트르족은 그들처럼 같은 계통의 혈족들을 세대의 층위로 분류했으며, 이들에게 적어도 과거에는 부계출계 씨족의 지위를 부여했던 것 같다(Grinnell 2). 크로우족과 히다차족은 모계포족(母系胞族)을 갖고 있었으며, 만단족은 같은 원리에 따라 조직된 반족(半族)을 갖고 있었던 반면, 아라파호족과 그로-방트르족은 반족이 없었다. 그리고 아라파호족은 과거 씨족의 흔적이 없다.

그런데 신화에서 관찰할 수 있는 차이들이 사회구조의 어떤 변화들과 일치할 수 있는지를 분명하게 알 수 없다. 부계출계인 오지브와 신화들에서 이동하는(이 책 390쪽) 것은 지상(땅)의 여인들이다. 그러나 북부와 서부 방향에 있는 이들의 직접적인 이웃이며, 역시 알곤킨어 계통의 크리족은 모계출계의 특성이 나타나지 않는다. 그렇지만 여자들의 움직이지 않는 보수성은 그들 신화학의 놀랄 만한 특성을 구성한다. 여자들은 늘 그 자리에서 가상의 남편이 오기를 기다린다(Bloomfield 1, 130~142쪽, 176쪽과 여러 곳). 반대로 해와 달의 분쟁을 조합하고 있는 대평원의 신화들은 배우자를 찾아서 남자들이 움직이게 만든다. 그러나 이 모든 신화들은 모계출계(크로우족, 히다차족, 만단족)와 근접한 부족들에서 유래하거나, 아마도 옛날에 부계출계(그로-방트르족)였던 부족이나 출계의 원칙이 고정되어 있지 않은 선계율(選系律)(쉐이옌족, 아라파호족)인 부족들에서 유래한다. 또는 거주율이 여러 유형에 속하는 부족들에서 또는 삶(생활)의 장르 차이로 농부인 마을 사람과 순수한 사냥꾼들로 대립하는 부족들에서 유래하며, 마지막으로 이들은 적어도 서로 다른 세 계통의 언어집단에 속한다.

사실상 두 신화체계의 대립을 존중하는 경계선은 하나일 뿐이다. 이 경계선은 대립을 설명하는 데 틀림없이 공헌할 수 있다. 서부 알래스카 로부터 두 남쪽 확장 영역을 가진 동부 래브라도(Labrador)까지의 북쪽 영역을 점유하고 있는 고슴도치 서식지의 경계선을 말하는데, 남쪽 확장 영역 중 하나는 대호수 지역에서 펜실베이니아까지의 영역이고, 다른 하나는 로키산맥과 캐스케이드(Cascade)산맥을 따라 멕시코까지 연장된다. 적어도 오처드(그림 26)가 그린 지도와 버트와 팔머(그림 27: Palmer, 272쪽 참조)의 지도—이 지도들은 동일하다—에서 드러나는 분포는 그러하다. 그렇지만 우리는 할과 켈슨의 지도를 재수록하지 않은 것이 꺼려진다. 이들은 하위종까지 확대 분류하는 세심함을 보이고 있으며, 더욱 넓은 분포 지역을 에레티존 도르사툼(*Erethizon dorsathum*: 고슴도치의 하위종)까지 확대하는 공헌을 했다(그림 28). 이 주제[9]에 대한 고찰이 필요하다.

지도를 그리기 위해 저자들은 (동물이) 산재하는 상황에 근거를 두고, 주변부의 주민들로부터 고립된 개인들이 본 동물에도 근거를 두었다. 이들의 방법론은 생물학적 관점에서는 확실히 정당성을 갖는다. 왜냐하면 고립된 한 개체의 출현도 어떤 지역에 어떤 종의 동물이 살 수 있다는 것을 증명하기에 충분하기 때문이다. 인류학자는 차라리 상대적인 밀집도의 문제를 제기한다. 문턱에서 문턱을 넘어(한계를 넘어서서)의 경우를 생각한다. 토착인들의 문화에서 보면 한 동물종의 희귀성은 실제적

---

9) 이 고찰은 교육적인 주해를 요약한 것이다. 하버드 대학 동료인 피에르 마란다의 중재로 우리는 케임브리지의 비교동물학박물관의 바버라 로렌스 양으로부터 얻을 수 있었던 주해와 뉴욕, 미국 자연사박물관의 포유동물학부 의장인 리처드 G. 반 젤더 박사의 직접적인 서신을 통해 얻은 주해를 요약한 것이다. 그분들에게 심심한 고마움을 전한다.

인(활용적인) 면에서 보면 이 동물의 부재와 마찬가지이다. 그런데 숲속 동물인 아메리카고슴도치는 확실히 대평원에 살지(서식하지) 않는다. 그러나 그곳에도 고슴도치는 어떤 개울가의 숲에 익숙해질 수 있으며, 이것은 할과 켈슨의 전문 용어에서 캐나다 생물대(帶)와 일치하는 그들의 정상적 서식지에서 아주 멀리 떨어져 정착한 개별적 상황을 설명한다. 심지어 그들(할과 켈슨)을 위해서도 이 생물대의 남쪽 한계는 다른 지도 저자들이 에레티존속(*Erethizon*)에 부여하는 경계와 일치한다는 사실은 의미심장하다. 끝으로, 할과 켈슨이 (남쪽 확장 지역의) 지표(징후)를 찾아내고 그들의 지도에 조심스럽게 고려한 남부 확장 지역은 최근의 현상인 것처럼 보인다. 이 현상은 대평원의 인디언들이 고슴도치와의 친밀성 부족을 조사한 인류학자들의 관찰과 모순되지 않는다.

그러나 이러한 관점에서 단어(확언)의 미묘한 차이를 고려하여 표현하는 것이 합당하다. 우리의 관심을 끄는 영역의 가장 최북단 부분을 차지하고 있는 히다차족은 십중팔구 고슴도치를 알고 있었다. 한 증언에 따르면 전염병과 백인의 침범으로 유발된 주민들의 이동 이후 이들(히다차족)이 미주리강 상류를 따라 이 동물을 사냥했다는 증언은 사실이다. 몬타나로부터 흘러오는 한 강지류는 히다차어로 아 파 디 아 지스(a pá di a zis) '고슴도치의 강'이라고 불린다(W. Matthews, 71~72쪽, 144쪽). 『야생의 사고』(71~72쪽)에서 우리는 이미 캐나다 생물 영역의 변두리에 위치한 히다차족의 지리적 위치가 그들의 신화에 줄 수 있을 파급 효과(영향)를 지적했다. 그래서 지상동물인 오소리가 지하동물(땅속동물)로 변형되고, 다시 수상(樹上)동물인 고슴도치가 천상(天上)동물로 변형되는 것은 놀라운 일이다. 심지어 히다차족의 경우가 경계의 특성을 제시한다는 사실을 받아들인다 하더라도 고슴도치에게 대단히 큰 역할을 주는 신화적 편집(고슴도치 편집)이 지배적인 거의 모든 영역에서 고슴도치가 거의 없거나 아니면 부재한다는 것은 앞에서 행한 조사에

그림 26 에레티존 도르사툼의 분포
(오처드, 도판 11 참조)

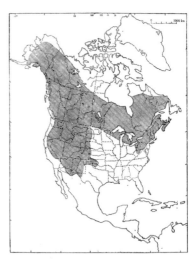

그림 27 에레티존 도르사툼의 분포
(버트, 143쪽 참조)

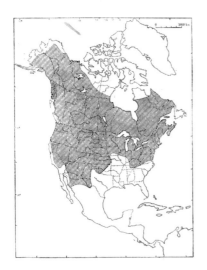

그림 28 에레티존 도르사툼의 분포
(할과 켈슨, 제2권, 782쪽 참조)

그림 29 가시털 자수의 분포 영역
(드라이버와 마쎄이, 지도 III 참조)

서 드러난다. 이러한 모순은 이를 기술적인 각도에서 고려할 때 더욱 그럴 수 있다는 힘을 얻는다. 왜냐하면 고슴도치가 없는(부족한) 대평원의 주민들은 가시털 자수 기술을 가장 높은 완성 단계로 밀어올린 같은 주민들이었기 때문이다(그림 29). 오처드(3쪽)에 이어 드라이버와 마쎄이는 이 점을 강조한다(324쪽). "지리적 환경이 고슴도치 서식이 실재하는 지역과 장식을 위한 가시(털)의 사용 사이에 대단히 분명한 상호관계를 지적한다. 단지 이 법칙에 예외적인 것이 있다면 그것은 고슴도치가 결여된 대평원의 영역이다. 몇몇 부족들은 상업적 교환을 통해 가시털을 얻고, 또 다른 부족들은 이 동물을 사냥하기 위해 산속으로 사냥원정을 조직했다."

고슴도치 편집이 하부구조에 대한 관념적인(이데올로기적인) 반향으로 생겨났다는 것은 생각(상상)할 수 없는 일이 아니다. 자수작업에 전념하는 주민들의 눈에는 발휘되는 기술의 비범성, 작업에 요구되는 정성과 배려, 이로부터 나오는 부(富)와 다른 복합적인 것들과 관련되는 자수작업 또한 철학적인 메시지를 표현한다. 고슴도치는 자신의 이질적인 풍모로 인해 이상화된(승화된) 동물의 외양을 가질 수 있었으며, 실제로 '다른 세상'에 속하는 형이상학적 존재(창조물)가 될 수 있었다. 반면, 오지브와족과 동부 알곤킨족에게는 고슴도치가 털을 뜯어낸 후에 먹기 좋은 현실의 짐승이었다. 이 부족들은 고슴도치를 그들의 신화에서 그의 모호성 때문에 이중의 특성을 반사(반영)하는 자연적 존재로 취급했다. 한편으로 고슴도치는 가까스로 상징의 뜻을 갖는 것처럼 보이기는 하지만 추위의 주인으로서, 다른 한편으로 이미 보물의 가치를 갖고 있는 가시 달린 갑옷으로서 금지되고, 맛있는 살로 구성된 부의 제공자이다. 만일—그렇게 보이기는 하지만—대평원의 알곤킨족과 그들의 이웃인 시우어 계통의 부족이 고슴도치가 살고 있던 북동쪽 지역에서 이주했다면 그들은 실제의 동물을 잃어버린 다음, 오지브와족이 보존하고 있는 신화체계의 기원과 매우 가까운 신화체계를 전도했을 가능성이 크다. 이것은 다른 경로를 통해 그들의 신화M447의 고전적 표현에 대해 우리가 제기했던 가설을 확인할 것이다. 왜냐하면 여주인공이 꿀에 미친 소녀인 남아메리카 순환과 이 신화(M447)가 제시하는 심층적인 유사성 때문이다. 이 책의 저술과정 중에 우리는 모든 세부적인 내용들에서 남아메리카 신화집단(M241~M244)과 일치하는 한 오지브와 신화(M374)를 찾을 수 있었다는 사실을 잊지 말자. 이미 이 아메리카 신화집단(M241~M244)은 꿀에 미친 소녀의 신화집단에 귀착되어 있으며, 이 집단의 여주인공은—이 집단이나 저 집단 모두에서—개구리이다(『꿀에서 재까지』, 254~300쪽). 베네수엘라의 와라우족은 정말로(본래의 뜻으로) 개구리를 꿀에 미친 것으로 간주한다. 오지브와족은 개구리를 야생 장과(漿果)에 미친 것으로 간주한다. 그런데 이 야생 장과는 그 외양의 아름다움으로 진주에 비교되었다(이 책 132~133쪽과 394쪽 주 8). 그런데 같은 오지브와족은 고슴도치를 이른바 왐품(wampum)이라고 말하는 진주의 주인으로 대체한다. 이것은 우리가 장식의 관습이 고슴도치 가시털 자수의 가장 오래된 기술에서 파생됐다(Wissler 3, 13쪽)는 사실을 믿을 훌륭한 이유를 제공한다. 여기서 믿기 힘든(이상한) 전도를 지적할 필요가 있다. 남아메리카 신화들에서 개구리는 우리가 북아메리카 고슴도치와 합동관계로 놓는 꿀에 미친 것으로 나타난다. 오지브와와 동부 알곤킨 신화에서 고슴도치와 합동인 개구리 또는 두꺼비는 진주—그 자신은 가시(털)와 합동이다—와 합동인 야생 장과에 미쳐 있다. 한 젊은 인디언 처녀는 대호수 지역의 신화에서는 물론 대평원의 신화들에서도 이 가시(털)에 미친 것으로 나타난다. 대평원의 신화들은 여주인공을 개구리의 역으로 만든다. 그리고 이 가시(털)를 너무 좋아하는 역할을 인간 여성 주인공에게 돌린다.

꿀에 미친 여주인공이 자연에 굴복하는 것을 볼 때 모순은 설명된다. 즉 여주인공은 즉시 꿀을 먹기 위해 꿀을 탐낸다. 그래서 여주인공은 혼인교환의 중재 역할로 사용될 꿀을 다른 용도로 전환한다. 반대로 고슴도치에 미쳐 있는 오지브와 신화의 여주인공은 자신의 엉덩이를 가시(바늘)꽂이 뭉치로 만드는 점에서 문화에 굴복한다. 여자는 수놓을 가시(털)를 원하여 동물의 겨울 휴식(나기)을 고려하지 않고, 말하자면 자연조건을 거스르고 동물의 털을 뽑는다. 북서쪽 끝에 살고 있는 부족들에서 같은 유형의 전환(순서 바꾸기)을 볼 수 있는데, 이 부족들은 고슴도치를 알고 있지만 거의 자수품들을 만들지 않거나 아주 높은 단계로까지 발전시키지 못한다. 톰슨, 릴로에트, 슈스왑(M442b: Teit 4, 83쪽; 1, 658~659쪽)은 그들이 신화에서 동물 지배조직에 공헌한 고슴도치에게 풍성한 선물로 덴탈리아(*dentalia*, 조개껍질)를 만들어줌으로써 보상한다. 아메리카의 이 지역에서 이 조개껍질은 가장 아름다운 장신구를 만드는 데 사용되며, 가장 귀중한 물품을 구성한다. 왜냐하면 톰슨이 말하는 것처럼 고슴도치가 가시(털)를 갖기 전에 덴탈리아로 덮여 있었기 때문이다.

마지막 질문을 할 차례이다. 우리가 고슴도치 편집의 시초와 새로운 서식지에 이 동물의 부재를 연결하면 어떤 측면에서 고슴도치 편집의 시초가 이 동물의 부재 기능이 된다는 점에서 우리가 톰슨의 연대기와 비슷한 연대기로 돌아오는 것이 아닌가? 우리는 이 연대기(356~359쪽)가 너무 짧다는 이유로 거부했다. 이것은 이들의 연대기가 남북 두 반구에 공통적인 신화 형식(유형)들의 기원이 아주 오래된 과거에 있어야만 한다는 사실을 모르고 있기 때문이다. 그래서 우리는 지금 몇 세기 전까지 거슬러 올라가는 주민들의 이동이 역사적 시대에 끝났다는 점을 원용한다. 왜냐하면 첫 여행자들이 이에 대한 증인들이기 때문이다. 이러한 반론을 제기한 후 우리는 우선 대평원에 주민이 살기 시작한 것이 수천 년 전이며, 이후에 아라파호족이 살았던 땅에 사냥꾼들이 1만 년 전에 들소 떼를 찾아 헤맸으니 틀림없이 신화들을 갖고 있었고, 이 신화의 요소들이 대대로 전수될 수 있었다고 답할 것이다. 이러한 흐름(추이)을 너무 멀리 연장할 필요 없이 몇 세기 이래로 대략 그 자리에 만단족처럼 살고 있는 몇몇 마을(정착) 부족들과 알곤킨족의 관계는 오래되었으며, 이들은 우리가 말했던 이유로 인해 그들의 북부 이웃 부족들[10]의 신화와 정반대(역)의 입장을 취하는 신화들을 생성했을 수 있다.

무엇보다도 고슴도치 편집에 대한 해석은 우리가 주의를 집중해온 공통구조를 존중하는 선에서 이루어졌다. 말하자면 해석은 공통구조의 층위에서 확립된 것이다. 고슴도치 편집의 기원을 이해하기 위해 우리는 이를 역사적 우연성이나 이야기꾼의 즉흥성에 기대지 않을 것이다. 별-남편의 신화―또는 우리가 그렇게 부르기로 했던 것처럼 별들의 배우자들―는 조사된 유형의 합으로 축소되지 않는다(설명되지 않는다). 그것은 기능하고 있는 관계체계의 형식 아래 모든 유형을 앞지르며, 이 관계체계의 활동에 의해 이러한 유형들이 생겨난다. 몇몇 유형들은 동시적으로 생겨나고, 여타의 유형들은 서로 다른 시기에 나타난다. 이것은 그 이점을 과소평가하지 않는 우리에게도 문제를 제기한다. 왜냐하면 실제적 출현이 늦은 유형들은 무(無)에서 생겨나지 않았으며, 이 유형들 역시 역사적 요소들의 유일한 영향 아래서 또는 외부의 자극에 대한 반응(응답)으로 나타나지 않았기 때문이다. 이들(유형들)이 체계에 내재하는 가능성에 의해 현재의 체계로 이동했으며(변형되었으며), 이런 의미에서 유형들은 역시 체계만큼이나 오래되었다. 우리는 아라파호족과 이웃 부족들이 이를 받아들이기 전에 고슴도치 편집이 이미 어디엔가 이와 같은 형식 아래 존재하고 있었다고 말하기를 원치 않는다. 그러나 가정은

---

10) 우리가 중부 미주리강 유역의 선사시대에 대한 레이몽 우드의 중요한 작업을 알았을 때 이 책은 인쇄 중이었다. 이 저자는 만단족에 기인하는 가장 오래된 잔존물들을 기원후 1100~1400년경의 것들이며, 또 역시 18세기부터 미주리강 계곡에서 농경의 반(半)정착민 생활의 자취도 확인한다.

불가능한 것이 아니다. 심지어 만일 오늘날 신화를 이야기하는 사람들의 선조들이 신화를 발명(창조)하고, 또는 신비적인 계시로 신화를 얻었다고 믿는다 할지라도 새로운 강의(새로운 판본의 이야기)는 이야기의 자율성을 제한해온 이미 현존하는 지시와 구속(제약)을 존중해야만 했다. 왜냐하면 우리가 믿는 것처럼 고슴도치 편집이 다른 경험과 모순되는 경험에 대한 반사(반응)였고, 또 그것이 새로운 삶의 조건은 물론 새로운 사고과정과 조화를 이루기 위해 세상의 이미지를 변화시킬 필요성에 대한 대답이라 하더라도 기존 표상체계의 모든 요소들은 가장 직접적으로 이론의 여지가 있는 새로운 요소들에 영향을 주어 변형시키는 동시에 동일한(상응하는) 방식으로 자신들도 변형되어야만 하는 일이 (결과적으로) 일어난다.

다시 말하자면 기술, 경제, 예술과 철학을 (나타내기) 위해 고슴도치만큼 그렇게 중요한 동물의 출현이 부재로 나타난다면(변형된다면) 이 동물이 역할을 하는 어느 곳이나, 그리고 이 동물이 역할을 보존할 수 있기 위해서 이 동물은 다른 세계로 자신을 투사해야 하며, 이런 사실로 인해 위는 아래로 변하고, 수평은 수직으로, 내부는 외부 등으로 변해야만 한다. 단지 이러한 조건에서만 예전(기존)의 합당한 이미지는 유지될 수 있을 것이다. 그리고 만일 고슴도치의 이론이 확장된 관계를 받아들인다면 이 이론은 새로운 판본에서 포함된(감추어진) 관계를 요구할 것이다. 역사적 우연성이 어떠하든 간에 모든 형식들은 서로 연루되어 있고, 이러한 연루관계는 사실상 어떤 내용들은 받아들이고 다른 내용들은 배제한다. 더욱 이러한 내용은 유리기(radicaux libres)처럼 존재하지 않는 선택의 자유를 갖지 못한다. 같은 주민들의 또 다른 신화들에서, 또는 이웃 주민들의 신화에서, 때때로 의례에서 내용은 이미 형식과 분리될 수 없으며, 형식은 이 새로운 적응능력에 대해 미리 판단한다. 지금 우리가 논하고 있는 경우에 대해 제6부(553~631쪽)에서 이 점을 확증할 것이다.

# 제5부 심한 배고픔

무엇보다 어린아이들이 육식을 좋아하도록 만들지 않는 것
이 중요하다. 그들의 건강을 위한 것이 아니라면 그들의 성격
(성질)을 위해서 그렇게 해야 한다. 왜냐하면 경험을 이야기
하는 사람들에 따르면 고기를 대단히 좋아하는 사람들은 그
렇지 않는 사람들보다 훨씬 잔인하고 사나운 것이 확실하기
때문이다. 이런 관찰은 모든 지역과 모든 시간에 걸쳐 이루어
진 것이다.

장 자크 루소,『에밀』, 제1부 제11장

# 1 선택의 어려움

로키산맥 동쪽에서 고슴도치 편집은 언어나 생활양식, 사회조직이 전혀 연관 없는 서로 다른 부족들이 살고 있는 연속된 지역을 차지하고 있다. 우리는 이 북아메리카 지역에서 고슴도치의 부재나 희귀함이 신화를 이해하기 위해 갖추어야 할 유일한 변별적 특질을 구성한다는 점을 알았다. 사실 언급한 영역은 단지 이 동물에게 부여된 초자연적 기능과 그의 실제적인 부재의 이중적인 관계 아래서만 동일할 뿐이다.

그렇지만 별들의 배우자에 대한 신화의 구조(économie, 조직)를 묘사하고, 이 신화의 다른 판본들을 전망하기 위해 우리는 모든 부족들을 고려하지 않았을 뿐만 아니라 그들에 대해 똑같은 주의를 기울이지 않았다. 무엇보다 아라파호족은 별들의 분쟁이 신화의 첫부분을 차지하고, 고슴도치 에피소드가 바로 뒤를 잇는 신화들의 예를 제공했다. 그런데 물새 편집이 별들의 배우자 이야기에서 떨어져 나와 대단히 먼 북쪽과 오지브와족의 서쪽으로 확장된 것과 같이 해와 달의 분쟁은 고슴도치 편집의 영역을 넘어 고슴도치 편집 비슷한 이야기와 이어지거나 또는 이어지지 않는 약한 형식을 포함하고 있다. 우리가 논의했던 가장 전형적인 예(들)와 이 약한 형식을 연결하는 것이 중요하다.

아라파호족과 쉐이옌족은 같은 언어학적 기원을 갖고 있다. 그들이 오래전부터 함께 이동했고 부근에서 살았다는 사실을 우리는 받아들일 수 있다. 그런데 쉐이옌족에서는 고슴도치의 에피소드를 수집할 수 없었는데, 이들은 해와 달의 분쟁을 이야기하지만 여기에 부부 사이의 문제를 개입시키지 않는다. 해는 빛의 주인으로 낮에 빛을 발하고, 달은 밤의 주인 자격으로, 해와 달은 각자 자신의 우월성을 주장한다. 별들(해와 달)은 형제이지만 오직 달만 땅에 존재하는 모든 것들을 돌보고 인간과 동물을 외부의 적으로부터 보호한다. 달은 말하기를, "나는 밤뿐만 아니라 낮도 관심을 가질 수 있으며, 세상의 모든 것을 통치할 수 있다. 네가 휴식을 하더라도 별 문제가 없다"고 형제인 해에게 선언한다. 그리고 달은 별들을 동맹자로 가진 것을 자랑스러워한다(M450: Kroeber 4, 164쪽).

이 작은 이야기는 해에 대한 달의 논리적 우위성을 인정하는 남아메리카의 사색(이론)과 대등한 입장을 나타낸다. 이것은 한편으로 달이 수많은 별들을 동반하여 즐기는 데 반해 해는 하늘에 홀로 있기 때문에, 다른 한편으로 말하자면 해의 빛과 낮 사이의 대립을 달의 빛과 밤 사이의 대립에 비교했을 때 더욱 효율적이기 때문이다. 달 역시 빛을 발하는 주간의 측면을 갖고 있는 반면, 해는 단지 주간의 측면 외에는 아무것도 없기 때문에 달이 더욱 우위에 있다(이 책 236~237쪽; L.-S. 18). 남쪽 카도안족 계열인 위치타족은 별에 대해서도 같은 대립구조를 응용한다. 별들의 배우자에 대한 그들의 신화 판본(M451a: G. A. Dorsey 3, 298~299쪽)에서 유일한 여주인공은 빛나는 별을 남편으로 탐내며 거짓 선택을 한다. 왜냐하면 그녀는 늙은이를 얻었기 때문이다. 노인은 야간의 별들이 예쁜 소년들이라고 그녀에게 설명한다. 여자는 대머리독수리의 도움으로 도망하는 데 성공한다. 그때 이래로 사람들은 별들에게 간청하지 않으며, 이들을 세는 것 역시 불길한 일이 되었다. 대호수 남쪽에 살고 있는 알곤킨어 계통의 부족인 미아미(족) 판본에서 커다란 붉은 별은 주름진 늙은이가 되고, 흰 빛을 내는 작은 별은 아름다운 청년이 된다(M451b:

Trowbridge, 51쪽).

　남아메리카 신화들과의 또 다른 접근이 불가피하다. 아마존의 투피족(M<sub>326a</sub>), 문두루쿠족(M<sub>421a</sub>)과 오나족(M<sub>419</sub>)에게 있어 만일 밤이 부부놀이에 불가결하다면, 반면에 작은 크리(족) 판본(M<sub>435</sub>: Skinner 1, 113쪽)에서 별들의 배우자들은 낮 동안 그녀들의 남편들이 사라지기 때문에 따분해진다. 일반적인 양상으로, 유표한 대립의 극이 어떠하든 별들의 다툼은 북서아메리카 신화학에 흔히 나타나는 주제를 구성한다. 다음 권(『신화학 4』)에서 우리가 조사를 시작했던 이 지역의 같은 신화들을 다시 보게 될 것이다. 쉬누크족(M<sub>452</sub>: Jacobs 2, 제2부, 61번)은 여름의 빛나는 해가 사람들을 밖으로 나오게 하고, 그들의 가장 아름다운 목걸이를 걸게 하는 반면, 달은 단지 배변(똥 누는 사람)과 부정한 사람을 밝힐 뿐이라고 설명한다. 톰슨족(Teit 4, 336쪽), 해안의 살리시족(Adamson, 271~272쪽, 283~284쪽, 378쪽), 북서쪽의 사합틴족(Jacobs 1, 195쪽), 네뻬르세족(Phinney, 87쪽; 주제의 분포에 대해서는 Boas 2, 727~728쪽 참조)에서도 같은 관점의 표현을 한다.

　별들의 다툼 영역은 북서쪽의 프레이저강 유역에서 남동쪽 산림의 구릉 지역과 대평원까지 확장된다. 오마하족과 퐁카족(M<sub>453a</sub>: J. O. Dorsey 1, 328쪽)에 따르면 달은 자신이 모집해 놓았던 인간들을 해가 분산시켜 길을 잃게 했다는 구실로 해와 다투었다. 해는 사람들을 성장시키고 증가시키려 그렇게 했다고 항의했다. 달은 사람들을 밤 속에 가두고 굶어 죽게 했다. 이런 사실로부터 좁은 공간에 사람들이 모이면 결과적으로 밤, 결핍(흉작)과 불임을 초래하게 되고, 이들이 흩어지면 낮, 풍부함(풍년)과 임신이 된다. 이러한 가깝고 먼 원근 변증법은 우리가 남아메리카의 예들에 대해 논의했던 제3부로 다시 데려온다.

　쉐이엔족과 근접해 있는 시우어 계통의 한 부족에서 분파한 캐나다의 다코타족은 쉐이엔족이 해와 달에 돌리는 각각의 가치들을 역전시킨다. 이들은 해가 여자들의 어머니이고, 달이 남자들의 아버지라고 말한다(M453b: Wallis 1, 40~44쪽). 그리고 여성인 해는 전능하다고 주장한다. 왜냐하면 달이 불규칙하게(간헐적으로)만 빛을 발하지만 해는 빛을 발하는 것으로 만족하지 않고, 인간들을 따뜻하게 하거나 자신의 기분에 따라 그들에게 활기를 주기 때문이다. 이에 더해 빛으로 눈부시게 하기에는 너무 약한 달과는 달리 사람들은 정면으로 해를 바라볼 수 없다. 이모든 논쟁에 대해 달은 뭐라고 대꾸할 줄 모르며 졌다고 이들은 말한다. 시우족뿐만 아니라 대호수 지역의 알곤킨족, 특히 메노미니족의 전형적인 역전(이 책 582~583쪽)에 대해 다시 논할 것이다.

마지막으로 이로쿼이족과 친족관계에 있는 북부 캐롤라이나(주)의 부족인 체로키족은 별들의 분쟁 주제를 다른 방향에서 설명한다.

### M454. 체로키족의 신화: 별들의 다툼(분쟁)

해 부인의 딸은 하늘의 천정점에 살았고, 그녀의 어머니는 땅의 다른 쪽에 살았다. 매일 일상의 운행을 하는 여성별(해 부인)은 점심을 먹으러 자신의 딸집에 머무르곤 했다.

해 부인은 자신을 보고 얼굴을 찡그리는 인간들을 미워했다. 그녀의 오라비 달은 자기 앞에서 인간들이 모두 웃는다고 항의했다. 해는 이를 질투하여 사망에 이르는 열병을 일으켰다. 모두 사라질 것을 두려워한 인간들은 수호신들에게 해 부인을 죽이라고 호소했다. 수호신들은 독사를 매복시켜놓았다. 판본들에 따르면 별(해)은 죽고 그녀의 딸이 해를 대체했거나 뱀들이 잘못하여 어머니 대신 딸을 죽였다.

해는 상복을 입었다. 아무도 이제 더 이상 죽지 않았다. 그러나 영원한 밤이 지속되었다. 왜냐하면 해가 나타나기를 원치 않기 때문이다. 보호신들의 충고에 따라 인간들은 해 부인에게 딸을 데려다주기 위해 영혼의 나라에 원정대를 보냈다. 소녀를 몽둥이로 후려쳐야만 했다. 소녀가 쓰러져 죽자 그녀의 시체를 상자 속에 넣고 잠갔다. 돌아가기 전에는 절대 뚜껑을 열어서는 안 되었다.

일곱 명의 남자가 사명을 맡았다. 그들이 서쪽으로 돌아오고 있을 때 소녀가 상자 안에서 부활하여 나가게 해달라고 애원하며 소동을 부렸다. 운반자들은 거절했다. 그녀는 배가 고프다고 하고, 또 목이 마르다고 하더니 숨을 쉴 수 없다고 애원했다. 남자들은 그녀가 이번에는 숨이 막혀 다시 죽지나 않을까 두려웠다. 그들이 뚜껑을 조금 들어올리자 소녀는 새로 변하여 도망갔다.

이런 이유로 사람들은 죽는다. 만일 전달자들이 금기를 어기지 않았다면 살릴 수 있었을 텐데 죽은 자를 다시 살리는 일은 이제 불가능하다. 해 부인에 대해 말하자면 자신의 딸을 잃은 것이 너무 슬퍼 그녀는 또다시 눈물로 땅 위에 홍수를 이루었다. 수몰될 것이 두려웠던 인간들은 해 부인을 즐겁게 하려고 그들의 가장 아름다운 소년과 가장 예쁜 소녀들을 그녀 앞에서 춤을 추게 했다. 그녀는 오랫동안 노래와 춤에 주의를 주지 않고 얼굴을 가리고 있었다. 그런데 한 북 치는 사람이 리듬을 바꾸라고 명령했다. 깜짝 놀란 해 부인은 눈을 떴다. 그리고 그 광경이 너무 즐거워 웃었다(Mooney 1, 252~254쪽).

우리는 지금 일본 신화학의 한가운데에 서 있는 것 같다. 이번이 처음이 아니다(『꿀에서 재까지』, 530~533쪽 참조). 그러나 우리는 북서아메리카의 엄청난 신화 전체(집합)를 다루게 될 다른 접근(이 역시 별 문제를 제기하지 않는다)보다는 여기서의 접근에 역점을 덜 둘 것이다. 사실 남동쪽의 숲으로 우거진 구릉지와 컬럼비아강의 고원지대만큼이나 그렇게 멀리 떨어진 북아메리카 지역에서 같은 신화들이 회귀한다는 사실은—열대 지역과의 비교(를 하지 않고도) 없이도—우리가 아메리카 사고의 근본적 구조와 관계가 있다는 것을 증명하고, 또한 이 두 반구에서 이런 근본적 구조의 사고를 만나는 것은 놀랄 일이 아니다. 단명의 기원에 대한 남아메리카 신화들의 주인공들(M₇₀~M₈₆:『날것과 익힌 것』, 321~344쪽)처럼 신화M₄₅₄의 주인공들은 귀신(죽은 소녀)의 부르는 소리를 듣지 말았어야 했을 것이다. 신화M₃₂₆ₐ의 사신들이 용기 속(호두 껍데기)에 밤을 운반하듯이 신화M₄₅₄의 사신들은 낮의 약속을 운반한다. 투피 신화에서 상자(용기)가 열림으로써 낮과 밤의 교대가 나타나게 되는데, 말하자면 매일 주기의 창시가 이루어진다. 여기에서 상자가 열림으로써 죽은 자의 부활은 불가능하게 되므로 인간 생명(삶과 죽음)의 주기가 창시된다. 남아메리카 신화들은 카누 여행을 통해 매일의 주기를 상징하며, 이 카누 여행에서 별들(해와 달)은 함께 있도록 강요되지만 적당한 거리를 두어야만 한다. 별들을 **적으로** 변형시키는(별들의 분쟁에 대한) 북아메리카의 주제는 별들이 **동반자(파트너)** 자격으로 승선하는 카누 여행의 남아메리카 주제와 대칭(관계)을 이룬다. 역시 체로키 신화(M₄₅₄)에서도 별들의 분쟁이 드라마틱한 사건들의 연쇄를 일으키며, 이로 인해 인간들은 제한된 생명을 갖게 된다. 결국 이런 사실로 인해 (앞의 증명으로 더 이상 필요 없음에도 불구하고) 이것(주기의 창시)은 다시 확증을 갖게(얻게) 된다.

\* \* \*

별들의 분쟁 영역을 확장시킴으로써 우리가 출발했던 대주제들을 다시 만나게 된다. 이 신화학적 주제를 먼저 우리가 찾아낸 지역에서 아주 멀리 떨어진 지역으로 조사를 확대하는 대신 현재의 자리에서 조사를 심화한다 하더라도 정확히 같은 결과를 얻게 될 것이다. 이런 의도 아래 아라파호족에서 접했던 판본들과 거의 동일한 판본임에도 불구하고 우리는 그로-방트르(Atsina) 판본을 소개할 것이다. 그로-방트르족과 아라파호족은 같은 주민으로부터 유래하며, 그들이 분리된 것은 불과 몇 세기 넘지 않는다는 것을 기억할 필요가 있다. 그렇지만 그로-방트르 판본은 적어도 사회적 구조(schème)에 대한 기억을 되살리는 이점을 제공한다. 또한 이 신화적 구조 위에 우리의 네 번째 파트(제4부)가 시작되었다. 이 제4부와 관련해 그 차이점을 제시함으로써 (이 차이점들은) 또 다른 형식으로의 이행에 사용될 수 있을 것이다.

### M455. 그로-방트르족의 신화: 별들의 배우자들

해와 달 형제는 땅의 여자들을 주제로 다투었다. 달은 물속에 살지도 않고 숲에 살지도 않는, 말하자면 인간 여성들이 가장 예쁘다고 단언했다. "그렇지 않아." 해는 반박했다. "그녀들은 나를 쳐다볼 때 얼굴을 찌푸리기 때문에 그녀들보다 더 주름진 것은 아무것도 생각할 수 없다. 물에 사는 여자들은 더욱 예쁘다. 그녀들은 마치 내가 그녀들의 것들 중 하나인 것처럼 내 얼굴을 상냥하게 쳐다본다"(M426 참조). 달은 항의한다. "예쁘다고, 개구리가? 너는 여자에 대해 아무것도 몰라. 개구리는 긴 다리, 푸른 피부, 점박이 등 왕방울 같은 눈을 가지고 있는데 너는 그것이 예쁘다고 생각해?"

해는 땅으로 내려와 그가 결혼한 개구리를 데리고 갔다. 개구리는 매번 뛸 때마다 오줌을 지렸다. 시어머니는 며느리가 기이하다고 생각했다. 그날 밤 하늘에서 빛을 바라던 달은 잠들지 못하고 조용히 있지 못한 인간 여인을 발견했다. 그녀는 아침 일찍 자신의 의붓자매와 나무하러 가기로 했다. 그녀들이 고슴도치를 보자 여주인공은 고슴도치의 가시(털)로 자수를 놓기 위해 고슴도치를 잡으려 했다. 고슴도치는 우선 그녀를 나무 꼭대기로 오르게 하고 이어서 하늘까지 올라갔다. 그곳에서 고슴도치는 예쁜 청년으로 변했다. 그는 여자를 어머니에게 인도했는데, 시어머니는 여자가 매혹적이라고 생각했다.

늙은 여인은 이제 두 며느리를 갖게 되었다. 하나는 그녀를 많이 도와주었고, 다른 하나는 전혀 돕지 않았다. 개구리는 이리저리 뛸 줄만 알 뿐이었다. 이 가련한 동물의 본성을 잊어버린 시어머니는 아주 몹시 당황스러워했다. 어느 날 그녀는 들소의 첫 번째 위(혹위)의 두꺼운 부분을 삶았다. 이를 두 며느리에게 나누어 주었다. 그녀는 먹으면서 가장 큰 소리를 내며 먹는 여자를 더욱 선호할 것이라고 말했다. 인간 여인은 쉽게 승리했다. 왜냐하면 그녀가 훌륭한 이(치아)를 가졌기 때문이다. 개구리는 숯을 씹으려 했지만 입 한쪽으로 검은 침만 흘러내릴 뿐 성공하지 못했다. 달은 역겨웠다. 달은 걸을 때마다 오줌을 지리는 형수가 밉다고 말했다. 그러자 개구리는 이제 조용해졌다.

자신의 마누라에 대한 모욕에 화가 난 해는 개구리를 집어 동생의 얼굴에 던졌다. 그러자 개구리는 얼굴에 붙었다. 이것이 달의 흑점에 대한 기원이다. 그런 후 해는 인간 여인이 동생인 달에게 이미 아들을 하나 낳아준 다음에도 불구하고 그녀를 가로챘다. 여자는 불행했다. 그래서 여자는 아들을 데리고 도망쳤다. 그러나 가죽으로 된 줄이 땅으로 내려가기에는 너무 짧았다. 해는 허공에 매달려 있는 자신의 아내를 알아보고, 돌을 던져 죽였다. 그녀는 땅으로 떨어졌다. 어린아이는 그녀의 시체가 썩을 때까지 곁에 머물러 있었다. 이제 해골과 뼈만 남았을 뿐이다. 어린아이는 먹을 것을 얻으려 늙은 여인의 정원을 약탈했다. 여자는 그를 잡아 입양했다. 여인의 경고에도 불구하고 주인공은 유혹녀들을 방문했는데, 그녀들은 곧 뱀으로 변했다. 그는 모든 파충류를 죽였는데 그중 하나가 살아남아 주인공의 항문을 통해 몸속으로 들어가는 바람에 그는 죽었다. 달은 뱀을 쫓기 위해(사냥하기 위해) 찬비를 내리게 했다. 아들과 어머니는 동시에 부활했다(Kroeber 6, 90~94쪽).

해가 동생의 부인을 가로채고 자신의 부인(개구리)을 동생의 얼굴에 붙이는 것을 제외하고(그러나 M427b 참조), 신화는 아라파호 판본들의 과정을 그대로 따른다. 말하자면 별들(해와 달) 사이의 강제된 배우자 교환이 일어난다. 결과적으로 주인공의 진정한 아버지는 해가 아니라 달이다. 이것은 나중에 이야기의 변화를 야기한다. 해의 열기로 더워진 소나기성 비 대신 달이 원인인 차가운 비는 위험한 뱀을 쫓는다. 아들과 동시에 어머니의 부활은 분명히 이 순환과 평행(M266: 『꿀에서 재까지』, 312~313쪽)인 해의 쌍둥이 아들에 대한 투피와 카리브 순환에서의 유사한 변형을 연상케 한다.

그로-방트르 판본에서 해와 달 각각의 역할에 영향을 미치는 역전의 초기(현상)를 볼 수 있다. 크로우 신화들은 이 역전을 끝까지 밀어붙인다. 그런데 아라파호족으로부터 그로-방트르족을 고립시킨 것은 틀림없이 대평원을 침공한 크로우족이다. 역사시대에 그들은 다른 두 부족의 영토 사이에 위치한 지역을 차지하고 있었다. 우리는 이제까지 그들의 신화에 대해 간략한 암시만 했을 뿐이다(이 책 354~355쪽, 396쪽). 이 신화들을 더욱 가까이서 볼 필요가 있다.

### M429a. 크로우족의 신화: 별들의 배우자들

어느 날 달은 정보를 얻으려고 해를 찾으러 나갔다. 달은 세상에서 가장 예쁜 소녀가 누구인지를 알고자 했다. 해는 그가 이미 선택했는지를 물었다. 달은 땅 위에서 개구리들보다 더 예쁜 여자들을 알지 못한다고 답했다. "절대 아니야!" 해는 말한다. "가장 예쁜 소녀들은 히다차 인디언 여자들이야." 각자 자신의 취향에 따라 결혼하기로 했다.

세 명의 히다차 자매들이 바로 그때 나무하러 갔다. 그녀들은 나무에 있는 고슴도치 한 마리를 보았다. 두 언니들은 가시(털)를 원한다며, 그중에서 제일 예쁜 막내에게 나무 위로 올라가 동물을 잡아오라고 말했다. 해는 소녀를 하늘까지 끌어올려 그녀와 결혼했다.

달은 개구리 한 마리를 데려왔다. 그리고 가족 천막 아래에서 어머니에게 자신의 아내로 받아들여달라고 빌었다. 늙은 여인은 사방으로 찾아보았으나 여자 닮은 것이라곤 아무것도 보지 못했다. 개구리는 말을 했다. 그리고 자신을 알아보도록 했다. 그런데 개구리는 화술(말투)에 문제가 있었다.

해는 씹기(씹어 먹기) 대회를 개최했다. 어머니는 들소의 첫 번째 위를 삶아 각 며느리에게 한 조각씩 선택하도록 했다. 히다차 소녀는 어둠 속에서 씹기 시작했다. 그녀는 대단한 대식가였다. 개구리는 솥 뒤에 숨어 있었다. 그러나 개구리는 귀를 즐겁게 할 소리를 내기 위해 부엌의 나무 땔감 껍질을 씹으려고 애썼다. 그러나 개구리는 실패했다. 달은 개구리를 연거푸 세 번이나 내쫓았다. 네 번째에 가서 개구리는 "나는 너와 영원히 함께 살 거야!"라고 소리를 지르면서 달의 등으로 뛰어올랐다. 신화는 해의 아내의 탈출에 대해, 그녀의 살해에 대해 그리고 할머니와 손자에 대해 계속 이야기하고, 마지막으로 '새벽별'로 변한 별의 아들 이야기로 끝맺는다(Lowie 3, 52~57쪽; 이 책 396쪽 이하 참조).

더욱 오래된 한 판본(M$_{429b}$: Simms, 299~301쪽)은 창조주인 해가 대단히 예쁜 한 인간 여인을 보고 아내로 삼고자 했다. 그는 한 고슴도치의 도움으로 그녀를 하늘까지 데려오는 데 성공했다. 별들의 다툼과 씹어 먹기 대회는 여기에 나타나지 않는다. 천상의 남편 정체를 정확하게 표현하지 않는 다른 두 판본에서도 나타나지 않는다. 한 판본은 입양하는 할머니가 달이라고 설명한다. 그녀는 주인공을 미워하지만 그의 어머니를 부활시킨다(M$_{429c\sim d}$: Lowie 3, 57~69쪽).

결과적으로 크로우 판본들은 이중의 변형으로 나타나게 된다. 첫째로 몇몇 세부사항들은 약화된다. 개구리는 오줌통(방광)의 장애 대신 말(표현)의 장애를, 숯 대신 장작 껍질을 씹고, 달의 가슴이나 얼굴이 아니라 등에 달라붙는다. 말하자면 **낮은 곳 ⇒ 높은 곳, 내부 ⇒ 외부(안 ⇒ 바깥),** **앞쪽 ⇒ 뒤쪽**으로 변형된다. 둘째로 이러한 이동(자리이동)은 혼인 선택(즉 해와 달의 배우자 역전)의 역전과 짝으로 일어난다. 왜냐하면 해는 인간 여인과 혼인하고, 달은 개구리와 혼인하기 때문이다. 보잘것없는 역할을 하는 이러한 달의 약화는 달의 성(性)이 변할 때(바뀔 때), 그리고 달이 땅의 할머니 아니면 지하의 할머니와 혼동될 때 더욱 강화되며, 크로우 신화들은 이러한 달의 사악한 성격을 강조한다.

이러한 모든 것은 크로우족이 해의 숭배에 중요성을 주고 있다는 사실을 알게 될 때 설명된다. 이들 인디언들은 개인적인 사건을 종교적인 것으로 만들고 조직화(제도화)된 성직자가 존재하지는 않지만, 해는 이론적으로 무한대인 수없이 많은 초자연적 존재들—이들은 각각 인디언들의 특별한 신비적 경험들과 이어져 있다—중에서 지배적인 위치를 차지한다. 사람들은 해로부터 얻은 계시(啓示)를 가장 귀하게 생각하며, 해의 이름으로 서약(맹세)하고, 제물을 바친다. 의례적인 증기목욕은 해에게 바치는 기도 중 하나이다. "크로우족은 우리의 절대자 개념과 더 한층 가까운 신(신의 개념)을 갖고 있지 않았다." 이것은 이들이 해에게 늘 호의적인 의도만 부여하고 있다는 의미가 아니다. 해는 남성이었으며, 해를 부를 때 이들은 아버지 씨족의 노장세대 남자들을 지칭할 때 사용하는 것과 같은 용어를 사용한다. 달은 그들의 기도와 종교적 믿음에 거의 나타나지(출현하지) 않는다. 심지어 달의 성별도 분명하지 않다. 달은 가장 흔히 여성이다(Lowie 7, 318~320쪽).

해 또는 달에 대한 선택적 신앙은 대평원의 부족들이 서로를 구별하는 데 도움을 준 것이 틀림없다. 크로우족과 시우어 계통의 다른 부족들은 태양의 숭배를 같이 나눈다. 반면, 이들의 사촌격인, 역시 시우어 계통이며 거의 같은 언어를 사용하는 히다차족들은 그들의 생활양식을 받아들인 마을 부족들에서 시행하는 달의 숭배에 합류하고 있었다. 한 히다차 정보 제공자(그는 스스로 그로-방트르족이라고 자임하고 있는데, 이것은 아라파호족과 친족관계인 아트시나-그로-방트르족과 같은 별명을 히다차족에도 응용하기 때문이다)는 설명하기를 "해는 그로-방트르족에 반해 시우족을 도우는 반면, 달은 그로-방트르족을 돕는다. 월식의 경우 그로-방트르족은 울며 탄식하지만, 시우족은 달을 향해 화살을 쏜다"(Beckwith 1, 133~134쪽)고 했다. 마찬가지로 "해는 시우족에게 우호적이고, 달은 만단족과 히다차족에게 우호적이다"(같은 책 xvi쪽, 188쪽).

그런데 히다차족이 배우자의 할당과 관련해 크로우족과 대립하고 서부 알곤킨족에서 볼 수 있는 배우자의 할당이 일치한다면 히다차족은 그럼에도 불구하고 한 점에서는 신화의 이야기를 완전하게 한다. 왜냐하면 히다차족은 여자들이 씹기 대회를 목적으로 무엇을 선택하는지 설명하기 때문이다.

### M430a. 히다차족의 신화: 별들의 배우자(여)들 1

달은 히다차 소녀들이 제일 예쁘다고 생각한다. 해는 이를 거부하는데, 왜냐하면 그녀들은 찌푸린 얼굴을 하고 있기 때문이라고 말한다. 해는 물의 소녀들, 말하자면 암두꺼비들을 선호한다. 달이 해에게 제안한다. "그렇다면, 각각의 종(種)을 데리고 오자. 그리고 그들에게 창자접시를 주어보자. 우리는 가장 훌륭하게 씹고 가장 큰 소리를 내는 여자를 갖도록 하자. 우리는 다른 것(습성들)은 배제하도록 하자."

이야기는 암두꺼비의 요실금과 고슴도치의 에피소드로 이어진다. 시합에서 인간 여인은 창자의 얇은 부분을 선택했고, 암두꺼비는 두꺼운 부분을 선택했다. 암두꺼비는 부정한 방법으로 음식물에 숯덩이를 섞었음에도 불구하고 소리를 내는 데 실패했다. 검은 분비물(침)을 흘려 더럽히고 말았다. 암두꺼비는 시동생(달)의 등에 달라붙었는데, 그의 손이 닿지 못하도록 하기 위해서였다. 이것이 보름달의 중앙에 있는 흑점이다(Lowie 5, 2쪽. 1910~1911년에 수집한 판본).

### M430b. 히다차족의 신화: 별들의 배우자들 2

하늘에 오두막이 한 채 있었다. 그곳에 해와 달 두 아들과 같이 사는 여자가 있었다. 해와 달은 땅을 교대로 비추었다. 하루는 해가 그의 형제에게 어느 지역의 소녀들이 제일 예쁜가를 물었다. 달은 대답했다. "그로-방트르 소녀들(=히다차)이야. 왜냐하면 그녀들은 땅의 오두막에 살며, 해의 따가운 열기에 화장수(기름)를 발라 그들의 피부를 보호하고, 자주 목욕을 하며, 그들의 용모에 신경을 쓰기 때문이다. 다른 부족들은 이런 의무를 방기한다. 이것이 그로-방트르의 소녀들이 가장 예쁜 이유이다." "동의할 수 없다." 해는 반박했다. "그녀들이 낮에 나를 쳐다볼 때 얼굴을 찡그리고, 머리를 돌린다. 이것은 한쪽 얼굴에 그늘이 지게 한다. 개구리 소녀들은 눈을 깜빡거리지도 얼굴을 찡그리지도 않고 나를 정면으로 바라본다. 이 여자들이 가장 예쁘다." 별들은 각기 자기 종의 여자를 데려오는 데 동의하고 그녀들의 미(아름다움)를 비교하기로 했다.

달은 한 남자와 그의 아내 그리고 세 명의 딸이 살고 있는 곳을 방문했다. 두 명의 언니는 이미 결혼을 했는데 막내는 처녀였고 또한 예쁠 뿐만 아니라 정숙했다. 두 언니들이 탐내는 고슴도치 에피소드가 이어진다. 서열상 가장 밑인 막내가 동물을 따라 나무 위로 올라가 사라졌다.

달의 어머니는 아들의 선택이 자랑스러웠다. 문턱에서 무시당한 개구리는 개굴개굴 울며 신랄하게 비난한다. 사람들은 개구리를 솥 뒤쪽에 앉힌다. 달은 씹기 대회를 조직한다. 그녀들이 얼음을 씹듯이 큰 소리를 내면서 창자를 씹는 이(치아)를 가진 여자를 취할 것이다. 침을 흘리고 활기 차게 씹을 수 없는 여자는 배제할 것이다. 달은 형제의 이야기를 반박하고자 하지 않았다. 속으로 생각하기를 이 시합이 확실히 그들과 결코 사이좋게 살아갈 수 없을 개구리를 보내는 데(내치는 데) 좋은 구실이 될 수 있을 것이다. 어머니는 창자를 삶았다.

각 여인은 자신의 조각을 선택했다. 인디언 여자는 얇은 부분을 집었고, 개구리는 두꺼운 부분을 집었다. 그녀들은 돌칼로 고기를 잘랐다. 그리고 씹기 시작했다. 인디언 여자는 잘 울리는 씹는 소리를 냈고 개구리도 씹는 소리를 냈다. 달은 솥을 치웠다. 그랬더니 형수가 숯을 씹고 있는 것을 목격했다. 그녀는 침을 흘리며 더럽히고 있었다. 달은 개구리를 불속으로 던졌다. 달의 이마로 튀어올랐다. 개구리를 떼려고 쓸데없는 시도에도 불구하고 개구리는 결국 다음과 같이 이야기하면서 등 뒤에 달라붙었다. "너와 네 형은 나를 원치 않지만, 나는 네 손이 닿을 수 없는 거기에 머물 것이다. 나는 결코 죽지 않을 것이다."

그로-방트르족은 별(달)의 흑점들을 '달의 개구리'라고 부른다. 청개구리가 아니라 해가 아내로 취한 모래에 사는 큰 두꺼비이다. 사람들은 이 종류의 두꺼비를 '할머니'라고 하고, 해를 '할아버지'라고 부른다. 이 두꺼비를 신성한 것으로 취급하며 어린아이들에게 이 동물들을 숭배(존중)하고 기도를 드리라고 가르친다.

신화는 할머니와 손자의 이야기로 계속되며, 별의 아들에 대한 이야기가 뒤를 잇는다(Beckwith 1, 117~133쪽; Bowers 2, 333쪽 참조).

크로우 판본의 인간 배우자가 히다차 인디언 여인이라는 사실은 크로우족이 몇몇 의례의 기초를 이루는(구성하는) 이 부족의 종교적 사고에서 신화의 중요성을 의식하고 있었다는 것을 암시한다. 그러나 크로우족의 경우는 아니었다. 왜냐하면 로위의 견해에 따라 우리가 주의를 환기했던 종교생활의 특성이 거의 조직화되지 않았기 때문이다. 다른 한편 블랙후트족과 아라파호족 그리고 일반적으로 서부 알곤킨족과는 반대로 히다차족은 태양춤의 기원을 별들의 배우자들에 대한 신화와 연결하는 것이 아니라 '받아들인 형제와 내친 형제'(*Lodge-Boy and Thrown-away*: Beckwith 1, 137쪽 참조)의 신화와 연결시킨다. 이에 대해 우리의 분석에서 논할 자리를 만들 것이다.

우리가 이에 대한 논의를 잠시 미루는 것은 이 논의가 우리를 난처하게 하기 때문이거나 우리가 로위와 같은 생각을 하기 때문이 아니다. 즉 '구조의 관점에서' 두 순환(고슴도치와 별들의 배우자)이 겹치는 히다차 판본들(그런데 크로우족의 경우 역시 그렇지 않은가?)이 "이 인디언들은 불분명(모호)하게 그들의 의례 기원을 민중 꽁트(Lowie 5, 9쪽; 8, 415쪽 이하 참조)와 연결하고 있다"는 사실에 돌리는 '기괴성'을 구성한다고 생각하기 때문이다. 그러나 사실상 두 순환 사이의 관계는 분명하다. 왜냐하면 우리는 아주 간단한 조작으로 두 순환 중 하나를 다른 하나로 전환(변환)해 증명해 보일 수 있기 때문이다. 그렇지만 참조해야 할 수많은 변이형 신화들이 너무 많아 이들을 요약하고, 다른 신화들과 비교해가며 밝혀야 될 관계 속에 이들 신화를 놓기(위치시키기) 위해서는 한 권의 책이 필요할 것이다. 여러 해 동안 신화 연구에 헌신한 우리로서는 틀림없이 이를 집필해야 할 의미(맛)를 잃게 될 것이다. 그렇지만 우리의 서류자료들은 이에 대한 계획과 주제들을 보존하고 있다.

그러므로 별들의 배우자들에 머물도록 하자. 히다차 판본들은 씹기 대회의 진행과정 조건들을 상세히 나열하고 있다. 그녀들의 시어머니는 며느리들에게 창자요리(접시)를 제공한다. 그녀들은 각각 얇은 조각과 두꺼운 조각을 선택한다. 왜 이러한 판단 기준을 만들었을까? 사람들은 실용(활용)적인 서열(층위)의 이유를 들어 이를 설명하려 했다. 동물 동서보다 더욱 약삭 빠른 인간 배우자는 씹을 때 저항이 적을 얇은 조각을 탈취한 반면, 아마도 음식 욕심이 많은 개구리는 정말로 삼킬 수 없는 두꺼운 조각을 입속에 넣었을 것이다. 간략하게 문제를 해결하는 이점을 가진 이러한 해석에 아무것도 반대하지 못한다. 그런데 민족지를 바탕으로 한 인류학적인 해석은 이것과 다른 해석을 암시한다. 이 해석은 방향이 달라서 우리가 유형의 연습이라는 명목으로 그리고 이 논의가 유효성(타당성)의 정립을 주장하지 않는 한도에서 해석해볼 것이다.

민족기술학적(민족지적) 문학의 가장 순수한 명작 중의 하나에 대해 히다차족에게 우리는 은혜를 입고 있다. 왜냐하면 윌슨(G. L. Wilson)은 정보 제공자들이 스스로 말을 하게 하는 재능을 갖고 있었으며, 한편으로 일화와 숙고 사이에서, 기술적인 보잘것없는 행위들과 학자풍(적인) 의식 사이에서, 사냥과 어로 또는 음식 사이에서, 다른 한편으로 의례와 신화 사이에서 정보 제공자들의 자발적인 이야기 속에서 밝혀진 하모니(균형)를 존중할 줄 아는 재능의 소유자였기 때문이다. 19세기 중·후반에 일어났던 것과 같은 의례적인 독수리사냥 원정을 이야기하는 연로한 이야기꾼들은 이러한 모험적인 생활에 대해 서정적으로 이야기를 펼친다. 모험생활 중 이들은 작은 남성집단으로 텐트를 치며 매일 매일의 일상양식을 즉석에서 조달했다. 이처럼 그들이 잡은 첫 사슴(*Dama hemionus*)은 고기를 제공하며, 사슴 가죽은 겨울옷을 만들기 위해 따로 떼어놓는다. 목 부분을 자른 위(첫 위)는 장갑처럼 뒤집어서 바로 물자루로 사용한다. 정보 제공자는 진행과정을 두 개의 그림으로 표현한다(그림 30). 정보 제공자는 이 과정을 이런 용어를 사용하여 설명한다. "자루는 안쪽을 바깥쪽으로 거꾸

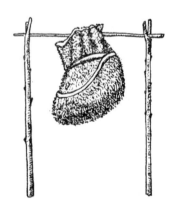

그림 30 물자루
(윌슨, 그림 1, b와 c 참조)

430

로 뒤집은 위로 만들었다. 작은 방(세포)들이 (우리처럼 표현하자면 털) 그림에 나타난 것처럼 흰 줄이 있는 곳을 제외하고 전부 위의 내부 쪽에 있었다. 이 줄(밴드)에는 털이 없으며, 위의 내벽 중에 이 지점이 가장 두껍다"(Wilson, 113쪽).

들소 위를 전혀 본 적이 없으므로 우리는 이 서술이 정확하게 그들의 위에 들어맞는지를 단언하기가 조심스럽다. 그렇지만 신화의 히다차 판본들은 창자가 어느 동물의 것인지 정확하게 말하지 않는다. 이러한 측면에서 적어도 소과와 사슴과의 위 사이에 주된 차이점이 있는 것 같지 않다. 우리는 단지 반세기 후에 한 정보 제공자의 기억 속에 남아 있는 이중 대립에 대한 것만 취할 것이다. 이중 대립에 대해 이들 사회는 틀림없이 중요성을 인정하고 있다. 위의 **털이 난 부분**은 얇지만 **두꺼운 부분**은 매끈하다(털이 없다). 역시 신화에서 두껍고 얇은 사이의 대립은 이것에 더해 매끄러운 것과 털이 난 것 사이의 또 다른 대립을 포함할 수 있을 것이다.

그런데 이 두 번째 대립은 히다차와 이웃 부족들처럼 망토(외투)로서 들소 가죽을 입는 부족들의 의례에서 중요한 위치를 차지한다. 이 모피들은 한쪽은 매끈하고 다른 한쪽은 털로 덮여 있다. 더욱 여성들의 작업으로 무두질한 앞면은 흔히 그림과 자신의 문화적 특성을 강조한 자수를 놓는다. 반면, **모레 아니말리움**(more animalium, 더욱 동물스러운) 밖으로 털이 있는 쪽의 망토를 입는 사람은 자연 쪽에 위치한다.

이런 항들 안에서 대평원의 인디언들이 대립을 상정한다는 사실을 통해 우리는 기후 변화가 없어도(기후 변화가 개입됨이 없이도) 이들이 상황에 따라 외투를 털이 난 쪽을 안쪽으로 입든가 또는 바깥쪽으로 입는다는 상황적인 결과가 나타난다는 것을 알 수 있다. 만단족과 히다차족에서 고문과 희생을 지도하는 성직자는 자기 외투의 털 있는 쪽을 밖으로 해서 입어야만 했다(Beckwith 1, 40쪽). 이것은 마치 오키파(okipa)

연례 대의식의 춤추는 자들이 들소를 의인화할 때처럼 털 있는 쪽을 밖으로 입는 것과 같았다(Bowers 1, 134쪽; 2, 206쪽, 444~445쪽). 전이(轉移) 의례 시 "흰 암들소의 여성 단체의 의례 집행녀들은 자신들의 담당 기능에 따라 외투의 털 있는 쪽을 바깥으로 또는 안쪽으로 해서 입었다(Bowers 1, 325쪽). 별 어려움 없이 다른 예들을 들 수 있을 것이다(M$_{368}$, M$_{503}$의 알려지지 않은 이방인들이 입은 신비한 옷차림을 보라).

그러므로 두꺼운 조각을 선택함으로써 범하게 되는 개구리의 잘못─그 조각은 매끈한 것이었기 때문에─은 문화의 편을 택했다는 것일 수 있으며, **해의 손님일 때** 신중한 선택은 자연을 향한 것이어야 했을 것이다. 사실 우리가 제시하려고 한 것처럼 히다차와 만단 신화들에서 얻으려 한 교훈은 그러한 것이다. 창자에 대한 주제를 끝내기 위해 단지 한 예로 남아메리카 이야기(신화)를 보도록 하자. 이 신화에서는 별들의 배우자들의 맥락과 유사한 맥락 속에 같은 대립이 나타나는데 단지 한 가지 예외적인 것은 이 신화(M$_{456}$: Preuss 1, 304~314쪽)와 관련된 해의 배우자는 천상의 여인이며, 여자는 자신의 애인이 된 지하의 존재를 시켜 남편을 살해한다는 점이 다르다. 해의 아들들이 생명을 구해준 딱따구리가 그들의 진정한 기원을 발설할 때까지 이들은 지상생활을 영위했다. 신화 M$_{429}$~M$_{430}$과 관련해볼 때 높은 곳과 낮은 곳 사이의 중간 지점, 가운데 세상의 새인 딱따구리가 (같은 의미에서) 우리가 하늘과 땅의 교차점으로 정의했던 찌르레기새로 변형되는 것만큼이나 역전(전도)이 놀랍다.

형제들은 의붓(계부)아버지를 죽이는데, 그는 표범으로 변한다. 여자(형제들의 어머니)는 아들에게 복수하러 찾아 나선다. 그들이 하늘로 올라가자 하늘까지 추적한다. 두 형제 중 하나는 보이는 해가 되어 자신의 빛의 열로 어머니를 태운다. 그녀가 갖고 있던 비축용 물에도 불구하고 자신을 보호하기가 불가능하여 그녀는 죽고, 타버린 시체는 땅으로 떨어지면서 조각이 난다. 다리는 땅 위의 식물이 되었다. 내장의 **두꺼운** 부분은 강한 뿌리를 가진 리아나덩굴나무로 변하고, **얇은** 부분은 땅에 뿌리를 내리지 못한 착생(着生, 기생)식물이 된다. 형제에 대해 말하자면 한 명은 맥의 이빨로 된, 다른 한 명은 꼬리뼈들로 된 목걸이로 장식하고 하늘에 정착한 이들은 인간들에게 식인 축제의 시기와 맥의 사냥 시기를 알려준다.

*　*　*

우리는 예상치 못한 길을 통해 남아메리카로 되돌아옴(회기함)으로써 별들의 다툼에 대한 신화적 주제가 남반구에도 존재한다는 것을 증명할 수 있었다. 현재까지 특히나 북아메리카의 주제는 우리가 볼 때 이 주제나 저 주제(남아메리카 주제) 모두 카누 여행을 해와 달이 배우자를 찾으러 가기에 합당한 거리의 문제를 제기하는 그런 의미로 변형하는 것처럼 보였다. 그런데 위토토 신화는 다툼을 우리가 이미 요약하고 논의했던 마쉬구엔가 신화(M₂₉₉: 『꿀에서 재까지』, 450~460쪽) — 이 신화에서 해는 어머니를 자신의 열기로 태운다 — 와 접근시키는(유사한) 형식으로 다툼 자체만 거론하고 있을 뿐이다. 이 어머니는 달의 배우자가 된 인디언 여인이다. 달은 자신의 아들을 벌하기 위해 유배를 보냈다. 북아메리카 신화들에서처럼 결과적으로 두 별은 여기서 아버지와 아들로 변형되며 이들은 달의 인간 여인과의 혼인을 계기로 분쟁을 한다. 그리고 우리는 한 오지브와 신화(M₃₈₇d: Jones 2, 제1부, 3~7쪽과 6쪽 주 1)를 알고 있는데, 여기서 해는 바람이 잉태시킨 자신의 인간 어머니를 태어나면서 죽인다.

다툼(분쟁)의 또 다른 남아메리카 형식들은 더욱 직접적인 방식으로 이를 설명한다. 이처럼 지바로족 신화(M₃₈₇)에서 둘 다 남성인 해와 달은 쏙독새부인(여인)의 총애를 나누는 문제에서 사이가 틀어진다. 이것이 부부간 질투의 기원이다. 그런데 몇몇 판본들(Wavrin, 635~636쪽)은 해의 여자 또는 여자들을 개구리 또는 개구리들로 변형시키는데, 이 개구리들은 북아메리카의 동료들처럼 가사일을 할 수 없다. 투무파사 신화 (M387b: Nordenskiöld 3, 291~292쪽)에서 한 여자-두꺼비 역시 마찬가지로 무관심하다(부주의하다). 그녀는 남편의 첫 번째 부인의 역할을 합당하게 대체하지 못하며, 일부다처제의 실패를 보이고 있다. 반면, 신화 M387의 주제는 일처다부제이다. 한 가이아나 신화를 인용해보자.

### M457. 아레쿠나족의 신화: 별들의 다툼(분쟁)

옛날에 웨이와 카페이는 해와 달이었다. 이들은 헤어질 수 없는 사이였다. 이 시대로부터 카페이는 순수하고 우아한 얼굴을 가지고 있었다. 그는 해의 여러 딸 중 하나를 사랑하게 되어 매일 밤 그녀를 방문했다. 이것이 웨이를 화나게 했고, 그는 딸에게 연인의 얼굴에 월경 피를 바르도록 명했다. 그때부터 별들(해와 달)은 적이 되었고, 달은 해를 피하고 검정이 묻은 얼굴을 가지게 되었다(K.-G. 1, 54쪽).

신화의 간결함에도 불구하고 이 신화는 몇 가지 측면에서 흥미를 일으킨다. 달의 흑점 기원에 관해 이 신화가 제시하는 해석은 신화M354와 북아메리카 신화들 사이의 중간 지점에 이 신화 자체를 위치하도록 한다. 다시 말하자면 신화M354 — 이 책의 출발점 — 에서 은유적 개구리인 아내(여인)는 남편의 등을 똥으로 더럽히며, 북아메리카 신화들에서는 달의 흑점에서 환유적인 개구리를 볼 수 있는데, 얼굴 전체에 달라붙거나 가슴 또는 등에 달라붙는다. 이것은 결국 별(달)을 의인화한 인물의 일부분을 이룬다(달의 특성이 되었다). 이 모든 형식들에 공통적인 의미론적 장(場)을 명확하게 표현할 수 있다.

각 신화 또는 신화집단은 이 (흑점의) 영역을 자신의 방식대로 자르

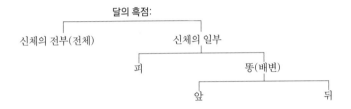

는 것에 만족한다. (신화M354)에서는 **몸의 절반, 똥(배변), 뒤,** (별들의 분쟁의 북아메리카 신화집단)에서는 **몸 전체, 피, 앞 또는 뒤,** 그리고 (신화 M457)에서는 **몸의 부분, 피, 앞**으로 자른다. 사실 신화M457과 북아메리카 집단 사이의 차이는 아레쿠나 신화에서 월경 피, 몸의 일부분이 달의 흑점을 야기하는 반면, 북아메리카에서는 몸 전체가—마치 신화M428이 이를 명시적으로 공인하는 것처럼—월경 피를 의미한다는 사실에 기인한다.

신화M457은 우리가 천체의 삼각(틀)을 소개하기 위해 이 책 초반부에 사용했던 가이아나 신화들(M360~M363)의 계보에서 유래하며, 카누 여행의 주제는 후에 천체 삼각과의 동등함을 제시했다(이 책 102~109쪽, 281~289쪽). 삼각의 개념은 히다차 신화들에서 아마도 우연한 양상으로는 다시 나타나지 않을 것이다. 히다차 신화들을 통해 우리가 현재 논하고 있는, 특히 달이 선택할 수 있는 두 언니들은 이미 혼인을 했고, 막내가 처녀인 세 자매의 형식 지점에 올 수 있었다.

카누 여행에 관한 남아메리카 신화들에서 삼각이 맡은(차지하는) 역할을 기억한다. 세 명의 하인들(M326a), 세 젊은 처녀들과 세 늙은 정부들(M104), 또는 두 명의 패거리 중앙에 서 있는 한 인물(M354, M360~M363 등), 3의 숫자는 아메리칸인디언들의 종교적 표상체계에 아주 드물게 나타나기 때문에 히다차족의 남쪽 이웃 부족인 만단족에서 이 숫자가 가지는 중요성은 대단히 놀라운 일일 것이다. 만단족은 미주리강 가에 히다차족보다 수세기 전에 나타났으며, 히다차족은 만단족이 그들(히다차족)에게 준 것보다 훨씬 더 많은 영향을 받은 것 같다(Bowers 2, 476~489쪽).

만단족과 히다차족 신화와 의례들은 식물의 여신에게 대단히 커다란 자리를 부여하며, 이 여신은 달을 의인화하거나 달에 사는 '절대-죽지-않는-늙은-여인'이다. 그녀는 이 두 부족의 신화들에서 별들의 배우자에 관한 순환의 뒤를 이어 나타나는 할머니와 손자의 순환에서 입양하는 할머니의 역할을 수행한다. 이런 이유로 인해 이 여인은 직접적으로 우리의 논의와 연결된다. 만단족에 따르면 이 여신에게 바치는 의례와 제단은 지역의 첫(최초의) 점유자들에게까지 거슬러 올라가는 고전적 전통과 관련된다(Bowers 2, 338~339쪽).

만단족 관찰자들 중 한 사람인 비어드(Wied)의 막시밀리언 왕자에 의하면 이 여신은 여섯 명의 아이들을 갖고 있다. 세 명의 아들과 세 명의 딸이다. 소년들 중 맏이는 낮(첫 번째 창조물)이며, 둘째는 해이고, 막내는 밤이다. 소녀들 중 맏이는 아침별이며, 둘째는 북극성 주위를 도는 별의 이름인 '줄친 호박'이라 불리며, 셋째는 저녁별이다(Maximilien, 360쪽; Will-Spinden, 133쪽; Bowers 1, 155~156쪽). 아침별과 저녁별은 각각 동쪽과 서쪽에 일치한다. 그들의 형제인 해처럼 세 여자 역시 무서운(위험한) 특성을 갖고 있는데, 이들 넷 모두—그런데 더욱더 해와 그의 누이 '천상의-여자'는 중간적(매개적) 서열의 위치에 있다—는 거짓 임신, 정신착란, 얼굴 경직, 가뭄, 죽음, 부부 사이의 부정행위, 발작(까무러침, 기절), 정신쇠약 그리고 여러 다른 불운을 야기하는 식인자들이다(Bowers 1, 296~299쪽; 2, 330쪽).

이러한 지시(증거)들로부터 아래와 같은 사실이 드러난다. 가장 나이든 소년과 가장 어린 소년들은 각각 낮과 밤의 의미를 내포하고 있으며, '춘·추분'의 측면(이 책 표지 참조)을 나타낸다. 그리고 동과 서의 의미를 내포하고 있는 가장 큰 언니와 가장 어린 동생은 우리가 이 항들(용어들)에 부여했던(이 책 345~346쪽) '하·동지'의 특성을 갖는다. 이들 모두는 아라파호족에서 의례용 정자의 네 개의 주 기둥의 그것과 유사한 형상을 구성한다. 만단족은 태양춤을 거행하지는 않지만, 오키파(okipa)라고 하는 특별한 성격의

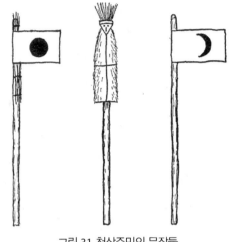

그림 31 천상주민의 문장들
(보워스 2, 325쪽 참조)

연례축제를 거행한다. 이 행사 역시 여름에 거행되며 임시로 만든 정자가 아니라 영구적인 오두막에서 이루어진다. 이 오두막의 골조는 1년 내내 닫혀 있으며 여섯 개의 기둥 위에 세워져 있거나(Bowers 1, 113쪽, 124~125쪽, 127쪽 그림 14) 오두막에는 '결코-죽지-않는-늙은-여인'의 어린아이 수만큼, 또는 막시밀리언(359~360쪽)의 말에 의하면 신전의 주요 신들의 수만큼 기둥이 세워져 있다. 어린아이들의 수는 남성과 여성 각각의 항들 사이에 제3항이 끼어들어 낮(정오의 해)의 정점 또는 밤(북극성의 둘레를 도는 위성)의 정점을 차지한다는 사실에 유의할 필요가 있다.

만단족과 히다차족 역시 또 다른 삼각들을 숭배한다. 우리가 뒤에 논할 신화(M₄₅₉)에 따르면 최초의 세 선조들은 그들의 누이와 함께 땅속 깊은 곳에서 솟아났다. '천상의-주민'은 그 자신과 '천상의-늙은-여인'(해의 누이인 '천상의-여인과 혼동하지 말 것) 그리고 해와 달 형제의 어머니와 삼각을 형성한다. 이들은 같은 수의 문장으로 상징된다. 같

은 거리로 꽂아 높은 물푸레나무 막대기 위 중앙에는 늙은 여인의 초상
을 걸어놓고, 그 양옆의 막대기 위에는 해와 달의 초상이 걸려 있다(그림
31; Bowers 1, 303쪽; 2, 325쪽).

이러한 배치는 카누 여행에서 천상의 손님들 배치를 연상시킨다. 그리
고 천상의 주인에 대한 의례들은 별들의 분쟁 신화를 기초(창설) 신화로
하고 있다는 사실(M461: 이 책 465~466쪽 참조)을 소홀히 할 수 없을 것
이다. 의식 자체는 만단어로 합미나케/HapminakE/라는 이름을 갖고 있
으며, '낮의 해' 또는 '낮의 여행'(Bowers 1, 296쪽)을 의미한다. 이 점에
서 잠깐 머물러 보자.

1967년 1월 9일 친절하게도 직접 편지를 보내준 알프레드 W. 보워
스 씨에게 심심한 감사를 전하며, 이 편지를 통해 그는 우리에게 이 용
어의 어원에 관한 몇 가지 상세한 사항(설명)을 제공해 주었다. 일반적
인 대화를 통해 그는 설명하기를, 보통 해를 미-나-케/mi-nak-E/라고
부르며, 또한 배를 의미한다. 의례의 언어로 사람들은 차라리 하파-미-
나-케이/hap(á)-mi-nak-E(i)/ 또는 하파-마-나-키-니-데/hap(á)-
ma-na-ki-nị-de/라고 부르며, 형태소(단소)의 단위로 분석하면,
hap(á) = '낮', mi = '돌, 바위', nak = '둥근 형태' 또는 hap(á) = '낮',
minak(E) = '배', 이들을 조합하여 해를 지칭한다. 또한 이렇게 분해할
수 있다. hap(á) = '낮', mana = '나무', ki = '영향을 끼치다, 행위를 반
복하다', nị(i콧소리를 내다) = '걷다', dE = '움직이다, 이동하다', 말하
자면 '낮 동안 움직이는(이동하는) 나무로 된 물체' 또는 '낮의 배 여행'
을 뜻한다.

우리는 좀더 뒤에서 별을 둥근 돌과 동일시하는 또 다른 신화(M466: 이
책 555쪽 이하)에 대하여 논할 것이다. 지금으로서는 배 여행의 이미지
를 그대로 간직하자.

미주리강 계곡의 부족들인 만단족, 히다차족 그리고 아리카라족

(Denig, 579쪽)은 버드나무 가지의 골격에 늘린 들소 가죽이나 사슴
[1] 가죽을 씌워 바구니 모양의 둥근 배를 갖고 있는 유일한 부족들이다.
알려진 배의 크기는 지름이 약 1.2미터에서 1.5미터이며, 손님 한 사람
을 태우기에도 너무 협소하여 어떤 사람들은 단지 짐을 운반하는 데 사
용할 뿐이다. 이들의 가장 큰 배에서는 앞쪽에서 노를 젓는다(Adney-
Chapelle, 220쪽; Simpson, 175쪽). 기술자들에 의한 자세한 기술은 항상
인류학적 증언이나 신화학에서 나타나는 것들과는 일치하지 않는다. 인
류학자들에 따르면 만단족의 배는 거의 2미터에 달하며, 신화학에 나타
난 배는 때때로 엄청난 크기로 상상되어 나타난다. 뒤에서 다시 보게 될
신화들($M_{510}$~$M_{513}$)은 나흘 낮과 밤 동안 12명의 승객을 운반할 수 있는
배에 대해 말한다. 그러한 배들이 존재했다는 것을 의미하는 것은 아니
다. 그러나 이러한 배들이 1~2킬로미터의 강가를 따라 내려가며 강을 건
너는 데에 훌륭했다는 흔한 증언에 얼마간의 영향(영감)을 주었을 것이
다(Neill, 252쪽). 히다차족의 나이 든 정보원들은 독수리사냥 원정이 봄
까지 계속되어 돌아올 때나 하구에 있는 적들을 기습하기 위해 강을 따
라 내려가는 긴 여행에 대해 이야기한다(Bowers 2, 57쪽, 265쪽).

---

1) 우리는 『야생의 사고』 80쪽에서 사슴(elk)을 프랑스어 '큰사슴, 고라니'(élan)
   로 아주 쉽게 옮겨 놓음으로써 '너무 쉽기 때문에 빠지는 함정'을 경험했다. 사
   실상 고라니는 더욱 북쪽에 서식하며, 다양한 아메리카사슴속(Cervus)의 표준종
   들만 살고 있는 중부와 남부 지역에는 존재하지 않는다. 영어의 'elk', 프랑스어
   의 'élan'은 아메리카 'moose'라고 불리는 알세스속(Alces)의 유일한 종을 지칭
   한다. 아메리카에서 'elk'라는 단어는 유럽의 의미가 곡해된 것으로 세르부스속
   (canadensis, merriami)의 커다란 종들에 사용된다. 이 세르부스속의 커다란 종들
   은 무엇보다도 신화 속에서 다른 대체할 동물이 부재한 곳에서 더 큰 사슴의 명
   목으로 고라니(élan)의 조합 변이형의 역할을 한다. 아메리카 고라니(élan)는 프
   랑스어로 'orignac' 또는 'orignal'이라 부르며, 이 단어는 사슴을 지칭하는 바스
   크(어) 기원의 용어로 캐나다에 유입된 말이다.

무엇보다도 신화들이 이미 논의한 신화들에서 카누의 주제를 정당화하기 위해 주장하는 항해기술과 정확하게 대립하는 항해기술을 묘사하고 있다는 점이다. 대평원의 배들은 선수와 선미가 없다. 두 선원이 각기 앞과 뒤에 앉아서 전복되지 않도록 움직일 수 없는 카누와 달리 선원들은 배가 균형을 잃지 않게 하기 위해 배 한가운데에 서며(Beckwith 1, 83쪽), 아주 완전히 정상적인 양상은 이 배는 노를 저으면 저을 때마다 배가 돈다는 점이다라고 신화들은 정확히 말한다(Neil, 252쪽; Will-Spinden, 113쪽).

우리는 항해기술자들에 반해 신화들이 옳다고 인정하는 편파성까지 밀고 나갈 생각은 없다. 그러나 진실이건 거짓이건 신화들이 제시하는 서술은 적어도 카누 여행과 관련된 표현들과 유기적으로 연결되는 표현들―말하자면 전체가 하나의 일관성 있는 이야기처럼―을 설명하는 이점을 제공한다. 한편으로 아마존 유역과 가이아나의 인디언들, 다른 한편으로 이로쿼이족처럼 만단족은 그들의 특별한 항해기술을 이유로 별들의 운행과 인간들의 여행을 연관시킨다고 가정한다면 이들은 이 항들 사이의 관계를 자신들의 방식으로 상정해야만 한다.

더 앞쪽에서 인용한 증거에 따르자면 큰 수상 여행은 수확한 농작물이 아무것도 없을 때 마을에서 멀리 떨어진 곳에 야영지를 만들어 봄까지 머물다 돌아가려고 마련한 여행이다. 수상 여행과 지상 여행의 이러한 경험적인 연계를 통해 이들의 관념으로는 수상 여행(한 여행)은 지상 여행(다른 한 여행)으로 대체할 수 있다는 것을 부분적으로 설명한다. 다른 곳에서 긴(오랜) 카누 여행처럼 독수리사냥을 위한 지상원정은 대평원의 부족들 특히 만단족과 히다차족에게―이들에게 독수리사냥은 종교적 성격을 갖는다―가깝고 먼 것의 조정(중재) 문제를 제기했다.

먼저 지리적 관점에서 만단족과 히다차족은 단지 부족 영토의 작은 부분을 형성하는 기복이 심한 강 상류 지형에서만 독수리를 사냥해왔다

(Bowers 1, 206~207쪽). 토착인들의 사고와 지형학에서 이런 지방은 경작지에서 가까운 반영구적인 마을과 유목생활의 기간 동안 큰 들소사냥이 이루어지는 평원과의 사이에 매개적(중간의) 위치를 차지한다. 그런데 독수리사냥의 생활 유형은 엄밀하게 말하자면 유목생활도 아니고 정착생활도 아니었다. 때때로 사냥원정은 마을로부터 100킬로미터가 넘는 곳까지 이루어졌으며, 이는 항상 어떤 사냥터에 다다르기 위해서였다. 원정대의 수장은 이 사냥터의 전수되는 명목상의 소유자이지만, 씨족의 범위를 벗어나는 것은 아니었다. 더욱 사냥꾼들은 여자와 아이들을 동반할 수 있었는데, 단지 분리된 야영지를 사용한다는 조건에서였다. 세 번째로 농사와 일반 사냥과는 달리 독수리사냥은 양식을 얻기 위한 것이 아니었다. 이들은 새를 잡아 질식시켜 머리 장식에 사용하거나 옷 장식 그리고 상업적 교환으로 사용하기 위해 털을 뽑은 후 날려 보낸다. 그렇지만 이들은 이 인적이 드문 지역에서 모든 종류의 사냥감을 잡을 기회를 갖는다. 한 마을 전체의 주민이 집단사냥에 나설 수는 없었을 것이다. 이 기복이 심한 땅에 많은 수의 들소가 들어올 수도 없을 뿐만 아니라 이들을 포위하기도 대단히 어렵기 때문이다. 더구나 이들은 항상 어떤 매복(복병)을 두려워하고 있었다. 그래서 이들은 작은 집단의 독수리사냥꾼과 전사들만 모험에 나서곤 했을 것이다.

사냥은 사람이 살지 않고 견디기 힘든 지방에서 이루어지기 때문에 전통적인 적들과 뜻밖의 조우가 이루어질 수 있다. 독수리사냥은 정치적인 관계에서 말하자면 동맹과 전쟁 사이의 매개적(중개의, 중간의) 위치를 차지한다. 쉐이엔족과 만단족은 서로 적임에도 불구하고 "암묵적인 관습(조약)이 존재하며, 사냥 기간 동안 내내 두 부족 사이에는 피를 흘리는 일이 일어나서는 안 된다. 그렇지 않으면 사냥꾼들은 사냥에 불운을 겪게 된다…… 한 야영지에서 다른 야영지로 이들은 서로 방문하며 그들 각각의 제단(sacred bundles)의 주술적 힘에 대해 악의 없는 농담을 교환한다." 같은 유형의 관습이 아리카라족과 시우족 사이에도 존재했다 (Bowers 1, 210쪽).

마지막으로 독수리사냥은 달력에서도 중간적(매개적) 위치를 차지한다. 사냥은 가을에 이루어지는데, 말하자면 여름 대(큰)사냥과 추수 후 추위가 오기 전에 끝난다. 인디언들은 이 추위를 피할 수 있도록 산림 우거진 계곡 밑에서 겨울을 날 수 있도록 강을 내려다볼 수 있는 언덕에 지은 여름 마을을 떠난다. 강가에 얼음이 얼기 시작하자마자 절대적으로 독수리사냥을 멈춰야 한다. 왜냐하면 말이 유입되기 전 인디언들은 도보로 도착한 사냥터에서 잡아 비축한 고기와 가죽을 가지고 그들이 현장에서 제작한 카누들을 타고 마을까지 강을 내려가야만 했는데, 추위가 너무 혹독해지면 얼음덩어리가 이들을 위협할 수 있었기 때문이다(Bowers 1, 250~251쪽).

결론적으로 독수리사냥은 다섯 가지 다른 양상의 중재로 할 수 있다. 즉 공간적인 면에서, 시간적인 면에서 그리고 부족들 사이의 경제적 행위와 분쟁(갈등), 삶의 양상의 세 가지 면에서 중재할 수 있었다. 몇 주일 동안 독수리사냥은 참가자들을 가까움과 멂, 여름과 겨울, 정착생활과 유목생활, 물리적 또는 정신적 목적의 추구, 평화와 전쟁 사이에서 합당한 거리의 생활(방식)을 하게 한다. 주기적 리듬에 따른, 그리고 확실한 목적이 있는 여행인 강가 부족들의 항해처럼 사냥원정은 낮과 밤(매일) 및 계절의 규칙적인 교대를 부호화하기 적절했다.

### M458. 만단족의 신화: 해와 달의 바캉스(휴식)

조물주 코요테가 땅 위에 살고 있을 때 그는 해를 방문할 생각에 사로잡혀 있었다. 그는 해가 떠오르는 그곳 동쪽을 방문하여 놀랍도록 정장으로 장식한 한 남자인 천체(해)의 등장(상승)에 참여했다. 다음 날 저녁 코요테는 마술을 부려 아주 똑같은 복장을 만들었다. 그리고 그는 전날 밤 보아두었던 해가 가는 길을 따라 해보다 먼저 앞서 갔다. 해가 담배를 피우기 위해 머무르는 곳인 천정점에 도착한 코요테는 그곳에서 해를 기다렸다. 잠시 후에 도착한 해는 길을 따라 난 발자국들을 보고 당황했다. 조물주를 보자 해는 격분하여 그에게 갑자기 거기서 뭘 하느냐고 물었다. 코요테는 땅속 깊은 데서 왔으며, 그곳에서 빛을 밝히는 역할을 한다고 설명했다. 그리고 해는 상층세계에서 같은 역할을 하는 자신의 동료라는 것을 알았으며, 자신은 해와 이야기를 하고, 그와 알고 지내고 싶다고 했다. 해는 항상 혼자 있었고, 친구 없이도 잘 지낸다고 답했다. 해는 코요테를 두들겨 팬 후 하늘 밖으로 던졌다.

코요테는 빙빙 도는 어지러운 추락으로 정신을 잃었다. 그가 정신이 들었을 때는 밤이었다. 그는 땅에게 그가 어디에 있는가를 물었다. 거의 죽어가는 코요테는 포복으로 느리게 움직여 샘물 가로 향했다. 그는 의례를 행하고 있던 오소리들을 길에서 만났다. 코요테를 알아본 오소리들은 그를 훌륭히 맞이했고 아낌없이 그를 돌보아주었다.

코요테는 회복되자 복수할 수 있도록 오소리들에게 도움을 청했다. 그들은 코요테에게 물푸레나무 방망이, 식물 줄기로 만든 올가미 줄과 풀잎의 크기로 줄어든 포플러나무로 무장하라고 충고했다. 그리고 코요테와 검은 올가미 줄이라고 불리는 오소리는 천정점에서 잠복했는데, 그들은 해가 휴식을 취할 장소에 올가미를 설치하고 풀잎에 줄을 묶었다. 해는 화가 나서 도착했다. 왜냐하면 다시 발자국을 보았기 때문이다. 올가미는 해를 옭아맸다. 풀잎이 나무로 변하는 바람에 해는 공중에 매달렸다. 코요테는 해를 방망이로 팼는데, 코요테의 보호자들(오소리들)은 방망이를 만들 때 너무 상처를 입히지 않도록 무른 나무를 선택하는 조심성을 보였다. 그런 후 코요테는 해의 팔과 다리를 묶었다. 그리고 오소리들의 오두막으로 해를 운반하려고 등에 맸다. 오두막에 도착하자 해를 풀어주었다. 그리고 그를 자리에 앉힌 후 그의 친구가 되려고 하는 방문자에 대한 해의 고약한 행위를 질책했다. 오소리들의 노래와 춤으로 즐거워진 해는 그들의 환영을 받아들이기로 했다.

한편 달은 형인 해의 행방에 걱정이 되었다. 그래서 그를 찾아 떠났다. 그는 우연히 오두막을 발견했는데, 그 안 문 쪽에 앉아 있는 해를 보았다. 달을 본 그들은 들어오게 하여 점심(식사)을 제공하며, 해가 왜 거기에 있는지를 설명했다. 달은 죄인(해)을 질책했다. 그러나 그는 오소리들의 우두머리에게 상석을 양보하고 문 곁에 앉게 해달라고 청했다. 왜냐하면 낮의 천체(해)는 존중돼야 하므로 그를 모욕해서는 안 된다고 설명했다. 그는 둘이 떠날 때 이를 대체할 상징들을 남겨놓을 것이라고 했다. 그래서 사람들은 독수리사냥꾼들의 오두막에서 이 상징물들을 볼 수 있다. 말하자면 벽에 걸어놓은 두 개의 올가미 줄로 문 반대쪽에 해를 상징하는 올가미를 놓고, 문 위에 달을 상징하는 올가미를 걸어놓는다. 이런 이야기 때문에 사냥꾼들은 때때로 야영지에 해와 달을 구현한다.

형제는 사냥계절의 마지막까지 하늘에서 서로 교대하여 오소리들의 집에서 그렇게 즐겁게 지낸다. 나뭇잎들이 노랗게 물들 때 그들은 코요테에게 다음해에 다시 올 것을 약속한다. 그런 후 모두 다 헤어진다. 독수리사냥꾼들(오소리들)은 그들의 집으로 돌아가고, 해와 달은 하늘에서 빛을 비추기 위해 일을 다시 시작한다. 코요테는 계속해 방황을 한다. 그가 휴식을 취하며 독수리사냥 시절 행복했던 때의 향수에 젖어 있던 어느 날, 덩굴식물의 노랗게 된 잎을 발견한다. 이 식물의 본래 자연 색깔인 것을 알아차리지 못한 코요테는 깡충깡충 뛰었다. 그리고 흥이 나 노래를 부르며 야영지까지 뛰어갔으나 그곳엔 아무도 없었다. 한 주술식물이 말했다. "그 시절이 아직 오지 않았다." 실망한 코요테는 떠났다(Beckwith 1, 269~272쪽).

오소리들(Gulo luscus)을 사냥꾼의 원형으로 만드는 이유에 대해 독자들은 『야생의 사고』(66~72쪽)를 참조하기 바란다. 그리고 우리는 여기서 그의 대칭(관계)에 있어 놀라운 신화적 골조가 명확하다는 점에 유의하는 것으로 만족할 것이다. 왜냐하면 지하동물인 오소리들은 같은 양상으로 푸른 하늘의 새인 독수리들과 대립할 뿐만 아니라 최소의 편각(amplitude moindre)에서도 천상의 빛인 해와—역시 '최초의 창조자'로 불리며—지하세계에서 해의 역할을 한다고 주장하는 코요테는 대립하기 때문이다. 신화의 초반부에서 두 극단의 항들 사이에 중재는 불가능한 것으로 나타난다. 코요테는 해의 자리를 취할 수도 없고 그의 곁에 앉을 수도 없다. 그다음 시기에 코요테는 땅 밑에 바로 판 함정(fosses-pièges)의 주인인 오소리들의 도움으로 땅 위에 있을 수 있게 되었다. 끝으로 세 번째 시기에서 코요테와 오소리들은 함께 해를 천정점에서 체포하고 그를 밑으로(아래로) 끌어오는 데 성공한다. 그러나 이렇게 하기 위해서 그들은 올가미로 그를 잡아야만 한다. 말하자면 그들은 **해를 마치 독수리인 것처럼 취급하고, 코요테 자신은** 그가 **마치 오소리인 것처럼** 독수리사냥꾼으로 행동한다.

```
         ┌ 해
         │
        ┌├ 독수리들        독수리 ┐
        │└ ............................. ├ (독수리사냥)
  ┤     └ 오소리들        오소리 ┘
         │
         └ 코요테
```

이러한 문제(문제제기)에서 올가미는 이중의 기능을 갖는다. 방금 본 것처럼 한편으로 이것은 위(높음)과 아래(낮음) 사이의 중재항으로 사용되고, 다른 한편으로 우주적 모순을 뛰어넘는다(극복한다). 코요테와 해의 인물들이 처음에 나타내는 반대 명제는 기술-경제적 그리고 시간적 층위에서 양립성(일치)의 관계로 변화된다. 말하자면 독수리사냥이 지속되는 한, 그리고 사냥 덕분에 이제 더 이상 아무것도 불가능하지 않다. 모순된 것들이 함께 기거할 수 있게 된다. 그렇지만 이러한 첫 번째 확언이 신화의 중요한(핵심적) 목적이 아니다. 독수리사냥은 모든 모순들을 해결하는 힘을 갖는다는 명제로 놓음으로써 생각할 수 있는 가장 강력한 것이 된다. 또한 독수리사냥은 시간축 위에 위치하는 가장 필수적인 임무를 위해 장소(땅)를 준비한다.

이러한 축의 변화는 독수리사냥 의례(전례)와 별들의 배우자들에 관한 만단과 히다차 신화 판본들에서 볼 수 있는 관계를 통해 이미 나타났다. 적어도 부분적으로 이것은 사냥 의례의 기원을 세우는 데 사용되지만, 이 부분은 우리가 이미 본(331쪽 이하) 태양춤 의례를 세우는 데 사용된 부분과 차이가 난다. 그러니까 연관관계는 하늘을 향해 올라가는 여인의 상승을 상징하는 정자 중앙 기둥의 매개로 이루어진다. 그런데 독수리사냥 의례들 역시 나무 기둥(둥치)을 사용하는데, 나무둥치를 수직으로 세우는 대신 땅에 수평으로 눕혀 사용한다. 사냥꾼들이 세운 나뭇가지로 만든 피난처

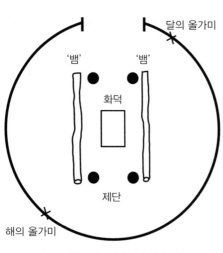

그림 32 독수리사냥꾼의 오두막 평면도
(윌슨, 143쪽 참조)

(숨는 곳)에서 화덕 이쪽저쪽에 나란히 놓인 두 개의 나무둥치를 볼 수 있다(그림 32). 이 기둥들은 사냥꾼들이 잠을 잘 때 베개로 사용되며, 발은 벽 쪽으로 뻗는다. 이 기둥들을 놓을 때 뱀이기를 기원하거나(Wilson, 146쪽), 해의 아들이 긴 여행을 하는 동안 싸웠던 뱀 독수리사냥꾼들이 사용했던 베개를 상징한다(Bowers 2, 293쪽, 334쪽). 독수리사냥 의식이 천상(하늘)의 시퀀스 대신 신화에서는 지상의 시퀀스를 나타낸다는 것을 알 수 있으며, 서 있는 기둥 대신 누운 기둥의 도움으로 이를 의미한다는 것을 알 수 있다. 유사성은 땅속에 판 사냥오두막의 화덕이 함정을 상징한다는 것을 앎으로서 더욱 선명해진다. 결국 태양춤의 제단 역시 함정을 포함하는데, 이 함정은 몇몇 증거에 따르자면 해의 아내가 땅으로 떨어질 때 패인 자국이며, 한 경우 하늘·땅의 분리의 수단이거나, 다른 경우 땅·하늘의 결합을 상징한다.

신화가 이야기하는 식물 줄기의 두 올가미 배열 역시 수평축을 존중하고 있다. 한 올가미는 문과 반대쪽에 걸려 있으며, 금으로 된 가는 막대기와 연결되어 있어(Solidago) 해를 상징한다. 다른 올가미는 쑥(Artemisia)과 연관되며 문 가까이 걸려 있어 달을 상징한다(Wilson, 150~151쪽). 각 올가미가 걸려 있는 붉게 칠한 막대기는 해당 천체를 상징하는데, 말하자면 해와 달은 가죽배처럼 둥근 사냥오두막에 물리적으로(실제적으로) 출현해 있다. 그러나 카누에서처럼 해와 달은 이제 반대편 장소를 차지한다.

우리는 독수리사냥의 계절이 초가을에서 첫 얼음이 얼 때까지 지속된다고 말했다. 이 계절의 기간은 추분을 포함하는데, 신화는 두 가지 방식으로 이를 설명한다. 해와 달을 서로 반대편에 놓아 또한 서로 그들의 자리를 바꿀 수(교환할 수) 있게 만든다. 우리는 오소리들이 우선 해를 보잘것없는 자리인 문 가까이 놓으려 한 것을 기억한다. 이것은 존중받는 자리에 앉도록 초청된 달이 그의 형을 위해 상석을 포기할 때까지 이어진다. 서로 바꿀 수 있는 자리를 만들기 위해서는 행위가 이루어지는 순간에 밤은 낮의 길이와 '동등'해야만 한다.

이처럼 신화는 독수리사냥을 토착민들의 철학으로 사고하기 위해 우리가 열거했던 신화들에 새로운 유형의 중재를 첨가한다.

| | | | |
|---|---|---|---|
| 1) | 평원<br>유목 | '나쁜 땅(토지)' | 거주의 땅 |
| 2) | 사냥(으로 얻은)<br>양식 | 사냥 의례 | 농업 |
| 3) | 양식(식용)<br>동물 | 장식물 | 양식(식용)<br>식물 |
| 4) | 평화 | 휴전 | 전쟁 |
| 5) | 여름 마을 | 사냥움막<br>(피난처) | 마을 또는<br>겨울 야영지 |

신화는 지금 아래와 같이 제안한다.

| | | | |
|---|---|---|---|
| 6) | 하지 | 추분 | 동지 |

말하자면 세 개의 항은 각각 낮의 우위, 밤의 우위 그리고 밤과 낮의 동등을 내포하고 있다.

이러한 '춘·추분'의 기능 안에서 사냥오두막이 수상 카누의 지상 변이형 역할을 수행한다는 것은—이에 막시밀리언(359~360쪽)을 놀라게 했던 주제인데,—만단족의 신화적 대주제와 이웃 알곤킨족과 더욱 동쪽에 있는 다른 주민들의 주제 역시 친족관계를 이룬다는 점이다. 이들 부족들의 신화 주제에서 우리는 오리노코강의 타마낙족의 한 신화(M415: 이 책 259쪽)에서 첫 번째로 나타난 문화영웅들에 의한(Jones 3, 137쪽 Fox의 인용) 암벽화의 발명 주제를 찾을 수 있었다. 우리는—물에서 땅으로, 그리고 통시적 서열에서 공시적 서열로 —해와 달 사이, 그러니까 낮과 밤 사이의 합리적 거리를 확정하는 데 사용한 표준적인 자(원기)의 이중적인 흐름의 관점(의미)에서 이(암벽화)를 해석했다. 그런데 타마낙의 쌍둥이가 북아메리카에서도 증명된 주제인 양방향으로 흐르는 강을 바랐을 때 이들은 가고 오는 시간(또는 기간)이 낮과 밤의 길이처럼 불균등하게 될 동·하지의 상황을 낮과 밤의 행적이 정확히 같은 길이가 되는 춘·추분의 유형인 다른 상황으로 대체하려고 한 것은 아니었을까?

만일 문화영웅들에게는 춘·추분이 그들이 헛되이 일반화하려고 애쓰는 것의 이상적인 형식을 나타낸다면 가설로서 아래와 같이 쓸 수 있다.

하·동지 : 춘·추분 : : 자연 : 문화

이러한 동등(균등)성은 어느 날 여러 곳에서 논의했던 문제를 밝힐 것이다(L.-S. 18). 이 민족, 저 민족들에서뿐만 아니라 같은 주민(민족)들의 여러 신화와 의례에서 나타나는 천체(해와 달)의 성(性)에 대한 불안정이 제기하는 문제를 밝힐 수 있을 것이다.

태양춤의 기원 아라파호 신화(M₄₂₈)에 따르면 소녀들의 교육은 육체적 주기성의 수련(학습)에 중점을 둔다. 이 주기성은 불규칙할 수 있으며, 너무 길거나 또는 너무 짧다. 하·동지의 이미지와 일치하며, 규칙적일 수 있어야 완벽할 수 있다. 말하자면 춘·추분 유형의 이미지와 일치한다. 앞쪽의 균등(성)에 따라 첫 번째(불규칙)는 자연과 연관될 수 있고, 두 번째(규칙)는 문화와 연관될 수 있다. 신화는 같은 것을 자신의 방식에 따라 이야기한다.

다른 한편으로 이러한 교육이 천상의 남성들에게만 부여된 여자들과 관련된다면 신화는 암묵적인 방식으로 **땅, 자연, 여성성과 하늘, 문화, 남**

**성성** 사이의 3중적 균형을 암시하는 결과가 나타난다. 여기까지는 아무 문제 없다. 그러나 어려움이 나타난다. 어려움을 보자면 유한한 생명을 갖는 여성들에게 교육하는 남성의 신들에게 소속되는 것이 이러한 완전하고 규칙적인 주기성인데, 결국 이 교육을 실현해야 하는 임무를 갖는 것은 여성들이다. 의례의 성교를 하는 동안 할아버지의 입에서 손녀의 입으로 이동하는 주술적 뿌리(식물)처럼 문화는 신화의 진행상 장인에게서 며느리에게로 이전하는데, 더더욱 이러한 이동은 이제 나타나게 될 문화의 양상에 영향을 미치기 때문이다. 남성이 여성에게 교훈으로서 가르친 것을 여자는 자신의 체질적 기능의 성숙 안에서 실천할 것이다. 말하자면 하나(남성)는 전에 자연이었던 것을 문화화하고, 다른 하나(여성)는 전에 문화였던 것을 자연화한다. 남성에서 여성으로 이전된 동사(말)는 육신의 살이 된다. 신화의 개구리가 **대립된 추론에 의해**(a contrario) 행한 증명—개구리 자신이 가장 고집 센 형태의 속성을 가짐으로써—을 통해 보듯이 개구리는 달에 달라붙음으로써 달을 여성화한다. 그러나 한 남성적이고 춘·추분적 존재(왜냐하면 천체들[해·달]의 혼인이 거행된 것은 춘(추)분이기 때문이다)와 완전히 비주기적인 여성적 존재(이것은 개구리에게 나타난 참을 수 없이 나오는 오줌 때문이다)의 결합 결과로부터 주기성의 생체적 양상인 월경이 나타난다.

　신화의 처한 관점과 상정하는 신화의 순간(고려하는 지점)에 따라 결과적으로 **자연/문화**의 극들은 대립된 의미론적 무게를 전환(또는 이동)하고 이를 받아들인다. 생리적 관점에서 남성은 비주기적이며, 여성은 주기적이다. 그러나 우주적 관점에서는 그 반대이다. 왜냐하면 남성인 조물주들은 법칙(프랑스어로는 월경일 수 있다)—용어의 모든 의미에 있어서—을 그들의 사랑스런 학생들의 신체와 정신 속에 새겨넣을 것이기 때문이다. 빛의 성질을 고려하기 위해 오랫동안 두 개의 다른 이론을 사용했던 물리학처럼 약간은 두 이론을 동시에 사용하기를 주장하지 않는 조건에서 이 이론과 저 이론이 만족했던 것처럼 신화적 사고는 두 가지 방식(양상)으로 읽을 수 있는 하나의 골조(armature)를 사용한다. 한 신화에서 다른 신화로, 때로는 같은 신화의 한 대목(추이, 변화)에서 다른 대목(추이, 변화)으로 이동하더라도 신화적 사고는 이들(신화)의 의미를 바꾸어놓을 권리를 인정한다.

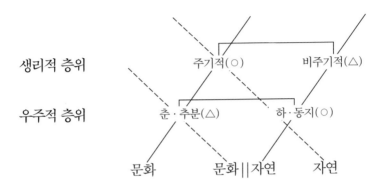

# 2 만단 양식의 창자요리

"여자는 침묵을 준비한다."
에라스무스,『소년들의 예절론』, 발레, 1530, 제4장

아라파호족에서부터 히다차족에 이르는 별들의 분쟁에 관한 모든 신화들은 소리 내어 씹어 먹는 인간 여성 배우자에게 우선적인 재능을 부여한다. 만단족이 이러한 주제에서 어떤 결과(운명)를 찾으려 하는지를 알기보다 먼저 오래전에 우리가 제시했던, 신화학 제1권 첫 부분의 한 팀비라 신화(M10:『날것과 익힌 것』, 199쪽)—같은 집단의 또 다른 신화들 (M1, M9: 같은 책 320~321쪽)의 같은 관계 아래 변형된 신화—에서 불행한(죽을 수도 있는) 운명에서 벗어나기 위해 주인공은 먹을 때(씹을 때) 소리를 내지 말아야 하는 전도된 행위를 해야만 한다. 그렇기는 하지만 만일 신화M10과 신화M428을 예제로 서로 대조하여 비교해본다면 두 반구의 신화들의 유사성이 멀리서도 나타난다는 것을 알 수 있다.

다음 도식에서 같은 대립짝으로 나타나는 삶는 것과 굽는 것(의 항들)은 각자 독립적으로 나타나며, 이들은 서로 수천 킬로미터나 떨어져 있다. (도식의) 대비된 모든 요소들에 있어서도 같다고 말할 수 있다. 그럼에도 불구하고 이 대립들이 관여적 기능을 하고 있다는 사실은 삶는 것과 굽는 것의 대립짝이 신화M428이 유래하는 대평원 지역 중심에서도 확실히 찾을 수 있는 것으로 보인다. 쉐이엔족과 아라파호족은 오랫동안 이웃으로 살아왔다. 그렇지만 쉐이엔 신화들에는 별들의 분쟁에 대한 이

$M_{10}$ :
$M_{428}$ :
사춘기에
이르지 않은
한 소년
한 소녀
한 부부 가족
(표범, 임신한 여인)의

일반 가정(아버지,
어머니 그리고
두 아들)의
손님

//

$M_{10}$ : 지상의 한 부부(커플)

$M_{428}$ : 천상의 한 가족
(나무에 있는 그들을) 잡기 위해

//

$M_{10}$ : 아라앵무새의 깃털

$M_{428}$ : 고슴도치의 가시털
은
한 인척이

친가족이
탐내는
장식용(장신구용)
재료들이다

//

$M_{10}$ : 주인공은
내려온다

$M_{428}$ : 여주인공은
올라간다
사람들은
그들에게
구운, 고기를

삶은, 내장을
제공한다

//

$M_{10}$ :
$M_{428}$ :
먹으면서
(씹으면서)
소리를 내지 않으려고

소리를 내려고
각 주인공은
어려움을 겪는다

//

$M_{10}$ : 주인공은 취사용 불과 무기를 얻는다: 남성용 도구

$M_{428}$ : 여주인공은 가정용 기술과 굴봉을 얻는다: 여성용 도구

야기나 씹어 먹는 시합에 대한 이야기가 없다. 이런 차이성은 아마도 아라파호족이 여성의 월경에 전혀 중요성을 부여하지 않으며 소녀들의 사춘기를 기념하는 행사도 하지 않는다는 사실(Kroeber 3, 15쪽)로 설명할 수 있다. 반면, 쉐이옌족은 이 주제에 대해 너무 지나칠 정도로 까다롭다. 첫 월경을 하는 동안 그들은 소녀들이 삶은 고기를 먹지 못하게 했으며, 단지 숯불에 구운 고기만 먹게 했다(Grinnell 2, 제1권, 130쪽). 만일 다른 곳에서 논의했던(L-S. 5, 257~268쪽) 것처럼 이 경우에서도 한 지역 주민들의 의례에서 나타나는 문제가 이웃주민들의 신화학에서도 같은 문제가 반사되어 나타나는 일로 밝혀진다면 아라파호족에서의 의례 결핍(누락, 빠진 것)과 쉐이옌족에서의 결핍은 (서로) 보충적인 것으로 나타난다고 할 수 있을 것이다. 아라파호 여주인공은 심지어 삶은 고기까지 요란스런 소리를 내며 먹을 수 있는데, 그것은 그녀가 신화적 인물이기 때문이다. 그렇지만 실제의 인물들인 쉐이옌 소녀들을 (신화적 인물이 아니기 때문에) 덜 신뢰하여 그녀들의 이빨로 더 쉽게 씹어 소리 낼 수 있는 구운 고기 형식의 음식을 제시하는 것은 합당한 것일 수 있다. 우리는 이 책 끝부분에서 사춘기에 부과되는 관습에 관해 다시 이야기할 것이다.

문제가 되었던 식사방식이 우리 스스로 인정하거나 비난한 식사방식과 너무 유사하여 적도 이쪽과 저쪽의 신화들이 이 (식사)방식들을 대립으로 놓는 숨은 동기에 대해 우리가 의문을 제기할 수 없었다. 이쪽 신화들의 주인공은 소리를 내지 않고 먹어야 하고, 저쪽의 여주인공들은 정확히 이와 반대의 행위를 해야만 한다. 만단 신화들은 이 문제를 해결하는 데 매우 유용하다. 왜냐하면 이 신화들이 이 주제를 보존하고 있는 경우 이를 이웃 부족들과 아주 다른 정신(생각)으로 취급하기 때문이다. 더욱 이 신화들은 이 주제를 한 판본에서 다른 판본으로 변조한다. 그래서 외관상으로 차이 나는 이본(異本)들은 상호적으로 밝혀질 수 있다.

남아메리카의 새둥지 터는 사람의 신화들과 북아메리카의 고슴도치를 잡는 '여인들'의 신화를 서로 접근시키기 위해 우리는 제5부의 초반부에서 각 신화집단이 또한 독자적인 양상으로 이들 신화와 평행관계로 놓을 수 있는 의례를 갖고 있다는 사실로부터 논거를 삼았다. 셰렌테족의 대단식 의례들과 대평원 부족들의 태양춤 의례들은 모두 해의 위협으로부터 멀어지고, 비를 얻기 위해 마련된 의례들이다. 비록 의례들을 참조하지 않아도 우리가 논했던 별들의 분쟁에 관한 모든 판본들은 인간들과 낮의 별(해) 사이에 양립할 수 없는 성질(양립 불가능성)을 확인하고 있다. 해는 인간들을 좋아하지 않는다. 해는 항상 같은 이유를 지적한다. 인간들은 그를 쳐다볼 때 인상을 찡그리고 눈을 깜짝인다. 왜냐하면 그들은 해의 열과 빛을 참을 수 없기 때문이다. 개구리들은 더욱 편리하다. 그렇지만 그들의 경우 한 요소가 중재 역할을 한다. 하늘과 땅 사이에 가로놓인 물이다.

만단족에서도 발견되는 이 주제들은 특히 구전을 통해 예외적으로 활성화된다. 그러한 관점에서 이들 인디언들은 자신들의 철학을 통해 마치 셰렌테족이 다른(여러) 제족들과 구별하는 것처럼 다른 이웃 부족들과 구별된다. 우리는 이미 만단족이 해와 그의 가족들이 악마적이며, 화재를 일으키고, 식인을 하는 창조물들이며, 여러 다른 재앙(재난)들의 책임자들이라는 것(이 책 436~437쪽)을 강조했다. 천상-의-주민을 위해 행하는 의례들은 단지 이들 식인귀들을 달래기 위한 목적으로 행해졌다. "전투원정 중 죽음이 생기는 것은 해 때문이었다. 해는 시체들을 자신 어머니의 오두막이 있는 하늘로 가지고 갔으며, 어머니는 그를 위해 시체들로 식사를 준비했다. 그러나 해는 그들의 꿈에 영향을 주며 혜택을 베풀었던 사람들이나, 그에게 주기적(정기적)으로 제단에 제물을 바치는 사람들을 죽이려 하지 않았다." 이들 제물은 도려낸 살 조각들과 절단한 손가락으로 이루어졌다(Bowers 1, 296~297쪽, 167쪽). 같은 정보 제공자는 천상-주민의 의례들을 아는 데는 아주 대단한 어려움이 있었다고 증언한다. 왜냐하면 이 의례들은 비밀을 지켜야 할 부족 의례들이며, 이 의례에 참석했던 사람들이 이 사실을 누설하면 죽임을 당할까 두려워하기 때문이다.

/오키파/ 또는 (들소의) '모방'(본받기)이라는 또 다른 연중 대의례는 살아남은 조상들이 겪었던 대홍수를 기념하고, 들소의 재생산을 기원하는 것이 공식적인 기능이다(Catlin, 352쪽). 이 의례들에는 부족의 모든 만신, 동물계의 동물들, 심지어 우주적 존재들이 야한 색깔로 괴발새발 칠을 하고, 옷을 걸치거나 또는 마스크를 쓴 춤꾼의 형상으로 나타나는데, 단독으로 또는 무리를 지어 연속적으로 등장한다(이 책 표지 참조). 첫 이틀 동안 이 춤꾼들은 옥신헤드(Oxinhede)라는 한 보이지 않는(투명한) 존재에게 여러 번에 걸쳐 도발(도전)을 하고, 이 보이지 않는 존재는 또한 '바보, 어리석은 자'라고 불리기도 하며, 세 번째 또는 네 번째 마지막 날에 나타났다(Maximilien, 375쪽; Catlin, 360쪽). 들소 가죽과 털로 된 짧은 바지와 성기가리개, 옥수숫대로 만든 목걸이, 때때로 가면을 착용한 이 존재는 온몸에 검은색을 칠하고 별을 상징하는 하얗고 둥근 고리로 뒤덮여 있었다. 가슴에 그린 붉은 원형 고리는 해를, 등에 그린 붉은 초승달은 달을 상징했다. 입술 주위에 그린 날카로운 이빨 그림은 날카로운 송곳니를 가진 커다란 아가리를 암시했다. 막대기와 두 개의 작은 호박으로 만든 거짓 성기 밑의 긴 막대기에는 가짜 인간의 머리를 매달아 놓았는데, 이것은 그의 옷차림을 더욱 우스꽝스럽게 했다. 어린아이들은 그를 무서워했다. 왜냐하면 그는 해에게서 왔으며 사람들을 잡아먹는다고 알고 있기 때문이다. 어리석은 자(바보)를 꿈에 보면 죽음이 가깝다는 징조였다.

다른 의례 집행자들에게 밀려난 이 악마는 축제 의례를 망치려 애쓴다. 그는 공포 분위기를 만들며 적의 갑작스런 습격에 참석자들의 죽음을 예언한다. 그리고 훌륭한 춤의 집행으로 보증해야만 할 들소 떼의 회귀를 방해하고자 한다. 그를 쫓아내기 전 사람들은 그에게 제물을 바쳤다. 제물을 알아보자마자 어리석은 자는 태양(해)을 향해 돌아앉아 마치 그가 대접을 잘 받은 것 같은 제스처를 취하며 해에게 설명했다. 그는 해가 거리를 그대로 보존하도록 꾸짖었다. 그리고 자기와 결합하도록 해를 초청했다(Maximilien, 375~376쪽; Bowers 1, 144~145쪽, 153~155쪽).[2]

이 의례의 방해자(파괴자)가 결합으로 나타나게 될 일련의 재앙 행렬을 이루도록 해를 인간과 접근시키려 한다는 것은 조금도 의심의 여지가 없다. 결과적으로 이 경우에서도 역시 해를 적절한 거리로 유지하는 것(왜냐하면 해가 충분하게 멀리 떨어져 있다면 생명의 원천이 되기 때문이다)은 유익한 비의 허용과 기능적인 관계에 있기 때문이다.

/오키파/ 의례와 옥수수를 위한 의례의 기원신화(Bowers 1, 183쪽)는 이러한 (우리의) 해석을 확인한다.

### M459. 만단족의 신화: 소녀와 해(부분 발췌: 이 책 667쪽 이하, 685~687쪽 참조)

만단족의 최초 조상들은 땅속 깊은 곳에서 나왔는데, 이곳에서 땅은 대양(큰바다) 가에 있는 언덕을 형성하고 있다. 땅에서 나온 만단족은 모두 네 명이었는데 이들은 옥수수를 갖고 왔다. 이들의 우두머리는 '잘-다듬은-모피-외투'라고 불렸다. 그에게는 두 형제가 있었으니,

---

2) 캐틀린(Catlin)은 1832년 /오키파/ 의례에 참석했으며, 그에게 풍부하게 그려진 작은 책이 증정되었다(*O-kee-pa*, Philadelphia, 1867). 그다음 겨울에 만단족 마을에 도착한 막시밀리언은 그가 자세히 논한 /오키파/ 의례(372쪽)에 직접 참석한 증인이 아니었다. 그는 무엇보다 더 캐틀린의 정보를 사용했다. 1837년 천연두로 전멸한 만단족은 곧 조직된 부족을 형성하지 못했다. 마지막 /오키파/ 의례는 1890년에 거행됐다.

나이 많은 형은 '옥수수-이삭-치마-외투-입은-귀걸이'라고 불렸고, 나이 어린 동생은 '조롱박-딸랑이-같은-대머리'라고 불렸다. 세 형제에게는 '물결-치는-옥수수-대'라고 불리는 누이가 있었다.

우두머리는 옥수수의 사제였다. 그는 다른 사람들에게 옥수수 의례와 옥수수 재배(농법)를 가르쳤다. 그는 비를 내리게 하기 위해 충분히 물을 뿌릴 수 있는 외투를 갖고 있었다. 잘-다듬은-모피-외투는 지상의 주민들이 옷을 만들어 입고 마을을 건설하며 밭을 일구는 법을 알려주었다. 그는 옥수수를 심을 때 하는 방식대로 오두막을 배열하고, 밭과 동시에 옥수수, 콩, 호박 그리고 해바라기씨를 가족들에게 배분했다.

이 시기에 누이는 밭일을 돌보느라 온종일 밭에서 보냈다. 어느 날한 이방인이 그녀를 방문하려 했으나 그녀는 방문을 거절했다. 그는 세 번이나 같은 시도를 했으나 결과는 마찬가지였다. 이 남자는 해였다. 해가 마지막으로 물러가면서 소녀가 심은 것들이 싹이 나지 않을 것이라고 예언했다.

다음날 해가 뜨자마자 너무 뜨거워서 옥수수가 말랐다. 소녀는 황혼이 질 때까지 자신의 외투를 펼치고 신성한 언어를 노래하며 밭고랑을 뛰어다녔다. 식물들은 다시 살아났다. 이어 해는 네 번째 밭을 태웠다. 그러나 매번 소녀가 그녀의 외투와 기원 덕에 옥수수들은 다시 생명을 찾았다(Bowers 1, 156쪽, 195쪽).

우리는 여기서 몇몇 판본들이 베네수엘라의 와라우족의 기원신화 (M₂₄₃:『꿀에서 재까지』, 264~265쪽)와 놀라운 유사점이 있다는 사실에 대해서는 강조하지 않을 것이다. 이것은 문명기술의 유입, 그리고 특히 농업기술의 유입 또는 와라우족에서 일어났던 여러 기술의 유입과 관련된다. 말하자면 만단족의 옥수수처럼 신성한 양식인 종려나무속(골

수)의 채집기술을 말한다. 개척자들이 인정하고 있는 신세계에서 지배적인 풍부함에 이끌려 (이들의) 조상들은 올라가고 또는 내려왔다. 너무 뚱뚱하거나 또는 너무 무거운 임신한 여인은 그들의 노력을 무력하게 만든다. 몇몇 인디언들은 약속한 땅에 도달하고, 다른 인디언들—이들의 숫자에 주술사(와라우 신화) 또는 옥수수의 주인(만단 신화)들이 포함되어 있다—은 포로로 남는다. 그래서 그들의 부재로 인해 사람들은 도움과 보호를 받을 수 없게 된다. 이어서 물의 신들과 갈등이 일어난다 (Maximilien, 366쪽; Bowers 1, 196~197쪽; Wilbert 9, 28~36쪽; Osborn 1, 164~166쪽; 2, 158~159쪽; Brett 1, 389~390쪽 참조).

자신 속에 갇힌 만단 신화는 또 다른 서열의 고찰에 호소한다. 신화는 해의 '식인의' 입맛을 농업 생산물로 확대한다. 그런데 셰렌테족의 대단식 의례는 농업과 명확한 관계를 갖고 있다. "가뭄이 너무 오래 계속되거나 너무 심하면 셰렌테족은 수확에 대한 이러한 위협을 해의 분노 때문이라고 생각한다"(Nim. 6, 93쪽). 만단족은 적어도 대단식 의례와 유사한 두 개의 의례를 알고 있었으며 그중 하나는 /오키파/ 의례를 통한 전사들이 고통을 겪어야 하는 나흘 동안의 금식이다(Catlin, 355쪽, 362~368쪽, 380쪽). 더욱 성인 남자들(35명)의 상당한 분파를 대표하는 옥수수(의례)의 사제들은 경작식물이 성장하는 시기 동안 몇몇 음식과 관련된 금기와 많은 수의 금기를 지켜야 했다. 이 금기의 다수는 모든 주민들에게도 적용되었다(Bowers 1, 191~196쪽). 니무엔다주(5, 89~90쪽; 8, 62쪽)는 팀비라족과 아피나이에족에서도 유사한 제도를 기술했다. 이들 부족들은 북부와 남부에 거주하는 셰렌테족의 이웃들이다. 이 기간(곡식이 성장하는) 동안 아피나이에족은 매일 해의 영광을 찬양했다. 만단족은 해에 대해 상당한 적의(증오)를 갖고 있음에도 불구하고 이런 의례를 보존했다. 심지어 특별히 혹독한 겨울 온도를 높이기 위해 이들은 해가 아니라 남풍(남쪽 바람)에 기원을 드렸다(Bowers 1, 307쪽).

해와 땅 사이에서 물이 중개항의 역할을 해야만 했다. '잘-다듬은-모피-외투'라고 불리는 옥수수의 첫 사제는 인디언들에게 많은 비와 훌륭한 수확을 얻도록 하기 위해 이들이 야생오리와 다른 수상새들이 북쪽을 향해 올라갈 때인 봄마다 신성한 언어로 노래를 해야만 할 것이라고 설명했다. 이 시기에 증산 의례 역시 활기를 띠었다(의무적이었다). 잘 둘러싼 작은 공간(한증막)에서 사람들은 해가 '옥수수-자루' 아가씨를 방문할 때처럼 네 개의 숫자대로 뜨겁게 달군 돌에 물을 뿌린다. '해처럼 우리의 적인 이 돌들'이라고 한 정보 제공자가 확인한다. 작은 공간(한증막)에 이 돌들을 놓고 사제는 그가 정복하기를 바라는 네 명의 적들을 열거했다. 그리고 한증막 내부로 들어온 적들은 야생거위와 다른 수상새들을 닮았다(Bowers 1, 192쪽, 195쪽).

이 모든 의례들로부터 사회구조와 신화의 상동관계를 반사하는 하나의 체계를 얻을 수 있다. 만단족은 각각 동쪽 및 서쪽과 연관된 두 개의 모계반족으로 나뉘어 있다. 이 반족들에 대한 이름을 알 수 없지만, 의식용 오두막을 세울 때 이들 반족원들은 각 반족에 부여된 쪽을 세울 때에만 협력한다. 이들은 기둥을 꽂아 세우기 전에 패인 구덩이 속에 제물을 넣는다. 이 제물은 동쪽에는 노란 옥수수 낱알, 서쪽에는 들소 털을 엮은 것으로 구성된다(Bowers 1, 29쪽).

우리가 보아온 신화와 의례들에서 수상새들과 해 사이의 대립은 사회조직을 상징하고 있는 **옥수수/들소**의 대립에 대응한다. 이 네 항들 사이에서 한편으로 새들과, 다른 한편으로 옥수수는 물과 밀접하게 연관되어 있다. 물은 여기서 한짝과 다른 한짝에 연관되는 모호한 요소로서 새들과의 관계에서는 하늘과, 옥수수와는 땅과 관련된다. 왜냐하면 옥수수는 지하세계로부터 유래한다는 것을 잊어서는 안 되기 때문이다.

이 도식(구조)은 우리에게 매우 유용할 것이다. 왜냐하면 물에 모호한 위치를 부여하고 있기 때문인데, 이 모호한 위치는 만단족의 신화적 사고에 나타나는 몇몇 모순을 해결하는 열쇠이기 때문이다. 그러나 이것은 부분적으로 남아 있을 뿐이며, 전체 체계의 복원을 주장할 수는 없다. 이 체계의 한 측면만을 설명하고 있을 뿐이기 때문이다. 결국 옥수수와 들소는 때로 몇몇 의례와 신화들에서 동시에 나타난다. 버드나무 잎이 가장 크게 활기를 띠는 시기인 여름에 거행되는(Catlin, 353쪽) /오키파/ 축제는 들소의 번식(증식)을 격려한다. 그러나 이 축제는 농업 의례가 **천상의 물의 부름**을 내포하고 있는 반면, /오키파/ 의례는—우리가 이미 이를 이야기했지만—더욱 앞으로 **지상의 물의 거부**를 내포하게 될 것이라는 점에서 농업 의례를 전도하고 있다.

들소 떼를 부르기 위한 겨울 의례에 대해 보자면 이 의례들은 /오키파/ 의례의 신화에 기반을 둔 옥수수 의례들과 /오키파/ 의례 자체도 전도한다. 말하자면 이 겨울 의례들은 낮이 가장 짧은 시기인 겨울 한가운데에서 이루어진다. 들소 떼를 골짜기로 몰아줄 눈폭풍을 대평원에 불러일으키기 위해 북풍에 기원을 드린다. 의례의 마지막에 절대적 침묵을 요구하고 모든 일상활동을 정지해야 한다. 다른 한편으로 이 의례들의 기반을 이루는 신화들은 들소와 옥수수를 다시 모으거나 해와 새들을 다시 모은다. 결과적으로 우리가 채택(선택)한 항들은 마찬가지로 그대로 남아 있다. 그리고 또 다른 신화들 또는 의례들에 대한 고려를 통해 단지 새로운 조합을 찾아낼 필요가 있다. 완전한 체계는 부분적 체계에 보충적인 요소들을 첨가할 수 없을 것이며, 차라리 그 측면의 의미 또는 크기를 풍부하게 할 것이다.

전체 체계를 구성하는 임무는 엄청날 것이다. 더욱 모든 신화학에서와 마찬가지로 대평원의 신화학에서, 특히 신화의 분류가 체계적인 방법으로 이루어지지 않는 한, 대단히 풍부하고 대단히 복잡한 마을(을 구성하는) 부족들의 신화학(들)에서는 결코 분명하게 (전체 체계를) 볼 수 없을 것이다. 왜냐하면 신화들은 대칭적 또는 비대칭적이거나, 내용에 있어서 또는 형식에 있어서 다양하게 채색된 신화들이 서로 모방(복사)되거나, 거울에 비친 영상들처럼 실제적 영상(양화)이나 음성적 영상(음화)으로, 그리고 바르게 비쳐지거나 사선으로(좁게) 또는 거꾸로 나타난 영상들처럼 모방(복사)되어 (신화들 사이의) 상호관계가 이루어지기 때문이다.

*　*　*

만단족은 몇몇 다른 방식으로 별들의 분쟁을 이야기한다. 모든 변이형 판본들 중 두 개의 판본은 이 모든 신화들 중 로제타석이라 부를 수 있는 점을 갖고 있다. 여러 다른 '언어'로 편집된 이 판본들은 다른 방식으로는 접근할 수 없는 의미를 알아낼 수 있게 한다.

### M460. 만단족의 신화: 별들의 분쟁 1(부분 발췌: 이 책 641쪽 참조)

옛날에 해와 달이 땅으로 내려왔다. 그들은 결혼하기를 바랐다. 왜냐하면 늙은 어머니의 활력이 쇠퇴했기 때문이다. 달은 '옥수수를 따는(터는) 여자들' 중 아내를 취할 생각을 비쳤다. 해는 인간 여인들이 단지 눈 한쪽만 갖고 있어서 그를 쳐다볼 때 얼굴을 찡그린다며 결혼을 반대했다. 반면 암두꺼비들은 푸르고 매혹적인 눈으로 자신을 본다고 했다. "그래 좋아." 달은 말하기를, "너는 암두꺼비와 혼인을 하고, 나는 만단 처녀와 혼인할 것이다"라고 했다.

달은 한 커다란 여름 마을 근처로 갔다. 그는 나무를 긁어 모으고 있는 두 소녀를 보았다. 고슴도치로 변한 그는 포플러나무 꼭대기에 있는 제일 어린 소녀를 취하고는 하늘로 올라갔다. 그의 문 앞에는 붉은 과일을 맺는 채진목(菜振木)이 자라고 있었고, 해의 문 앞에는 붉은 '버드나무들'이 자라고 있었다. 어머니는 두 여인을 들어오게 했다. 그러나 암두꺼비는 찾을 수 없었다. 암두꺼비는 숲속에 웅크리고 숨어 있었으며, 뛸 때마다 오줌을 지렸다.

어머니는 그녀들에게 저녁을 차려주었는데, 만단 소녀는 납작한 내장 한 조각을 선택했고, 암두꺼비는 두꺼운 내장 한 조각을 집었다. 늙은 어머니는 누가 훌륭한 식사를 하며 씹을 때 가장 큰 소리를 내는지 알고 싶어 했다. 인디언 처녀는 날카로운 이를 갖고 있었으며, 마치 늑대처럼 게걸스레 먹었다. 그렇지만 암두꺼비는 잇몸 사이에 넣은 나무 숯덩이를 씹는 데 성공하지 못했다. 모두가 그녀를 비웃었다. 화가 난 그녀는 달의 가슴에 뛰어올라 달라붙었다. 그는 그녀를 칼로 떼어내 불속에 던졌다. 그러자 그녀는 달의 등 위로 이동하여 바로 견갑골(肩胛骨) 사이에 달라붙는 바람에 그녀를 떼어낼 수가 없었다. 이것이 달 흑점의 기원이다.

신화는 여인의 탈출, 그녀의 죽음, 입양 할머니가 된 '결코-죽지-않는-늙은-여인' 곁에서 행해지는 아들의 모험, 주인공의 죽음과 부활 그리고 하늘에 올라가 별로 변하는 이야기로 계속된다(Bowers 1, 200~205쪽).


이 판본이 식물의 여신인 '결코-죽지-않는-늙은-여인'에 할당된 아주 범위가 넓은 전체 신화들 중 별들의 아내들 이야기를 포함하고 있다는 것을 제외하면 이 판본에 대해 그리 할 이야기는 많지 않다. 우리는 이 측면에 대해 다시 논할 것이다(이 책 643~644쪽, 661~662쪽). 그 이외는 이야기가 역시 고슴도치 편집과 관련해 이미 연구한 판본들이 사용하는 같은 용어들 안에서 이루어진다는 사실이다.

반면, 나쁜 특성을 갖고 있는 '천상-의-주민'의 의례 토대는 앞 이야기 정신과 몇몇 세부사항(사실)들을 혼란스럽게 할 수 있는 다른 신화 속에서 찾을 수 있다.

### M461. 만단족의 신화: 별들의 분쟁 2

"이 이야기 속에는 모두 세 사람이 나오는데, '천상-의-늙은-여인'과 그녀의 아들 해와 달이다." 이처럼 이야기는 시작된다.

옛날에 '옥수수-얇은-속-껍질'이라 불리는 소녀가 살았다(우리는 영어로 옥수수 이삭을 싸고 있는 얇은 속껍질을 가리키는 이 단어〔soie, 비단〕를 그대로 사용할 것이다). 그녀는 해와 결혼하기로 작정하고 어떻게 하면 그에게 다가갈 수 있는가를 신성한 여인에게 물었다. 신성한 여인은 그녀에게 여러 단계의 여행을 하며 생쥐의 집에서 매일 밤을 보내라고 일러주었다.

첫 번째 날 저녁, 소녀는 '오두막의 생쥐'에게 생쥐들이 막 수확한 땅의 강낭콩으로 저녁을 지어주는 친절을 베풀라고 요구했다. 그녀는 이들에게 어렵게 콩을 수확하고 콩 까느라 거칠어진 손에 바르도록 들소기름을 주고, 또 푸른 돌로 된 진주를 주었다. 두 번째 날 밤, 같은 상황이 가슴팍이 흰 생쥐들 집에서 재연됐다. 세 번째 날 밤, 코가 긴 생쥐들 집에서 같은 일이 일어났다. 네 번째 날 저녁, 그녀를 환영한 주머니쥐들에게 그녀는 일상적으로 먹은 콩에 보답해 들소기름과 역시 양식으로 가지고 있던 옥수수 전병을 주었다.

그다음날 저녁, '옥수수-얇은-속-껍질'은 천상주민의 오두막에 도달했다. 그녀의 아름다움에 놀란 늙은 여인은 그녀를 들어오도록 했다. 형제는 각각 오두막의 반대편 구석을 차지하고 있었다. 그리고 그들의 어머니는 소녀를 달이 있는 구석에 앉도록 했다. 한 쉐이옌족 여인이 지상세계에서 올라오자 늙은 어머니는 해가 늘상 잠을 자는 쪽으로 그녀를 보냈다.

어머니가 달을 편애하고 자신을 홀대한다고 생각한 해는 불평을 했다. 달은 결혼하는 데 아무것도 요구하지 않았다고 답했다. 저녁식사 시간이 되자 늙은 여인은 식인식사를 하는(습성을 갖고 있는) 해에게 인간의 손과 위 그리고 살가죽을 삶은 고기를 주었다. 쉐이옌 여인과 그는 맛있는 식사를 했다.

각 여인은 아들을 하나씩 낳았다. 해는 그의 조카를 식인식사를 하는 사람으로 만들려고 하자, 달은 '옥수수-얇은-속-껍질'이 어린아이와 도망할 수 있도록 밤을 연장했다. 어린아이는 모계마을에서 성장했는데, 쉐이옌 여인의 열 형제(오빠)가 싸움을 걸어왔다. 천둥새(뇌조)로 변한 달은 부인의 마을사람들과 함께 싸워 열 형제를 죽였다. 그의 아들은 해의 아들인 사촌의 목을 잘랐다. 그는 그의 시체를 화장터에서 태우고 머리를 물의 정령에게 주었다. 그는 만단족 전쟁의 추장이 되었다(Bowers 1, 299~302쪽).

신화의 후반부 절반은 다음 장에서 논하기로 하고 단지 지금은 처음(시작)을 보도록 하자. '옥수수-얇은-속-껍질'은 누구인가? 틀림없이 히다차족의 상응하는 신화(Bowers 2, 339쪽, 342쪽)에서 더욱 '옥수수-얇은-속-껍질'이라고 불리는 '옥수수-줄기'(M459 참조)로 원본 신화 여주인공의 대수롭지 않은 이중(중복항)일 뿐이다. 여러 신화들이 (주인공이) 여자이기만 하면 아무 인물에게나 '옥수수-얇은-속-껍질'이라고 이름을 붙이는 것 같다. 심지어 같은 신화 속에서 서로 다른 두 여주인공이 같은 이름으로 불린다(M462). 그렇지만 이와 같은 소재에서 너무 성급하게 독단적인 판단을 해서는 안 되며, 차라리 **니벨룽겐**의 순환에 관한 연구가 페르디낭 드 소쉬르에게 영향을 주었다는 점(사실)을 회상(숙고)해보는 것이 더 나을 것이다. "사실의 근저까지 연구하다 보면 언어학과 계보가 유사한 이 분야에서 사고의 모든 무례함(무례한 언동)이 불충분한 숙고에 기인한다는 것을 알 수 있다. 특히 철학적인 의미에서 단지 기호(SIGNE)의 다른 형태일 뿐인 **말**(단어) 또는 **신화적 인물** 또는 **알파벳 문자**처럼 실재하지 않는 존재와 관련될 때 (이들의) **정체**(성) 또는 정체(성)의 특성들이 무엇인지에 대한 충분하지 못한 숙고(사고)에 기인한다는 것은 사실이기 때문이다." 그는 주(註)에서 "철학 자신(자체)에 의해 잘못 이해된다는 것은 사실이다"라고 말했다(Godel, 136쪽에서 인용).

만단 신화의 여주인공들이 같은 이름을 갖고 있다면 그것은 그녀들의 모험이 공통된 특성을 갖고 있기 때문이다. 말하자면 한쪽 여주인공들의 동의(유의)관계(성)는 다른 쪽 여주인공들의 동음이의(同音異義)를 설명한다. 첫 조상이거나 또는 마을의 검소한 아름다움을 가진 '옥수수-얇은-속-껍질'은 항상 혼인에 대해 모호한 태도를 나타낸다. 한 기능에서 여주인공은 그녀와 결혼함으로써 인간들과 동맹관계를 맺고자 하는 해의 제안을 (완곡하게) 거절하며, 자신의 거절(적의)에 대해 책임을 느낀다. 다른 기능에서 그녀는 같은 지역(가까운)의 모든 청혼자들을 거부한다. 그녀의 오빠들과 어머니가 이를 질책하자 문을 박차고 나가 식인귀와 혼인하기 위해 먼 곳으로 떠난다. 그녀의 계획이 성공하거나 또는 실패하거나와는 상관없이 결과는 항상 재난을 초래하게 된다. 그녀는 마을에 전쟁(M461), 근친상간, 부부의 불화와 질투를 가져오거나(M462: Beckwith 1, 63~80쪽; Bowers 1, 272~281쪽) 추운 겨울과 기근의 혹독함을 의인화하는 귀여운 작은 소녀의 외양을 한 살인자 식인귀로 나타난다(M463: Bowers 1, 319~323쪽). 아주 단순화해 보면 해가 남편으로 받아들여지기를 원할 때 여주인공은 식인귀 형태로 해를 나타나게 하는 반면, 여주인공 자신이 아내로서 나타날 때 실제 또는 은유적인 식인귀를 받아들인다고 말할 수 있을 것이다. 그녀는 또한 그녀가 없으면 성장을 멈추었던 옥수수를 가지고 돌아오는 것이 사실이다. 신화들은 농업의례(M459) 또는 사냥 의례들(M462, M463)의 근거를 제공하지만, 여주인공으로 '옥수수-얇은-속-껍질'이 등장하는 신화들은 이중의 대립 위에서 이 역할을 수행한다. 계절의 산물(산출물)로서 옥수수는 때로는 가깝고, 때로는 멀기도 하다. 옥수수는 또한 다른 산출물들 중에서 계절적 산출(물)을 상징한다. 이 산출물들 중 첫째로 사냥감을 들 수 있는데, 이 사냥감은 남자들이 ─평원(평지)에서 여름에 사냥감을 **쫓거나** 계곡 밑에서 겨울에 사냥감을 **유인하느라**─ 옥수수를 내버려두도록 만든다. 순수한 농업생활의 유형은 주민들을 마을에 머물도록 하여 말하자면 근친상간적인 측면(M462)을 갖는다고 할 수 있다. 반면, 사냥 유목생활과 먼 지역으로의 전투(전쟁)행위가 야기하는 부락(마을)의 황폐화는 외혼적 측면의 위험을 갖게 된다. 이러한 모험은 의미심장한 양상으로 들소-여인의 나라에서 일어나는데, 혼인에 적의를 품은 들소-여인의 부모들은 사위의 파멸을 공모한다(Bowers 1, 276~281쪽).

별들의 아내들에 관한 다른 신화들에서처럼 말하자면 만단 판본들이 제기하는 것은 가까움과 먼 곳의 중재에 대한 문제이다. 그런데 신화 M461은 이 문제를 두 방향으로 굴절시킨다. 먼저 사회학적 코드는 이차적인 층위로 이동한다. 신화들이 이야기하는 혼인의 유형들은 차라리 삶의 양상의 의미를 내포하고 있기 때문이다. '옥수수-얇은-속-껍질'은 사냥꾼들이거나 식인자들 아니면 둘 다 멀리 있으며 초자연적인 인물들과 혼인하기를 요구한다. 아니면 신화M462의 여주인공은 자신의 아들을 유혹해 근친혼인을 하도록 강요한다. 그러니까 그녀는 자신이 마치 옥수수의 여주인인 초자연적 인물처럼 행동한다. 사냥 주인의 아들(사냥에 관한 것 이외에는 아무것도 아닌) 역시 각각 옥수수 및 들소와 연관된 두 여인과 혼인함으로써 옥수수의 어머니(옥수수 이외에 아무것도 아닌)와의 근친상간을 회피한다. 이로써 최초로 농업과 사냥 사이의 균형이 이루어진다. 그러나 이것은 아직 불안정(허약)하다. 왜냐하면 두 여인은 서로 닮지 않았기 때문이다. 한 여인은 너그러운데, 다른 여인은 시기심이 많다. 조화가 성립되기 위해 식물성 아내는 멀리서 불충직한 주인공을 감시하는 희생을 감수해야 하고, 불성실한 주인공은 동물(들소) 아내가 그를 내던지는 위험에서 승리하는 것이 필요할 것이다. 사냥꾼과 전사로서 복무하는 유일한 대가로 옥수수는 그에게 주어질 것이다.[3]

만단족들은 유목생활과 정착생활, 사냥과 농업, 전쟁과 평화 사이의 중간적 항들을 (명확하게) 정의하려고 하지 않는다. 이와는 반대로 이들의 사고로는 극단의 유형(형식)들이 양립할 수 없으며, 이것들의 모순을 받아들여야 한다는 사실을 증명하려고 애쓴다. 틀림없이 이로부터 신화의 비극적인 문체와 음울한 장엄함은 물론 의례(의식)가 진행되는 동안 고해자들에게 적용되는 고통은 다른 곳에서 보다 더 잔인하게 보이는 극심한 고통이 유래한다. 또한 이러한 이유 때문에 의례가 진행되는 동안 상징(성)은 더욱 풍부해지며 이것은 단지 한 층위에서만 한정되어 일어나지 않는다. 우리는 /오키파/ 축제가 사냥감의 증대를 보장하기 위한 전망 의례와 동시에 대홍수의 그침(끝남)을 회고하는 기념 의례로 구성되며, 이러한 주제(또는 구도)는 또 다른 시기에 비를 부르고 풍성한 수확을 얻기 위한 전망 의례의 주제(구도)를 전도하고 있다는 것을 알고

---

3) 두 아내의 신화와 이른바 '모욕당한 들소 여인'(*piqued buffalo-wife*)이라는 이 신화의 변이형 판본이 대평원의 또 다른 부족들에도 존재하는 한, 우리는 전체를 관망할 수 있다. 그러나 우리는 여기서 전체 만단 신화학과 관련된 것들만 거론하고 있을 뿐이다.

있다. 마찬가지로 만약 신화M$_{460}$이 옥수수 축제를 반사하고, 신화M$_{461}$이 농업(비옥한 땅)의 원수인 천상주민의 의례를 반사하고 있다는 사실에 유의하지 않았다면 천체들의 배우자에 관한 두 중요한 판본 신화 사이의 어조(미묘한 차이)를 이해할 수 없었을 것이다.

해의 거처를 향해 가는 도중 '옥수수-얇은-속-껍질'은 네 종류의 설치류 거처에 묵게 된다. 정보 제공자가 사용한 영어의 'mice'(쥐)는 아마도 아주 다양한 속과 과의 쥐를 포괄하고 있으며, 우리는 이에 대해 확실하게 식별하지 않을 것이다. 여주인공이 제일 먼저 방문한 '오두막 생쥐'들은 그 이름으로 보아 인간들과의 밀접한 그리고 근접성 관계를 암시하고 있는 반면,[4] 숲의 들쥐인 네 번째 집단은 아마도 분류학적 관점으로 보아(Géomydés 또는 Hétéromydés과?) 다른 집단들과 분리되며, 인디언들과 전혀 친밀한 관계를 보이지 않는다는 점을 지적하는 것으로 충분할 것이다. 더욱 대평원의 숲속 쥐들은 농장과 정원을 훼손하는 것으로 널리 알려져 있다. 대평원의 시우족들은 또 다른 이유 때문에 이들을 두려워한다. 인디언들은 이 동물들이 얼굴 상처의 궤양을 일으키는 풀 화살을 쏜다고 믿는다(J. O. Dorsey 2, 496쪽). 틀림없이 이것은 이 동물이 양식을 보관하는 얼굴에 붙어 있는 주머니 모양의 형상 때문일 것이다. 여주인공을 해에게로 인도하는 진행과정에서 그녀는 순서대로 점점 덜 친밀하고 점점 더 적대적인 동물들의 도움을 얻게 된다는 점을 인정할 수 있을 것이다. 그녀는 결국 해의 거처에 도착하지만, 해는 숲속 쥐들처럼 정원을 약탈하는 것에 만족하지 않고 이를 파괴하며, 더욱 해는 식인자

---

4) 히다차족에서 '박제된' 생쥐는 예고된 특정 시기에 마을 집들의 약탈을 시도했던 청년조합(단체)의 깃발(표장)로 사용되었다. 마을의 모든 양식을 보호했지만, 이것은 단지 양식만 지키기 위한 것은 아니었다. 왜냐하면 약탈의 모험을 어렵게 함으로써 또한 적 마을의 말을 훔치기 위한 원정에 참여하는 젊은이들을 훈련시키기를 바랐기 때문이다(Bowers 2, 134쪽).

이기도 하다. 그러므로 숲속 쥐들과는 달리 이들의 초청자인 여주인공은 자신의 양식인 옥수수전병을 마련해놓는데, 이 용어(항)는 유일한 삼각 (triade)을 이루는 농업항이다. 다른 용어(항)들은 들소기름(사냥의 산물)과 음식물이 아닌 복장과 관련되는 돌로 된 작은 구슬들이다.[5] 이들 식물성 양식(음식), 장식물과 동물성 양식(음식)(이 책 448쪽, 도식 3)으로 구성된 삼각은 만단족 삶의 모든 측면들을 반사하는 다른 측면으로 전환할 수 있다.

반면, 대단히 유표된(대립이 현저한) 세 항(용어)들, 즉 경작된 낟알, 제조된 물건, 사냥의 산물들은 설치류들이 활용하지 않는 유형의 행위를 거론하고 있다. 설치류들은 그들의 인간 초청자에게 땅의 콩속(屬)의 두 가지 혈통의 식물 암피카르파(*Amphicarpa*)와 팔카타 코모사(*Falcata comosa*)를 제공하는데, 꽃과 열매를 맺는 야채류과 덩굴식물이다. 기생(氣生)식물의 씨앗은 너무 작아 이들을 거두어들일 필요가 없으나 인디언들은 땅에 뿌리를 박고 자라는 커다란 씨앗의 콩을 대단하게 평가한다. 콩의 수확이 힘들기 때문에(신화 참조) 이 일을 해야만 하는 여인들은 차라리 밭에 사는 몇몇 쥐들의 구멍을 턴다(*voles*: 틀림없이 마이크로투스속[*Microtus*] 크리세티데과[Cricétidés]에 속한다). 이 쥐들은 엄청난 양의 씨앗을 모아놓는다. 만단족의 이웃인 다코타 인디언 여인들은

---

5) 신화M<sub>462</sub>의 벡위스 판본(Beckwith 1, 63~76쪽)은 옥수수전병, 말린 고기와 들소기름의 삼각을 서술하고 있는데, 이는 앞의 (다른) 삼각과 모순되지 않는다. 왜냐하면 이를 **식물성 양식, 동물성 양식, 연고(방향제)**로 분석할 수 있기 때문이다. 다른 한편으로 이 판본은 도움을 주는 동물의 연쇄(시리즈)를 다르게 구성하고 있는데, 순서대로 보면 1) 배가 흰 생쥐, 2) 검은 생쥐, 3) 배가 노란 생쥐(Beckwith 1, 286쪽), 또는 1) 긴 코 생쥐, 2) 등이 노르스름하고 가슴팍이 흰 생쥐, 3) 거무스름한 생쥐, 4) 두더지(Bowers 1, 287~288쪽)이다. 신화M<sub>461</sub>의 민족동물학 목록은 단지 여럿 중 하나의 형식만 설명하고 있으며, 분류(학)가 불분명하기 때문에 이를 밝히기는 힘들다.

쥐구멍을 턴 후 항상 씨앗을 가져가는 대신 양식을 쥐에게 남겨놓는다고 주장하는데, 같은 양의 옥수수 낱알을 남겨놓든가 또는 쥐들이 흔쾌히 먹는 다른 산출물들을 놓아둔다. "동물의 둥지를 터는(도둑질하는) 것은 나쁜 행위이지만, 공평한 교환을 하는 것은 도둑질이 아니라고 인디언 여인들은 말했다"(Gilmore 1, 95~96쪽).

신화 이야기가 실제의 관습에 영감을 받고 있으며, 역으로 실제의 관습이 이런 사실을 입증한다는 것을 알 수 있다. 왜냐하면 이런 관습은 농업과 사냥의 중간 지점에 있는 경제적 활동의 유형과 관련되며, 사실 식물성 산출물인 땅의 콩은 동물로부터 유래한다는 대단히 깊은 의미를 제시하고 있기 때문이다. 그리고 생쥐가 기근이 들기 전 사람들이 잡아먹는 최후의 사냥감임을 상징하는 것은 신화들의 흔한 주제이다. 더욱 신화는 한 여자와 한 남자, 농업과 식인을 접근시키는 한 여행을 계기로 이러한 매개적인 일(활동)을 거론하는데, 말하자면 연쇄의 극단적인 극들 사이에서 단지 사냥만이 중간항의 역할을 할 수 있을 뿐이다. 우리는 한편으로 농업과 그의 사회학적 극단인 근친상간(정착생활에서 일어날 수 있는), 다른 한편으로 사냥과 그의 사회학적 극단인 전쟁(멀리 원정) 사이에 만단족이 한가운데(중간)를 상정하지 않았다고 이야기했다. 사실 부족 전체가 어떻게 설치류 한 종의 활동으로 살아갈 수 있는지 이해하기 힘들다. 그러나 가정이 아무리 하찮더라도 결국 신화는 이를 거론해야만 했다. 실질적인 해결을 제시하지는 못하지만 이 가정은 사변적 층위에서 교환의 규범을 끌어낼 수 있게 한다. 교환은 극단들을 대체할 수 있는 단순한 상태가 되지 못할 때 이 극단들을 균형 잡히게 유지하는 중개자의 행위를 할 수 있다. 신화에서 교환(의 역할)이 너무 하찮아서 눈에 띄지 않고 넘어갈 수 있는 형식으로 나타나고, 설치류들 중 가장 작고 아주 보잘것없는 이들 파트너들 사이에 일어난다고 하여 주제의 중요성을 덮고 넘어가서는 안 된다. 우리는 마지막 장에서 논하게 될 신화의 첫 층위에서 다시 나타날 이(교환)를 다시 보게 될 것이다.

배우자의 교체를 실행함으로써 별들의 어머니는 거짓 선택이 반대(역)가 되게 만든다. 말하자면 적 주민들 태생인 쉐이옌족 여인을 식인해에게 받아들이게 하고, 주민의 영웅이며 농업과 만단족의 이중적인 보호자 자질을 갖고 있는 '옥수수-얇은-속-껍질'을 달의 마음에 들게 하기 때문이다. 이러한 조작이 없었다면 '옥수수-얇은-속-껍질'은 해를 피할 수 없었을 것이다. 왜냐하면 모든 다른 판본들에서 실패하는 탈출을 성공시키기 위해 그녀는 달의 도움이 필요하기 때문이다. 그렇지만 신화M$_{460}$과 M$_{461}$ 사이에 하나의 차이점만 있지 않다. 그러므로 우리는 체계적으로 이 신화들을 비교해 보아야만 한다. 단순화하기 위해 각 판본들을 V1(판본460)과 V2(판본461)라 부르자.

V1에 따르면 달은 '늑대처럼 먹는' 날카로운 이빨을 가진 만단 처녀와 결혼하고, 해는 이빨이 없는 두꺼비(처녀)와 결혼한다.

V2에 따르면 달은 만단 처녀 '옥수수-얇은-속-껍질'과 결혼하고, 해는 식인을 하는 쉐이옌 처녀와 결혼한다.

V1과 V2의 만단 처녀들이 서로 전환된다는 사실을 받아들인다면 두 판본을 합쳐놓을 때 배우자의 유형은 두 개로 귀착된다.

$$
V1 + V2 = \left\{ \begin{array}{l} \text{땅의 여인:} \quad \left\{ \begin{array}{l} \text{만단 처녀} \\ \text{쉐이옌 처녀} \end{array} \right. \\ \\ \text{물의 여인:} \qquad \text{개구리} \end{array} \right.
$$

다른 한편으로 각 판본은 각기 하나의 유일한 관여적 대립을 갖는다.

$$V1 = \text{땅의 여인 / 물의 여인}$$

$$V2 = \text{땅의 여인}^{(1)} \text{ / 땅의 여인}^{(2)}$$

V1과 V2가 변형관계에 있는 것이 명백하므로 V2의 여주인공들 중 한 명은 V1의 땅의 여인의 변형이어야만 한다. 그리고 마찬가지로 다른 여인은 물의 여인의 변형이어야만 한다. 신화의 이야기는 이 주제에 대해 아주 명시적으로 나타내지 않는다. 그러나 의례를 통해 보충할 수 있다.

/오키파/ 의례의 세 번째 또는 네 번째 날에 나타나는 어리석은 자(Fol)가 패배한 이후 앞의 철저한 독신주의자(Maximilien, 343쪽)인 이 사악한 인물은 음탕한 익살광대로 변한다. 그는 발정 난 들소 흉내를 내며 젊은 여자들을 공격하는 체한다. 여러 번에 걸쳐 그는 소녀(젊은 처녀) 복장을 한 두 여인, 하나는 현명하고 다른 하나는 미친 춤꾼들과 우스꽝스러운 장면을 연출한다. 그는 우선 현명한 여인에게 치근거리며, 그녀에게 자신의 밀짚 목걸이를 제시한다. 그러나 그녀는 그의 제안을 거절한다. 그러자 그는 두 번째 여인을 향해 돌아서자 여자는 기꺼이 그의 제안을 받아들인다. 이 두 인물들은 '옥수수-얇은-속-껍질'과 쉐이엔 소녀(처녀)를 구현한다(Bowers 1, 146쪽과 주 28, 29). 여기서 이 여인을 웃음거리로 만들기 때문에 이런 관계 아래서 보면 V2의 쉐이엔 처녀가 V1의 우스꽝스러운 개구리의 형상을 이룬다고 상정할 수 있다. 그러나 이가 없는 이 개구리는 먹을 때 소리를 낼 수 없다.

그러므로 여기서(이 지점에서) 마치 아래와 같은 도식처럼 모든 일이 일어난다.

a) (침묵 : 소리) : : (이가 없는 여인 : 이가 있는 여인) : : (비식인 여인) : (식인 여인)

그리고 마치 결과적으로 개구리로 변한 것은 쉐이옌 여인이 아니라 만단 여인인 것처럼 모든 일이 일어난다. 만단 앞쪽의 연쇄 V1에 따르면 이가 있는, V2에 따르면 비식인의 두 항을 그녀의 인물이 겸하고 있다는 사실을 알아차릴 때 이런 모순은 사라진다. 그러므로 우리는 아래와 같은 방식의 공식을 다시 쓸 수 있을 것이다.

b) 〔침묵 : 소리〕∷〔개구리 (이가 없는) : 만단 처녀 (이가 있는+비식인)〕
∷〔만단 처녀 : 쉐이옌 처녀〕

이것은 탐식과의 관계에서 보면 아래와 같이 다시 말할 수 있다.

c) 쉐이옌 여인 〉 만단 여인 〉 개구리-여인

결국 **식인**인 쉐이옌 여인은 **비식인**인 만단 여인보다 더 게걸스럽고, 늑대의 이빨을 가진 비식인 만단 여인은 이가 없는 개구리보다 더 게걸스럽다.

|  | 쉐이옌 여인: | 만단 여인 : | 개구리 : |
|---|---|---|---|
| 식인(행위): | + | − | − |
| 이빨: | + | + | − |

외부(외지, 외국)의 배우자와 동물 배우자의 관계에서 동향(같은 부족) 배우자는 그러니까 애매한(모호한: 중재항) 위치를 갖는다.

그런데 우리는 옥수수 의례의 기원신화(M459)가 옥수수를 양식으로 삼던 땅의 심층부에서 나온 지하의 조상들과 단지 육식뿐만 아니라 동족을 잡아먹는 식인의 천상주민들을 정반대로 놓고 있다는 사실을 기억한다. 이 극단의 항들 사이에서 물은 중재항의 역할을 수행한다. 그렇지만 역시 옥수수 의례를 설명하고 있는 신화M460에서 물은 개구리의 암시적 의미를 내포하는 요소이다. 토지(농지)에 관한 신화들은 그러니까 두 개의 독립된 명제(또는 주장)를 제시한다. 한편으로 물은 하늘(≃ 불)과 땅(≃ 식물) 사이의 중재를 보장한다.

a) 땅 〈 물 〈 하늘

그러나 다른 한편으로 아래의 도식도 여전히 사실이다.

b) 땅 〉 물

결과적으로 물이 불가피한 **중재자**임에도 불구하고 이 중재항이 중재하는 각 극들보다 **더욱 약한 가치**(값)를 갖는다. 그런 일이 어떻게 가능한가? 이러한 문제는 만단의 사고가 물에 대해 정의하는 우리가 본(이 책 461~462쪽) 독특한 위치에 기인하는 것으로 이들의 사고는 이 문제를 피해갈 수 없다. 이들의 사고로 물이 행하는 중재의 역할은 다른 두 요소들 사이에 끼어드는 것이 아니라 동시에 두 요소들의 부분을 덮어 싸는 것이다.

$$
\left.\begin{array}{l}
\text{하늘} \\[2em]
\text{땅}
\end{array}\right\} \text{물}
$$

두 극들보다 우세하지도 동등하지도 않지만 두 극의 속성을 갖고 있는 중재(매개)항은 천상의 잔인한 불보다 이 불의 위협을 물리침으로써 더

476

우세하며, 절대적인 관점에서 하늘이 땅에 승리한다는 것—천상주민들은 끊임없이 인간들을 박해한다—이 사실임에도 불구하고 견고한 땅보다(개구리에 대한 인디언 처녀의 승리가 이를 증명하는 것처럼) 열등하다는 것이 밝혀진다. 신화들은 자신들의 방식대로 모호함(중재항)을 인정하고 있다. 왜냐하면 해는 개구리가 자신을 정면으로 쳐다볼 수 있다는 이유를 들어 개구리를 더 선호한다고 자신을 속이는데, 객관적으로 보아 하늘 그 자체에 대해 물의 **위력(힘)**을 (쳐다볼 수 있도록 물이 도왔으므로) 드러내면서 해를 속인 것은 개구리이기 때문이다. 그러나 이러한 관계에서 땅의 여인이 물의 요정(여인, 개구리)보다 열등하다면 다른 관계 아래서 땅의 여인은 하늘과 더 잘 겨룰 수 있다. 늑대의 이빨과 그녀의 소리 내서 씹는 힘 덕분에 천상의, 그리고 식인의 신들은 **그녀에게서 (안에서)** 대결의 상대를 만난다. 땅 〉물 〉하늘( 〉땅 ) 순환의 자동적 구조는 흔히 다른 경우(L.-S. 5, 345쪽 주 2)에서처럼 명확히 밝히지 않은 두 변수의 결합된 행위로 귀결된다.

우리가 출발점으로 사용했던 투쿠나 신화(M₃₅₄)가 이미 개구리-배우자(여인)에 대해 같은 유형의 문제를 제기했다는 것을 상기해볼 필요가 있다. 대평원 신화들의 시어머니처럼 투쿠나 신화의 시어머니는 아들이 아내로 삼은 개구리에게 씹어 먹는 신고식을 치르게 한다. 며느리는 **검은 초파리**(북아메리카의 개구리가 먹으려고 애쓰는 검은 숯과 비교해보라)를 양식으로 삼았는데, 늙은 시어머니가 그녀에게 매운 음식을 제공했을 때(함으로써) 개구리-여인은 자신의 동물 본성을 드러낸다. 그러므로 땅의 배우자와 수상 배우자(개구리) 사이의 북아메리카 대립은 매운 음식과 맵지 않은 음식 사이의 남아메리카 대립과 합동인 것처럼 보인다.

그런데 두 대륙의 신화들은 독립적인 양상으로 신화들이 관여적이라고 선언하는 두 대립 사이의 대립을 어디서나 같은 대립으로 나타나는 제3의 대립—식인의 실재와 식인의 부재—과 연계하고 있다. 한 투쿠나 신화(M₅₃:『날것과 익힌 것』, 284~285쪽)에서 사실상 표범의 집에 잘 못 인도된 한 인간 주인공은 대단히 매운 스튜(고기와 야채를 넣고 끓인 국)를 신음 소리 한 번 내지 않고 먹어야 했으며, 만일 소리를 낼 경우 식 인귀에게 먹힐 운명에 처하게 된다.

그러니까 어디서나 (두 대륙 모두에서) 고통을 표현해서는 안 된다는 공통성(동치관계)을 다시 볼 수 있다.

a) (적 : 동족) : : (식인 : 비식인) ;

이 관계(등식)는 투쿠나족 역시 아래의 등식으로 표현하거나

b) (인간 : 동물) : : (양념한 음식 : 양념하지 않은〔비양념음식〕음식) ;

또는 (즉 다시 말해) 다음과 같이 된다.

c) 적 〉 동족 〉 개구리 ;

반면 만단족들은 그들의 측면에서 아래의 등식으로 표현하거나

d) (인간 : 동물) : : (왕성하게 먹는 자 : 보잘것없이 먹는 자) ;

마찬가지로 이처럼 표현할 수 있다.

적 〉 동족 〉 개구리

이러한 상호 접근(대조)으로 또 다른 이점을 얻을 수 있다. 이러한 대

조는 결국 식사방식(예절)에 몰두하는 두 대륙의 신화들에서 우리가 이미 주의를 기울였던 불변적인 도치를 강조하고 있다. 신화M10(251쪽 참조)의 팀비라 주인공처럼 신화M53의 투쿠나 주인공이 한 경우(M10)에서는 고기가 너무 바삭바삭함에도 불구하고, 다른 경우(M53)에서는 입안이 너무 얼얼하고 매움에도 불구하고 먹으면서 소리를 내서는 (절대) 안 된다. 반대로 별들의 분쟁에 관한 북아메리카 신화들의 여주인공은 자신의 라이벌인 남아메리카 개구리와는 달리 큰 소리를 내어 씹어야 한다. 이 남아메리카 개구리는 다른 투쿠나 신화(M354)에서 개구리 인물로 등장하는 북아메리카 신화들에 나오는 여주인공과 동료 개구리이다. 그리고 이 마지막 신화(M354)가 주인공의 식사 중 태도를 서술했다면 (불행히도 그렇게 하지 않고 있지만) 개구리 여인은 틀림없이 소리를 질렀다고 말할 수 있을 것이다. 왜냐하면 적어도 신화는 매운 고추로 인해 주인공의 목구멍을 태운다고 자세히 서술하고 있기 때문이다.

식인 표범(M53) 또는 식인의 습성을 가진 자신의 아내로부터 벗어나기 위해 인간 주인공은 조용히 먹어야만 한다. 이렇게 함으로써 그는 자연과 문화[6]의 대립의 중재를 희망할 수 있다. 그렇지만 만단 여주인공은 더욱더 긴박한 게임을 한다. 그녀는 식인자가 되지 않기 위해 인간이 비록 땅의 창자 속으로부터 유래하고 그의 생명이 물과 연계되어 있음에도 물에 반(反)하여 자신이 해의 편을 들 수 있다는 것을 생명의 원천을 지

---

6) 어떤 경우(M53)에서는 인간 주인공은 문화를 상징하고(나타내고), 식인 표범은 자연을 상징한다(나타낸다). 다른 경우(M10)에서는 그 반대이다. 왜냐하면 신화에서 한 시기 동안에는 인간들이 날것(음식)을 먹었고, 또 다른 시기에는 표범만이 유일하게 취사용 불을 소유하는 시기가 있었기 때문이다. 그러나 대칭관계가 이어진다. 왜냐하면 인간 주인공은 신화M53의 끝부분에서 표범으로 변형되는 반면, 신화M10의 끝부분에서 '표범'은 같은 변형을 맞게 된다. 표범이 구운 고기를 인간들에게 양보하고 자신은 날고기를 먹는 소비자로서 진정한 표범이 되기 때문이다.

배하는 해에게 보이는 것이다. 그러니까 북아메리카에서 비-중재의 기도(과정)는 중재의 기도(과정)와 대립한다. 우리는 같은 것을 다른 방식으로 말할 수 있다. 말하자면 팀비라족들은 지상의 불의 주인이며 건설자인 표범의 식탁에서 침묵을 명령하고, 별들의 분쟁에 관한 이야기를 하는 대평원 인디언들의 신화들은 천상의 불의 주인이며 파괴자인 해의 식탁에서 소리 내어 씹을 것을 명령한다. 결국 천상주민의 초청객인 여인은 자신의 강력함을 증명해야 하고 소리 내어 씹어야만 한다면 그것은 인간종의 대변자 자격으로서 그리고 이 천상의 식인자들에게 **그녀가 가치가 있다는** 것을 증명해 보여야 하기 때문이다.

# 제6부 동등한 저울

교환 없는 사회도 없고, 공통의 척도 없는 교환은 없으며, 평등 없는 공통의 척도는 없다. 이처럼 모든 사회의 최초 법칙은 그것이 인간에 대해서건 물건(물질)에 대해서건 어떤 합의된 평등(성)을 갖는다.

장 자크 루소,『에밀』, 제3부

# 1 10의 수(群)

박해자인 천상주민과 피해자인 인간들 사이에 만단 신화들은 암묵적인 동조관계(연)을 잇고 있다. 그러면 어떤 비밀스런 동기(이유)가 이런 관계를 끌어내는가?

이 질문은 우리가 아직 접하지 않은 또 다른 문제와 분리할 수 없는 중요한 문제이다. 5부를 진행하는 동안 우리는 대호수 지역의 알곤킨족에서 고슴도치 편집($M_{447}$)의 납득할 수 있는 원형(전형)을 찾아냈다. 우리는 이 고슴도치 편집이 고슴도치가 결핍한(실제로 존재하지 않는) 영역에서 생성되었다는 사실을 기억하고 있다. 그러나 달이 이 동물로 변하는 이야기가 만일 고슴도치가 서식하는 지역에서 유래하는 신화의 도치를 나타낸다면 우리는 실제 동물의 이미지가 어떻게—이 동물이 나타내는 유일한 존재양식이 형이상학적인 층위에 있는 경우에도—계속 존재할 수 있었는지를 이해할 수 있을 것이다. 그렇지만 우리는 중앙 대평원의 (지리적으로) 연속된 영역에서 고슴도치의 에피소드와 별들의 분쟁 사이에 관찰할 수 있는 연관(관계)을 설명하지 못한다. 그래서 고슴도치 편집이 다른 곳에서 사용된 신화적 동기를 전도하고 있으며, 이와 관련된 몇몇 부족들이 동기가 있는 지역에서 태어나 살았기 때문에 이를 알 수 있었다고 말하는 것으로는 충분하지 못하다. 이들 부족들 역시 별들의 분쟁 전형을 그들의 영역에서 알고 있었으며, 유사하게 변형된 고슴 도치 이야기와 융합함으로써 새로운 (원초적인) 총체가 태어날 수 있었 던 것이 틀림없다.

우리는 1963~64년에 이 문제의 해결을 개괄한 적이 있지만, 콜레주 드 프랑스에서 강의는 하지 않았다. 이 개괄적인 해석이 충분할 만한 기 반을 갖고 있지 못하다고 생각했기 때문이다. 그 이래로 히다차족의 사 회조직과 의례생활에 관한 보워스(2)의 기념비적인 작품이 나왔으며, 여기에서 우리가 추적했던 첫 여정을 단축할 수 있고 유효하게 할 수 있 는 여러 정보(증거)들을 동시에 찾을 수 있었다. 이것으로 우리의 과제 를 시작해 보도록 하자.

만단족과 히다차족들은 그 당시 숲이 우거진 계곡 밑에 세운 마을 근처로 들소 떼를 유인하기 위해 겨울에 거의 유사한 의례를 행했다 (Maximilien, 378쪽). '붉게 칠한 막대기'라는 이들 의례들은 또한 의례 를 행한 사람들에게 군사적인 성공과 장수와 번영의 노년을 보장해주었 다(Bowers 2, 452쪽). (의례의) 창립신화(만단족 신화[M463], 이 책 468 쪽 참조; 히다차 신화[M464], Bowers 2, 452쪽)는 아래와 같은 이야기를 한다. 수컷 들소들은 인디언들이 자신들에게 옥수수전병과 또 다른 식물 성 양식을 제공하고, 또 자신들에게 알몸으로 털가죽을 쓴 그들의 아내 들을 제공하는 조건으로 기근을 맞은 인디언들—만단 판본에는 작은 여 인 식인귀로 형상화되어 있다—을 구하는 데 동의했다. 이 의례를 거행 하기 위해 나이 든 남자들은 들소를 구현한다. 이들은 사냥과 전쟁에서 이름을 빛낸 사람들 중에서 선택되었으며, 젊은 시절에 그들 역시 같은 양상으로 들소를 부르는 의식을 행할 권리를 갖고 있었다. '며느리'와의 성교는 즉시 '손녀들'로 변형되는데, 이는 결국 연장자들이 갖고 있던 초 자연적 힘을 더욱 젊은 세대의 남자들에게로 이전을 보증할 것이다. 만 일 성장하는 세대가 이런 힘(권력)을 자신들의 책임으로 보존하는 대신 친족(후손)의 권리로 이를 행사하는 데 만족했다면 이런 힘(권력)은 점점 더 약화되었을 것이다(같은 책 455쪽).

이론적으로(원칙적으로) 이니셔티브는 여성 배우자(아내들)에게로 돌아간다. 왜냐하면 "남자들은 성적 층위의 사건들에서 더 단호하지 못한 의지를 갖기 때문이다." 그러나 그녀들은 때때로 망설이는 태도를 보이곤 했다. 젊은 여인은 말하자면 오빠들과 어머니에게 충고를 듣고자 하고 그들은 그녀에게 바라는(그녀가 해야 할) 행위의 중요성을 설명한다. "그들은 말하기를 그것은 마치 신들의 보호 아래 너를 놓는 것처럼 행하는 것이다." 더구나 연장자는 제안을 거부하거나 그의 상징인 붉게 칠한 막대기―여자는 막대의 소유자(연장자)가 그녀와 남편을 위해 기도하는 동안 막대기로 자신의 벗은 유방(젖)을 문지른다―를 여자에게 되돌려주는 것으로 만족하는 경우도 있었다. 그러나 그것은 같은 것이 아니었다. 한 정보 제공자는 항상 그 차이점을 찾아낼 수 있었다고 말한다. 진정한(실제의) 행위가 이루어졌을 때 "여자들은 새로운 생명(삶)으로 활기를 띠게 되는 것 같았다"(같은 책 454~460쪽).

보워스는 하위집단 아콰사위족(Awaxawi)에서 유래하는 창립신화의 두 번째 판본을 출간한다. 전체적인 면에서 벡위스(1, 181~185쪽)가 수집한 판본과 일치하는 이 판본은 새로운 세부적 사실들이 풍부하다. 의례 집행자들은 의례가 진행되는 동안 신화적 인물들의 역할을 서로 나누고 몸짓과 표현으로 연기하는 세세한 부분만큼이나 세세한 사실들에 주의를 기울이는 것이 합당하다 :

### M465. 히다차족의 신화: 구원적인 들소들

옛날에 작고 뚱뚱하고 얼굴이 못생긴 한 이방인이 만단족 놀이에 도전했다. 이때 마을에서 살던 암들소는 경기자(선수)가 해라고 설명했다. 그가 모든 내기에서 이기자마자 그가 보호하고 있던 적들은 마을을 공격하여 모두 죽일 것이다(라고 했다). 기회를 되돌릴 하나의 방법이 있었다. 말하자면 젊은이들은 신들을 초청하여 자신들의 아내를 제공하는 것이다. 그렇지 않으면 이미 출발해 오고 있는 12마을의 연합 전사들은 주민을 학살할 것이었다.

들소 여인(암들소)은 의례를 조정하는 것으로 만족하지 않았다. 그녀는 젊고 예쁜 인디언 여인을 해에게 주겠다는 약속으로 해를 데려오겠다는 달과의 공모를 이끌어냈다. 해는 설득이 되지 않았다. 두 번이나 연달아 유혹하려 했지만 허사였다. 달은 실컷(마음대로) 먹고, 사랑할 수 있는 축제의 매력이 넘치도록 했다. 세 번째 날 밤에 들소 여인의 충고에 따라 달은 만일 속히 결정하지 않으면 그를 위해 예비해둔 예쁜 아가씨가 다른 사람과 잠자리를 할 것이라고 해에게 경고했다. 그러자 해는 의례를 행하는 오두막으로 조금 접근했다. 네 번째 날 밤이 되자 해는 오두막 안으로 들어갔다. 들소 여인(의례에서는 '손녀')은 즉시 해에게 매혹적인 말을 건네며 그를 인도했다. 그녀는 해(손녀의 '할아버지')와 잠자리를 같이하고자 했는데, 해는 신들 중 가장 큰 신이 아니던가? 해는 속았다고 생각했다. 이미 들소 여인은 자신의 애인이었기 때문이다. 그렇지만 이러한 상황에서 거절할 계제가 되지 못했다. 그래서 해는 자신의 오래된 나쁜 버릇으로 돌아가는 것이 결코 즐겁지 않음에도 불구하고 일을 치렀다(의례에서 들소 여인은 할아버지의 손녀이다).

잠자리의 결과로 이러한 일들이 일어났다. 좋은 의도이든 나쁜 의도이든 간에 해의 초자연적 능력(힘)은 '아들의 부인' 중재로 인해 이제 자신의 '아들'이 된 인디언들에게 이전되는데, 아들의 부인은 과거에 단지 '며느리'였을 뿐이었으며 이어서 '손녀'라고 불리게 되었다(Bowers 2, 455쪽). 결과적으로 들소 여인은 이제 해가 적인 12마을을 만단족에게 인도하도록 요구할 권리를 갖게 되었다. 해는 가슴이 찢어짐에도 불구하고 이를 받아들였다. 왜냐하면 자신의 입양아들이 반대 편에서 싸우고 있었기 때문이다. (더욱이) 해는 자신의 아들이 죽으면 그의 시체를 먹어야만 했을 터이고 동시에 다른 모든 전사들의 시체도 먹어야만 하기 때문이었다.

사람들은 해가 싫어하는 방향(M₄₅₈ 참조)인 오두막의 서쪽에 그를 앉혔다. "왜냐하면 해는 불행을 구현하기 때문이었다"(같은 책 456~457쪽). 그에게 준 접시에서 고기를 자르자마자 그를 마치 적을 두드려 패듯 의례적으로 두드려 팼다. 그리고 화염덩어리가 세상을 밝히기 위해 오두막 여러 곳에 불을 질렀다.

해의 아들이 지휘하는 적인 12마을의 전사들이 불시에 쳐들어왔다. 인디언들은 모든 적들을 그들의 대장과 같이 몰살했다. 그(해의 아들)의 목을 자르는 데 어려움이 있었다. 왜냐하면 그의 척수는 아주 단단한 나무(*Cornus*종) 막대기로 되어 있었기 때문이다. 대장의 머리는 100번째 자른 머리였으므로 나이프강과 미주리강 하구 물속에 살고 있는 지역신인 뱀에게 헌정되었다. 해가 아들의 머리를 요구하러 하늘에서 내려왔지만 뱀은 넘겨주기를 거절했다. 그러자 해는 **리코페르돈 속**(*Lycoperdon*)의 버섯(늑대의 오줌통)으로 대체용 머리를 만들고 쑥 (흰 쑥의 속)으로 머리칼을 만들려 했다. 그렇지만 그는 이러한 시늉으로 머리를 부활시킬 수 없자 울며 떠났다. 인디언들은 경기에서 승리했다(Bowers 2, 452~454쪽).

이 신화에 대해 할 이야기가 많다. 우선 이 신화는 부분적으로 천상주민 의례들의 창립신화의 일부를 재현하고 있으며(M₄₆₁), 6월에서 8월, 다시 말하면 여름의 들소들을 부르는 만단족 의례의 기반이 되는 신화를 도치하고 있다는 것(Bowers 1, 108쪽)을 알 수 있다. 우리는 이미 이 신화(M₄₆₂: 이 책 467~468쪽)를 암시했으며, 이 신화에서—M₄₆₅와는 달리―들소 여인은 내혼이 아니라 외혼의 배우자(여) 역할을 수행하는데, 이것은 그녀가 적들로부터 남편을 방어하기보다는 먼 지역의 적들 속으로 남편을 유인하기 때문이다. 신화M462에서 내혼의 배우자인 '옥수수-얇은-속-껍질'(시어머니의 화신처럼 나타나는 점에서)은 들소 여인의 부모가 요구하는 먼 곳에서의 시련을 극복한 후 사냥 주인이 되게 하기 위해 들소 여인에게 인도한다. 신화M465와 일치하는 신화에서는 이와 반대이다. 같은 이점(특권)을 얻기 위해 그들의 장인 장모들에 의해 격려된 사냥꾼들은 아내들을 이 시기에 마을을 점령하고 있는 들소들에게 넘겨준다. 들소에 관한 신화들은 말하자면 그들 사이에 변형관계 아래 있으며, 이 신화들은 하나의 신화집단을 구성한다고 확언할 수 있다. 더욱 여름들소의 축제와 겨울들소의 축제 사이의 대립은 겨울축제에 사용하는 운반용 제단이 역시 여름 의례인 /오키파/ 축제의 의례에서도 나타난다는 사실에 기인한다(Bowers 1, 271쪽).

그러나 변형관계는 또한 이 신화집단과 별들의 분쟁 신화집단 사이에서도 일어난다. 두 가지 방식으로 이를 제시할 수 있다. 첫 번째로 신화 M465는 별들(해와 달)의 분쟁을 이야기한다. 달은 해를 축제에 데려가고자 하지만, 해는 이를 무시하고 싫은 내색을 한다. 그를 이끌고 가기 위해서는 속일 필요가 있었다. 해는 결심하지만 결국 속는다. 그에게 약속했던 순진하고 아름다운 여자 대신 옛 애인과 만나 재결합하게 된다. 이 기회에 히다차족은 제외하더라도 만단족은 새로움의 매력에 많은 가치를 둔다는 점에 유의할 필요가 있다. 들소들에게 인도된 여인들 중 제일 번을 차지하는 여인은 자신들의 남편 이외의 다른 남자를 몰랐던 순결한 여인들에게로 돌아간다. 때때로 어떤 여인은 이 모두가 탐내는 위치를 부당하게 차지하기를 바라는 일이 일어난다. 그러나 여기서 옛 애인은 조소의 대상일 뿐이며, 이런 황당하고 무분별한 여자는 행렬의 끄트머리를 차지했다(Bowers 1, 317쪽). 결과적으로 별들의 분쟁에 관한 신화들에서처럼 해는 여자에 대해 잘못 생각한다. 그리고 그에게 굴러들어온 동물 여인은 매력이 없다. 어디서나 비록 양상은 다양하지만 신화들은 달과 인간의 동맹으로 이들이 조작활동의 승자가 되게 만든다.

두 번째로 신화M465와 별들의 분쟁에 관한 신화의 만단 판본들 중 하나(M461) 사이에 나타나는 몇몇 놀라울 만한 유사점에 유의할 필요가 있다. 매번 해와 '비인간 여인'과의 혼인―**만단족이 잡아먹는** 들소의 암컷(여인) 또는 **만단족을 잡아먹는** 쉐이엔족의 암컷(여인)―은 운수를 건 승부(경기)의 유입을 동반하며, 10의 수의 적들(쉐이엔족 여인의 형제들) 또는 12의 수의 적들(동맹 부락)과의 진정한 전쟁 시작을 나타낸다. 매번 해의 아들은 이들 적과 싸우는데 그는 패하거나 머리가 잘린다. 결국 신화M461은 달이 천둥새의 형상을 취해 만단족을 돕는다고 명확히 말하고, 두 신화(M461, M465)는 수상뱀에게 잘린 머리를 제물로 바치는 것으로 완성된다. 이 점에 관해서는 분리해서 조사해야 한다.

\*   \*   \*

산술(계산법)로 시작해보자. 이런 관계 아래서 우리가 논의하고 있는 신화들은 대서양 연안에서 태평양 연안까지에서 증명된 광활한 총체의 신화집단에 속한다. 여기서(이 총체적인 신화들에서) 일반적으로 10의 수의 조를 형성하는 인물들이 등장한다. 이 신화들은 어려운 문제를 제기하는데, 이것은 때때로 숫자가 변하기(달라지기) 때문이다. 그래서 이것이 우연적인 변질(왜곡)인지 또는 이 점(숫자)에 대해서만 차이가 나는 판본들이 다른 장르의 신화에 속하는지를 물어야 한다. 가장 단순한 경우는 북아메리카 북서부 지역의 신화들에서 나타나는데, 여기서는 5를 기본으로 하는 규칙적인 조합들, 즉 2×5＝10, 2×10＝20이 풍부하며, 또한 벨라쿨라족(Bella Coola)에서 샤스타족(Shasta)까지, 특히 모독족(Modoc)에서 이를 관찰할 수 있다.

다음 권인『신화학 4』에서 더욱 세부적으로 나타날 것이기 때문에 우리가 목록화하지 않은 신화들에서 얻은 몇몇 예를 보도록 하자. 모독 또는 클래머스 신화들의 여주인공은 5명의 형제를 갖는다(Curtin 1, 17~26쪽, 95~117쪽; Barker 1, 47쪽). 한 모독 주인공은 2명의 누이(자매)를 만나는데, 그녀들은 매일 10마리의 사슴을 죽인다. 주인공 자신은 11마리를 죽이고, 사냥을 떠난다. 그리고 이어서 10일 동안(매일) 그의 (나무)판에 11마리의 짐승을 기록한다. 이 110마리 이후에 그는 매일 10의 리듬(속도)으로 다른 100마리를 잡는다. 그리고 매일 20의 리듬(속도)으로 200마리를 잡는다(Curtin 1, 24~26쪽). 즉 $10 \times 2 = 20$, $10 + 1 = 11$, $11 \times 10 = 110$, $10 \times 10 = 100$, $20 \times 10 = 200$의 조작(활용)으로 생겨난 숫자의 연쇄가 된다. 다른 신화에서 쿠무슈(Kumush) 조물주는 손녀에게 그녀가 앞으로 사용할 10벌의 옷 한 묶음을 준다. 순서대로 보면 어린 시절을 위한 사춘기 춤 축제(5일 낮과 5일 밤 계속되는)에 입는 옷, 축제 후에 입을 옷, 5일 뒤 일상생활에 입을 옷, 나무할 때, 야생 뿌리를 캘 때, 여행할 때, 공놀이를 할 때, 그리고 열 번째와 마지막 옷은 그의 수의(壽衣)가 될 것이다(같은 책 39~40쪽). 한 신화는 동쪽에 살고 있는 10명의 질병-형제와 서쪽에 살고 있는 10명의 해-형제들의 부분적인 파괴와 분산을 이야기한다(같은 책 51쪽). 주인공 달이 혼인을 하고자 할 때 그녀들의 우아함과 아름다움에도 불구하고 연속하여 10명의 개구리-자매들을 물리치고 11번째 지원자인 개구리를 선택한다. 이 개구리는 못생기고 더럽고 누더기를 걸친 청개구리로 오늘날 달의 흑점에서 그의 형상을 볼 수 있으며, 월식의 원인 제공자인 괴물들이 달을 삼킬 때마다 달을 부활시킨다(같은 책 81~82쪽; Spier 2, 141쪽 참조). 여우 우스(Wus)는 한 마을에서 모든 종류의 재난(실패)을 겪는데, 이 마을에는 10명의 바구니-형제들, 10명의 도방훈련-형제들과 10명의 붉은 개미-형제들이 6개의 오두막에 5개의 집단으로 나뉘어 거주한다(같은 책 191~193쪽). 다른 마을에는 10명의 여우-형제들과 10명의 늑대-형제들이 피난하고 있다. 각각의 형제는 한 명의 아내와 5명의 딸이 있으며 단지 가장 어린 여우형제는 미혼이다. 여우-형제들은 역시 한 명의 누이가 있으며, 적들은 누이를 납치한 후 모든 주민을 학살한다. 어머니와 함께 살아남은 유일한 어린 여우는 어머니에게 10켤레의 모카신(가죽신)을 지어주고자 한다. 한 켤레의 신발을 지으려면 10일이 걸린다. 그는 적 마을에 쳐들어가 자신의 동족들을 해방시킨다. 풀려난 여자들에게 준 각(한짝) 모카신은 배가 되어 한 켤레가 된다. 그리고 주인공은 귀향길에 뚫어져버린 자신의 모카신이 그대로 있음을 알았다(같은 책 343~349쪽). 또 다른 신화들은 5명의 독수리-형제들, 5명의 쥐-자매들, 5명의 바위-형제들, 5명의 벌레-형제들, 5명의 독수리-형제들과 함께 있는 말똥가리-형제들, 5명의 야생고양이-형제들, 5명의 담비-형제들, 5명의 곰-형제들……을 열거한다(같은 책 153~190쪽, 207~212쪽, 268~271쪽, 280쪽, 284쪽, 293~294쪽, 319쪽, 321~332쪽과 여러 곳).

태평양 연안의 브리티시컬럼비아에서부터 캘리포니아까지 5 혹은 10에 의한 계산(셈)은 같은 규칙성을 갖고 나타난다. 북부 살리시족들인 벨라쿨라족은 9형제와 1자매를 포함하는 신의 수를 갖고 있다. 이들을 구현하는 춤추는 자들(춤쟁이)은 보름달(제일 위 2명의 형들), 반달(그다음 3명의 형들), 별들(그다음다음 2명의 형들), 무지개(7번째 형), 아메리카뽕나무 꽃(8번째 형), 물총새(막내), 바다코끼리의 방광(누이)(Boas 12, 33~34쪽과 도판 9, 그림 1~9 참조)을 상징하는 가면을 쓴다. 내륙의 사합틴족인 네뻬르세족(코를 뚫은)의 신화들에는 5와 10의 숫자가 풍부하게 나타난다. 5자매, 5형제, 5딸(소녀), 10들소, 5회색곰-여인과 5검은곰-남자, 5비버-형제와 5사양들쥐-형제, 5늑대-형제, 5 또는 10날, 10어린이, 5개구리-자매, 5늑대-형제, 5곰-자매와 5염소-자매, 5

거위-형제, 5산(山)(Spinden 1, 21쪽, 151~154쪽; Phinney, 52쪽, 61쪽, 69~70쪽, 86쪽, 88쪽, 227쪽, 306쪽, 408쪽, 457쪽과 여러 곳). 우리는 별 어려움 없이 유콘강 하류 지역의 아타파스칸족(Chapman, 183쪽), 쉬누크족(Boas 5, 7, 여러 곳), 샤스타족(Dixon 1, 14쪽), 후파족(Goddard, 여러 곳), 야나족(Sapir 3, 228쪽)에서 유래하는 유사한 예들을 수집할 수 있을 것이다.

우리가 주의를 기울였던 만단의 10이라는 숫자는 이 인디언들 집단에서 발견되는 10의 숫자에 대한 전체들의 확실한 영역에 속한다. 신화 M462에서 들소 여인의 어머니는 10명의 손자들(Bowers 1, 278쪽)이 있으며 이들은 신화M461의 쉐이엔족 여인의 10명 형제들과 짝을 이룬다. 막스밀리언은 10년 동안 지속되는 두 조물주 사이에 이루어지는 장수 경연대회에 관해 이야기한다. /오키파/ 의례에는 10개의 가면이 등장한다. 11마리의 기러기를 모두 보는 것은 봄이 온다는 신호이다(앞의 책 362쪽, 376쪽, 378쪽). 대평원의 아라파호족에서는 5와 10의 수에 의한 계산을 찾을 수 있으며, 1·5·10마리라는 들소의 연쇄와 100벌의 여자 스커트 자수에 사용된 모든 고슴도치 가시털을 세는 데 사용된다(Dorsey-Kroeber, 239~247쪽). 키오와족은 자신들의 문화영웅의 신체가 주술적 덕목(효능, 효력)을 갖춘 10개의 부분으로 조각났다고 이야기한다(Nye, 50쪽). 칸사족(Kansa)에는 5명의 상속되는 추장, 5개의 주요 씨족, 신성한 물건을 덮는 덮개가 존재한다(Skinner 12, 746쪽, 748쪽). 북쪽으로 올라가면서 계속 조사하게 될 중앙 알곤킨족을 그대로 둔 채 이로쿼이족을 돌아보면서 이 목록을 마칠 것인데, 이로쿼이 신화들은 10형제를 앞쪽(전면)에 놓는데, 때로는 12형제를 놓기도 한다. 그러나 10형제는 현존하고 2형제는 사라진 상태에 있다(Curtin 2, 229~242쪽, 482~486쪽).

10의 수에서 12의 수로의 변동은 위에서 제기한 문제로 다시 돌아온다. 캘리포니아 북부의 유록족이 10 또는 12천둥(우레)에 대해 이야기할 때(Spott-Kroeber, 232쪽) 정보 제공자의 오류로 결론짓든가 또는 다른 두 수체계의 존재로 결론내야만 할까? 이 질문은 현재까지 신세계에서는 아주 무시했던 문제이지만, 구대륙의 전공자들(중국에 대해서는 Granet, 7쪽 주 2, 154쪽 주 1과 여러 곳; 로마에 대해서는 Hubaux 참조)에게는 익숙한 질문이다. 다른 한편으로 출현 인물들을 9, 8, 7로 분류(또는 집합)하는 신화들은 10보다 적은 한계(한정성)를 이들 수로 놓은 것인가, 또는 일반적으로 한 조의 단원들이 말하자면 플레이아데스 성단과 작은곰좌 또는 큰곰좌를 미리 예시할 경우처럼 고유한 수의 값(가치)을 이 숫자들에게 주는 것인가? 마찬가지로 8은 북아메리카 어디서나 거의 신성한 수인 4에 의한 2×4의 설명은 10-2의 설명 못지않게 잘 설명될 수 있을 것이다. 9와 11의 값(가치)은 더욱 쉽게 10의 수로 단순화할 수 있는 것처럼 보인다. '옥수수-얇은-속-껍질'은 9명의 형제가 있다(Bowers 1, 272쪽). 그녀를 포함해 전체는 10을 구성한다. 그런데 신화 M461의 쉐이엔 소녀는 10명의 형제가 있어 전체는 11을 구성한다. (그런데) 12의 수 앞에서는 다시 당황스러워진다. 이 수들은 10의 수가 신화 M461에 나오는 10명의 적 형제들과 M465에 나오는 12곳의 적 마을 교환 가능성을 암시하는 것처럼 10(10의 수)의 조합변이형으로 보아야 하는 것인지 또는(아니면) 6×2의 산물로 보아야 하는 것인지 전혀 알 수가 없기 때문이다. 보워스(2, 454쪽~455쪽)는 두 번째 가설에 무게를 두고 추론을 진행한다. 원초에는 6명의 제관들이 있었을 것이다. 그런데 1837년의 전염병 천연두의 창궐로 인한 인구 감소로 두 마을이 통합하고 그들의 제단은 병합해야만 했을 것이다. 전에는 12개였던 전체 마을의 상징휘장은 6개가 되었을 것이다.

이 구체적인 경우의 해석에 대해서는 이의를 제기하지 않을 것이다. 그러나 만일 두 개의 제단 또는 두 개의 의례가 섞일 수(합류할 수) 있다면 한 제단 또는 한 의례가 둘로 나뉘는 도치된 경우도 존재한다는 것을 강조해야 한다. 그것은 때때로 누이와 누이의 남편 사이의 신성한 유산을 나눌 때 부부 사이의 관계를 강화하면서 여성출계의 계승법칙을 유지하기 위해서는 정상적인 과정이었다(Bowers 1, 270~271쪽). 그러므로 12의 수가 각 6단위씩을 포함하는 2개의 몫(무리, 집단)의 합으로부터 나오는 것을 관찰(경험)로써 확인할 수 있을 때 이 몫(무리, 집단)은 그들 자신이 나누어야만 했던 것보다 더욱 오래된 12의 수에서 나왔다는 것을 전혀 배제할 수 없다. 같은 추론이 10의 수에도 적용된다.

심지어 5의 수와 10의 수가 모든 신화 영역을 침범하는 경향이 있고, 또 이어서 이해하게 될 이유들 때문에 이 수들의 중요한 역할이 의심할 수 없는 모독족에서 우리는 10을 기반으로 하는 10+2조합을 발견한다. 아마도 10의 수에서 12의 수로의 이동은 이야기의 줄거리(플롯) 운명이 달려 있는 역동성을 인물들에게 주기 위해, 다시 말하면 원초의 동일하고 더욱 무기력한 인물들을 다양화할 필요성으로 설명될 수 있지 않을까? 한 메노미니 신화(M$_{472a}$: Bloomfield 3, 409~419쪽)는 사냥하는 것 이외에 아무것도 하지 못하는 10명의 형제를 제시한다. 어떤 일이 진행되기 위해 우선 이 형제들은 1명의 누이가 있어야만 하고, 누이는 다른 사람들(형제들)의 동맹자가 될 남편을 가져야만 된다. 그리고 그는 형제들에 대해 긍정적 또는 부정적 기능을 수행한다. 10명의 남자 수와 관련해 간략히 표현할 수 있는 방식(10남자 +1여자)는 사회학적 세계에 10의 수의 **개막(개시)**을 가능케 하고, 방식〔(10+1)+1〕은 그것과 유기적 **결합(연관)**을 가능케 한다.

이에 대한 해석이 어떠하든 우리가 조사한 지역만큼이나 넓은 지역에 분포된 엄청난 수의 신화들을 특징짓는 10항 연쇄의 반복(회귀)이 매번 그 지역 사건들에서 (다양하게) 다시 나타날 수 있다는 것을 배제한 것처럼 보인다. 어쨌든 북아메리카에서는 일반적으로 성스러운 수로 4를 선택하며 아주 드물기는 하지만 3 또는 5를 선택한다. 아주 넓은 계열의 신화들이 2 또는 3으로 이 기본적인 숫자를 증가시킨다(곱한다)는 것은 주지의 사실이다. 이 '이 배수' 또는 '삼 배수'는 유전학자의 말을 빌리면 우리에게는 가족(신화가계)의 구조적 특성을 구성하는 것처럼 보인다. 그 이유를 찾아야 할 것이다. 우리가 우선 조사했던 만단족은 카누 여행의 손님 수를 같은 계수(Coefficient)로 곱한다. 우리는 이를 뒤에 보게 되겠지만, 카누의 손님 수는 그들의 신화에서 8 혹은 12명으로 구성된다.

우선 낮은 수에 적용한 같은 계통의 몇몇 신화들은 이야기의 어느 순간에 10의 수가 구성될 수 있도록 보충적인 단위들을 삽입한다. 우리는 이들 신화들에 대해 다시 논하겠지만 지금으로서는 단지 산술적 측면만 취급할 것이다. 한 아라파호 신화($M_{466}$: Dorsey-Kroeber, 181~189쪽)는 6명의 형제와 1명의 누이, 즉 6+1=7을 원초적 위치에 놓는다. 형제들은 하나하나 사라지고 홀로 남겨진 누이는 돌멩이 하나를 삼키는데, 이로 인해 잉태하게 된 여자는 아들을 낳는다. 아들은 성장하여 한 마녀가 죽인 그의 외삼촌들을 부활시킨다(6+[1(+1)]=8). 이 행복한 사건 후 젊은 여인은 이야기의 9번째 인물인 이방인과 혼인하여 딸 하나를 낳는다(6+[1(+1)+1(+1)]=10). 한 크로우 신화($M_{467}$: Lowie 3, 128~132쪽)는 7명의 형제와 1명의 누이, 즉 7+1=8로 시작된다. 누이는 기적적으로 아들을 잉태하고, 아들은 그의 7명의 외삼촌을 부활시킨다. 그리고 10의 수를 완성하는 것 이외에 이야기에서 어떤 분명한 역할을 하지 않는 한 이방인이 등장한다(7+[1(+1)]+1=10). 같은 한 크로우 신화($M_{468}$: 같은 책 165~169쪽)는 우선 주인공을 이빨 달린 질을 가진 3명의 누이와 대립시키고, 후에 적대적인 7명의 형제들과 대립시킨다(3+7=10). 만단족의 변이형 판본들($M_{469a\sim b}$: Beckwith 1, 149~154쪽; Bowers 1, 286~295쪽)은 이빨 달린 질을 가진 3명의 누이들, 1명의 반(半)인간이기 때문에 공격적이지 않은 누이 그리고 적대적인 7명의 형제들을 열거하고 있다([(3+7)+1]=11). 네 번째 누이의 모호한 품성 때문에 여기서 11은 10의 한계적 가치(극한가)를 갖는 것이 분명하다. 그로-방트르 신화(M470; Kroeber 6, 97~100쪽) 역시 신화M466과 같은 집단에 속하는 경계선의 값(극한가)을 보이는데, 이 경우에서는 9로 이루어진 9의 연쇄(7명의 형제, 1명의 누이 그리고 기적적으로 잉태된 아들)는 10의 경계선(극한가)이다.

* * *

그러면 10의 수에 어떤 값이 결합되어(통합되어) 있는 것인가? 인디언들의 수치체계에 대한 지식이 몹시 불만족스럽지만, 5-20진법을 갖고 있는 카도족을 제외하면 로키산맥 동쪽 북아메리카에서는 10진법이 널리 사용되고 있음을 알 수 있다. 반면 로키산맥 서쪽에서는 다양한 체계들, 즉 5-20진법, 5-10진법, 순수 10진법 또는 심지어 유키족(Yuki)에서는 4진법이 나란히 사용되고 있음을 알 수 있다.

멕시코와 중앙아메리카에서 5-20진법, 10-20진법, 순수 20진법은 아주 흔히 20을 아키어로 '신체', 오파타어로 '인물', 마야-키쉐어는 물론 아라와크어로 '남자'를 의미하는 하나의 말(단어)로 지시함으로써 (20을) 완전수로 만들기 위해 사용된다. 이것은 남아메리카의 북부 지역까지 이러한 진행과정이 이어진다.

만일 수치체계들이 너무 빈약해 5의 수(방식)를 넘지 못하고 흔히 그 안에 머물러 있는 열대우림과 사바나 문화를 예외로 놓고 본다면 남아메리카는 우리가 북아메리카에서 지적했던 지리적 분포를 도치한다는 사실에 놀랄 것이다. 사실 안데스 고원, 말하자면 대륙의 서쪽 지역에서는 10진법체계가 전반적으로 우월한 반면, 5-20진법, 단순 5 또는 더욱 빈약한 수 등 다양한 수치체계가 동쪽 지역을 분할해 사용된다.

우리가 사용한 관찰의 몇몇 저자들(Nykl, Dixon-Kroeber)이 강조한 것처럼 많은 수치체계가 분류체계의 시도 자체에서 벗어난다. 이들 체계들은 결합(법칙)으로 몇몇 수를 형성하고, 이 수들이 10보다 작거나 같을 때, 10과 20 사이에 포함될 때, 또는 20보다 클 때에 따라 공식을 변경한다. 겉으로는 동일해 보이는 몇몇 체계들은 6에서 9까지의 수들과 때로는 덧셈과 때로는 뺄셈으로 10의 수를 나타내는 방식으로 수들을 구성한다. 4의 수 체계를 갖고서도 야키족(Yaqui)은 손가락셈에 어떤 지장도 받지 않으며(288쪽 이하 참조), 이들은 오랫동안 유일한 5의 수 체계의 기원이라고 생각해왔던 활용법을 사용한다.

이러한 이유들은 또 다른 이유들과 더불어 "같은 두 순환체계는 다른 구조들을 가질 수 있다"는 순환적 영향을 받은 전통적 유형들을 평가절하했다. 살츠만(Salzmann)은 세 개의 (판단)기준에 따라 수치체계를 분류하도록 제안했다. (먼저) 환원할 수 없는 항과 파생적인 항을 구분하는 구성, 다음으로 기본항(들)의 주기적인 회귀(돌아옴)로 정의되는 순환(사이클), 마지막으로 활용기제(활용 메커니즘), 말하자면 파생을 이루는 산술적 과정표이다. 또 다른 저자들은 이러한 개혁(개선)이 아직도 주관적 해석에 너무 많은 영역을 남긴다고 반대했다. 흔히 파생기제(파생 메커니즘)는 우리를 벗어난다. 이처럼 공간적으로는 서로 근접해 있지만 다른 구별되는 계통에 속하는 이들 북아메리카 북서쪽 언어들, 즉 에스키모어, 아타파스칸어, 페누티엔어들은 1에서 6까지의 수에 다른 용어(항)를 사용한다. 그러나 이 표현이 아주 이상해 보이기는 하지만, 이들 언어들은 6+2의 파생(미분)으로 7, 6+3의 파생(미분)으로 8, 그리고 6+4의 파생(미분)으로 9를 형성한다(V. D. Hymes). 우리가 간략하게나마 언어학자와 수학자들과 관련되는 논쟁을 이야기한 것은 이것으로부터 교훈을 얻을 수 있기 때문이다. 다른 영역에서처럼 수의 영역에서도 관찰자의 범주(체계)를 개입시키지 말고 각 체계의 정신을 규명(측정)해야만 하며, 실제 활용과 믿음으로부터 나오는 산술(수의) 철학을 고려해야만 한다. 그런데 활용과 믿음은 그 자신 전문용어(목록)와 일치할 수도, 불일치할 수도 또는 대립될 수도 있다는 것을 잊어서는 안 된다. 그런데 대륙의 차원에서 볼 때 위에서 인용한 비정상적인(논리에서 벗어난) 파생(수)들을 수집한 지역과 전혀 멀리 떨어지지 않은 지역의 신화들 (역시) 이들과 유사한 산술(계산)을 예시하고 있다. 커틴(1, 318~354쪽)의 수집 신화에는 사실상 두 남자들의 집단, 즉 하나는 5명의 형제로 이루어진 집단, 다른 하나는 2명의 형제로 이루어진 집단, 이들 집단 또는 저들 집단의 누이인 한 여자의 개입으로 인해 결합하든가 분리하는 신화들의 연쇄가 포함되어 있다. 마치 덧셈 5+2와 뺄셈 7−5 또는 7−2가 조작자의 역할을 하는 세 번째 항을 요구하는 것처럼 모든 일이 일어난다. 이러한 의미로 신화의 산술(계산)은 8=5+2로 계산한다고 말할 수 있을 것이다.

이들 신화들은 우리가 보기에 5의 수와 10의 수가 가장 빈번하게 그리고 규칙적으로 나타나는 근접한 지역인 오리건주의 남쪽과 캘리포니아 북부에서 유래하는 신화들이다. 클래머스족과 모독족은 5−10진법의 체계를 갖고 있었는데, 여기서 토닙(tonip) '다섯', 트위닙(tewnip) '열'과 같은 언어(말) 형식은 '5 더하기 먼저 숫자', '5×5(5개씩 5번)', '10보다 작은', '10과 같은(동시에)', '10×10(10개씩 10번)' 등 많은 수의 파생(항들)을 위한 기본(항)으로 사용된다(Barker 2). 20보다 우세한(넘어서는) 수를 만들기 위해서 그들은 10의 수로 계산했다. 중간의 수들은 가능한 (여러 개의) 10의 수에 단위수를 더했다. 20으로 수를 세기 위해 나사트(na'sat)라는 특수한 용어를 사용했는데, 이 말은 10개의 손가락과 10개의 발가락을 의미했다(Spier 2, 223쪽).

언어학자들은 클래머스족과 모독족을 사합틴어족에 연관시켰는데, 네뻬르세족은 이 언어계통의 대표 부족이다. 이 부족의 한 신화(M472b; Spinden 1, 16쪽)는 10의 수의 신비한 사용 사례를 말하고 있다. 숲 벌레는 10개의 부지깽이를 갖고 있었는데 싫증내지 않고 이를 세고 또 세고 있었다(반복하여)……. 한쪽으로 세어서 끝나면 다른 쪽에서 세기 시작했다.[1] 신기하게도 이러한 특성은 옛날에는 미국의 남동쪽에 이웃해 살던 대단히 다른 부족, 말하자면 사합틴 집단과는 지리적, 언어적으로 아주 먼 부족들에서 10까지 세거나 또는 10의 수로 세는 비정상적인 수치 체계들이 발견된다는 점이다. 알려진 예들은 오네이다, 체로키, 크리크와 나체즈족들에서 유래한다. 정보 제공자들에 따르면 "이 숫자들은 서로 분리되어(혹은 단독으로) 사용되지 않는다……. 그러나 10의 수로 사물(물건)을 세거나…… 놀이(경기) 또는 일종의 작은 의식인 것처럼 수의 전체 연쇄(전체 단위의 수)로 암송되어야만 했다"(Lounsbury, 675쪽).

지리적으로 서로 아주 멀리 떨어진 주민(부족)들에서 사용되는 이런 반복되는 수의 사용 관습은 10의 수가 단지 세는(산술적) 기능만 있는 것이 아니라 또한 다른 범주들의 의미를 내포하고 있다는 것을 암시한다. 다음 권(『신화학 4』)에서 우리의 모든 조사가 이루어지고 있는 광활한 신화 영역 전체의 해석을 완성하기 위해 오리건주 남쪽의 클래머스족과 그들과 같은 계통이며 이웃인 캘리포니아 북쪽의 모독족으로 다시 돌아올 것이다. 그런데 이 부족들은 손가락 이름으로 명명된 10 또는 12개월의 달력(음력)을 사용했다. 그들은 그러니까 12개월을 열거해야만 될 경우 각 손가락의 이름을 두 번씩 부르거나 심지어 엄지손가락과 인지 손가락을 세 번씩 불렀다(Spier 2, 218~220쪽). 이러한 손가락 계산법은 10달(개월)의 달력이 근본적 형식이며, 아메리카의 이 지역에서는 1년

---

1) "위슈람족(Wishram)의 늙고 눈먼 두 자매는 각각 커다란 부지깽이를 갖고 있었는데, 그녀들은 이를 끊임없이 세고, 또 세고 하였다"(Sapir 1, 294쪽; Jacobs 1, 115쪽 참조).

이 5달의 겨울과 5달의 여름의 합산으로 이루어진 10의 수로 구성되었다는 것을 암시한다. 더욱 6이 원래의 기본이었다면 6 또는 12는 신화에서는 나타나지 않는 수인 60을 만들 수 있었을 것이 틀림없다. 그러므로 6을 5의 극한치로, 11이나 12를 10의 극한치로 생각하는 것이 합당하다.

달의 연쇄나 또는 특정한 어떤 달들을 지칭하기 위해 서술적 용어 대신 숫자를 사용하는 수치 유형의 달력들의 사용은 알류샨제도로부터 태평양 연안을 따라 연속된 영역과 북캘리포니아까지 접해 있는 지역들, 그리고 내륙의 컬럼비아강 유역 부분까지 포함하고 있었다. 아흐테나족(Ahtena)은 (1년을) 수로 지칭되는 짧은 15달로 구별했으며, 칠카트족(Chilkat)은 달에 다른 이름을 붙이지 않고 모든 달들을 세었다. 릴로에트족(Lilloet), 슈스왑족(Shuswap), 톰슨족은 10번째 또는 11번째 달까지 그렇게 했다. 동부의 포모족과 후츠놈족(Huchnom)은 손가락에 따라 표시된 다른 이름들로 이어지는 일련의 명명된 달들을 갖고 있었다. 유록족은 그 반대였다. 그들은 첫 번째 달에서 10번째 달을 세고 마지막 달들은 서술적인 용어를 사용했다(Cope, 143쪽).

10의 수와 5의 수는 이런 수치체계에서 흔히 어떤 역할을 수행해 왔다. 한 증언에 따르면, 포인트배로우의 에스키모족은 9달로 된 달력을 사용했다. "나머지 달(=1년의 나머지 달)은 해만 있을 뿐 달[月]은 없다." 구리의 에스키모족은 달을 구별하지 않고, 다만 5계절을 구별했다(Cope, 123쪽, 132쪽, 135쪽). 1년을 5계절로 구별하는 나눔법은 역시 메노미니족(Skinner 4, 62쪽)과 미국 남동부의 몇몇 부족들(Swanton 5, 257쪽)에도 존재했다. 네페르세족의 옛날 달력은 9달로 구성되었는데, 그중 4달은 겨울이고 5달은 여름이었다.

여기저기 흩어져 있는 이런 증거(정보)들은 다른 특성들을 기준으로 이들을 읽을 때 더욱 일관성 있게 된다. 우선 9달 또는 10달의 짧은 달력들은 1년 중 어떤 시기를 고려하지 않는다. 클래머스족(Spier 2, 218쪽)

은 달이 없는 날들을, 벨라쿨라족은 약 6주 동안의 춘·추분 시기를 고려하지 않았다. 9달에 더하여 한편으로는 컬럼비아강 유역의 부족들과, 다른 한편으로는 캘리포니아의 마이두족(Maidu)은 1년의 총결산 '대차대조'로 균형을 맞춘다(Cope, 138~139쪽). 이 모든 경우에서 불연속적 달력은 결과적으로 원초의 연속에 생긴 하나 또는 몇 개의 점으로 남은 일종의 구멍 뚫린 상태이다.

둘째로, 인용한 예들의 짧은 달력들은 아주 흔히 1년을 두 집단의 달로 나누는 일이 수반된다. 우리는 클래머스족에서 두 번째 달의 연쇄가 첫 번째 달의 연쇄를 재연하는 것을 보았다. 같은 유형의 방식이 아주 멀리 미국 남서부와 남동부에서 다시 나타나는데, 이곳에서는 12달의 달력들이 우세하게 나타난다. 이처럼 남서부의 부족들은 춘·추분으로 분리되는 2개의 달의 연쇄를 구별하며, 그들은 때때로 두 번째 연쇄의 달들이 단순히 '이름 없는 달'로 구성되었다면 각 연쇄의 달들을 같은 이름으로 반복한다(Cope, 146쪽; Harrington, 62~66쪽; Cushing, 154~156쪽). 남동부 인디언들의 복잡한 체계(Swanton 5, 262쪽)는 여러 특성들을 통해 하나의 반복적인 구조를 암시한다. 즉 '커다란-더위'라는 첫 번째 달의 이름은 '작은-더위'라는 12번째 달의 이름과 대립한다. 두 번째 달과 3번째 달의 이름인 '작은 밤〔栗〕'과 '큰 밤'의 이름은 8번째 달과 9번째 달 이름인 '작은-샘'과 '큰-샘'의 이름에 대응한다. 결국 5번째 달과 6번째 달로 구성된 짝인 '큰-겨울'과 '작은-겨울'의 이름은 첫 번째 달과 12번째 달로 이루어진 짝에 대립한다.

모독족과 클래머스족으로부터 그리 멀리 떨어져 있지 않은 해안 부족인 유록족의 눈에 10의 수는 사물들(사항, 사건들)의 속성을 반사한다고 생각한다. 임신은 10달이 지속되며, 한 여자의 이상적인 출산은 10명의 남자와 10명의 여자아이를 갖는 것이다(Erikson, 266쪽, 290쪽). 반면, 반복되는 구조의 짧은 달력을 갖고 있는 대부분의 부족들, 흔히 역시 이들의 이웃 부족들은 10의 수를 사용하는 집단을 5(또는 6)를 기반으로 2로 곱하여 늘리기를 원했던 적대적인 힘에 대한 정복자로 보고 있다. 샤스타족은 옛날에 하늘에는 10개의 달이 있었다고 말한다. 결국 그런 결과로 겨울이 아주 오래 지속되었다. 이를 절반으로 줄이기 위해 조물주 코요테는 별(달)들의 절반을 죽였다(M471a: Dixon 1, 30~31쪽). 클래머스족은 코요테의 부인이 우선 24개의 달을 창조했는데, 그것은 12달 동안 겨울을 지속되게 했다(M471b: Gatschet, 제1부, 105~106쪽; Sapier 2, 220쪽의 10달 겨울의 변이형 판본). 또 다른 신화(M471c: Curtin 1, 51~57쪽)는 불을 모르고 있었던 최초의 조상들이 날고기를 먹고 살던 시기에 이야기가 시작된다. 불은 동쪽에 살던 10명의 병마(病魔)-형제와 서쪽에 살던 10명의 해-형제에게 속해 있었다. 사람들은 그들에게서 불을 훔쳤는데, 그것으로 인해 병마들이 인간들 사이에 정착하게 되었다. 이어서 5해를 죽이고 다른 5해는 남겨놓았다. "모든 사람들이 기뻐했다. 왜냐하면 이제 계속적으로 지배했던 큰 구름과 폭풍우 대신 하나의 겨울과 하나의 여름이 있었기 때문이다." 아직도 계절의 길이를 확정해야 할 일이 남아 있었다. "추위가 10개월 동안 계속된다면 조물주는 추론을 했다. 사람들은 굶어 죽을 것이다. 그들은 풀뿌리와 곡식(낱알)을 충분하게 비축할 수 없기 때문이다. 차라리 겨울을 5달로 하자." 인간의 조상들인 조물주들은 그들의 작품에 대해 곰곰이 생각해보며 즐거워했다. "우리는 인간들에게 불을 주었고, 5명의 해-형제들을 죽였으며, 겨울을 짧게 만들었으니 그들은 감사의 뜻을 표할 것이다."

다른 언어학적 집단(계통)에 속하는 몇몇 이웃 부족들은 시간이 대단히 빠르게 흐르는 시절에 관한 이야기를 한다. 우리는 캐리어와 카토(아타파스칸어 계통), 유록(알곤킨어 계통), 샤스타와 포모(호칸어 계통)의 판본들을 알고 있다. 오리건주에 살아왔으며, 아타파스칸어 계통에 속하는 조슈아 인디언족의 판본을 보도록 하자.

## M471d. 아타파스칸(조슈아)족의 신화: 여분(정상 개수 이외)의 별들

아주 오랜 옛날에 달력은 급히(서둘러) 가고, 전적으로 각 계절에 할당된 음식들은 식사에 혼합되었다. 말하자면 겨울에 할당된 말린 연어와 여름에 할당된 신선한 뱀장어가 혼합된 것이다(연어와 사슴고기에 대해 이야기하는 샤스타 판본은 각 계절 초기 전[前] 계절에 남은 음식물들을 모두 버려야만 한다고 설명한다). 해가 그를 박대하고 그의 아내가 그를 비웃는다고 확신한 조물주 코요테는 별(해)을 죽이기 위해 모든 동물들을 모이게 했다. 그러나 해는 그들에게서 너무 멀리 떨어져 있었다. 코요테는 뜨는 해와 그들을 갈라놓는 거리를 20번이나 축소시켰다. 21번째에서 코요테는 해가 지려고 할 때 그를 공격하기로 마음먹었다. 그(코요테)는 10번이나 수상동물에게 간청을 했지만 허사였다. 11번째에 그는 생쥐들로부터 100개의 해와 달이 존재하며, 그들은 한 백성을 구성하고 하늘에서 중단 없이 서로 교대한다는 것을 알았다.

코요테와 그의 동맹군들은 수중기탕 오두막에 매복을 했는데, 각 별은 4번이나 들어오기를 망설였다. 5번째에 그가 결심하고 들어서자 코요테는 그를 죽였다. 썩은 고기를 먹는 새(독수리)들이 시체를 뜯어먹었다.

이처럼 50해와 달이 사라졌다. 그러나 25번째로부터 새들은 소화불량으로 고통을 겪고 포기했다. 버려진 시체들은 공기를 오염시켰으므로 살아남은 별들은 의심을 품었다. 해와 달과의 결정적이지 못한 전투가 바람 부는 주일 동안 계속 되었다. 동물들은 1년의 길이를 12달로 정했다. 그리고 흩어졌던 별들은 얌전하게 행동하기로 약속했다 (Frachtenberg 2, 228~233쪽; 샤스타 판본, 같은 책 218~219쪽).

오줌을 누어 폭풍우를 일으키고 비를 내리게 하는 이 기이한 '바람 부는 주일의 해와 달'을 잊지 말고 기억해두어야 할 것으로, 우리는 곧 이 신비함을 밝히게 될 중앙 알곤킨족 신화의 변형 속에서 이를 다시 볼 수 있을 것이다. 여기서는 단순히 출구 없는 전투가 산술적 기능을 수행한다는 점을 지적하자. 이 신화 없이 얻을 수 있을 $2 \times 25 = 50$의 산출물을 4주의 12달로 이루어진다고 선포하는 신화의 달력에 맞출 수 있을 것이다. 아메리카의 신화들이 1년을 이런 방식으로 자르는 법을 몰랐을 리 없을 것이다. 로키산맥의 북서쪽에서 독립적인 언어계통을 형성하는 쿠테나이족은 24시간의 하루를 7시기(주기)로 나누어 왔으며 7일마다 개최되는 춤으로 달이 주일로 나뉜다는 것을 항시 알아왔고 이를 존중해왔다고 확인하고 있었다. 데니그(416쪽)는 아씨니보인족이 주일의 개념을 모르고 있었음에도 불구하고 삭망월(朔望月: 달의 변천)의 상(시기, 단계)을 나누었는데, 초승달과 상현달, 둥근달 또는 만월, 먹힌(동물에게) 달, 반달(하현달), 죽은 달 또는 보이지 않는 달(그믐달) 등 6단계로 나누었다. 더욱더 남쪽에 있는 뉴멕시코의 주니족(Zuni)은 달을 '한 10 또는 한 열흘'이라 부르는 세 부분으로 분리했다. 대평원의 크리족은 각 달(삭망월)을 네 부분으로 구분했으며, 말레시테족(Malécite)은 아홉 부분, 위안도트족(Wyandot)은 여섯 부분으로 구분했다(Cope, 126~128쪽).

달력 또는 천체의 배가(倍加)된 여러 형태(형식)와 10수의 연계(결합)는 아마존 북서부 지역과 열대아메리카의 하부-안데스 지역(안데스 산기슭 지역)에서 10의 수 집단이 다시 나타나는 것만큼이나 더욱 주의를 요한다. 바니와족(Baniwa)은 최초의(원초의) 인류 수가 '10명 이상'이라는 데 집중한다(Saake 3, 90쪽). 그들은 또한 짝으로 연주되는 10종류의 신성한 피리를 구별하는데, 말하자면 $10 \times 2 = 20 + 1$, 이 것은 우아리(*uari*)종이 3개의 표본이 있다는 사실에 기인한다(Saake 1). 한 카비나 신화는 10명의 사냥꾼 팀에 대해 이야기한다. 투무파사 신화는 별들에게 다가가 이들을 잡기 위해 사다리 20개를 잇는 데 열중한다

(Nordenskiöld 3, 288쪽, 301쪽). 타카나족 신화 속의 큰 살쾡이는 하늘 여행 비용으로 닭 10마리를 지급한다. 조물주 데아보아바이(디아보아 베)는 9아이들, 8형제와 1누이로 이루어진 가족의 막내이다. 누이는 인간-원숭이 남자와 혼인을 하는데, $(8+1)+1=10$, 그녀는 아들 쉐부테를 얻는다($[8+1]+1+1=11$). 조물주는 인디언들에게 10개의 광주리 모델을 가르쳐줬다. 다른 곳에서는 10사제가 팀을 이루거나 혹 10명이…… 팀을 이룬다(Hissink-Hahn, 77~79쪽, 95~96쪽, 155~162쪽). 앞의 책을 읽은 독자들은(M$_{300a}$:『꿀에서 재까지』, 472~474쪽) 디아보아 베가 검은 맥(貘)인 자신의 아내 중재로 달(삭망월)의 단계들과 관계를 갖는다. 카비나족의 신화들처럼 타카나족의 신화학은 안데스 신화의 영향을 보인다. 우리는 이를 앞쪽(254~257쪽)에서 강조했는데, 남아메리카의 이 지역은 우주관적 주제들에 있어 북아메리카의 북서부 지역과 커다란 유사성을 갖고 있다.

블랙후트족에서 만단족에 더욱 가까이 갈 수 있는 하나의 논증(논거)을 찾을 수 있는데, 이 논증은 이중적인 점에서 오리건주 신화들의 논증(논거)을 다시 고취하기 때문이다. 신화는 또한 혼인한 조물주 전부(남편과 아내)를 대립시킬 뿐만 아니라(M$_{471b,d}$ 참조) 남편은 인간들의 손가락을 10개로 만들어주길 원했다고 이야기한다. 부인은 손가락이 너무 많아 서로 얽힐 것이라고 반대했다. 각각의 손은 엄지 한 개와 4개의 손가락을 갖는 것이 더 낫다고 신화는 말한다(M$_{471e}$: Wissler-Duvall, 20쪽). 두 배수의 손가락은 클래머스족 신화에서처럼 달력에 두 배로 더 긴 계절을 얻게 될 것이라는 것을 알 수 있다. 클래머스족에서 각 계절에 속한 달(개월)의 수가 손가락의 수와 동일하기 때문이다. 여기서도 역시 결과적으로 10의 수는 **완성**(충만)의 의미를 내포한다. 말하자면 10개월은 두 개의 계절, 그리고 1년을 구성하며, 10개의 손가락은 두 손과 한 인물을 구성하기 때문이다. 그러나 첫 5를 기반으로 한 배가(2배)는 두 번째 배가를 초래하기 때문에 일어나서는 안 된다. 그러면 이 조작은 회귀적(반복적)이 된다. 왜냐하면 음식물은 너무 긴 겨울 동안 지속적으로 있지 못할 것이고 10개의 손가락은 복잡해 엉켜 쓸 수 없을 것이기 때문이다. 비록 사용자들(Spier 2, 218~219쪽)이 사실들과 실제적으로 자신의 불일치를 의식하고 있음에도 12 또는 13달보다 차라리 10달 달력의 선택을 정당화할 만큼 (바로 앞에 열거한) 두 가지 가능성은 충분히 닮아 있다.

우리는 멕시코와 중앙아메리카 그리고 더욱 남쪽의 실재 수치체계를 열거한 바 있으며, 여기서 20의 수는 **완성(도)**의 의미를 내포한다(이 책 496~498쪽). 그런데 정확히 말하여 클래머스-모독어로는 그렇지 않다. 여기서 20은 라브니 트위닙/labni tewnip/, '두 번의 10'이며(Barker 2), 일반적인 양상으로 페뉴티엔 집단의 언어로 20의 수를 표현하려면 '두 개의 10'(두 번의 10)이라고 한다(Shafer, 215쪽). 사실상 계산(산술) 유형으로 공통의 골조를 이용하여 클래머스족과 모독족의 모든 신화학을 특징지을 수 있을 것이다. 여기에서 기본 2는 기본 10을 나누고, 기본 5를 곱하거나 더한다. 부정적 가치가 2로 곱하는 것과 관련되어 있다는 사실은 전쟁의 기원신화에서 유래한다. 너무 아이를 많이 낳는, 그것도 항상 쌍둥이를 낳는 한 여인이 있었다. "오두막은 곧 차서 넘쳤고……, 그들은 모두 서로간의 분쟁과 싸움을 시작했다……. 이제부터 세상의 인구 절반은 다른 절반과 서로 전쟁을 하게 되어 더 이상 평화가 없을 것이다"(M471f: Curtin 1, 142쪽). 신화는 만일 여자가 쌍둥이를 잉태하는 대신 한 명의 아이를 낳았다면 인류는 불행한 결말을 피할 수 있을 것이라고 암시한다……. 반면에 2로 나누는 것이 이로운 암시적 의미(가치)를 갖게 된다. 약혼녀에게 지어진 시련들은 극복될 수 있다. 두 자매가 임무를 서로 나눌 수 있기 때문이다. 언니는 절반만(부분적으로) 성공시키고, 동생은 다른 청혼자들이 홀로 이룰 수 없었던 것을 완성할 수 있었다(M471g: Curtin 1, 306~307쪽).

바로 위에서 한 블랙후트 신화(M471e)가 우리의 해석에 결정적인 역할을 하는 것을 보았다. 그런데 블랙후트족은 클래머스족의 달력과 같은 유형의 달력을 알았던 것 같다. 이 달력은 10개월이 아니라 14개월이 틀림없었던 것 같다. 왜냐하면 이들은 의례의 순서에 대한 믿음 때문이며, 달들은 역시 두 평행적인 연쇄에 따라 겨울과 여름이 나뉘었다. 각 연쇄의 첫 번째 달과 네 번째 달은 동일한 이름이나 대단히 비슷한 이름으로 불렸다. 그리고 또(게다가) 옛날에는 서술적인 용어보다는 차라리 순서에 따라 달들을 지칭했다(Wisssler 4, 45쪽).

이러한 정보(지시사항들)는 특별한 흥미를 끈다. 왜냐하면 우리가 이미 지적한 일상적으로 우주론적 개념과 연관되어 있는 10의 수를 사용하는 유록족과 위요트족(Wiyot)의 경우를 제외한다면 블랙후트족은 태평양 연안에 고립되어 있는 작은 집단이며, 알곤킨 언어계통의 가장 서쪽에 위치한 대표적 부족들이기 때문이다. 블랙후트족 서쪽 변경에 살고 있는 쿠테나이족은 계절의 길이가 절반으로 줄어들기 전에는 12달이 겨울이었다는 같은 유형의 믿음을 갖고 있었다(Boas 9, 179~183쪽). 쿠테나이족은 언어학적으로 고립을 형성하고 있지만 지리적·문화적 관점에서 보면 아직도 대평원의 문화와 연결되어 있는 블랙후트족과 로키산맥 서쪽 비탈 지역에서 해안까지 펼쳐져 있는 살리시-사합틴 언어계통의 전체 부족—여기에 클래머스족과 모독족을 포함시킬 수 있다—사이의 중간 단계(이행)를 확실히 실행하고 있다. 다른 쪽, 말하자면 동쪽으로 블랙후트족 자신들의 생활양식은 그렇지 않지만 언어적으로는 같은 계통이며 로키산맥의 동쪽 산록에서 대서양 해안까지 점유하고 있는 알곤킨 부족과 이행(중간 단계)과정에 있다. 이 광활한 지역의 중심에 10의 수 개념이 중앙 알곤킨족, 즉 크리족, 오지브와족, 폭스족, 메노미니족에서 확실히 증명된 한 신화집단의 첫 번째 장(또는 주제)으로 나타난다.

* * *

이 부족들에서 10의 수 개념은 무엇보다도 한 집단에서 다른 집단으로의 변형을 추적하기가 쉽지 않은 이야기 사이에 나타나지만, 주인공의 이름인 메노미니어로 무드제키위스(Mûdjêkiwis)와 다른 언어들에서 비슷한 형식의 이름 덕분에 이런 변형을 항시 찾아낼 수 있다. 같은 이야기이지만 약한 변이형 판본들과 강한 변이형 판본들이 존재하며, 이야기는 8, 10 또는 11명의 독신자인 형제들과 이들의 가사를 도우러 오는 한 신비한 무명의 여인을 중심으로 진행된다. 제일 어린 동생이 그녀와 결혼한다. 무드제키위스라는 질투심 많은 맏형은 제수씨를 부상시킨다. 그녀는 도망을 가고, 남편은 그녀를 찾으러 떠난다. 여러 우여곡절 끝에 주인공은 아내를 다시 찾은 후 그녀의 자매들—이들의 수는 주인공의 형제수와 같다—을 데리고 돌아온다. 각각의 형제들에게 여인 한 명씩을 제공한다.

때때로 사건들은 더욱 비극적인 경향을 띤다. 오지브와족—우리는 이들 부족의 신화를 요약한 바 있다(M473a~c: Jones 1, 372~375쪽; 2, 제2부, 133~150쪽; Skinner 3, 293~295쪽)—과 가까운 친족관계에 있고 이웃인 대호수 지역의 오타와족(Ottawa)은 목이 잘린 한 형제의 알지 못하는 예쁜 여동생에 대해 이야기한다. 그녀는 목 주위에 주름진 가죽자루에서 불쑥 튀어나온 그의 머리를 달고 다닌다. 더구나 여동생의 첫 월경 피로 오염된 후 괴저된 자신의 몸에서 목을 베어내라고 명령한 것은 바로 그였다. 젊은 여자(여동생)는 이 마두사(오빠의 머리)로 거인 곰을 공포에 떨게 하는데, 곰은 귀한 목걸이를 차고 있으며 10명의 형제는 무모하게 곰을 공격한다. 10명의 형제들은 이어서 호전적인 원정 전투에서 모두 죽는다. 적들은 머리를 가져다가 학대한다. 여주인공은 전리품을 다시 갖게 되고, 형제들을 부활시켜 그들에게 아내를 얻어준다. 아내들은 잘린 머리를 다시 살아나게 하여 그의 몸에 다시 붙인다. 누이와 형제(오빠)는 지하의 신으로(정령으로) 변하며, 10명의 형제들은 하늘로 올라가 바람이 된다(M474: Williams, 46~57쪽에서 Schoolcraft 인용).

한 오지브와 판본(M475a: 같은 책 124~134쪽)은 세 명의 형제 중 빗나가 붉은 백조를 부상 입힌 화살을 찾으러 막내를 보낸다. 새는 적들이 진주로 치장한 자신의 머리가죽을 탈취한 이래로 피범벅이 된 머리를 가진 한 요술사의 딸 또는 누이로 변형된다. 주인공은 전쟁에 나가 머리가죽을 다시 찾고, 자신의 형제들에게 배분할 여자들을 얻는다. 그러나 형제들은 감사한 모습(마음)을 보이기는커녕 동생에 대한 미운 마음에 돌아오는 도중 동생이 여자들을 범했다고 의심하게 된다. 잃어버린 화살을 찾아오라는 명목으로 형제들은 그가 죽기를 기대하며 죽음의 나라로 보낸다. 주인공은 역시 이 시련을 극복한다.

메노미니 판본(M475b: Bloomfield 3, 418~429쪽)에서 형제들의 수는 11명이며, 이들의 질투심은 정당화된다. 왜냐하면 막내는 실제로 자신의 미래 형수들과 잤기 때문이다. 그러나 그들은 또 다른 이유를 들어 움직였는데, 그것은 가장 예쁜 여인에 대한 색욕과 주인공(막내)이 가장 젊은 여자를 가졌다는 것이다. 그들은 그네가 높이 올라갔을 때 줄을 끊어 동생이 떨어져 죽게 한다. 여자들은 도망치고, 살인자 10명의 형제들은 다시 독신자(홀아비)가 된다.

폭스 판본(M476: Jones 4, 79~101쪽)에서도 형제들의 질투심은 죽음을 불러오게 된다. 그들은 막내를 죽이고, 시체의 목을 자르며, 신체를 조각내어 굽는다. 잘린 머리는 다시 살아나 살인자들과 그들의 아내들을 잡아먹으며, 과부가 된 자신의 부인이 자루에 자신의 잘린 머리를 운반하게 한다(M474 참조). 머리가 자신을 잡아먹을 것이라는 깨새(M479 참조)의 경고를 받은 여자는 기름을 뿌리고 도주한다. 머리는 자신이 좋아하는 북아메리카 너구리(완웅)(M374 참조)의 기름을 핥아 먹느라 지체

한다. 이 틈에 여자는 지하의 신들(정령들)이 살고 있는 산으로 피신한다. 지하의 신들은 머리가 여러 번에 걸쳐 항문을 통해 몸을 통과한 후 머리를 잡아먹는 데 성공한다.

이들 이야기의 분포 영역 주변부에 겨우 알아볼 수 있을 정도의 형식으로 사라져가는 판본들까지 다룬다면 족히 책 한 권이 필요할 것이다. 몇몇 측면은 오랫동안 우리가 다루어야 할 것이고, 나머지는 두 가지 점만 짚고 넘어가는 것으로 충분할 것이다.

첫 번째로, 신화M474의 잘린 머리와 주술 진주목걸이, 신화M476의 잘린 머리, 신화M475a~b의 머리와 진주로 장식한 머리가죽은 명백히 같은 신화소(mythème)의 조합 변이형을 구성한다. 신화M474의 긍정적인 유의성(유발성)은 신화M476에서 부정적이 된다. 그러나 매번 잘린 머리는 말하자면 지하의 신들(정령들)과 동류시됨을 볼 수 있다. 잘린 머리는 지하신들 사이에 자리를 차지하거나 또는 지하의 신들은 머리를 먹는다. 머리 또는 머리가죽을 도치하고 있는 신화M474의 목걸이는 한 곰으로부터 유래하는데, 알곤킨족에서 곰은 지하의 신 역할을 수행한다. 적에게서 다시 찾은 머리 또는 머리가죽은 여성 배우자(M474~M475)를 마련해준다. 그러나 부모에 의해 수행된 파괴행위의 결과로부터 머리는 배우자와 그들의 남편을 잃게 되는 일이 벌어진다(M476). 만일 남편들(형제들)이 질투를 하지 않았다면 이런 일은 피할 수 있었다.

두 번째로, 신화M474는 한 에피소드로부터 시작되는데, 이 에피소드의 마지막 부분에서 한 소녀가 우연히 자신의 첫 월경 피로 오빠를 오염시킨다. 부종과 마비가 몸으로 퍼지게 된 젊은이는 단지 잘린 머리의 상태로만 누이의 곁에 머무를 수 있을 뿐이다. 우리는 신화M475에서 같은 유형의 외형을 식별할 수 있다. 여기서 머리가죽이 벗겨지는 **부상을 입은** 한 남자의 딸 또는 누이인 붉은 백조는 그의 아버지 또는 오빠(형제)가 자신의 머리가죽을 다시 찾게 될 때 유용한 배우자가 될 것이다. 사실 더욱 약한 오지브와 판본들(M473a~c)은 이런 연결(관계)을 더 강화할 수 있다. 그들의 초자연적 가사 도우미가 막내를 남편으로 선택한 것에 화가 난 맏형은 그녀의 옆구리와 겨드랑이에 부상을 입힌다. 이로 인해 젊은 여인은 죽게 되고 다시 부활한다. 그녀의 남편이 그녀가 피신해 있는 오두막에서 그녀를 찾았을 때 여자는 자신들이 나흘 또는 판본에 따라 열흘 동안 헤어져 있어야만 한다고 설명한다. 이를 참지 못한 주인공은 약속한 기간을 어긴다. 이것으로 인해 자신의 아내가 도망가는 일이 벌어진다. 그가 그녀를 다시 찾기 위해서는 수많은 시련들을 극복해야 한다. 이야기의 줄거리가 말하자면 월경의 기원에 대해 암묵적인 형식으로 신화M474의 초기와 같은 이야기를 하고 있으며, 이것은 월경 피를 묻히는 사건이 있자마자 여주인공이 잉태를 하고 아들을 낳는다는 신화(M477d)의 사실로 인해 확실한 것처럼 보인다. 그렇게 하여 그녀는 번식할 수 있게 되었다. 첫 월경 시기에 소녀들을 고립시키는 기간은 일반적으로 중앙 알곤킨족에서는 10일 동안이지만, 이어지는 월경 기간의 고립은 월경이 끝나는 2일 또는 3일로 만족했다(Skinner 4, 52쪽과 주 1; 14, 54쪽).

메노미니족에서 앞의 신화 연쇄와 상동(관계)이며 역전된 신화 연쇄의 존재를 찾을 수 있는데 **대립된 추론**이 가능하다. 이를 증명해 보도록 하자. 이에 대한 예로 앞의 신화 연쇄의 한 판본을 요약할 것이다.

### M475c. 메노미니족의 신화: 동쪽하늘(東天)의 여자들

10명의 자매들이 그들의 어머니와 함께 하늘에서 살고 있었다. 그녀들은 일상적으로 남자들을 유혹해 그들의 심장을 훔쳐 빼먹으려 땅에 내려오곤 했다.

이 시대에 한 인디언 여인이 작은 남동생과 홀로 살고 있었다. 그녀는 그를 돌보았다. 그가 사춘기가 되자 식인 여자들이 그를 납치할 수 없도록 조심스럽게 격리시켰다. 그러나 식인 여자들은 9명의 납치한 애인들을 동반해 도착했는데, 그들은 추위에 떨고 배가 고파 거의 죽을 지경이었다. 그 정도로 그녀들은 그들을 학대했다. 한 판본(M475d: Bloomfield 3, 459쪽)에 따르면 젊은 주인공은 그들을 자신의 미지근한 숨(입김)으로 덥히는 데 성공한다. 그는 결혼하기 위해 여자들 중 가장 늙어 보이는 하나를 선택하지만, 사실은 그녀가 가장 젊고 예쁜 여자였다. 또한 가장 관대한(동정적인) 여자였다. 왜냐하면 그녀가 자신의 자매들이 포로들에게서 빼낸 심장을 그녀들의 머리털에 숨기고 있다는 비밀을 남편에게 알려주었기 때문이다. 그는 이것들을 탈취해 소유자들에게 되돌려 주었다.

그런 후 주인공과 그의 젊은 아내는 도망쳤다. 자매들은 그들을 사냥하러 나섰다. 그는 맏자매의 다리를 분질러 그들과 거리를 두는 데 성공했다. 그런 다음 그는 오두막으로 돌아와 9명의 형제들을 불러 모았는데, 함께 자신들의 배우자들을 추격하기 위해서였다. 그들은 바위 절벽을 기어 올라갔는데, 그 절벽 밑에는 먼저 당한 희생자들의 해골과 뼈가 쌓여 있는 것을 보며, 여자 식인귀들의 어머니 집에 이르렀다. 이미 식인귀들이 그들을 앞질러 그곳에 도착해 있었다. 늙은이는 딸들의 머릿속에서 심장(들)을 찾았다. 주인공은 심장을 눈뭉치로 바꾸어 놓았는데, 이를 끓이자 부엌이 물바다가 되었다.

여러 종류의 질병을 핑계로 늙은이는 사위가 된 주인공에게 치료약을 구해오라는 명목으로 그를 죽일 것이 틀림없는 괴물들을 찾으러 보냈다. 그러나 주인공은 괴물들을 하나하나 죽였다.

이번에는 주인공이 병든 척하고 장모를 지역 신들을 찾으러 보냈는데, 그들의 위협으로 그녀는 죽었다.

주인공은 천둥이라고 밝힌 9명의 형제에게 그들의 아내와 헤어지라고 충고했다. 그들은 그녀들을 동쪽으로 보내고, 자신들은 서쪽에 머물렀다(Bloomfield 3, 455~469쪽; 다른 판본들: M475d, 같은 책

452~455쪽; M₄₇₅ₑ, Hoffman, 165~171쪽; M₄₇₅f, Skinner-Satterlee, 305~311쪽).

이 신화집단을 세부적으로 분석하지 않고도 다른 신화집단을 도치하여(꺼꾸로) 재현하고 있는 몇몇 특성을 특기할 수 있을 것이다. 10명의 형제들 집단의 무드제키위스라고 불리는 맏이는, 블룸필드의 표기에 의하면 10명의 자매들의 맏이는 마치위크와위스라고 불리고, 호프만의 표기에 의하면 매츠쉬위크와위스, 스키너와 새틀리에 따르면 무드지키크웨웍이라고 불리는 집단 뒤로 사라진다(즉 10명의 형제 집단은 10명의 자매 집단으로 치환된다). 이 이름들은 메노미니족에 있어서 몇몇 자매들의 맏이에게 일상적으로 사용된다. 어리석고 약간 미친 듯한 맏이의 자매에게 부여하는 이런 이름을 다른 신화들에서도 찾을 수 있는데 (Bloomfield 3, 359쪽 주 2), 이 이름은 크리(족) 신화들의 어리석은 웃음을 웃는(괴로워하는) 미친 소녀와 일치한다(Bloomfield 1, 228~236쪽). 메노미니어로 이 용어(항)의 의미는 '지배하는 여자'(Hoffman, 165쪽)일 수 있을 것이고, 무드제크와위스의 오지브와어와 동일한 의미는 '나쁜 여자'(Skinner-Satterlee, 397쪽)일 수 있다.

10명의 형제들은 아내를 찾고 있다. 10명의 자매들은 남자를 찾고 있지만, 결혼을 위해서가 아니라 그들을 (잡아)먹기 위해서이다. 우선 그들을 노예로 만들기 위해서 이들의 심장을 탈취해 자신들의 머릿속에 감춘다. 이것은 다른 신화의 연쇄에서 첫 번째 위치를 차지하고 있는 잘린 머리 또는 벗겨진 머리가죽의 놀랄 만한 전도이다. 늙은 여인은 한 인척(사위)을 멀리 보내기 위해 여기서 병들었다고 핑계를 대지만, 다른 쪽에선 자신의 월경을 내세운다. 끝으로 남자 형제들의 막내는 자신을 쫓아오는 자매들의 맏이(제일 큰 언니)의 다리를 부러뜨린다. 반면, 대칭의 신화집단에서 남자(형제들)의 맏이는 추격하던 막내의 아내 옆구리를 찌른다.

두 표현 형식(문장들)은 너무 정확하게 서로 대립되기 때문에 월경을 하는 막내 자매와 다리를 저는(부상으로) 맏이 자매는 짝을 이룬다고 받아들여야 한다. 그런데 앞의 책(『꿀에서 재까지』, 640~646쪽)에서 우리는 다른 자료들을 바탕으로 절름발이는 계절적, 때때로 갖기를 바랐던, 때때로 두려움의 대상인 주기성의 결핍을 상징한다고 암시했다. 이제 우리는 이런 가설의 확증을 얻었다. 왜냐하면 최초의 월경을 해야 하는 한 여인—말하자면 주기적이 된 여인—은 신화들에 의해 절름발이이며 비주기적인 창조물(큰 자매)과 대립적이고 상관적인 위치에 처하기(놓이기) 때문이다. 우리가 절름발이의 문제를 제기했던 테레노 신화($M_{24}$)가 남자에게 있어서 결함을 자기 아내의 월경 피에 돌리는데 여자는 월경 피로 남편을 오염시킨다(독살한다)는 점을 기억한다. 결과적으로 북아메리카나 남아메리카에서도 두 항은 서로 연결(연관)되어 있다. 이러한 고찰을 기회로 북아메리카 북부까지 분포되어 있음에도 불구하고 막내에 대한 형의 질투에서 그들의 공통의 아내를 부상시키는 데까지 가게 되고, 그렇게 하여 월경이 나타나게 되는 극적인 힘(충동)을 갖는 신화가 티에라델푸에고의 야마나족($M_{475g}$: Gusinde, 제2권, 1169~1172쪽)에서도 발견된다는 점을 지적하자.

총각인 형제들의 이야기에서 옆구리 또는 겨드랑이에 부상을 입은 여주인공이 월경하는 여자를 나타내고 이어서 이 신화소는 대칭적인 신화 연쇄에서 절름발이가 된 여인의 신화소와 대립한다는 것은 바로 앞에서 지적한 사실로부터 나온다. 마지막으로 우리는(이 책 510~511쪽) 동일한 신화 연쇄에서 월경하는 여자—즉 하부에서 피가 나오는—와 머리가죽—위에서 피가 나는—이 벗겨진 남자 사이에는 하나의 관계가 존재한다는 점을 암시했다. 우리가 이런 가설을 받아들일 수 있다면 적들의 침입에 의해 남성 친족의 잘린 머리(또는 머리가죽)는 월경하는 여자와 조합 변이형을 이룬다고 볼 수 있다. 왜냐하면 혼인했던 남성의 집단—이 집단의 남성은 자신의 관점에서 너무 독점욕이 강하게 나타나기 때문에—이 여자의 친족에 의해 재탈환되기 때문이다. 이러한 초벌적인 해석이 이상한 것으로 보일 수도 있다. 우리는 후에 이 해석을 정당화할 것이다(이 책 583~591쪽). 지금으로서는 신화들의 산술계산 측면에 우선 우리의 주의를 기울일 것이다.

*　*　*

대호수의 남부와 북부 지역에도 역시 주변적인 신화 판본들은 총각 형제들의 수가 8 또는 4가 되게 한다. 마니토바 북부의 스왐피크리족 (Swampy Cree)은 4명의 형제에 대한 이야기($M_{477a}$: Cresswell, 405쪽)를 하는 반면, 스위트그래스크리족(Sweet Grass Cree)에서는 10명의 형제에 대한 이야기를 한다($M_{477b\sim c}$: Bloomfield 1, 221~236쪽, 248쪽). 대평원의 오지브와족의 형제는 8명이다($M_{473c}$).

대단히 다른 형식으로 신화를 이야기하는 시우어족인 오글랄라다코타족($M_{487}$: Beckwith 2, 396~397쪽; Wissler 1, 200~202쪽; Walker, 173~175쪽)은 4와 8 사이에 타협(중재)을 한다. 4형제의 막내는 8명의 자매를 정복하기 위해 4남자의 도움을 얻는다. 그는 1자매와 결혼을 하고, 4명의 자매는 그의 도움을 준 자들에게, 그리고 3명은 자신의 형제들에게 배분한다. 그러나 이것은 분명히 같은 신화이다. 왜냐하면 이 신화는 신화$M_{474}$처럼 소나기를 가져오는 서풍의 기원과 관련되기 때문이다. 우리는 이 점에 대해 다시 논할 것이다.

다코타족은 4의 수를 특히 좋아한다. 그들은 4방위, 4번의 시간측정, 식물의 4부류, 동물지배의 4서열, 천체의 4등급, 4범주의 신들, 생의 4단계, 중요한 4덕목을 말한다. 그런데 역시 그들은 5를 4로, 그리고 10을 8=2×4로 귀착시키는 일을 아주 잘 알고 있다. 5의 수 또는 10의 수가 경험적으로 그들의 생활 속에 나타날 때 그들은 이렇게 설명한다. "사람들은 각각의 손에 4개의 손가락, 각각의 발에 4개의 발가락을 갖고 있으며, 2개의 엄지손가락과 2개의 엄지발가락을 합쳐 4개가 된다"(Walker, 159~161쪽). 만약 우리가 논하고 있는 신화들의 중심이 되는 판본들을 특징짓는 10의 수가 4나 8로 변한다면 10에 의한 계산(변동의 산출)이 주변 지역에서 우리가 첫 부분에서 강조했던 위치와 동일한 것에 동요할 이유는 없다. 왜냐하면 그것은 차라리 전환과 관련된다는 것을 다코타족의 예가 보여주기 때문이다. 무엇보다 어떤 몇몇 변이형 판본들은 4형제 대신에 5형제를 언급하고 있다(Walker, 177~179쪽, 179~181쪽).

10의 수 개념에 대한 예비적인 조사를 통해 우리는 이 수가 완성(도)을 나타낸다는 것을 알 수 있었다. 그러나 이러한 완성(도)은 아주 큰 모호성으로 나타나는 것 같다. 손가락이 각각 5개이고, 달의 수가 각각 5달인 여름과 겨울이 1년이기 때문에 10의 수가 이들의 정신을 만족시킬 때 한번 해보면 일상적인 것이 되고 반복적이 될 위험이 있는 2로 5를 곱하는 결과로부터 나오는 수에 대한 두려움이 생길 수 있다. 각각의 손이 5손가락 대신 10손가락을 가졌다면, 그래서 겨울이 두 배나 더 길어진다면 인간의 삶의 조건은 어떻게 될 것인가. 인디언들이 이러한 추론을 한다는 것을 우리는 앞쪽(이 책 498~507쪽)에서 그 증거들을 제시했다. 더욱 우리가 현재까지 요약했던 유일한 판본들($M_{473}$~$M_{477}$)에 머물러 있음으로 인해 무드제키위스 신화들이 10의 수 개념만으로 만족하지 못한다는 사실이 분명하게 드러난다. 신화들은 더욱 많은(정도가 높은) 층위의 천체 수를 10으로 만들어내며 능란하게 10의 개념(수)을 조작한다.

폭스 신화($M_{476}$)를 예로 들도록 하자. 왜냐하면 이 신화는 다른 판본들도 활용하는 표현방법의 기법을 모두 사용하지만, 더욱 덜 체계적인 방법으로 단지 어떠어떠한 측면만 활용하기 때문이다. 10형제의 막내는 잃어버린 빗나간 화살을 찾으러 떠난다. 10일 동안의 여정에서 그는 매일 밤마다 그에게 혼인하도록 딸을 제공하는 한 가족의 환대를 받는다. "좋소. 그는 대답한다. 그러나 나에게는 시간이 없소. 내가 돌아올 때 딸을 취하도록 하겠소." 그는 이처럼 우선 한 여자를, 이어서 2, 이어서 3 등 9명까지 예비해 놓는다. 여행의 마지막 시기에 그는 10번째 여자를 얻는데, 그녀를 데리고 간다. 돌아오는 각 여정 단계에서 그는 연속하여 9번째, 8번째 등 우선 한 여자만 동반하는 식으로, 이어서 2번째 여자, 3번째, 4번째 여자, 10번째 여자까지 동반한다. 그는 이렇게 동반하여 오두막에 도착하는 대로 여자들을 형제들과 혼인시킨다. 제일 맏자매를 맏형에게, 두 번째 자매를 두 번째 형에게, 그리고 자신을 위해서는 막내를 남겨놓는다. 다시 결과적으로 1번의 결혼, 이어서 2번, 이어서 3번, 이어서 4번…… 모두 10번의 결혼이 일어난다.

이것은 무엇을 의미하는가? 이어서 세 번에 걸친 이야기는 1에서 10까지의 원초의 10(개)의 자연수 연쇄를 1을 기반으로 이 수들의 산술적 합을 증대시킨다. 마치 모든 일이 이미 많은 10의 수가 자신의 고유한 값 때문에 계산될 뿐만 아니라 이를 수단으로 한 자신의 상대적인 중요성 때문에(이유로)(이것은 일차적인 활용의 결과로부터 온다) 더더욱 복잡한 활용(계산)을 할 수 있도록 일이 진행되며 그 산출된 수는 아주 증대된다. 1에서 10까지의 수의 합은 $\frac{10(10+1)}{2}=55$와 같다. 다시 말하자면 1년의 주일 수(54주)와 대략 비슷한 수이다. 만일 우리가 아메리카의 여러 지역에서 1년의 '완전한' 분할의 존재를 확립하지 못했다면, 그리고 만일 50의 수가—독자적인(독립적인) 이유로 인해—우리가 같은 집단(M471d: 이 책 503쪽)에 집어넣은 한 신화에 명시적인 양상으로 나타나지 않았더라면 우리는 이에 대한(수의 계산[1에서 10까지]과 주일 수) 것을 감히 말할 수 없었을 것이다.

그것이 다가 아니다. 서수와 기수 사이에 산술계산의 합은 일종의 중재를 보장한다. 왜냐하면 계산의 합은 수들이 하나 다음에 하나 연속적으로 나타날 수 있으며, 그리고 동시에 함께 나타날 수 있기 때문이다. 독신인 형제들의 신화에서 맏이는 이를 아주 잘 알고 있으며, 이것이 심지어 여기에서 그의 질투의 이유를 설명한다. 왜냐하면 10명의 자매들은 하나의 집합(전체)을 구성하며, 그 요소들은 10명의 형제들이 구성하는 같은 등급의 집합 요소들에 자의적으로 연결되지 못하기 때문이다. 자매들은 우선 형제들 중 하나에 의해 합산되고, 또한 후에 그에 의해 분산된다. 그 사이(시간적 간격)에 그는 무엇을 했는가? 적어도 하나의 판본($M_{475b}$)이 의심을 품는다. 자신의 불운을 확신한 맏이(큰형)는 다른 형제들의 적개심을 부추긴다. 그리고 9명의 형제들은 막내를 죽여 목을 베기 위해 뭉친다. 그런데 막내의 머리가 그다음날 밤 오두막으로 돌아온다. 그러나 머리는 형제들을 잡아먹기 전에 형제들에게 이야기의 초반부터 일어난 모든 것을 상세하게 이야기하며, 조작활동의 요점을 정리(회고)한다. 원초의 10(까지의) 수의 연쇄, 이미(이 수들의) 산술계산의 합에 도달한 이 정체의 수는 말하자면 그 자신이 10에 의해 증가된 것이다(사실은 9에 의해, 그러나 10의 수를 고려함으로써 우리는 이야기의 시사[암시]에 충실하다고 믿는다). 결국 이것은(10까지의 합의 수) 신화가 10(까지의) 수의 강력한 전체적 힘의(가족) 집단을 구성하도록 하기 위함이다. 평범한(자명한) 이미지를 사용하는 위험을 무릅쓰고라도 우리는 이 신화가 10개의 요소들 스스로 구성될 수 있는 그만큼의 시퀀스를 걸 수 있는 각기 10개의 고리를 가진 10개의 외투걸이를 유지(서포터)할 수 있는 봉(막대)으로 이루어진 삼각형의 복잡한 측면을 제시한다고 말할 수 있을 것이다. 만일 우리가 바로 전에 신화의 수사(학)에 입각해 산술계산의 합의 개념과 접했다면 이것(개념)은 우리를 집합이론에서 사용하는 용어의 의미로 '기수'(基數)의 개념에 접근하게 만든다.

틀림없이 기수인 10은 절대적(무조건적)으로 상정할 수 있는 10개의 항으로 이루어진 모든 집합의 (가족) 집단을 정의하지 못한다. 그러나

이 수는 적어도 신화의 세계 안에서 상정할 수 있는 모든 집합을 정의한다. 우리는 다른 곳에서 과학적 사고와 신화적 사고 사이의 이러한 차이를 강조했다. 하나(과학적 사고)는 개념을 가지고 작업(사고)하고, 다른 하나(신화적 사고)는 의미를 가지고 사고(작업)한다. 그리고 만일 개념이 집합(전체)의 (의문을) 여는 조작자처럼 나타난다면 의미는 의미의 재조직(조합)의 조작자처럼 나타난다(L.-S. 9, 30쪽). 우리의 작업의 경우 제시해야 할 것이 있다면 신화의 세계는 단순하게 처음 볼 때 아주 간결한(총괄적인) 세계와 일치한다. 이러한 것은 신화집단에서 아주 중요한 위치를 차지하는 것으로 보이는 메노미니 판본들에서 나타날 것이다.

### M478. 메노미니족의 신화: 10명의 천둥(천둥새)

10명의 우레(천둥) 형제 중 막내는 어느 날 지하의 신들(정령)에게 납치되었다. 막내는 아내와 어린 아들 그리고 아들보다 위인 딸이 있었다. 이들의 삼촌들은 어린아이들(조카들)에게 멀리 가서 할 수 있을 만큼 잘살라고 명했다. 누이는 동생을 가르쳤고 동생은 금방 전문 사냥꾼이 되었다. 그녀는 동생에게 이웃에 있는 호수 가까이 가지 못하도록 했다. 같은 길(코스)로만 다니는 것이 싫증난 주인공은 그 호수를 방문했다. 그는 자기 또래의 소년을 만나 친구가 되었다.

이 모르는 소년은 막내 천둥을 포로로 잡아갔던 뿔 달린 두 뱀의 아들이자 조카였다. 친구의 덕으로 주인공은 자신의 아버지를 방문할 수 있었다. 둘 사이의 만남이 너무 감동적이어서 어린 뱀은 그의 아버지와 삼촌에게 그들의 희생자인 포로를 놓아달라고 애원했으나 아버지는 이에 동의하지 않았다. 그러자 어린 뱀은 그들을 배반하기로 마음먹었다.

어린 뱀은 감옥 바로 위에 있는 산의 절벽 면이 가장 얇은 곳을 친구에게 알려주었다. 그러자 누이는 주인공을 그들의 천둥 삼촌들에게 보냈다. 이들은 전투태세를 갖추고 있었다. 그들은 함성을 지르며 서쪽에서 도착했다. 그들과 뿔 달린 뱀들 간에 무서운 전투가 벌어졌고, 뿔 달린 뱀들은 패하고 그들의 포로를 뺏겼다. 어린 뱀은 두 명의 누이가 있었는데, 하나는 그의 친구에게 친절했고, 다른 하나는 적대적이었다. 그는 곧 그녀와 헤어지기로 결심했다. 지상의 뱀으로 변한 충직한 친구가 알려준 대로 주인공은 친구의 누이와 함께 서쪽으로 도망칠 수 있었다(Skinner-Satterlee, 342~350쪽).

거의 앞의 신화와 동일한 또 다른 판본(M478b: Bloomfield 3, 368~379쪽)에는 천둥 형제들의 승리 이후 주인공은 어린 뱀의 누이(들)와 결혼한다. 그러나 큰자매는 그들의 친족들과 공모한다. 그들은 주인공을 잡아 그의 아버지를 감옥에 넣었던 것처럼 그를 감옥에 가둔다. 작은 소년의 어머니인 작은자매는 갇혔던 남편을 해방시킨다. 뱀과 천둥을 대립시키는 하키 게임은 임시적으로 천둥 팀에 승리를 안겨준다. 그렇지만 어린 뱀은 항시 위험에 처해 있는 그의 보호자들—자신의 누이와 매제, 의붓누이(친구 천둥의 누이)와 조카—에게 인간이 됨으로써만 안전을 얻을 수 있다고 설명한다. 결과적으로는 마찬가지로 두 판본에서 지하 뱀의 아들은 지상의 뱀으로 변하고, 한 인간 남자와 한 천둥여자, 한 뱀 여자와 두 종족의 결합으로 나온 어린아이의 혼합으로 구성된 집단은 지상의 표면에, 말하자면 천둥과 (지하) 뱀의 중간 지점에 인간의 형상으로 자리를 잡는다. 자, 이제 메노미니족으로부터 유래하는 다른 한 신화를 보도록 하자.

### M479. 메노미니족의 신화: 천둥-새(들)와 그들의 조카

아주아주 오랜 옛날에 잠만 자는 어린 소녀가 있었는데, 그녀의 정신은 완전히 비어 있었다. 갑자기 의식이 돌아왔다. 그녀는 부모를 가진 적이 없었다. 단지 그녀가 살아 있다는 것만 알고 있었다. 그녀는 일어나 주위를 돌아보고 놀랐다. 모험을 떠났다. 작은 개울이 흘러가는 것을 알아차린 그녀는 그것이 어떤 방향으로 흘러가는지를 알고는 강을 거슬러 올라가기로 했다. 그녀는 어디엔가 또 다른 존재들이 살고 있을 것이 틀림없다고 생각했다.

그녀는 썩은 나무 그루터기를 발로 찼더니 부서졌다. 이를 보고 아오래전에 나무를 베었구나 하고 결론을 내렸다. 또 다른 나무 그루터기는 더욱 단단해 보였다. 세 번째 그루터기는 신선한 채로 남아 있었다. 그녀는 이어서 세 번에 걸쳐 사슴의 내장을 발견하는데, 첫 번째 몫은 두 번째 몫을 얻자 버렸다. 그리고 세 번째 몫이 가장 신선해 보였으므로 이를 간직하고 두 번째 몫을 집어던졌다. 사냥꾼들과 나무꾼들이 멀리 있지 않은 것이 틀림없다.

좁은 샛길을 따라 길다란 오두막에 이르렀는데 작은 남자아이가 그녀를 들어오도록 인도했다. 그리고 그녀를 자신의 조카(질녀)로 삼았다. 그는 자신이 10명의 형들 중 막내(제일 젊다)라고 설명했다. 형들은 곧 사냥터에서 돌아올 것이다. 그들은 제일 큰 형부터 제일 나이 든 형의 순서대로 한 명 한 명 오두막 안으로 들어왔다.

형들은 어린 소녀를 친절히 환영했다. 그리고 그들은 토의를 한 후 그녀를 입양한 조카의 지위를 확인(인정)하기로 했다 그들은 자신들이 식사를 하는 동안 그녀가 이불 속에 머리를 감추라고 명했다. 그녀가 몰래 쳐다보니 그들이 음식을 먹으려고 구리로 된 주둥이가 달린 커다란 새들로 변하는 것을 보게 되었다.

가을이 왔다. 형제들은 추위가 오기 전에 떠나기로 했다. 그런데 겨울 동안 누가 그들의 조카를 돌보느냐가 문제였다. 그들은 연속해 까마귀와 겨울 말똥가리(의 호의)를 거부하고, 이 시대에는 커다란 새인 깨새의 제안을 받아들였다. 왜냐하면 깨새는 진실한 새이며, 대단히 따스한 거처를 갖고 있고, 사냥꾼들이 사냥감을 해체할 때 그들이 버린 고기와 기름 조각들을 주워 모으기 때문이었다.

어린 소녀는 새로운 삼촌과 안락하게 겨울을 보냈다. 새로운 삼촌은 그녀가 대화를 나누면 안 될 위험한 방문자에 대해 경고를 했다. 만약 그녀가 단 한마디라도 그에게 대답하게 되면 이 여자의 납치자는 여자를 탈취해 자신의 늙고 고약한 배우자에게 인도하는데, 이 늙은 여자는 검고 털이 난 자신의 오빠 물뱀의 먹이로 여자를 물속에 빠뜨리려 할 것이다. 이 불쌍한 소녀는 삼촌의 충고를 잊고 마녀의 놀림감(학대받는 사람)이 되었다. 마녀는 불을 피우기 위해 소녀에게 (죽은) 전나무(Sapin-ciguë: 독성식물이 나무껍질에 자라는데 독성이 있음) 껍질을 벗겨오라고 보내며, 나무에서 떨어지는 껍질 조각에 맞아 죽기를 바랐으나 소녀는 자신의 주술적인 힘으로 시련을 극복했다. 그러나 그녀는 샘에서 물을 길러 갔을 때에는 같은 성공을 거두지 못했다. 샘에 사는 털 난 뱀은 소녀의 의식을 잃게 하여 땅속 깊은 곳으로 끌고 갔다. 그녀가 정신이 들었을 때 긴 오두막 속에 늙은 남자와 늙은 여자 사이에 앉아 있는 자신을 발견했는데, 두 늙은이들은 자신을 잡아먹으려는 그들의 10명 아들에게 둘러싸여 있었다.

며칠 동안 늙은 여인은 포로가 된 그녀를 성공적으로 보호할 수 있었는데, 그것은 그녀가 이 소녀의 삼촌들을 무서워했기 때문이다. 결국 어린 소녀는 천둥새들이 그녀가 위험에 처했을 때 그들을 부르라고 한 약속을 기억해냈다. 그녀는 성스러운 주문을 큰 소리로 외웠다. 그녀의 삼촌들은 그녀의 부르는 소리를 듣고 출발했다. 그들은 번개를 가지고 그녀를 포로로 잡고 있는 바위산을 공격했다. 9명의 뱀들은 이 소름 끼치는 전투에서 패했다. 단지 몇 명만 살아남았는데 늙은 부모와 동정심을 보여주었던 그들의 아들 중 하나뿐이었다.

삼촌(천둥새)들이 질녀를 해방시킨 후 자신이 아주 조그만 새가 되어버린 것이 슬퍼 많이 울었던 깨새의 집으로 갔다. 그들은 자신들의 보호자(질녀)를 어떻게 했을까? 그들은 그녀가 세상의 종말까지 살게 될 큰 나뭇가지 사이에 집을 지어주기로 했다. 그녀가 노래할 때마다 삼촌들은 그녀의 소리를 들을 것이다. 그들은 달려와 비를 뿌리기 시작할 것이다. 왜냐하면 여주인공은 초록색 비단 같은 피부를 가진 작은 개구리(*Hyla versicolor*), 비의 예고자로 변했기 때문이다. 그리고 결국 그녀는 자신의 삼촌들에게 겨울이 끝날 무렵 (비가 내리도록) 간청할 생각을 갖게 되었는데, 그것은 왜 2월이나 3월에 소나기가 내리는지를 설명한다. 그녀는 모든 일들이 그렇게 되기를 바랐다(Skinner-Satterlee, 350~356쪽; Bloomfield 3, 379~383쪽의 더욱 간결한 다른 판본 $M_{479b}$. 또한 Skinner 13, 161~162쪽 참조).

두 신화는 서로 다른 범주에 속한다. 신화$M_{478}$은 사적(개별적)인 전통에 속하는 것처럼 보인다. 왜냐하면 신화는 왜 천둥새 씨족의 성원들이 특별하게 익사에 노출되는지(또는 신화$M_{478b}$에서 군사적 재난에 노출되는지)를 설명하고 있기 때문이다. 신화$M_{479}$는 의례 기원(원천) 신화일 수 있기 때문인데, 메노미니족에서 이 의례는 연속적인 가뭄의 경우 소나기와 비를 기원하고, 천둥새에게 음식을 제공하기 때문이다(Skinner 7, 206~210쪽). 한 경우는 씨족 신화로서, 다른 경우는 조합(협회)의 신화로서 신화$M_{478}$과 $M_{479}$는 이에 대한 구조를 놀라우리만큼 대칭적인 구조들을 나타낸다. 이것 역시 아마도 한 신화는 소나기 계절의 끝을 부르고, 다른 한 신화는 소나기의 돌아옴(회기)을 부르는 사실과 관련된다. 가장 놀라운 대립은 여성 인물과 관련되는데, 인물은 맏자매이거나 불쑥 나타난 아주 어린 소녀이고, 인물은 이중적으로 다른 인물의 역이기 때문이다. 남자는 자신의 누이와 결혼할 수 없다. 그런데 신화$M_{479}$의 형제들은 더욱 완전한 이방인 여자와 결혼할 생각을 하지 않으며 이들은 개구리로 변화시키기 전에 이방인 여자를 자신들의 입양 조카로 만든다. 이러한 관계에서 메노미니 판본들은 우리가 우선 검토했던 판본들과 다르다. 이들 판본에서 이야기의 줄거리는 알지 못하는 방문 여인과 막내, 그리고 막내의 형제들과 이 여자의 자매들과의 결혼에 대한 이야기가 관심의 초점이다. 신화M478b만 이 주제를 계승하지만 차라리 신화M475c가 예시한 대칭적인 이야기 시리즈(연쇄)의 주제와 가까운 변질된 형식으로 나타난다. 앞에서 논한 판본들에서 이것(핵심 주제)은 잘린 머리와 혼인동맹과 관련되며, 이들 주제는 바로 위에서 요약한 메노미니 신화들에는 없으며, 여기서는 계절 주기의 주제로 대체된다.

이러한 변형에 잠시 머물도록 하자. 그런데 이런 변형의 완전한 목록을 만들려면 신화집단의 층위에 머물러야 한다. 우리는 독신 형제들의 신화가 여러 유형을 포함한다는 사실을 알고 있다. 먼저 강한 형식이라고 인정했던 무드제키위스의 이야기(M474)와 약한 형식의 이야기들(M473a~c)을 들 수 있으며, 이어서 동쪽 하늘의 여자들에 대한 이야기(M475c), 이것은 먼저 이야기와 대칭적이며 전도된 관계에 있다. 그리고 우리는 두 개의 메노미니 이본(異本) 신화를 유입했는데, 중앙 알곤킨족에서 그 반향(모방)을 찾을 수 있다. 한편으로 뱀의 포로에 대한 이야기(M478)와, 다른 한편으로 10천둥(새)들과 그들의 조카(여)(M479)의 이야기를 볼 수 있다.

무드제키위스의 신화연쇄와 이 연쇄의 역은 머리-전리품과 혼인동맹을 다루고 있으며, 다른 연쇄들은 차라리 계절의 주기성을 다루고 있다. 그러나 이런 신화연쇄들은 같은 양상으로 주기성을 취급하지 않는다. 신화M479는 소나기성 계절의 회귀를 알리고, 신화M478은 회귀의 반대(역)인 계절의 마지막을 알린다. 그리고 신화M475c는 반대(역)의 역을 거론한다고 말할 수 있다. 왜냐하면 이 신화가 여자가 있는 동쪽으로부터 멀어진다고 선언하기 때문인데, 이 동쪽의 여자는 그녀 자신이 천둥의 역이며, 이 천둥들은 서쪽 하늘의 주인이자 남성적 존재이기 때문이다. 이 같은 양상의 (신화)집단을 구성하기 위해 바르뷔(M. Barbut)는 최근 인문과학에 있어 (신화가) 어떻게 응용분야(영역)일 수 있는가를 보이기 위해 네 번째 용어(항)를 알아야 하며, 그것은 주제의 역을 아는 것이다라고 주장했다. 그래서 우리는 좀더 앞에서(이 책 561쪽 이하) 무드제키위스의 이야기의 강한 형식 역시 잠재적인 상태로 놓아둔 기후적 암시를 내포한다는 사실을 보게 될 것이다. 이제부터 만약 신화M478b가 인간들과 천상의 신들 그리고 지하의 신들의 결합으로 완성된다면—우리가 강한 형식을 설명하기 위해 선택한—신화M474는 이와는 반대로 인간들로부터 같은 거리만큼 떨어진 곳에 그들의 거주지를 설립한 위와 아래의 신들의 분리로 귀결된다.

클레인(Klein) 집합의 4부분으로 된 구조가 여주인공의 변형에 더욱 잘 응용될 수 있다. 판본에 따르면 여주인공은 사실상 **젊은 배우자**(M473, M475a~b), **비-배우자**(M479), **교육하는 맏자매**(M475c), **죄지은 막내자매**(M474)들이다. 이들의 변형을 더욱 자세히 보도록 하자.

주기성의 관계에서 신화M473의 **젊은 배우자**는 자신의 첫 월경 순간에 조심스레 자신을 고립시킨다. 이것은 신화M474의 **잘못을 저지른 자매**가 한 행동의 부주의로 인해 자신의 월경 피로 오빠를 오염시키는 행위—(이와는 달리 신화M473에서 남편은 여주인공의 주의에도 불구하고 자기 스스로 오염된다)—와는 차이가 난다(대립된다).

**가르치는 자매**의 월경 문제는 어디에도 문제가 되지 않는다. 그러나 그녀는 사춘기 의례의 시기에 자신의 남동생을 조심스레 고립시킨다(M475c). 다시 말하자면 그녀는 잘못을 저지른 자매가 한 것처럼 고립에 실패하는 대신 젊은 배우자가 자신을 고립시킨 것처럼 (남동생을) 고립시킨다. 그렇지만 그녀는 이 여주인공이나 저 여주인공과 차이가 난다. 그녀의 행동이 자기 자신에 미치는 것이 아니라 자신의 남동생을 대상으로 이루어진다는 점에서다.

신화M479는 **비-배우자**의 생리적인 기능에 대해 우선적으로 거론하지 않는다. 그러나 전혀 또 다른 이유를 들어 거론한다. 신화M475c, M478의 여주인공은 이미 성숙한 여인으로 남동생보다 나이가 많고 동생을 가르칠 수 있는, 그러니까 전통적 지식의 수탁자(보관인)이다. 신화M479의 여주인공은 부모도 가족도 없는 아주 어린 소녀로 그녀의 정신은—신화가 말하듯이—완전히 비어 있다. 사람들은 이런 어린 여자아이와는 결혼할 수 없다. 역시 형제들도 이 여자아이를 '가장 높게 평가되고 영예스러운 관계'인 입양 조카로 만든다. 사실상 그녀는 결코 청소년기에 다다르지 못하게 된다. 왜냐하면 그녀는 그 이전에 비의 예고자이며, 봄의 회귀를 예고하는 청개구리로 변형될 것이기 때문이다. 여주인공의 결핍으로 인해 생리적인 주기(성)는 계절의 주기(성)로의 이동이 가능하게 된다.

그것이 전부가 아니다. 능동적으로든 수동적으로든 신화(들)는 **가르치는 누이**와 **잘못을 저지른 누이**를 남성적 일(과업)과의 관계에서 규정한다. 말하자면 한 여주인공은 남동생에게 사냥의 기술을 가르치고 다른 한 여주인공은 같은 교육을 오빠의 회저(壞疽, 또는 탈저(脫疽))가 그를 마비시킬 때 그로부터 받는다. 그녀는 둘을 위해 사냥을 하게 된다. 능동적으로든 그리고 수동적으로든 보충적인 신화들 역시 **혼인한 배우자**와 **비-혼인 배우자**를 여성일과의 관계에서 규정한다. 혼인하자마자 젊은 배우자(여)는 자신의 가정적인 덕목을 증명하려고 노력한다. **비-혼인 배우자**는 가사일에 대한 관심에서 완전히 배제되어 있다. 신화M479는 단 한 번의 식사를 거론하지만 그녀하고는 아무 관련도 없다. 그러한 사실로부터 우리가 이미 지적한 자연적 결핍에 더해 문화적 결핍이 나타나며, 자연의 결핍처럼 이는 변증법적 진보를 하게 된다. 왜냐하면 이 식사는 단지 영양학적 가치만 있는 것이 아니기 때문이다. 이것은 인간들이 천둥새가 서둘러 돌아오게 하기 위해 제공하는 희생제의의 전형(원형)을 구성하는 것처럼 보인다(이 책 523쪽).

독신인 형제들에 관한 신화체계는 말하자면 구조들 사이에 상응하며, 끼워 맞춘 4부분으로 된 4개 구조의 측면을 띤다. 논리적인 방식으로 구조들을 정리해보면 이 구조들은 각각 친족관계, 생물학적 특성과 관련된 행위, 문화와 관련된 행위, 마지막으로 계절의 운행으로 표현(표상)되는 인간과 세계의 관계를(유기적으로) 연결한다고 말할 수 있다. 그러나 이러한 끼워 맞춘 관계(들)는 정적인 특성을 갖고 있지 않다. 다른 것(구조)들과 격리되어 있지 않은 각 구조는 인접한 구조로부터 빌린 용어에 호소하지 않고는 상쇄할 수 없는 불균형(불안정)을 내포하고 있다. 전체적인 외형을 예시하고(설명하고) 있는 그림 33은 하나가 다른 하나와 내접하는 정사각형보다 더 그리스식 도형과 유사하다. '비-배우자'는 친족용어가 아니다. 주기(성)를 규정하기 위해 여성의 월경이 존재하지 않게 되면 주기를 생리 차원에서 계절 차원으로의 변경을 요구하게 된다. 한 계절의 끝의 전도가 다른 계절의 회귀와 일치할 수 없다. 희생제의를 위한 음식 소비는 부지런한 요리사가 준비한 일상적인 식사와 혼동되지 않는다. 심지어 신화들 내부에서도 단호한 변증법적인 사고가 이루어지는데, 이러한 사고는 친족 기능에서 사회적 기능으로, 생물학적 리듬에서 우주적 리듬으로, 기술·경제적 활동은 종교생활의 행동으로 상승 진행한다.

이러한 세계(영역)에서 우리의 주의를 끄는 것은 무엇보다도 계절의 주기이다. 왜냐하면 나중에 본 두 메노미니 신화들($M_{478}$~$M_{479}$)에 의해 제기된 이 주제는 10의 수 문제를 해결할 수 있게 하기 때문이다.

신화들은 두 개의 10의 수를 사용한다. 천둥-새들은 10마리이고, 역시 지하의 뱀들도 10마리이다. 다른 한편 신화$M_{479}$와 마찬가지로 신화$M_{478}$에서도 천둥새(형제들)의 맏이는 무드제키위스이며, 신화$M_{479}$에서 막내는 페파키트시세(Pêpakitcisê)라고 부른다.

그림 33 메노미니 천둥(새)
(스키너 14, 도판 70, 262쪽 참조)

사실 이 이름들은 메노미니 어린아이들이 태어나는 순서에 따라 이들에게 주는 칭호이다. 첫 아들(맏이)은 무드제키위스(또는 무드지키위스[Mûdjikiwis], 마치키위스[Matsihkiwis]), '천둥(새)들-의-형'의 칭호를 받을 권리가 있으며 막내는 페파키트시세(또는 푸파키드지세[Pûpäkidjise]), '막내(작은) 뚱뚱한-배통(배-불뚝이)'이라고 불린다. 그런데 이것은 중요하다. 아들을 위한 5개의 용어가 존재하는데(딸을 위해서는 3개), 순서대로 적는다면 '천둥(새)들-의-형', '그다음 형', '그다음다음 형', '그 가운데 형', '막내 뚱뚱한-배통'이다(Skinner 4, 40쪽). 사회적 활용과 관련해 보면 메노미니 신화들은 말하자면 염색체 2배성이라고 할 수 있으며, 우리는 이에 대해 같은 논점을 논한 초반부에 이를 가정했다(이 책 494쪽). 왜냐하면 맏형이 무드제키위스라고 불리는 이 칭호를 받아야 한다면 막내는 5번째가 아니라 10번째에 있어야 하기 때문이다. 결과적으로 10명의 형제들은 2배나 더 많은 수이다.

더구나 우리는 대평원의 크리(족) 판본, 그러니까 주변적 판본(M477d: Skinner 8, 353~361쪽)을 알고 있는데, 이 판본은 이상하게도 비정상적이며, 분명히 이어져 있는 두 가지 점에서 다른 판본들과 구별된다. 한편으로 낯선 방문자(여)는 10번째 형제 대신 5번째 형제를 선택하며, 다른 한편으로 두 명의 무드제키위스가 나오는데 한 명은 10형제의 맏이이고, 다른 한 명은 10명의 천둥-새 형제의 맏이로 누이들인 10명의 여자를 갖고 있다. 결국 크리족은 10명의 천둥-새와 지하 정령(신)들인 고양이과의 동물 또는 파충류 10마리를 대립시키는 것으로 만족하지 않는다. 그들은 이 두 캠프 사이에 10명의 인간들, 즉 중재자의 역할을 하는 10명의 형제를 개입시킨다. 형제들은 천둥-새 형제들로부터 배우자를 얻은 대가로 그들을 위해 지하의 괴물들을 죽인다(M477b: Bloomfield 1, 228~236쪽). 결과적으로 한 층위의 항들의 배가(증가)는 다른 층위에서의 이들의 분리를 동반한다. 대평원의 크리족은 연령집단을 구별하기 위한 복잡한 단어집(용어들)을 소유하고 있었으나, 이들에게 일상용어를 사용했는가에 대한 정보는 없다(Mandelbaum, 241~243쪽).

무드제키위스 또는 이와 동등한 용어로 불리는 형제(맏형)가 맏이(첫째)의 위치를 차치하지 못하고, 출생 서열상 두 번째(Williams, 124~134쪽, M475a의 Schoolcraft 판본)나 세 번째 형제(M474)가 차지하는 경우들을 조심스럽게 같은 정신(생각)으로 조사해보는 것이 합당할 것이다. 신화M474는 가장 나이 많은 3형제 이후에 10형제의 연쇄(시리즈)를 삭제(중단)하는 반면, 신화M477d는 여주인공이 동의하는 5번째 형제를 받아들이기 바로 전 즉각 그녀가 거절했던 제일 어린 3명의 형제 이후의 형제 시리즈(연쇄)를 삭제한다.

계속하여 메노미니족을 보도록 하자. 이들에게 있어 신화들을 직접적으로 실제 관습과 연관시키는 것이 가능하다. 우리는 일반적인 5개 용어의 사회학적 연쇄가 10개 항목(용어)으로 이루어진 신화적인 연쇄로 배가되는 것을 보았다. 이 신화적 연쇄가 만일 경험으로 확인된다면 이것은 블랙후트족(이 책 505쪽)이 10개의 인간 손가락에 대해 이야기할 때 신체적(해부학적) 이미지의 도움으로 설명했던, 해결할 수 없는 것과 같은 상황을 만들게 될 것이다. 신화M479의 결론에서 계절 주기의 출현으로 피할 수 있을 것은 바로 이러한 대 재앙이 일어날 가능성(우발성)이다. 왜냐하면 출구 없는 두 군대의 전투에서 영원히 대결하는 대신 선과 악의 힘, 여름과 겨울의 힘이 서로 교대하게 된다면 이 힘들은 각기 1년의 절반을 지배하게 될 것이다. 달리 표현하면 이들의 병력은 이제부터 둘로 나뉠 것이다. 군대(집단)의 나머지(절반)는 (걸음을) 양보한 집단의 나머지(절반) 뒤로 사라짐으로써 5천둥(새)들은 여름 동안 우세할 것이고, 5뱀들은 겨울 동안 우세할 것이다. 그러면 계수가 2×10인 정적인 대립에서 2×5인 동적인 주기로 이동하게 된다(그림 34).

이처럼 여름의 연장이 유익할 수 있는 것보다 더더욱 혹독한 긴 겨울 동안 메노미니족은 걱정스럽게 봄의 소나기성 비를 기다리곤 했던 겨울의 절반이 줄어들 것이다. 분지족(Bûngi: 대평원의 오지브와족)과 대평원의 크리족에게 천둥(새)의 의례가 태양춤(Skinner 5, 506쪽; 6, 287쪽; Radin 3, 665~666쪽 참조)을 대신하고 있었던 것처럼 메노미니족은 천둥-새가 인간의 친구라고 믿었다. 그들은 오랫동안 천둥-새의 소리를 듣지 못하게 되면 괴로워했다. 소나기가 오는 첫 으르렁거리는 소리(천둥 소리)가 들리면 그들은 즐거운 환성을 질렀다. "야! 무드제키위스 소리가 들린다!" 그래서 맏아들이 이 이름을 갖는 것은 천둥-새를 존중하는 것이다(Skinner 4, 73~74쪽; Keesing, 61쪽의 André 참조).

이처럼 신화적 연쇄와 사회학적 연쇄가 고유명사로 이어지는 연계성은 우리의 논증을 완성한다. 왜냐하면 이 점에 있어서 신화들 간의 차이는 메노미니 만신전이 10명의 천둥(신)을 포함하지 않고, 단지 5천둥(신)만 포함하기 때문이다.[2] 이들 신의 수장인 무드제키위스는 북쪽으

---

2) 아마도 스키너(14, 49~50쪽)가 인디언들이 자신들의 이름(고유명사)으로 사용하는 16명의 천둥신들의 호칭(이름)을 인용하고 있다는 것을 들어 반대할 수

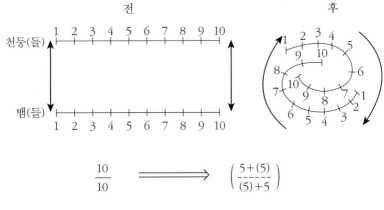

**계절의 주기**

$$\frac{10}{10} \implies \left( \frac{5+(5)}{(5)+5} \right)$$

그림 34 주기의 유입 전과 후

로 무코마이스, '우박의 발명자'와 위시카포, '움직이지 않는 새', 그리고
남쪽으로 와피나마쿠, '흰 천둥새'와 사위나마쿠, '붉은 천둥(새)(또는
노란)'을 곁에 두고 중앙에 자리 잡고 앉아 있다. 북쪽의 두 천둥(신)들은
추위와 폭풍을, 남쪽의 천둥신들은 따스한 비를 가져온다(같은 책 77쪽).
결론적으로 신화들이 단지 '오랜 시간 전'부터 유일한 현실(실제적인)이

---

도 있을 것이다. 무드제키위스가 이름 목록의 맨 앞줄에 페파키드지세가 마지막
에 실려 있다. 그러나 이 호칭들은 겹쳐진다. 이처럼 신화M479에서 페카키드지세
(페파키트시세) '막내 뚱뚱한-배통'은 모사나세 '무시무시한 자' 또는 '파괴자'
라고 불린다. 그에게 때로는 '인간-천둥'이라는 칭호로도 불린다. 왜냐하면 이
신(神)은 인간 형상을 취하기를 좋아하기 때문이다(같은 책 50쪽). 다른 한편으
로 그림을 그린 가죽에는 여러 명의 천둥(신)들이 나타나는데, 이들로부터 천둥
의 수장과 '진정한 천둥신들'—이들 모두는 5명이다—이 분리되었다(Skinner
4, 104쪽). 다른 천상신들은 번개의 주민들인 독수리와 천둥신들의 봉사자들인
새이다(같은 책 105~106쪽). 그러므로 부차적인(작은) 천둥신들과 중요한(큰)
천둥신들을 구별해야만 한다. "중요한 천둥신들은 5명의 큰 신들이고, 모든 다른
신들은 낮은 지위를 차지하고 있다"(Skinner 7, 74~75쪽, 77쪽).

된 5의 수에 유리하도록 10의 수를 배제할 때에만 10의 수 형식을 거론한다는 것이 증명된다. 바로 '오랜 시간 전 그 당시에' 어린 소녀가 비의 예고자인 청개구리(M241: 『꿀에서 재까지』, 254~259쪽 참조)로 변형됨으로써 계절의 주기가 성립되었다.

\* \* \*

이처럼 (여러 종류) 10의 수 성격이 밝혀졌다. 그 이유도 분명한 것은 몇몇 신화에서 문자 없는(무문자사회) 민족들의 이야기가 일반적으로 가장 단순한 수인 2, 3 또는 4의 숫자로 만족하고 있다는 사실과 비교해볼 때 평시와 다른 힘의 총체를 나타내기 때문이다. 10의 수는 신화(들)의 변증법을 사용하여 줄이려고 하는—물론 이러한 특성을 극적인 창작을 사용해 강조하기도 하지만—**충만한(포화상태에 이른) 전체**를 나타낸다. 주인공이 더욱 느리게 가면 갈수록 그의 여행은 더욱 짧게 보일 것이다(M477c). 동쪽 하늘의 10명 또는 11명의 식인귀(M475c)들은 다소간 잔혹하게 그들 각각의 애인들을 허기지게 하는데, 맏자매는 모든 음식을 먹고, 2번째 자매에서 5번째 자매들은 아무것도 주지 않고, 6번째 자매는 아주 조금 주고, 그 이후의 4자매들(7, 8, 9, 10번째)은 서로 나누며, 11번째 자매와 마지막 자매들은 거의 모두를 준다. 무드제키위스 이야기의 몇몇 판본들(M473c, M477c)은 결혼한 막내와 가장 오랫동안 총각으로 남아 있는 형제의 맏이 사이에 중요한 대립을 만든다. 사실상 막내는 우선 모든 여자들을 모으고 이어서 자신의 형제들에게 여자들을 배분하는데, 자신의 바로 위의 형부터 시작해 마지막으로 제일 큰 형에게 준다. "맏이는 '이것은 좀 너무하다. 나보다 어린 형제들에게 첫 번째로 배분을 하다니……!'라고 소리쳤다"(Skinner 3, 295쪽; Bloomfield 3, 235쪽 참조).

그러므로 (여기서) 큰 간격은 신화의 진술과 호환될 수 있는(양립할 수 있는) 아주 작은 간격들의 체계적인 추가(합)로 인해 점진적으로 채워진다. 말하자면 (이 큰 간격은) 우리가 처음으로 큰 간격과 작은 간격의 문제를 접했을 때(『날것과 익힌 것』, 58~63쪽, 304~305쪽) 거의 같은 용어로 기술했던 것과는 반대의 진행과정을 밟으며 채워진다. 우리는 이 기회에 작은 간격이 지배하는 연속(continu)은 동시에 생물학적 질서 안에서 (생물)종들의 공시적 불연속(discontinuité)과 대립하고, 달력의 순서(질서) 안에서 날[日]과 계절의 통시적 불연속과 대립한다. 더욱 연속은 낮 동안 무지개의 색채(크로마티즘)로 나타나고, 달도 없고 별도 없는(암흑의) 밤 동안 인간과 악의 힘을 근접시킬 위험이 있는 총체적인 암흑으로 나타난다. 남아메리카의 예로 시작해 우리가 표현한 이 모든 문제는 북아메리카 북부 지역에서 다시 만나게 된다. 낮(날)과 계절의 교대에 대한 주제에서(M₄₇₉c: Bloomfield 3, 317쪽, 335쪽) 메노미니족은 줄무늬다람쥐(*Eutamias*)가 다른 동물들에게 자신의 털(의 줄무늬)을 모델로 삼으라고 말한다. 이것은 다람쥐 등의 6개 줄무늬 수가 각각 여름과 겨울이 6개월 동안 지속되도록 할 것이기 때문이다. 다람쥐는 겨울과 밤이 연속적으로 지배하기를 원했던 곰과의 논쟁에서 이겼다. 결국 곰은 온통 검은 털을 갖게 되었다. 만일 항상 밤이 지속된다면 인간은 더 듬어가며 사냥해야 했을 것이다. 이러한 근접(성)은 사나운 짐승과 피할 수 없는 전투에서 동물에게 유리함을 제공할 것이다.

사실 우리는 방대한 신화집단 전체와 관련되어 있다. 그러나 이 집단들 중에서 10의 수의 조(組)들을 사용하는 신화들은 그들에게 고유한 전개방식으로 서로 구별된다. 가장 흔한 경우는 그대로 우선 작은 간격이 우세한 곳에 큰 간격의 지배를 창시하는 대신 신화들은 10의 수(의 조)까지 주인공들의 수를 증가시켜 연속 조건을 창시하는 것처럼 보인다. 말하자면 10까지의 수가 마치 대단히 많은 수의 불연속 단위들이 서로 붙어 있어(간격이 없게 되어) 연속의 힘이 셀 수 없는 (구별되지 않는 불연속) 단위에 대해 우세하게 되는 한(하나의) (연속의) 수를 나타낸다 (창시한다). 이때부터 신화의 진행(과정)은 10의 수를 2로 나누는 아주 작은 힘의 총체들로 10의 수를 축소함으로써 이 연속(체)을 파괴하는 것으로 이루어진다. 천둥-새($M_{478}$~$M_{479}$)들에 관한 메노미니 판본들은 단지 계절의 주기에 호소함으로써만 총각형제들의 집단신화와 구별되는데, 이것은 같은 집단의 다른 신화들 역시 얻으려는 결과를 얻기 위한 방편이다. 그러나 가능하다면 같은 원칙으로 이 모든 신화들을 묶기 위해 우리는 지금 진행과정의 성격을 밝혀야만 할 것이다.

다음 신화를 접하기 전에 독자들은 메노미니 신화의 두 번째 변이형 판본인 신화$M_{479}$를 다시 읽는 것이 바람직할 것이다.

### $M_{480a}$. 블랙후트족의 신화: 붉은-머리 남자

옛날에 가족도 없이 사람들로부터 멀리 떨어져 단지 어머니와 함께 살고 있었던 한 남자가 있었다. 그의 머리칼은 피처럼 붉었다. 너무 많이 걸어 (지친) 한 어린 처녀가 어느 날 그의 거처에 도달했다. 그녀는 막 창조되어 땅에서 나왔다. 그녀는 아직 먹거나 마실 줄 모르고 있었으며 아무것도 할 줄 몰랐다. 붉은-머리는 그녀를 쫓아냈다. 왜냐하면 그는 차라리 혼자 살기를 바라기 때문이었다. 당황한 여주인공은 개미집 근처로 피신해 곤충들의 도움을 간청했다. 그녀는 어떤 힘을 얻기를 바랐는데 그것은 붉은-머리가 자신을 받아들이도록 영향력을 행사하기 위해서였다.

개미들은 그녀를 불쌍히 여겨 붉은-머리의 오두막에 가서 무두질한 가죽 2조각을 훔쳐 자신들에게 가져오라고 했다. 그리고 개미들은 그 다음날 그녀를 개미 오두막으로 다시 보냈다. 여주인공이 개미집에 다시 왔을 때 그녀는 고슴도치의 가시털로 대단히 멋지게 수놓은 두 개의 가죽 조각을 발견했다. 이것이 이 자수산업의 기원이다. 왜냐하면 최초로 수놓은 여자는 개미들(이 책 386쪽 참조)이었기 때문이다. 개미들은 이어서 붉은-머리 어머니의 옷도 수놓았다. 그리고 여주인공에게 수놓은 옷을 개미의 집 늙은 여인의 다리보호대(정강이) 곁에 놓아두어 그녀가 우선 수놓은 가죽으로 정강이를 잘 보호할 수 있도록 했다. 그런 후 그녀는 사건의 전말을 알기 위해 숲속에 몸을 숨기고 기다렸다.

붉은-머리와 그의 어머니가 돌아왔을 때 놀랍도록 멋진 옷을 보고 눈이 부셨다. 이 옷들이 모르는(이방인) 소녀의 작품일 것이라 확신한 붉은-머리는 어머니에게 그녀를 다시 찾아 먹이고 그녀에게 수놓은 모카신을 주문하도록 했다. 여주인공은 자신이 신발에 수놓고 있는 동안 자기를 봐서는 안 된다는 조건으로 일을 하기로 승낙했다. 사실 그녀는 개미들에게 모카신을 맡기는 것으로 만족했는데, 개미들은 그다음날이면 모카신에 모두 수놓곤 했다. 같은 계략을 써서 그녀는 사냥꾼의 옷 앞뒤로 원반(디스크) 형태의 자수 소재로 수놓고 어깨 부분과 소매에는 띠로 장식했다. 원반 형식은 해를 표상했는데 그곳에서 소녀는 자신의 힘(능력)의 한 부분을 얻었다. 족제비(이것의 털가죽은 가장 선호하는 가죽제품이다)는 그녀에게 개미들에게 어떤 장식을 요구해야 되는지를 설명했다. 족제비가 따라간 길을 표시하기 위해서는 (사냥꾼의) 옷에 띠로 수놓고, 족제비들이 눈 속에 빠져 허우적대는 자리(장소)를 표시하기 위해서는 모카신에 띠로 수놓아야 된다.

여주인공이 갖고 있다고 여긴 재능에 매료된 붉은-머리는 그녀와 결혼하고자 했다. 그러나 족제비는 그녀가 혼인을 받아들이지 못하게 했다. 족제비는 심지어 그녀에게 아주 뾰족한 뼛조각을 구해 붉은-머리가 자고 있는 동안 그를 죽이라고 충고했다. 그렇게 한(충고대로 한) 후 여주인공은 인디언들의 거주지로 도망쳤는데, 그들에게 자수기술을 가르쳤다(Wissler-Duvall, 129~132쪽).

가족도 과거도 없고 무(無)에서 나와 완전히 순진무구한 이 여주인공은 우리가 이미 논했던 다른 여주인공들과 일치한다. 신화M479의 여주인공처럼 그녀는 부모관계의 결핍으로 (인해) 부정적으로 정의된다. 신화M479의 여주인공은 혼인에 부적격한 것으로 취급되었다. 그녀는 이에 반항하는(복종하지 않는) 특성을 보인다. 이들 두 여주인공 모두 비-배우자(혼일할 수 없는-여인)들이다. 무엇이든 스스로 할 수 없는—먹거나 마실 수 없는—신화M480의 여주인공 역시 신화M478의 교육(훈육)적인 누이(자매)와 대립한다. 그녀는 말하자면 비-배우자이자 비-누이이다. 이러한 해석은 만단과 히다차 판본들에 의해 확인되는데, 이들 중 신화M478의 오라비에게 충실한 누이(와) 그의 배우자가 되지 않으려는 남자를 죽이는 신화M480의 배신한 비-누이(들)은 신화M480에서처럼 세상에 단지 함께 살았던 자신의 오빠를 배신한 누이(자매)로 변형된다. 우선 자신의 막내를 가르치는 교육자로서의 만단 여주인공(M481: Beckwith 1, 96~102쪽; Bowers 1, 312~314쪽, 366~369쪽; 히다차 판본 370~373쪽)은 식인자가 된다. 그녀는 자신의 옷에 규칙적으로 머리가죽을 나란히 붙이려고 천상주민들을 공격해 그들의 머리가죽을 탈취한다. 그러나 가슴 위쪽 한 곳이 비어 있어 오로지 오빠의 머리가죽이 이를 채울 수 있을 것이라고 생각한 살인자는 사랑하는 오빠의 머리를 가슴 위에 보존하게 된다. 더욱 이 사람들은 왼손으로 음식물을 입으로 가져가기 때문에 그녀가 제일 먼저 음식을 먹이는 것은 그(오빠)이다. 수호신의 경고를 받은 주인공은 도망치고, 식인귀 여인은 그를 쫓아간다. 그는 화살 한 대를 겨드랑이에 쏴 부상을 입히는데, 죽이지는 않는다. 하늘(천상)로 올라가기 전 그녀(여주인공)는 머리가죽과 조개껍질로 장식한 자신의 옷을 그에게 준다. 이 옷은 이제 제단의 일부를 이루고 옷의 소유자와 그의 배우자들은 전투에서 승리하기 위해 제사지낼 것이다.

그러므로 신화M480의 생산적인 **비-누이(자매)**는 신화M481에서 **파괴적**

인 누이(자매)로 변형되는 동시에 고슴도치 가시털 자수의 기원신화에서 머리가죽의 기원신화로 이동한다. 더욱 이런 변형은 블랙후트족의 신화학 내에서도 작동된다. 왜냐하면 붉은-머리의 다른 판본(M480b: Josselin de Jong 2, 97~101쪽)은 붉은-머리가 여주인공의 남편을 죽인 이래로 그녀를 위로받지 못하는 과부로 만들고 있기 때문이다. 그녀는 여러 명의 청혼자들을 거절하다가 결국에는 이들 중 하나를 (그녀 앞에) 무릎 꿇게 하는데, 그가 그녀를 위해 먼저 살인자를 복수해주는 조건으로 청혼자가 되게 한다.

젊은이는 초자연적 보호자들의 도움을 얻어 예쁜 인디언 처녀의 외양을 갖게 된다. 그렇게 변신한 청년은 붉은-머리의 집에 나타난다. 붉은-머리는 그에게 밤이 되기 전에 자신의 모카신과 다리보호대에 수놓으라고 명한다. 그렇지 못할 경우 그를 죽이겠다고 하자 가짜 여주인공은 숲 속으로 들어가 개미들에게 작업을 부탁한다. 결과에 매우 만족한 붉은-머리는 이른바 거짓여인이 남자의 눈을 가졌다는 것을 일상의 까치들이 알게 했음에도 불구하고 그녀와 결혼한다. 그녀(거짓여인)는 남편이 잠든 사이 사슴뿔로 만든 뾰족한 바늘(송곳)을 그의 귓속에 밀어넣고 돌로 바늘이 머리 속으로 들어가도록 두드린다. 그런 후 그녀는 희생자의 머리가죽을 벗겨 자신을 도와준 보호자들(초자연적 존재)에게로 도망간다. 그들에게 머리가죽의 반쪽을 주고, 자신은 남성의 외모를 되찾는다. 주인공은 부락으로 돌아와 첫 전사(전투)의 춤을 춘다. 그는 사랑하는 과부에게 반쪽-머리가죽을 돌려주자 그녀는 그와의 혼인에 동의한다.

첫 번째 블랙후트 판본과 만단 판본의 매개 판본인 두 번째 블랙후트 판본은 자수의 주제를 보존하고 있지만, 이차적인 위치에 놓여 있다. 이 주제는―신화가 이미 알고 있는 것으로 간주하고―자수 기술의 기원과는 관련되지 않지만, 만단 판본에서처럼 머리사냥의 기원 및 전투 의례의 기원과 관련된다.

그런데 신화M480b는 머리가죽의 세공과 전투(전쟁) 의례를 혼인과 연관시킨다. 이것을 (간접적인) 수단으로 하여 신화집단{M479~M480a~b}와 {M473~M476} 사이에 최초의 유사성(공통점)이 나타나는데, 마지막 신화집단—이 집단으로부터 논의가 시작되었다—을 통해 우리는 이미 혼인 동맹과 머리가죽-전리품 사이의 관계를 성립시켰다. 그렇지만 세 번째 집단 {M478~M479}와의 유사성 또한 명백하다. 실제로 블랙후트족은 신화 M480a의 여주인공을 '여자-의 뒤를 잇는-여자'라고 부르는데, 이것은 그녀가 영원히 부활하는 능력을 가졌다는 것을 의미한다(Wissler-Duvall, 132쪽 주 1). 그러니까 여주인공은 개구리처럼 주기적 창조물이며, 메노미니 신화(M479)에서 계절의 교대 책임자이며, 개구리의 학명(*Hyla versicolor*)이 이를 연상시키듯이 색깔을 변화시킬 수 있는 능력을 소유하고 있는 창조물이다.

부활의 능력 이외에도 신화M480의 여주인공은 여자 또는 남자의 외양을 취할 수 있는 또 다른 능력이 있음을 보았다. 판본들에 따라 그녀는 때로는 남자가 되기도 하고 때로는 여자가 되기도 한다. 마지막 경우에서 (우리가 본) 남자는 적을 속이고 유혹하기 위해 여자로 변신한다. 심지어 블랙후트족은 때때로 그들의 여주인공에 대해 이야기하는데, 여자는 붉은-머리를 죽이려고 해가 땅으로 보낸 여자로 위장한 남자였다고 한다(같은 책). 그래서 그녀는 유명한 순환인 흉터 있는 남자(*Scarface*)의 주인공과 혼동되는데, 이제부터 연구해야 할 주제이다.

블랙후트 판본(M482a: McClintock, 491~499쪽; Spence, 200~205쪽)에 따르면 이 주인공은 우리가(제4부에서) 오랫동안 논의했던 순환에서 별과 한 인간 여인의 결합으로 태어난 아들 이외의 다른 사람이 아니다. 같은 유래의 다른 판본들(M482b~e: Wissler-Duvall, 61~65쪽[2판본]; Grinnell 3, 93~103쪽; Josselin de Jong 2, 80~82쪽; Uhlenbeck, 50~57쪽)은 흉터로 인해 얼굴이 일그러진 젊은 인디언을 주인공으로 만드는데,

주인공은 마을의 소녀에게 청혼한다. 여자는 주름진 얼굴의 상처가 사라지면 그와 혼인할 것이라고 빈정거리며 답한다. 절망한 소년은 모험을 떠난다. 그는 해의 집에 도착해 별(해)의 아들인 새벽별과 우정을 쌓는다. 그리고 또한 해의 아내인 달의 보호를 얻는다. 어머니와 아들도 그의 편에서 개입(중재)한다. 사납기는 하지만 해는 불쌍히 여겨 그를 치료하고 자신의 아들과 아주 유사하게 만드는 바람에 아들의 친어머니조차 두 사람을 혼동한다.

해가 금지했음에도 불구하고 어느 날 주인공은 그의 동료를 서쪽으로 데리고 간다. 그는 7마리의 두루미, 백조 또는 야생거위들을 만나 죽이고 이것들의 자른 머리를 가지고 온다. 이것이 머리가죽 벗기기의 기원이다. 그때부터 전사들은 자신들의 빛나는 전과의 증거로 머리가죽을 제시(전시)했는데, 그의 적들로부터 해방된 것을 기뻐한 나머지 해는 그의 피보호자에게 전투 의례를 가르쳐주고, 소녀들을 유혹하기 위한 주술 플라졸렛(새 부리로 만든 피리)을 선사한다(Wissler-Duvall, 66쪽 주 1). 동료들 곁으로 돌아온 주인공은 증기 목욕(탕)을 창시한다. 그 이후 그는 하늘로 올라가 사람들이 흔히 아침별(새벽별)($M_{482b}$)과 혼동하는 별이 된다. 다른 판본($M_{482d}$)에 따르면 주인공은 그가 사랑해온 여자와 결혼했다. 두 사람 모두 아주 늙을 때까지 살았으며 많은 어린아이들을 가졌다. 또한 신화($M_{482e}$)에 따르면 주인공은 고약한 여인과 잠을 자고는 그녀를 쫓아냈는데, 그녀의 고약함을 벌하기 위함이었다.

이 신화의 시우(족) 변이형 신화들은 (기원신화의) 기원 기능을 여러 양상으로 표현함으로써 보존한다는 것을 알고 있다. 오글랄라족과 다코타족 신화의 사나운 소녀는 (자신을) 사랑하는 남자를 남편으로 삼기 전에 시련을 겪게 하는 이야기가 역시 머리가죽을 벗기는 칼의 기원과 관련된다. 자신의 애인으로부터 /프테히니야파(ptehiniyapa)/라는 미지의 물건을 찾아오는 임무를 부여받은 주인공은 두 늙은이의 덕분에 물건을 찾는데, 이 두 늙은이는 해와 달이다. 그런데 그가 전리품을 가지고 돌아왔을 때 소녀는 숲사슴(*wood-deer*)으로 변하여 그에게서 벗어난다. 이로부터 이 짐승에게 음식 금기가 부과된다(M483: Beckwith 401~405쪽; Wissler 1, 128~131쪽 참조). 이러한 예상하지 못했던 결론은 문제를 제기하지만 후에(이 책 568쪽 이하) 우리가 해결하게 될 것이다. 신화 M483에서 붉은 들소 뿔로 만든 머리가죽을 벗기는 칼의 상징적 형상(화)을 통해 신화집단은 대호수 지역의 남쪽에 살았던 시우언어 부족인 윈네바고족(Winnebago)에게까지 확장할 수 있다. 신성한 무기의 기원과 천둥-새 씨족의 전투 의례의 기원에 관한 복잡한 한 신화(M484: Radin 2)는 붉은-뿔이라는 10형제의 막내를 주인공으로 하고 있다. 한편으로 천둥-새에 대한 참조사항과, 다른 한편으로 다시 반복되는 10의 수의 강조(10형제·10밤·10머리가죽)는 신화M473 이래로 우리가 섭렵해온 고리가 시우족들에서 닫힐 수 있을 것이라는 사실을 암시한다. 역시 같은 언어 계열에 속하는 크로우족 신화는 이를 완벽하게 제시할 것이다. 그러나 신화M483을 (잠시) 유보하기 전에 이 신화의 주인공은 자신의 가장 어린 형제와 한 친구를 동반해 알 수 없는 물건을 찾으러 떠난다. 다시 말하자면 **형제보다 나이 어린 한 사람**과 **형제보다 나이 많은 한 사람**, 즉 두 명을 동반하여 떠난다는 사실을 이야기할 필요가 있을 것이다. 실제로 다코타족은 막내들을 경멸적으로 취급하지만(Beckwith 2, 401쪽 주 3), /훈카(hunka)/라는 의례적인 우정관계는 그들이 보기에 다른 모든 관계들을 넘어선다(Walker, 122~140쪽). 그러니까 '형제'의 범주는 무드제키위스의 순환에서처럼 10의 수의 쓸데없이 중복되는 형식으로 확장되어 고갈되는 것이 아니라 여기서는 너그러움으로 고갈된다. 이러한 논리적 변형은 틀림없이 우리가 이미 지적한 (이 책 515쪽) 다코타족이 4의 수에 부여하는 우월(성)의 결과에서 나타난다. 이 4의 수는 다코타족이 낮은 단계의 수의 합을 사용해 10의 수를 배제하도록 할 수 있었다.

이 논리의 초반부에서 우리는 이미 수(계산)의 특성의 각도(관점)에서 고려된(상정된) 두 개의 크로우 신화(M467~M468: 이 책 496쪽)를 논의했다. 우리는 이제 이 점에 대해 장황하게 논하지 않을 것이지만, 한 경우(한 신화)의 주인공은 모든 음식물과 모든 여자들을 독차지하고 있는 추장에 대해 승리를 하며, 다른 경우(다른 한 신화)의 주인공은 7형제와 식인을 하는 3자매에 대해 승리를 한다. 이 3자매 중 가장 어린 자매를 제외한 2자매는 모두 이가 달린 질을 갖고 있다(Lowie 3, 132쪽, 167~168쪽)는 사실을 강조할 필요가 있다. 이 신화들은 그러니까 여자와 음식물을 사취하는 남자, 남자들(인간)을 파괴하는 여자들과 식인자들 사이에 상응(상동)관계를 전제하고 있다. 식인자들은 천둥새들이다(우리가 이미 인용했던 M469a~b[이들 판본에 대해서는 이 책 546쪽에서 다시 논할 것이다]와 평행관계에 있는 만단 판본들에 등장하는 식인 들소들이다).

그러니까 시우 판본들은 우리의 출발점으로 다시 돌아오도록 한다. 이러한 관심에서 블랙후트족과 다코타족 신화와 같은 머리가죽의 기원 신화를 갖고 있는 코로우족 역시 상처자국을 가진 사람의 이야기를 하고 있다는 사실은 놀라운 일이며, 더욱 우리가 메노미니족 신화들에서 접했던 것과 같은 계절 주기의 기원신화와 기이하게도 비슷한 용어들로 이 이야기를 한다.

### M485. 크로우족의 신화: 붉은-머리

청혼자의 구애를 받아들이는 조건으로 젊은 소녀(처녀)는 자신에게 붉은-머리의 머리털을 가져오도록 요구한다. 주인공은 길을 떠나 초자연적 보호자들을 만나는데 그들에게 사슴(류)의 여러 다른 종들(또는 토착인들의 체계로는 사슴과 동류시되는 동물들)을 제물로 제공하는 조건으로 도움을 얻는다. 이들 동물들은 (뿔이 둥근) 야생 양, 수사슴, 사슴(과의 사슴), 아메리카산 영양이다. 흰 꼬리 사슴-여인(*Dama virginiana*)과 개미-여인(M480a~b)은 그가 소녀로 변장하도록 돕는다. 오소리는 변형(변신)을 완수한다.

개미로 변한 주인공은 붉은-머리의 초병들(지키는 사람)―순서대로 보면 두루미, 코요테, 개, 늑대와 뱀―의 감시를 속이고, 여성의 외양을 다시 취하고 붉은-머리에게 혼인을 제안하는데, 자신의 형제들이 이른바 여자라는 이 사람의 팔에 상처자국이 있으며 남자인 것 같다고 충고했음에도 불구하고 그와 결혼한다.

남편이 잠든 틈을 타 거짓여자는 그를 죽이고, 그의 머리털을 잘라 대머리로 남겨놓는다. 여자는 이어서 자신의 남성 모습을 취한 뒤 달아난다. 형제들(붉은-머리의 형제들)은 주인공을 추격했으나 길을 따라 포진해 있던 보호자들의 도움으로 그들을 피한다. 주인공은 약혼녀에게 붉은-머리의 머리털을 준다. 사람들은 그들의 혼인을 축하한다(Lowie 3, 141~143쪽).

자! 이제 다른 이야기를 보도록 하자.

### M486. 크로우족의 신화: 상처자국을 가진 사람

옛날에 어렸을 때 놀다가 넘어져 불에 데인 한 인디언이 살고 있었다. 그는 불에 탄 자신의 반쪽 얼굴이 싫어 모험을 떠나기로 했다. 보호신들은 아주 먼 곳에 살고 있던 한 독수리에게 간청해 보라고 충고했다. 독수리는 주인공이 자신의 새끼들을 하나씩 잡아먹는 수중신들로부터 (새끼를) 보호해주는 조건으로 그를 돕겠다고 약속했다. 주인공은 동의했다. 독수리는 그를 해에게 소개했는데, 해의 아이들은 주술거울로(을 사용해) 주인공을 치료했고, 그는 고마움을 표시하기 위해 어린아이들에게 여러 종류의 놀이를 가르쳐 주었다. 20일이 되던 날[3] 해는 그의 손님을 독수리의 집으로 보내며 그가 이제부터 얼굴을 찡그리지 않고 정면으로 자신(해)을 바라볼 것을 약속하라고 했다.

독수리는 수중신들의 공격을 예고하는 안개가 곧 낄 것이라고 주인공에게 알려주었다. 한 괴물이 물속에서 나왔는데 주인공은 불에 달군 돌을 괴물의 아가리에 던져넣어 괴물을 죽였다. 그것은 '기다란 수달'이었는데, 크로우족 악신 리스트에 나오는 뿔이 딸리거나 털이 난 뱀의 역할을 하는 신화적 창조물이었다. 천둥이 괴물의 시체를 가져갔다.

독수리 새끼들이 성장하자 해는 독수리에게 그의 아들로 하여금 주인공을 고향으로 다시 데려가라고 명했다. 첫눈이 내린 후 독수리는 주인공을 등에 업고 마을로 데려갔다. 그곳에서 주인공은 그의 얼굴 반쪽이 불에 그을리지 않았다면 마음에 들었을 것이라고 이야기했던 예쁜 소녀와 혼인했다. 이때부터 주인공은 기후(날씨)의 변화를 예견하는 능력을 갖게 되었다(Lowie 3, 152~156쪽).

독수리들과 동맹관계에 있는 주인공은 몸이 긴 수달과 싸워 승리하며 날씨를 예언하는 능력을 얻는 반면, 다른 판본($M_{486b}$: Lowie 3, 144~149쪽)에서는 수중신들이 단지 주인공의 인간적인 조건을 다시 취하도록 강요할 뿐 더 이상 높은 곳(하늘)과 낮은 곳(땅)의 권한 사이에(나타나는) 커다란 분쟁에 관여할 수 없게 한다. 말하자면 메노미니족에서처럼 해결할 수 없는 이러한 분쟁을 인간화할 수 있는 유일한 방편(방법)은 계절의 교대 또는 주기의 성립으로 나타나거나 날씨의 변화를 유발하는 한 인물로 구현되며($M_{479}$), 변화를 예견하거나($M_{486}$) 여러 종류의 삶을 사는 자신이 변화하는 주기적 존재가 된다($M_{480}$).

---

3) 이 기간 동안 해와 달은 하나가 다른 하나의 뒤를 이어 운행하는 기간이다. Hoffman, 209~210쪽 참조.

그러니까 이 논의의 초반부터 우리는 평행하거나 수렴적인 신화적 공식(표현)과 일치하는 두 개의 도정을 추적하고 있는 것이 분명하다. 이 공식들은 반쪽—한쪽은 아름답고, 다른 한쪽은 추한—인물을 공통분모로 갖는데, 한 표현(공식)에 따르면 숫자가 너무 많고 (서로) 맞서는 집단에 교대를 강제하고, 다른 표현(공식)에 따르면 자신 스스로 성(性)을 교체하고, 머리가죽과 전투 의례를 창시해 높은 곳과 낮은 곳의 초자연적 힘은 물론 동족과 적이라는 새로운 유형의 형성(조직) 사이의 관계를 조정한다. 모든 경우에서 이 집단은 신화들이 총체화하거나 총체화를 분리시키는 일련의 시리즈를 구성한다. 신화들은 이 집단을 10명의 형제로 이루어진 한 가족의 각 성원에게 배우자를 한 명씩 배분함으로써 총체화한다($M_{473}$~$M_{477}$). 또한 신화들은 한 남자가 독점하고 있던 배우자들의 분배로 배우자들을 분리하거나($M_{467}$) 적과 싸워 승리해 획득한 머리가죽을 나눔으로써 분리한다. 적에게 얻은 머리가죽의 재정복(재획득)으로 이방인과 혼인할 수 있게 된($M_{474}$~$M_{475}$)것처럼 (되가져온 머리가죽으로 인해) 동족 사이의 혼인을 할 수 있게 된다($M_{480b}$, $M_{482}$~$M_{486}$).

현재까지 분리(나눔)와 재통합(총합)의 작업(조작활동)은 여자와 머리가죽 또는 두 요소 모두와 관계되었다. 같은 신화집단과 연관된 변형을 알아보는 일이 남아 있다. 그러나 여기서의 변형은 한편으로 무드제키위스의 순환과, 다른 한편으로 붉은-머리의 순환을 전도하고 있으며, 총합의 분리와 재총합은 남성과 관련된다.

### $M_{487}$. 오글랄라다코타족의 신화: 돌소년 1($M_{489}$ 참조)

옛날에 한 낯선 여인 방문객을 환대하는 네 명의 독신 형제가 있었다. 그녀가 그들 앞에서 자기의 얼굴을 감추고 있었으므로 형제들 중 막내는 그녀를 정탐하려고 새로 변했다. 그는 그 여자의 얼굴이 털로 덮여 있는 것을 보았다. 그녀는 유사한 전리품으로 장식한 자신의 옷을 완성하기 위해 4형제의 머리가죽을 탐내는 마녀였다. 그녀는 3명의 형들을 죽이는 데 성공했지만 막내는 식인귀 마녀의 목을 자른 후 형들을 부활시켰다.

같은 양상으로 정탐당한 두 번째 방문 여인은 순수한 가슴(마음)을 갖고 있었으며, 단지 형제들을 위해 모카신을 만들어줄 생각만 하고 있었다. 그러나 얼마의 시간이 흐른 후 형제들은 하나하나 사라졌다.

세상에 홀로 남게 된 여자는 작은 돌멩이 하나를 삼켰는데, 이것이 그녀를 잉태케 했다. 곧 여자는 아들을 낳았다. 그는 성장하자 자신의 삼촌들을 찾아 떠났는데, 고약한 주술사 여인의 오두막 앞에서 삼촌들의 골격(뼈대)을 발견했다. 주술사 여자는 그를 죽이려 했으나 돌로 된 그의 몸을 해칠 수가 없었다. 그는 늙은 여인을 죽이고, 삼촌들을 부활시켰다.

겨울이 오자 주인공은 젊은 처녀들을 만났는데, 그녀들은 그가 바위에 부딪쳐 박살나기를 바라며 눈 덮인 언덕에서 미끄럼 경주를 하자고 그에게 도전해왔다. 그는 역시 그녀들을 죽였다. 이 소녀들은 여자로 변한 들소였으며, 동쪽의 들소들은 원수를 갚으려고 형제들을 공격했다. 형제들은 승리했다. 이처럼 사람들은 사냥감으로 들소를 얻게 되었다(Wissler 1, 199~202쪽; 동쪽 판본은 McLaughlin, 179~197쪽 참조).


머리가죽의 소재가 신화에 등장하기는 하지만, 무엇보다 겨울사냥 의례를 반사하고 있다. 같은 다코타족들에 있어서 성스런 담뱃대의 상징은 머리사냥과 들소사냥 사이의 관계를 더욱 잘 설명한다. 담뱃대는 침범할 수 없는 붉은 처녀를 상징하며, 자신을 공격하는 자들을 해골 상태로 만들지만, 자신을 존중하는 사람들에게 들소를 제공한다. 그래서 사람들은 머리가죽으로 담뱃대를 장식한다. "그녀(담뱃대)는 그들 적의 머리가죽을 가져오도록 명령하고 들소 고기를 먹으면서 전사의 춤을 거행하도록 명한다"(M487b: Wissler 1, 203쪽). 역시 '흰 외투', '잔(컵)', 또는 '조개껍질'이라고 불리는 이 담뱃대는 이미 신화M487이 그렇게 했듯이 신성한 외투의 기원에 관한 만단 신화(M481)로 귀착된다. 이야기는 신성한 외투를 머리가죽으로 장식한다고 묘사하고 있지만 사실상 그것은 조개껍질이었으며, 그러니까 신성한 외투를 보관했던 휴대용 제단(Shell Robe Bundle)의 이름에서 유래한다.

겨울사냥 의례의 창시 만단 신화(M469a~b: 이 책 541쪽)들 역시 이 겨울사냥과 머리가죽의 기원을 연관시키고 있다. 한 운 없는 젊은 독수리 사냥꾼은 네 가지 색깔의 머리털을 가진 식인귀의 머리를 획득해야만 한다. 흰 꼬리 사슴-여인(M485 참조)은 자신의 나체를 사냥꾼의 몸에 비벼 그를 젊은 여인(소녀)으로 변하게 한다. 그러나 그가 잘 달릴 수 있도록 그의 다리는 그대로 놔둔다. 식인귀의 집에 도착하자 식인귀의 누이인 식인새는 식인귀를 사냥꾼과 혼인시킨다. 처음으로 기회가 오자 가짜부인(사냥꾼)은 남편 식인귀를 죽이고 목을 자른다. 2년 후 그녀(사냥꾼)는 월경 때문에 홀로 있겠다는 핑계를 대고 도망친다.[4]

---

4) 대평원의 시우족들의 겨울사냥에 대한 신화의 비교연구가 필요할 것이다. 오마하족의 한 변이형 신화(M469c: J.O. Dorsey 1, 185~188쪽)는 4부분으로 된 머리색을 가진 만단족의 식인귀를 4명의 천둥-식인귀로 대체하는데, 이 식인귀들의 머리 색깔은 각각 흰색, 붉은색, 노란색과 초록색이다. 다른 한편 이미 논의한 크로우 신화(M467~M468)는 난쟁이인 보호자를 출현시킨다. 그런데 말하자면 '눈의 올빼미'라는 겨울사냥 의례의 기원 만단 신화는 보호새가 난쟁이(M469: Bowers 1, 286쪽)라고 정확히 말하고 있으며, 크로우 신화(M468)에서 지하의 신(정령)은 올빼미가 아내이다. 히다차족에 있어서 이 새는 역시 지하의 정령(신)의 형태로 다시 출현하지만, 분명히 '땅의 이름'이라는 의례를 통해 여름사냥과 연관되어 있다. 이 의례의 창시신화(M469d: Bowers 2, 433~434쪽)는 신화M469의 3명의 이방인 여인들이 그와 결혼한다는 핑계로 인디언을 죽게 만드는 대신 누이들로 취급하는 3명의 인디언 여인들을 한 이방인이 구하게 만든다. 만단족과

여러 번의 모험 중에 주인공은 식인 누이를 죽이고 그녀의 머리를 탈취한 후 3명의 사슴 누이들(*Dama vigigniana*; *Dama hemionus, Cervus*종)을 만나는데, 이들은 이빨 달린 질을 갖고 있다. 네 번째 누이는 공격적이지 않은 순한 암컷 들소인데, 그는 그녀와 결혼을 한다. 그녀는 전사이며 식인신들인 그녀의 7형제로부터 그를 보호한다. 그들로부터 주술 무기들을 획득한 후 주인공은 자신의 동족들 품으로 되돌아오기로 결심한다.[5] 그의 아내는 그의 출발에 동의하지만, 그가 이어서 결혼하게 될 네 명의 첫 인디언 여인들을 질투 때문에 죽일 것이라고 경고한다. 그러니까 그는 하층의 여자들을 선택하며 그녀들은 하나하나 죽게 된다. 이어서 그는 단지 추장의 딸만 선택하는데, 추장이 그가 다시 돌아온 후에 그녀를 그에게 제공함에도 불구하고 그녀를 택한다(Beckwith 1, 149~154쪽; Bowers 1, 286~295쪽). 10의 수 11번째인 이 질투심 많은 여인은 절반은 들소이고 절반은 인간인 혼합 창조물이며 반복된 (일시적인) 독신생활을 창시한다. "오늘날에도 사람들은 연속하여 몇몇의 아내를 잃은 사람을 [신화의] 질투심 많은 여인의 희생자라고 생각한다"(Bowers 1, 295쪽). 사실상 실제 조건으로 보았을 때 마을 가까이 또는 때때로 마을 안에서 이루어지는 겨울사냥은 사회학적 관점으로 볼 때 방안통수적 의미와 내혼적인 의미를 내포하고 있는 반면, 여름사냥(마을 밖에서 이루어지는 이동식 사냥)은 전사적이고 외혼적 의미를 내포하고 있다. 겨울 의례의 창시신화 역시 질투의 주제를 바탕으로 이루어지는데, 신화M469에서처럼 이 질투는 자신의 권리를 행사하거나 반대로 젊은 청

---

히다차족에 있어서 겨울사냥의 신화와 여름사냥의 신화 사이의 대칭관계에 대해서는 L.-S. 19 참조.

5) 주술 무기의 획득은 거짓 선택의 결과로 얻어진다. 이 소재는 우리가 첫 번째로 머리가죽의 기원을 다루고 있는 아리카라족 신화(M439: 이 책 366~367쪽)에서 만났으며, 이 신화는 만단족과 히다차족의 변이형 신화들이 존재한다(Will 1, 2).

년들이 그들의 배우자를 마을의 원로들에게 인도하는 붉은 막대 의례($M_{463}$~$M_{465}$) 시기(때)에도 질투를 극복해야만 한다. (이러한) 대칭적인 양상으로 여름 의례의 창시신화는 유동성(불안정성)의 기원을 설명하고 있다. "자, 왜 한 남자가 아내와 아이들을 내치고 이들을 잊어버리는 일이 일어나는지가 여기에 있다"($M_{462}$: Bowers 1, 281쪽; L.-S. 19 참조).

틀림없이 우리가 어디로 가려는지를 묻는 독자를 안심시키기 위해 ($M_{469}$의 여주인공이 11명의 형제와 누이들 중 막내 누이인 것처럼) 10명 또는 11명의 맏형인 무드제키위스가 질투를 통해 월경의 주기를 창시한다는 것을 다시 기억할 필요가 있다. 그런데 무드제키위스 자신 역시 적어도 기능적인 측면에서 보면 한 혼합형 인물이다. 왜냐하면 여자가 없는 상황에서 그가 총각들(홀아비들)의 집안일을 맡아야 하기 때문이다. 거의 모든 판본들이 이 점을 지적하고 있으며, 크리(족) 변이형 판본들 ($M_{477a}$~d)은 이를 더욱 세세한 방식으로 기술한다. 낯선 여성 방문자를 맞이하면서 무드제키위스는 기쁨의 탄성을 지른다. "아! 이제 우리는 바느질을 할 필요가 없게 되었네!"(Bloomfileld 1, 230쪽). 또는 다음과 같은 말로 설명을 한다. "나는 내 동생들의 일을 계속 맡지 않을 수 있게 되었네. 나는 그들에게 음식물을 만들어주고 모카신을 만들지 않아도 되겠네……"(Skinner 8, 354쪽). 어떤 몇몇 신화들은 그를 바보와 순진한 사람의 특성을 갖고 있는 인물로 서술한다. 다른 신화들은 그가 수다쟁이와 비겁함을 택일할 수 있게 한다. 한 남자의 임시적인 홀아비생활과 자신의 아내가 월경을 하는 상황 사이에 비교점을 찾기 어렵지 않지만, 우리는 이 문제를 지금으로서는 잠시 미루어놓도록 할 것이다.

왜냐하면 우리의 분석으로 만단족(의 신화)에 이르렀으므로 사실상 우리가 본 모든 신화들 사이에 보충적인 연관관계를 이루게 해줄 수 있는 그들의 사냥 의례들을 요약 정리하는 것이 나을 것이기 때문이다. 만단족과 히다차족에는 세 개의 대단위 사냥 의례가 존재한다. 창시신화 M464~M465(이 책 484~487쪽)에 대해 우리가 얘기한 붉은 막대의 의례, 방금 문제시되었던 신화(M469)의 눈올빼미의 의례 그리고 역시 창시신화가 지적한 작은말똥가리(빗대어 말한 구어로 바보, 무식한 사람이라는 뜻)의 의례(M462: 이 책 467쪽)이다. 첫 두 의례는 겨울 의례이고 세 번째 의례는 여름 의례이다. 이런 차이에도 불구하고 불변함으로 사용되고 있는 들소 여인이 신화에서 차지하고 있는 위치에 따라 (이 신화들을) 연속된 연쇄로 정돈할 수 있다. 신화M464~M465에서 들소 여인(암컷 들소)은 적인 10마을 또는 12마을을 정복하는 인디언들을 돕는 동향인(동족 부족)이다. 이들은 위협적이고 의기충천하며 강력한 총체집단의 머리 100개를 잘라 솎아내어 정복한다. 우리는 신화M469에서 들소 여인이 혼합된 인물, 즉 인간종의 대표와 살인적인 누이들, 식인적이고 전사인 형제들로 구성되는 자신의 가족 사이를 중재하는 중재자라는 사실을 확인했다. 신화M462에서는 반대로 들소 여인이 자신의 동족(가족)과 연결되어 있으며 자신의 동족(가족) 안에서 같이 살고 있는 남편을 아주 위급한 위험에 노출시킨다.

|         |          |                           |
|---------|----------|---------------------------|
| 겨울 의례 | 붉은 막대: | 동족, 들소 여인 ·········································· 적 |
|         | 눈올빼미: | 동족 ················· 들소 여인 ················· 적 |
| 여름 의례 | 작은말똥가리: | 동족 ·········································· 들소 여인, 적 |

동족 마을에서 불구대천의 원수 마을로의 이러한 이동은 정확히 같은 유형의 또 다른 이동을 회상하게 한다(이 책 347쪽). 현재의 경우에서 이것은 각 신화의 독특한 구조로 설명된다. 붉은 막대는 사냥의 성공적 기능인 전쟁에서 승리한다. 그것은 인디언들이 그들의 적을 물리친 것이 들소의 도움 덕분이기 때문이다. 역시 겨울사냥의 신화인 눈올빼미 이야

기는 앞의 형식을 전도하는 선에서 보존하고 있다. 왜냐하면 이것은 우선 머리가죽의 원천신화와 관련되기 때문이다. 단지 이 의례를 창시한 후에 주인공은 그때에는 전쟁의 신이었던 들소 여인의 형제들과 싸워 승리할 수 있을 것이다. 예상할 수 있었던 대로 여름사냥의 기원신화는 다른 관점을 취한다. 즉 들소를 정복한 후 주인공은 여분으로 농업을 얻는데, 이것은 농업을 구현하는 여자(배우자)의 의연함의 덕분, 다시 말하자면 여자가 질투를 하지 않는(의연함) 덕분이라고 할 수 있다. 만단족과 히다차족은 강냉이 싹이 무릎까지 올라올 무렵에 평원으로 사냥을 떠나며, 추수를 하기 위해 마을로 돌아온다. 그러므로 우리는 의례와 신화의 복잡한 체계를 세 개의 (공)식으로 축소할 수 있다.

$$a) \quad (전쟁) \quad = \quad f(사냥)$$
$$b) \quad (사냥) \quad = \quad f(전쟁)$$
$$c) \quad (농업) \quad = \quad f^{-1}(사냥 \equiv 전쟁)$$

역시 만단족과 히다차족에서 개구리는 자신의 의지와는 상관없이 ($M_{460}$~$M_{461}$에 의해) 별들(해와 달) 사이의 분쟁 소재로 사용되며, 신화 $M_{465}$에서 들소 여인은 이를 조장(또는 유발)하는 인물로 사용된다는 것을 이제 기억한다면 이 신화체계 안에서 들소 여인과 개구리 사이의 유사성(공통점)의 조작적 가치를 인정할 수 있을 것이다. 그리고 이것으로 인해 만단 신화들에서 들소 여인의 기능과 메노미니 신화들에서 개구리의 기능을 접근시키기가 더욱 쉬워질 것이다. 두 중재자들 중 개구리는 겨울과 여름 사이에서 개구리가 야기하는 비 덕분으로, 들소 여인은 사냥과 전쟁 사이에서 머리가죽[6] 덕분으로 남자들을 사냥에 나서도록 부

---

6) 머리가죽이 비와 이슬과의 연관성에 대해서는 L.-S. 5, 249~250쪽; Bunzel 1, 527쪽, 674~689쪽 참조.

추기거나 머리가죽을 성공적으로 탈취함으로써 들소 여인과 그녀의 모든 동족들이 사냥하러 나설 때 그들의 성공을 보장할 것이다.

# 2 세 가지 장식물

이렇게 해서 우리는 결국 별들(해와 달)의 분쟁과 다시 만나게 되었다. 그러나 이런 방식(양상)으로 시작되는 신화들이 왜 그들의 이야기를 고슴도치의 이야기나 10의 수 소재와 연결시키며, 또 왜 모두를 함께 연계하지 않는지를 이해할 수 있기까지는 긴 우회적 여정을 통해서이다. 왜냐하면 우리는 이미 고슴도치의 인물이 실제의 계절 주기를 나타낸다는 것을 알고 있으며, 또한 10의 수 형식이 주기성의 현재적인 존재로 배제하고 있으므로 이 주기성을 유입하기 위해서는 10의 수는 낮은 (양)의 수 전체에 자리를 양보해야만 한다는 사실을 알고 있기 때문이다. 결과적으로 한 경우의 신화들에서는 처음 출발점으로부터 주기성이 주어지고, 다른 한 경우의 신화들에서는 주기성의 역을 취하며, 이어서 주기성을 구성하는 데 전념한다.

제4부에서 우리는 아라파호(족) 판본($M_{425}$~$M_{428}$)으로 시작해 별들의 분쟁에 대한 연구를 시작했다. 심지어 이들 같은 아라파호족은 지금 또 다른 변이형 판본들을 제공하고 있는데, 이들 판본들 덕분에 우리의 긴 여정이 닫힐 수 있을 것이다. 이 변이형 판본들은 평행적이거나 또는 경우에 따라서 수렴적인 두 가지 연쇄(시리즈)로 나타나는데, 이를 우리는 각각 '붉은-머리'와 '돌소년'이라는 항목으로 분류했다.

## M₄₈₈. 아라파호족의 신화: 붉은-머리

옛날에 아주 아름답지만 나태한 한 젊은이가 살고 있었는데 그는 아침에 일어나지 못했다. 때때로 온종일 침대에 누워 있곤 했다. 깊이 심사숙고한 후 아버지는 그를 설득하기로 작정했다. 하지만 쓸데없는 일이었다. 소년은 좀처럼 게으름에서 벗어나지 못했다. 그런데 소년은 몰래 아버지가 이야기해준 식인자들을 공격하기로 했다.

소년은 늙은 여인에게 정보를 얻으러 갔다. 늙은 여인은 식인자들이 해 뜨는 쪽 아주 멀리에 산다는 정보를 그에게 주었다. 주인공은 길을 떠났다. 첫날 밤, 그는 몸에 지니고 있었던 몇 개의 힘줄을 불에 던졌다. 그러자 힘줄은 불길 속에 오그라들면서 땅(바닥)을 축소시켰는데, 이로 인해 그의 목적지가 가까워졌다. 그다음날 같은 작업을 계속했다. 한 늙은 부부가 그를 식인자들의 아내가 살고 있는 장소로 인도하며 그녀에게 간청하라고 했다. 여자는 깊이 생각한 다음, 그녀의 외양을 주인공에게 갖추도록 했다. 그리고 (변장한) 주인공이 환영받을 수 있는 모카신을 갖고 간다는 핑계로 자기 대신 주인공을 그녀의 일곱 남편이 살고 있는 곳으로 보냈다. 그러나 남편들(형제들) 중 막내가 이 여자는 남자의 팔을 갖고 있다고 폭로하는 바람에 허사가 되었다.

주인공은 형제들 중 맏이에게 이 잡는 시늉을 하며 그의 머리를 자르고 도망쳤다. 그들의 보초 거위들의 경고를 받은 다른 형제들은 그를 추적했다. 그는 그의 보호자의 철로 만든[원문 대로] 장막 안에 피신했다. 곧 추적자들이 도착해 보호자를 위협했다. 그녀는 그들에게 문을 여는 척하고는 아주 잽싸게 철문을 다시 잠갔다. 철문은 아주 빠르게 닫히며 6명의 목을 잘랐다(M₂₄₁ 참조). 여자는 남편의 머리를 취하고 나머지를 주인공에게 남겨주었다. 그들의 머리칼은 선홍빛 붉은색이었다.

밤 동안에 집으로 돌아온 주인공은 조용히 잠자리에 들었다. 그다음

날 소년의 아버지는 자신의 아들 침대를 차지하고 있는 이방인을 쫓아내고자 했다. 결국 아버지는 아들을 다시 알아보고는 그를 위해 축제를 열었다. 이것은 아직도 아침 늦게까지 자는 소년들에게 이야기해주는 식인자들의 이야기이다(Dorsey-Kroeber, 126~133쪽; 변이형 판본 133~135쪽).

이 신화는 또 다른 연쇄(시리즈)를 이야기하는 신화와 동시에 논의할 것이다.

### M₄₆₆. 아라파호족의 신화: 돌소년(이 책 495~496쪽 참조)

여섯 형제들은 그들의 누이와 더불어 외롭게 살고 있었다. 그러던 어느 날 맏이는 다른 야영지를 방문하기로 마음먹었다. 길을 가는 도중 그는 한 늙은 여인이 살고 있는 낯선 천막 하나를 발견했다. 이 늙은 여인은 등뼈가 아파 고생하고 있다고 설명한 후 여행자에게 자신의 고통을 덜어주도록 등을 밟아달라고 요청했다. 그러나 늙은 여인의 마지막 갈비뼈가 뾰족하게 돌출해 있었으므로 이로 인해 여행자는 죽었다. 천막을 지탱하는 말뚝으로 마법사 여인은 시체를 땅에다 박았다. 그리고 그녀는 그녀의 담뱃대의 재를 눈과 입 그리고 가슴 위에 뿌렸다.

각 형제도 같은 운명을 당했다. 세상에 홀로 남아 외롭고 절망한 그들의 누이는 방랑생활을 시작했다. 어느 날 저녁 그녀는 겉보기에 아름답고 투명하고 둥근 작은 돌 하나를 입에 넣었다. 곧 그녀는 그날로 아들을 낳았는데 아주 빨리 성장해 맑은-돌이라고 불렸다. 그는 어머니가 울고 있는 것을 보고는 사라진 사람들(어머니의 형제)을 찾으러 떠날 결심을 했다. 그는 늙은 여인의 집에 도착했다. 그녀는 그에게 일상적인 보살핌을 주려고 그를 초청했다. 그러나 주인공은 돌로 된 육신을 갖고 있었으므로 마법사 여인의 육신을 부서뜨렸다. 그는 시체를 화덕 위에 올려놓고 재를 만들었다. 그런 다음 6명의 삼촌들을 부활시켰다. 그래서 모든 가족이 다시 모였다.

어느 날 옷과 쇠로 된 굴봉(掘棒)을 가진 또 다른 한 늙은 여인이 갑자기 나타났다. 손님들에게 그녀의 보따리를 열어 보이기를 거부했으므로 맑은-돌은 딱따구리로 변해 그녀를 미행했다(M487 참조). 그는 그녀가 남자 옷 7벌과 여자 옷 1벌을 넣어놓은 것을 보았는데, 옷의 (가장자리) 술 장식이 성기털로 짜여 있는 것을 알았다. 마법사 여인은 홀로 말을 하고 있었으며 그는 마법사 여인이 그와 그의 어머니 그리고 삼촌들을 죽이려 한다는 것을 알았다. 이는 이들의 신체에서 자신의 작품 제작에 부족했던 (성기)털을 채취하기 위함이었다.

야생 덩이줄기를 캐러 보낸다는 평계를 대고 늙은 여인을 격리시킨 후 사람들은 그녀의 가방을 불태웠다. 연기를 보고 놀란 마법사 여인은 되달려와서는 굴봉(막대기)으로 두 개의 고환으로 장식한 머리 장식용 모자와 가죽으로 된 내장 재료가 타버린 쇠방패를 불에서 다시 건져내는 데 성공했다. 그렇게 장비를 갖춘 여자는 전투에 임했다. 상대의 화살이 방패에 비 오듯 떨어졌지만 그녀를 부상 입히지 못했다. 그러나 맑은-돌이 화살 한 대로 두 고환의 가운데를 쪼개자 그녀는 죽어 넘어졌다. 사람들은 그녀의 시체를 장작더미에 올려놓고 태웠다.

이런 모험을 겪은 후 가족은 부족의 중앙 캠프에 합류하기로 했다. 한 인디언이 누이의 마음에 들려고 애썼는데, 누이는 그와 혼인해 예쁜 어린 소녀를 그에게 주었다. 한편 맑은-돌은 매일 밤 그와 잠자리를 나눈 젊은 어떤 여인과 혼인할 결심을 할 수 없었다. 정복에 전념해야 했기 때문이다(M484 참조).

오빠의 성공에 마음이 흔들린 누이는 그를 사랑하게 되었다. 몇 번을 연거푸 그녀는 야간의 방문녀 중 한 사람으로 그와 밤을 보냈다. 주인공은 이 파트너의 집요한 침묵에 놀라 물감으로 그녀의 어깨에 표시를 했다. 잠이 깨자 그녀를 알아보고는 너무 부끄러워 온종일 침대에 머물러 있었다. 어떻게 알았는지는 모르지만 어린아이들은 근친상간을 폭로했다. 밤이 되자 맑은-돌은 언덕에 올라 슬피 울었다. 그의 어머니는 네 번이나 집으로 돌아오라고 설득했지만 허사였다. 그는 인간의 조건을 포기하기로 하고는 누이를 이제 다시 보지 않을 유일한 방법은 돌이 되는 것이라고 생각했다(M481 참조). 그리고 그는 언덕으로 올라가 돌이 되었는데 너무 맑고 투명해 아주 멀리서도 돌을 알아볼 수 있었다(Dorsey-roeber, 181~189쪽).

우리는 같은 신화의 크로우 판본(M467)과 아라파호 판본(바로 앞 판본) 사이의 중간에 있는 것처럼 보이고 아주 간결한 그로-방트르(족) 판본(M470: Kroeber 6, 97~100쪽)을 상기해 보는 것으로 만족할 것이다. (이 판본에서는) 자신의 누이를 피하는 대신 주인공은 신화M467의 추장과 확실히 같은 추장의 아내를 강간한다. 왜냐하면 여기에서 혼인할 수 있는 모든 소녀들을 독점하고 있는 그를 벌 주기 위해 추장의 본부인을 마치 (추장처럼) 취급하기 때문이다. 이것은 혼인동맹의 이론적 관점에서 볼 때 근친상간의 전도된 남용을 구성한다.

신화M466의 마법사 여인이 요구하고, 티에라델푸에고까지 전파된 또 다른 신화들에 의해 증명되는 의학적 처방의 주제에(Lothrop, 100~101쪽) 대하여 말하자면 아라파호족은 이러한 장르의 골병증 치료를 활용하고 있는 알곤킨족 계보에 속한다는 사실을 지적할 필요가 있다. "거꾸로 나온(발부터 나온) 어린아이들은 등(척추)의 고통을 치료하는 재능을 갖고 있어 환자의 등을 이들로 하여금 밟게 한다"(Speck 7, 80쪽). 마찬가지로 더욱 그럴듯한 접근을 신화에서 찾을 수 있는데, 치사율이 높은 늑골은 가장 밑에 위치하며, 다시 말해 태아의 머리가 위치하는 지점으로 오마하족들은 이런 이유로 그들의 씨족들 중 하나는 특별한 금기

사항들에 태아와 같이 하부 늑골 부분을 포함해 금기시한다(Fletcher-La
Flesche, 175쪽). 태아의 비정상적인 출산에 관해서는 아주 방대한 문제
를 제기하지만 이들을 다루지는 않을 것이다.

신화들이 언급하고 있는 철제 물건들—천막, 문, 굴봉—을 우선적으
로 다루지는 않을 것이다. 왜냐하면 우리는 그들이 대체하고 있는 토속
의 일차 재료가 무엇인지 모르기 때문이다. 틀림없이 다른 판본들이 언
급하고 있는 돌일 것이다. 기능적인 관점에서 보자면 방패의 에피소드에
서 철이 불에 견디고 가죽이 견디지 못하는 점을 지적하는 것처럼 철이
가죽과 대립한다는 것은 분명하다. 더욱 가죽 또는 피부의 변별적인 특
성의 참조에 더해 북아메리카의 아라파호족만이 여성용 치마 술장식과
각반(다리보호대)의 장식을 만들기 위해 성기털(거웃)을 사용하지 않는
다. 이러한 참조사항들은 다른 신화(M487)보다 더욱 난해한 다코타족의
변이형 신화로 이어지는데 우리는 이 복잡한 신화의 몇몇 측면들만 취하
고 많은 부분을 생략할 것이다.

### M489. 오글랄라다코타족의 신화: 돌소년 2(M487 참조)

세상에 4형제만 살고 있었는데, 그들은 모두 여성의 일을 하고 있었
다. 부상을 입은 맏형은 그의 엄지발가락이 부어 오른 것을 알았다. 그
는 발가락을 째고 그로부터 어린 소녀를 꺼냈다. 그녀가 성장하자 그
녀를 누이동생으로 대해주는 총각형제의 가정일을 맡아했다. 그들 곁
에 계속 머물러 살기 위해 그녀는 자신에게 들어온 모든 청혼을 거절
했다.

형제가 하나하나 사라졌다. 어느 날 어린 소녀는 희고 매끄러운 조
약돌을 목마름을 달래기 위해 입 속에 넣고 삼켰는데, 이로 인해 임신
을 했다. 아들이 태어나 성장했고 그녀는 그를 교육했다. 그리고 아들
의 살이 돌처럼 단단했음에도 불구하고 그녀는 그 역시 사라져버리지

않을까 두려웠다.

어머니의 눈물에 감동받은 청년은 그럼에도 불구하고 삼촌들을 찾아 떠나기로 결심했다. 길고 어려운 여행 끝에 그는 조그만 늙은 여인으로 변한 식인귀 이야(Iya)가 은퇴한 것을 알았다. 식인귀는 그를 죽이려 했으나 허사였다. 살갗을 얻어 가죽으로 쓰려고 삼촌들을 죽인 것은 그녀였다. 주인공은 삼촌들을 부활시켰다. 그리고 전투 중에 거인의 외모를 취했던 늙은 식인귀를 물리쳤다. 그는 이어서 성기털을 태워 얻은 훈증요법으로 식인귀에게 희생된 수많은 희생자들을 부활시켰다. 출발 순간에 그의 약혼녀들이 성기털로 머리쓰개와 모카신을 장식해주었다. 삼촌들과 함께 야영지로 돌아오기 전에 주인공은 이야 식인귀에게 "너를 밟아 마른 가죽처럼 납작하게 할 것이다"라고 경고했다. 식인귀는 자신의 적인 주인공의 발을 이로 물었는데, 주인공은 이를 뿌리치는 데 성공했지만 모카신 한짝을 잃었으며 다시 찾을 수가 없었다. 왜냐하면 그 사이에 이야 식인귀는 자신을 보이지 않게 했기 때문이다(Walker, 193~203쪽).

아메리카 구전문학의 가장 극적이고 가장 풍부하고 가장 아름다운 신화 중 하나인 이 신화에서 잠시 머무르도록 하자. 그런데 우리는 특별한 연구를 하지 않고는 이 신화를 알아볼 수 없을 정도로 몇몇 점을 어쩔 수 없이 빈약하게 했다. 식인귀에게 저주를 퍼부으면서 주인공은 다음과 같은 말한다. "이제 나는 너의 머리와 팔을 말린 가죽처럼 납작하게 하겠다. 그러면 너는 나무도 풀도 물도 없이 살아 있는 어떤 존재도 들어올 수 없는 이 음울한 계곡에 너 홀로 누워 있을 것이다. 태양은 너를 태우고 추위는 너를 어둠으로 만들 것이다. 너는 이러한 고통을 느끼고 괴로워할 것이다. 너는 배고프고 목마를 것이다. 그러나 아무도 너에게 오지 않을 것이다"(이 책 377쪽). 지평선의 경계까지 펼쳐진 식인귀는 이처럼 황폐

한 지역과 혼동된다. 그래서 그는 역시 기근의 원인인 계절의 혹독함을 구현한다. 이것은 왜 다른 신화 본문들이 그를 탐식의 신, 탐욕스럽고 식인을 하는 괴물로 만드는지를 설명한다(Beckwith 2, 434~436쪽; 만단 신화M463에서 겨울 기근을 인격화한 암식인귀임이 드러나는 이쁘고 귀여운 소녀 참조).

그런데 땅을 외투로 비유하는 수사적인 같은 인물이 독신 형제들의 이야기인 다코타 판본에서 다시 발견되는데 각 형제는 바람을 의인화한다(M489c: Walker, 176~179쪽; M489b, d: 같은 책 173~176쪽, 179~181쪽; M489e: Beckwith 2, 394~396쪽 참조). 낯선 여성 방문객은 남풍과 결혼한다. 북풍인 맏형은 끈질기게 그녀를 추적한다. 그녀는 땅 끝까지 펼친 자신의 외투 아래에 숨으며, 땅의 포로로 남는다. 그 이래로 북풍과 남풍은 외투를 둘러싸고 끝없는(출구 없는) 전투가 벌어진다. 때로는 추위가 전투에 승리해 외투는 얼어 굳어지기도 하고, 때로는 남풍의 훈훈한 바람이 이를 다시 덥혀 부드럽게 한다. 그리고 여자는 표면에 자신의 장신구들과 천연색색의 장식물을 늘어놓는다.

이러한 시우족 제사장들의 입을 통해 수집한 철학적 대결의 교훈은 무드제키위스 신화의 알곤킨 판본들을 명확히 해주는데, 이 판본들의 끝부분에서 형제들은 바람이 된다. 여기서 허풍을 떨거나 소심하게 행동하는 불안정한 기질로 괴로워하는 형제는 신화M475(Williams, 124~134쪽의 Schoolcraft 판본)에서 서풍을 표상한다. 그의 이름 자체도 아마 오지브와 말로 '나쁘거나 위해로운 바람'을 의미한다(Skinner 14, 49~50쪽). 구별되는 형식 아래서 독신 형제들의 신화가 같은 지역의 쉬누크족에도 존재하는 만큼(Boas 5, 172~175쪽) 지리적인 거리와 기후의 차이에 의해 필요하게 된 조정 덕분에 (우리는) 이 이름을 태평양 연안의 아타파스칸 신화(M471d: 이 책 503쪽)에서 '바람의 주인'이라는 모호한 태양의 이름과 접근을 시도할 수 있을 것이다.

만일 땅을 의인화하는 다코타 여주인공이 봄이 왔을 때 자신의 외투 위에 장식물들을 흩뿌린다면 틀림없이 여러 양상으로 변형이 유연한 판본들인 대호수 지역의 신화들 사건은 같은 의미(유사한 의미)로 해석해야만 한다. 신화M474에서 여주인공은 형제의 잘린 머리 목에 매달려 있던 가죽 지갑(외투의 변형) 밑에서 찾은 부적들을 지하의 곰 앞에 뿌림으로써 그를 마비시킨다. 반면, 신화M475a에서 주인공의 형제는 주인공을 지하의 신(정령)들에게 인도하는데, 이것은 주인공이 신성한 화살을 잃어버렸을 뿐만 아니라 서두르다가 만형의 끈 달린 가방 속에 넣어두었던 주술 부적을 뿌렸기 때문이다. 이미 인용했던 원네바고 신화(M484: 이 책 540쪽)는 먼 지역의 한 공주가 주인공의 마을까지 추적하면서 그녀의 옷을 하나하나 잃어버려 목적지에 도착했을 때는 나체였다고 이야기한다. 끝으로 겨울사냥에 관한 다코타 신화의 주인공들 중 하나(M487b: 이 책 546쪽)는 붉은 처녀의 옷을 벗기고자 했으나 죽고 만다. 그는 신화 M489c~d의 북풍처럼 행동한다. 북풍이 지배할 때 자신의 의붓누이(처제)의 장식물을 벗기려 하기 때문이다.

우리가 무드제키위스 신화의 강한(대립의 간격이 큰) 판본들 역시 잠재적인 상태로 남아 있긴 하지만 기후적인 암시적 의미를 갖고 있다고 이 책 523~524쪽에서 가정한 것이 틀린 것은 아니다. 다른 판본들에서 관찰한 것과는 달리 이 기후적인 암시적 의미는 계절의 규칙적인 교대가 보증하는 소나기의 회귀나 또는 소나기의 끝을 표현하지 않고, 또 이러한 교대가 평화롭게 이루어지기 위해 필요한 우주적 힘의 분리도 언급하지 않는다. 여기에서의 암시적 의미는 이 힘(들)의 격렬한 분쟁을 표현한다. 4부분으로 이루어진 체계가 임시적으로 빈자리를 보존하는 이 체계의 구조를 우리는 개괄적으로 그렸는데, 구조는 물론 주제의 역(逆)을 보여준다. 사실상 대립의 역전(M475c~f) 안에서 남성적이며, 여성적인 힘은 각각 서쪽과 동쪽에 연결되어 있으며 서로 헤어져 독신으로 되돌아온다(회귀한다). 이에 반하여 여기서 남성적인 힘은 각각 남쪽과 북쪽에 연결되어 끊임없이 같은 배우자를 놓고 서로 싸운다.

앞에서 한 고찰에 더하여 다른 고찰들도 피상적인 차이에도 불구하고 이 모든 신화들이 서로 연관되어 있으며 같은 집단에 소속된다는 점을 확인한다. 들소 떼의 기원에 관한 한 다코타 판본(M489f: Williams, 34~38쪽에서 Schoolcraft 인용)은 거인에게 죽임을 당한 몇몇 형제 집단이 주인공의 부모를 죽인 여섯 명의 거인 집단으로 변형된다. 그러나 상처 자국이 있는 남자의 이야기에서처럼 거인을 죽인 살해자는 자신의 계획을 영구화하기 위해 유혹하는 여자로 변하는 대신 여기(위 신화)에서 결정적인 운명을 피하기 위해 유혹하는 여성으로 변한 것은 죽을 운명인 거인들의 막내이다. 결과적으로 네 요소로 구성된 구조를 찾을 수 있는데, 이 네 요소 중 다른 두 요소는 거인이 살인을 하는 늙은 마법사 여인으로의 변형, 즉 반(反)유혹자가 되거나 한 젊은 여자가 거인 여성―한 남성 유혹자(M489c~d)를 피하기 위해 그녀가 모든 땅을 뒤덮을 때까지 자신의 외투를 펼칠 때―으로 변형되는 것에서 (네 요소로 된 구조를) 찾을 수 있다.

그것이 다가 아니다. 상처를 가진 사람의 이야기에서 여성으로 변한 주인공은 거인의 머리를 전리품으로 얻는다. 신화M489f에서 같은 변형을 겪은 거인은 주인공의 기적적인 머리 장식인 흰 깃털을 탈취하는데, 이것은 주인공을 개로 변형시킨다. 우리는 메노미니 판본들(M493a~b: 이 책 573쪽 이하)에 관한 이 에피소드를 다시 다루게 될 것이다. 지금으로서는 **머리-전리품** ⇒ 깃털 장식의 변형에 관심을 가짐으로써 우리는 그로-방트르(족) 신화(M470)의 주인공 역시 머리에 흰 깃털을 달고 있으며, 신화M481(만단 판본: Beckwith 1, 96~102쪽; 히다차 판본: Bowers 1, 370~373쪽)의 주인공은 '머리-위의-깃털'이라고 불린다는 것을 알 수 있다. 신화M487의 입양한 누이의 머리와 신화M481의 실제 누이의 머리

위에 역시 깃털(장식)이 올려져 있는 반면, 다른 두 주인공들(여주인공들)처럼 고약한 마법사인 신화M₄₈₉의 여주인공은 머리털에 불알(고환)을 달고 있다. 아래와 같은 자세한 내용을 통해 그것이 변형과 관계된다는 것을 확인할 수 있다. 자신의 누이를 전투에서 제외시키기 위해 신화M₄₈₁의 주인공은 깃털의 시맥(翅脈)에 화살을 달아야만 하고, 신화M₄₈₉의 자신의 동료 주인공이 고환의 한가운데를 쏘아 쪼갬으로써 마법사 여인을 죽인 것처럼 정확히 세로의 방향으로 놓인 깃털을 쏘아 쪼개야만 한다. 끝으로 식인귀들은 서쪽(해지는 쪽: M₄₈₃)이나 동쪽(해 뜨는 쪽: M₄₈₈)에 살고 있으며, 이 신화들의 계보는 역시 주인공이 땅을 축소시키기 위해 힘줄이라 불리는 가는 가죽 끈을 움츠러들게 하는 조작(이 책 316쪽 주 1)의 관점으로부터 드러난다. 신화집단의 다른 신화들에서는 이와 달리 여주인공이 자신의 가죽코트(외투)를 땅 끝까지 펼침으로써 침입하지 못하게 만든다.

오글랄라코타족은 아라파호족의 북쪽에 인접한 이웃 부족이다. 남쪽의 이웃 부족으로 아라파호족은 붉은-머리의 이야기를 자신들의 방식대로 이야기하는 키오와족과 접해 있다.

### M₄₉₀. 키오와족의 신화: 붉은-머리

한 인디언은 외아들이 있었는데, 그 아들은 아침마다 일어나지 못했다. "아들아! 네가 붉은 머리털을 가진 사나이를 죽일 수 있을 때 너는 늦잠을 늘어지게 잘 수 있을 것이다"라고 아들에게 말했다. 소년은 붉은 머리의 7남자를 찾아 떠났다. 그는 한 늙은 여인의 도움을 받아 여자로 분장했다. 그는 식인귀들을 지켜주는 새들의 감시를 속였다. 맏형은 이 예쁜 소녀를 보고 놀랐다. 그리고 소녀를 확인하기 위해 고기를 말리라고 명했다. 왜냐하면 오직 여자들만이 이 일에 익숙하기 때문이다. 늙은 여인이 충고한 대로 주인공도 고기를 개미집에 던졌다.

그러자 개미들은 말리는 일을 시작했다. 고기가 흠집 하나 없이 아주 규칙적으로 너무 잘 준비되어 있었으므로 식인귀들의 맏형은 이 여자가 남자의 팔꿈치를 갖고 있다고 말하는 동생들의 말을 들으려 하지 않았다.

남편의 이를 잡아준다는 핑계로 거짓여자는 남편을 죽이고 그의 머리를 잘랐다. 개들이 경종을 울렸다. 형제들은 주인공의 보호자인 늙은 여인의 오두막까지 주인공을 추적했다. 늙은 여인은 싸우는 척하던 살인자(주인공)를 그들에게 넘겨주겠다고 이야기했다. 그런데 늙은 여인이 문을 너무 빨리 닫는 바람에 여섯 명의 머리가 잘렸다. 여인은 머리를 주워 모아 머리가죽을 벗겼다. 그녀는 오래전부터 이 머리가죽을 원했다고 주인공에게 설명했다. 그녀는 두 개의 몫(묶음)을 만들어 하나는 자신이 갖고 다른 하나를 그에게 주었다. 주인공은 밤새워 돌아와서는 장대 끝에 머리가죽을 하나씩 달았다. 인디언들은 잠이 깨자 머리털이 발산하는 붉은 빛을 보았다. 태양의 빛마저 붉게 보였다. 아버지는 그의 아들에게 이제부터는 원하는 만큼 침대에 머무를 수 있을 것이라고 말했다. 감시 새들에 대해 말하자면 더 이상 감시할 대상이 없어진 새들은 사라졌다. 이제는 더 식인귀의 야영지가 있던 곳에서 새들을 볼 수 없다(Parsons 2, 78~80쪽)

\* \* \*

앞쪽에서 독자들을 싫증나는 운동으로 힘들게 할 염려에도 불구하고 우리는 계속해서 붉은-머리와 돌-소년 사이를 번갈아가며 이야기(분석)했다. 그 이유는 한 부족에서 다른 부족에 이르는 두 개의 연쇄가 밀접한 평행관계를 이루어 되풀이되거나 서로 교차하고, 서로 걸쳐 변형되기 때문이다. 이제 우리는 여정을 되돌아보면서 이 관계들을 밝히는 데 주력할 것이다.

붉은-머리에 대한 아라파호와 키오와 판본들은 다른 판본들이 묘사하고 있는 원래의 상황을 변형한다는 것을 알아차릴 수 있을 것이다. 주인공은 소심한 애인 대신 게으른 아들이다. 이러한 차이는 다른 두 가지 차이로 겹쳐진다. (말하자면) 소심한 애인 얼굴의 형상을 망가뜨린 상처 또는 데인 자국 때문에 한쪽 얼굴은 이쁘고, 다른 한쪽은 못생긴 얼굴을 하고 있다. 또한 게으른 아들은 완벽한 미적인 신체를 갖고 있어 그의 부모조차 그의 얼굴에 주눅 들어 있다. 말하자면 "그의 얼굴이 하도 찬란하여 부모는 감히 그를 나무라지 못했다……. 왜냐하면 모든 사람들이 그를 존경하고 있었기 때문이다"(Dorsey-Kroeber, 126~127쪽).

두 번째로 머리가죽에 열광하는 여인의 역할은 동향의 여인(주인공의 약혼자)에서 이방인 여인($M_{490}$의 고독한 노파 또는 $M_{488}$의 식인 배우자)으로 이동한다. 이방인인데다 적인 여인은 주인공과 공모자이기도 한데, 이 신화집단의 불변적 특성일 수 있는 같은 모호한 역할을 수행한다. 그런데 이 역할은 다른 신화에서는 하나 또는 몇몇 형제에게 가정부의 역할($M_{473}$~$M_{477}$)이 과해지며, 이들 중 하나는 출산까지 한다($M_{489}$). 또는 더욱 주인공에게 이등분된 얼굴이 되도록 하여 절반의 여인이 되는 (왜냐하면 불완전한 변형이 만들어낸 반쪽 여인) 일이 일어난다.

만단족처럼 아라파호족과 키오와족은 이 역할을 모호한 여성 보호자에게 과하고 있다. 이러한 유사점으로 인해 우리는 아라파호와 키오와 판본들을 이 책 549~550쪽에서 만단족의 사냥 의례를 정리하기 위해 사용했던 범주 중 두 번째로 놓을 수 있을 것이다. 이로부터 이런 결론을 끌어낼 수 있다. 이 신화 판본들은(사냥의 성공에 대해서는 말하지 않고 있지만) 마치 신화 판본들이 암시적 간과법(par prétérition)을 사용해 전쟁(전투)의 성공이 필연적으로 사냥의 성공을 야기할 것이라고 확신하는 것처럼 전쟁(전투)에서의 성공을 바탕으로 사냥의 성공을 정당화하고 있다. 붉은 머리를 가진 식인자들에 대한 정복이 아침마다 늦잠을 잘 수 있는 자유를 주는 것이 전혀 놀라운 일이 아니다!

개미의 에피소드를 통해 키오와 판본은 이 곤충들을 고슴도치 가시털 자수 대신 고기 말리는 주인이 되도록 함으로써 같은 신화(M480)의 블랙 후트(족) 판본들과 연결시킨다. 고기에 소금을 뿌리거나 간수를 뿌리지 않고 야외에서 말리기 위해서는 고기에 흠집을 내지 않고 일정하게 규칙적으로 나뭇잎처럼 얇게 잘라야만 한다(그런데 이것은 곧 가죽의 면모를 갖게 될 것이다). 이 미세한 작업은 가죽의 무두질을 위해 가죽껍질을 준비하는 것과 유사하다. 그리고 죽인 전사의 머리에서 머리가죽을 벗겨내는 일과도 닮아 있다. 그런데 머리가죽은 말린 고기의 성격과 귀중한 가죽의 성격을 동시에 갖는 것이 아닌가? 신화M474는 고유한 말로 이를 확인하고 있다. 왜냐하면 적들은 이 신화에서 사랑하는 사람의 머리를 말린 고기 상태로 축소하라고 주장하고 있기 때문이다(Williams, 53쪽).

이미 메노미니 신화(M479: 이 책 520~523쪽 참조)를 도치했던 블랙후트 판본 자체가 하나는 그대로(뒤집지 않고), 다른 하나는 도치한 두 가지 형식으로 나타나고 있다. 신화M480a는 고슴도치 가시털 자수의 기원에 대한 신화이고, 신화M480b는 머리가죽의 기원에 관한 신화이다. 그러니까 토착인들의 사고로는 머리가죽과 수놓은 가죽 사이에 상동관계와 대립관계가 있다고 본다. 무엇보다 신화들이 무릎보호대와 수놓은 모카신에 대해 말하고 있다는 것 자체가 놀라운 일이다. 이처럼 머리가죽의 기술(자기 자신의 머리칼로 자연적으로 장식된)과 자수의 기술—고슴도치의 '머리털'(그러니까 이 역시 가죽을 벗긴)로 인위적으로 가죽을 장식한—사이의 대립은 발과 머리, 위와 아래의 또 다른 대립으로 다시 겹쳐진다. 식인귀의 아가리 속에 모카신 한짝을 떨어뜨린 신화M489의 주인공은 말하자면 발의 껍질이 벗겨진 상태에 있다.

그런데 머리가죽과 자수 사이 블랙후트 신화들의 내재적 대립에 아라파호 신화와의 또 다른 대립이 정확히 일치한다. 신화M<sub>488</sub>은 머리사냥의 기원에 대한 신화이다. 그렇지만 신화M<sub>466</sub>에서 암식인귀는 머리가죽 대신 성기털을 수집하는데, 이 신화는 세 번째 부류의 장식(전리품)과 관련된다. 결과적으로 머리가죽, 고슴도치 가시털 자수 그리고 성기털 술장식은 체계를 형성한다. 결국 머리가죽은 아직도 머리털이 붙어 있는 인간 피부장식(전리품)이고, 술장식은 동물 가죽(사슴의 가죽털로 된 옷)에 갖다 붙인 인간털로 된 장식(전리품)이며, 자수는 동물 가죽에 갖다 붙인 동물털로 된 장식(전리품)이다.

|  |  | 머리가죽 | 술장식 | 자수 |
|---|---|:---:|:---:|:---:|
| (털) | 붙어 있는 / 갖다 붙인 | + | − | − |
| (가죽) | 인간 / 동물 | + | + | − |

머리가죽은 남자에게서 벗겨낸 것이고, 자수는 여자들에 의해 응용된 것인 반면, 성기털은 그 소유자가 남자 또는 여자 구별 없이 수집한 것이다. 대부분의 아메리칸인디언들은 전사의 털을 뽑는다. 그런데 그전에 젊은 청년들은 때때로 성기털 뽑기 시합을 하곤 했으며, 가장 긴 털을 보여주는 자가 승리했다. 다코타 신화(M<sub>489</sub>)는 주인공과 혼인을 약속한 젊은 처녀들이 그녀들의 성기털로 주인공을 장식한다고 이야기한다. 이 신화로부터 우리가 서술하고 있는 체계를 완성하는 새로운 차원이 나타난다. 제4부에서 (이 체계를) 제시한 것처럼 만일 고슴도치의 가시털이 시간의 축에서나 공간의 축에서 (그리고 역시 시간의 축에서, 왜냐하면 유목사냥의 계절과 일치하는 전쟁의 계절이 있기 때문이다) 주기적 전리품을 구성한다면 다른 두 전리품(장식)들은 대립된 순환의 시기(주기)를 갖는다. 즉 머리가죽은 **멀리 있는** 적들에서 유래하고, 성기털은 술장식을 달고 있는 자의 신체 또는 아주 **가까운** 여성(누이, 배우자 또는 약

혼녀)의 신체에서 유래한다. 그러니까 한 유형의 전리품(장식)은 외부에서 유래하는 외인성(外人性)의 특성을 가지며, 다른 하나의 전리품(장식)은 내부(가까운)에서 유래하는 내인성(內因性)의 특성을 갖는다. 이처럼 우리는 뜻하지 않는 곳에서 이 책 전체의 길잡이 역할을 한 가까움과 먼 곳(멂)의 변증법을 다시 만나게 된다. 그리고 또한 변증법의 임시적인 중재를 만나게 되는데, 고슴도치 가시털의 주기성 덕분에 장식물의 용어로 우리가 큰 우주적 관점에서 일반적인 문제로 다루었던 우주적 큰 순환의 주기성을 다시 재현한다.

중요한 하나의 세세한 부분을 밝히기 위해 잠시 괄호를 열고 논할 것이다. 머리가죽의 기원에 관한 이 모든 신화들이 사슴류에게 주는 위치를 우리는 주목할 수 있을 것이다. 말하자면 크로우족($M_{485}$)에서는 구원적인 위치를, 만단족($M_{469}$)에서는 적대적인 다코타족에서는 애매모호한데, 여기에서 주인공은 머리가죽 벗기는 칼을 쟁취하지만, 그것을 얻은 공헌의 대가로 결혼을 제안했던 소녀를 잃는 처지에 이른다. 더욱 소녀는 나무인형사슴으로 변해 사라진다. 이로부터 이 동물의 살에 취해지는 음식금기가 생겨났다($M_{483}$: Beckwith 2, 405쪽; 이 책 540쪽 참조). 그런데 우리가 막 끌어낸 세 가지 장식(전리품)체계와 관련해 (볼 때) 사슴과의 동물들 역시 관여적(변별적) 기능을 갖는다. 서부 알래스카 에스키모인에서 매켄지강 유역과 대호수를 포함한 동부의 생-로랑강의 하구와 뉴잉글랜드의 알곤킨족까지 북아메리카 전 지역에는 특히 큰사슴(고라니)과 순록 등 사슴과(科)의 털로 만든 자수 기술이 존재하는데, 이 기술은 대단히 오래되었음이 틀림없는 것 같다. 왜냐하면 시베리아 지역에서도 이 기술을 알고 있기 때문이다(Speck 9; Driver-Massey, 324쪽과 지도 110번; Turner). 이 동물털의 이용은 고슴도치의 가시털과 성기털을 뜯어낸 것처럼 동물 몸에서 직접 뜯어낸 것이어야 한다. 그러나 북아메리카 인디언들은 때때로 (머리) 꼭대기 장식을 제작하기 위해 털이 붙은 사슴 가죽을 그대로 사용했는데, 사우크족(Sauk)은 이 분야의 가장 훌륭한 전문가들이다. 이들은 이 제품을 멀리까지 수출했다(Skinner 9, 제3부, 127~131쪽). 머리가죽을 전도하고 있는—진정한 가발인 염색한 털로 된—이 꼭대기 장식들은 이를 머리에 쓴 사람의 깎은 머리털을 대신하고 있었다. 틀림없이 칸사족(Kansa)은 이런 관계를 알고 있었다. 왜냐하면 첫 머리가죽의 획득을 축하하기 위해서는 머리 꼭대기 장식을 얹도록 규정하고 있기 때문이다(Skinner 12, 752쪽, 757쪽).

한 축에서 머리가죽과 대칭을 이루는 사슴류의 털로 된 장식물들은 다른 축에서 성기털로 된 술장식과 대칭을 이룬다. 상징적이지만 대단히 내밀한 방식으로 전사자 자신의 누이, 배우자 또는 약혼자와 같은 가까운 여인의 성기털을 자신의 복장에 장식으로 달았다면 이 술장식은 성적인 (상징적) 결합을 수행하고 있는 것이다. 사슴류의 털로 된 장식물은 (이것들과) 비교해서 순결한 것처럼 나타났다. 말하자면 이 장식물은 아마도 대호수 지역의 알곤킨족에서 역시 높이 평가되고 있는 '혼인담요'와 비교해야만 할 것이다. 풍부하게 장식되고 가운데 구멍이 뚫린 사슴 가죽으로 만든 이 혼인담요는 성관계를 하는 동안 두 남녀의 몸(살)이 닿는 것을 방지하기 위해 사용되었다. 몇몇 인디언들만 유일하게 이 담요들을 소유할 권리가 있었다. 이들은 이것들을 사용료를 받고 빌려주었다. 만일 빌려준 담요를 오염시켰다면 그는 소유자에게 변상해야만 했다. 메노미니족, 사우크족, 마스쿠텐족(Mascouten), 오지브와족과 샤우니족(Shawnee)에서도 증명되는 이 성스러운 물건들—때때로 이 물건에 방울을 달아놓는데 이것은 사용자들의 상황과 사용 시간을 알기 위해서이다—은 남자가 전투에서 약해지거나 이것의 도움으로 잉태된 어린 아이가 불구가 되는 것을 방지한다고 믿었다(Skinner 4, 30쪽; 9, 제1부, 32쪽; 10, 제1부, 37쪽). 그러니까 이처럼 혼인담요는 '사슴류'와 관련된 신화들이 위협하고 있는 이 두 가지 불행을 면하기 위한 것이었다. 왜냐하면 만일 아침에 늦게 일어난다면 형편없는 전사나 사냥꾼이 될 것이고, 상처를 갖고 있는 남자는 그가 어린아이였을 때부터 불구가 되었기 때문이다.

방금 지적한 경우에서처럼 사슴 가죽은 두 파트너(배우자) 각자와 접촉할 수 있을 뿐 두 배우자를 (동시에) 접촉할 수 없게 한다는 의미에서 성(性)의 분리를 야기한다. 이러한 해석에 따라 크로우 신화(M₄₈₅)의 주인공은 보호자인 암사슴을 설득해 벗은 암사슴에 자신의 몸을 비빔으로써 여자로 변하도록 하며, 다코타 신화(M₄₈₃)에 따르면 여자가 사슴으로 변함으로써 머리가죽을 벗기는 칼의 정복으로 맺어졌던 부부를 분리시킨다는 사실을 다시 회상해 볼 수 있다. 그러니까 시우어를 사용하는 부족들은 이웃의 알곤킨어를 사용하는 부족들이 의례를 통해 표현하는 것과 같은 개념들을 자신의 신화에서 진술하고 있는 것처럼 보인다. 우리는 다른 곳(저서들)에서 이러한 대칭 현상에 대해 주의를 환기했으며(L.-S. 5, 제12장; 19), 이러한 대칭 현상을 증명하기 위해 보충적인 논의가 필요할 것이다.

실제로 몇몇 독자들은 우리가 대평원의 시우족 특히 다코타족에서 사슴류에게 부여하려고 한 역할과 반대 역할을 수행한다고 이의를 제기할 수도 있을 것이다. 여러 종류의 사슴류를 대표(상징)하는 춤꾼들과 주술인들의 조합은 사랑의 불장난(밀애)에 전문화되어 있었으며 사람들은 이 동물들이 밀애의 주인이라고 이야기했다(Skinner 14, 264쪽; Wissler 6, 87~88쪽). 그러나 혼인한 여자들에 대한 유혹이 제도화 수준으로 올라가 있는 사회에서 사슴류의 조합들이 독점하고 있다고 주장하는 '여자의 사취'는 합법적인 결합에 피해를 입혀가며 일어난 것은 분명하다. 그러므로 사슴류들이 행한 애인들의 결합은 결국 배우자들에게 해를 끼치는(피해를 주는) **임시적** 분리의 역(逆)이 되었다. 사회학적인 측면에서 (이러한) 결과는 혼인담요의 사용이 이들 배우자 사이에서 — 말하자면 동시에 환유적(métonymique)이고 은유적(métaphorique)인 형식으로 나타나는, 즉 자신의 가죽으로 출현(환유적)하지만 유혹자의 면모를 갖는데, 이것은 또한 이 가죽이 조화롭게 장식되어(은유적) 있기 때문이다—사슴에 유리하게 결정되는 것으로 보아 **부분적인** 분리와 비교할 수 있다. 대륙의 정반대쪽 캘리포니아의 후파족(Hupa)에서 같은 문제(의식)를 찾을 수 있는데, 이들은 이에 대해 또 다른 형식을 부여하고 있다. 사슴류의 사냥꾼들은 사냥 계절 동안 그들의 배우자와 모든 성관계가 금지되어 있었다(Goddard, 323쪽 주).

\* \* \*

아라파호족 신화로 다시 돌아가 보도록 하자. 이 신화의 덕분에 우리는 머리가죽, 고슴도치 가시털 자수, 성기털 술장식의 삼각(triade)을 성립할 수 있었다. 이 신화는 첫 번째 항을 세 번째 항으로 변형하는 것으로 만족하고 있지 않다. 신화는 역시 한 에피소드를 유입하고 있는데, 이 에피소드에는 다른 판본들에서 나타나는 주인공이 누이와의 근친상간 기도와 뒤이어 돌로 변하는 돌소년의 이야기가 없다.

그렇지만 앞쪽에서 보았던 신화들 중 두 개는 적어도 이 에피소드의 싹(시초)을 내포하고 있다. 신화M466의 주인공이 돌로 변하기로 작정한다면 그것은 자신의 누이를 이제는 다시 보지 않기 위해서라고 신화가 이야기하기(이 책 557쪽) 때문이다. 그런데 만단 신화(M481)의 식인 누이는 오빠의 머리가죽을 벗겨 이 전리품(장식)을 왼쪽 가슴 빈자리 위의 옷에 붙이기 위해서라는 전도된 이유를 내세우며 이야기한다. "나는 다정스레 오빠를 사랑한다. 그래서 그를 내 곁에 두기 위해 이 자유스러운 (빈) 자리에 그의 머리가죽을 달 것이다"(Beckwith 1, 99쪽). 이보다 덜 명시적인 양상이지만, 신화M474는 이미 같은 추론을 하고 있다. 누이의 월경 피에 오염되어 괴저(壞疽, gangrène)에 걸린 주인공은 그의 머리를 잘라 그녀의 곁에 두지 않으면 곧 죽게 될 것이라고 소녀(누이)에게 말한다. 이처럼 머리-장식물로의 변형은 오빠 자신에 의해 이루어지거나 (M474) 누이에 의해(M481) 이루어지는데, 이것은 마치 (이들이) 결합해 있을 유일한 수단인 것처럼 나타난다.

이러한 주제의 회귀(반복)는 우리가 보기에 하나의 신화집단을 구성할 수 있는 것처럼 보인다. 어쨌든(좋은 방법이든 나쁜 방법이든) 머리-장식 또는 남자의 머리가죽은 한곳에서는 월경 피, 다른 곳에서는 근친상간으로 오염된 같은 남성이 돌로 변함으로 인해 분리되는 오빠와 누이를 결합한다. 신화M466은 신화집단의 다른 신화들에 대한 두 개의 조작을 실행하는데, 이 신화는 머리가죽을 성기털로 만든 술장식으로 **변형**하며, 이어서 두 번째 단계에서 이를 **돌**로 바꾼다. 그런데 이 돌의 속성은 평범하지 않다.

신화M466은 근친상간하는 누이의 이야기를 하기 위해 새로운 것의 도입을 경계한다. 신화는 해와 달의 기원에 관한 범아메리카적인 신화의 줄거리((M165~M168: 『날것과 익힌 것』, 543~544쪽; M358: 이 책 98~99쪽; M392: 이 책 170쪽)를 차용하는데, 여기서 누이는 한밤중의 방문자 얼굴을 얼룩지게 한다. 이렇게 발견된 방문자는 얼굴에 얼룩을 가진 달로 변한다. 그렇지만 신화M466은 얼룩지게 하는 이야기 속에서 역할을 전도한다는 것을 알 수 있는데, 대담하게 행동하는 것은 오빠가 아니라 누이이며, 이로부터 (얼룩진 얼굴 대신) 얼룩진 어깨를 가진 자가 누이라는 결과가 나온다. (신화의) 기원적 의도를 존중하기 위해서는 달로 변하는 것은 (그리고 또 다른 판본에서처럼 해로 변하는 것이 아니라) 누이일 수밖에 없다(반드시 그녀가 되어야 한다). 그러나 신화M466은 다른 해결책을 받아들인다. 신화는 누이에 대해 무관심하며 오빠를 반(反)-달(달이 아닌 달)로 변형시킨다. 왜냐하면 언덕 높은 곳에 놓인 이 돌은 너무 밝고 빛나 아주 멀리서도 알 수 있으며, 반들반들하고 맑고 둥근 작품으로 주인공 자신으로 생각될 만큼 (천상의 달 대신) 지상의 달 개념과 (주기적인 것이 아니라) 비주기적인 개념에 더 잘 어울리기 때문이다.

그러나 신화M$_{466}$의 마지막 에피소드가 암묵적인 대립인 달/(돌 = 달$^{-1}$)을 사용하고 있으며, 신화M$_{466}$이 이 대립 자체를 단지 변형시켰을 뿐이고, 다른 신화들에 나타나는 해/달의 명시적인 대립에서 파생되어 나온 것이라면 우리는 해, 달, 흰 돌의 삼각을 구성할 수 있으며, 이 삼각을 임시적으로 놓아두었던 장식물의 삼각 맞은편에 놓을 수 있다.

그런데 중앙과 동쪽의 알곤킨족은 말하자면 하나의 삼각을 다른 삼각에 걸쳐놓고 있는 신화를 갖고 있으며, 이 신화의 반향(反響)은 우리가 이를 이미 특기(特記)한 만단족(M$_{458}$: 이 책 442쪽)에까지 이어져 있다. 이것은 해가 자신의 외투를 다갈색으로 만들거나 또 다른 잘못 때문에 화가 난 소년의 이야기와 관계가 있다. 소년(주인공)은 함정을 놓아 해를 포로하기로 결심한다. 루오말라(Luomala)가 수집한 21개의 판본 중 7개 판본만 단지 한 번 달이고 그 밖에는 해인 별을 잡기 위해 누이의 성기털로 꼰 올가미를 사용한다고 적고 있다. 이 판본들은 도그-리브족을 제외한 근접한 모든 주민들, 즉 크리족, 오지브와족, 메노미니족, 나스카피족(M$_{491a\sim b}$: Skinner 1, 102~104쪽; Cresswell, 404쪽; M$_{492a\sim b}$: Williams, 256~257쪽의 Schoolcraft 인용; Jones 1, 376쪽; M$_{493a\sim b}$: Hoffman, 181~182쪽; Skinner-Satterlee, 357~360쪽; M$_{494}$: Speck 4, 26쪽)으로부터 유래한다. 우리는 메노미니 판본들만 더욱 가까이 볼 것인데, 이 판본들은 우리가 피상적으로 다룬 몇몇 문제들을 밝혀줄 것이다.

### M$_{493a}$. 메노미니족의 신화: 올무(덫)에 걸린 해 1

아버지, 어머니와 이들의 4명의 아이들, 즉 3명의 소년과 1명의 소녀, 이렇게 6명으로 구성된 한 가족이 살고 있었다. 사흘 연이어 형제들은 사냥을 나갔다. 그들은 곰 1마리를 잡아왔는데, 아버지는 곰 2마리를 요구했다. 다음날 2마리를 잡았으나 아버지는 3마리를 요구했다. 이어서 3마리를 잡았지만 아버지는 4마리를 요구했다……. 막내가 집에 머물러 있는 동안 손위 형제들은 들판으로 나갔다. 곰들이 이들을 포로로 잡아갔다. 아버지와 어머니는 이들을 찾아 나섰다. 그들은 곰의 희생물이 되어 죽었다.

막내는 자신의 손아래 누이와 집에 머물러 있었다. 그는 손위 형제들을 되찾으려 했고, 곰의 집에 도착해 맹수들의 누이로부터 얻은 불로 그들을 태워 죽였는데, 맹수들 누이의 태도가 아리송했다. 그리고 그는 곰들이 최소한 반쯤 동물로 변형시켜 놓았던 형제들을 원래 인간의 형태로 되돌려 놓았다.

이러한 쾌거에 대한 보답으로 주인공의 누이는 그에게 여러 색으로 염색한 가시털로 수놓은 아름다운 비버 가죽 외투를 만들어 주었다. 그러나 소년이 화창한 햇살 아래 잠자던 어느 날, 햇빛이 작열하여 외투를 망쳐 놓았다. 화가 난 주인공은 누이에게 성기털을 요구했고 이것으로 올가미를 만들었다. 반쯤 목이 조여 죽어가는 해를 잡았다. 밤이 땅 위를 엄습했다. 여러 다양한 동물들이 별(해)의 부름에 달려왔지만, 결국 생쥐가 해를 해방시키는 데 성공했다(Hoffman, 175~182쪽).

이 이야기는 맏형의 모험담으로 계속된다. 모험은 신화M$_{489f}$(이 책 562쪽)의 다코타 주인공의 모험과 거의 같다. 이 다코타 신화는 얼굴에 상처가 있는 사람의 이야기를 전도하고 있다. 메노미니와 다코타 판본들 사이의 차이는 무엇보다 메노미니 주인공이 2명의 여자, 1명은 고약하고 다른 1명은 착한 여자와 혼인한다는 사실과 관련 있다. 이것은 이와 비슷하게 평가할 수 있는 2명의 누이들 각각 착취자 식인귀의 배우자와 다코타 판본에서 주인공의 배우자를 대체하고 있다는 사실과도 관련된다. 더

574

욱 얼마 동안 다코타 신화는 주인공을 개로 변화시키는데, 여기에서 개는 주인공을 부활시킨다. 다시 말하자면 시체가 되었던 주인공이 자신으로 돌아오도록 한다.

또 다른 메노미니 판본(M493b: Skinner-Satterlee, 357~360쪽)에서 주인공은 형제들이 없다. 곰에게 부모가 죽임을 당한 뒤 주인공은 자신의 누이와 홀로 세상에 남는데, 누이는 그의 곁에서 가정교사의 역할을 수행한다. 형제들이 없는 주인공은 길들인 독수리를 갖고 있었는데, 독수리는 그에게 외투를 태운 범인인 해를 잡을 올가미로 성기털을 가지고 유인하라고(성기털로 올가미를 만들지 말고) 충고한다. 세 번째 판본에서(같은 책 360~361쪽) 말똥가리(새)는 더더욱 활발한 협력자로서의 면모를 보인다.

신화는 호수 밑바닥에 살고 있는 곰들을 죽이는 (이야기로) 계속되며, 이어서 우리가 인용했던 신화(M475c: 이 책 511~513쪽)와 거의 같은 용어를 사용해 동쪽 하늘의 여인 이야기로 계속된다. 결과적으로 우리는 메노미니족에서는 적어도 올무에 걸린 해의 신화와 10의 수 순환 사이에 실제적인 연결이 있다는 것을 알 수 있다. 이 경험적인 연결관계는 우리 방법론의 타당성을 확인해준다. 왜냐하면 연역적(추론적)인 방식으로 진행함으로써 (실제와) 같은 확증된 사실에 도달했기 때문이다.

오빠와 누이의 나이와 각각의 역할을 전도하고 있는 첫 번째 판본 역시 10의 수 순환과 연관되어 있다. 하지만 간접적으로 이 판본이 산술적 총합의 문제를 다루고 있는 독창적인 방법론으로 인해 그렇다. 신화의 사냥꾼 형제들은 한 길이 오른쪽으로 다른 한 길이 왼쪽으로 나 있는 두 개의 사냥 코스로 다닌다. 첫째 날 손위 형제들은 오른쪽 길을 택한다. 그들은 곰 한 마리를 발견하며 이를 맏형이 잡는다. 왼쪽 길로 간 막내는 아무것도 발견하지 못한다. 둘째 날도 형제들은 같은 전략적 방법을 사용하는데, 손위 형제들은 곰 한 마리를 발견하고 둘째 형이 이를 죽이는 반면, 왼쪽 길을 선택한 막내도 곰 한 마리를 죽인다. 셋째 날은 세 형제가 두 길의 분기점에서 각각 곰 한 마리씩을 죽인다(우선 막내 혼자서, 그리고 손위 형제들이 한 마리를, 그리고 셋이 협동해 한 마리를 죽인다). 그런데 죽인 곰의 숫자는 (매일) 한 마리씩 수를 늘려도 아무 소용이 없다. 아버지가 매일 그보다 한 마리씩 더 잡으라고 요구하며 불평하고 있기 때문이다. 현재(실재)의 숫자와 잠재적 숫자(아버지가 요구하고 있는 숫자)로 형성될 수 있는 시리즈를 만든다면 1, 〔1(+1)〕, 2, 〔2(+1)〕, 3, 〔3(+1)〕인데, 실제로 사냥에 성공한 사냥꾼들로 이루어진 시리즈를 병행하면 (첫째 형, ○, ○), (○, 둘째, 셋째), 〔(셋째), (둘째, 첫째), (셋째, 둘째, 첫째)〕가 된다. 두 길(왼쪽 길과 오른쪽 길)에 형제들의 변화 있는 (다양한) 배치로 인해 앞쪽의 산술적인 두 좌표―하나는 기수, 다른 하나는 서수로 이루어진―에 기하학적인 좌표가 첨가된다.

우리가 이야기했던 두 번째 판본의 동쪽 하늘 여인 이야기는 블룸필드(3, 469쪽) 판본에서 사전 예고 없이 어떤 새 한 마리의 해방과 남자들이 잡은 독수리를 보존하지 못하게 하는 금지로 완성되는 이야기를 포함하고 있는 것만큼 이 판본의 길들인 독수리 역할에 더욱 주의를 기울여야 할 것이다. 이것에 대해서 잠시 논하도록 하자.

대호수 지역에 가장 오래 전에 정착한 알곤킨어 집단의 후손이며, 언어 역시 가장 고립되어 있는(칼렌더에 따르면) 메노미니족은 복잡한 우주관을 갖고 있었다. 이들은 지상과 지하를 4개의 층으로 구별하고 있었다. 대머리독수리와 다른 육식동물은 천상세계의 첫 번째 층을 지배하고, 금빛 독수리와 흰 백조는 두 번째 층을, 천둥은 세 번째 층을, 해는 네 번째인 마지막 층을 지배했다. 반대쪽, 말하자면 지하층에는 우선 첫 번째 지하세계의 주인들인 뿔 달린 뱀들이 있었으며, 그리고 차례대로 열거하자면 두 번째 지하세계에는 큰사슴류, 세 번째 세계에는 표범들 그리고 네 번째 세계에는 곰들이 각각 지배하고 있었다. 이들은 퓨마(아메리카 표범)와 유사하게 생긴 신화적 창조물을 표범(그림 35)이라고 불렀는데, 이것들은 들소처럼 뿔을 달고 있다(Skinner 4, 81쪽, 87쪽; 14, 31쪽. 263쪽).

그런데 다른 맥락에서는 분리된(별개의) 신화들을 긴 사가(saga, 영웅담) 형식으로 묶고 있는(연결하고 있는) 호프만 판본들은 지하 곰과의 전투에서 자신의 개의 도움으로 승리하는 이야기에 이어서 태양과의 전투가 뒤를 잇는데, 신화M493b에 따르면 이 전투에서 주인공은 자신이 길들인 독수리의 도움으로 승리한다. 그리고 큰사슴류와의 맏형 모험담이 이어지는데, 호프만(186~196쪽)과 스키너 및 새털리(399~403쪽)의 수집 판본들은 전도된 신화들을 제시하고 있다. 후자의 판본에서 큰사슴(고라니)과 동맹을 맺은 남자는 캐나다 순록에 (대해) 승리하며, 전자의 판본에서 사슴과 동맹을 맺은 남자는 캐나다 순록에 대해 승리한다. 그런데 매번 정복당한 주민은 동음이의(同音異義)의 동물종으로 곰들을 피하느라 지치고, 허기진 괴물들(곰들)은 체념하고 단순한(일반적인) 동물이 된다(Hoffman, 196~199쪽).

그러니까 신화들은 때로는 인간들과 신화적인 동물 또는 실제의 동물과 동맹(연합)하게 하고, 때로는 우주의 다양한 균형 상태를 나타내는 일련의

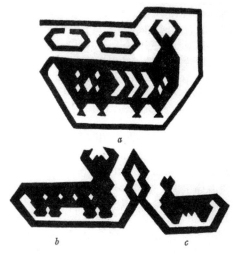

그림 35 메노미니족의 '표범'
(스키너 14, 도판 71, 263쪽 참조. 가장 작은 소재
〔주제〕는 일반적인〔보통의〕 퓨마〔아메리카 표범〕
를 상징한다)

작업을 위해 동물들을 인간들에게 대립시킨다고 말할 수 있을 것이다. 인간은 독수리와 함께 천상세계의 최상 지위를 차지하고 있는 해에 대해 승리를 얻을 수 있으며, 해는 깊지 않은 땅 속에 살고 있는 보잘것없는 지하의 동물들인 생쥐나 두더지와 함께 인간에 대해 승리를 얻을 수 있다. 한 인간 더하기 개(땅 위 개의 위치는 땅 밑 생쥐의 지위 대칭이다)는 지하세계에서 상층의 해의 지위와 대칭적 지위를 차지하는 곰에 대해 승리를 얻는다. 만일 더하기(**인간＋독수리**)가 결과적으로 지배된 해를 얻는다면(M₄₈₆ₐ 참조) 빼기(**인간－독수리**)는 결과적으로 신화M₄₇₅ᴄ가 아주 명시적 양상으로 이를 보여주고 있는 것처럼 조정(화해)된 우레(천둥)를 얻는다. 이처럼 자신이 지배하고 있는 첫 두 개의 천상세계를 침범하지 않기 위해 (다른 부족들의 관습과는 반대로) 결코 길들여서는 안 되는 독수리는 인간들이 가정동물로 만들 수 있는 개와—뿔 달린 뱀들이 개를 하인으로 두고 있는 첫 지하세계를 침범함으로써—상동관계와 대립관계의 짝을 형성한다.

　(신화)집단을 닫기 바란다면 표범을 개입시키고 있는 신화들을 통합해야만 할 것이다. 우리는 그렇게 하지는 않을 것이다. 왜냐하면 이 신화들은 대단히 복잡하고 떼어내 다루기가 쉽지 않을 것이기 때문이다. 준비 작업만 한 채 문제점을 차라리 보존해놓는 것이 나을 것이다. 미래 연구자들의 주의를 환기시키기 위해 많은 표범의 문제가 나타나는 두 판본으로 되어 있는 한 메노미니 신화를 보도록 하자(M₄₉₃ᴄ: Skinner-Satterlee, 317~327쪽; M₄₉₃ᴅ: Bloomfield 3, 469~483쪽). 이 놀랄 만한 신화는 우리가 분류 정리했던 모든 주제들을 전도하고 있다. 말하자면 머리가죽의 주제 또는 적들이 생포한 머리의 주제들은 여기에서 다리(주제)로 변형되며, 햇볕에 부주의하게 놓아두거나 햇볕에 그을린 외투의 주제는 옷을 보호하기 위해 악천후를 피할 수 있는 시설에 놓아둔 옷(주제)으로 대체된다. 주인공이 낮의 길이를 연장하기 위해 별의 흐름(운

행)을 늦추는 대신 덫에 걸린 해로 인해 밤이 세상을 지배하도록 하는 해(의 주제)……. 질투의 주제는 주인공이 개입되었던 위험의 설명처럼 신화의 마지막 부분에 나타난다. 이처럼 우리는 대칭적인 형식으로 여름사냥의 창시신화(M$_{462}$)를 다시 만나게 된다. 이 신화에서 질투심 많은 암컷 들소는 자신의 인간 남편에게 가장 혹독한 위험을 초래시키기 위해 자신의 동족 지역으로 유인한다. 반면 여기서 질투심 많은 누이들은 주인공을 주인공의 집, 더 자세히 말하면 다른 신화에서 암컷 들소의 부모와 같은 강한 살인 의도가 있는 주인공의 할아버지 집까지 추적한다. 다른 측면들을 보면 신화M$_{493c~d}$는 신화M$_{489f}$를 재현하고 있으나, 신화집단의 전체 신화 중 이 신화 자체가 전도된 위치를 차지하고 있다는 사실을 우리는 알고 있다.

'표범'에 관한 알곤킨 신화들의 기이한 사실(특성)들로 인해 흥미 있는 문제가 제기된다. 우리는 대평원의 고슴도치 편집을 이 설치동물에 역시 흥미를 갖는 알곤킨 신화들의 도치로 귀결시켰던 사실을 기억하며, 이 도치는 대평원 지역에는 고슴도치가 부재하거나 아주 귀하다는 사실로 인해 신화들은 이 동물을 상징적 동물에서 상상적 동물로 변형하고 있음을 알고 있다. 그런데 메노미니족들은 들소에 대해 만단족이나 아라파호족이 고슴도치에 대해 갖고 있는 것과 유사한 상황 속에 있었다. 말하자면 메노미니족들은 들소를 모르지 않았으며, 들소를 사냥하기 위해서는 아주 멀리 가야만 했다(Skinner 14, 120쪽). 결론적으로 대평원의 신화들 속의 고슴도치가 다른 지역에서는 실제적인 땅의 동물이지만 이 지역에는 없는 동물을 천상의 동물로 바꾸어 놓은 것과 같은 양상으로 지하의 표범들은 상상세계의 뿔 달린 이국적인 들소들로 바꾸어 놓은 것이 아닌지 자문해볼 수 있을 것이다. 이렇게 함으로써 우리는 대평원의 몇몇 신화가 고슴도치 사냥에 관한 대호수 지역의 신화들을 전도하고 있는 것처럼 표범에 대한 메노미니 신화가 들소사냥에 대한 만단 신화를 도치하고 있다는 것을 이해할 수 있을 것이다.

\* \* \*

앞쪽에서 우리가 조사했던 것처럼 덫에 걸린 해의 신화는 어떤 유형의 주기 복원과 관련된다. 이런 특성은 수많은 판본들의 첫 번째 장(場)에 등장한다. 이러한 주기성은 분지족에서는 계절 주기와 관련되는데, 해와 주인공은 겨울의 길이에 대해 의견 일치를 보며, 치페와이언족(Chipewyan) 신화에서는 해가 너무 짧은 낮을 늘리는 데 동의한다. 아주 흔히 영원한 밤의 지배에 위협을 받은 매일(낮)의 주기(성)는 해가 풀려났을(해방됐을) 때 회복된다(몽타녜족〔Montagnais〕, 오지브와족, 크리족, 메노미니족, 폭스족, 아이오와족, 오마하족). 처음 보기에 비정상적인 것처럼 보이는 나스카피 판본(M494)도 이와 같은 방식으로 해석(분석)했을 때 자신의 자리를 다시 찾는다. 여기서는 해가 아니라 날이 덫에 걸린다. 신화는 자세히 설명하기를, 옛날에 하늘에서 달과 해가 협력하며 여행을 하고 있었다. 그런데 늘 끊임없이 낮이 계속되었다. 다른 판본들과 관련해 보면 이 신화 역시 낮과 밤의 규칙적인 교대를 보장하기 위한 것이라는 점을 고려했을 때 신화는 다음과 같은 변형을 존중하고 있다.

이러한 일반적인 특성들은 주인공이 성기털로 덫(올가미)을 제조하는 소수의 판본을 고려해 우리가 이 신화를 유입했다는 사실을 잊게 하지는 않을 것이다. 오세아니아에서 때때로 같은 용어(표현)로 이야기되는 이 신화의 존재가 제시하는 의미를 전적으로 미루어 놓을 것인데, 타히티와 투아모투 군도에서 유래하는 몇몇 판본들은 가까운 여인―어머니, 누이 또는 배우자―의 성기털에 대한 이야기를 받아들이고 있다(Luomala, 26~27쪽). 이 판본들이 우리의 유사한 해석과 관련되는지, 또는 유사한 요소들이 갖는 의미가 서로 다른 이곳과 그곳에서 조합에 의한 것인지를

$$\left[\begin{pmatrix} \text{덫에 걸린 해} \end{pmatrix} \Rightarrow \begin{pmatrix} \text{덫에 걸린 달} \end{pmatrix}\right] = {}^f\left[\begin{pmatrix} \text{영원한} \\ \text{밤의 위험} \end{pmatrix} \Rightarrow \begin{pmatrix} \text{영원한} \\ \text{낮의 위험} \end{pmatrix}\right]$$

연구하는 것은 폴리네시아 신화학 전문가들에게 속한 문제이다.

그렇지만 단지 아메리카의 사실들에 국한한다면 루오말라(18쪽)가 어떤 다른 소재보다 선호되는 성기털의 주제는 주인공의 외투를 못쓰게 만들었기 때문에 해에게 내는 화의 주제와 함께 최근에 발전되었다고 평가하고 있는 사실을 묵과하게 될 것이다. 구조적 분석이 역사적 방법(역사전파주의학파의 분석방법)에 의해 도출된 결론을 받아들이지 않고 거부한 것이 첫 번은 아니다. 우리는 별들의 배우자에 대한 신화에서 이를 보았다. 우리의 해석에서 성기털로 만든 올가미는 핵심적인 위치를 차지하며, 더욱 우연적인 재구성을 통해 이를 정당화하려고 하지 않은 것도 자명한 사실이다. 주제의 상대적인 희귀성, 주제의 출현이 전파 영역의 가설적인 중심 가까이에 집중된다는 사실은 우리에게 주인공의 곁에 아주 자주 등장하는 누이의 출현보다는 덜 놀랍다. 이러한 특성(또는 특질)은 26개 판본 중 15개 판본에서 찾을 수 있으며, 다른 2개 판본에서는 어머니가 누이를 대체하고 있다. 역사학파의 방법론과는 반대로 우리는 특히 같은 세부적 사실들이 여러(많은) 신화 판본들의 첫 부분(장)에 나타남에도 불구하고 신화들이 이와는 근거가 없거나 의미가 배제된 주제들을 포함할 수 있다고 생각하는 사실을 받아들이지 않는다. 에둘러 표현되거나 동시에 제유법(부분으로 전체를 표현하거나 전체로 부분을 나타내는 비유적 표현)과 완서법(緩敍法)으로 표현된 누이에 대한 끊임없는 암시는 그녀가 비밀스런 너울로 감추어져 있어 구별하기 힘들지만 그녀의 신체에 대한 대단히 중요한 작품임을 알리고 있다. 사실 붉으스레 그을린 외투의 주제와 성기털로 만든 올무(올가미, 덫)의 주제는 방대한 전체 신화들을 서로 연결시켜 (이들을) 하나의 합당한 체계로 만들 수 있도록 하는 두 가지 요소들이다.

거의 예외 없이 위에서 언급된 판본들은 사슴털이나 또는 사슴 가죽으로 만든 외투를 원하고 있거나(이 책 568쪽 이하), 우리가 논했던 몇몇 신화에서 태양식인귀의 수호자인 새들의 깃털 외투를 원한다는 사실은 틀림없이 의미 있는 것이지만, 외투의 에피소드를 자세하게 논하지는 않을 것이다. 집요한 요구의 대상물인 성기털의 선택은—왜냐하면 누이는 성기털을 양보하는데 일반적으로 서두르지 않는 태도를 보이기 때문에—14개 판본들이 해의 포획에 이어 긴 밤이 어이진다고 하는 점에서 핵심적인 특질을 구성한다(Luomala, 11쪽). 말하자면 신화는 해와 땅의 분리와 관련된다. 그리고 몇몇 판본들은 성기털을 사용해 분리를 설명한다. 그러나 우리는 이미 해와 땅 사이에서 머리가죽이 결합(자)의 전도된 역할을 수행한다는 것을 알고 있다. 최초의 머리가죽은 불처럼 붉은 머리털을 가진 식인귀들로부터 유래했으며 머리털의 광채는 낮의 빛을 드높이고 더욱 돋보이게 했다(M490). 우리가 지적했던 이유(이 책 424~425쪽, 436쪽, 455~458쪽)—이유를 이 책의 끝부분에서 밝힐 것이지만—때문에 체계를 부분적으로 변형하고 있는 만단족과 히다차족과는 달리 시우어 계통의 다른 부족들과 중앙의 알곤킨족은 머리가죽을 해(태양)와 맺은 그들의 동맹 상징(물)으로 삼고 있었다. "그들이 전투를 하고 머리가죽을 취하는 것은 해에 대한 존경의 표시였다……. (메노미니) 전사는 해가 적을 먹는 장면을 상징하기 위해 머리가죽에서 흐르는 아직 신선한 피를 핥아 먹었다. 늙은 사람들은 해가 전투에서 죽은 사람을 먹는다고 말한다"(Skinner 4, 79쪽, 116쪽; 2, 309쪽).

전리품의 목록에서 성기털은 해와 인간(인류)의 분리를 내포하고 있으며, 머리가죽이 이들의 결합을 내포하고 있다는 의미는 앞에서 본 사실들에서 기인한다. 그러므로 우리는 2개의 삼각(틀), 즉 우주적 물체의 삼각과 장식물의 삼각이 각 꼭짓점에서 대립하는 형태로 두 삼각을 병합

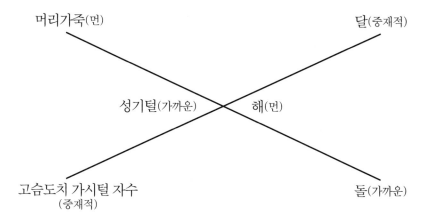

머리가죽(먼)  달(중재적)

성기털(가까운)  해(먼)

고슴도치 가시털 자수
(중재적)  돌(가까운)

그림 36 두 삼각(틀)의 상호적 일치

(보강)할 수 있다. 각 삼각형의 꼭짓점에 우리는 성기털을 놓고, 다른 삼각형의 꼭짓점에 해를 놓을 것이다. 왜냐하면 신화집단{M491~M494}에 따르면, 성기털이 해를 포획하는 기능을 하고 있기 때문이다. 신화M466에서 M490까지의 신화 연구가 어떤 사실을 꿰뚫어 보고 있는 것처럼 이런 가로채는(착복자의) 기능은 우리가 연구한 복잡한(신화) 전부를 체계로 조직할 수 있게 한다(그림 36).

도식이 아주 단순함에도 불구하고 설명(표현)하고 있는 체계는 대단히 복잡함을 알 수 있다. 오른쪽 삼각형에서 우리는 우선 해, 달, 돌(이것은 땅의 한 양상이다) 이 항들을 구성하고, 이 항들은 인간과 관련해 불평등하게 떨어진 거리에 있다는 것을 알 수 있다. 즉 해는 멀리 떨어져 있고, 돌은 가까운 거리에 있으며, 달은 이 두 항 중간(매개적) 거리에 있다.[7] 이 항들과 사람 사이에 왼쪽 삼각형에 기재된 존재들은 중재자 역

---

7) 공간적 거리의 의미로서가 아니다. 왜냐하면 인디언들은 전혀 이에 대한 생각을 갖고 있지 않기 때문이다. 그래서 우리는 현지조사(민족학)가 우리에게 경험적 지식의 형식으로 이러한 사실을 제공하리라고 생각하지 않는다. 우리는 이런 사실을 범주적으로, 그리고 체계의 적합성의 조건으로서 제시할 것이다. 하지만 실

할을 한다. 앞의 논의에서 이를 제시했던 것처럼 머리가죽은 해에 대해 긍정적인 중재자이고, 성기털은 부정적인 중재자이다. 하나는 결합하고 다른 하나는 분리한다. 더욱 신화들은 모카신에 대해 분명한 선호를 타나내는데, 이것들은 특히 수놓은 옷의 명목으로 사람과 땅 사이의 관계를 중재하고 있음을 나타낸다. 그러나 다른 한편으로 이 중재자들 자신 역시 불평등하게 거리를 두고 있다. 말하자면 머리가죽은 적으로부터 얻으며, 이는 멀리서 온다. 성기털은 자신의 몸이나 가까운 여인의 몸으로부터 오며, 고슴도치 가시털 자수는 중간적 위치를 차지한다. 왜냐하면 이것은 가까운 여인에 의해 멀리서 온 재료로 만들어지기 때문이다.

거의 말장난하지 않고(말할 필요도 없이), 도표와 관련되어 있는 신화들은 항들 중 가장 멀리 떨어진 **우주적 항—해—**은 **화장(化粧)** 요소들 중 가장 가까운 요소—성기털—와 연결되는데, 이것은 또한 우리가 알 수 있는 이 항 또는 이 요소 사이에 그리고 이 요소들과 상관관계에 있는 다른 항들 또는 요소들 사이의 연결을 존중하고 있다. 우리는 이런 분석방법을 응용함으로써 모카신으로 표상되는 고슴도치 가시털 자수와 돌로 표상되는 땅 사이에 나타나는 직접적인(잇닿은) 관계를 알 수 있다. 체계가 합당하게 되기 위해서는 세 번째 항과 세 번째 요소인, 말하자면 달과 머리가죽 사이에도 직접적인(잇닿은) 관계가 나타나야만 한다.

이러한 논리적 요구는 집단의 모든 신화들에도 강요된다(필요불가결하다). 더욱 신화들에 대해 설명을 하는 것 이외의 다른 설명은 필요 없을 것이다. 왜냐하면 한편으로 해와 달의 흑점기원에 대한 신화들, 다른 한편으로 별들의 배우자에 대한 신화들이 같은 목소리로 달의 흑점이 여

---

제적(실용적) 관점에서 이러한 지식은 예민한(민감한) 사실들과 연관된다. 말하자면 해의 (변화 발달) 과정보다 더욱 뚜렷한 과정을 보이며 그 과정을 뚜렷하게 구분할 수 있는 달은 해와는 달리 지상의 사물들과 일치를 창조하는(만들어내는) 지적인 활동과 연관된다.

성의 월경을 상징한다면 우리가 이 논의의 초입에서(이 책 513쪽) 확인했듯이 머리가죽의 기원에 대한 신화들은 이들 전리품과 월경중인 여성들 사이의 균등(등가)을 받아들이고 있기 때문이다.

북아메리카뿐만 아니라 세계의 여타 지역에서도 역시 머리사냥의 철학은 표상 또는 의례를 통해 전리품과 여성 섹스 사이의 같은 비밀스런 유사성(공통점)을 암시한다. 그러한 관점에서 머리가죽 벗기기의 특별한 기술이 일반적인 현상에 대한 (우리의) 주의를 벗어나게 하지 않은 것이 틀림없다. 북아메리카에서 이러한 머리가죽 벗기기는 최근에 나타난 현상으로 남아메리카, 특히 옛날 페루와 최근 시기까지 지바로족과 문두루쿠족에 아주 널리 퍼져 있던 기술과 유사한 머리가죽사냥으로부터 유래하는 것일 것이다. 우리가 훑어보았던 신화들은 머리가죽 벗기기만큼이나 많이 잘린 머리들에 대해 이야기한다. 그리고 신화들이 증언하는 이것들에 대한 고전적인 특성은 우리에게 여러 예들을 제공해준 만단족과 히다차족의 일부가 적들의 두개골에 특별한 가치를 부여하고, 또 그들의 제단에 전시하고 있는 유명한 조상들의 두개골에 가치를 부여한다는 사실로 인해 (이런 고전적 특성은) 더욱 강화된다(Maximilien, 381~382쪽; Bowers 2, 331~332쪽).

북아메리카에 대해 계속 이야기하자면 우리는 거의 모든 지역에서 머리가죽이 즉시 여자들의 수중으로 이동하거나 정복자(머리가죽을 얻은 자)의 친족관계가 여성에 의해 이루어진 친족 남성들의 수중으로 이동한다는 것을 회고할 수 있을 것이다. 대평원 지역과 푸에블로족에서는 물론 숲속 지역에 살고 있는 알곤킨족에서도 역시 여자들은 얼굴을 검게 칠하고 흔히 전사 복장을 하고 머리가죽 춤을 추는데, 춤의 마지막 부분에서 전리품을 탈취한다(낚아챈다)(Skinner 4, 119쪽; 5, 535쪽; 12, 757쪽; J. O. Dorsey 3, 330쪽; Wissler 5, 458쪽; Murie, 598쪽; Ewers, 207쪽; Lowie 9, 650쪽; Stephen, 제1권, 97~99쪽; White, 97~101쪽 등). "다코타 인디언은 만일 딸이 용감한 청년과 혼인할 때 자신의 딸에게 너는 그가 정복한 머리가죽을 위해 노래하고 춤추게 될 것이다"라고 말한다 (Walker, 147쪽).

제임스만 서쪽과 대평원에 살고 있는 알곤킨족처럼 장인 장모에 대한 금기(taboo)가 대단히 엄한 곳에서는 단지 머리가죽의 증여만 이 금기를 풀 수 있다(Wissler 4, 13쪽 주 1에서 블랙후트족, 만단족, 아씨니보인족, 크리족들을 열거하고 있다; Lowie 2, 30쪽). "자신의 장모에게 말을 꺼내기를 바라는 히다차 남자는 그녀에게 '여기에 나이 든 여인을 위한 지팡이가 있습니다'라고 말하며, 전투에서 취한 머리가죽을 그녀에게 가지고 온다. 그리고 그는 장모에게 지팡이 대신 머리가죽을 제공한다. 장모는 이 자신의 전리품을 들고 전사들의 춤에 참가할 권리를 갖는다" (Beckwith 1, 192쪽 주 92).

머리가죽이 전사들의 배우자나 배우자의 부모에게 제공하는(오지브와족, 오마하족, 칸사족) 경우와 전사들의 어머니, 고모 또는 누이인 직계여인들이 머리가죽을 받는(꾀르달렌느족〔알렌느의 심장〕, 메노미니족, 윈네바고족, 아이오와족, 파우니족, 주니족) 경우를 구별해야만 할 것이다. 증언들이 항상 확실한 결론을 낼 수 있도록 충분한 주의를 갖고 정확히 기술되지 않는다. 고작 차이성이 나타난다면 출계의 원칙으로부터 생기는 것이 아니라 차라리 각 사회에 있어서 여자를 주는 자와 받는 자들 각자의 자세(또는 입장)에 따라 생긴다고 말할 수 있을 뿐이다. 머리가죽을 자신의 누이에게 제공하는 남자는 흘린 피로 누이(와)의 친근성(=유사성)을 강화하는 것이다. 이 친근성은 아내(자신의)의 관점에서는 중립화된다. 왜냐하면 자신의 혼인동맹자가 된 아내의 부모에게 머리가죽을 돌려줌으로써 그에게 여자로서 주었던 선물(아내)을 보상(상쇄)하기 때문이다. 말하자면 한 경우에서 남자는 그의 누이를 영구적으로 월경하는 여인으로 변형하고 있다(그가 누이를 남편에게 제공한 것이 사실임에도 불구하고, 상징적으로 누이를 그녀의 남편으로부터 다시 데려온다—옮긴이). 반면에 다른 경우에서 남자는 자기 자신이 남편으로서 배우자는 결코 되돌아갈 희망 없이 주어지지 않는다는 것을 인정한다. 실제로 남편은 며칠 동안 (배우자의) 주기적인 월경으로 인해 배우자를 빼앗긴다. 마치 그녀의 부모가 이 기간 동안 그녀에 대한 권리를 다시 행사하는 것처럼 또한 이러한 요구와 관련해 마치 주는 자와 받는 자 사이의 긴장이 한 피 묻은 전리품과 또 다른 피 묻은 전리품인 월경하는 여인의 교환으로 해결한 것처럼 (모든 일이) 일어난다.

우리는 이런 균형을 가정으로 내세우지 않는다. 왜냐하면 신화들 자체가 이를 확인하고 있기 때문이다. 식인귀의 목을 자른 후 거짓 배우자는 오두막을 벗어나 전리품을 갖고 도망가려고 월경한다는 구실을 만든다. "그녀가 걸어가고 있었는데, 피가 머리에서 방울져 떨어졌다. 그러자 그녀(희생자의 어머니)는 불편함(병) 때문에 그렇다고 생각했다"(M469b: Bowers 1, 291쪽). 윈네바고 신화(M484)의 주인공이 적들이 죽인 아버지의 머리가죽을 다시 찾아 그의 어머니와 아버지의 두 번째 부인에게 넘겨주고 귀중한 기념물을 그들의 침대 위에 놓으라고 충고한다. 그녀들은 머리가죽과 성교를 할 수 없다고 항의하는데, 이것은 마치 배우자가 월경 중일 때 남편이 부인에게 대하는 태도와 상동적인 태도를 그녀들이 취하고 있다. 이 해석을 유효하게 하기 위해 우리는 같은 신화의 이전 이야기(에피소드)를 인용하는 것으로 충분할 것이다. 여기서 머리가죽 전리품의 기원을 세운 전투원정대의 추장은 최초 네 전리품의 기원이 너무 불같이 사랑해서 신혼기간을 무제한 늘리기 위해 마을을 떠났던 두 쌍의 신혼부부로부터 유래해야만 한다고 규정한다. 결혼한 부부가 서로 완전하게 소속되어 있지 않다고 어떻게 공언할 수 있을까? 사회가 이들에 대해 장악력을 행사할 수 없다면 남편과 아내 사이에 자연이 명령한 주기적인 간격(월경)을 유효화해 사회가 더욱 피 묻은 개입을 통해 이들을 분리시키는 임무를 맡는다고 할 수 있지 않을까?

신화들이 같은 이야기 속에서 머리가죽의 기원과 월경의 기원을 연결하고, 또는 신화M474처럼 첫 월경을 첫 번째 머리-전리품의 책임자로 만드는 것으로 보아 신화들이 암시하는 교훈은 이 둘을 연결하는 것이다. 의미 있는 양상으로 이 머리-전리품 또는 이 머리가죽(M475a)은 마치 며칠 후에 자신의 전체(몸)를 다시 찾은 여인과 유사하게 자신의 주인인 몸이나 머리와 다시 합류할 수 있을 것이다. 그러나 만일 토착민의 사고가 머리사냥을 여자사냥과 동류시한다면(대평원의 인디언들에게는 전쟁(이란 말은) 이것과 저것 모두에 사용된다), 반면에 이들의 사고가 월경하는 배우자를 (여자를 취한 자에 대한) 주는 자에 의해 일시적으로 정복된(획득된) 머리가죽과 동류시한다면 이들의 사고는 역시 전쟁과 혼인 사이에 직접적인 동등성을 상정하는 것이 틀림없다. 이런 의미의 예들은 적지 않으며, 그중 하나를 드는 것으로 충분할 것이다. 칸사족에서는 문신을 한, 말하자면 군인(전사), 최고 영예의 단계에 오른 전사들만이 혼인 거래에서 중매인의 역할을 할 수 있었다. 구혼자의 부모가 선택한 전사는 젊은 처녀의 집에 그를 동반할 다른 3명의 보증된 전사를 선발한다. 처녀의 부모가 우호적으로 교섭(과정)을 환영하게 되면 메지파하이(mezhipahai: 구혼자 측 선발 전사)는 자신의 눈부신 행적들을 암송하며, 그의 동반 전사들도 이를 반복해 암송한다. 구혼자의 집에 돌아오는 동안 전사들은 자신들의 높은 행적들을 열거하기 위해 몇 번씩 멈춘다. 그러나 그들의 요구가 거절되었을 때…… 그들은 조용히 돌아온다. 혼인 만찬 동안 젊은 신혼부부는 쳐다보지 않고 서로 등 대고 앉아 있는다(Skinner 12, 770~771쪽).

이처럼 구조적 분석은 갑자기 생각하지 못했던 길을 통해 의례와 관습의 어두운(밝히지 못했던) 부분을 명료하게 밝히는 일이 일어나는데, 이것은 핵심적인 의미를 포함하고 있다. 왜냐하면 아주 멀리 떨어진 세계의 여러 지역의 의례와 관습이 동일하다는 사실을 다시 찾을 수 있기 때문이다. 사실 이로부터 방법론적인 교훈을 끌어내기 위해서는 우리가 이를 원하지 않았음에도 불구하고, 대단히 다양한 문화들에서 확인된 머리-전리품과 여성적 존재들 사이의 연결에 대한 설명과, 북아메리카에 널리 퍼진 머리가죽을 여자에게 건네주거나 이것을 탈취하도록 놔두는 관습에 대한 설명을 하도록 이끌어온 것은 자연과 10의 수의 산술적 효력(능력)에 대한 성찰이었다는 것을 잊지 말아야 한다.

그러나 동시에 우리가 다룬 모든 신화에서 왜 머리가죽의 기원과 월경의 기원이 자웅동체의 인물들을 개입시키는지를 이해할 수 있다. "여자 없이 홀로 살아가는 4형제가 있었다. 이들은 스스로 여성의 일을 하고 있었다. 하루는 맏형이 나무를 긁어모으고 있었는데, 무언가가 그의 엄지발가락으로 파고 들어갔다…… 이것이 부풀어 올라 그의 머리만큼이나 커졌다." 이렇게 임신한 그는 작은딸을 낳았다(M489: Walker, 193쪽). 여성의 일에 열중하는 이 남자들에게(M473~M477) 다른 신화에서는 여자로 변하거나 변장한 주인공들(M480, M482~M483 등), 모호한 여성 주인공들(M469, M493), 이등분된 얼굴의 남자들(M482, M486)이 대답한다…….

그러한 인물들은 단지 신화 속에만 존재하는 것은 아니다. 이런 인물들은 때로는 의례적 기능을 담당한다. 말하자면 쉐이옌족은 '반(半)-남성, 반(半)-여성'이라 불리며 노인들처럼 옷을 입은 개인들로 이루어진 소집단에게 머리가죽 춤의 지휘를 맡긴다. 여성적인 삶의 양식을 선택한 이 남자들의 목소리는 남녀 양성 사이의 매개적인 소리이다. 남자들은 더욱 두 가지 이름, 남성의 이름과 여성의 이름을 소유하고 있다. 젊은이들은 이들을 아주 좋아한다. 왜냐하면 그들은 결혼을 알선(중재)하고, 머리가죽 춤이 사랑의 불장난 기회를 제공하기 때문이다. 안무의 중심인물(기사)과 같이 춤추는 동안 여인들은 그녀의 기사를 잡는 시늉을 한다. 선물을 주고 기사를 해방하는 것은 기사의 누이에게 맡겨진다(Grinnell

4, 306~310쪽)

우리가 위에서 논한 칸사(족) 관습과의 조화가 놀라울 정도이다. 사실 한 경우는 중매자의 역할이 전사들에게 돌아가는데, 이는 각각 동족과 적(이방인)이 동일시된 성(性)의 대립을 강화하고 있으며, 다른 경우는 같은 역할(중매인)이 성이 불분명한 인물에게 돌아가는데, 이는 그들의 중재라로서의 역할에서 성의 대립을 축소한다. 히다차족 측에서는 전사의 활동과 '남자-여자'의 활동 속에서 교대의 극단적 행위를 본다. 한쪽의 중재를 원하지 않는 청년은 반드시 다른 쪽의 중재를 선택한다(Bower 2, 220쪽). 그런데 혼인 교환에 있어서 각 방식은 결연집단 간 긴장의 정도 차이에 일치한다. 머리가죽이 부계 측과 모계 측 사이를 중재하는 역할을 한다면 최초의 신화적 시초자가 두 특성에 관여하는 것은 당연한 일이다. 우리는 곧 한 메노미니 신화(M495: 이 책 594~597쪽)에서 같은 역할이 주어진 한 자웅동체의 인물을 다시 볼 수 있을 것이다.

이제 단지 이 논의에서 다룬 머리가죽과 월경 피는 4개의 항(용어)으로 이루어진 더욱 복잡한 전체(체계)에 속한다는 것을 이야기하는 것이 바람직하다. 사실 이 집단의 신화들은 두 개의 다른 용어(항)들을 삽입하고 있다. 한편으로는 배우자(여)의 머리가죽의 비듬—말하자면 반(反) 또는 작은(小) 머리가죽이라고 할 수 있는—이고, 다른 한편으로는 탐식가이며 고약한 성질의 배우자(여)가 먹기를 요구하는 사냥감의 간이다. 우리는 이미 월경 피가 간에서 유래한다는 아메리카에서는 확실히 증명된 믿음을 인용했다(『꿀에서 재까지』, 519쪽). 만약 남성의 머리가죽과 여성의 비듬 사이의 관계가 은유적 서열(유사성 관계의 서열)에 있다면 간과 월경 피 사이의 관계는 환유적 서열(근접성 관계의 서열)에 있다. 이 점에 대해 젊은 여인이 간을 아주 좋아한다면 마치 그녀가 폐경기의 나이를 지난 것처럼 행동하는 것이다. "여자들은 그녀들이 어린아이들을 낳을 수 있는 동안 들소의 간을 둘러싸고 있는(근접해 있는) 살을 먹지 않는다. 왜냐하면 이것은 어린아이에게 해를 끼치기 때문이다"(Beckwith 1, 302쪽 주 141). 모독족과 살리시족에서 믹막족(Curtin 1, 126쪽; Phinney, 137쪽; Rand, 68쪽)까지 아메리카 북부 지역의 신화들은 늙은이들에게만 간을 제공하는 많은 예들을 제시하고 있다.

이것이 다가 아니다. 머리가죽의 소유는 전쟁에서 승리를 보장하며, 여성의 비듬을 섭취하면 사냥에 실패하게 된다. 신화M$_{493a\sim b}$에 따르면 배우자(여)가 간을 먹지 않는 것이 남편이 사냥에서 성공하는 조건이다(Hoffman, 182~185쪽; Skinner-Satterlee, 399~400쪽). 결론적으로 월경 피는 전쟁에서 실패하게 한다. 그래서 대평원의 인디언들은 막사에 월경하는 여인이 있을 때 전쟁신의 숭배에 사용하는 제단을 옮긴다. 그래서 우리는 머리가죽, 비듬, 간 그리고 월경 피에 각각 $x, -x, \dfrac{1}{x}, -\dfrac{1}{x}$의 값(값어치)을 줌으로써 일종의 클라인(Klein)의 집합공식을 얻을 수 있다.

\*   \*   \*

앞에서 한 고찰들은 이 책 제6부(483쪽)의 초반에서 우리가 한 질문에 대한 초벌적인 답변이다. 이 고찰들은 로위(3, 9쪽)가 선언했던 사실들보다 덜 비판적인 면을 보이고 있다. "로위는 말하기를, 내 생각으로는 시우어족의 가장 오래된 신화학(신화들)을 재구성하기 위한 모든 노력은 이들의 가장 오래된 문화를 찾는 것만큼이나 공허한 일일 것이다. 틀림없이 이들이 변별적인 부족들로 분리되기 전, 시우족이 하나의 문화와 자신의 신화들을 갖고 있었다. 그러나 수천 년이 흐르면서…… 차라리 새로 차용하고, 이웃 부족들로부터 얻은 이 고전적 유산과 관련됐다고 말할 수 있는 어떤 것도 남아 있지 않았다." 이것은 틀림없는 진실이다. 그러나 과거로 더욱 멀리 올라가보는 일이 금지된 것은 아니다.

고슴도치 편집의 수긍할 수 있는 기원(원천)을 찾아 출발했던 우리는 조금씩 머리사냥의 신화학(신화들)에 이끌려 들어갔으며, 본질적인 고유한 특성과 그 분포 영역은 이 신화학의 고전적 시원을 드러냈다. 이 신화학의 근본 바탕에서 우리는 두 개의 동형인 삼각(삼각틀)을 찾았으며, 이 두 삼각 사이에 신화들은 기능적 관계를 성립하고 있었다. 한쪽으로는 세 유형의 장식물 또는 전리품인 머리가죽, 고슴도치 가시털 자수, 성기털 술장식이, 다른 한쪽으로는 세 유형의 천체적 존재들, 말하자면 해, 달 그리고 돌(바위)이었다. 머리가죽은 먼 것의 범주에 속하고, 성기털은 가까운 것의 범주에 속하며, 같은 양상으로 해는 하늘의 먼 곳에 위치하고, 돌은 땅 위 아주 가까운 곳에 위치한다. 신화들은 머리-전리품을 오빠와 누이가 서로 가까운 곳에 머무르게 하는 수단으로 만들고 돌은 반대의 결과를 얻는 수단으로 만드는데, 이런 평행관계를 활용한다. 더욱 신화들은 또한 이렇게 이야기한다. 해와 달은 서로서로 아주 적당한 거리에 머무르는데, 이것은 마치 여자가 자신의 배우자의 머리가죽이나 성기털을 탐내는 대신 상대방을 위해 모카신을 수놓는 일에 전념할 때 생기는 남녀의 사이처럼 (해와 달은) 훌륭한 거리(적당한 거리)를 유지한다고 말한다.

게다가 신화들은 이 체계를 여성 월경의 철학과 연결시킨다. 월경 피로 오염된 한 주인공은 자신을 머리-전리품으로 변형시키는 조건에서 자신의 누이 곁에 머무를 수 있으며($M_{474}$), 자신의 누이와의 포옹으로 오염된 한 주인공은 누이로부터 더욱 멀리 떨어져 있기 위해 돌로 변해야만 한다. 우리는 이 변증법의 이유를 제시했는데, 임시적으로 고립되도록 강요된 월경 중인 여자는 자신의 남편과 **거리를 유지**해야 한다. 모든 것(일)은 마치 이 시기 동안 그리고 은유적인 의미로 여자는 자신의 **동족 곁으로** 돌아가는 것처럼 일어난다. 이때부터 같은 집단신화들이 모두 동시에 월경의 기원, 부부간 질투의 기원 그리고 홀아비(과부)생활의 기원 토대를 창시하는 이유를 이해할 수 있다(이 책 545~548쪽). 시기하는(질투) 남편이 배우자를 결정적으로 되돌릴 수 없도록 받아들여진 것으로 믿는다면 환상을 품는 것이다. 월경의 경우 (배우자[여])는 재연의 양상으로 되살아난다. 이것들(월경, 홀아비생활)은 이런 각도—월경의 각도보다는 주기적인 사용의 불가능성 각도—에서 검토할 때 결국 남편의 홀아비생활은 월경으로 인한 임시적인 사용 불가능성과 배우자의 죽음으로 인한 결정적인 불가능성, 이것은 결국 배우자(아내)의 사용 불가능성과 관련된다. 홀아비(과부)생활과 질투는 그러니까 극단적인 조건을 나타내 보이고 있으며, 이들 두 조건 사이에서 살아 있는 아내는 주기적으로 축소되기는 하지만 정중앙(가운데)에 위치한다. 마찬가지로 머리가죽과 성기털 술장식인 두 극의 장식물 사이에 여성의 덕목 상징인 가시털 자수가 위치한다. 결국 해와 달도 마찬가지이다. 왜냐하면 매일매일이라는 주기성의 해와 무주기성의 돌 사이에 달은 더욱 풍부하고 더욱 완곡한 (변화를 보이는) 형태의 주기성을 나타내기 때문이다.

만일 고슴도치가 우리가 주장했던 이유들로 보아 형이상학적(관념적인) 동물의 역할을 수행해야 한다면 이미 고슴도치는 체계 속에서 등록된 자신의 위치를 갖고 있어야 한다. 그런데 고슴도치는 달 근처에 있으며, 신화들이 고슴도치를 달과 동일시한다는 사실을 확인하기 위해 우리는 그림 36의 도식을 참조하는 것으로 충분하다. 사실 달처럼 고슴도치는 주기적 존재이다. 그리고 그의 가시털은 자수를 놓는 데 사용된다. 이 자수는—미리 이야기할 수 있지만—해와 합동인 머리가죽과 성기털 자수 사이에 중간적 위치를 차지하고 있다. 틀림없이 성기털은 해의 안티테제(反)인 돌과 합동이 아니다. 같은 양상으로 머리가죽과 해는 서로 합동관계에 있다. 그러나 우리는 이미 신화M466을 통해 고슴도치 가시털을 성기로 변화시키는 (같은) 조작활용의 덕으로 돌은 달의 변형이라는 것을 알고 있다. 이런 비틀기(현상)에 놀랄 필요는 없다. 왜냐하면 이 비틀기는 우리가 전에 서술(또는 규정)했던 표준법칙(loi canonique)의 한 특수한 경우를 구성하기 때문이다(L.-S. 5, 252쪽;『꿀에서 재까지』, 357쪽).

이처럼 고슴도치와 달이 연결(이미 월경의 기원과 관계 있는 신화들 속에서—잊어서는 안 될 것이 있는데—이 책 510~511쪽 참조)됨으로 인해 해결되어야 할 문제가 아직 남아 있다. 즉 왜 모든 고슴도치 편집을 다루는 신화들은 별들(해와 달)의 다툼에 관한 에피소드로 시작되는가 하는 문제이다.

머리가죽의 탈취와 그의 의례의 기원을 세우는 몇몇 신화들에서 해와 달이 어떤 역할을 수행한다는 사실을 다시 기억하는 것으로 시작하자. 해의 배우자인 달은 자신의 잔인한 남편보다 얼굴에 상처 있는 남자(M482b)에 유리하게 개입한다. 또는 주인공은 해와 달인 두 노파의 도움을 받는다(M483). 또는 우리가 이 신화들을 우리의 논거 속에 포함한 것은 이들 신화들이 중앙 알곤킨족 신화(M473~M477), 특히 메노미니족 신화들(M478~M479)의 변형이며, 또한 이미 처음으로 10의 수 문제가 나타났던 만단족과 히다차족 신화들(M464~M465)은 알곤킨과 메노미니 신화들의 변형으로 보아왔기 때문이다. 잔존하는 문제를 해결하기 위해 이제 우리는 역전된 과정(방식)을 수행해야만 할 것이다. 왜냐하면 머리가죽의 기원에 대한 신화들에서 해와 달의 역할을 이해하기 위해서는 방금 인용한 대평원의 신화들에서 출발해 다른 길(방법)을 통해 우리가 출발했던 만단과 히다차 신화들을 거쳐 결국 귀착하게 될 메노미니족 신화들로 다시 돌아와야 할 것이기 때문이다. 마침내 여기에 메노미니족이 이야기하는 머리가죽 벗기기의 기원신화가 있다.

### M495. 메노미니족의 신화: 붉은—머리

옛날에 마누라에게 비열한 취급을 받는 한 인디언이 있었다. 그는 훌륭한 사냥꾼이었지만, 탐욕스런 아내는 그가 사냥감을 잡기가 무섭게 휩쓸어 갔다. 더욱 그녀는 행동이 고약했다. 이로 인해 고통을 느낀 인디언은 그녀를 떠날 생각을 하고 있었다. 그는 어느 정도 능력 있는 주술사였으므로 막 잡은 흰 털 사슴의 도움을 받았다. 나무에 매달린 공범 동물의 시신이 자신의 시체를 끌어 내리려고 애쓰는 여자의 행동을 피하는 동안 주인공은 도망쳤다.

사냥감의 꾀로 늦어지기는 했지만 아내는 남편이 도망갔다는 사실을 알고 그를 잡으려 했다. 남편은 주술적 장애물을 만들어 그녀를 멀리하는 데 성공했다. 그러고는 고기를 굽느라 몰두해 있는 한 남자를 만났는데, 주인공은 이 남자에게 도움을 청했다. 왜냐하면 그의 박해자가 가까이 오고 있었기 때문이다.

전혀 마음의 동요 없이 낯선 남자는 주인공에게 긴 창자의 끝을 먹도록 하고, 자신은 다른 끝을 먹도록 했는데, 가능한 한 창자를 아주 길게 늘이며 먹도록 했다. 반면, 고약한 아내는 가까이 접근해 왔다. 겁먹은 주인공이 서둘러 창자의 절반을 서둘러 먹는 바람에 만족한 낯선 남자가 일어서서 그가 죽인 곰을 자신의 등에 올려놓는 순간 두 사람의 입이 서로 닿았다. 낯선 남자는 주인공에게 그가 아주 쉽게 곰과 주인공을 운반하기 위해 곰의 털 위에 올라타도록 요구했다.

그가 그의 짐과 함께 공중으로 날아올랐을 때 여자가 그 장소에 도착했다. "여자는 구조자를 향해 네가 내 남편을 데려가는 것은 네 누이가 착하기 때문이 아니다. 그리고 내가 네 두 놈 다 죽일 수 있는 그 순간이 오기를! 나는 말할 수 없는 지독한 질투심에 차 있다!"

낯선 사람은 단지 해 또는 낮의 빛이었다. 그는 그의 누이와 같이 하늘에 살고 있었는데, 그들이 동반자가 되도록 하기 위해 그를 초청해 왔음에도 불구하고 그의 누이는 주인공을 쌀쌀맞게 대했다. 해가 집에 없을 때 그녀는 자신이 보기에 못생긴 이 불쌍한 남자를 비난하고 고약하게 취급했다.

어느 날 그는 그것이 지겨웠다. 그래서 그는 한 바퀴 돌고 오려고 집을 떠났다. 그는 한 초자연적 보호자를 만났는데, 그에게 해의 누이는 10명의 애인을 갖고 있으며, 또한 그가 나타남으로써 그 여자가 곤란해졌다는 것을 알려주었다. 그는 주인공을 도와 그들(10명의 애인들)을 쳐부술 것을 제안했으나 그(초자연적 보호자)를 자신의 어깨에 올려놓아야만 했다. 왜냐하면 초자연적 보호자는 단지 반(半)쪽 인간, 즉 자웅동체이며 불구자이기 때문이라고 말했다. 두 명의 동맹자들은 애인들 중 한 명을 죽였는데, 그는 붉은 머리털을 갖고 있었다. 그들은 머리가죽을 떼어내 준비한 후 주인공은 해의 집으로 돌아왔다. 그가 집에 들어서자마자 별(해)의 누이는 그를 모욕하기 시작했다. "모든 내장이 들어 있는 너는 얼마나 못생겼는지! 나는 너의 뱃속에 둘둘 말려 있는 창자가 보인다." 해가 이 소리를 듣고 그녀를 꾸짖었다. 그가 주인공을 초청했던 것은 그와 친구가 되기 위해서였지 그가 모욕당하라고 초청한 것은 아니었다.

인디언은 사냥을 했고 등에 불구자를 업고 가지 않을 때는 사냥감을 가지고 돌아오곤 했다. 그는 또 붉은 머리를 가진 다섯 명의 애인들을 죽였다. 불구자는 시체의 기름으로 보호자(인디언)의 몸에 기름칠을 했다. 그리고 그에게 머리가죽을 그의 친구 해에게 주라고 주문했다. 해는 기뻐서 소리를 질렀다. 해는 말하기를 이것으로 훌륭한 외투를 만들 거라고 했다. 그렇게 치장한 해는 군중에게 결코 보지 못했던 가장 훌륭한 광경을 제공할 것이다. 그가 마지막 애인들의 머리가죽을 받았을 때 그의 감사하는 마음은 더욱 증가했다. 그의 누이로서는 그가 두려워 감히 아무 말도 하지 못했다.

불구자는 해의 누이가 그를 유혹할 텐데 그녀를 거절해야 한다고 주인공에게 미리 알려주었다. 왜냐하면 그녀가 단지 복수하기 위한 핑계를 찾고 있었기 때문이다. 그러나 육신의 욕구는 약했으므로 그는 결국 굴복해 그녀와 결혼했다. 그들은 남자와 여자를 낳았다. 어느 날 해는 그의 누이에게 남편이 그들의 가족(동족)을 다시 볼 수 있도록 그의 남편을 땅으로 동반하라고 충고하며, 자신에게 작은아들, 즉 조카를 맡기라고 요구했다. 해는 그녀가 인디언들의 집에서 행동을 잘하도록 온갖 충고를 했다.

부부는 오랫동안 집을 비웠다. 반면 그들의 아들은 해의 곁에서 성장했다. 해는 그가 자신의 자리를 차지하도록 했다. 그러나 한 번은 소년이 삼촌의 명령(지시)을 어기고 지름길을 선택했다. 말하자면 그는 곡선인 일상의 길 대신 곧장 돌아왔다. 해는 실망했다. 이제부터 인간들에게는 모든 것이 망가졌다. 겨울의 날들은 너무 짧아져서 매일의 일을 끝내지 못할 것이다.

해는 또한 누이의 행실에 대해 걱정했다. 그녀는 자신이 대단한 사냥꾼의 아내이기 때문에 자신을 질투하는 다른 여자들의 비방과 잡담에 조심하지 못한 탓으로 실수하기 시작했다. 이어서 그녀는 오라비의 충고를 잊고, 수다스런 아낙네들에게 눈을 흘겼는데, 이 시선이 하도 적의에 차서 그녀들이 죽고 말았다. 해는 화가 나 그녀와 함께 그녀의 남편과 딸을 하늘로 불러올렸다. 그리고 그는 이 희생자들을 다시 살렸다. 자! 이것이 해와 달이 인간의 형상을 취하고 반쪽짜리 인간이 되었을 때 일어나는 이야기이다(Skinner-Satterlee, 371~376쪽).

또 다른 메노미니 판본(M495b: Bloomfield 3, 531~537쪽)은 어른이고, 자신의 훌륭한 사냥꾼의 자질에도 불구하고 나쁜 취급을 받는 잘못 혼인한 주인공의 인물을 전도하고 있다. 이 주인공은 능력이 없고 통과의례를 거부하는 청소년이 된다. 이러한 변형은 분명히 상처를 가진 남자의 순환에서 추하게 생기고 불행한 애인이 아름답고 게으른 아들로의 변형과 상동(관계)이다. 그리고 좀더 멀리 뒤쪽으로 올라가 보면 독신 형제들의 순환에서 배우자(여)가 비(非)-누이로의 변형과 상동(대응관계)이다. 신화M495b의 주인공이 자신의 보호신을 좀더 빨리 보기 위해 단식을 결정할 때 달은 그를 자신의 보호 아래 둔다. 달은 그를 하늘로 데리고가 그의 형제인 해의 곁에 두고, 그와 혼인한다. 이들은 곧 아들을 낳았는데, 빨리 성장했다. 그의 삼촌은 자신을 대체할 인물로 결정한다. 앞쪽의판본에서처럼 소년은 단축된 길(궤도)을 선택한다. 해는 그가 매일(날들)의 길이를 단축시켰다고 질책한다.

해는 자신의 인간 매제를 매일의 운행에 동행하도록 초청한다. 정오쯤 그들은 한 마을에서 어떤 물건을 만들다 실수해 상처를 입는 한 남자를 본다. 해는 인간들로부터 개의 희생제의를 받는데, 틀림없이 부상자를 치료하기 위한 것이다. 오후에 천상 여행자들은 서로 싸우는 남자들을 보게 되는데, 해가 호의를 갖고 있는 남자가 이긴다. 그들이 마침내 저녁에 돌아왔을 때 해의 누이이며 인간 남편의 배우자인 달이 월경을 하고 있는 것을 발견한다. 이것이 월경의 기원이다.

여기서 3중의 변형을 유의하기 위해 잠시 괄호를 열고 논의해 보자.〔한 남자의 부상, (전사에 의한 부상이 아님) ⇒ (전사에 의한 부상)〕⇒〔한여자의 부상, (전사에 의한 부상이 아님)〕. 이 변형을 더 연장(확장)해 보면결국 독신 형제들의 순환에 다시 이르게 될 것이다. 이 순환에서는 한 여자에게 고통을 주는 전쟁에 의한 부상이라는 메타포(은유) 뒤에 월경의기원을 감추고 있다. 위 신화에서 논리적 요구가 육체의 논리적 요구를능가하고 있다. 왜냐하면 달은 아들을 출생한 후 첫 월경을 하기 때문이다. 다른 메노미니 신화(Bloomfield 3, 559쪽)에서 한 남자가 기절을 하는데, 신화M495b의 남자처럼 일상의 일을 하는 도중에 자신의 피가 흐르는 것을 보았기 때문이 아니라 월경하는 여자가 피를 흘리는 그를 보았기 때문이다.

신화M495b의 후속 이야기는 첫 번째 판본의 후속 이야기를 재생하고 있으며, 두 판본은 같은 양상으로 끝난다. 그러나 메노미니족과 비교적 가까운 부족들에서 유래하는 신화들은 다른 위치에 있는 주인공들을 서로 교환 가능하다는 것을 알 수 있다. 오타와족(M496: Schoolcraft 2, 282~232쪽; Williams, 249~251쪽)은 해의 누이인 달이 지상의 한 인디언 남자를 납치해 남편으로 삼는다고 이야기한다. 달은 인간 여성과 결혼을 금지하는 조건으로 인디언을 사슬 끝에 매달아 다시 하강시킨다(M387c 참조).

파우니족(M497: G. A. Dorsey 2, 194~196쪽)은 동시에 오타와 신화와 메노미니 신화를 전도한다. 파우니족은 햇-살이라고 불리는 인물이 자신의 어린 배우자를 굶기고 감금했다고 이야기한다. 이 여인은 여러 번에 걸쳐 도망을 시도했지만, 그녀의 학대자도 그녀를 다시 붙잡아 전보다 더욱 심하게 취급했다. 결국 그녀가 피난해 있던 한 마을의 주민들이 천상의 창조자인 햇-살이 지상의 배우자에 대해 권한을 남용하고 있다고 질책했다. 이러한 질책에 마음이 흔들린 그는 해의 곁으로 돌아가 햇살 가운데 자신의 자리를 다시 갖기로 했다. 그는 이제 결코 지상의 여인과 혼인하지 않을 것이다…….

이 변이형 신화는 만단족(M498: Maximilien, 365쪽)에 자신의 상대 신화(보완 신화)를 갖고 있으며, 이 상대 신화는 '생명의 주신'을 사랑하게 된 한 인간 여인을 유혹하려고 이 신의 정체를 사칭했던 인디언의 이야기를 하고 있다. 이 신은 사기행각을 발견하고 그가 젊은 소녀를 하늘로 끌어 올리는 데 사용했던 두 개의 줄을 내려보냈다. 만단족에서 이 판본이 출현한 것은 물론 우리가 방금 상기했던 모든 신화들이 같은 유래를 가지고 하나의 신화(M481)처럼 부부 간의 질투 주제를 두고 이야기가 이루어지고 있다는 데 주의를 기울일 필요가 있다. 우리는 이미 이 신화(M481)를 이야기했으며, 이 신화에서 질투에 사로잡힌 여인들은 야생 해바라기로 변형되며, 그래서 이 야생 해바라기를 꺾거나 여기에 오줌을 싸는 것이 금지된다(M481: Bowers 1, 373쪽). 이제 우리가 논하게 될 한 신화에서 달이 자기 자신의 이익을 위해 공표하는 금지와 치환될 수 있는 이 마지막 금지는 **달/해바라기, 오줌/월경 피** 등의 대립구조를 암시한다. 이것은 대립구조를 탐색하는 데 도움을 줄 것이다.[8]

\* \* \*

우리는 방금 예고한 다음 신화에서는 다른 신화 판본에서 불분명한 채

---

8) 모든 모호함을 미연에 방지하기 위해 시우어(들)는 프랑스어나 영어가 하는 것처럼 해와 연관지어 해바라기를 명명하지 않는다는 것을 서둘러 강조할 필요가 있다. 참고로 해바라기는 만단어로 마페 오-세데(mapèh o-sedèh), '빨은 씨앗'이라 하며(아주 특별히 우리는 예일 대학의 콘클린 교수에게 고마움을 표한다. 그는 우리의 요구에 한 만단 여인의 입으로부터 얻은 정보를 제공해 주었다), 다코타어로 와촤 지지(wahcha zizi), '노란 꽃'이라 부르고, 오마하-롱카어로 자-지(zha-zi), '노란 풀'이라 한다. 금지에 대한 이유는 다른 곳에서 찾을 수 있는데, 상류 미주리강의 부족들은 해바라기를 경작하며, 물론 야생 해바라기도 밭 근처에서 자란다(Maximilian, 346쪽; Heiser, 435쪽). 그리고 신화M481에서 언급된 금지는 명시적으로 야생풀(해바라기)과 관련되는데, 야생 해바라기를 막(무례하게) 취급하며, 경작한 해바라기와 같은 자격으로 보지 않는다는 것은 의미심장한 일일 것이다. 이러한 가정 아래서 보면 해바라기는 신화집단의 다른 삼각(틀)의 달, 고슴도치 가시털 자수 그리고 양성적 존재처럼 하나의 **혼성**(중간)일 것이다. 우리는 남아메리카에서 야생식물과 경작식물 사이의 매개적인(중간의) 위치에 있는 가지과 식물(solanaceous)—이런 매개적인 이유로 특별한 취급을 받는다—에 대해 같은 유형의 표현을 접한 적이 있다(『꿀에서 재까지』, 439~441쪽). 19세기 초에 나온 앙리의 서술(Coues, 323쪽)이 우리의 이러한 해석을 확인해준다. "해바라기, 사실상 이것들은 경작하지 않아도 어디서나 해바라기 밭 근처에서 자라며, 아마도 바람에 날린 씨앗 때문일 것이다. 그런데 토착인들도 이 야생 해바라기를 취하지 않는다. 왜냐하면 이 야생 해바라기는 열심히(정성 들여) 씨뿌리고 키운 해바라기와 같은 값어치가 없기 때문이다."

로 남아 있는 점들(부분들)을 밝힐 수 있는 변형들을 우선적으로 찾을 것이다.

### M499. 오지브와족의 신화: 두 개의 달

붉은-양말(또는 붉은 스타킹)이라 불리는 한 젊은 인디언이 고종 사촌과 홀로 살고 있었다. 여자가 없었으므로 그들 자신들이 부엌일과 나무해오는 일을 했다. 이런 일은 사촌을 즐겁게 했으며, 사촌은 그들이 결코 혼인하지 않을 것이라는 맹세를 하여 붉은-양말을 아주 놀라게 했다. 그렇지만 얼마 후 신중하지 못한 사촌은 숲속에서 몇 번에 걸쳐 아주 아름다운 소녀를 만나 사랑에 빠졌다. 그러나 그녀가 그에게 웃음을 지어보이자마자 공중으로 사라져버리곤 했다. 사촌의 절망한 모습을 보고 불쌍히 여긴 붉은-양말은 여자를 찾아 나섰다. 그는 그녀를 발견했다. 그녀가 하늘로 다시 올라가고 있는 줄을 끊었다. 그리고 그녀를 데리고 왔다. 사촌은 그녀와 결혼을 했다. 그녀는 두 사람(남자)을 위해 완벽한 가정부의 역할을 했다.

겨울이 왔다. 두 사촌들이 사냥을 하고 있던 어느 날 붉은-양말의 외양을 한 낯선 남자가 오두막 안으로 들어와 젊은 여자를 납치해갔다. 그녀의 반항에도 불구하고, 그는 그녀를 멀리 있는 한 마을로 끌고 갔는데, 그 마을은 모든 것이 붉은색이었으며, 누더기 옷을 걸친 꼽추들이 절구에서 곡식을 찧는 여인들처럼 일을 하고 있었다. 머리털이 없는 대머리 납치자는 이들 꼽추들이 그가 잡아온 여인들의 남편들(신화M479 참조)이라고 여주인공에게 설명했다. 그런 후 그녀를 완전히 머리가 빠져 대머리 여인들로 가득 찬 큰 오두막 속에 가두었다. 아주 아름다운 머리칼을 가졌던 여주인공은 같은 운명을 겪어야 될 생각에 두려워 잠을 자지 않으려 애썼지만, 새벽녘에 잠이 들고 말았다. 깨어보니 그녀 역시 대머리가 되었다.

그녀는 울며 오두막을 떠나 피로와 슬픔에 지쳐 쓰러질 때까지 정처 없이 걸었다. 그곳을 지나던 해가 그녀에게 물었다. 기름과 섞고 물에 녹인 소나무 방향성 수지(樹脂)를 가지고 그녀의 머리칼이 다시 나도록 했다.

해는 그녀가 그를 따르도록 했다. 그리고 자신의 늙고 사나운 배우자인 달이 아마도 그가 없는 동안 틈을 타 그녀를 죽일 것이라고 미리 이야기해주었다. 왜냐하면 해와 달은 각기 자기 차례에 여행을 해야 했고 함께 거처에 머무는 일이 아주 드물기 때문이었다. 해가 그의 피보호자와 도착했을 때는 이미 밤이 되었다. 달은 곧 그들을 떠났다. 달은 하늘 높은 곳에서 인디언 여인(여주인공)을 보았는데, 그녀는 단풍나무 설탕을 만들고 시럽을 솥에 옮겨 붓고 있었다. 이 일을 하는 동안 여자는 소변을 볼 생각이 들어 양동이를 놓지 않은 채 밖으로 나왔다. 밤하늘의 별을 보며 생각에 잠겨 쉬고 있었다. 이런 무례함에 모욕을 느낀 달은 죄인을 결박해 양동이와 같이 자신의 채롱 속에 넣었다. 일상화되어버린 달의 고약함을 벌하기 위해 해는 자신의 배우자(달)가 희생자를 데리고 있게 했다. 이것이 달의 흑점에 대한 기원이며, 사람들은 배우자와 양동이를 분명히 구별할 수 있다.

항시 자신의 대녀(代女)를 감시하고 있던 해가 없는 동안 달은 여러 번 그녀를 죽이려 했다. 달이 여주인공을 그네를 이용해 일종의 자연적인 우물(물구덩이)에 떨어지게 하는 일이 성공할 뻔한 적도 있었다. 그런데 여주인공은 자신이 천둥(신)들의 피보호자였다는 사실을 기억해냈다. 그녀는 천둥신들에게 애원했는데, 그들은 그녀를 해방시켜주었다(신화M479a~b 참조). 오두막으로 돌아온 여주인공은 해에게 물었다. 진심으로 그의 아내를 사랑하느냐고. 그리고 해가 부정적인 답변을 하자 여주인공은 이 요술쟁이(해의 배우자)를 천둥신들에게 주었는데, 이들은 그녀를 잡아먹었다. 해는 어렵지 않게 배우자를 제거한 것에 아주 기뻐했다. 그리고 해는 여주인공에게 밤의 별(달)의 자리를 취해 인간들의 친구가 되어달라고 부탁했다.

(결과적으로 달이 없는 밤) 그들이 함께 휴식하는(잠자는) 동안 머리 대신 해골을 가진 사람은 자신의 포로(여인)를 다시 잡으려 시도했으나 해가 개들을 풀어 그를 쫓아버렸다.

한편 붉은-양말의 사촌은 자신의 아내를 찾으러 떠났다. 그는 그녀의 흔적(자취)을 따라 쫓아가 숲속의 빈 터에 도착했는데, 그곳에서 꼽추들이 그에게 그도 자신들과 같이 꼽추가 될 것이라고 미리 알려주었다. 결국 악신들은 그의 적수와 싸워 승리해 그의 등뼈를 부러뜨려 그를 꼽추로 만들었다. 남루한 옷을 걸치고 절구를 가진, 그리고 옥수수 알곡을 담은 자루를 지닌 불행한 붉은-양말의 사촌은 강제노역을 하게 되었다.

다른 한편 붉은-양말은 그의 사촌이 결혼에 대해 뱉은 저주를 다시 생각해보았다. 그 역시 아름다운 이방인 여인과 혼인하지 않은 것이 그 스스로 희생하고 있는 것처럼 생각되었다. 그들의 모든 불행이 거기에서 온다고 생각했다. 사실 매력적인 여인이 그에게 결혼을 원했을 때 그는 매정하게 거절하고 잃어버린 두 사람을 찾아 떠났다.

그는 악신의 거주지에 도착해 그와 싸워 승리했으며, 그의 허리를 부러뜨리고, 그의 목(얼굴)을 뽑았다. 그런 다음 그를 지하세계로 몰아냈다. 이어서 그는 꼽추들의 등을 다시 펴 제자리로 돌려놓고, 여자들을 해방시켰으며, 부부들을 원래의 자리로 돌려놓은 후 그들이 떠나왔던 곳으로 모두 돌려보냈다(Jones 2, 제2부, 623~653쪽).

여러 면에서 이 신화는 대단히 큰 관심을 갖게 한다. 이 신화는 우선 우리가 이 책 초반부에서 제기했던 의문을 해결할 수 있도록 하는데, 이런 의문은 오지브와족의 한 신화(M₃₇₄: 이 책 128~130쪽)가 전(前)권에서 오랫동안 논의했던 남아메리카의 다른 한 신화와 거의 같다는 것을 다시 알았을 때 들었던 의문이다. 그런데 이 인디언 와라우족 신화(M241)는 북아메리카의 북부 지역에서는 결핍된 산출물인 야생꿀의 순환(신화군)과 관련되며, 이 지역에서 단풍나무 설탕(메이플 시럽)은 적어도 음식물과 관련해서는 꿀과 유사한 위치를 차지하고 있다. 그렇다면 이곳이나 저곳 모두에서 신화들은 설탕과 꿀을 같은 양상으로 취급하고 있는 것인가? 만약 그 대답이 그렇다면(긍정적이라면) 우리는 진정한 **시도(경험)**의 조건을 만들어낼 수 있을 것이며, 그 결과는 우리가 단지 남아메리카의 사실들(faits)만으로 유추해야 했던 꿀의 의미론적 기능에 대한 가설들을 **경험에 의거해**(귀납적으로) 유효화할 수 있을 것이다. 신화M499는 이러한 경험을 실현할 수 있도록 해줄 것이다.

전권 내내 우리는 이 자연적인 산물인 꿀이 월경 피와 유사하다[9]는 꿀

---

9) 우리가 이 책을 집필하고 있을 때 동료인 보고타 대학의 제라르 라아쉘-돌마토프 교수가 친절하게도 차코족 정보 제공자와 인터뷰한 아직 출간되지 않는 텍스트를 우리에게 열람시켜주었다. 정보 제공자는 야생꿀을 정액과 동류시하는 이론을 전개하고 있었다. 베네수엘라에서 파라과이까지 펼쳐진 광활한 지역에서 우리가 이끌어낸 (이론)체계의 놀라울 만한 도치였으며, 이 도치(반전)는 우리의 해석과 모순되는 것이라기보다는 보충적인 측면에서 이를 풍부하게 했다. 결국 정액은 남편에게서 아내에게로 **이전되어야만 하는** 것이며, 월경 피는 아내에게서 남편에게로 **이동해서는 안 되는** 것이다. 그런데 우리는『꿀에서 재까지』에서 꿀은 남편에게서 아내의 부모에게로 이전되어야만 하는 것으로 정액과 같은 방향으로 가지만 더 멀리 이전된다(아내의 부모에게로). 마찬가지로 우리는 이 책(585~591쪽)에서 머리가죽 역시 남편에게서 아내에게로, 더욱 흔히 아내의 부모에게로 넘어간다. 그러니까 우리는 한편으로는 월경 피와 정액, 다른 한편으로는 머리가죽과 꿀로 짝을 이루는 4개 항(용어)으로 일반화된 하나의 체계를 얻는다. 남편은 정액을 아내에게 이전하고 아내를 매개로 하여 장인 장모에게 꿀을 이전하는데, 이것은 그들로부터 받은 아내를 대신하는 것이다. 여자(아내)는 마녀(M24 참조)가 아닌 한 남편에게 월경 피를 이전하지 않는다. 남편에 대해 말하자면 그는 아내의 부모에게 머리가죽을 이전하는데, 이것은 월경 피의 불(不)이

의 철학을 점진적으로 끌어냈다. 두 가지 다 공들여 만들어진 물질들인데, 한 경우는 일종의 식물성 하위-음식물(infra-cuisine)로부터 생기는 물질(남아메리카 인디언들은 꿀을 식물성으로 분류하기 때문)이며, 다른 경우는 동물성 물질이다. 더욱 정상적인(일상적인) 조건에서는 '꿀'이지만 월경을 할 때는 독을 분비하는 여자처럼 꿀은 온전하거나 독성을 갖는다. 결과적으로 우리는 토착인들의 사고로 꿀의 탐구가 일종의 자연으로의 회귀(되돌아감)를 나타낸다(표상한다)는 것을 알았으며, 꿀은 성적인 영역에서 미각적 감각(감성)의 영역으로 이전된 에로틱한 이끌림으로 분장한 물질로, 만일 꿀에 너무 오랫동안 심취하면 문화의 기초 자체를 무너뜨릴 수 있을 것이다. 마찬가지로 밀월(기간) 역시 신혼부부가 서로 끝없이 즐거움만 즐기고 사회에 대한 그들의 의무를 등한시하도록 놓아둔다면 공공질서를 위협할 것이다.

어떻게 단풍나무 설탕이 합당한가를 알기 위해서는 우선 설탕의 생산 과정(양식)을 조사해보는 것이 필요할 것이다. 단풍나무(*Acer saccharum, Acer saccharinum*)와 때때로 다른 나무들(*Acer negundo, Hicoria ovata, Tilia americana, Betula*종 등)의 설탕도 사용되는데, 이들 나무들의 수액은 아직 땅 위에 눈이 남아 있는 초봄에 올라온다. 철새인 작은 까마귀가 돌아올 이 시기에 대호수 지역의 인디언들은 마을을 뒤로 하고 각 가족은 그들이 소유하고 있는 단풍나무 밭에 캠프를 치러 간다. 설탕을 준비하는 일은 특히 남성들이 사냥을 하는 동안 여성들이 치러야 할 몫이다. 여자들은 임시 거처를 세우고 자작나무 껍질로 된 1200~1500개의 그릇을 점검하며, 흔히 못쓰게 된 그릇들을 수선하거나 대체해야만 한다. 자작나무둥치에서 껍질을 쉽게 벗길 수 있으며, 이를 자르고 접고,

---

전이 장인 장모가 혼인을 승낙했던 그(사위)를 거절하면서 아내 스스로 아내의 불(不)이전의 의미를 가지는 것을 피하기 위해서이다.

(바느질 해) 잇는 일 역시 초봄에 한다. 사람들은 냄새가 좋은 전나무 (*Abies balsamea*) 진을 나무껍질에 칠하여 새지 않도록 한다. 설탕의 질과 색깔은 그릇의 청결과 흰 색깔에 달려 있다(Densmore 1, 308~313쪽; Gilmore 1, 74쪽, 100~101쪽; Yarnell, 49쪽, 52쪽). 향기 나는 전나무의 수지(진)는 쓴 수액을 갖고 있는 반면, 단풍나무 수액은 달다. 그리고 사람들은 시럽의 질을 높이기 위해 기름을 섞었다. 우리는 이미 신화M499 에서 해가 기름과 섞은 미량의 전나무 수지를 가지고 준비한 두발용 로션이 신화 역시 관심을 갖는 단풍나무 설탕의 가공과 전체적으로 같은 기술과 관련된다는 것을 알았다.

이것의 가공과정은 많은 조심성이 요구되며, 가공이 완성되지 않는 한 밤과 낮 연속적인 노동이 필요하다. 사람들은 나무둥치에 상처를 내고, 흘러나오는 수액을 수집한다. 여러 개의 다른 용기에 연속적으로 몇 번 끓임으로써 우선 진한 시럽을 얻을 수 있으며, 넓은 판때기에서 작은 알갱이로 된 물질로 만들어진다. 이것은 틀림없이 쇠솥이 유입되기 전 인디언들이 알고 있었던 엄밀한 의미의 설탕이다. 왜냐하면 이들은 나무껍질로 된 그릇을 태우지 않고 액체를 끓일 줄 알았기 때문이다. 역사시대로 넘어오면서 이들 인디언들은 엄청난 양의 설탕을 가공했으며, 기근이 든 시기에 이를 극복하기 위해 1년 내내 보관했으며, 이 시기 이외에 음식물을 조리하는 데 사용했다. 역시 이들은 '밀랍설탕'을 만들었는데 끓는 시럽을 서둘러 눈 속에 집어넣어 연한 반죽 형태로 굳게 했으며, 이것은 대단히 선호하는 사탕과자의 역할을 했다.

단풍나무 수액인 이 야생의 산물을 찾는 일은 또 다른 야생의 산물인 꿀의 탐색과 닮아 있다. 이것이나 저것 모두 일시적인 자연상태로 되돌아가도록 한다. 말하자면 숲속에서 유목 또는 반(牛)유목생활이 강조되는 이때는 1년 중 양식이 귀한 시기이다. 정확히 이야기하자면 꿀이나 단풍나무 설탕은 예외이며, 이것들의 진미(즐거움)는 육체적 쾌락을 충족시킬 수 있다. 그러나 그것이 아무리 감미롭다 해도 너무 독점적인 이런 체제가 긴 시간 동안 연장된다면 피로(권태)와 손상 없이 성립될 수는 없을 것이다(반드시 싫증과 손상이 따르게 될 것이다).

사회학적이고 영양학적인 이 이중적인 역설에 대해 두 대륙의 인디언들은 같은 양상으로 대처해왔다. 이들은 감미로운 음식의 소비에 두 가지 방법을 실행해 왔는데, 말하자면 직접적이고 규칙 없이 또는 지연되고 모든 종류의 형식에 순응하는 방식이다. 모든 종류의 형식은 자연적 물질과 초자연적 질서와의 은밀한 합의(또는 공모)를 가정할 수 있는 것이며, 가공이 뒤따르거나 뒤따르지 않는 수집을 통해 문화의 요구(의무사항)와 자연의 요구 사이에 나타나게 된 모순을 극복할 수 있게 한다.

마찬가지로 남아메리카 인디언들은 신선한 상태로 꿀의 자유로운 소비를 알고 있었으며, 발효된 꿀의 규제화된 소비도 알고 있었다. 이들의 북아메리카 동료들은 단풍나무 수액에 같은 유형의 차별화를 적용했다. 이들은 신선하게(가공함이 없이) 수액을 자유롭게 마셨으며, 물처럼 아무 규제도 없이 마셨다. "17세기 초에 인디언들(믹막족)은 그들의 갈증을 해소하기 위해 직접 나무 자체의 수액을 마시는 관습이 있었다"(Wallis 2, 67쪽). 이로쿼이족은 "갓 채취한 수액을 선호하는 음료로 간주했다"(Morgan, 제2권, 251쪽). 반면에 가공이 막 시작된 수액은 금지되었다. 사우크족에게는 "완전히 가공되기 전에 설탕을 맛보는 것이 허락되지 않았다." 사람들은 개를 희생하고 8사람을 초청해 한 방울의 물도 마시지 않고 한 사발 가득 담은 설탕을 비우게 했다(Skinner 9, 제3부, 139쪽). 결과적으로 만일 신성한 수액이 물처럼 사용되고 있다면 적어도 의례 기간 동안에는 준비된(가공된) 수액은 물을 배제했다. 휴론족과 위안도트족(Wyandot)에게 알려진 한 신화(M500: Barbeau 1, 110~111쪽; 2, 17쪽)는 어떻게 단풍나무신(정령)이 옛날에 나무에서 흐르는 수액을 설탕빵으로 변화시켰는지를 이야기한다. 채집한 인디언이 이를 먹고 싶어 했지만 나무신(정령)이 그녀에게 나타나 부적처럼 소중히 상자에 넣어 자신을 보관해야 된다고 설명했다. 일반적인 양상으로 프랑스계 캐나다인들이 이야기하는 것처럼 '설탕의 시기'와 단풍나무 농원의 전원생활은 의식과 의례로 강조되어 있었으며, 이들의 의례들은 개의 춤, 말하자면 메노미니족은 거지들의 춤(Skinner 7, 210~211쪽), 이로쿼이족은 따뜻한 시기가 빨리 오기를 재촉하고 수액이 오르기를 바라는 전사의 춤(E.A. Smith, 115쪽)이라 불렀다. 북아메리카 의례에서 거지와 의식의 익살꾼들이 수행하는 중개자(중재자) 역할 때문에 전사와 거지의 대립이 대평원의 혼인 의례에서 전사와 암수동체의 대립—이에 대해 우리는 개괄적인 해석을 한 적이 있다(이 책 589쪽)—과 유사성을 제시하는 것이 아닌가를 찾아보는 것은 흥미로운 일일 것이다. 또 다른 의례적인 규정은 (수액의) 수집과 관련되어 있었다. 메노미니족은 매일 한 시간에서 한 시간 반 동안 밤이 되기 전에 수액을 수집했다. 왜냐하면 수액은 오래 놓아두게 되면 써서 사용할 수 없기 때문이다. 또한 수액을 낭비하거나 버리지 않아야 했다. 지하의 힘(신)을 공격해 악천후를 몰고 올 위험이 있기 때문이다. 이러한 가능성 때문에 사람들은 나무 밑에 놓은 그릇을 비워놓으며, 눈이나 비가 그칠 때까지 그것들을 뒤집어 놓는다(Skinner 14, 167쪽).

사실 단풍나무 설탕과 꿀 사이에는 두 번째 유사성이 존재한다. 우리는 꿀이 일반적인 꿀벌 또는 말벌 또는 다양한 종류의 벌에 따라, 또는 수확 시기와 소비하기 전에 흐른 시간에 따라 부드럽거나 또는 시고 온전하거나 또는 독이 있을 수 있다는 것을 알고 있다. 나무설탕 분야에서 북아메리카 인디언들은 같은 차이성에 세밀하게 유의한다. 우선 종에 따라서 구별하는데, 단풍나무 설탕을 지칭하는 이로쿼이 말은 '설탕주스'를 의미하며, 이들 인디언들은 이 말을 그들이 꿀벌을 알게 되었을 때 꿀을 지칭하는 말로 사용했다. 반면, 이들은 야생 벚나무 설탕이 쓰다고 간주하고 있었다(Waugh, 140~144쪽). 그러나 우리는 단풍나무 설탕도 수액을 수집하는 시기와 수액을 가공하는 노력 여하에 따라 부드럽거나 쓸 수 있다는 것을 앞에서 보았다. 또한 앞에서 단풍나무 수액과 전나무 송진 사이에 중요한 대립이 존재한다는 사실을 지적했는데, 그렇지만 이 대립은 공학적(기술학적)인 짝을 형성하며, 이들 역시 하나는 부드럽고 다른 하나는 쓰다. 이러한 사실에 수액이 올라오는 것은 연례적 주기이지만, 캐나다에서는—틀림없이 인디언들의 생각에 따라 그럴 것이겠지만—송진은 보름달이 뜰 동안 흐른다고 믿었다는 것(Rousseau-Raymond, 37쪽)을 첨가해야 할 것이다. 이처럼 수액과 송진은 동시에 맛과 (이들 나무) 각각 주기성의 리듬에 의해 대립될 것이다. 그렇지만 수액 역시 쓸 수 있다. 이런 사실로부터 생기는 양면성을 메노미니족의 한 신화(M$_{501a}$)가 수액과 오줌을 연결함으로써 극복한다.

### M$_{501a}$. 메노미니족의 신화: 단풍나무 설탕의 기원 1

조물주 마나부스는 어느 날 라이벌(적수)이 그도 모르게 창조한 단풍나무를 발견했다. 그는 수액이 진한 시럽처럼 흐르는 것을 불만족스럽게 확인했다. 인간들이 수액을 채취하기가 어렵고 오랜 시간이 걸릴 것이라고 생각한 조물주는 나무에 오줌을 누었다. 이것으로 인해 수액이 묽어졌다. 사람들에게는 이것이 더 좋을 것이라고 조물주는 결론지었다. 사람들은 더욱 힘들고 고통스러운 것이지만 수액을 제조할 필요가 있으면 이것으로 인해 더 많은 수액을 얻게 될 것이다(Skinner 14, 164~165쪽; Kohl, 415쪽의 오지브와 변이형 신화 참조).

이 신화와 이어지는 신화(M$_{501b}$)가 우선 꿀의 기원에 대한 남아메리카 신화들(M$_{192}$, M$_{192b}$:『꿀에서 재까지』, 107~112쪽)과 놀라우리만치 유사하다는 점이 놀랍다. (이 신화들의) 논거 제시는 여기서나 저기서나 같다(남북아메리카). 최초의 꿀, 최초의 설탕은 인간에게 풍부하게 또는 즉시 소비할 수 있는 형태로 주어졌다. 그러나 이런 용이함은 남용을 가져올 위험이 있었다. 그래서 경작된 꿀은 야생꿀이 되어야만 했고, 또는 마치 인간의 산업에 의해 가공된 것 같은 자연의 시럽은 이제부터 길고 고통스런 노동을 요구하는 수액으로 변해야 했다. 대단히 멀리 떨어져 있고 다른 환경에서 유사한 문제들을 접해온 주민들의 신화들에 공통적으로 나타나는 이러한 역진적 행보는 더군다나 오줌을 월경 피로 역전시키는 또 다른 메노미니 판본에서 더욱 유표되어 나타난다. 한 경우는 수액의 출현 원인이고, 다른 경우는 이의 귀결(결과)이다. 이제 여기서 우선 괄호를 열고 이 문제를 논할 필요가 있다.

우리는 이미 기다란 사가(saga: 전설 등의 연대기) 형식으로 호프만이 수집한 수집록의 메노미니 신화가 서로 연결되어 있다는 것을 지적했으며(이 책 577쪽), 여기에서 신화는 조물주의 모험을 이야기하는 많은 에피소드로 구성되어 있다. 이런 사실로 보아 저자가 받아들인 겹치는 제목들이 토착인들에 의한 자르기(시나리오의 각 장면)를 반영하고 있는 것인지, 또는 이 제목들이 나중에 독자들의 의도에 따라 휴지(사이)를 강조하기 위해 삽입된 것인지를 자문해 보게 된다. 이처럼 (어쨌든) 호프만은 우리가 흥미를 갖는 신화 제목을 '단풍나무 설탕과 월경'이라고 했는데, 이것은 두 사건들 사이에 일시적인 것 이외의 다른 어떤 관계도 나타나지 않음에도 불구하고 붙인 제목이다. 신화가 잠재적인 상태로 놓아둔 연관관계를 분명히 함으로써 이러한 자르기가 합리적 기반(기초)을 갖고 있다는 것을 제시하려고 한다.

### M<sub>501b</sub>. 메노미니족의 신화: 단풍나무 설탕의 기원 2

조물주 마나부쉬는 사냥을 나갔다 빈손으로 돌아왔다. 그의 할머니 노코미스와 그는 아주 멀리 있는 사탕단풍나무 밭(숲)에 거처를 정했다. 할머니는 나무껍질 용기를 발명해 수액을 수집했는데, 그 수액은 진한 시럽처럼 흘러내렸다. 마나부쉬는 기쁘게 시럽을 먹었다. 그러나 그는 이렇게 쉽게 수액을 수확하게 되면 인간들이 게을러질까봐 이의를 제기했다. 인간들이 며칠 밤낮을 수액을 끓이는 고통을 감내하는 것이 낫겠다고 생각했다. 그렇게 하는 것이 이들을 바쁘게 만들어 못된 습관을 갖지 못하게 할 것이다.

그렇게 생각한 마나부쉬는 나무 꼭대기에 올라가 손을 흔들었는데, 손에서 비가 쏟아져 시럽을 수액으로 묽게 만들었다. 이것이 왜 인간들이 설탕을 먹고 싶어 할 때 이렇게 일해야 하는 이유이다.

나중에 마나부쉬는 할머니가 교태스런 여자가 된 것을 알고 놀랐다. 그는 할머니를 염탐했고, 곰과 성교를 하고 있을 때 그녀를 덮쳤다. 조물주는 아주 잘 마른 자작나무 껍질에다 불을 붙여 즉시 동물에게 던졌다. 아랫도리에 불이 붙은 곰은 불을 끌 목적으로 강가로 달려갔으나 도중에 죽고 말았다. 마나부쉬는 시신을 가지고 와 그 살점을 할머니에게 주었다. 기겁을 하며 이를 거절했으므로 그는 늙은 여인(할머니)의 배에 핏덩이를 던졌는데, 늙은 여인은 이제부터 여자들이 매달 월경을 하게 될 것이고 응혈된 핏덩이를 쏟을 것이라고 선언했다. 마나부쉬는 곰고기로 성대한 식사를 했으며, 나머지는 따로 보관했다 (Hoffman, 173~175쪽).


우리는 다음 권에서 선정적인 할머니의 주제를 다시 다루게 될 것이다. 북아메리카 북서부 지역의 신화들은 이 여인에게 아주 커다란 위치를 제공하고 있다. 여기서 이 주제는 특별한 관심을 갖게 하는데, 이것은 이 주제가 단풍나무 설탕의 기원 바로 다음에 위치하고 있다는 사실 때문이다. 사실 우리는 『꿀에서 재까지』(203~204쪽, 420~428쪽)에서 남아메리카 신화를 기반으로 유혹적인 음식인 꿀과 유혹하는 동물로 나타나는 인물 사이에 연계가 존재한다는 사실을 알았다. 말하자면 이것은 자연(본능)에 의해 지배되는 음식의 층위와 성적인 층위에서 이루어지는 두 가지 욕망의 구현이 한 경우는 본래의 의미로, 다른 한 경우는 비유적 의미로 이해된다. 여기서 우리는 같은 연계를 다시 찾을 수 있는데, 이번에는 단풍나무 설탕과 동물 유혹자 사이에 나타나는 연결이다. 이것은 설탕과 꿀의 의미론적 동일(동등성)을 확인한다. 신화M501b의 두 가지 에피소드 사이에 햇불 사건은 섬세한(감지하기 힘든) 관계를 연결한다. 왜냐하면 자작나무 껍질은 이야기에서 두 번이나 나온다. 먼저 자작나무 껍질은 **물처럼** 흐르는 수액을 담는 용기를 만드는 데 사용되며, 또한 **불처럼 타는** 햇불을 만드는 데 사용된다. 실제로 자작나무 껍질은 두 가지 속성을 나타내며, 껍질이 물을 담고 있을 때 심지어 물을 끓일 때도 불에 타지 않는 속성과 건조했을 때 가장 잘 타는(선호하는) 땔감이 된다(Speck 10, 100~101쪽). 이처럼 신화는 자작나무 껍질의 양면성을 강조하며 이어서 이야기하는 두 에피소드 사이의 병행관계(평행관계)를 확인한다.

그러나 무엇보다도 신화M501a와 M501b는 신화M499로 귀착되며, 이 신화M499를 새롭게 밝혀준다. 이를 밝히기 위해서는 우선 단풍나무 설탕의 기원에 대한 두 메노미니 판본들의 대칭적이라는 사실을 상기할 필요가 있다. 한 판본에서는 남성의 오줌이 수액의 **선행현상**(선례)이 되고, 다른 판본에서는 여성의 월경 피가 같은 수액의 **후건**(後件) 또는 **귀결**이 된다. 이러한 의미에서 이 두 판본은 신화M499를 전도시키고 있다. 여기서 여자는 소변을 보러 가기 위해 설탕 제조를 중지하고, 시럽으로 가득한 양동이를 들고 결국 달의 흑점으로 남는데, 다른 신화들은—말하자면 아메리칸인디언의 불가타(Vulgata: 4세기경 번역된 라틴어 성경 정본)를 반사하는—이 흑점 월경 피에 의한 오점(얼룩)이라고 해석한다. 결과적으로 신화M499와 M501b는 둘 다 단풍나무 설탕의 기원과 월경의 기원 사이에 밀접한 관계를 상정하고 있다. 이 점에서 유연한 차이는 한 경우는 내재적이고 유사성을 바탕으로 하는 반면, 다른 경우는 외재적이며 근접성을 바탕으로 한다는 사실에서 온다.

여기서 전혀 다른 서열(층위)의 고찰을 통해 우리의 논증을 뒷받침할 수 있다. 대평원의 인디언처럼 오지브와족은 매년 대의식을 거행하는데, 이들은 이 의식을 해가 아니라 천둥(신)에게 바쳤다. 그들은 이 의식(의례)의 형식이 다른 의식보다 더욱 오래되었다고 확신하고 있었다 (Skinner 5, 506~508쪽). 대평원의 오지브와족 또는 분지족은 (아마도 크리족의 의식을 보존하고 있었으며) 이 의식을 가을에 노래와 통곡을 동반한 나흘 동안의 단식 속에서 거행했다. 마지막 날 참가자들은 단풍나무 시럽으로 가득 채운 나무껍질 잔을 돌려가며 마셨다. 여기서 우리는 아라파호족의 태양춤이 거행되는 동안 돌려가며 마셨던 '감로수'—이 감미로운 물은 월경 피를 상징했으며, 더욱 다산(多産)을 보증하는 담보로서 긍정적인 힘을 갖고 있었다—를 어떻게 환기하지 않을 수 있겠는가? 우리는 이런 측면을 강조했으며(이 책 332쪽; Dorsey 5, 177~178쪽 참조), 이러한 측면의 특성(기이한 사실)은 만일—때때로 이런 일이 이웃 부족들 사이에서 일어났듯이—대평원의 의례가 더욱 오래된 북쪽의 의례를 전도하고 있고, 또 다른 주거지에 존재하지 않는 자연적 산물의 결핍으로 인해 본래의 산물과 관련된 신화들이 잠재적 상태로 남겨놓은 상징을 되살아나게 했다면 설명될 수 있을 것이다. 천상의 고슴도치가 더욱 북쪽에서 실제 동물의 형이상학적 반사이듯이 '감로수'는 환경의 영향으로 인해 상상의 음료가 된 단풍나무 시럽일 수 있을 것이다.

북아메리카의 설탕신화학(신화들)의 분석은 『꿀에서 재까지』에서 우리가 행한 남아메리카의 꿀에 대한 신화학(신화들)의 분석과 완전히 일치한다. 남아메리카의 꿀과 북아메리카의 단풍나무 시럽은 월경 피와의 유사성을 제시하며, 이 유사성은 때로는 동물성 분비물, 때로는 식물성 분비물로 달의 흑점의 원인이 된다는 사실로 이어져 있다. 그런데 남아메리카의 많은 종류의 꿀처럼 단풍나무 시럽은 나무에서 유래한다. 그리고 열대아메리카의 신화들은 꿀과 월경 피를 일치시키는데, 신화들이 부정적인 가치를 극단적으로 밀어붙일 때 꿀은 이를 받아들일 수 있다.

이것이 나가 아니다. 북아메리카 신화들에 따르면 원래의 시럽에 남성의 오줌을 첨가함으로써 수액의 성질(질)을 감소시켰다. 그리고 역시 오줌, 그러나 여성의 오줌은 단풍나무 시럽이 언제나 월경 피에 과해지는 은유적 기능을 갖게 하는 동기(원인)가 되었다. 즉 달의 흑점(오점)을 표상하는 기능이 되었다. 신화들은 이 세 개의 항(용어)에 네 번째 항을 첨가하는데, 그것은 향기 나는 전나무 진액(송진)으로 오줌처럼 쓰고 월경 피처럼 한 달에 한 번씩 분비물(질액)을 분비한다. 이 중 두 개의 분비물은 동물성이고, 다른 두 개는 식물성이다. 그리고 또 신화M499는 진액(송진)과 여자의 대머리 사이에 대립관계를 유입시키고 있는데, 왜냐하면 진액(송진)을 머리에 발랐을 때 이 송진이 머리털을 재생하기 때문이다. 인디언들은 여자들의 머리가죽을 벗기지 않는다. 말하자면 여성 인물에게 있어서 대머리는 가죽을 벗긴 머리와 일치한다. 그렇지만 우리는 이미 신화들이 성의 변화를 유보한 채 머리가죽이 벗겨진 남자와 월경 중인 여자 사이의 등가(관계)를 상정한다는 것을 알고 있다. 이러한 사실로부터 월경 피는 진액(송진)과 대립하고, 우리가 이를 가정했던 것처럼 월경 피는 단풍나무 수액과 같으며, 단풍나무 수액은 그 자신이 진액(송진)과 대립관계에 있다.

우리는 체계의 분절에 대한 목록을 완료하지 않았다. 사실 신화M475c를 통해 다리가 부러진 여자(그러니까 절름발이 여자)가 월경하는 여자와 대립(관계)에 있다는 것을 알고 있다(이 책 514~515쪽). 이제 신화M499가 등이 부러진 남자들(그러니까 곱추들)을 등장시키고 있다는 것을 알아차림으로써 우리는 이들이 신화M495b에서 부상당해 피를 흘리는 남자와 같은 양상으로 대립하고 있으며, 이 부상당한 남자는 신화M495a

에서 최초로 월경하는 여자인 달의 변형이라는 것을 유추할 수 있다. 이처럼 우리는 이들 신화들로부터 4개의 항으로 이루어진 새로운 집단을 이끌어낼 수 있다. 즉 **절름발이 여자, 꼽추 남자, 월경하는 여자, 부상당한 남자**이다. 이 집단에서 대각선 관계가 아주 이상한 방식으로 증명되는데, 중앙 알곤킨족으로부터 아주 멀리 떨어진 나바호 인디언들에게서 증명된다. 그들은 말하기를 남편은 자신의 아내가 월경을 하고 있을 때 때려서는 절대 안 되는데, 왜냐하면 (그것은) 남편의 등뼈를 손상할 수 있기 때문이라는 것이다. 마찬가지로 월경 중인 여자와 잠자리를 같이한 남자는 갈비뼈가 부러질 위험이 있다고 말한다(Ladd, 424~425쪽).

우리가 방금 조사한 전도된 형식들이 신화M499에서 몇몇 다른 (전도된) 형식들 곁에 나타난다는 것은 역시 놀라운 일이다. 오지브와 신화가 절름발이 여인들을 꼽추 남자들로, 머리가죽이 벗겨진 남자들을 대머리 여자들로 변형하고 있을 뿐만 아니라 바로 앞에서 조사한 신화들과 관련해서 이 신화는 주인공의 적수인 붉은-머리를 붉은-양말이라 불리는 한 주인공으로 변형하며, 이 붉은-양말의 적수는 해골로 변한 머리를 갖고 있다. 다시 말하자면 이 적수의 머리는 붉은 또는 어떤 또 다른 색의 머리털을 갖고 있지 않다…… 신화는 역시 형제들로 이루어진 여러 조(팀)를 한 쌍의 교차사촌들로 변형하고, 배우자, 누이 또는 비(非)-누이를 비-배우자로 바꾸는데, 이것은 주인공과 여주인공 사이의 유일한 연결이 주인공이 여주인공과 혼인할 수 있었던 사실로 이루어지기 때문이다.

월경 피에 할당된 단풍나무 시럽에 관여적인(변별적인) 기능을 위임하는 한 신화에서 앞의 이러한 역전과 이런 역전의 체계적인 특성을 이해하기 위해서는 기술적인 서열(층위)의 몇몇 특성들에 주의해서 관찰해야 한다. 우리는 앞쪽에서 이에 대한 몇 가지 사실들을 지적했다. 즉 "소화하기 쉽고…… 유쾌하고 즐거운 맛과 약간 신"(Chateaubriand 1, 139쪽) 설탕의 맛은 부드러운 맛에서부터 쓴 맛까지 다양하게 변화하는

데, 이것은 수액을 생산하는 나무의 층, 용기의 흰 정도와 청결도, 수액의 수확 시간, 가공과정에 들이는 공이 많고 적음에 따라 더욱 달라진다. 또한 인디언들은 날씨의 변화에 따라 두 가지 질의 설탕으로 구별했다. "그들은 초겨울에 눈이 많이 내려 땅을 뒤덮기 전 강추위가 내습하여 땅을 깊게 얼게 했을 때 가장 좋은 설탕을 얻는다고 이야기한다. 그러므로 나무에서 첫 번째로 수확한 수액이 가장 우수한 양질의 수액이다. 날씨가 다시 더워질 때는 보통 폭풍우가 온다. 폭풍우가 지난 후에 수액은 다시 흐르기 시작한다. 그러나 이 수액은 다른 수액보다 결정체가 훨씬 덜한 상태로 변한다. 산출물(설탕)의 질은 같지 않다. 비가 오는 날씨는 설탕의 맛을 변화시키고, 소나기는 설탕의 맛과 향기의 특성을 파괴한다고 인디언들은 말했다. 마찬가지로 수액의 마지막 수확물은 아주 가능한 한 이를 끓일 때 수분을 줄여야 한다. 인디언들은 이렇게 달인 설탕물을 나무껍질 상자 속에 보관하는데, 때때로 땅을 판 다음 이 상자들을 나무껍질로 뚜껑을 덮은 후 다시 푸른 나뭇가지로 덮어 보관한다. 이것은 내용물이 얼거나 시어지지 않게 하기 위해서, 그리고 여름에 신선하게 보존하기 위해서이다"(Densmore 1, 309쪽, 312~313쪽). 이러한 변화는 커다란 중요성을 제공할 것임이 틀림없다. 왜냐하면 샤토브리앙 자신이 이런 변화를 기록하는 데 주의를 기울였기 때문이다. "단풍나무의 수액이 설탕으로 변할 만큼 충분하지 않을 시기에 두 번째 수확이 이루어진다. 이 수액은 일종의 당밀로 응축되는데, 이를 샘물에 녹이면 여름의 더운 열기에 시원한 음료가 된다"(앞의 책). 그가 주의를 기울인 것만큼이나 소중한 증언은 대단히 중요한 정보를 포함하고 있다. 샤토브리앙은 인디언들이 딱따구리를 수액의 주인공으로 만들고 있다고 말한다. 남아메리카 인디언들 역시 마찬가지의 역할을 이 새에게 부여하고 있다(『꿀에서 재까지』, 197쪽).

이 모든 세부사항들 중에서 우리는 특히 봄에 오는 폭풍우 후 파괴되는 맛에 주의를 기울일 것이다. 왜냐하면 중앙 알곤킨족의 신화들이 이런 기후현상을 구현하는 인물을 알고 있기 때문이다. 이 인물은 긴 겨울이 가고 메노미니족이 초조하게 기다리던 첫 천둥 소리를 들었을 때 이를 환호하며 맞이하는 무드제키위스다. "야! 무드제키위스다!"(이 책 530쪽). 1950년경까지 "오지브와족은 봄의 예고자들인 3월에 큰바람이 불기를 바랐다……. 왜냐하면 이들은 무드제키위스를 봄과 비에 연결시키고 있기 때문이다"(Coleman, 104~105쪽). 그러나 우리는 역시 그들의 말 속에 이 신적 인물(이 책 560쪽)이 아마도 '나쁜 또는 파괴적인 바람'을 의미한다는 사실도 알고 있다.

우리는 또한 이러한 모호함의 이유를 알고 있으며, 신화들은 무드제키위스를 애매한(여러 가지로 해석되는) 성격으로 간주할 때 그를 신화들의 방식에 따라 여성의 일에 짓눌린 만형으로, 모자라는, 그러나 질투심과 복수심이 있는, 환상적인 생각을 가진, 번갈아가며 흥분하거나 우울증에 빠지는 인물로 해석한다. 사실상 서풍을 동반한 봄의 폭풍우는 아름다운 계절을 예고하지만, 또한 큰 피해를 야기할 수 있다. 신화들이 취하는 관점에 따라 무드제키위스 신화의 순환에서는 결국 긍정적 측면을 취하지만, '설탕의 시기'와 관련되는 신화들에서는 부정적인 측면을 취한다. 너무 이른 시기에 봄의 폭풍우가 오게 되면 복구할 수 없을 정도로 수액을 망치기 때문이다. 서풍의 유의성(끌어당기는 힘)은 이들 신화에서 전도되기 때문에 신화들이 다른 사회집단에서 차용한 모든 주제들— 같은 기후현상들이 어떤 역할을 한다면—역시 전도된다.

이러한 해석을 뒷받침하기 위해 우리는 오지브와족에서 유래하는 무드제키위스의 이야기를 담고 있는 한 변이형 판본(Williams, 65~83쪽의 Schoolcraft 인용)의 다음과 같은 이야기를 회상해 볼 것이다. 이 판본은 10형제의 만이인 인물을 북풍, 남풍과 동풍 3아들의 아버지인 서풍 카베이윤(Kabeyun)으로 변형하는 이야기를 하고 있다. 더욱 카베이윤은 달의 손녀인 여자를 잉태시키는데, 이 여자는 북서풍을 낳다가 죽는다. 북서풍은 뒤에 자신의 아버지와 격렬한 싸움을 하게 되는 마나보조(Manabozho)이다. 그런데 마나보조는 메노미니족의 단풍나무 수액의 주인인 미나부쉬와 일치하며, 바로 앞에서 서풍은 단풍나무 수액의 적이라는 사실을 알았다. 오지브와 티마가미족은 서풍과 네네북(Nenebuc)이라 부르는 조물주 사이에 대립(반목)을 설명하면서 서풍이 너무 많이 불면 여름에 어로작업이 불가능해 기아선상에 이르게 되나 서풍이 불지 않으면 물의 흐름이 느려져 정체되어 같은 결과가 온다고 이야기한다(M$_{502}$: Speck 7, 30~31쪽). 여기서도 역시 결과적으로 서풍은 모호한 성질을 갖고 있으며, 조물주의 임무는 이를 제어하는 데 있다.

\* \* \*

우리가 몇몇 측면을 논의했던 오지브와 신화(M$_{499}$)는 다른 설명들을 요구할 수 있을 것이다. 우리는 두 가지 이유로 더 이상 분석을 진전시키지 않을 것이다. 첫 번째로 유래가 같은 모호한 신화(M$_{374c}$: Williams, 84~86쪽의 Schoolcraft 인용)를 활용할 수 있다고 생각하지 않는다. 이 신화에서 한 꼽추는 자신의 한 형제에게 배우자를 얻어주며, 이어서 형제는 그가 삶의 양식을 받아들인 여성화된 사람들이 살고 있는 남쪽으로 모험을 떠난다. 우리는 신화M$_{499}$에 주인에 의해 여성 일에 강제된 꼽추들이 등장한다는 것을 기억한다. 역시 모호한 양상으로 신화M$_{499}$의 대머리 여자들은 북부의 아타파스칸족의 머리를 박박 민 '공공의 여자 또는 창녀'를 연상하게 한다(Petitot 2, 91~92쪽). 두 번째로 늙은 달과 젊은 달의 분쟁에 특별한 연구를 기울여야 할 것이다. 이것은 우리가 겨우 피상적으로 언급했던 문제로 북아메리카 신화학에서 대단히 중요한 위치를 차지하고 있기 때문이다. 그렇지만 이 주제는 우리가 논의했던 신화들에서 두 인물, 즉 천상의 인물과 지상의 인물을 연결(병렬)하는 주제의 변형에 만족하고 있다. 아리카라 신화($M_{439}$)에서 혀가-없는 자와 해의 아들, 블랙후트 신화($M_{482}$)에서 얼굴에 상처 있는 남자와 새벽별, 역시 해의 아들, 메노미니 신화들($M_{495a\sim b}$)에서 해와 그의 조카를 볼 수 있다. 달의 아들로 무모하거나 아니면 인간들에 대해 나쁜 마음을 갖고 있으며, 해에게 협력했던 조카는 신화$M_{461}$에서 삼촌인 해가 식인자로 만들고 싶어 한 달의 아들을 연상시킨다.

우리는 다음 권에서 두 개의 달 분쟁을 다루고 있는 몇몇 신화들을 분석할 것이지만, 다른 각도에서 이들을 고찰하게 될 것이다. 지금 이 신화 집단을 정면으로 접근하기보다 잠시 이들의 한 측면을 강조하도록 하자. 해와 달 사이에 적의를 품은 10명의 형제를 가진 인간 여인의 연루로 인한 분쟁에서 출발했던 우리는 오랜 여정 끝에 역시 적의를 품은 10명의 정부(남자 애인)를 가진 한 여인(여기서는 달 자신)으로 인해 생기는 같은 분쟁을 신화$M_{495a}$에서 다시 찾았다. 결과적으로 말하자면 해의 배우자는 10명의 형제를 갖고 있으며, 그의 누이는 10명의 배우자를 가지고 있다. 두 경우에서 분쟁은 천상의 사람과 인간들을 연결하는 하나 또는 몇몇 혼인의 경우에 발생한다.

이것이 다가 아니다. 형제들의 수가 제기하는 산술(계산) 문제는 우리가 또 다른 10의 수를 연구하도록 인도했으며, 이어서 머리가죽의 기원에 관한 신화들, 그리고 결국 해의 생포와 긴 밤의 지배에 대한 신화들을 연구하게 했다. 그런데 우리가 도달한 메노미니 신화($M_{495a}$)는 마지막의 두 주제에 전도된 표현을 사용해 이를 재현하고 있다. 한편으로 이 신화는 겨울의 짧은 날[日]의 기원을 설명하는데, 여기서 짧은 날들은 틀림없이 일종의 긴 밤을 동반하게 된다. 그런데 신화$M_{491}\sim M_{493}$의 긴 밤은 비정상적이고 터무니없는 성격을 나타내는 데 반해, 이 신화는 이 긴 밤을 계절 주기의 정상적인 결과로 설명하고 있다. 다른 한편으

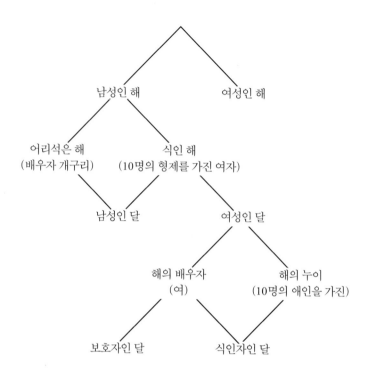

그림 37 해와 달의 의미론적 유의성을 연결하는 망의 초벌 그림

로 양끝에서 먹어 들어가는 곰의 창자에 대한 사건은 크리족의 폭식시
합(Bloomfield 1, 251~252쪽)에서 다시 나타난다. 만일 이 사건에서 끈
의 좌우대칭 이미지를 받아들인다면 이 사건은 신화M495a에서 아주 심
오한 의미를 갖는다. 말하자면 **잡아 늘인** 창자 띠(리본)는 결국 해와 그
의 친구를 결합하며, 친구를 해방시켜 하늘로 들어올리는 **해방**과 **상승**의
상징이 된다. 반면 **조인** 끝은 해를 **체포**하여 정확히 말해 신화(M458)에
따르면 해는 친구가 되기를 거절했던 사람에 의해 땅으로 **끌려내려**간다.
이 신화는 추분과 관련되며, 1년 중 가장 짧은 날인 동지와 관련된 신화
M495a~b와 상관관계와 대립관계에 있다. 끈(줄)을 만든 재료인 성기털처
럼 고슴도치의 가시털과 인간의 머리털처럼 곰의 창자로 된 리본은 옷을

치장하는 데 사용되었다(Beckwith 1, 107쪽).

다른 논거(이유)로 우리가 고슴도치 편집이 일종의 우선적인 지위를 사용하고 있다고 제시한 (신화)체계에서 별들(해와 달)의 다툼 또한 나타난다는 사실은 이 모든 접근의 결과로부터 얻을 수 있는 것이다. 사실상 고슴도치 편집은 신화집단의 다른 신화들이 가는 모든 길과 다른 길을 가야 하도록 강제하는 기존의 모든 속박을 존중하면서 자신의 독특한 길을 열어가는 독창성 이외 다른 것을 요구할 수는 없을 것이다. 이처럼 고슴도치 편집은 우리가 긴 조사를 통해 조각으로밖에는 알아볼 수 없었던 (연결)망을 더욱 풍부하게 한다. 해는 남성 또는 여성일 수 있다. 해가 남성이면 어리석거나(미친) (개구리의 남편) 또는 식인자(쉐이엔 인디언 여자 남편)이다. 하나 또는 다른 하나의 가정에서는 달이 남성(한 인간 여인의 남편)일 수 있으며, 단지 두 번째 가정에서는 해의 배우자로서 또는 해의 누이로서 여성일 수 있다. 배우자(여)는 때로는 보호자로 나타나고, 때로는 적의에 찬 여인으로 나타난다. 여동생(누이)으로서는 항상 적의를 품은 여인으로 나타난다(그림 37).

더욱 해와 달의 분쟁 주제를 통해 신화M495a~b는 10의 수에 관한 알콘긴 신화(M473~M479)를 별들의 아내에 관한 만단 신화(M460~M461)에 연결할 수 있게 하며, 우리가 이미 보았던 것처럼 만단 신화는 다른 몇몇 신화와 연결되어 모두 하나의 체계(그림 38)를 형성한다. 10의 수에 관한 신화들은 공간적·도덕적 축(높음과 낮음, 선함과 악함)을 시간적, 날짜 계산의 축으로 변환시키는데, 이 축은 별들의 배우자들에 관한 신화에서 두 번째 시간적인 축을 생성하며 잔존한다. 이 두 번째 축은 계절의 주기성 대신 신체의 주기성을 유입하며, 이 다른 유형의 주기적 활동과 머리가죽 벗기기를 전쟁과 접근(연결)시킨다. 머리가죽 벗기기는 적들의 밀집된 총체(총수, 총량)에 불연속(으로 생기는 간격)을 만드는데, 이 불연속은 인간들이 끝없이 계속되는 겨울의 혹한을 극복 불가능하지 않도록

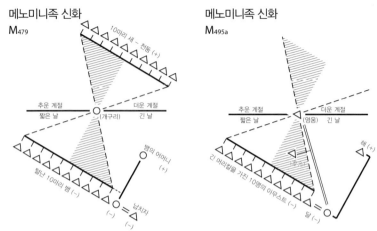

메노미니족 신화
M479

10마리 새 - 천둥 (+)

추운 계절
짧은 날

더운 계절
긴 날

(개구리)

뱀의 어머니
(+)

틸난 10마리 뱀 (−)

납치자
(−)

메노미니족 신화
M495a

추운 계절
짧은 날

더운 계절
긴 날

(영웅)

해 (+)

긴 머리칼을 가진 10명의 아우스트 (+)

달 (−)

결국 주인공은 양성적 존재에 의해 시작된 애인들의 파괴를 완성하고, 그의 아들이 전에는 겨울의 긴 날들을 파괴하고, 여름의 긴 날들만 존속하도록 했다는 것을 알 수 있을 것이다.

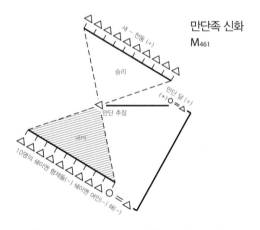

만단족 신화
M461

새 - 천둥 (+)

승리

만단 달 (+)

만단 추장

패배

10명의 쉐이옌 형제들 (−) 쉐이옌 여인 (−) 해 (−)

그림 38 만단족과 메노미니족의 10의 수에 관한 신화들의 공통구조

하기 위해 긴 1년 속에 반드시 유입시켜야만 할 불연속과 비교할 수 있다. 이처럼 긴 변증법적 여정은 자신에게로 다시 회귀하고, 조사(연구)는 출발점으로 다시 돌아온다.

이(신화들) 체계에서 신화M495a가 축의 역할을 한다는 것은 또한 다른 서열(다른 종류의 신화)을 고려해 얻은 결과이다. 우리는 이 신화(M495a)가 조사를 시작했던 신화들과 공통의 골조(armature)를 갖고 있다는 것을 알 수 있다. 결국 신화M495a는 남아메리카 양상의 시각에서 우리가 변형관계로 놓아야만 했던 두 개의 사건을 하나의 유일한 이야기로 다시 취하고 있다고 볼 수 있다. 마치 신화M495a에서 출발하든가 아니면 같은 종류의 이야기로부터 출발한 남아메리카 신화들이 각기 두 사건 사이에 유지하려고 했던 평행관계 때문에 (두 사건의 공통적인 기원에 대한 기억을 보존하면서) 사건(이야기)의 반쪽씩 이야기하고 있는 것처럼 이루어졌다고 볼 수 있다.

신화M495a는 한 테레노 신화(M24)처럼 시작되는데, 이 신화 역시 곧 식인귀 여인으로 변하는 고약한 배우자와 관련되어 있다. 그녀의 남편은 회피하는 사냥감(옷을 벗고 나무에 매달려 있는 사슴의 해골, 나무 위에서 던져져 멀리 날아가려고 하는 새 새끼)의 도움으로 도망가게 된다. 그런데 신화M24는 신화M7~M12의 변형(『날것과 익힌 것』, 254~257쪽; 『꿀에서 재까지』, 58쪽, 615쪽)이고, 신화M7~M12 역시 신화M1의 변형이다. 그리고 신화M495a의 후속 부분이 이 첫 번째 신화집단(M24, M7~M12, M1)을 재현하고 있다는 것은 놀라운 일이다. 신화M495a~b의 주인공은 착한 해와 악한 달을 방문한다. 신화M7~M12의 주인공과 그의 박해자는 해 및 달과 간접적인 관계에 있다. 왜냐하면 그들은 셰렌테족의 사회조직과 종교적 믿음에 따라 각각의 별(해와 달)의 가호 아래 놓여 있는 서로 다른 반족(moitiés)에 소속된 의붓형제(처남과 매부)이기 때문이다. 그리고 신화M1의 두 주인공은 천체적 대상물과 명시적인 관계에 있지는 않지만, 한 주인공은 까마귀 성좌와 다른 한 주인공은 플레이아데스 성단과 관계될 수 있다(『날것과 익힌 것』, 440~456쪽, 463~466쪽).

신화$M_{495a}$는 물론 신화$M_7$~$M_{12}$에서도 한 여인 인척 또는 남성 인척에 의해 박해받는 한 남자는 초자연적 보호자에 의해 구원을 받는데, 이곳($M_{495a}$)에서는 천상의 불의 주인인 해에 의해, 저곳($M_7$~$M_{12}$)에서는 취사용 불의 주인, 말하자면 땅의 주인인 표범에 의해 도움(구원)을 받는다. 표범은 주인공을 높은 곳 또는 낮은 곳에 있는 자신의 집으로 데려간다({$M_1$, $M_7$~$M_{12}$}의 주인공은 먼저 나무 꼭대기 또는 암벽 위에서 움직이지 못하고 있다). 그리고 주인공을 양자로 삼으며, 의도함이 없이 그를 자신의 누이 또는 자신의 아내의 박해에 처하게 만든다. 그의 배우자는 주인공이 못생겼다고 생각하며($M_{495a}$), **주인공의 먹는 방식을 받아들이지 못한다.** 말하자면 둘둘 말려 있는 창자가 투명해 보이는 것이 그녀에게는 견딜 수 없는 일이었으며, 신화($M_{10}$)에서 그녀는 그가 구운 고기를 씹으며 내는 소리에 진저리를 낸다. 말하자면 이것은 해부학적인 관점, 즉 자연적 관점에서 또한 문화적인 예절의 관점으로 보아 해의 누이와 표범의 아내는 인간종의 사자(使者)가 충분한 신중성(함)을 갖고 그의 음식 욕구를 충족시키지 못한다고 판단하고 있음을 말하는 것이다. 이와는 반대로 별들(해와 달)의 아내에 관한 신화에서, 인간 방문자는 자연적으로 얻은 날카로운 이빨 덕분에, 그리고 문화와 관련된 그녀의 먹는 방식 때문에 천상의 사람들에게 좋은 평가를 얻는다.

심지어는 신화$M_7$~$M_{12}$의 보잘것없는(사소한) 두 가지 사건이 북아메리카 신화 판본에 변하지 않고 다시 나타남을 볼 수 있다. 제족 신화들의 표범처럼 알곤킨 신화들의 해는 자신의 아내 또는 자신의 누이의 고약스러움 때문에 끊임없이 자신의 보호녀 또는 보호자에 대한 경계를 늦추지 않는다. 신화$M_{499}$에서 여주인공은 해가 자신의 늙은 배우자를 사랑하는

624

지를 알기 위해 그에게 질문을 한다. 해의 부정적인 대답에 용기를 얻은 여주인공은 그녀를 죽인다. 그리고 해는 홀아비가 되자 자신의 홀가분함을 감추지 않는다. 우리는 조금 전에 제족 신화와 같은 종류의 표범이 표한 '무관심의 공언'을 밝혔으며, 그리고 이러한 무관심의 공언은 이야기의 전개 속에서 우연한 방식으로 이루어지지 않는다는 점을 제시했다 (『날것과 익힌 것』, 215~218쪽).

두 번째 사소한 사건을 보자면 신화M$_8$의 초자연적 보호자와 신화 M$_{495a}$의 초자연적 보호자는 같은 방식으로 주인공을 운반한다(이동시킨다). 이들은 이미 그들이 등에 지고 있는 사냥감 위에 주인공이 올라타도록 하는데, 이곳(M$_{495a}$)에서는 곰 위에, 저곳(M$_8$)에서는 야생돼지 위에 올라타도록 한다. 남아메리카 신화에서 이런 사소한 것들이 어떤 중요성을 제시하는지를 이미 보았다(『날것과 익힌 것』, 219~225쪽). 다른 신화들에서 위치 때문에 야생돼지는 인간계(界)와 동물계(界) 사이의 (적당한 동물로) 지명된 중재자(매개자)로서 나타난다. 그런데 메노미니족에서는 정확하게 역전된 위치가 곰에게 돌아간다. 여기서 곰은 지하세계 신(정령)들의 자격으로 고양이과 동물들, 큰사슴과 동물들 그리고 뿔 달린 뱀들과 대체될 수 있는 동물이다. 그러나 이 신들의 네 번째 그리고 마지막 세계에서 구별되는 직무로 인해 이들의 확고부동한 특성은 더욱 강조된다. 사실 메노미니족의 만신전에서는 해와 곰보다 서로 더 멀리 떨어진 용어를 알지 못한다. 각각 자신들이 인간들과 더욱 멀리 떨어져 있다고 생각한다(이 책 575~576쪽). 중앙의 알곤킨족과 이로쿼이족에게는 남아메리카의 야생돼지가 점하고 있는 지위와 동격인 지위는 개에게 돌아간다. 개 역시 옛날에 인간의 조건을 공유하고 있었다. 개는 그의 경솔함(무례함) 때문에 인간의 조건을 잃었다(Skinner 14, 179쪽). 이러한 개의 혼합된 특성은 우리가 논했던 신화들이 개에게 남겨놓은 용도와 일치한다.

곰이 원칙적으로 반대의 기능(대립된 기능)을 갖고 있음에도 불구하고 북아메리카 신화들이 같은 역할을 하도록 왜 중재동물을 곰으로 대체하는가를 이해하기는 어렵지 않다. 이 신화들은 머리가죽 벗기기 제도를 설립하고 있으며, 이 제도가 적어도 중앙 알곤킨족에게는 적들에 대해 실행한 식인과 떼어놓을 수 없다. 메노미니 이야기들은 특히 사납게 보이는 관습제도를 묘사한다. 이들은 친절하게도 희생자들을 말뚝에 박아 죽이고, 신체를 절단하고 먹어버리는 형벌을 기술하고 있다(Bloomfield 3, 87~93쪽, 107~111쪽, 115~123쪽). 사실 이 인디언들은 허세로 일종의 의례적인 식인을 행했다. 흔히 이들이 전쟁을 수행할 때 양식을 가져가지 않는 것이 영예라고 생각했다. 이들은 적을 사살하자마자 시체의 넓적다리살을 길게 잘라낸 후 이것들을 자신의 허리둘레에 감고 다니다 저녁이 되면 자신들처럼 식량을 자급하지 못하는 예측성 없는 자들과 이러한 음식(구운 고기)의 역겨움을 비웃으며, 이 고기를 구웠다……. "나는 용감하다. 나는 무엇이든 먹을 수 있다! 이처럼 이들은 그들의 역겨운 음식을 먹으며 자기 자랑을 했다." 유사한 관습이 크리족, 사우크족 그리고 폭스족에서도 행해졌다(Skinner 4, 123쪽).

이러한 측면에서 중앙 알곤킨족에게 전혀 뒤지지 않는 제족의 이웃인 투피족과는 달리 제족들은 식인 관습을 갖고 있지 않으며, 이들의 신화들은 인간으로 하여금 취사제도, 말하자면 문명화된 음식 규범을 창시하기 위해 미래의 식인자인 맹수(표범)에게서 불을 탈취하게 만들고 있다. 우리는 또한 보로로족의 같은 신화들이 전도되며, 불 대신 물의 기원을 취급하고 있다는 것을 알고 있다.

그런데 우리가 이 책(472~480쪽)에서 이를 강조했던 것처럼 식인 만찬과 더욱 문명화된 취사 사이에 만단족 신화는 모호한 태도로 일관하는 중간적인 해법(태도)을 취한다. 동시에 불(여기서는 천상의 불)과 물에 대해 같은 태도를 취한다. 요란스럽게 음식을 씹는 인간 배우자(지상의)

는 모든 생명의 원천적 소유자이며, 자연의 힘의 주인이자 식인자인 해에게 인간은 대단히 멀리에서 심지어 땅속 깊은 곳에서 오고, 자신의 양식을 경작하기 위해 물을 사용해야 한다는 것을 확인하며, 더욱 인간은 천상의 힘을 자신의 것으로 만들 줄 안다는 점을 확인시킨다. 인간은 해($M_{459}$)에 반해 하늘의 물이 필요하며, 그렇지만 역시 파괴적일 수 있는 지상의 물에 대해 천상의 주인과 인류는 좋든 싫든 서로 연결되어 있다.

우리는 이러한 주장(명제)을 다음 장(章) 초반에서 입증(증명)할 것이다. 이 장의 결론을 끌어내기 위해 간략하게 북아메리카 인디언들의 산술적·달력(책력)적 철학과 다양한 증거(증언)들이 옛 로마인들의 것으로 돌리는 서양철학 사이에(물론 차이성을 배제하지는 않지만) 흥미있는 유사점에 대하여 주의를 환기할 것이다.

"오비드(Ovide: 오비디우스, 고대 로마의 시인)는 로물루스(Romulus: 로마 기원 창시자들[쌍둥이] 중 동생)는 1년을 두 번의 다섯 달(10달)로 계산하도록 창립했다……. 어린아이가 어머니의 자궁으로부터 나오는 데는 10달이면 충분하다……. 또한 남편이 사망한 후 배우자가 과부의 슬픈 상복(옷)을 입는 것도 10달 동안이다"(『고대 로마의 책력』[Fastes], 1, 제28~36권). 이런 달력은 우리가 북아메리카의 여러 지역에서 알아낸 유형들과 같은 것으로 보이며, 우리가 10의 수들을 해석하기 위해 출발점으로 사용했던 것들로 고대 로마인들 역시 10의 수 설명을 제시하고 있다. 10달로 된 로마의 달력이 5를 2로 곱한 결과로부터 오며, 그리고 우리가 아메리카에서 이를 유의했던 것처럼 달력이 수치(숫자)의 형식을 갖고 있으며, 단지 첫 4개월만 이름으로 나타나는데, 화성(Mars), 금성(Vénus), 종착점(Terminus) 또는 노년, 주벤타스(Juventas) 또는 젊음, 이를 순서대로 불렀다. 사실을 알았을 때 더욱 선명하게 유사성이 나타나게 된다. 그 이외의 달들은 단지 하나의 숫자만을 갖고 있었다(같은 책, 제39~42권). 많은 아메리카의 예들을 이 책 앞부분(498~502쪽)에서 다시 찾을 수 있을 것이다.

12월과 3월 사이에 1월과 2월을 집어넣어 12달의 달력을 구성한 것은 누마(Numa)이다. 사실 로마인의 기수법(셈 또는 수계산)은 흔히 10의 수와 12의 수를 평행으로 놓는(병렬하는) 방식이다. 기수법도 이처럼 세계의 여러 지역에서 흔히 망설임(또는 주저)을 드러내며, 우리는 이를 아메리카에서도 주의를 환기한 적이 있다. 고대 믿음에 따라 20의 수 형식을 활용하기도 하는데, 이것은 초기 달력의 10의 수의 형식처럼—멘세스 퀸퀘 비스(*menses quinque bis*: 다섯 달이 두 번)—기본적인 수를 2로 곱해서 나온 결과이다.

로마의 건축 시기에 레무스(Rémus)와 로물루스(이들은 쌍둥이 형제이다)는 전조(징조)를 기다리고 있었다. 아벤틴(Aventin) 언덕 위에 전자는 6마리의 독수리를 보았는데, 후자는 팔라틴(Palatin) 궁전 위에서 12마리의 독수리를 보았다. 이것이 두 형제 사이에 나타난 첫 번째 불일치였다(Reinach, 제3권, 302~303쪽; Hubaux, 2쪽). 우리가 가득 찬 전체(총체)라고 불렀던 것(수)을 배가해(중복해) 얻는 방식은 이미 아메리카의 문제 제기와 일치하는 것처럼 보인다. 이곳이나 저곳의(인간) 정신들은 더욱 높은 층위의 전체를 창시하기 위해 회귀(반복)적 추론에 사로잡혀 있는 것 같다. 한 달이 1세기인 로마의 '큰 달'의 개념, 365년이 1년이 되는 '큰 1년'의 개념(여기서 매일은 각기 1년의 값을 갖는다)은 일련의 같은 유형의 활용으로 생긴 전체(들)의 가족(계열, 집단)과 관련된다. 로마인들은 후에 전설을 해석하려고 했을 때 이런 방식으로 추론했다. 로물루스에게 12마리의 독수리를 나타내 보임으로써 신들은 최근에 세운 도시에 12달의 기간(존속)이나 심지어 12년의 기간의 예보(약속)를 원했을 수는 없었다. 그렇게 짧은 시간의 경과로는 그렇게 엄숙하게 보낸 메시지를 정당화할 수 없었다. 건국한 지 120년이 흘러갔을 때 독수리의 수는 로마에게 1200년의 생명을 예언했다는 결론에 이르렀다. 이로부터 로마가 서기 402~403년에 알라릭(Alaric)의 위협을 받았을 때 로마인의 사고를 위협한 실망은 이러한 예언의 해석으로부터 기인했다. 더욱 젠세릭(Genseric)이 455년에 로마를 점령하고 약탈했을 때에도 같은 실망에 빠졌다. 공식적으로 로마의 기원은 기원전 753년에 설립되었으므로 옛 예언이 완료되었다고 받아들일 수밖에 없었다(Reinach, 앞의 책 304~307쪽).

우리가 오랫동안 논했던 신화들 속에 북아메리카 인디언들처럼 로마인들 또한 기본 수를 2로 곱하는 것으로 시작했다. 그리고 그들은 같은 서열(층위)에 있는 복잡한 요소들로 이루어진 수집물들을 나타내기(계산하기) 위해 산출물(2로 곱한 수)을 사용했으며, 계속하여 수집물의 수집도 (같은 방식의) 산출물(수)을 사용했다. 그렇지만 신·구 대륙에서 논리적으로 같은 방식(과 과정)을 사용했지만 두 대륙이 받아들이는 의미는 반대였다. 인디언들에게는 같은 가족 집안(집단)에 서열상 유사한 총체(전체)를 받아들이고 더욱더 받아들임으로써 집단 속의 총체들 사이의 간격이 더욱 좁아져 밀집될 가능성은 엄청난 현상을 초래하고, 무서운 공포를 일으키게 되었다. 그래서 인디언들이 이런 현상에 신화적 표현을 사용했다면 그것은 항상 서둘러 뒤로(원래의 것으로) 돌아가는 것이었다. 신화 속에서 접하는 총체의 총체들은 경험적인 사실만 이야기하지 않는다. 차라리 일어날 수 있었을 일을 이야기하며, 만일 사실들이 다른 방향, 즉 더욱 높아진 총체들의 점진적인 축소의 방향으로 진행되지 않았다면 인류에게 해를 끼치게 될 일들을 이야기한다. 이러한 축소는 단지 본래의 기본(수)으로 돌아감으로써만 완성된다. 기본적인 수는 2로 곱해져 수치적 산출(높아진 수)을 제공하며, 이 산출물 수치의 엄청남은 그대로 놓아둔다면 첫 번째 기본수가 필요불가결하게 생성할 수 있는 것보다 더욱 엄청난 또 다른 거대함으로 나타나게 될 것이다. 그러나 이것은 미리 예측할 수 있는 수적인 이미지를 제공한다.

인디언들이 치명적인 위협으로 두려워했던 이 승수(곱하는 수)의 힘을 로마인들의 사고는 생존의 기회로 활용했다. 앞서 곱셈으로 생산된 산출물(수)을 몇 번에 걸쳐 같은 조작을 반복하는 놀이는 로마인들의 사고로는 도취시키는(황홀한) 어떤 것이었다. 12일, 12달, 12년, 120년, 1200년으로 되는 총체의 점진적인 증가를 제공하는 미래의 관점에 로마의 사고는 취했다. 간단하게 말해 로마인들은 이제 정태적인 형식을 역사적인 미래(변화)에 대한 희망으로 방향을 전환했다. 그런데 인디언들은 신화의 지나간 시간 울타리 안에 넣어두었던 다른 사건들을 받아들이지 않고 모든 변화(미래)의 침입에 대해 자신들을 보호할 수 있는 하나의 용어, 말하자면 반복적인(형식인) 주기성의 형식을 원했다.

역사적이기를 바라는 사회와 물론 역사적인 사회이지만 자신의 사회적 실체를 보호(보존)하려는 또 다른 사회(이런 사회들은 그들의 품에서 역사를 배제함으로써 그들 사회의 연속과 안전을 증대시킨다고 상상하기 때문이다) 사이에 식별할 수 있는 대비가 나타나는데, 놀랍게도 큰 수에 대한 이들의 태도에 반사(반영)된다. 오래된 한 원리(법칙)는 자연이 빈 공간(빈 것)을 몹시 싫어한다고 단언한다. 그러면 자연과 대비되는(반대되는) 문화는 자신의 천연(가공하지 않은) 상태에서 가득 찬 것(충만)을 증오한다고 말할 수는 없을까? 적어도 우리의 분석이 상정할 수 있는 결론은 그러하다. 왜냐하면 우리가 가득 찬(포화된) 총체의 개념을 예시(설명)하면서 10의 수(집단)에 대해 제시한 해석은 『날것과 익힌 것』(153~159쪽, 481~522쪽)에서 작은 간격과 크로마티즘에 대해 우리가 제시했던 개념을 다시 만나게 되며, 또한 이 개념은 『꿀에서 재까지』의 여러 대목 주제에 영향을 주었다.

그런데 이러한 로마[10]와 아메리카의 믿음에 대한 간략한 비교가 하나

---

10) 이 책의 출간일 문제로 인해 우리는 최초 출간된 마이클의 『로마 공화국의 달력』

의 의미를 갖는다면 더욱 멀리 나갈 가능성을 예감할 수 있다. 결국 인간에게는 자신의 이원성 때문에 봉착하게 되는 대조적인(정반대의) 경향들 사이에 중재를 해야 할 임무가 역사에 있다고 말해야만 할 것이다. 역사는 사실상 자신의 고유한 역동성으로 정의될 수 있다. 이런 의미에서 역사는 동시에 파괴적이고 건설적인 모습을 보일 수 있다.

문화는 우선 자연을 인정하지 않고 조각냄으로써 가득 찬 것으로 빈 것을 만드는 데 전념한다. 그리고 문화가 미래(변화)를 향해 나갈 때 빈 것을 가지고 가득 찬 것을 만드는 보충적인(보완적인) 가능성이 문화에게 주어진다. 그러나 여기서 문화는 불가피한 것에 머리를 숙이고 자신이 전에 비난했던 힘의 기획을 위해 사용해야만 한다. 왜냐하면 이러한 급격한 방향전환의 수단을 자신에게 제공한 역사가 두 번째 자연으로서 문화 속으로 개입하기 때문이다. 역사적인 미래(변화)에 시달린 인류가 발산한 이 두 번째 자연은 자신의 과거를 항상 새로운 표피로 싸고 다른 표피들은 깊숙이 땅속으로 집어던진다. 이것은 마치 약탈당하고 노예화된 자연이 버릴 준비를 하고 있는 세계와 자신을 갈라놓는 극복할 수 없는 거리를 메우려는 것처럼…….

---

(프린스턴, 1967)을 사용하지 않았으며, 더욱 이 책은 기원전 5세기 이전의 달력 형식을 다루지 않고 있다.

# 제7부 예의범절의 법칙

하나의 속(屬)에 속하는 종(種)들처럼 사람들이 아직도 번식하는 이 커다란 세상, 이것은 좋은 관점으로 우리를 알기 위해 봐야만 할 거울이다. 간단히 말해 이것은 내 제자(초등학생)의 책이기를 바란다. 많은 익살, 많은 분파, 많은 판단, 많은 의견, 많은 법과 관습들은 우리가 올바르게 우리의 주위 사람들을 판단하도록 가르친다. 그리고 우리의 판단이 불완전하고 자연적인 약점을 갖고 있음을 인정하도록 가르친다. 이것은 가벼운 견습이 아니다.

몽테뉴, 『수상록』, 제1권 제1부 제26장

# 1 자존심 강한 뱃사공

"소설의 주인공들은 편협했다."

브와로, 『시(詩) 예술』, 노래 3

만단족의 자연철학에서 물이 갖는 모호한 위치는 분명 그들의 신화 중 하나로부터 나온다. '큰 새들', 말하자면 천둥-새들에 경의를 표하기 위한 의례의 기원을 이루는 이 신화의 핵심적인 사명은 전쟁에서의 승리를 보장하는 것이다.

### M503. 만단족의 신화: 하늘 방문

여러 마을이 집단을 이루어 하트강 하구에 살던 먼 옛날에 배다른 두 아들의 아버지인 큰추장이 살고 있었다. 현명하고 신중한 맏이는 검은-약이라 불렸으며, 바람-밑에-자라는-식물 또는 판본에 따라 향내 나는-약이라 불리는 동생은 충동적으로 행동하고 아무것도 존중하지 않았다.

그들이 사냥을 하고 있던 어느 날 형제는 사냥감이 점점 더 귀해지는 것을 확인할 수 있었다. 사냥감을 추적하다 한 오두막에 이르렀는데, 이 집의 거주자는 무거운 짐을 지고 나오면서 그들을 보고도 못 본 척했다. 형제는 오두막 안으로 들어갔는데, 아주 안락했다. 고기를 골라 잘 타는 불에 구웠다. 집주인이 돌아오기를 기다렸으나 오지 않자 그들은 마음껏 먹고 마신 후 잠이 들었다.

다음날 그들은 집주인이 떠난 남동 방향으로 길을 나섰다. 그들은 사냥감의 흔적을 볼 수 없었고 모르는 사람(떠난 집주인)도 눈에 띄지 않았다. 형제들이 오두막으로 다시 돌아올 그 순간에 모르는 집주인은 어제처럼 짐을 지고 나오며 그들에게 한마디 말도 하지 않고 시선도 주지 않은 채 사라졌다.

비밀을 캐보리라 결심한 형제들은 다음날 모르는 남자가 그들의 냄새를 맡을 수 없도록 바람 부는 반대 방향을 잡아 조심스레 오두막으로 돌아왔다. 그들은 그가 집에서 나가자마자 그를 덮쳤다. 그가 지고 있던 짐이 떨어지면서 엄청난 소리를 냈는데, 아주 멀리서도 들을 수 있었다. 여러 다양한 사냥감들이 모두 도망갔다. 왜냐하면 이들 사냥감을 포로로 잡고 있었던 이가 바로 이상한 남자(오두막 주인)였기 때문이다.

오두막에서 밤을 보낸 후 주인공들은 다시 길을 떠났다. 그들은 일종의 흰 거품 같은 것을 발견했는데, 형의 경고에도 불구하고 동생 향내-나는-약초는 경솔하게 그 거품 위에 화살을 쏘았다. 그것은 맹위를 떨치는 회오리바람(돌풍)이었다. 회오리바람이 형제를 공중으로 들어올렸으나 화살 가죽끈(Beckwith 판본: 올가미)으로 그들 자신을 함께 묶을 시간은 있었다. 그들은 아리카라 땅의 큰강(Grand-River) 위로 날아 다도해(군도)의 한 부분을 이루고 있는 섬에 착륙했다. 주위가 끝없는 바닷물로 둘러싸여 있는 섬이었다.

그들은 다음날 탐험을 시작했다. 작은 길을 따라 옥수수 밭과 정원(야채밭)의 한가운데에 있는 큰 오두막에 도달했다. 결코-죽지-않는-노파라는 한 늙은 여인(이 책 436쪽)이 그들을 반갑게 맞이하고, 작은 솥, 그러나 먹어도 줄지 않는 솥에 옥수수죽을 쑤어 주었다. 형제들은 역시 고기가 먹고 싶었다. 그래서 문 앞을 지나가고 있는 사슴을 죽였다. 늙은 여인은 고기를 먹지 않고 그들이 하는 대로 놓아두었다. 이어서 늙은 여인은 사슴들에게 멀리 가 있으라고 경고했다. 형제들은 그들이 원할 때마다 사슴을 사냥할 수 있었다. 그러나 오두막에서 멀리 떨어진 숲속에서 사냥감을 요리해서 먹는 조건이었다. 왜냐하면 정원을 돌보고 있었던 것은 이 동물들이었기 때문이다.

어느 날 늙은 여인은 형제들이 사냥 나가는 것을 금했다. 형제들은 구석에 숨어서 젊은 여인들이 하나하나 줄을 서서 오두막 안으로 들어가는 것을 보았다. 여자들은 말린 고기 또는 음식으로 가득한 제물(제사음식)을 갖고 있었다. 그녀들은 옥수수의 정령들이었으며, 매년 가을 늙은 여인의 집에서 봄이 될 때까지 피난하려 온 것이었다. 곧 그녀들이 옥수수 이삭으로 변하자 늙은 여인은 조심스레 각 품종에 따라 특별한 자리를 배정해 이들을 정리했다. 그녀들이 가지고 온 제물들은 겨울 동안 양식으로 사용되곤 했다.

형제들은 이런 활기 없는 생활에 싫증이 났다. 그래서 그들의 집으로 돌아가기를 원했다. 늙은 여인은 흔쾌히 그들을 돌려보내며 '4가지로 이루어진 하나'라는 만두를 주었는데, 만두는 옥수수, 콩, 해바라기씨 그리고 삶은 호박을 섞어 빚은 것으로 그들이 강을 건널 수 있도록 해줄 뱀의 의도에 따라 만든 것이었다. 이 뿔 달린 뱀은 머리에 허브, 쑥, 버드나무 가지와 포플러나무 가지를 이고 있으며, 선원들의 팀 중 네 번째 선원이었다. 주인공들은 (뱃사공으로서) 첫 세 명의 뱀을 조심스레 거절해야만 했다. 하나의 뿔만 달린 뱀, 갈라진(포크 같은) 뿔이 달린 두 번째 뱀, 그리고 뿔 달린 머리에 어린 풀들로 엉켜 있는 세 번째 뱀(Beckwith 판본: 1) 외뿔뱀, 2) 순대를 갖고 있는 뱀, 3) 머리에 모래톱을 얹은 뱀, 그리고 4) 포플러나무가 자라는 땅을 가진 뱀)이었다. 늙은 여인은 형제에게 뱀이 머리를 물가에 대도록 하라고 주문했다. 그들은 이 순간을 이용해 땅(육지)으로 뛰어내리도록 할 참이었다.

예측한 대로 일이 이루어졌다. 만두로 더욱 힘을 얻은 뱀은 성공적으로 반대편 강가에 닿았다. 그러나 뱀은 땅에 머리를 댈 수 없었다. 뛰어내리다 형인 검은-약은 실패하여 삼켜질 뻔했다. 그의 동생은 단호히 뱀을 부두(플랫폼)처럼 사용하여 강가에 접근하려 했다. 그러나 그가 뱀의 코 높이에 이르렀을 때 괴물이 그를 덥석 물었다(Beckwith 판본: 검은-약은 그의 운 나쁜 동생이 앞쪽으로 뛸 때 옆쪽으로 뛰어내렸다). 엄청나게 큰 괴물 아가리에 편안히 자리를 잡은 향내 나는-약이 그의 형을 오라고 초대했다. 신중한 형은 울면서 거절했다. 이러한 술책은 3일이나 계속 되었다. 다음날 밤 검은-약은 물속에서 모르는 인물의 그림자를 보았는데, 겉에 털 달린 외투를 입고 있었으며, 공중 높은 곳에서 그를 바라보고 있었던 이 인물은 이런 모든 통곡의 이유를 알고 싶어 하는 표정이 역력했다. 모르는 이방인은 만일 뱀이 주기적으로 물 밖으로 올라온다면 그것은 만두를 먹고 싶어 하기 때문이라고 설명했다. 검은-약의 음식은 떨어졌고, 그의 보호자가 그에게 다시 넣어준 많은 산토끼 똥과 약간의 옥수수 그리고 빻은 해바라기씨를 섞어 만든 만두를 뱀에게 주었다. 나흘째 되던 날 주인공은 뱀에게 만두를 주면서 이제 마지막으로 동생을 볼 수 있도록 아주 크게 입을 벌려달라고 청했다. 뱀은 이에 동의했지만, 머리를 땅에 놓기를 거절했다. 뱀은 하늘에 검은 구름이 있는지를 불안해하며 알고 싶어 했다. 검은-약은 아니라고 주장하며 동생의 손목을 잡고 땅으로 끌어당겼다. 그 순간 번개가 뱀을 내리쳐 단번에 죽었다.

천둥-새였던 이방인 보호자는 기절한 형제에게 의식을 되찾도록 했다. 그리고 그들을 자기 집으로 데리고 갔다. 천둥새(보호자)에게는 아내와 두 딸(Beckwith 판본: 금발과 우유부단한)이 있었다. 두 딸은 우선 뱀을 자르느라 애쓰고 있었다. 보호자의 아내로 말하자면 그녀는 온종일 침대에 머물러(누워) 있었다. 그의 초청 손님(형제)들이 얼마나 활동적이고, 특별한 힘을 갖고 있는지를 안 천둥새는 그들에게 혼

638

인하도록 두 딸을 제공하겠노라고 했는데, 맏딸은 큰형에게 작은딸은 동생에게 주기로 했다(Beckwith 판본: 항상 비상식적인 향내 나는-약〔여기서는 형이다〕은 여동생을 요구했다). 그런 후 장인의 경고에도 불구하고 두 주인공은 위험한 일련의 모험을 하게 되었다. 이로부터 이들은 새들을 공포에 떨게 했던 괴물들을 파괴한 후 승리자가 되었다. 그리고 그들은 또한 장모의 불구를 고치는데, 장모는 고슴도치의 가시털에 발을 다쳐 불구자가 되었으며, 이 때문에 새들은 서쪽으로 봄 이동을 할 수 없었다(Beckwith 판본: 독수리 여인이 고슴도치를 납치하려고 공중에서 그의 등 위로 내리꽂다 가시에 찔려 부상당한다).

어느 날 천둥-새는 그의 사위들에게 오두막 귀퉁이(구석)에 숨으라고 했다. 왜냐하면 그가 가족을 기다리고 있었기 때문이다. 작은 까마귀, 까마귀(일반), 말똥가리(북아메리카에서 호크〔hawk: 큰매, 도롱태, 황초롱이 따위〕라는 말은 무엇보다도 부테오속〔Buteo〕의 맹금류를 지칭한다)와 이어서 독수리들이 도착해서 각각의 종 또는 변종(또는 품종)별로 자리를 잡았다. 주인공들이 마지막으로 죽인 괴물들인, 머리가 둘 달린 뱀 고기로 만찬을 한 후 천둥-새는 그들에게 공개적으로 사냥감을 잡아도 좋다고 허락했다. 이어서 배제하고 있었던 동족에게 그들을 소개했다. 왜냐하면 이제 가을이었고, 모두 다시 만나 함께 다음에 올 봄을 찾아 여행을 해야 하기 때문이었다.

새들은 그들의 옛 둥지에서 겨울을 나러 떠났다. 강 상류를 향해 이동할 시기인 봄이 다시 왔을 때 새들은 함께 모여 그들이 날 수 있도록 두 주인공을 그들과 같은 것(종류)으로 만들기로 했다. 그들(천둥새들)은 형제를 알로 변화시키자 알에서 대머리독수리의 형태(형상)로 다시 태어나 곧 나는 법을 배웠다. 모든 사람들이 미주리 계곡을 따라 올라갔다. 그들의 아내로부터 적절한 충고를 들은 형제들은 새들이 제공한 무기들 중 가장 낡은 것들과 제일 많이 망가진 것들을 선택했다.

왜냐하면 번개를 일으키고 뱀(들)을 죽일 수 있는 주술적 힘을 갖고 있는 것이 바로 이 무기였기 때문이다. 새 떼가 만단족 마을 위를 날아올랐을 때 주인공들의 아버지는 새들에 경의를 표하는 의식을 거행했다. 이처럼 매년 같은 시기에 의식을 거행하곤 했다.

두 사람은 그들의 집으로 돌아가고 싶어 했다. 그리고 배우자들에게 그들을 따르도록 했다. 그녀들은 인간들 곁에서 불편함을 느낄 까봐 두려워한 나머지 미안해하며, 남편들에게 의례에서 그녀들을 대신(대체)할 주술 깃털을 주었다. 이제부터 새들이 남쪽으로 다시 떠날 시기인 가을에 인디언들이 의식을 거행할 때 이 깃털을 사용해야만 할 것이다(Bowers 1, 260~269쪽; Beckwith 1, 53~62쪽).

이 신화에 대해서는 해야 할 이야기가 많다. 우리는 우선 각기 중요도가 다른 어느 부분에 대한 관찰을 분명히 구분하지 않고 섞어서 제시하는 것으로 시작할 것이다.

먼저, 발에 부상을 당한 여인의 에피소드는 신화M₅₀₃을 톰슨에 이어 우리가 '고슴도치 편집'이라고 부른 별들의 분쟁에 관한 신화들의 에피소드들과 연결시킨다. 사실 이 중심 에피소드는 오로지 다른 (고슴도치) 편집의 원래 에피소드를 뒤집는다. 여기서 결혼할 소녀는 단지 문화적인 이유로 그녀가 탐내던 고슴도치에 의해 이끌리게 되는데, 자신의 어머니가 자수 작품을 완성할 수 있도록 하기 위해서였다. 고슴도치는 그녀를 땅에서 하늘까지, 말하자면 낮은 곳에서 높은 곳으로 이끈다. 이곳에서 그녀는 천상의 남편과 결혼한다. 여기(신화M₅₀₃)에서 결혼할 소녀의 어머니는 자연적인 이유로 인해 그녀가 탐냈던 고슴도치에 의해(고슴도치를 보고) 움직이지 못한다. 고슴도치를 잡아먹을 욕심에 가득 찬 (왜냐하면 그녀 자신이 독수리이기 때문이다) 그녀를 고슴도치는 하늘에서 땅까지, 말하자면 높은 곳에서 낮은 곳으로 이끈다. 그리고 그녀의 딸들은 지상의 남편들과 결혼하게 될 것이다. 다른 만단 신화에서 별들의 분쟁에 대한 한 판본이 새들의 집(영역)을 방문하는 것으로 대체하고, 결코-죽지-않는-노파의 품에 형제가 머무름에 이어 뱀과 모험을 한다는 것을 특기하면 더욱 관계가 선명하게 나타날 것이다(M460: 이 책 463쪽). 우리가 다시 이야기하게 될 히다차 변이형 판본들과 아주 유사한 이 신화(M503b~c: 이 책 645쪽)에서 뱀의 에피소드는 또 다른 에피소드들을 선행하는데, 두 번째 파충류(히다차 판본에는 머리가 둘 달린)의 살을 먹음으로써 물뱀으로 변한 어리석은 동생의 이야기를 하고, 주인공들은 이 파충류의 신체에 구멍을 낸다. 역시 불행한 결과 대신(왜냐하면 독수리들은 뱀을 먹는 자들이기 때문이다) 유익한 결과를 제시하고 천둥-새들의 영역에 머무르도록 설정하는 것이(Bowers 1, 266쪽) 신화M503이 그려내는 유형의 사건이다. 이 에피소드의 의미들은 뒤에(이 책 664~665쪽) 이해하게 될 것이다. 고슴도치의 에피소드처럼 전도되어 있으며, 두 신화 시리즈에서의 사건처럼 번복되는 이 에피소드는 그러니까 이들의 대칭(성)을 강화한다.

신화가 전사(전쟁) 의례의 기원(기본)을 세우고 있음에도 불구하고, 만단 판본은 물론 히다차족 판본들도 독수리사냥과 연관되어 있으며(Bowers 1, 226쪽 주 5; 2, 361쪽, 363쪽), 그 의례는 뱀 형상으로 된 베개(이 책 그림 32 참조)와 새들에게 제물로 바친 막대들을 포함하고 있었다. 더욱 함정 속에 숨겨놓은 뱀들은 사냥꾼들에게는 엄청난(심각한) 위험을 나타낸다는 것을 모두 알고 있다(Bowers 1, 241쪽 주 33). 그러나 신화M503 역시 일반적인 사냥 의례와 연관되어 있다. 왜냐하면 이 의례의 초기에 어둠 속에 머물러 있던 인물이 포로로 가지고 있던 사냥감의 해방을 거론하고 있기 때문이다. 그런데 이 인물은 /오키파/ 의례의 창시신화(이 책 458~459쪽; Bowers 1, 350쪽 참조)가 호이타(Hoita: 얼룩무늬 독수리)라고 지칭하는 인물이다. 전쟁과 일반적인 사냥 그리고 의례적인(성스러운) 사냥의 삼중 연관성은 대평원의 인디언들이 전쟁을 일반적인 사냥의 한정된(제한적) 형태로 간주하며, 독수리사냥은 모든 상징들을 모으고 소유물들을 정화한다는 사실로 설명된다.

신화M503의 어리석은(미친) 동생은 /오키파/ 춤에 '미친'자인 옥신헤드의 행동과 비교된다고 있다고 말할 수 있다. 하나는 자신의 형을 지하 괴물의 아가리 속에 있는 자신에게로 오라고 권유하고, 다른 하나는 식인귀인 자신의 아버지 해를 인간들에게 접근하도록 초대한다. 결과적으로 두 경우에서 이런 판단력이 없는 행위(어리석음, 비이성)가 (두 현상 사이의) 무매개성에 만족하고 있다(말하자면 중재를 배제하고 있다)는 사실 때문이다.

이제 신화 원문으로 다시 돌아가 보자. 형제들 중 하나(형)는 검은-약이라고 불리는데, 이 독수리에게 입은 상처나 뱀에게 물렸을 때 사용되는 지혈 효과가 있는 약초의 이름이다(Beckwith 1, 259쪽 주 126; Bowers 1, 261쪽). 이 미나리제비과 식물, 악타에아 루브라(*Actaea rubra*)는 유럽 민중들의 약제(약제 일람표)에 중요한 위치를 점하고 있는 생크리스토프(*Actaea spicata*) 식물 속에 속하는 이웃식물로 이미 우리의 연구 여정에 등장하고 있다(이 책 131~132쪽). 직접적인 양상으로든 예를 들어 표현하든 다른 형제의 이름들 역시 '혈액에 좋은' 식물 악타에아 아르구타(*Actaea arguta*)일 수 있는 단순한 식물을 지칭한다. 쉐이엔족은 그들의 문화영웅들 중 한 명을 이 이름으로 부른다(Grinnell 2, 제2권, 174쪽과 여러 곳 참조). 식물들 중 하나가 검다면 다른 하나는 갈색이다. 이것은 마치 옛날 미주리강 양쪽을 독수리사냥을 위해 땅(지역)을 분할하고 있었던 신화적(아메리카산) 오소리들이 각각 검고 갈색인 것처럼(Bowers 1, 261쪽, 214~215쪽 참조) 강은 북서-남동의 축을 따라 흐르는데, 이것은 세상을 두 개의 반쪽, 서쪽의 반(남쪽을 향해)과 동쪽의 반(또 북쪽을 향해)으로 나눈다. 서로 다른 조물주들은 각 지역의 생물과 사물들을 신경을 써 창조한다(Maximilien, 362~363쪽; Will-Spinden, 139쪽). 만단족에게는 각각 서쪽과 동쪽에 속한 반쪽이 근본적인 이원성에 대한 기억을 영구화하고 있었다(그림 39). 신화M503의 주인공들—이들의 대립과 상관관계는 '오두막 안으로 받아들여진 쌍둥이'와 '개울에 던져진 쌍둥이'의 모습으로 나타나는 다른 신화들에서는 더욱 강하게 유표되어(marqués) 나타난다(*Lodge Boy, Spring Boy*: 이 책 429쪽 참조)—은 우선 결코-죽지-않는-노파가 살고 있는 남동쪽으로 여행하며, 이곳으로부터 가을 이동 시기가 왔을 때 새들을 인도한다. 봄이 오면 이들은 새들을 북서쪽으로 인솔할 것이다. 그런데 동쪽에서 서쪽으로 가려면 먼저 강(물)을 건너지 않으면 안 된다. 사실상 물(강)은 동시에 나누고 통합한다. 물은 두 세계 사이의 경계선을 나타낸다. 그렇지만 새들이 계절적 이동의 경로를 따라 미주리강 계곡을 올라가고 내려올 때 무사히 이동할 수 있는 것은 강줄기를 따라가는 것이다.

신화적 이야기는 단지 공간 속에만 기술되는 것이 아니다. 역시 시간 속에서 연속적으로 이루어진다. 첫 계절적 순환은 만단족과 히다차족이 북동쪽과 연계하고 있는 기후적 현상인 회오리 바람(토네이도) 또는 사이클론(태풍)으로 시작된다(Beckwith 1, 62쪽: "옛날에는 동쪽에 사이클론만 있었다고 한 정보 제공자가 이야기한다"). 이 사이클론은 함께 묶인 형제를 결코-죽지-않는-노파가 사는 섬으로 수평적인 이동을 유발한

그림 39 만단족의 지리세계의 도식적 표상

다. 그들은 이 섬에서 여름, 가을 그리고 겨울을 보낸다. 그들은 봄에 다시 길을 떠난다. 그들이 서로 막 분리되는 순간 한 인격화된 소나기가 수직으로 들어올려 하늘로 올라가게 하는데, 그들은 이곳에서 나음해 봄까지 추가적인 1년을 머무르게 된다.

이 신화적인 달력(일어난 사건들의 달력)은 실제적인 사실과 일치한다. 사람들은 봄에 가장 중요한 의례를 행했는데, 이때 '큰 새들'—독수리, 말똥가리, 까마귀와 작은 까마귀들—이 북서쪽 '나쁜 땅'과 로키산맥을 향해 다시 날아오른다. 그러니까 의례의 목적은 새들이 마을 가까이 날아와 그들에게 농장과 정원에 불가결한 비를 가져오기 바라며 새들을 숭배하는 것이다. 이러한 의례들은 봄의 첫 소나기와 일치했다. 그리고 결코-죽지-않는-노파를 위한 의례들이 이어지곤 했다. 사실 수상새들의 주인인 늙은 여인과 토착인들의 신앙에서 신화M503이 서술하고 있는 옥수수의 여신(정령)들이 같은 숭배에서 불러 모으는 수상새들은 눈이 완전히 녹기 전에 북쪽으로 날아 올라간다. 맹금류의 새들은 더욱 늦게 도착한다. 하지만 제일 먼저 맹금류를 위한 가을 의례들이 거행되는데, 왜냐하면 맹금류들이 미주리강을 따라 사냥하며 남쪽으로 여행하느라고 늦는다고 믿기 때문이다. 반면, 수상새들—거위, 백조와 야생오리들—은 큰추위가 찾아올 때 길을 떠난다(Bowers 2, 363쪽).

말하자면 큰 새들을 위한 두 시리즈의 의례가 존재했다. 첫 의례의 시리즈는 봄에 큰 새들의 도착을 기념하고(축하하고), 두 번째 시리즈는 가을에 이들의 떠남을 기념하기 위해서였다. 신화M503이 이 의례의 절대적인 기원을 설명하기보다 이 의례의 계절적 배가(중복)의 기원을 주장하려 했다는 것을 알 수 있을 것이다. 봄 의례들은 이미 활성화되어 있음이 틀림없다. 왜냐하면 주인공들의 아버지는 새들이 마을을 날고 있을 때 의례를 거행하기 때문이다. 그러나 그녀들의 남편과 이별하기 전 천둥새의 딸들은 남편들에게 이제부터 같은 의례를 또 가을에도 거행하라고 명령하고 있기 때문이다.

이 점이 중요하다. 왜냐하면 히다차 판본들(M₅₀₃ᵦ~ᶜ: Bowers 2, 359~362쪽; Denig, 613~617쪽—아씨니보인족 추장으로부터 수집한 이 마지막 판본 그러나 이 판본을 '그로-방르트족', 다시 말하자면 히다차족에게 돌린다. 같은 책 403쪽 참조)은 몇 가지 점에서 신화M₅₀₃과 다르다. 새들을 방문하는 에피소드가 존속하지만, 새들의 배우자가 아니라 아들이 불구이며, 고슴도치 가시털이 아니라 사슴의 뿔에 부상당한다든가, 또는 하늘 방문이 사라지고, 주인공들이 남용한 들소들의 주인인 큰 뱀의 영역인 서쪽 방향으로의 방문으로 대체된다는 점에서 차이가 난다. 두 경우에서 정신나간 형제는 뱀의 살을 먹는 잘못을 범하고, 미주리강 바닥에 사는 큰 뱀(파충류)으로 변한다. 그런데 적어도 히다차 판본들 중 하나(M₅₀₃ᶜ: Bowers 2, 361쪽)는 명료한 방식으로 봄 의례의 창시와 관련된다. "주인공은 큰 새들을 위한 의식(의례)을 거행하겠노라 선포하고, 주인들에게 알리기를 봄이 시작될 즈음 날씨가 구름에 덮여 나흘 동안 비가 내린 직후 새들이 남쪽으로부터 도착할 것이라고 했다." 그러니까 신화는 만단족에서 히다차족으로 이동하면서 신화의 기원적 기능이 의례의 달력과 관련해 전도되고, 동시에 여러 점에서 유사하게 남아 있는 이야기들에서 우리가 주의를 환기했던 변화(변형)들을 결정하는 것처럼 보인다(L.-S. 19 참조).

아래와 같은 사실을 환기해본 것이 합당했다. 왜냐하면 우리는 이미 만단족에 히다차 판본들과 동일한 이야기의 출현을 예고했으며, 이 판본은 별들의 분쟁(M₄₆₀)의 입문에 사용되었기 때문이다. 이것은 이 책 641 쪽에 다른 경로를 통해 신화M₅₀₃과 신화M₄₆₀이 전도된 대칭관계에 있다는 우리의 가설을 확증하고 있다. 사실 결론은 신화M₅₀₃ᶜ가 달력의 축 위에서 신화M₅₀₃을 전도하고, 신화M₅₀₃ᶜ는 신화M₄₆₀에 속하며, M₄₆₀은 결과적으로 신화M₅₀₃을 전도하고 있다는 사실로부터 나온다. 더욱 별들

(해와 달)의 분쟁 이야기는 하늘 방문이 관심의 초점이 아니잖는가? 줄거리들이 외형적으로 아주 다름에도 불구하고 우리는 아주 익숙한 곳(땅)에 머물러 있다.

* * *

신화M503은 만단족의 신화를 넘어 또 다른 반향을 일으키고 있다. 천둥새의 배우자(여)는 절름발이이다. 그리고 그녀의 불구성은 새들이 봄 이동을 이행하지 못하게 방해한다. 역시 절름발이인 히다차족의 다른 신화M503d~e(Bowers 2, 304~308쪽, 439쪽)에서 주인공의 장인을 두 형제가 악타에아 루브라로 고침으로써 인디언들이 겨울마을과 여름마을 사이의 계절적 이동을 이행할 수 있게 하며, 또한 여름 목초지로 갈 수 없었던 들소어미를 이동할 수 있게 만든다. 우리가 또 다른 신화들을 기반으로 하여 진척시켰던 의례적 절름발이에 대한 해석(『꿀에서 재까지』, 640~646쪽), 역시 이 책(514쪽)의 토론이 상정했던 것과 마찬가지로 다시 확증을 얻게 되었다.

신화M503의 세부적인 사건들은 와라우 신화(M28: 『날것과 익힌 것』, 259~261쪽과 여러 곳; 『꿀에서 재까지』, 633~639쪽)를 돌아볼 수 있게 한다. 이 신화(M28)에서 하나는 현명하고 다른 하나는 어리석은 두 형제는 수중 식인귀의 희생자가 된다. 암식인귀가 물가에 너무 가까이 접근한 형제의 물 그림자를 후려친 후 잡아먹는다. 신화M503이 현명한 형(형제)에게 부여하는 것과 같은 발견과정을 볼 수 있다. M503에서 수중 식인귀가 역시 그를 잡아먹을지도 모를 물가로 접근하기를 꺼린 후 형은 천상의 구원자를 알아본다. 결과적으로 두 경우에서 위험을 피한 주인공은 물에서 땅으로의, 또는 땅에서 물로의 이동이 불연속적 특성을 나타낸다는 것을 이해한 형이다. (이를 이해하지 못한) 다른 형제(동생)는 이 불연속성을 무시하려는 공연한 희망에서 작은 간격에 호소하다 변을 당한다.

우리는 주인공들이 괴물뱀의 등을 타고 강을 건너는 과정을 이야기하는 에피소드에 특히 주의를 기울일 것이다. 북아메리카에서는 아주 흔히 볼 수 있는 이 에피소드는 역시 남아메리카에서 발견되며, 『날것과 익힌 것』($M_{124}$, $M_{139}$)과 이 책($M_{402}$~$M_{404}$)의 제2부에서 우리가 논했던 일련의 신화 시리즈들에 의해 설명된다. 우리가 처음으로 자존심이 강한 (격하기 쉬운) 뱃사공의 주제를 발견했을 때(『날것과 익힌것』, 479쪽 주 24) 그의 중요성을 특기하기를 자제했다. 이제 그의 중요한 의미를 제시하는 것이 합당할 것이다.

그의 중요성은 우선 두 아메리카 대륙의 신화들이 거의 같은 용어들로 이야기하고 있다는 사실에 기인한다. 만단 신화($M_{503}$)를 다시 읽은 후 우리가 단지 짧게 요약해 제시한 한 문두루쿠 신화($M_{402}$)로 되돌아오자 (이 책 207~208쪽).

### $M_{402}$. 문두루크족의 신화: 페리수아트의 모험(세부)

페리수아트(Perisuát)를 돌려보낼 그 순간 맥으로 변한 그의 삼촌은 그에게 마을로 되돌아가기 위해서는 반드시 세 마리 거인 카이만악어가 출몰하는 강을 건너야만 하는데, 이 악어들 중 가장 큰 악어는 우아티-풍-풍이라 불린다고 설명했다. 첫 두 마리의 카이만악어가 먼저 뱃사공으로 자신들을 소개할 것이다. 그렇지만 페리수아트는 이들을 거절해야만 하며 우아티-풍-풍이 나타나기를 기다려야 할 것이다. 우아티-풍-풍의 등에는 임바우바나무(imbauba, *Caecropia*종: 『꿀에서 재까지』, 518쪽 참조)가 자라고 있었다.

주인공은 첫 두 마리의 카이만악어의 서비스(제의)를 거절하고 세 번째 카이만악어가 강을 건너도록 해줄 것을 요구했다. 그러나 악어가 물가에 접근하기를 거절했으므로 페리수아트는 올라탈 수가 없었다. 결국 그는 물 쪽으로 기울어진 나뭇가지를 붙들고 악어의 등에 뛰어올라탔다. 그렇게 함으로써 주인공은 물에 떨어지는 위험을 피할 수 있었는데, 하마터면 괴물악어에게 먹힐 뻔했다.

여정의 중간쯤에서 카이만악어는 나팔을 불겠다고 했다. 악어는 소리를 내며 숨을 내뿜었는데 냄새가 고약하기 이를 데 없었다. 그의 삼촌이 일러준 대로 페리수아트는 역겨움으로 토할 뻔했으나 견뎌냈다. 그리고 그는 괴물의 뿜어내는 숨이 향기롭다고 칭찬했다.

거의 강을 다 건너갔을 때 카이만악어는 그의 손님에게 헤엄을 쳐 저편 강가로 올라가라고 설득하고자 했다. 왜냐하면 악어는 그를 잡아먹을 요량을 하고 있었기 때문이다. 그러나 페리수아트는 강가에 접근하라고 요구했다. 그러고는 나뭇가지의 도움을 받아(나뭇가지를 잡고) 땅으로 뛰어내렸다. 그는 안전을 확인하고 나서 카이만악어의 입(아가리)에서 썩은 냄새가 난다고 소리쳤다. "야! 강을 건너는 동안에 그 얘기를 하지 않았냐?" 너무 화가 난 카이만악어는 울부짖으며 말하는 바람에 그의 등에 돋아난 나무들이 무너져 내렸다(Murphy 1, 96~97쪽).

아씨니보인 판본에서(M504: Denig, 611쪽) 뱃사공은 두루미(학)이며, 자신이 내뿜는 숨에 대해 칭찬해 주기를 바란다. 킥카푸족(Kickapoo)의 한 신화(M505: Jones 3, 85쪽)는 이렇게 이야기한다. 주인공이 자신의 운행이 느려질 때마다 자기를 때리는 조건으로 주인공을 운반해주겠다고 동의한다. 먼저 독수리가 같은 서비스 제공을 포기한다. 왜냐하면 그가 내뿜는 숨이 하도 냄새가 고약해 손님이 강을 건너는 동안 토하지 않을 수 없기 때문이다. 동쪽의 알곤킨족 신화(M437~M438)의 변이형 판본들(Prince, 68~69쪽; Leland, 152~154쪽; Rand, 164~165쪽, 312~313

쪽, 320쪽)에서 가장 흔히 나타나는 칭찬해야만 하는 것은 뱃사공 일을 하는 두루미(학)의 이른바 신체적 아름다움이다. 그렇지 않으면(Leland, 184~185쪽, 325~326쪽, 328~329쪽) 뱃사공은 다시 도마뱀이 된다. 이 도마뱀은 뿔이 난 악어로 장님이며, 게다가 화까지 잘 낸다.

이러한 모든 특성들은 남아메리카의 다른 판본들에서도 나타난다. 이를테면 신화M$_{124}$에서 주인공은 도마뱀의 못생긴 체격(외모)을 놀려대고, 신화M$_{139}$, 신화M$_{403a}$와 M$_{403c}$에서는 (반대로) 동물은 자신의 손님이 그를 모욕하기를 바란다(왜냐하면 그는 손님을 잡아먹을 구실을 찾고 있기 때문이다). 또는 신화M$_{404}$에서처럼 자신에게 충분하게 존경을 나타내지 않을 경우 손님을 질책한다.

아주 멀리 떨어져 있는 신화들이 같은 이야기를 하고 또 그 양상들 역시 대단히 유사하다면 이것은 문제가 될 수 있다. 그러면 가상적인 신화의 기원지로부터 엄청난 거리의 이동에도 불구하고, 주제의 저항(성)을 설명할 수 있는 논리적 골조(armature logique)가 존재하거나 아니면 대단히 다양한 사회에서 (같은 주제와 이야기의 유사성이) 독립적인 출현이 가능한 건가? 선호하는 원초적인(본래의) 가설이 어떠하더라도 내적인 필요성에 대한 가설에 호소하는 것을 배제할 수는 없을 것이다. 그리고 내적인 필요성에 대한 가설은 다른 두 가지 가설을 위한 선결조건을 구성한다.`

우리는 이미 이에 대한 대답의 절반 정도를 이루어냈다고 할 수 있다. 이것은 우리가 이 책(641쪽, 645쪽)에서 자존심이 강한 뱃사공의 에피소드를 포함하고 있는 신화M$_{503}$이 별들의 분쟁에 대한 순환에서 고슴도치 에피소드의 전도로 해석될 수 있는 또 다른 에피소드를 포함하고 있다고 보기 때문이다. 더욱 이 두 개의 순환이 대칭(적)이라면 별들의 분쟁에 대한 순환은 또 다른 주제인 달과 해의 카누 여행으로 제기된 문제들에 관한 우리의 논쟁에서 명료해졌다. 자존심이 강한 뱃사공 에피소드의 내적인 필요(성)는 에피소드 자체가 카누 (여행) 주제의 반대(역)를 구성한다는 사실에서 기인한다고 할 수 있다.

이에 대한 명확함을 눈으로(명료하게) 보기 위해서는 가정을 해보는 것으로 충분할 것이다. 카누 여행이 왕복이라면 카누 여행은 강의 축을 따라 진행되며, 뱃사공의 등에 탄 여행은 이 축과 직각으로 교차하는 여행이다. 왜냐하면 강을 건너는 여행이기 때문이다. 그러나 그 이상의 문제들이 있다. 북아메리카 몇몇 판본들의 두루미는 자신의 다리를 뻗음으로써 육교를 만들기도 한다. 두 대륙의 뱀 뱃사공들은 뿔을 달고 있으며, 이 뿔 사이에 모래톱이 펼쳐져 있고, 그 위에 풍성한 식물들이 자란다. 말하자면 물이 불어나는 시기에 두 대륙의 큰 강들이 흐르는 강물에서 볼 수 있는 떠다니는 섬들이다. 특히 미주리강의 경우 "봄에 강물은 아주 큰 흙덩이들을 강변에서 떼어낸다. 이 떠다니는 섬들은 미주리강의 흐름을 따라 흐르는데 나뭇잎과 꽃이 달린 나무들이 아직 서 있거나 절반 정도 쓰러져 있어 신기한 광경을 이룬다"(Chateaubriand 1, 95쪽; W. Matthews, xxii쪽; Neil, 383쪽 참조).

그런데 다리와 섬들은 정확하게 같은 이유 때문이 아니지만 소형 보트를 닮기도 하고 다르기도 하다. 섬과 카누는 떠다니는 물체로서 하나는 자연의 서열에 따라서이며, 다른 하나는 문화의 서열에 따라서이다. 마치 아메리칸인디언들이 문화적으로 축조하지 않은 다리들이 차라리 자연적인 육교의 생각을 연상하게 한다면 이런 다리(육교)들은 움직이는 대신 고정되어 있고, 물의 흐름을 따라서가 아니라 물의 흐름과 수직으로 (물의 흐름을 가로질러) 서 있을 것이다. 결국 카누 여행은 두 여행자가 필요하며 우리가 본 것처럼 두 사람은 충분한 거리를 두고 있어야만 한다. 그렇지만 횡단하는 동안 두 여행자인 뱃사공과 그의 손님은 긴밀하게 결합된다.

많은 신화적 자료(텍스트)들이 이러한 변화의 객관적 현실을 증명한

다. 건네주기를 요청하는 신화M403b의 주인공에게 카이만악어는 거짓
으로 답한다. 왜냐하면 악어는 그를 잡아먹을 생각만 하고 있기 때문이
다. 그런데 악어의 어깨는 여행자의 무게를 견딜 만한 커다란 카누 형상
을 하고 있었다(Wagley-Galvão, 141쪽). 부르는 소리에 대답하지 않고
계속 반복해 부르면서 자신의 고약한 성질을 드러내는 한 뱃사공의 이
야기를 하는 살리시 신화(M506: Adamson, 270쪽)는 "이제부터 사람들
을 물에 빠뜨리려고 카누를 운전한다고 주장하는 사람은 아무도 없다"
는 확신을 하며 끝난다. 오글랄라다코타 신화(M507: Walker, 205~206쪽)
는 찍어 넘어진 나무둥치가 어떻게 마술 카누로 변하는지를 이야기한다.
"나무둥치는 스스로 굴렀다. 그리고 머리와 큰 두 눈 그리고 하나의 꼬
리……를 가진 카누를 닮아갔다. 빨리 배로 뛰어 타야만 한다. 아니면 카
누(나무둥치)는 그의 손님 없이 출발하게 된다."

물의 괴물(수상괴물)이 반-카누(anti-pirogue)라는 사실은 역시 신화
M503의 히다차 판본들의 가까운 계통이며 만단 신화의 한 변이형 판본
(M460: Maximilien, 380~381쪽; Bowers 1, 199~200쪽 참조)으로부터
분명해진다.

### M508. 다코타족의 신화: 큰 물고기

결혼에 무감각한 추장 딸은 결국 그가 눈부신 일(행위)을 완수한다
는 조건으로 가난한 청혼자를 받아들였다. 그는 원정 전투를 조직했으
나 적들을 찾을 수 없었다. 돌아오는 도중에 인디언들은 거인 거북을
만났는데 주인공과 그의 친구를 제외한 이들은 모두 거북의 등에 올라
탔다. 거북은 호수 밑바닥으로 잠수했다. 조심성 없는 자들은 물에 빠
져 죽고 말았다(M385 참조).

살아남은 두 사람은 다시 걷기 시작했다. 주인공은 지쳐서 다시 힘
을 회복하기 위해 걸음을 멈추었다. 반면, 그의 동료는 이 시기에 물이

불어 물가에 혹시 떠밀려온 죽은 물고기를 이곳저곳 찾았다. 그는 물고기 한 마리를 찾아 씻어서 불에 구운 다음 나누어 먹으려고 주인공을 불렀다. 주인공은 처음에 거절했으나, 자신이 원하는 만큼의 물을 그가 떠다준다는 조건으로 이를 받아들였다.

그러나 주인공은 채워지지 않는 갈증을 드러내 보였다. 친구는 그들의 하나밖에 없는 용기로 물을 충분히 운반해 주었으나, 그는 강으로 내려가 물속으로 잠수하여 심지어 물의 흐름이 멈출 때까지 마셨다. 조금씩 조금씩 그는 엄청나게 큰 물고기로 변했으며, 결국 강의 운행을 막아버렸다.

비극적 사건을 전해 들은 추장의 딸은 자신의 잘못으로 죽은 약혼자에게 변함없는 사랑을 맹세했다. 그녀는 1년 동안 남자의 옷을 짜서 만들었다. 사람들에게 나무껍질 카누를 만들어 물고기로 변한 약혼자에게 내려 보내주기를 요구하고, 자신은 그의 희생을 기념하기 위해 처녀로 살 것을 약속하며 선물을 제공했는데, 이것은 그가 "인디언들이 다시 카누로 강을 운행할 수 있도록" 강의 장애물을 제거하는 조건이었다. 물고기가 가라앉자 생트-크루와강(*Stillwater river*)이 자유로워졌다(McLaughlin, 23~28쪽; 아리카라 판본: Dorsey 6, 79~80쪽; 크리크 판본: Swanton 1, 32~33쪽과 여러 곳 참조).

만일 섬과 섬의 신화적 동물들이 카누의 역이라면 남아메리카의 한 신화의 뒤집힌 채 운행하는 카누는 섬이 될 수 있다는 것을 증명한다.

### M₅₀₉. 아라와크족의 신화: 섬의 기원

해상원정 중에 항해자들은 한 나라를 방문했다. 이 나라의 주민들은 조수(조류)에 따라서만 카누를 항해할 줄 알 뿐이었다. 왜냐하면 그들은 짧고 넓적한 노로 항해를 했는데 넓적한 부분으로 물을 때리지 않고(대신에) 노의 날 쪽으로 물을 자르며 운행했기 때문이다. 조수가 반대쪽으로 흐르는 밀물을 헤쳐 나가기가 불가능한 이들은 배가 움직이지 못하도록 긴 장대를 물속에 박는 것으로 만족하고 있었다.

원정대를 지휘하고 있던 늙은 주술사는 부니아새로 변해 노래를 불렀다. 타르바란! 타르바란! 이것은 '넓적한 쪽으로'라는 의미였다. "그러자 무지한 카누 조종자들이 노의 넓적한 쪽으로 네 머리를 친다면 너는 뭐라고 할 거냐고 반박했다." 그러나 결국 그들은 그의 충고를 따르기로 했으며, 강의 흐름을 거슬러 올라가거나 흐름을 따라 내려갈 때 세 배나 빨리 운행할 수 있다는 것을 알았다(Roth 1, 221쪽)

가이아나에서와 같은 형식(믿음)을 아라와크족에게 전수한 살리시족(Adamson, 40쪽, 420쪽)뿐만 아니라 카라자족(팔레트[판때기]를 최초의 노로 사용. Baldus 6, 215쪽)에서도 증명된 믿음을 연상시키는 이 신화(M509)에, 로스는 코멘트 형식으로 에쎄키보강의 섬을 /히아로노-둘루힝/ '여자의 장대'라고 부르는데, 이 섬 주민들의 여자들은—아직 카누 운행에 대한 교육을 받지 못해—조류가 높을 때 카누를 밧줄로 묶기 위해 진흙에 장대를 꽂아놓는다는 점이다. 그런데 여자들이 장대를 너무 깊이 꽂아놓는 바람에 뽑을 수가 없었다. 그 주위에 모래톱이 생기고, 여기에 풀과 나무들이 자라나 현재 사람들이 보고 있는 섬이 생겨났다. 뒤집어놓은 카누인 이 섬은 말하자면 모래톱 위에 자라난 식물들로 뒤덮인 카누의 등을 가진 뱃사공의 이미지(형상)를 재현하고 있다.

만일 우리가 티칼(지역)의 뼈에 새긴 조각(판화)에 대해 진전시켰던 해석이 정확하다면(이 책 241쪽) 이 판화(들)가 두 상태(단계)의 변화(변형)를 설명하고 있다는 것을 인정할 수 있을 것이다. 사실 동물들의 카누는 때때로 털 난 뱀의 외관(그림 40)을 띠고 있으며, 이 신화적 창조물은 뿔 난 뱀의 중복품으로 이에 대한 개념은 가이아나의 와이와이족

(Fock, 91쪽)뿐만 아니라 쉐이엔족(Grinnell 2, 제2권 여러 곳) 그리고 메노미니족(Skinner-Satterlee, 354쪽)에게 친근한 개념이다. 우리는 곧 만단 신화들(M512~M515: 이 책 669~677쪽)에서 여행자 수가 *제한적이냐 제한적이지 않느냐*에 따라 충실한 카누의 역할이나 불성실한 뱃사공의 역할을 교차적으로 수행할 수 있는 배(카누)를 만날 수 있을 것이다.

그림 40  뱀 형태의 카누. 티칼 지역의 뼈에 새긴 조각
(트리크, 그림 5, 필라델피아 대학 박물관 제공)

이 논점에서 잠시 머물러 보도록 하자. 우리는 달과 해의 카누 여행이 균형의 특징을 갖고 진행된다는 것을 알고 있으며, 제3부 전체가 이 점을 다루고 있다. 반면, 우리가 수집해놓은 자존심이 강한 뱃사공의 에피소드의 증거(정보)들은 전반적 무절제를 거론한다. 두 주인공들이 서로 고약한 심정으로(악의적으로) 거짓말과 모욕으로 겨루고 있다. 그런데 우리가 보기에 카누 여행의 주제는 춘·추분 형태의 상황을 나타내고 있는 것처럼 보인다. 또 다른 뱃사공의 주제와 상동이며 역(전도된)인 자존심이 강한 뱃사공의 주제가 하·동지의 유형 상황을 나타내고 있는 것은 아닌가?

달력에 나타난 이것들의 시기 그리고 각 주제와 연관된 의례들 사이의 상호관계를 찾아낼 수 있다면 해답을 찾기가 쉬울 것이다. 과거의 문화가 몇몇 나이 든 인디언들의 기억 속에만 살아남았던 시기에 보워스가 만단족에 대해 수행한 대단히 힘든 현지조사에도 불구하고, 불행하게도 의례에 관한 달력(날짜)이 모호하게 남아 있어 이를 해석하기가 주저스럽다. 이런 모험을 하기가 주저스러운 것과 마찬가지로 여기에서 끌어낼 수 있는 이미지(흡사한 영상) 또한 우리가 가설로서 그려냈던 이미지보다 훨씬 더 복잡하다. 사실 만단족은 몇 개의 대립을 활용해 의례용 달력(날짜들)을 구성했던 것 같다. (그런데) 어떤 대립도 춘·추분과 하·동지의 대립 용어로 정확히 해석할 수 있지 않아 보인다.

첫 번째로 나타나는 대립은 신화M503이 그 기원을 이야기하고 있는 큰 새들을 위한 의례들과 모든 다른 의례들 사이에 나타난다. 20여 개에 달하는 다른 모든 의례들(Bowers 1, 108쪽)은 한 번 또는 몇 번에 걸쳐 거행되었지만, 항상 대략 한 달 또는 몇 달, 심지어 1년 내내 연속된 시간의 경과 안에서 거행되었다. 이와는 반대로 큰 새들의 의례는 단지 4월과 11월에 이루어졌다. 이들 의례는 1년의 구별된 두 시기에 불연속적인 양상으로 거행된 의식과 관련되었다. 봄과 가을에 위치하는 이 시기들은 **대략**(grosso modo) 춘·추분의 시기와 일치한다. 더욱 의미 있는 양상으로 신화M503의 변이형 신화들이 그 원천을 이야기하는 미주리강 지역의 봉헌식(들) 역시 1년에 두 번 거행되었다(이 책 664쪽 참조).

이제 우리가 앞에서 그 복잡성을 거론했던(이 책 461~462쪽, 549~551쪽) 들소사냥 의례들을 검토해 보도록 하자. 이 의례들을 두 집단으로 구별할 수 있다. 한편으로 들소의 번식을 위한(바라는) /오키파/ 큰 부족 의례로 가장 더운 달(들)에 거행되었다(Bowers 1, 122쪽). 다른 한편으로 겨울사냥을 위한 다양한 부락 의례들을 들 수 있는데, 이 의례들은 가장 추운 달(들)에 거행되었다. 이 두 시기는 말하자면 하·동지 무렵에 위치한다(같은 책 315쪽, 325~326쪽: "겨울, 제일 짧은 날들에 거행되었다"; Bowers 2, 56쪽: "겨울 들소 떼를 위한 의례들은 동지와 함께 시작되었다").

이처럼 새(들의) 축제와 들소 축제는 몇 개의 축 위에서 상관관계와 대립관계에 있다. 이 첫 번째 의례들 사이에 나타나는 동일한 것들은 (서로) 다른 시기에 거행된다는 것이며, 서로 다른 두 번째 /오키파/ 의례는 몇 개의 의례들로 구성되는데, 적어도 겨울 들소에 대한 '눈부엉이' '붉은막대기' '흰 암들소'라는 구별되는 세 개의 의례가 존재한다. 각 순환과 관련해서는 1년이라는 단일한 기간에 거행된다. 결국 첫 번째 의례들(새들의 의례)은 춘·추분과 인접해 있고, 두 번째 의례들(들소 의례)은 하·동지와 인접해 있다.

잘 구분된 이런 대립들과 대비되는 농업 의례들은 초봄 수상새들의 도착과 더불어 시작되는데, 1년 내내 간격을 두고 이어진다(배열된다). 아주 간략화함으로써 우리는 의례달력을 도식화할 수 있다(이 책 657쪽 도식 참조).

도식에서 가장 멀리 벗어난 두 집단의 의례들은 양립 불가능하다는 것을 우리는 이미 알고 있다. 만일 겨울사냥 의례가 파종이 끝난 시기인 봄에 거행된다면 결빙의 시기가 다시 와 모든 새싹을 얼어 죽게 할 수도 있을 것이다(Bowers 1, 327쪽). 반면, 큰새 의례와 농업 의례는 양립할 수 있었다. 왜냐하면 농작물 번성에 필수불가결한 봄비를 내리게 하기 위한 부차적인 기능을 수행하고 있었기 때문이다(이 책 460~461쪽).

이 점을 제기하고 나서도 한 문제가 나타나는데, 이것은 자존심이 강한 뱃사공의 에피소드가 적어도 만단족의 신화학에서 세 번 정도 나타난다는 사실 때문이다. 큰 새들의 신화($M_{503}$) 이외에도 이 에피소드는 옥수수 의례의 기원신화($M_{460}$)에서도 나오며, 겨울 들소를 부르는 의례의 기반이 되는 눈부엉이 신화($M_{469a~b}$)에서도 볼 수 있다. 달리 말하자면 에피소드는 겨울 들소와 옥수수 의례의 양립 불가능한 두 시리즈와 옥수수와 큰 새 의례의 양립할 수 있는 두 시리즈 사이의 유사성을 만들어낸다. 그러니까 모든 일은 마치 특별히 약하게 만들어진 체계의 한 지점에서 접합선의 역할이 실행되는 것처럼 일어난다. 왜냐하면 양립 불가능성

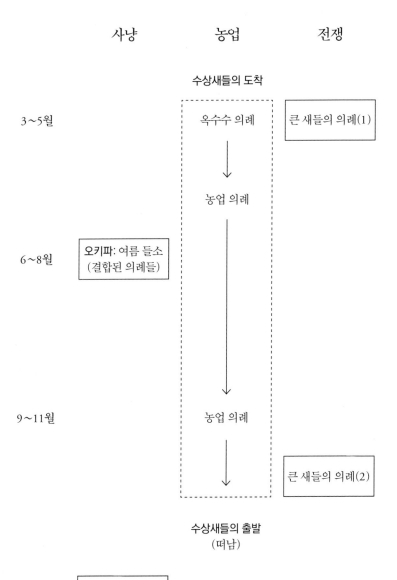

과 양립 가능성의 관계들이 유표된 위치(대립이 선명하게 나타나는 지점)인 이 지점에서 접합이 이루어지기 때문이다.

그런데 우리가 보았던 것처럼 (이것은) 세 이야기들 사이의 미세한 차이와 관련된다. 겨울 올빼미의 신화는 단연 가장 풍부하다(복잡하다). 왜냐하면 이 신화는 주인공이 뱀에게 더욱더 물가에 접근하도록 요구할 뿐만 아니라 괴물의 등에 돋아난 나무들을 잡고 뛰어 올라타는 사건을 포함하고 있기 때문이다. 이러한 세세한 내용들은 페리수아트와 문두루쿠 신화(M402)가 같은 용어로 정확히 이야기하는 것들이다. 더욱 신화M469는 두 가지 점에서 신화M503의 변형이다. 주인공은 4개의 작은 고기만두 대신 8개를 갖고 뱀에게 양식을 주는데, 먹힐까봐 두려운 주인공은 직접 괴물의 아가리에 음식(만두)을 넣지 않고 자신에게서 멀리 떨어진 물에 이(먹이)를 던진다.

신화M503과 M460의 일치하는 에피소드들은 또한 다른 축 위에서 서로 대립한다. 첫째로 만일 신화M503의 뱀이 결과적으로 형제들 중 하나를 삼키고, 신화M469의 뱀이 같은 일을 하는 것에 방해를 받는다면 신화M460의 동료(뱀)는 그처럼 나쁜 계획을 세우지 않는다. 그는 도움을 주기만을 바라며, 단지 그가 길을 가는 도중 기운이 없을 때 힘을 돋우기 위해 음식이 필요할 뿐이다. 이 음식은 '4개가 하나인'(quatre-en-un) 만두 4개와 말린 고기 한 조각으로 구성되었다. 더욱 이 말린 고기는 주인공이 다행스럽게도 뱀이 더 이상 기운이 없어 앞으로 나갈 수 없는 순간에 찾아낸 것이다.

이런 세세한 이야기들이 신화M460과 M503을 대칭으로 만든다는 것은 분명하다. 왜냐하면 신화M503은 또한 다섯 번째 식사(음식)를 이야기하고 있기 때문인데, 이것은 산토끼 똥과 아주 작은 양의 옥수수에 해바라기씨를 찧어 만든 천둥새로부터 받은 만두였다. 말하자면 한 경우는 고기로 만든 것으로 가루로 만든 만두보다 더욱 기력회복에 효과가 큰 음

식이고, 또 다른 한 경우는 특히 똥(오물)으로 만든 거짓 음식이다.[1]

그러므로 우리는 신화M460, M469 그리고 M503이 각각 구원하는 (도움을 주는) 뱃사공, 자신의 계획을 빼앗긴 믿을 수 없는 뱃사공, 그리고 자신의 목적에 거의 이르게 될 믿을 수 없는 뱃사공을 등장시키고 있다. 주인공은 첫 번째 뱃사공을 보상하고, 두 번째 뱃사공을 훈육하고, 그리고 세 번째 뱃사공을 속인다. 두 개의 극단적인 상황들은 춘·추분경에 거행되는 의례들과 관련된다. 신화M460에서는 봄에, 신화M503에서는 가을에, 반면 신화M469에서는 겨울 동지경에 거행되는 의례의 기원을 세운다. 의례들은 때로는 농업, 때로는 사냥, 그리고 때로는 전쟁과 관련된다. 이것은 확대(진행)를 구성하는 시리즈이다.

다음 도식은 모든 신화적 의례의 체계가 제시하는 (계열적) 특성을 잘 나타내고 있다. 왜냐하면 만약 두 시리즈(계열), 즉 **농업·사냥·전쟁**과 **봄·겨울·가을**이 전자(앞의 계열)가 점진적(단계적)이고, 후자(뒤의 계열)가 역행적이기 때문이라면[2] 이 계열(시리즈)은 모두 춘·추분과 하·동

---

1) 분석은 불완전한 채로 남아 있다. 왜냐하면 돌아오는 여행 중 주인공은 자신의 넓적다리살 조각을 뱀에게 음식으로 제공해야만 하기 때문이다(M469b: Bowers 1, 291쪽). 우리는 이 사건을 직접 취급하지 않고 놓아둘 것이다. 왜냐하면 눈부엉이 신화는 뱃사공이 가고 오는 왕복 여행에 개입하는 유일한 신화이기 때문이다. 그러므로 이 신화의 분석을 완전하게 해야 할 터인데, 이것은 우리의 조사 분석을 아주 멀리 이끌어가게 될 것이다. 더구나 만단족의 신화학은 그 풍부함과 복잡함이 실제적으로 끊임없는 분석을 요구할 것이다. 여기서는 단지 그 표면만 긁는 것이 될 것이다.

2) 첫 번째 시리즈(계열)의 점진적인 특성은 신화M460에서 식물성 양식으로 만든 만두 다음에 말린 고기가 등장하는 것과 신화M460의 말린 고기는 신화M503의 동물 똥과 식물성 음식으로 만든 만두와 대립하고 있다는 사실에 기인한다. 두 번째 시리즈(계열)의 역진적인 특성에 대해 말하자면 즉시 달력의 흐름과 관련되며, 사실상 가을에 이어 오는 것은 겨울이고 겨울에 이어 오는 것은 봄이기 때문이다.

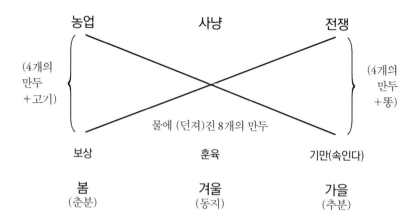

지의 규칙적인 교대를 표현하는 통주저음(通奏低音, basse continue)이라 부를 수 있는 조화를 이루기 때문이다. 그러나 분석을 더욱 진행시킨다면 신화의 변증법적 운동(M₅₀₃의 경우)은 우선 정적(정지) 상태로 주어진 대립을 역동적인 발전(또는 확대)의 방향으로 변화시키려는 경향이 있다는 것을 알 수 있다. 사실상 신화M₅₀₃은 일반적인 큰 새들의 의례기원을 세우는 신화가 아니다. 단지 우선 봄에 거행된 의례들을 왜 가을에 반복하는지 설명할 뿐이다. 그렇지만 논리적인 관점에서 이들을 고려할 때 춘·추분은 하나의 동일한 변형에 속한다. 말하자면 (낮=밤) ⇒ (밤=낮), 그리고 경험적인 관점에서 보면 춘분과 추분은 새와의 관계에서 볼 때 관여적(변별적)이다. 그러나 신화의 내용 자체가 하나는 받아들이고 다른 하나는 받아들이지 않을 때 생길 수 있을 개념적 불균형은 하·동지에 걸쳐 있는 사냥 의례 사이에 존재하는 불균형보다 훨씬 더 클 것이라는 것이 정확한 그 이유이다. 말하자면 사람들은 매번 의식들— 여름에 /오키파/ 의례, 겨울에 특수한 의례들—을 행하고, 이 의식들은 하·동지가 서로 대립하기 때문에 (낮〉밤) ≠ (밤〉낮)이 서로 다른 채로 남아 있을 수밖에 없기 때문이다. 신화M₅₀₃에서 인디언들이 큰 새들을 기리는 시기가 봄이라고 상정할 때(히다차 판본들에 따르면 가을에)

이 신화가 거론하는 이론적인 상황은 ─ 군이 표현하자면 ─ 하·동지의 대립보다 더더욱 불균형한 초(超)하·동지의 (대립의) 특성을 나타낼 것이다. 그러므로 신화는 암묵적인 대등한 관계 위에 놓여 있는 것처럼 보인다.

(유표된 단 하나의 춘분 또는 추분) : (동지 또는 하지) : : (하·동지) : (춘·추분)

우리는 즉시 왜 '하·동지적' 특성을 가정했던 자존심이 강한 뱃사공의 에피소드가 춘·추분의 외양을 가진 상황으로 이전될 수 있는지를 알 수 있다. 왜냐하면 이런 상황이 반복되지 않았다는 사실로부터 이런 상황 스스로가 춘·추분 자신의 개념이 강제하고 있는 동등(대칭)의 요구를 위반하고 있기 때문이다.

바로 앞에서 행한 해석은 동지를 객관적으로 참조할 수 있는 신화M$_{469}$와 우리가 방금 제시한 것처럼 신화M$_{503}$에는 유효하다. 춘·추분 사이의 의례적 균형을 창시하기 위해 신화는 논리적 관점에서 하·동지 쪽에 위치하는 불균형인 원초적-모델에 호소한다. 그런데 신화M$_{460}$에게도 유효할까? 겉보기에는 아니다. 왜냐하면 이 신화는 농업 의식들을 시작하기 위해 봄에 거행된 결코-죽지-않는-노파의 의례 기원을 세우고 있으며, 농업 의식들은 가을까지 연속 단계적으로 이어지지만, 겨울사냥 의례들과의 극단적인 양립 불가능성 때문에 그 이상 연장하기가 어렵기 때문이다.

이런 어려움을 극복하기 위해서는 다른 관점에서 만단족의 자존심이 강한(민감한) 뱃사공의 에피소드가 띠는 형식(양상)들을 검토해보는 것이 합당하다. 우리는 그 양상(형식)들이 여러 가지라는 것을 알고 있다. 신화M$_{460}$에서는 대단히 약한 형식(양상)을 띠는데 수식어(부가 형용사) '민감한'의 의미는 단지 본래의 의미일 때에만 정당화된다. 왜냐하면 뱀은 자신이 민감함을 보이는 음식으로 기력을 회복하지 않고는 임무를 실패할 것이기 때문이다. 신화M469에서는 더욱 강한 양상을 띤다. 여기에서 뱀은 자신의 손님들을 잡아먹고자 한다. 그리고 신화M503에서는 더더욱 강한 형식(양상)으로 나타나는데 뱀은 그들(형제들) 중 하나를 성공적으로 삼킨다. 그럼에도 불구하고 한편으로는 만단 판본들과 히다차 판본들 사이에 현저한 차이가 나타나며, 다른 한편으로는 우리가 접근했던 모든 판본들 사이에서도 마찬가지이다. 말하자면 한 명 또는 여러 명의 손님들이 괴물에게 듣기 좋은 말을 해주지만 거짓이며, 모욕적인 말을 해주거나 심지어 막대기로 때리는 대신 만단 신화의 주인공들은 뱀에게 음식을 제공한다. 신화M460에서는 주저없이, 신화M469에서는 신중하게, 그리고 신화M503에서는 우선 솔직한 양상으로 다음에는 거짓으로 음식을 제공한다. 이때 재난에서 살아남은 형은 진짜 음식을 가장해 동물 똥으로 만든 만두를 준다. 결국 만단 신화에서만 나타나는 이 마지막 사건이 유일하게 가장 일반적인 유형으로 돌려놓는다. 만단족과 히다차족 신화들이 속한 자존심 강한(민감한) 뱃사공의 신화집단 내부에서 이 신화들(만단족과 히다차족)은 이러한 독특한 점에서 심지어 전도로 귀결되는 부분적 변형을 예증(예시)한다고 말할 수 있다.

이에 대한 이유를 제시하는 것이 가능할까? 틀림없이 신화M503의 도움으로 가능하다. 신화M503의 완전무결한 구성은 설득력 있는 논증의 가치를 제공하며, 또한 우리가 이 신화를 논증의 출발점으로 사용하기 위해 선택한 이유를 설명해준다.

우리가 제시했던 것처럼 /오키파/ 의례에 새들에 대한 의례의 거행을 연결시키기 위해 사용한 사냥감의 해방에 대한 에피소드 후 신화M503은 주인공들의 초자연적 모험과 관계있는 세 개의 장면(시퀀스)을 연결한다. 첫 번째 시퀀스는 주인공들을 결코-죽지-않는-노파의 거처로 인도하며, 여기에서 주인공이 1년 동안 머무른다. 두 번째 시퀀스는 뱀의 등을 타고 물 건너는 장면을 기술한다. 세 번째 시퀀스는 주인공들을 천둥 새들의 처소로 데려가며 이곳에서 역시 1년 동안 지낸다. 첫 번째 장면과 세 번째 장면은 완벽한 평행관계를 나타낸다. 즉 동일한 거주 기간, 계절 순환의 전개, 초자연적 신들의 방문이 이루어지고 이들이 도착하는 동안 주인공들은 숨어 있어야만 한다. 종(種) 또는 품종에 따른 식물과 새들의 배치(분류) 등등. 그러면 이것들은 어떻게 다른가? 첫 번째 시퀀스(장면)는 **농업신**의 거처에 **지상**의 하루(머무름)를 거론하고, 그동안 주인공들은 **정도를 지켜** 행동해야만 한다. 이들은 사슴들이 정원의 정령(신)임에도 불구하고 사슴류를 사냥할 수 있다. 그러나 조심해서 행동하고 상당한 수의 규칙—숲속에서 사냥감을 죽이고, 구워 먹을 때 농작물을 키우는 밭이나 거주지에서 멀리 떨어져야 된다[3]—을 준수한다는 조건에서이다. 반면, 새들의 거처에서는, 말하자면 **천상**의 거주지에서는 주인공들의 행위가 **정도를 벗어난** 것으로 나타난다. 천상주민들이 그들에게 조심성을 가지라는 헌신적인 충고를 듣지 않고 무모하게 괴물들을 **사냥하며**, 어리석은 행동으로 초자연적인 신들을 현혹한다.

그러면 두 번째 시퀀스가 동시에 첫 번째와 세 번째 시퀀스에 대립한다는 것을 어떤 방식으로 알 수 있는가? 두 번째 장면은 **여행**과 관련되며 거주와 관련되지 않는다. 또한 두 번째 시퀀스는 **땅** 위나 **하늘**이 아니라 **물** 위에서 진행된다. 마지막으로 뱀에 대해 주인공들은 그들이 농업의 여신 또는 전쟁의 신들 거처에서 보여준 **정도를 지킨 행위**와 **정도를 지키지 않는 행위** 사이의 전적으로 중간적인 행위를 취하고 있다. 이들은 그들의 항해(통행)를 **흥정**하며, 이미 행한 서비스 대가로 나중에 지불하기로 한 그들의 음식물을 간격을 두고 배열(배분)한다. 그러니까 뿔 난 뱀

---

3) 캘리포니아 빈투족(Wintu)의 한 신화에서도 같은 금기를 찾을 수 있다(DuBois-Demetracopoulou, 343쪽 참조).

과의 대면에서 주인공들은 대담성과 조심성의 혼합된 행동을 나타내는데, 이런 정치적인 행위의 모호한 측면 역시 현명한 형은 이동하는 데 성공하는 반면, 괴물은 모험적인 동생을 삼킨다. 마지막으로 옥수수의 어머니 거처에서 주인공들은 **받는** 반면, 새들의 거처에서는 **준다**. 그들은 집주인에게 음식물, 사냥도구와 의례용 물건을 마련해주기 위해 말하자면 자신들이 직접 노력을 한다. 그리고 뿔 난 뱀들의 거처에서 이들은 음식물인 만두를 이용해 그들의 통행을 **협상**하는데, 이 음식물 중 몇몇 만두는 모조품이지만 상대방을 속일 수 있다. 왜냐하면 흥정과 술수(속임수)의 간격은 멀지 않으며, 술수(속임수)와 기만(사기)의 간격 또한 크지 않기 때문이다(『날것과 익힌 것』 해제 및 본문 참조).

민감한 뱃사공 이야기의 다양한 양상은 현금으로 지불하는 행위부터 칭찬(격려)의 말, 거짓말, 모욕과 때리는 행위에 따른 지불까지 점진적인 이행을 나타낸다. **그러므로 뱃사공은 민감해야만 한다.** 때로는 신체적으로 북아메리카의 몇몇 판본들에서 뱃사공의 목덜미 또는 아픈 무릎은 아주 적은 접촉도 견디기 힘들다. 가장 흔히 도덕적으로 민감해야 하는데, 그렇지 못하면 다른 두 유형의 행위 사이에 중재를 실행하는 흥정(야합)과 술수는 신화의(해결하기 어려운) 문제를 해결하기 위해 유입될 수 없을 것이다. 그러나 만일 이러한 애매한 행위가 여기에서 땅과 공기와 더불어 삼각(틀)을 구성하는 물의 요소를 구현하고 있는 괴물에 대해 유일하게 적합한 행위로 나타나는 것처럼 보인다면 이러한 체계 속에서 물 자신이 애매한 기능을 수행한다고 할 수 있지 않은가? 신화M503의 판본들은 이를 분명하게 말하고 있다. 주인공들은 불[火]로 머리가 둘 달린 뱀의 시신을 가로질러 길을 낸 후(물을 가로지르는 머리가 하나인 뱀을 뒤집는다: **물을 건너가는** 〔뱀〕 ⇒ **불에 의해 통과된 뱀**) 어리석은 형제는 신성모독을 범한다. 그는 괴물의 살을 먹고, 미주리강의 주인인 뱀으로 변한다(M508: Bowers 1, 199쪽; 2, 360쪽 참조). 이제부터 인디언들이 그에게 1년에 두 번 제물을 바치든가 바치지 않든가에 따라—11월의 물길을 막는 장애물(얼음덩어리)에게 그리고 4월의 녹는 얼음덩어리에게(Will-Spinden, 127쪽; Bowers 2, 373쪽)—뱀은 인디언들에게 강을 건너도록 도울 것이며, 그렇지 않으면 폭풍우, 대홍수와 함께 강을 건널 수 없도록 만들며 농작물을 파괴하는 홍수를 일으킬 것이다. "왜냐하면 그는 인간들에게 설명하기를, '나는 이제 너희들 중 하나가 아니다. 이제부터 너희들은 나의 친구이거나 적이 될 것이다'라고 했기 때문이다"(M503b: Denig, 613~617쪽).

\* \* \*

이처럼 물의 힘은 극단적인 두 양상 사이를 진동한다. 한편으로 카누에 의해 그려진 양상, 승객들이 합당한 거리를 유지하고 그들의 좌석이 **내적인** 간격이 유지되는 한, 카누의 도정(코스)은 시간의 흐름, 낮과 밤의 교대, 계절의 회귀를 조절한다. 다른 한편으로 폭풍우와 홍수는 사물의 자연적 흐름을 와해시키며, 이는 승객과 수중괴물 사이의 **외적인** 간격의 비-존중의 결과로부터 기인한다. 자존심이 강한(예민한) 뱃사공의 인물은 중간적인 위치를 예시한다. 그는 물길을 따라 여행하지 않고 물을 가로지른다. 그리고 자신의 신체와 승객의 신체 사이에 이루어지는 근접성은 주인공이 땅에서 물로, 또는 물에서 땅으로 가기 위해 건너야 할 거리가 너무 짧거나 너무 멀지 않도록 이를 조절하면서 위험을 벗어나지 않는 한, (근접성) 그 자체 내에 치사(죽음)의 위험을 갖고 있다. 이것은 내부에 판단의 기준(자)이 있는 것이 아니라 합당한(합리적인) 거리의 자를 카누의 외부로 이전한 것이다.

그래서 뱃사공과 카누 사이의 전도된 관계의 너무 단순한 개념—우리는 임시로 이 개념에 머물러 있었다—을 완전하게 만들어야 한다. 사실

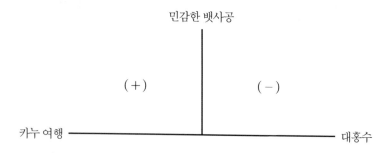

상 이 두 용어(뱃사공과 카누)는 세 번째 용어를 상정하게 하는데 바로 히다차 신화학에서 본 대홍수이다. 대홍수 시기에 카누 여행으로 제어되었던 물은 맹위를 떨친다. 반면, 성공적인 횡단은 대화로부터 오는 선물(대가)처럼 나타나며, 또한 대화는 계산적인 인간과 적의에 찬 물 사이의 일종의 결투이다. 대홍수가 커다란 자리를 차지하는 만단족과 히다차족의 기원신화들을 통해 우리는 이러한 명제의 정당성을 확인할 수 있을 것이다.

물이 자신들의 눈에 원초적인 요소임에도 불구하고 이 부족이나 저 부족 모두 인류가 물에서 나올 수 있었다는 생각을 상정하지 않는다. 이것은 벌써 의미심장한 일이다. 그리고 이러한 생각은 신화들이 땅의 기원이나 하늘의 기원 사이에 선택할 때 당황스러워하는(또는 분명하지 않은) 것처럼 보인다. 신화들은 두 견해를 결합한다. 히다차족의 현자들은 Y자형으로 묘사될 수 있는 체계를 도식화하는데, 이(二)지창의 두 팔은 땅속 깊은 곳에 살고 있었던 조상들의 한 부분이 지상으로의 출현을, 그리고 다른 한 부분이 하늘로부터의 하강을 표상한다(물은 하늘과 땅속으로부터 온다―옮긴이). 이지창의 손잡이, 즉 공통의 자루는 이들 조상들이 만나 결합한 후 두 집단의 모험을 거론한다(Bowers 2, 304쪽). 신화적 기원에 대해 만단족은 더더욱 복잡한 생각을 보존하고 있다. 그들은 대단히 많은 수의 원초적인 사람들(집단)을 구분한다. 물고기 사람들, 곰 사람들, 옥수수 사람들, 들소 사람들 등(Bowers 1, 26쪽, 365쪽)을 구분하며, 이들 중 3개 종족이 떨어져 나와 신화에서 역할을 한다. 히다차족에서처럼 만단족에서도 가히 15개가 넘는 신화들은 아주 다양하며 서로 다른 부락 전통을 보존하고 있는 것처럼 보인다. 우리는 알파벳 글자를 과도하게 쓰지 않기 위해 이들 판본들에 별개의 숫자들을 매길 것이다. 단지 위쪽에서 인용했던 만단족 신화집단의 신화 참조번호 M459와 우리가 구별한 이 신화번호의 3개 변이형 신화 a, b, c(Bowers 1, 156~163쪽, 194~196쪽, 196~197쪽)는 제외한다. 숫자번호 510과 511의 신화들은 알려진 가장 오래된 판본들을 나타낸다(Maximilien, 364쪽; Catlin, 369~370쪽). 또한 우리는 만단족의 일부와 히다차족의 일부로부터 유래하는 Beckwith 1, Bowers 1과 2의 판본들에는 512부터 522까지의 번호를 매겼다.

만단족이 신화 속에서 땅속 심연에서 출현한 옥수수 사람들(종족)과 인간 종족의 대리인으로서 조물주 유일한-인간(Seul-Homme)이 빚어 만든 들소 사람들(종족)에게 특별한 자리를 제공하는 것은 틀림없이 그들의 반족(半族)으로의 분할 때문이다. 시조의 이름을 갖는 사람들(종족)처럼 반족은 각각 옥수수와 들소, 동쪽과 서쪽, 전쟁과 평화, 남성의 근원과 여성의 근원, 담뱃대와 담배를 태우는 화로, 흐르는 물과 고인 물, 고르지 못한 땅이나 숲이 우거진 땅과 나무를 제거한 땅 등(체계적인 이원체계[système binaíre]에 대해서는 M515: Bowers 1, 353~361쪽 참조)으로 연결되어 있었다. 양쪽의 종족들은 서로 만나 통합했는데 거의 반족의 분화가 이루어졌던 때와 같은 시기였다. 몇몇 판본들은 무엇보다 더 옥수수 사람들(종족)에 관심을 가지며, 다른 판본들은 들소 사람들(종족)에, 또 다른 판본들은 결국 두 종족의 중간인(혼합)에 흥미를 갖는다. 이들 판본들은 모두 다 다른 사람들(종족)과 결합하기 위해 땅으로 내려온 천상의 사람들(종족)에게 같은 중요성을 주고 있지 않다. 그렇지만 집단 전체가 연관되어 있는 /오키파/ 의례들은 삼원체계(système ternaire)의 중요성을 증명하고 있다. 춤추는 자들에 의해 의인화된 독수리와 말똥가리는 '영양'(羚羊, Antilocapra americana: 토착인들의 동물체계는 정원의 정령[신]들인 사슴류로 분류한다)과 맞서 싸운다. 영양은 애써 곰과 들소의 음식물을 훔치려고 한다(Maximilien, 376쪽; Bowers 1, 144쪽, 146쪽, 153쪽). 기술경제적 삼각(틀)인 농업, 사냥과 전쟁은 그러니까 정확히 옥수수 사람들(종족), 들소 사람들(종족), 하늘(천상의) 사람들(종족)로 이루어진 원초적 인류의 3등분과 일치한다. 여기에 또한 세 조물주들 각각 미주리강 양안의 공간 창조와 조직을 서로 나누어 지배하는 유일한-인간과 최초의-창조자(Premier-Créateur) 그리고 점박이독수리 호이타(Hoita)가 일치한다. 그런데 호이타 점박이독수리는 땅 위의 사업에 어떤 역할도 하지 않는다. 왜냐하면 그는 전적으로 천상의 사람들(종족)을 대표하기 때문이다(Bowers 1, 120쪽 참조). 그러니까 이원체계에서 삼원체계로의 이행은 먼저 두 대립을 통합하는 것으로 행해진다. 말하자면 유일한-인간과 최초의 창조자 사이의 대립, 그 뒤에 최초의 창조자가 코요테로 변형된 후에 유일한-인간과 호이타 사이의 대립이 나타난다.

만단과 히다차 기원신화들의 비교분석은 엄청난 양의 작업을 요구할 것이다. 그러나 그로부터 훌륭한(커다란) 결과를 얻으리라는 확신은 없다. 신화들이 이야기의 특정한 몇몇 측면들을 드러나게 하고 다른 측면들을 후순위로 놓아둔다면 각 판본은 전혀 재구성할 수 없는 어떤 씨족 또는 어떤 마을의 고유한 역사적 돌발사건에 대한 기억에 의해 이끌리는 것처럼(인도되는 것처럼) 보인다. 그래서 우리는 모든 판본에 공통적인 구도(구조)를 끌어내는 것으로 만족할 것이다. 옥수수 종족의 출현과 들소 그리고 천상 종족들과의 융합 후 조상들은 '모르는 사람' 또는 '이방인'이라 명명된 물가 곁에 살았다. 여러 해 동안의 이주 후 그들은 한 강가에 이르렀다. 그곳에서 그들은 건너편 강가 또는 몇몇 판본에 따르면 한 호수 가운데 있는 섬에서 커다란 마을(부락)을 발견했는데, 이 마을의 추장은 마니가(Maniga)라고 불렸다. 이 말의 구성으로 보아 틀림없이 이 물을 지칭하는 어근과 관련된 것 같다. 모든 판본들이 이 에피소드에 집중하며, 아래의 신화처럼 전개한다.

### M512∼M515: 기원신화(부분[발췌]: 대홍수)

조상들은 이 먼 나라의 모래톱에 풍부한 조개를 부러워했다(탐냈다). 마니가의 백성들은 산토끼와 반달 모양의 노란 깃털로 목과 어깨를 장식한 찌르레기(새)의 가죽(털)과 교환하는 조건으로 조개를 주워가도록 허락했다. 그러나 이 이방인들은 전혀 만단족을 방문하지 않았다. 물물교환을 하기 위해서 만단족은 고정된 수의 승객이 승선하는 조건에서만 명령에 복종하는 주술 카누로 위험한 횡단을 감행해야만 했다.

만단족이 성난 파도가 이는 물을 건너는 데 성공하자 또 다른 시련이 그들을 기다리고 있었다. 먼저 해변가의 나무들은 전사들로 변했으며, 해안에 닿기 위해서는 이들과 전투를 해야만 했다. 마니가는 이들을 위장된 너그러움으로 맞이해 이들에게 술을 너무 많이 마시게 하고, 담배를 너무 많이 피게 하고, 과도한 성적인 접대로 인한 피로로 죽게 만들었다. 이 모든 시련을 극복한 자들만 자루에 조개를 가득 담아 돌아갈 수 있었다. 그렇지만 이 진주조개에 대한 만단족의 열정이 너무 강해 매년 여름마다 모험을 다시 시작하곤 했으며, 이들 중 많은 사람들이 죽었다.

유일한-인간 또는 남쪽-의-바람이라 불리는 조물주의 도움 덕분으로 만단족은 결국 그들의 적들을 속일 수 있었다. 조물주는 해바라기 대, 골풀 또는 갈대로 만든 속이 빈 튜브(대롱)를 사용해 인디언들의 몸에 이 대롱을 넣은 다음 이를 통해 네 번째 지하세계까지 음식과 음료 그리고 연기를 신속하게 보낼 수 있을 것이라고 생각했다. 또 다른 판본들에 따르면 유일한-인간은 세 명의 무당이 한 명은 먹고, 다른 한 명은 마시고, 세 번째 무당은 과도한 담배를 피울 수 있도록 하여 이들을 도왔다. 마지막 시련에 대해 만단족은 털을 긁어낸 들소의 꼬리를 그들의 성기와 대체함으로써 이를 극복하는 방법을 배웠다. 사람들은 또한 얘기하기를 유일한-인간은 그 자신이 모든 여자들을 담당했다고 한다. 왜냐하면 그는 부족들 내에서는 순결함을 하나의 법칙으로 하고 있으나 외부의 부족 속에 있을 때는 놀라운 힘을 겸비하기 때문이다.

자신의 패배에 화가 난 마니가는 거짓으로 만단족이 개 한 마리를 죽였다고 비난하면서 만단족과의 관계를 단절했다. 그가 대홍수를 일으켰으나 조물주 유일한-인간은 홍수로부터 자신의 부족(백성)을 보호할 줄 알고 있었다. "짙은 안개가 낄 것이다. 이 안개는 나흘 낮과 나흘 밤 계속 될 것이다. 너희들은 이들(안개)이 너희를 파괴하러 올 것이라는 것을 알고 있을 것이다. 그렇지만 그것은 물일 뿐이다." 결국 높은 파도는 조물주의 명에 따라 만단족이 보호벽으로 심은 노간주나무 커튼까지 올라올 수 없었다(Beckwith 1, 4~7쪽; Bowers 1, 132쪽, 340~341쪽, 347~353쪽, 360~361쪽과 여러 곳).

교환의 본질은 이미 신화의 정신에 나타나 있다. 마실 컵($M_{459a}$: Bowers 1, 156쪽) 또는 귀걸이($M_{513}$: Beckwith 1, 12쪽)[4]를 만들 진주조개에 대해 만단족은 동물의 가죽, 즉 산토끼($M_{514}$에 따르자면 스컹크: Bowers 1, 351쪽)와 찌르레기 가죽을 제공한다. 조개는 물에서 나오고, 산토끼와

---

4) 역사시대에 만단족은 분쇄한 유리를 용광로에 녹여 진주를 만드는 능숙한 솜씨를 보이고 있었다(Maximilien, 338쪽, 340쪽, 348쪽; Will-Spinden, 115~116쪽).

스컹크는 땅속에서 자고 땅 표면 가까이에서 산다. 찌르레기는 땅에 집(둥지)을 틀고, 낮게 날아다닌다(이 책 363쪽). 그러니까 우리는 만단 편에서 볼 때 두 개의 교차(교집합)와 직면하게 된다. 땅속∩땅의 표면 그리고 땅의 표면∩공중(높은 하늘이 아니다), 이것은 원초적 부족들의 삼각(삼각틀)을 이원적인 형식으로 통합한다. 교환 행위 속에서 보면 함께(하늘과 땅) 물과 대결(또는 대립)하는 것은 분명 땅과 하늘이다.

주술선(배)은 한 옛 판본(M510: Maximilien, 364쪽)에 따르면 애초에 단지 8사람만 운반했으며, 다른 판본(M512: Beckwith 1, 4쪽; M514~M515: Bowers 1, 347~361쪽)에 따르면 12명, 그리고 때때로 조물주가 배를 전복시키지 않고 정원을 초과해 탔을 경우 13명(M512, M514)을 운반할 수 있었다. 만단의 배들이 사실상 한 명 또는 두 명의 승객을 태우는 것처럼 달과 해의 카누 역시 두 명의 승객을 운반한다. 여기서 우리는 만단족과 히다차족에서도 또 다른 예들을 찾을 수 있었던 이러한 신화적 '배수성'(倍數性: 기본 수의 2배수)의 한 경우와 접하고 있다. 만단과 히다차 신화들 덕에 우리는 충만한(가득 찬) 전체의 개념을 유입할 수 있었다(이 책 517~532쪽). 신화M512~M513에 따르면(Beckwith 1, 4쪽, 12쪽) 이 배는 /이디헤(i-di-he)/ '홀로(혼자서) 가라'라고 불렸는데, 이 배를 움직이는 데는 명령하는 것으로 충분했기 때문이다. 신화M515는 이 점을 명확히 서술한다. 한 어리석은 소년이 "너 혼자 네 길을 가라!"라고 빈 배에게 이야기를 했는데, 배는 떠났고 다시 돌아오지 않았기 때문에 인디언들은 배를 잃었다(Bowers 1, 361쪽). 이런 불운한 이야기들은 신화M509에 나오는 노의 잘못된 사용을 연상시킨다.

전사들로 변한 나무들, 그리고 대홍수에 마을을 보호했던 나무들은 보워스(1, 162쪽: '물 버드나무'[*Water willow*]와 351쪽, 361쪽)의 정보에 따르면 후에 포플러나무로 대체되기 전 모래톱의 버드나무(*Salix interior*)였을 것이다. 자신의 손님들에게서 엄청난 양의 음식과 음료 그리고 담배를 먹도록 강요함으로써 마니가는 명시적으로 이들(만단족)에게 땅과 물 그리고 공기의 막강한 힘을 되돌리려고 애쓴다. 네 번째 지하세계에 이 음식물을 보낼 계략은 땅 위에 4층으로 된 하늘과 땅 아래 4세계에 대한 만단족의 믿음을 연상케 한다.

더욱 일반적인 관점으로 고려된 신화는 기원적 특성을 나타낸다. 즉 신화는 두 개의(이중적인) 측면, 지상의 주민과 물속의 주민 사이의 분쟁으로부터 유래한 결과와 다음 계절 순환의 표현으로 상정하는 하천의 수량 증가의 이론을 제시하고 있기 때문이다.

먼저 두 번째 측면을 고려해보자. 만단족은 기후적 상황에 따른 (일)년의 달들을 지칭한다. 즉 '작은 추위' '7일의 추위' 또는 동식물의 몇몇 특성에 의한 달들의 지칭을 볼 수 있는데, '늑대의 발정기' '눈병' '익은 옥수수' '낙엽' 등이다. 4월과 11월에 거의 일치하는 두 시기는 강의 동결과 해빙을 나타내는 대칭적인 이름을 갖고 있었으며, 이 시기는 이중적인 측면에서 중요한 사건들과 관련된다. 한편으로 해빙(기)은 (시간상으로) 농사일을 선행하고 결빙(기)은 약간의 차이를 두고 농사일의 시작과 끝인 각각 5월과 10월에 이어진다. 다른 한편으로 해빙(기)은 봄의 끝에 엄청나게 불어나는 물의 수위를 알린다. 이 시기는 우리가 방금 본 대로 종교적 표상(체계)에서 아주 중요한 위치를 차지하고 있었다(Will-Spinden, 117~120쪽, 127쪽).

그렇지만 신화의 이러한 시간적 측면에서 공간적 측면을 분리할 수 없을 것이다. 계절의 변화와 더불어 만단족은 역시 거주지를 바꾼다. 그들은 강 쪽으로 솟아오른 곶(갑) 위에 여름거처(마을)를 세우는데, 한쪽 면은 울타리와 도랑으로 그들을 보호해야만 했다. 20 또는 30미터 층위의 상대적으로 높은 이러한 위치는 침하된 곳에 있는 밭과 정원보다 높은 곳에 위치한다. 침하된 이곳의 토지는 비옥하고 일하기가 쉽다. 이곳에는 7종류의 강낭이, 4종류의 콩, 5종류의 박, 3종류의 해바라기가 자라고 있었다. 파종 후에 여름 몇 달 동안 몇 번에 걸쳐 김을 매주어야만 했다.

추위가 찾아오면 강은 얼고, 강의 주위는 이제 더 걱정할 필요가 없다. 이때 이들은 산림이 우거지고 바람을 막아줄 장소인 계곡 밑에 자리 잡은 겨울캠프로 이사를 한다. 적어도 역사적인 시기에 히다차족은 같은 관습을 따르고 있었다. 겨울마을은 각 여름마을과 일치했는데 미주리강 언덕에 풀 많은 테라스에 있는 여름마을은 나무숲이 있는 강 근처의 겨울마을과 일치했다. 서로 구별되는 정치적 조직 역시 각 유형의 주거와 일치했으며, 추운 겨울 동안 절대적인 '겨울추장'의 권력은 여름마을로 돌아옴과 동시에 본래로 돌아왔다(Bowers 1, 251쪽; 2, 61쪽)

만단족에서의 여름마을은 옛날에 직경 약 50미터의 고르게 다져진 광장을 포함하고 있었다. 이 광장 중앙에 원기둥 모양의 건축물을 볼 수 있는데, 나무판자로 둘러치고 나뭇가지로 이어져 있으며, 이것은 아메리카산 노간주나무(*Juniperus virginiana*) 기둥을 둘러싸고 있었다. 1930년까지 그 잔재들이 마을에 남아 있었다(Bowers 1, 그림 19). 나무는 조물주 유일한-인간을 상징했고, 둘러싸고 있는 나무판자 벽은 대홍수(이 책 380쪽)로부터 마을을 보호하기 위해 세운 방책을 상징했다. 바로 여기에서 마니가에 대한 만단족의 승리와 물의 파괴적인 힘(뒤표지 참조)을 추모하기 위한 /오키파/ 중심 의례가 거행되는 곳이다. 의례에 나타나는 이러한 '물'의 측면 역시 강 한가운데에 항상 배로 표시되는 성스러운 북들의 수가 하류를 향한 3개와 상류를 향한 3개 모두 6개라는 사실에서 유래한다(Bowers 1, 121쪽, 128쪽 주 18, 151쪽, 360쪽).

만단족은 이 나무판자로 된 건축물을 지칭하는데, 성스러운 방주라는 단어를 사용하며, 그 말은 '커다란 배'라는 의미이다(M511: Catlin, 350쪽, 353쪽, 369쪽). 그러니까 우리가 남아메리카 신화에서 끌어낼 수 있었던 마을과 카누의 대립은 이제 만단족에서 겨울마을과 여름마을의 대립으로 대체된다. 하나는 물이 얼었을 때 물과 근접해 있지만 움직이지 못한다(부동). 강의 수위가 올라갈 때 물에서 멀리 있는 다른 하나는 이로 인해 너무 쉽게 움직일 수 있게 된다. 결빙과 해빙, 결빙된 물과 해빙되어 홍수가 된 물 사이에서 여름마을은 카누와 같은(유사한) 기능을 수행한다. 하류로 내려가는 물의 자연적 흐름이 배의 속도를 가속하는 내려감과 배의 속력을 늦추는 올라감의 대립을 초월한다. 그리고 마찬가지로 카누의 천상 승객들은 적당한 거리를 유지해야만 한다. 서로 너무 멀리도 너무 가깝지도 않아야 한다. 이것은 낮과 밤 그리고 계절이 정확하게 계산되기(교차되기) 위해서이며, 겨울마을과 달리 여름마을은 강과 관련해 합리적인(적당한) 높이에 세워져야만 한다. 여름에도 경작을 해야만 하기 때문에 낮은 쪽에 있는 경작지로부터 너무 멀지 않아야 한다. 그러나 강의 수위가 상징적 방벽 밑에 머물 수 있도록 충분히 높아야 집에 도달하지 못한다. 이런 의미에서 그리고 만단족이 그들 스스로 방주라고 지칭하며 이를 인정했듯이 여름마을은 카누이다. 왜냐하면 이 카누(마을)는 그들이 물의 위험을 극복할 수 있도록 하기 때문이다.

이것이 다가 아니다. 남아메리카의 사고가 신비한 카누에게 부여하는 역할을 우리는 기억하고 있다. 이 사고 안에서 이 사고를 활용해 가까운 것(곳)과 먼 것(곳), 근친상간과 독신, 결합과 분리 사이의 중재가 행해지고 있다. 또한 이 사고가 중재하는 두 극단적인 항으로 말하자면 삼원체계를 형성한다. 더욱 우리는 만단의 이원적인 사고 역시 상상의 삼각(틀)에 적응하고 있다는 사실을 알고 있다. 이제 우리는 그 이유를 이해하게 될 것이다. 왜냐하면 만약 여름마을이 중간 높이에 있다면 그것은 두 극단적인 항들, 즉 하늘과 땅이 관계될 수밖에 없을 것이다. 이러한 관점에서 절대적인 대립은 일부의 조상들이 살고 있었던 천상마을과 여름마을보다 더욱 '지상적인'(왜냐하면 여름마을보다 더욱 낮은 곳에 위치하기 때문에) 겨울마을 사이에 나타날 것이다. 그런데 우리는 이미 또 다른 이유들로 여름마을의 중재적인 역할을 인정했다.

하늘/땅의 대립을 가장 중요한 위치에 놓는 히다차 신화들은 조상들이 천상의 거처를 떠나 지상(땅)으로 내려가도록 한 동기(이유)에 대해 강조하고 있다. 그들은 이제 더 사냥감을 찾을 수가 없었다. 그래서 사냥감을 찾아 모든 방향으로 헤매던 중 그들의 아래쪽에 들소 떼를 발견했다 (M520: Beckwith 1, 22~23쪽; M522: Bowers 2, 304쪽). 만단족은 사냥감이 사라진 이유를 조물주 호이타—천상주민의 의인화(M514: Bowers 1, 349쪽)—의 앙갚음 때문이라고 생각하는 것으로 보아 이 개념과 대칭적인 이미지를 제공하고 있다. 두 경우 모두 하늘과의 준거에서 볼 때 하늘은 사냥감의 부재를 내포하고 있다.

들소 번식 의례로서의 /오키파/ 춤은 단지 관계를 뒤집는다(관계의 방향을 뒤집는다). 여기서 춤은 새들에게 들소(들)의 보호를 맡기는데 정원의 정령들은 들소의 양식을 훔치려고 애쓴다(이 책 668쪽). 그래서 우리는 하늘과의 관계에서 사냥꾼과 사냥감을 분리관계에 있다고 말할 수 있을 것이다.

사냥감을 찾아 하늘에서 하강하는 히다차 신화가 여름마을에서 겨울마을로의 계절적 이동의 길을 열고 있는 것은 의미심장하다. 신화들이 사실상 사냥꾼과 사냥감 사이의 관계가 하늘에 더 우세하다고 한 관계가 역으로 나타난 것은 무엇보다도 겨울이다. 초겨울부터 봄까지 만단족과 히다차족의 생계는 풀과 피난처를 찾아 계곡의 골짜기로 오는 들소 떼에 달려 있다. 사실상 인디언들은 동물들이 자주 드나드는 장소와 같은 곳에 그들의 마을을 설치해왔다. 모든 사회적·종교적 행위는 마을 한가운데에서조차도 인간과 사냥감의 결합을 도와주는 경향이 있었다. 모든 주민들은 단식과 기도에 엄격하게 따라야 했다. 만일 들소 떼가 가까이 접근하게 되면 엄격한 규율이 이들을 통제했는데 나무를 자른다든가 불을 땐다든가 아주 작은 소리도 내지 못하도록 금지했다. '검은 하구'라고 불리는 감시조는 규율을 어긴 사냥꾼들이나 참을성 없는 사람들을 가차없이 죽였을 것이다. 왜냐하면 놀란 들소들이 더 낮은 계곡에서 더욱 빨리 놀라기 때문이며, 상황이 변해 그들이 다시 되돌아오기까지 여러 날 걸리기 때문이다. 인디언들로서는 어린아이들이 배고픔과 추위에 울고 보챌 때 자신들을 제어하기가 매우 힘들다. 그렇지만 모든 사람들이 오두막 속에 갇혀 지내야만 하지만 오두막 사이로 곧 들소들이 노니는 모습을 보게 된다(Bowers 2, 56~63쪽).

사냥꾼과 사냥감의 극단적인 접근이 굶주림을 피하기 위해 요구되는 조건이라는 사실은 틀림없이 왜 성적인 잡거가 들소를 위한 겨울의례에서 그렇게 커다란 자리를 차지하고 있는지를 설명한다(이 책 483~485쪽). 기술적인 측면으로 볼 때 겨울사냥은 내혼적인, 아니면 심지어 근친상간적인 암시적 의미를 포함하고 있다. 겨울사냥이 암시하는 결합은 실제적으로 추상적인 분리와 대립하며, 단지 몇몇 신화들이 추상적인 분리를 제시하고 있을 뿐 실제에 있어서 인디언들은 사계절 내내 사냥을 해왔다.

그러나 이러한 극단적인 형태 사이에서—하나는 실제적이고 다른 하나는 상징적인—여름사냥은 중간적(중재적인) 경우를 나타낸다. 여름사냥은 마을 멀리 평원에서 이루어진다. 그러니까 사냥꾼은 들소가 다가올 때를 기다리는 대신 들소에게 다가간다. 우리는 이미 경제생활의 측면에서 이러한 대조가 외혼이 합리적인 거리가 이루어지는 조건에서 외혼과 내혼 사이에서 이루어지는 사회생활의 그것과 비교할 수 있다는 점을 강조했는데(이 책 468쪽), 이러한 합리적인 거리가 이루어지지 않으면 모든 것이 이루어지지 않을 위험성이 있으며, 분리될 염려가 있을 것이다. 가까운 것과 먼 것의 중재에 대한 문제를 제기하면서 또 다른 항들에서 만단(족의) 사고는 열대아메리카 인디언의 사고와 합류한다(움직이는 카누/움직이지 못하는 물) ⇒ (움직이지 못하는 마을/움직이는 물)로 변형하는 조건으로 인디언들의 사고는 단지 카누 대신(카누가 있는 자리에) 여름마을을 설치하며, 이 마을 역시 위험한 물로부터 주민을 보호하며, 정확히 '큰 배'라고 불리는 성스러운 방주가 이를 상징한다. 한 경우도 다른 경우처럼 수직축 또는 수평축 위에서 매번 또 역시 시간적인 축 위에서 같은 공식은 두 개의 신화소(mythèmes)들의 특성을 표현한다. 이 책 308쪽에서 우리가 카누를 결합과 분리의 교집합처럼 정의할 수 있게 했던 공식과 우리가 이 공식을 여름마을에 응용함으로써 다시 재현할 수 있는 공식은 $(U) \cap (//)$이다.

* * *

우리는 두 번째 여행의 고리를 닫는다. 왜냐하면 이 책의 첫 장에서 논의한 신화—사냥꾼 몬마네키의 혼인 이야기를 하고 있는 신화M₃₅₄—는 우리를 카누의 이미지와 접하게 했다. 카누를 해석하기 위해 우리는 우선 해와 달의 분쟁 형식으로 카누의 환위를 설명하고 있는 몇몇 북아메리카 신화들에 시선을 돌려야 했으며, 이 마지막 주제를 다시 뒤집으며 우리는 화해한 별(해와 달)들의 거처인 독수리사냥 의례를 위한 오두막(M₄₅₈)을 만났는데, 이 오두막의 상징(성)은 이미 카누와 이어졌다.

그래서 여정을 다시 시작하며 우리는 카누의 주제에서 자존심이 강한 뱃사공의 주제로 이동했고, 강을 따라 한 여행에서 강을 가로질러 횡단하는 여행으로 옮겼다. 역시 신화들이 증명하는 방향 전환(뒤집기)을 통해 이 마지막 주제인 강의 이동을 불가능하게 만든 대홍수와 만났다. 결국 약화된 대홍수는 다시 우리를 성스런 방주의 형태 또는 여름마을의 이동식 성전의 형태로 카누와 만나게 했다.

만단족과 히다차족에게는 독수리사냥을 위한 오두막이—여름마을(중간 높이에 위치하는) 자체가 이 천상마을(높은 곳에) 및 겨울마을(낮은 곳에)과 관련되어 있는 것처럼—여름마을 및 겨울마을과 관련되어 있다고 말할 수 있다. 실제로 독수리사냥은 달력에 따르자면 여름 들소사냥(시기)과 겨울 들소사냥(시기) 사이에 위치한다. 우리는 이러한 두 형태의 들소사냥이 모든 관점, 말하자면 기술적, 경제적, 사회적, 도덕적 그리고 종교적 관점에서도 반대명제를 형성하고 있는 것을 보았다. 이런 반대명제는 다른 경우에서도 계속해서 나타나며 더욱 강화된다. 왜냐하면 여름마을은 분리된 사냥(천상에서)과 결합된 사냥(계곡의 골짜기에서) 사이에 중재를 하기 때문이다.

그런데 출발지점으로 회귀하는 우리의 두 번째 여정은 방향의 변화를 상정하는 것이 분명하다. 이것은 '아래 부분'의 두 도식을 비교함으로써 얻은 결과이며, 우리는 이 비교의 도식을 신화$M_{458}$과 신화$M_{503}$의 조화를 구성하려고 선택(구성)한 것이다.

하지 | 추분 | 동지

사실 우리가 기입했던 첫 번째 경우는 왼쪽에서 오른쪽으로 읽는다(이 책 448쪽). 그리고 두 번째 경우 우리는 이것을 아래와 같은 형식으로 옮겨 적었다.

춘분 | 동지 | 추분

이 경우에는 오른쪽에서 왼쪽으로 읽어야만 한다(이 책 660쪽).

그런데 조금이라도 이에 대해 생각해본다면 우리는 이 두 도정(행정)이 보충적이며, 하나의 닫힌 집단을 명확하게 규명하고 있다는 것을 알 수 있다. 첫 번째 도정에서 남아메리카 신화들은 우리에게 꺽쇠여인의 주제를 제공했으며, 우리는 북아메리카의 방향으로 대평원 인디언들의 신화들에 대한 조사를 확장하지 않고는 꺽쇠여인의 계열(paradigme)을 구성할 수 없었으며, 대평원 인디언들의 신화들은 별들의 분쟁을 통해 우리를 카누로 다시 데려다주었다. 두 번째 도정에서 카누에 대한 북아메리카 주제의 양태(양식)에 대한 연구는 우리에게 자존심 강한 뱃사공의 주제를 알게 해주었으며, 우리는 남아메리카의 예들의 도움 없이는 이 주제의 계열을 구성할 수 없었을 것이다. 결국 우리를 카누로 다시 데려다준 것은 남아메리카의 예들이다. 만약 이러한 여정의 해독 방법이 정확하다면 꺽쇠여인의 주제와 자존심 강한 뱃사공의 주제 사이에 대칭 관계가 뒤따라야만 한다(그림 41).

그런데 이것은 유일하게 의미론적인 관점에 서 있을 때에는 말할 것도 없이 분명하게 보인다. 각각의 경우에 지상 여행을 하거나 강을 건너기 위해 두 인물과 관계되는데 한 명은 다른 한 명의 등에 올라타 있다. 꺽쇠여인은 남편의 등 위에 가능한 한 오랫동안 머물기를 원하지만 남편에게는 치사의 위험인물이다. 여행하는 주인공은 그에게 같은 위험인물인 뱃사공의 등 위에 가능한 한 덜 오랫동안 머물기를 원한다. 꺽쇠여인의 실제적인 노예(남편)는 물 덕분에 그녀로부터 벗어난다. 왜냐하면 여인은 헤엄을 칠 줄 모르기 때문이다. 식인 카이만악어의 잠재적 먹잇감인 주인공은 땅 덕분에 그로부터 벗어난다. 괴물은 발로 걸을 수 없기 때문이다. 끝으로 만일 뱃사공이 자존심이 강한(예민한) 것으로 나타난다면 꺽쇠여인은 어떤 양상으로든 전혀 그렇지 않다. 그녀는 거리낌없이 남편의 등에 오물을 배설해 놓는다($M_{354}$). 그리고 뱃사공이 자신의 예민함을 나타내는 방식 중 하나는 주인공(여행자)을 잡아먹겠다고 위협하는 바람에 그가 놀라 배설이 급한 상황이 되어 괴물의 등에 일을 보게 되면 이를 핑계로 그를 잡아먹는 것이다($M_{403d}$: Nordenskiöld 3, 288쪽).

동시에 신화 원문 분석으로 경험적 확증을 얻을 수 있다. 우리는 꺽쇠여인의 주제가 두 가지 양상으로 전도될 수 있음을 알고 있다. 한편으로 자신의 희생자를 구원의 물이 있는 곳까지 굴러 쫓아가는 구르는 머리의 주제처럼, 그리고 다른 한편으로 자신의 희생자를 물속 깊은 곳으로 끌고 가 희생자를 죽게 하는 잠수하는 거북의 주제처럼 도치되어 나타

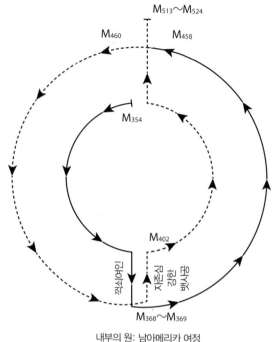

내부의 원: 남아메리카 여정
외부의 원: 북아메리카 여정
실선: '떠나는' 여행
점선: '돌아오는'(회귀) 여행

그림 41 이 책에서 이루어진 신화적 장에서의 여행 경로

날 수 있다. 그런데 항상 신화들은 자존심 강한 뱃사공의 주제를 한 주제의 이러한 두 가지 전도 중 하나와 연결한다. 우리가 전제한 것처럼 이 하나의 주제는 다른 축 위에서 그 자체가 먼저 전도된 주제이다. 이처럼 자존심이 강한 뱃사공의 북아메리카 변이형 판본들에서 두루미는 구르는 머리에 의해 쫓기는 주인공들의 도망을 돕기 위해 그의 긴 다리를 뻗어 다리를 만든다(Waterman, 43쪽). 그리고 신화M508에서, 첫 에피소드는 신화M385의 그것을 반복하며, 또한 우리가 치명적인 거북의 주제를 인용하기 위해 사용했다. 남아메리카에서 자존심이 강한 뱃사공의 이야기

를 다루는 몇몇 판본들은 꺽쇠-소년의 주제로 끝나는데(M$_{403b}$: Wagley-Galváo, 140~141쪽), 이 꺽쇠-소년은 꺽쇠여인의 주제가 두 축 위에서 변형된 것이다: 여자 ⇒ 남자 그리고 여성 배우자 ⇒ 아들인 데 반해 구르는 머리의 주제는 가장 흔히 여성 배우자 ⇒ 어머니로 변형된다.

여정의 (갈래)길들이 때로는 같은 방향을 지속하고 있지만 평행으로 가던 길이 어긋나고 또는 교차되고 심지어 역행하는 이런 아주 복잡한 여정은 만일 우리가 동시적으로 몇몇 작업을 할 수 있다는 것을 유의하지 않는다면 이해할 수 없을 것이다. 사실 이 책의 논증은 세 개의 차원에서 전개된다. 즉 동시에 민족지적, 논리적 그리고 의미론적 차원에서 이루어진다. 그리고 만일 어떤 독창성을 열망할 수 있다면 그것은 모든 단계에서 각 차원이 다른 차원의 것들과의 밀접한 연계가 이루어지고 있다는 것이 명료해질 때에 가능할 것이다.

먼저 민족지적 관점으로 보자면 광활한 공간을 넘어 열대아메리카 인디언들과 북아메리카 대평원의 인디언들을 갈라놓고 있는 삶의 양식, 사회조직 및 믿음과 관련된 다중의 간격(차이)을 극복해야만 했다. 그런데 우리는 남아메리카 민족지의 현지조사에 대해 신화학의 첫 두 권에 아주 단호하게 묘사했기 때문에 ─이로 인해 우리는 더욱 친근감이 있다─ (북아메리카로의) 목표(의) 변화는 거의 다른 위성을 탐험하는 것과 같았다. 이 책에는 북아메리카 중앙 지역의 신화들로 한정함으로써 우리의 우주 탐험선을 정지궤도에 올려놓았으며, 다음 권이자 마지막 권이 우주선에게 새로운 출발의 기회를 주어 더욱 서쪽과 북쪽 지역을 향해 가도록 했다. 이곳에는 심지어 같은 문화가 존재하리라 가정하면서 ─그러나 그런 경우는 아니었다─ 반구의 변경으로 인해 생길 변형을 조건으로 그곳으로 가게 했으나, 우리는 첫 작업 대상이었던 처음의 모든 신화들을 거울 속에서 다시 인정하게 될 것이다. 이러한 점(관점)에서 신화M$_{428}$과 M$_{10}$ 사이의 이 책 454쪽의 접근은 (신화의) 분산 영역이 확대된 만큼 신화체계는 항상 닫혀 있다는 우리가 제시하기를 원하는 근거(증명)의 예감을 보일 뿐이다.

이제 형식적 관점으로 이동하여 우리는 우리의 신화학 (전개)과정의 세 가지 측면을 구별할 것이다. 첫째로 조사한 첫 번째 신화들이 활용하는 대립들, 특히 수직축 위에 위치하며, 우주적이고 공간적인 높고 낮음, 하늘과 땅, 태양과 인류 등을 넘어 우리는 수평적, 사회적 그리고 시간적 축 위에 위치하는 대립들, 이곳과 저곳, 가까움과 멂, 내혼과 외혼 등이 정의하는 다른 체계와 관련된 신화들로 향해갔다. 만일 첫 번째 축의 펼쳐진 공간이 절대적인 것처럼 보인다면 두 번째 축의 펼쳐진 시간은 상대적이다.

이러한 고찰은 또 다른 측면을 강조한다. 사실 우리는 (신화학을 집필하면서) 극단의 항(들) 또는 중재항(들)을 가지고 첫 번째 대립들을 구성했다. 그러나 이에 대해 항들이 실재하거나 부재, 결합하거나 분리되었다고 항시 절대적인 말로 표현할 뿐이다. 반대로 우리가 이 책에서 직면해 있는 대립들은 항으로서가 아니라 이 항들 사이 안에서 감지할 수 있는 **관계**(relations)를 첫 번째 요소로 끌어들인다. 이 항들은 너무 근접해 있고, 너무 멀리 있거나 또는 적당한 거리에 있는 것처럼 나타난다. 결합, 분리와 중재 각각은 단지 대략적인 가치를 가지는 경험적인 양상으로 묘사되며, 이것들은 틀림없이 관계로서 정의될 수 있다고 말할 수 있다. 그러나 이것들은 동시에 다른 등급(서열)보다 더욱 올라간 등급의 조합(결합관계)의 항들이 된다. 여기에서 우리는 『꿀에서 재까지』가 명확히 한 형식의 논리(logique des formes)를 발전시키고, 형식논리 자체는 『날 것과 익힌 것』에서 사용된 질적 논리(logique des qualités sensibles)를 추월하는 명제의 진정한 논리(의) 시초임을 볼 수 있다. 끈기 있게 같은 신화들을 조사 분석하거나 새로운 신화들을 유입(병합)하지만, 형식적인 관점에서 이 신화들이 먼저 신화들의 변형이라는 것을 제시할 수 있는 한 같은 신화집단에 속한다. (이처럼) 구조 분석은 나선형으로 진보한다 (앞으로 나간다). 구조 분석은 자신의 발자취를 다시 밟는 것처럼 보인 다. 그러나 항상 신화적 재료의 더욱 깊은 층에 도달하려 하며, 구조 분석 이 재료의 심장부에 파고 들어가 조금씩 재료의 모든 특성들을 깊이 통 찰하려 한다.

불연속적인 양에서 연속적인 양으로의 이행, 또는 적어도(최소한) 계 절의 큰 간격으로부터 삭망월과 매일의 반복이 구성하는 더욱 작은 간격 으로의 이행과 더불어 우리는 마침내 유출(흐름: 들어오고 나감)의 신화 학이라 부를 수 있는 것을 탄생시키며 소설 유형의 구성이 어떻게 점진 적으로 신화적 구성을 대체하는지를 고찰했다. 왜냐하면 유출의 신화학 은 밤과 낮, 하류와 상류, 밀물과 썰물, 결빙과 해빙, (물의) 수위의 상승 과 하강을 교차(교대)하게 만드는(하는) 이러한 주기적인 변동 일정을 해석할 수 있게 하기 때문이다.

이제 조사해야 할 의미론적 측면만 남아 있다. 여기서도 역시 변형이 드러나기 시작한다(밝혀지기 시작한다). 날것과 익힌 것─『신화학 1』 의 제목으로 제시한─의 대립은 첫 번째 책에서 취사의 부재와 출현 의 대립이었다. 두 번째 책에서 취사의 주변(근처), 말하자면 취사의 내 부에 있는 꿀과 관련되는 예법(관습)과 믿음, 그리고 취사 외부(취사의 밖)에 있는 담배와 관련되는 것들을 조사하기 위해 취사의 출현(존재) 을 전제로 했다. 같은 방향으로 나아가면서 이 세 번째 책은 취사의 주 변(둘레)에 관심을 갖게 될 것인데, 취사의 둘레는 자연적 측면, 말하자 면 소화와 문화적 측면이 있으며, 문화적 측면은 요리법(방법)은 물론 식사예절까지 확대된다. 실제로 요리법이 자연적인 재료의 문화적 소화 (élaboration)로 규정하는 점에 있어서 요리법은 두 개의 서열과 관계된 다. 이에 반해 소화(digestion)는 문화적 소화와 대칭적인 위치를 차지한 다. 왜냐하면 문화적 소화는 문화에 의해 이미 처리된 재료(물질)의 자연적 소화(élaboration naturelle)로 이루어지기 때문이다. 식사예절이 어떤 면에서는 이차적인 문화적 소화와 관련된다. 검토된 신화들이 소화, 요리법과 식사예절의 3중 이론을 (유기적으로) 연결한다고 어떤 방법으로 그리고 어떤 의미로 말할 수 있을까? 이것이 결론을 대신해 우리에게 남겨진 증명해야 할 과제이다.

## 2 취사민족학

폴: 엄마와 이모가 아메리카에 갈 의사가 있는 것 같애.

소피: 전혀 놀라운 일은 아니야. 반대로 대단히 재미있는 일이야. 우리도 아메리카 거북을 보게 될 거야.

폴: 멋진 새들도 볼 수 있을 거야. 우리의 구역질나는 검은색 까마귀 같지 않은. 붉은색, 오렌지색, 푸른색, 자주색, 분홍색 까마귀들을 볼 수 있을 거야.

소피: 그리고 앵무새들과 벌새들도. 엄마가 얘기했는데 아메리카엔 별별 것이 다 있대.

폴: 또한 검고 노랗고 붉은 미개인들도.

소피: 아, 미개인들. 난 그들이 두려워. 아마도 우리를 잡아먹을 거야.

세귀르 공작부인,『소피의 불행』, 제22장

잠시 우리가 분석에서 잊었던 만단족과 히다차족의 기원신화들의 한 측면으로 다시 돌아가보자. 특히 히다차족 또한 만단족에게는 물의 백성의 보복이 항상 대홍수의 원인처럼 나타나지 않는다. 몇몇 판본들은 대홍수의 기원을 신화M$_{459a}$에 따르면 마니가의 거처를 방문한 후 또 다른 사건들에서 그 기원을 찾는다. 신화M$_{518}$~M$_{519}$와 M$_{521}$은 더욱이나 이런 방문에 대해 말이 없다(Bowers 1, 156~163쪽; Beckwith 1, 18~21쪽, 155~158쪽; Bowers 2, 298~302쪽). 이 신화들은 대신 이야기하기를, 옛날 봄에 새들이 돌아왔을 때 올무에 단지 한 마리만 걸린 것에 화가 난 사냥꾼은 새의 날개 깃털 하나를 뽑아 비웃으며 새의 콧구멍 속에 강제로 집어넣은 후 털을 뽑은 채 새들이 있는 곳으로 보냈다고 한다. 우리는 지금 신화M$_{519}$를 인용하고 있으며, 이 신화는『꿀에서 재까지』(M$_{240}$: 252~

254쪽)에서 논했던 한 투쿠나 신화와 대단히 가까운 용어들로 사건을 묘사한다.

얼마 후 인디언들은 또 다른 어리석음을 범했다. 그들은 암컷 들소 한 마리를 죽이고 그 새끼를 꺼내 어린 동물의 머리 위에 어미소의 내장(신화 $M_{459a}$에 따르면 이를 알리기 위해 공기를 불어넣은 상태이다)을 올려놓고 즐기며, 그렇게 어린 새끼를 장식한 채 들소들의 거처로 다시 보냈다. 이런 도발에 분노한 동물들은 엄청난 비를 내리게 했다. 이어 홍수가 났으나 조물주 유일한-인간은 다른 이야기들에서처럼 자기의 백성을 보호했다. 이것은 그러니까 같은 홍수이지만 비에 의해 일어난, 즉 하늘이 기원인 물에 의해 일어난 홍수이지 강의 범람(해빙에 의한)으로 생긴 홍수가 아니다.

사냥꾼의 지각 없는 행위는 틀림없이 동물에 대해 금기시된 총체적인 행위와 관련되며, 우리는 금지된 행위에 대해 불행하게도 아는 것이 별로 없다. 그럼에도 한 쉐이엔 콩트($M_{523}$: Grinnell 6, 176쪽)가 얼마간 이 금기를 밝히고 있다. 한 인디언은 자신의 딸에게 어린 들소나 잡힌 새를 보고 "불쌍한 것!"이라고 결코 소리를 내서는 안 된다고 경고했다. 왜냐하면 고통받는 피조물들에게 불쌍하다는 표현을 해서는 안 되기 때문이다. 그러나 어린아이들이 송아지를 학대하던 어느 날 어린 소녀가 감정을 표현하고 말았다. 뒤를 이어(이 일이 있은 후) 사냥감이 사라졌다.

우리는 비난받아야 할(범죄적인) 행위라는 생각을 찾아내는 것으로 만족할 것이다. 깃털을 새 주둥이에 꽂아넣은 행위를 함으로써 사냥꾼은 뒤쪽에 있어야 할 것을 앞쪽에 놓고, 밖에 있어야 할 것을 안에 놓는다. 이와는 반대로 인디언들이 어미 들소의 창자를 들소 새끼에게 걸어놓는 행위는 안에 있어야만 했던 것을 밖에 놓는 것이다. 그런데 마니가 거처의 인디언들 행위는 대홍수의 또 다른 판본에서 같은 유형의 형식적인 구조를 반사하고 있다. 속이 빈 대롱의 속임수 덕분에 방문객들은 너무 풍부해 정상적이라면 밖에 남아 있어야 했을 음식물을 소화한 것으로 보였기 때문에 속에 넣은 것이 되었다.[5]

밖과 안의 이러한 변증법이 만단족과 히다차족의 철학에서 관여적인 (변별적인) 기능을 갖고 있다는 사실은 또 다른 방법으로 겨울사냥 의례들이 증명한다. 기원신화가 이를 규정하고 있는 것처럼(M464: 이 책 484쪽 이하) 구원적인 동물을 의인화하고 있는 사제들(주무자들)은 붉게 칠한 막대를 쥐고 있으며, 여기에 허파, 심장과 기관들을 달아놓는다. 이런 문장들(상징)은 들소를 표상한다(Bowers 1, 315~316쪽, 332쪽; 2, 457쪽). 이처럼 마르셀 뒤샹의 설명에 따르면 사냥꾼들에 의해 발가벗겨진 들소를 상징한다. 보기보다는 덜 무례하게 보이는 참조의 예를 보게 되는데, 왜냐하면 이 의례의 경우 단지 털옷을 입은 결혼한 여인들은 곧 혼인하지 않은 총각들에 의해 알몸이 된다. "같은 씨족 출신의 3~4명 남자들(홀로 사는 남자와 현업에서 은퇴한 사람들)은 그들을 즐겁게 해줄 씨족의 '아들'을 출두시킨다. 그가 자신의 아내를 그들에게 인도하는 데 동의한다면 그에게 행운의 기회를 가져다주겠다고 약속한다." 인디언들은 백인들에게 초자연적인 힘을 부여했다고 믿고 있었으므로 부족을 방문한 상인들은 곧 그들의 '아들'을 위해 기도하는 법을 배웠다. 특히 이들이 매력적인 아내를 갖고 있을 때 "그들은 이처럼 예쁜 여인들과 즐거운 밤을 보냈고, 더욱 풍성한 선물도 받았는데, 남편이 그들의 축복을 받기

---

5) 틀림없이 프랑스어만이 '속이다' 또는 '사기치다'의 의미로 '속(안)에 놓다' (mettre dedans)라는 표현을 사용하고 있는 언어는 아닐 것이다. 이 계열의 표현을 감히 일반화해본다면 신화M503 역시 물과 대결하고 있는 두 주인공은 수중동물을 안에 놓고(속이는데), 동시에(여기서는 실제적인 의미로) 그들은 밖에 머무는 데 성공한다. 동물의 배 밖에는 물론 잡혀먹을 위험에 처하기 전에 그들이 빠져죽을 수도 있었던 물 밖에 머무는 데도 성공한다고 이야기할 수 있을 것이다.

위해 그들에게 옷과 심지어 말까지 제공했다"(Bowers 2, 462~463쪽).

내장 봉헌물로 다시 돌아가보자. 아씨니보인족은 헤엄쳐 미주리강을 건너기 전 장대에 들소의 내장 끄트머리, 비계와 오줌통을 잡아맨 다음 이를 다음과 같은 말을 하며 물속에 꽂는다. "바람이 일지 않고, 고통스러운 경련(쥐)이 마비시키지 않고 무사히 강을 건너도록 나를 도와줄 것이 여기에 있다"(Denig, 532쪽). 이 특성 있는 봉헌이 들소가 사냥꾼을 뿔로 받아 상처를 입히지 않도록(달리 말하자면 내장을 드러내지 않도록) 기도하는 대평원의 의식에서 장식과 색칠을 한 들소 뿔과 대립짝을 형성하지 않는지를 증명해보는 것은 흥미로울 것이다.

그런데 물의 주인이 내장의 봉헌, 특히 큰창자의 조각(Bowers 2, 360쪽, 373쪽)을 좋아한다면 수위가 높아지는 시기는 적어도 유익한 결과를 나타내기도 했다. 불어난 물이 죽은 들소를 운반해왔으며, 만단족은 특히 이것을 무척 좋아했다. 그러나 그들은 신선한 고기를 선호했다(Neill, 383쪽). 사실 그들은 사냥감의 살이 반 정도 부패할 때까지 사냥감을 매달아놓는 관습이 있다. 심지어 이들의 말린 고기도 강한 맛을 풍겼다(Coues, 제1권, 325쪽; Will-Spinden, 121쪽). 한 신화($M_{515}$: Bowers 1, 355쪽)가 몸 밖에서 일어나는 미리 진행된 이런 소화에 주는 가치를 확인해주고 있다. 이 선행된 소화는 물속에서 일어나기 때문이다. 조물주 유일한-인간은 인디언들 사이에서 다시 태어나기로 결정한 후 처녀가 자신을 잉태하게 하는 데 심각한 어려움을 겪는다. 허황한 시도를 해본 후 아래와 같은 방식으로 성공했다. 햇볕 아래에서 밭을 매고 있던 한 젊은 처녀가 목이 말라 강가로 물을 마시러 갔다. 그때가 바로 물이 불어난 시기였으므로 물은 버드나무까지 불어나 있었으며, 죽은 들소를 운반했다. 죽은 들소의 등가죽이 찢어졌기 때문에 젊은 처녀는 밖으로 튀어나와 있는 허리 부분(신장)의 비계(기름덩이)를 보고 이를 탐냈다. 그녀는 죽은 들소의 시체를 강가로 끌고 가 이 기름덩이를 먹었는데, 곧 잉태하게 되었다.

신화M514~M515의 인디언들 계책은 속이 빈 갈대를 소화기관의 창자를 대신케 하여 음식물이 그들의 몸에 머무르지 않고 통과, 말하자면 소화과정을 거치지 않고 쉽게 통과하도록 하는 것이며, 신화학 초반 이래로 우리에게 익숙한 병적인 조건(비정상적인 조건)을 위장하고 있다는 것을 잊지 않도록 조심하자. 기본 참조신화인 보로로 신화(M1)―『신화학 3: 식사예절의 기원』에서조차 우리는 이 신화의 해설을 따르고 있으며―는 항문이 없기 때문에(독수리에게 뜯어 먹혀) 음식을 먹을 수 없어 배고픈(허기진) 주인공을 등장시키고 있다. 말하자면 음식물이 소화될 시간 없이 그의 몸을 통과한다. 가족의 고약함의 피해자인 이 주인공은 폭풍우와 소나기의 주인이 된 후 이것으로 가족을 벌하는 데 사용하고 있는 점에서 더욱 접근해볼 필요가 있다. 이와 대칭적인 양상으로 신화M514~M515에서 대홍수 주인의 고약함의 희생자인 인디언들은 소화의 속박에서 교묘하게 피함으로써 그들의 적으로부터 승리한다. 그러나 인간의 신체와는 달리 부패에 가장 좋은 환경으로서의 물은 음식물의 자연적 변형을 외부에서 완성하며, 이것은 인간의 신체가 **내부에서** 소화과정을 통해 완성한다는 점에서 그 양상이 비교할 수 있는 경우가 아닌가?

우리의 작업 중 이 책의 첫 부분에서 사냥꾼 몬마네키의 등에 변을 뭉개는 배우자(M354)와 더욱 앞쪽에서 유사한 조건(막힘) 때문에 괴로움을 당하는 야바라나 신화(M416)의 원초적 부부가 구현하는 뚫리거나 막힌 인물들을 자주 만났으며, 또 다른 가이아나 신화 역시 이러한 유사한 조건은 초기 인류의 운명이었다고 단언한다.

### M524. 톨리팡족의 신화: 소화의 기원

옛날에 인간들과 동물들은 항문이 없었다. 그래서 그들은 입으로 변을 보았다. 항문 푸이이토는 천천히 동료들과 거닐다가 그들의 얼굴에 방귀를 뀌고는 달아났다. 화가 난 동료들은 서로 협력했다. 그들이 자는 척하고 있자 푸이이토가 그들 중 한 명에게로 다가와서는 평소에 하던 행동을 준비할 그때 동물들은 그를 사냥하여 잡아서는 썰어 토막을 냈다.

각 동물들은 자신의 몫을 받았는데, 오늘날 우리가 보는 각 동물들의 구멍의 크기에 따라 크고 작은 몫(조각)을 받았다. 이것이 살아 있는 모든 창조물들이 하나의 항문을 갖고 있는 이유이다. 항문이 없다면 이 창조물들은 항상 터질 것 같은 고통을 느끼며 입으로 변을 보아야만 했을 것이다(K.-G. 1, 77쪽).

또 다른 전통에 따르면 몇몇 동물들은 그들의 옛날 조건을 그대로 보존하고 있으며, 타카나족에 따르면 이런 이유 때문에 개미핥기는 작은 곤충들을 먹어야 한다고 말한다(Hissink-Hahn, 165~176쪽; 『꿀에서 재까지』, 191~195쪽, 284~287쪽 참조). 그리고 바라마강의 카리브족(Gillin, 203~204쪽)이 끊임없이 방귀를 뀌는 나무늘보의 항문을 흙으로 메운 이래로 나무늘보가 항문이 없다고 믿는 것은 사실이다. 반면에 과리바원숭이는 어떤 경우에도 배변을 하는 대단히 열린 인물이다(『꿀에서 재까지』, 554쪽, 598~599쪽 참조).

위 또는 아래, 전방 또는 후방이 막히거나 또는 뚫린 인물들, 이들은 액체나 연기 이외의 것들을 소화할 수 없으며(그리고 이런 인물들은 때때로 그들의 신체 겉면에 이것들을 흐르게 하는 것으로 만족해야만 한다), 입 또는 항문이 없어 소화할 수 없는 이런 인물들의 유형학을 열거하기 위해서는 이 책 전체가 필요할 것이다. 음식의 측면에서 볼 때 더욱 이것들은 다른 것들과 평행적 연쇄를 설명한다. 성의 측면에서 성기가 없거나 또는 너무 긴 성기, 질이 없거나 또는 커다란 질을 가진(이 모든 조건들은 이들을 뚫을 수 없거나 또는 너무 뚫은, 삽입할 수 없거나 또는 삽입이 너무 헐거운 것으로 만든다) 것으로 나타난다. 더욱 생활관계의 용어로 표현할 때 눈을 잃었거나 관절이 닳아 없을 경우 볼 수 없거나 또는 움직일 수 없다. 여기서 유일하게 우리가 흥미를 갖는 첫 시리즈(연쇄)에 만족하기 위해서는 (위로) 삼키기 또는 (아래로) 배설하기 불가능한 인물들 또는 너무 빨리 먹거나 배설하는 인물들은 몇몇 근본적인 개념들을 해석하기 위해 신화적 사고의 논거(추론)로 사용된다. 그렇지 않으면 대단히 먼 지역과 아주 다른 시기에 반복(회귀)하여 나타나는 이것들을 이해할 수 없을 것이다. "아울루-젤레(『아테네풍의 밤』, 9, iv; Pline, 『자연사』, 제7부, ix 참조)가 기록하기를, 인도의 끝(국경)에는 온 몸이 새처럼 깃털로 덮여 있으며, 코로 숨 쉬며 빨아들이는 꽃의 향기 이외의 음식물은 먹지 못하는 사람들이 존재한다." 우리의 동료인 조르주 드브뢰가 우리의 주의를 환기시킨 책에서 루시앙은 항문이 없어 이슬처럼 공중에 뿌린 즙으로 음식을 먹고, 방귀 뀐다는 것을 모르며, 소년들의 무릎 주름에 성교를 하는 인물들을 이야기한다(『로브 고전문고』, '베라 히스토리아'; Lucian, 제1권, 277쪽).

헉슬리(160~173쪽)는 북부 투피족에서 소화가 (음식) 익히기의 자연적 상대물이 된다는 암묵적인 생리(학)를 찾아낼 줄 알았던 인물이다. 익힌다는 것은 우리가 다른 곳에서 불탄 세상과 썩은 세상이라 불렀던 것들 사이의 중재 역할을 수행한다. 소화관(튜브)의 출현은 입이나 항문의 부재와 연관하여 같은 역할을 수행한다. 첫 번째 경우 음식물은 연기로 구성될 수 없을 것이다. 두 번째 경우 음식물은 한 구멍으로 받아들여지거나 배설될 것이므로 똥(배설물)과 혼동될 것이다.

소화의 진행 중에 소화기관은 소화된 형태로 (음식물을) 배제하기 전에 임시적으로 보존한다. 그러므로 소화는 중재적인(중간적인) 기능을 한다. 왜냐하면 날것은 썩은 것(부패)으로 인도하는 또 다른 자연적 (소화)과정을 정지(停止)시키는 취사(익힘)의 기능과 비교할 수 있기 때문이다. 이런 의미에서 소화는 문화의 미리 행해진 유기적 모델을 제공한다고 말할 수 있다. 이 모델 역시 더욱 일반적인 능력을 갖는다. 왜냐하면 이 책에서 명확하게 밝힌 커다란 신화적 주제들을 급히 섭렵해 본다면 우리는 이 같은 방식(양상)으로 이 주제들을 해석할 수 있음을 알 수 있기 때문이다. 별-남편의 순환에서 하늘과 땅 사이의 매개적 기능에 실패하는 달의 인간 배우자는 두 세계 사이의 소통을 불가능하게 하는 마개를 들어올린 후 두 세계를 갈라놓고 있는 경계선을 넘어서려는 순간 잉태한 상태로 죽는다. 대칭적인 양상으로 수상(水上) 개구리는 계속해서 자신의 천상 배우자의 몸에 달라붙어 있다. 개구리 역시 자신의 중개적인 기능에 실패하는데, 개구리 자신이 위 또는 밑이 뚫려 있기 때문이다. 말하자면 침이나 오줌을 지린다. 결과적으로 두 가지 중재의 실패는 첫 번째 중재가 **꽉 차 있는**(간격이 없는) 장애물을 **지나서 이동**하고, 두 번째 중재가 **비어 있는**(뚫려 있는) 데에 **달라붙는다**는 사실로부터 설명을 찾을 수 있다. 이처럼 밖과 또는 안의 관계로 이율배반적인(대립적인) 두 가지 해결책을 예시할 수 있다.

이런 체계적인 것의 근본적인 특성 역시 우리가 세계 도처에서 관찰할 수 있는 신체의 여러 구멍들의 열리고 닫힘 사이의 상호관계에서 생긴다. 남부 베네수엘라의 사네마족(Sanema)은 지하의 난쟁이 주민들을 /오네이티브(oneítib)/라고 부르는데, 아주 빠른 속도로 말하고 또 먹는다. 왜냐하면 이들은 내장과 항문이 없기 때문에 늘상 배고프며, 날고기와 젊은 여성들을 잡아먹는다. 특히 때때로 일어나는 일이지만, 젊은 여성들은 결혼의 압박을 피하기 위해 자신들의 첫 월경을 숨기려고 하는데, 이런 여성들을 잡아먹는다. 결론적으로 음식물과의 관계에서 열려 있는 인물들은 성적인 관계에서 열려 있음에도 불구하고 닫혀 있다고 거짓으로 단언하는 또 다른 인물들을 벌한다. 여자를 잡아먹는 /오네이티브/는 흔히 남성들을 방문하여 그들의 게걸스러운 허기를 이들에게 고

취한다. /오네이티브/는 말하자면 성적인 관계에서 밑을 너무 닫았다고 주장하는 이들을 벌하는 대신 음식물과의 관계에서 그들의 위(쪽)를 너무 열어놓는다(M₅₂₅: Wilbert 8, 234쪽).

마무리하며 아래와 같은 사실들을 강조할 것이다. 구멍의 이론은 시간과 장소에 따라 활용의 의미를 기꺼이 전도하는 조합(결합관계)의 원천들(재료들)을 활용한다. 출산하는 여자는 어린아이가 더욱 쉽게 질을 통과하도록 입을 다물고 있어야 한다고 캘리포니아의 유록족이 말하는데(Erikson, 284쪽), 이것은 플린느의 책에서 확인하고 있는 옛 유럽인들의 믿음과 일치한다(『자연사』, 제7부). "분만하는 동안 하품을 하는 것은 치명적이며, 수정의 순간에 재채기를 하면 애가 떨어진다." 인공 절개의 경우 이와는 반대로 애의 어머니는 입 또는 외음부(음문)를 열어놓아야만 한다(Parker). 그러나 아라파호족은 다른 관점을 갖고 있었다. 그들은 분만을 촉진하고 태반을 빨리 빼기 위해 구역질과 토함을 일으키도록 산모의 목구멍을 깃털로 간지럼을 태웠다(Hilger 2, 16~17쪽, 19쪽). 다른 영역에서처럼 문제 제기의 형식이 변함없으나 내용은 그렇지 않다.

\* \* \*

메노미니족의 믿음이 조리법의 이론으로 시의적절하게 이동하도록 해준다. 왜냐하면 이들 인디언들은 태반이 자궁에 붙어 어머니의 죽음을 초래하지 않을까 두려워하며 임신한 여인들에게 튀김이나 구운 음식을 금지하고 있었기 때문이다(Hilger 1, 163쪽). 어쨌든 별들의 분쟁에 관한 신화들 이래로 우리를 새 둥지 터는 사람의 신화(더욱 자세히 말하자면 M₄₂₈: 이 책 454쪽 이래로 M₁₀으로 인도)로 다시 데려온 주요한 변형은 암묵적인 취사 교리로부터 유래한다. 이 암묵적인 교리는 신화M₁₀의 주인공이 조용하게 씹어야만 했던 너무 구운 고기와, 이와는 반대로 신화

$M_{428}$의 여주인공이 요란스럽게 소리 내며 씹어야 하는 삶은 내장을 상관관계와 대립관계로 놓고 있기 때문이다.

신화$M_{10}$이 유래하는 제족 인디언들은 사실상 화덕이라고 하면 찌는 화덕을 알고 있을 뿐이었다. 유일하게 귀족을 위해 갖고 있었던 이 기술을 사용할 수 없게 되었을 때 이들은 고기를 직접 불에다 놓아 구웠다. 그들의 음식 요리법의 목록은 굽는 것(불에 놓아)과 (기구를 놓고) 굽는 것 사이의 분명한 구별을 하지 않는다. 이른바 대부분의 원시부족들처럼 그들에게 있어 최초의 기술은 두 번째의 단순한 양식을 구성하고 있을 뿐이다. 그리고 고기와 불의 상대적인(시간적, 공간적) 가까움만을 구성할 뿐이다. 결과적으로 우리는 특수한 기술로서의 굽는 것(grillade)을 잠시 옆으로 밀어놓고, 관여적인 대립을 굽는 것(rôti)과 삶는 것(bouilli)에 한정할 것이다.[6]

틀림없이 이러한 대립은 하나의 가장 큰 체계에서도 나타난다. 『날것과 익힌 것』은 거의 전부 이러한 체계를 조사하는 데 할애했다. 음식은 사실상 세 가지 중요한 상태로 인간에게 제공된다. 이것은 날것, 익힌 것 또는 썩은 것일 수 있다. 취사와 관련하여 날것의 상태는 무표(non marqué)된 극을 구성하며, 반면에 다른 두 상태는 강하게 유표(marqué)되며 대립된 방향으로, 익힌 것은 날것의 문화적 변형으로, 그리고 썩은 것은 날것의 자연적 변형으로 나타나기 때문이다. 중요한 삼각에 내재되어 있는 이중(二重)의 대립을 찾아낼 수 있는데, 한편으로는 **소화된**(제조된[élaboré])/**소화되지 않은**(제조되지 않은[non élaboré]) 대립과, 다른 한편으로는 **문화/자연**의 대립이다.

이 삼각틀만으로 볼 때 이런 범주들은 어떤 사회의 취사에 대해 우리

6)  이어지는 주해에 대한 첫 초벌 그림은 '음식의 삼각(틀)'이라는 제목으로 잡지 『라르크』 26번, 1965년(1967년과 1968년에 재출판됨)에 실린 것이다.

에게 아무것도 알려주는 것이 없는 빈 형식으로 축소된 것이다. 민족지적 조사(관찰)만이 각 사회가 무엇을 '날것' '익힌 것' 또는 '부패한 것'으로 이해하는지를 정확히 할 수 있다. 그리고 모든 사회에서 모두 같은 것이라고 할 어떠한 이유도 없다. 요즘 이탈리아 식당의 증가로 인해 프랑스 전통 음식이 제공했던 것보다 더욱 '날것스러운' 날것의 맛을 알게 되었는데, 우리가 이에 익숙했던 것처럼 사전에 식초에 담그지 않고 단순히 씻고 다른—아마도 작고 붉은 무를 제외하고—것들을 의미 있는 방식으로 버터와 소금을 푸짐하게 가미한 것이다. 말하자면 이탈리아의 영향으로 우리는 날것의 범주를 넓혔다. 1944년 연합군의 상륙과 더불어 일어난 사건들은 다음과 같은 사실을 밝히고 있다. 미국 군인들은 우리보다 더욱 포괄적인 양상으로 부패의 범주를 상정하고 있었다. 왜냐하면 노르망디 치즈들이 내는 냄새는—그들의 표현으로 송장 냄새 나는—그들로 하여금 때때로 치즈 제조하는 곳을 파괴하도록 자극했다.

따라서 **날것**, **익힌 것**과 **썩은 것**의 삼각(틀)은 의미론적 장을—그것도 (음식) 외부로부터—한정한다. 모든 취사에 있어 단순히 익히는 것은 아무것도 없으며, 어떠한 양상으로 익혀야만 한다. 또한 순수한 상태로의 날것도 존재하지 않는다. 단지 몇몇 음식만이 그렇게 소비될 뿐이다. 그래도 날것들은 사전에 씻고 껍질을 벗기고 자르며, 그렇지 않으면 항상 양념을 하는 조건에서 소비된다. 마지막으로 썩은 것(발효된 음식)에 대한 가장 선호하는 것까지도 자의적으로 또는 지도된(안내된) 어떠한 방식에 따라 이 음식을 받아들인다.

『날것과 익힌 것』에서 우리는 고의적으로 이러한 뉘앙스(미묘한 차이)를 무시했다. 남아메리카의 예들에 입각해서는 가장 일반적인 음식의 관점에서 취사의 삼각(틀)을 정의하고, 또 모든 문화에서 어떻게 이 삼각이 우주적 또는 사회학적인 특성의 또 다른 대립들을 표현하기 위해 형식적인 틀로 상용될 수 있는지와 관련된 것들을 다루었다. 이처럼 취사의 내적인 특성들의 분석으로 내부로부터 이 삼각을 한정했지만, 『꿀에서 재까지』에서 우리는 이 틀을 외부로부터 접근했으며, 취사의 둘레(주변)를 조사했다. 우리의 시선을 형식적 관점에 두면서 날것, 익힌 것 그리고 썩은 것(부패한 것) 자신들 안에서 상정되고, 또는 이들에게 유사한 대립체계의 각도에서뿐만 아니라 (취사의) 주변적 기능들과 관련된 날것 이상의 것, 말하자면 꿀과 익힌 것 이상의 것, 말하자면 담배를 정의하려고 노력했다. 익힌 것의 몇몇 양상—말하자면 굽는 것과 끓이는 것—이 이미 우리에게 제시되었음에도 불구하고(『꿀에서 재까지』, 476쪽 주 26) 우리는 이것들을 논의하지 않았다.

이제는 이를 논의해야만 한다. 왜냐하면 이 세 번째 책에서 조사한 신화들은 날것, 익힌 것과 부패한 것 사이의 대립만 다루는 데 만족하지 않고, 명시적으로 많은 문화에서 익히는 것의 근본적인 양상을 나타내는 굽는 것(rôti)과 삶는 것(bouilli)을 대비시키고 있기 때문이다. 이 논의의 서두에 이를 인용하는 것이 이로울 수도 있는 12세기의 프랑스 고전텍스트에서 실제적인 또 다른 대립들 사이에서 이런 양상들의 대립이 나타나는 것을 볼 수 있다. 각 용어의 의미를 더욱 치밀하게 만드는 응축된 형식으로 이 책은 취사언어의 구조적 분석일 수도 있는 것의 프로그램을 작성하고 있다. "다른 사람들도 고기를 준비(요리)하는 데 너무 쓸데없는 연구를 하는 것 같다. 너무 많은 장식을 고안해 낸다든지, 튀기고 양념을 한다. 또한 임신한 여인의 입맛에 따르는 것처럼 이번에는 부드럽게, 이번에는 단단하게, 이번에는 차게, 이번에는 뜨겁게, 이번에는 끓이고, 이번에는 굽고, 이번에는 후추를 넣고, 이번에는 마늘을 넣고, 이번에는 시나몬 허브를 넣고, 이번에는 맛을 내는 소금을 넣기를 요구한다." (Franklin, 157쪽에서 Hugues de Saint-Victor의 『초심자 입문』 인용). 이 텍스트(책)는 음식과 양념 사이에 주요한 대립을 말하고 있다. 이 책은 음식물의 준비가 갖출 수 있는 두 가지 극단의 형식을 구별하는데, 삶는

696

형식과 튀기는 형식이다. 이것 자신들 역시 부드러움과 단단함, 찬 것과 더운 것, 끓인 것과 굽는 것 등의 짝으로 분류되는 몇 개의 양상이 가능하다. 끝으로 양념 역시 대립짝으로 분류할 수 있다. 한편으로 후추와 마늘, 다른 한편으로 시나몬 허브와 소금, 한 축 위에서 후추를 1세기 후에 사람들이 늘 '에그륑'(aigruns: 마늘, 양파, 에샬로트[에샬롯] 등; Améro, 제2권, 92쪽 참조)이라고 불렀던 것과 대립시켰으며, 다른 축 위에서 부드러운 양념과 소금을 대립시켰다.

그러면 굽는 것과 삶는 것의 대립은 어떻게 구성되는가? 불과의 행위에 직접적으로 종속되는 구운 음식은 *중재되지 않은(중재 없는)* 결합관계 속에서 불과 만나는 반면, 끓인 음식은 이중적인 중재과정의 결과로 얻는다. 말하자면 음식을 포함하는(즉 물속에 음식을 집어넣는) 물과, 물과 음식을 포함하는 용기에 의해 중재된다.

따라서 이중적인 면에서 굽는 것을 자연 쪽에 놓고 삶는 것을 문화 쪽에 놓을 수 있다. 실제적으로 삶는 것은 문화적 산물(문화적 도구)인 용기의 사용을 요구하기 때문이며, 그리고 상징적으로 문화가 인간과 세상 사이에 중재 역할을 하는 한, 끓여 만든 요리 역시(물에 의해) 인간이 통합되는 음식(음식을 먹음으로 인해)과 또 다른 물질세계의 요소인 불 사이에 중재를 수행하기 때문이다.

대립을 이해하는 가장 좋은 방법은 토속적인 양식의 기술이 다른 것 이전에 먼저 나타났다고 전제하는(가정하는) 것이다. "옛날에 아리스토텔레스의 입을 통해 그리스인들은 말하기를 사람들은 모든 것을 구워 먹었다는 것이다." 이에 따라 사람들은 미리 구운 고기를 삶게 할 수 있었지만 미리 삶은 고기를 굽게 할 수는 없었다. 왜냐하면 이것은 역사의 방향(의미)을 거슬러 가는 것이기 때문이다(*Problèmes*, III, 43; Reinach, 제5권, 63쪽에서 인용). 만일 결론이 보편적으로 받아들일 수 있는 것이라면 이러한 전제는 아주 다양한 민족들에서도 발견될 수 있다. 프랑스인

들의 도착 이전 도기의 사용을 알고 있었던 뉴칼레도니아의 토착인들은
(『라르크』, 앞의 인용글 21쪽의 첫 판본들 속에 있는 주해의 잘못된 사
본 옮겨 적기가 지적하고 있는 것과는 반대로) 단지 아래와 같은 인용문
에 더욱 경도되어 있을 뿐이었다. 옛날에 "사람들은 오늘날 토착인……
들이 말하는 것처럼 '태우거나' 그을리고 굽게 했다. 솥을 사용해 삶은
덩이줄기(괴경)의 소비는 문명……의 표식인 것처럼…… 자만심을 갖는
행위로 간주되었다"(Barrau, 57~58쪽). 이들의 기원신화들에서(M526:
Fletcher-La Flesche, 70~71쪽) 오마하 인디언들은 이야기하기를, 사람
들이 먼저 불을 발명했고, 고기를 구워 먹었다고 한다. 그러나 그들은 이
런 일상에 싫증이 나 어떻게 하면 다른 방식으로 고기를 준비할 수(요리
할 수) 있을까 자문했다. 결국 도기를 발명하고 솥에 물을 부어 물속에
고기를 넣고 이 모두(물과 솥)를 불 위에 올려놓았다. 이렇게 그들은 삶
은 고기 먹는 법을 알았다. 역시 원시적인 관습을 원용하면서 믹막족은
그들의 구운 고기에 대한 편애를 정당화하고 있었다(Wallis 2, 404쪽).

앞의 예들 속에 구운 것은 자연 쪽에 놓고, 삶은 것을 문화 쪽에 놓은
암묵적인 대립은 제조된(노력을 들인) 음식과 제조되지 않은(노력을 들
이지 않은) 음식 사이의 또 다른 대립을 감추고 있다. 이러한 대립은 대
단히 다양한 값(중요성)을 갖고 있다는 사실을 숨길 필요는 없다. 왜냐
하면 모든 사회의 사람들은 그들이 '삶은 것'과 '굽는 것'을 같은 양상으
로 이해하거나 정의하지 않기 때문이다.

앞쪽에서 우리가 아주 오랫동안 다루었던 대평원 인디언들은 이런 다
양한 차이를 아주 잘 나타내 보인다. 몇몇 부족들은 오랫동안 익히고, 다
른 부족들은 아주 적게(잠시 동안) 익힌다. 또한 이들 부족들은 고기를
구워야 하는가 또는 삶아야 하는가에 따라 익히는 시간을 불균등하게 권
장하고 있다. 이처럼 아씨니보인족은 삶은 고기보다 구운 고기를 선호했
지만 요리가 어떤 종류이든 약간 익힌 것을 선호했다(Denig, 581~582

쪽). 그들의 이웃 부족인 블랙후트족은 고기를 구울 때 오랫동안 익혀야 했지만, 고기를 끓일 때 끓는 물에 잠시 담가 고기 색깔이 변할 정도면 만족했다. 이것은 마치 프랑스 요리사들이 이야기하는 것처럼 고기 외부 색깔이 변해 회색을 띠게 하는 것이다(Grinnell 3, 205쪽). 이 두 가지 요리 양식은 모두를 너무 익히는 칸사족(Kansa)과 오사주족(Osage)의 양식(Hunter, 348쪽) 그리고 알래스카의 잉갈리크족의 양식과 대조를 이룬다. 잉갈리크족 어부들은 날것이거나 너무 익힌 또는 말린, 또는 부패시킨(삭힌) 생선을 먹지만, 반쯤 익힌 것을 전혀 먹지 않는다. 이들에게 이렇게 반쯤 익힌 요리는 나쁜(보잘것없는) 요리이다(Osgood, 165쪽).

이제 남아메리카로 돌아가 보자. 아르멘티아(11쪽)에 따르면 카미나족은 과도하게 끓인 음식을 먹었다. 이들은 저녁 6시부터 다음날 아침 2시까지 불 위에 올려놓고 끓인 후 날이 밝을 때까지 놓아두었다가 먹는다. 네덜란드령 가이아나의 식민자들은 틀림없이 '서인도식 매콤한 스튜'(marmite-aux-piments)를 인디언들로부터 배웠다. 이들은 이 요리의 남은 부분(음식)에 매일 새로운 소스(양념)를 약간씩 첨가해서 다시 끓이는데, 이런 조리법은 세월이 지나면서 향상되어왔을 것이다. 이런 조리법을 인용하자면 항아리(그릇)를 전혀 씻지 않고 30년 동안 연속적으로 사용하는 데 성공한 어떤 까술레(cassoulet: 프랑스 남부 랑그독 지방의 스튜)처럼 진정한 가정의 보물이 되었다(Schomburgk, 제1권, 96쪽).

그러므로 모든 사회가 당연히 삶은 것을 제조된(노력을 들인) 것으로 분류하고, 구운 것을 다른 편에 놓아야 하는 것으로 단정하는 것은 경계해야 할 것이다. 우선 차라리 이렇게 이야기하자. 경험적인 내용이 다양하고, 이에 따른 대립을 형성하는 양상이 다른 양상보다 훨씬 자주 나타내는 것으로 보아 대립은 어디서나 관여적인 것처럼 보인다. 결국 많은 수의 사회에서 조사를 통해 알 수 있는 것은 이중적인 유사성이다. 굽는 것과 날것, 다시 말하자면 노력을 들이지 않은(제조되지 않은) 것의 유사성과 그리고 두 가지 양상의 노력을 들인 것(제조된 것)의 하나인 썩힌 것과 끓인 것의 유사성이다.

굽는 것과 날것의 유사성은 흔히 프랑스에서도 역시 같은 조사 결과를 얻을 수 있는데, 이것은 불완전하게 구워진 고기로부터 나온다. 구운 고기의 양면의 구워진 부분이나 고기의 안과 밖이 불균등하게 구워질 때마다 생기는 일이다. 위안도트 인디언들의 한 신화($M_{527}$: Woodman, 8쪽)는 구운 고기의 이러한 모순적인(이율배반적인) 측면을 강조한다. "창조자가 불이 솟아나도록 한 후 첫 인간에게 나무막대에 고기 한 조각을 꿰어 굽도록 명령했다. 그렇지만 첫 인간은 아무것도 몰랐으므로 고기 조각 한쪽이 숯이 되도록 불에 놓아두었으며, 다른 한쪽은 설은 고기로 남아 있었다." 멕시코의 포콤치족(Pocomchi)에게는 굽는 것이 날것과 태운 것 사이의 타협물(중간)이다. 우주적 대화재 후($M_{528}$: Meyers, 10쪽) 불을 피한 것은 흰 것으로 남아 있고, 탄 것은 검은 것으로 남아 있게 되었으며, 단지 살짝 누른 것은 붉은색이 되었다. 이처럼 옥수수와 콩알들의 다양한 색상이 설명된다. 영국령 가이아나의 와이와이족 주술사는 특히 고기를 삶거나 훈제해서 먹는 인디언들에게 의외의 조리인 그을리거나 튀긴 고기를 보고 입을 다물어야만 하고, 붉은 그림이나 또는 피와 접촉할 수 없다(Fock, 132쪽). 이것은 역시 굽는 것과 날것의 유사성(공통점)을 암시한다. 아리스토텔레스는 끓여서 익힌 음식을 구운 것보다 우위에 놓았다. 왜냐하면 끓여서 익힌 것은 고기의 날것 부분을 없애는 데 더욱 적합하기 때문이었다. "구운 고기는 끓인 고기보다 더 날것이 많고 더욱 건조하다"(Reinach, 앞의 글 재인용).

삶은 것과 썩힌 것의 유사점은 유럽 여러 나라의 언어에서 인용구로 유래되는데, 말하자면 '포푸리'(*pot pourri*: 썩은 항아리)와 '오야 포드리다'(*olla podrida*: 썩은 냄비)는 양념을 한 여러 다른 종류의 고기와 야채를 함께 구운 고리를 지칭하며, 더욱 독일어로 *zu Brei zerkochtes Fleisch*는 '끓인 썩은 고기'를 지칭한다. 아메리칸인디언들의 언어도 같은 유사성을 표현하는데, 우리가 본 것처럼 숙성한 고기를 아주 좋아하는 만단족의 이웃 시우 인디언들에서 들소의 신선한 살보다 물속에 오랫동안 있었던 죽은 동물의 고기를 더 좋아한다는 점이 의미심장하다. 이처럼 다코타 언어로 /이-쿠-카(i-ku-ka)/라는 동사는 외부의 행위로 인해 상해를 입었거나 부패했다는 생각과 한 식품재료를 잘게 썰어 다른 것들과 섞어 끓인다는 생각을 동시에 표현한다(Riggs, 196쪽). 만단어 동사 /낙세레프 헤레(na'xerep here)/ '끓이다'는 고기와 뼈가 떨어질 때까지 끓인 과도한 익힘의 의미를 내포하고 있는 것 같다(Kennard, 12쪽).

앞의 구별로 굽는 것과 삶는 것 사이의 모든 풍부한 대조가 충분한 것이 아니다. 하나(삶는 것)는 (그릇의) 내부에서 익히는 반면, 다른 하나(굽는 것)는 외부에서 익힌다. 삶는 것은 오목한 것을 연상시킨다. 그리고 굽는 것은 오목한 것의 반대, 즉 볼록한 것을 연상케 한다. 또한 흔히 삶는 것은 '안(또는 내부)의 취사'(endo-cuisine)라고 부를 수 있는데, 이것은 폐쇄한 작은 집단을 위한 내밀한 용도로 사용되기 때문이다. 마치 히다차어가 특별한 힘을 주어 이를 표현하듯이 같은 단어 /미 다 크시(mi dá ksi)/는 동시에 마을을 둘러친 울타리(바로 냄비와 프라이팬)를 지칭한다. "왜냐하면 이것들 모두는 울타리를 형성하기 때문이다"(W. Matthews, 126쪽). 반대로 굽는 것은 이방인(또는 외부인)에게 제공하는 '외부의 취사'(exo-cuisine)와 관련된다. 옛 프랑스에서 닭찜은 가족이 저녁에 함께 먹기 위한 것이었다. 구운 고기는 만찬 시 정점을 이루는 식사로 우선 의무적으로 삶은 고기와 향신용 야채 다음에 멜론, 오렌지, 올리브와 식초에 절인 풍접초의 꽃봉오리…… 등과 같은 '특별한 과일들'과 함께 제공되었다. "앙트레와 삶은 음식(고기)을 들어낸 후 이어 구운 고기를 상 위에 올려 놓는다……. 〔그러나〕 생선을 제공하는 시기는 구운 고기와 디저트 사이에 구운 고기의 살을 다 먹어갈 때이다"(Franklin, 221~223쪽).

같은 양상으로 대립이 형성되지는 않지만 열대 지역의 사회에서도 같은 대립을 만날 수 있다. 남부 브라질의 켕강족은 삶은 고기를 과부나 홀아비 또한 적을 암살한 사람에게 먹지 못하게 한다(Henry 1, 184쪽과 주15). 이처럼 삶은 음식을 선택한다는 것은 가족관계와 사회적 관계에 대한 강화의 의미를 내포하고, 구운 것의 선택은 가족이나 사회적 관계에 대한 약화의 의미를 내포한다.

신화, 의례나 단순한 관습은 구운 것과 삶은 것의 대립을 또 다른 층위에 위치시키는 일이 일어난다. 아메리카의 몇몇 부족들은 굽는 것을 숲속 생활과 남성의 일에 연관시키고 있으며, 삶는 것을 마을 생활과 여성의 일에 연관시킨다. 아마존 지역의 야구아족(Yagua)은 고기를 삶거나 훈제를 한다. 첫 번째 (삶는 기술은) 여자들에게 과해진다. 그러나 남성들은 사냥원정을 할 때나 그들의 배우자가 없을 때 마을 내에서도 고기를 훈제한다(Fejos, 44쪽). 지바로족에 대해 카르스텐은 다음과 같이 설명한다(2, 115쪽). 이들 인디언들은 "흙으로 만든 솥에 고기를 넣어 삶거나 불에 고기를 굽는다. 그들이 사냥, 어로 또는 다른 일로 야영을 할 경우 두 번째 기술(고기를 굽는)에 호소하는데, 이것 역시 남자가 당연히 사용해야 할 유일한 기술이다. 마을에서 음식물을 삶는 것은 전적으로 여자들의 일이다. 왜냐하면 담배나 또 다른 식물들을 달이는 것 이외에 남성이 할 수 있는 것은 아무것도 없기 때문이다". 골드만(79쪽)은 "쿠베오족이 적도 삼림 지역에 잘 적응한 체계를 갖고 있다고 보고 있다. 여자들은 삶고, 남자들은 화덕에 굽거나 또는 불에 굽는다"[7]고 설명한다.

---

7) 우리는 직역을 했지만 영어 용어의 **베이크**(bake)와 **브로일**(broil)이 주로 굽는 것과 훈제에 기반을 두고 있는 '적도 삼림 지역의 일상적인 체계'에 적합하지 않은

머피와 퀘인(Murphy et Quain, 30쪽)은 다음과 같이 말한다. 트루마이 마을에서는 "남자들만 굽는 일을 담당하고 여자들은 때때로 이들을 돕는다. 그러나 거의 모든 음식물은 끓이게 되어 있어 이로부터 취사노동은 특히 여자들에게 지워지게 된다."

북반구의 북서쪽에 살고 있는 잉갈리크족은 음식물 재료의 속성이 삶는 것이 적당한지 굽는 것이 적당한지에 따라 구별했다. 첫 번째 방법(삶는 것)은 집 안에서 조리한 음식물에 응용했고, 두 번째는 몇몇 물고기를 제외하고 원정캠프의 음식물에 응용했다(Osgood, 276~277쪽). 거의 모든 음식물을 끓여서 먹는 잉갈리크족의 동쪽 이웃인 타나나족(Tanana)은 그럼에도 불구하고 취사의 임무를 남자들에게 지운다. 평상시와는 다른 이런 유형의 삶은 북부의 또 다른 아타파스칸족인 아테나족(Ahtena), 타나나족(Tanaina)과 몇몇 쿠친족(Kutchin)들이 공유하고 있는 것처럼 보인다. 이들과 주거양식, 언어와 문화로 볼 때 근접해 있는 집단인 찬달라-쿠친족(Chandala-Kutchin)과 루쇠족(Loucheux)들은 취사를 여자들에게 맡긴다(McKennan, 41~46쪽). 그러나 컬럼비아강의 사합틴족에서는 남자들만 취사를 담당한다(Garth, 52쪽).

우리가 위에서 거론한 것처럼 시우 언어를 사용하는 아씨니보인족은 그들의 실제적인 취사에서 굽는 것과 삶는 것의 일상적인 공시적 의미를 전도한다. 우리가 방금 인용한 아타파스칸족의 태도와 유사한 태도를 이들에게서 볼 수 있다는 것이 더욱 신기할 뿐이다. 아타파스칸족의 태도를 보면 "남자들이 전쟁에 나가 있을 때…… 그들은 끓인 음식을 먹었다. 여자들은 전혀 이런 기술(끓이는 기술)을 사용해 오지 않았다. 여성들에게 정상적인 방법은 화덕 위에 비스듬히 놓인 꼬챙이(석쇠)에 고기를 굽는 것이었다……. 옛날에는 도기로 된 그릇을 제조했고 이를 사용

---

것 같아 보인다.

했다……. 그러나 남자들만 이를 사용했다"(Lowie 2, 12쪽). 한 메노미니 신화집단($M_{475c\sim f}$)도 같은 취사체계를 채택하고 있다. 말하자면 실제의 실행과는 반대로 여자들은 신화에서 고기를 굽게 하고, 남자들은 고기를 삶게 한다. 그런데 신화에서 여자들은 식인귀들이다. 남자들에게 삶는 것을 할당하고 여자들에게 굽는 일을 할당하는 것은 몇몇 동유럽 국가들의 특성과 닮아 있다. 이 점에 대해서는 다시 논할 것이다.

이런 비정상적인 (일상적인 궤도에서 벗어난) 체계들의 존재는 문제가 된다. 이것은 요리법의 의미론적 영역(장)이 우리가 논의 초기에 지적했던 것보다 훨씬 많은 수의 규모를 포함하게 된다는 것을 의미하기 때문이다. 이런 전도가 나타나는 부족들(또는 민족들)은 틀림없이 또 다른 대립축에 호소하고 있을 것이다. 가설로서 이에 대한 몇몇 예를 상정할 수 있다. 예를 들면 삶은 것은 고기나 즙을 모두 보존하는 방법이다. 반면, 굽는 것은 (재료)의 파괴나 손실을 동반한다. 그러므로 한 방법은 경제성을 연상시키고, 다른 방법은 낭비를 연상케 한다. 굽는 것은 귀족적이고, 삶는 것은 서민적이다. 이런 측면은 개인과 계급 사이의 신분(또는 지위) 차이를 강조하는 사회에서 일차적으로 나타난다. 옛 마오리족에서 귀족은 그 자신이 음식물을 구울 수 있었다. 그렇지만 그는 취사도구와 굽는 화덕과의 접촉을 피해야 했으므로 노예와 하류 계급의 여자에게 넘겨주었다. 어떤 사람을 '김 나는 화덕'에 비교하는 행위는 더욱 죽음을 부르는 모욕적인 일이었다. 김(수증기)보다 더 효과적인 좋은 가문 출신의 인물의 신체적·도덕적인 덕성과 야생 상태의 본성을 파괴할 수 있는 것은 아무것도 없었다. 삶은 음식을 숲속으로 가져가는 버릇이 있다면 새들은 숲에서 사라질 것이다. 백인들이 뉴질랜드에 솥과 냄비를 유입했을 때 토착인들은 이것들을 그들의 화덕의 뜨거운 돌과 같은 것으로 보고, 감염된 것으로 간주했다(Prytz-Johansen, 46쪽, 89쪽, 208~211쪽). 이러한 태도는 뉴칼레도니아의 카낙족(Canaques)에서 우리가 밝힌 태도를 놀라운 양상으로 도치되고 있다.

유럽 사회에서도 같은 유형의 관찰을 할 수 있으며, 이곳의 굽는 것과 삶은 것의 태도 역시 시간과 더불어 변해왔다. 『백과전서』(*Encyclopédia*)의 편집자들이 받은 민주적인 영감이 삶은 것에 대해 기술한 예찬 속에 반영된다. 즉 "……(삶은 것은) 가장 맛이 풍부하고, 가장 영양이 있는 인간의 음식물 중의 하나이다……. 삶은 것은 다른 요리와 비교해보면 빵을 다른 종류의 음식물과 비교하는 것과 같다고 말할 수 있을 것이다"('삶은 것' 항목). 반세기 후에 멋쟁이 브리아-사바랭(『맛의 생리학』, 6, §2)은 이러한 논쟁에 정반대의 입장을 취한다. "교수들은 전혀 아내와 같은 원칙에 대한 존중으로 삶은 것을 먹지 않으며, 또한 그들의 강의에서 이론의 여지가 없는 진리를 알아듣게 했기 때문이다. 삶은 것은 즙이 없는 고깃살이다……. 이러한 진실은 알아내기 시작한다. 그래서 삶은 것은 정성 들여 준비한 진정한 저녁식사에서는 사라졌다. 사람들은 삶은 음식을 구운 안심, 가자미나 마틀로트(matelote: 생선 요리)로 대체하고 있다." 그런데 만일 체코인들이 삶은 음식을 남성의 음식으로 간주한다면 그것은 아마도 이들의 전통사회가 그들의 이웃인 슬로바키아나 폴란드 사회보다 더욱 민주화된 특성을 제시하기 때문일 것이다. 같은 정신으로 피가니올 씨가 최근에 묘사한 그리스인, 로마인, 히브리인들의 구운 것과 삶은 것에 대한 대비된 태도를 해석할 수 있을 것이다.

다른 곳에서의 대립은 다른 양상을 취할 것이다. 삶은 것은 음식물의 실체를 손상시킴 없이 그리고 잘 보존된 울타리 안에서 생성될 수 있으며(이 책 702쪽 이하), 이것은 우주 전체를 상징하는 합당한 것일 수 있다. 가이아나의 아라와크족은 사냥해서 잡은 동물들의 고기를 약한 불에 놓고 뚜껑을 덮지 않은 솥에서 끝없이 주의를 기울여 삶기를 요구했다. 왜냐하면 만일 국물이 넘치게 되면 같은 종의 모든 동물들이 먼저 사라져 더 이상 동물들을 사냥할 수 없기 때문이다(Roth 1, 295쪽). 신세계의 또 다른 끝, 북아메리카의 대호수 지역에 사는 폭스족은 의례용 음식을 끓일 때에 같은 규율을 적용한다. 아무것도 침투하지 말아야 한다. 음식을 먹을 때 음식을 떨어뜨리거나 적은 양이라도 음식을 남겨서는 안 된다(Michelson 5, 249쪽, 261쪽).

삶은 것, 그것은 생명이요, 구운 것은 사망이다. 전 세계의 민속자료들은 불사의 솥에 대한 예를 수없이 제시하지만, 불사의 적쇠(꼬챙이)는 전혀 제시하지 않는다. 캐나다의 크리 인디언들의 의례는 삶은 음식물에 부여된 우주의 결합적인 이러한 특성을 잘 표현하고 있다. 인디언들에 따르면 창조자는 인간들에게 그 해에 첫 수확한 장과(漿果)를 끓여 우선 해에게 장과들이 잘 익도록 빌면서 첫 잔을 올리고, 이어서 비가 오도록 우레에게 올리고, 마지막으로 과일들을 잘 보존하도록 땅에게 올리라고 명령했다(Mandelbaum, 285쪽). 오지브와족 역시 삶은 고기는 세상의 질서를 참조하도록 한다. 왜냐하면 그들이 일상적으로 죽은 동물(다람쥐)의 사체를 매단 후 불길에 그을린 다음 비가 오기를 바랄 때 구운 다람쥐를 끓는 물속에 넣는다(Speck 7, 80쪽). 이 경우에 굽는 것과 삶는 것은 차별적 기능을 갖는데, 이것들의 조합으로 우주의 축소 모형의 이미지로서 취사세계 형식의 다양한 모습을 표현할 수 있다. 틀림없이 이러한 방식으로 놀라운 웨일스 요리를 해석할 수 있음이 틀림없다. 이 요리는 구운 오리에 삶은 소의 혀를 다져 밀어넣고 다진 채소를 두른 다음 이어서 반죽, 그렇게 하여 크리스마스 주일 내내 계속될 수 있는 요리로 구성된다(Owen, 34쪽).

이렇게 우리는 여기서 뒤메질 교수(60쪽)가 복원한 것으로 아주 먼 인도 유러피언 과거의 상징(심볼리즘)을 만나게 된다. "스스로 부서진 것, 증기로 익힌 것, 잘 바쳐진 제물, 우유……는 미트라(Mitra) 신에게 속하고, 도끼(칼)에 잘린 것, 불에 탄 것, 열광시키는 몸체(soma)는 바루나(Varuna) 신에게 속한다." 그렇게 놀랄 만한 일은 아니다. 그러나 19세기 중반에 취사의 친절한 철학자들에게서 삶은 것과 구운 것의 대립으로 항상 상징되는 앎(지식)과 영감, 엄숙함과 폭력, 정상과 비정상 사이의 대비(대립)에 대한 의식(意識)을 다시 볼 수 있다는 것이 얼마나 의미 있는 일인가? "사람들은 취사인이 되지만 굽는 사람으로 태어난다"(Brillat-Savarin, 앞의 책, aphorisme 15). "굽는 것은 동시에 무(無)이자 무한함이다"(Améro, 제1권, 367쪽에서 Cussy 백작의 『취사예술』 인용).

*　*　*

날것, 익힌 것 그리고 썩은 것(부패한 것)의 범주들이 형성하는 근본적인 삼각(틀)의 내부에 말하자면 일반적인 법칙에서 하나(굽는 것)는 날것의 이웃에(곁에) 위치하고, 다른 하나(삶은 것)는 썩은 것의 이웃에(곁에) 위치하는 두 개의 항(용어)을 삽입했다. 아직 세 번째 항(용어)이 부족한데, 이 항은 자신의 실체적인 양상(양식)에서 굽는 것의 추상적인 범주와 가장 가까이 있는 익힘의 형식을 예시하고 있다. 이 양상(양식)은 우리가 볼 때 훈제일 수 있으며, 이것은 굽는 것으로서 중개되지 않은 (그릇이나 물 없이) 행위(활동)와 연관된다. 그러나 그것과 차이가 있으며, 차라리 비등점으로서 동시에 느리고 깊으며 규칙적인 익힘의 형식이라고 할 수 있다.

굽는 것의 기술에서처럼 훈제 역시 기술적인 면에서 불과 고기, 아니면 공기 사이에 아무것도 개입되지 않는다. 그러나 두 기술 사이에서의 차이는 한 경우 공기층이 최소로 축소되어 개입되는 반면, 다른 한 경우 공기층의 개입은 최대가 된다. 사냥감을 훈제하기 위해 남아메리카 인디언들—이들이 선호하는 기술적인 방법—은 약 1.5미터의 나무 받침대(틀)를 만들고 그 위에 고기를 놓고 그 밑에 48시간 또는 그 이상 아주 약한 불을 피운다. 결과적으로 같은 변함없는 특성을 보이는데, 공기의 개입 층의 대립으로 표현될 수 있는, **가까운 / 먼, 빠름 / 느림**으로 표현되는 차별적인 특성이 차이를 감지할 수 있다. 세 번째 차별적인 특성은 굽는 것의 경우 집기의 부재와 관련된다(여기서 어떤 종류의 막대이건 꼬치〔불판〕의 역할을 할 수 있다). 이에 반해 (카리브인의) 나무가마는 인간에 의해 건축된 쌓아 올린 더미로 결과적으로 문화석 제조물이다.[8]

이 마지막 관계 아래에서 보면 훈제는 틀림없이 비등점을 이용해 익히는 것과 관련된다. 이 익힘 역시 문화적 수단인 그릇을 필요로 한다. 그러나 두 유형의 그릇 사이에 결정적인 차이가 나타난 것처럼 보인다. 더 정확히 말하자면 문화에 의해 세워진(만들어진) 이러한 차이는 대립을 확인하기에 너무 약해 의미를 만들어내는 기획이 무산될 위험이 있다(의미는 대립을 통해 형성될 수 있기 때문이다—옮긴이). 솥과 항아리는 조심스럽게 다루고 보존하는 집기들로 사용 후 닦고 다시 진열해 놓는데, 이것은 아주 여러 번 사용할 수 있게 하기 위해서이다. (반면에) 훈제틀(부칸), 그것은 **사용 후 즉시 파괴되어야만 한다.** 그렇게 하지 않으면 동물들이 복수를 하게 될 것이며, 이번에는 동물들이 사냥꾼을 훈제하러 올 것이기 때문이다. 적어도 가이아나의 인디언들의 믿음은 그러하다(Roth 1, 294쪽). 이들에게서 우리는 다른 믿음과 분명히 대칭적인 믿음을 제시했다. 이에 따르면 끓이는 것을 잘못 감시해 물이 넘치게 되면 결과적으로 전도된 벌을 받게 될 것이며, 이때 사냥꾼은 사냥감이 도망을 쳐 이들에 의해 공격을 받는 것이 아니라 이들을 다시 만날 수 없게 된다. 마지막으로 이미 이를 주목했던 것처럼 삶는 것은 물의 출현과 부재의 관계에

---

8) 그러나 이 경우에서도 역시 일반화하는 것은 조심스럽지 못한 일일 것이다. 왜냐하면 오리건주의 인디언들은 나무꼬치로 사용되는 뾰족한 막대에 특별한 존경심을 가지고 보살피는데, 이것은 흔히 생나무에서 막 떼어낸 껍질조각으로 만든 그릇에 뜨겁게 데운 돌을 넣어 끓이는 이 그릇들과 대립관계에 있기 때문이다. 이 점에 대해는 다음 권에서 다시 논할 것이다.

서 동시에 훈제와 굽는 것에 대립한다.

그런데 가이아나에서 훈제와 삶는 것에 대해 나타났던 금방 처분하는 집기와 오랫동안 사용하는 집기 사이의 대립에 잠시 머물도록 하자. 결국 이런 대립을 통해 틀림없이 아직도 독자들이 기억하는 우리 체계의 어려움을 해결할 수 있을 것이다. 처음에 우리는 굽는 것과 삶는 것의 대립들 중 하나를 자연과 문화의 대립을 표현하는 것으로 특징지었다. 그렇지만 조금 뒤에 삶는 것과 썩은 것(부패한 것)의 유사성을 인정한다고 상정하며, 썩은 것을 자연적인 원리에 따라 날것을 '공들여 만든 것'으로 정의했다. 문화적인 기술이 자연의 결과에 이른다는 것은 모순적이지 않은가? 달리 표현하자면 만일 토착인들의 사고가 비등점으로 익힌 것과 자연적인 상태에서 날 음식이 직접적으로 취하게 될 한 측면인 부패한 것(썩은 것)을 가까이 놓는다면, (문화의 결과로 생긴) 도기의 발명은 어떤 철학적인 의미를 취해야 할까?

가이아나의 토착민들이 훈제에 대해 표현한 것처럼 훈제의 문제는 같은 유형의 이율배반을 포함하고 있다. 한 측면으로 결국 훈제는 모든 익힘의 양상들 중 익힌 것의 추상적인 범주와 가장 가까운 유형이다. 왜냐하면 날것과 익힌 것의 대립은 자연과 문화의 대립과 동등한 것으로 나타나기 때문에 훈제는 가장 문화적인 익힘의 양상을 나타내는 동시에 토착인들의 실제 생활에서 가장 선호하는 양상이다. 그러나 또 다른 측면에서 훈제의 문화적 수단인 부칸은 지체 없이 파괴되어야 한다. 비등점으로 익히는 것과 놀랄 만한 평행관계를 볼 수 있으며, 이것의 문화적인 수단들, 말하자면 집기들은 보존된다. 이때 익힘 자체는 즉각적인 파괴의 과정과 동류시된다. 적어도 어휘집 속에서 삶는 것은 흔히 썩힌 것, 즉 '익히는 것은 차라리 썩는 것을 예방하거나 늦추는 역할을 하는 상태'와 등가관계에 있다.

이 평행관계를 이해하기 위해 어떤 이유(설명)를 제시할 수 있을까?

이른바 원시사회에서는 물로 익힌 것과 훈제가 하나는 그의 수단들에 대해, 다른 하나는 그의 결과에 대해 (지속) 기간을 내세운다는 점에서 공통적인 평행관계를 갖는다. 물로 익히는 것은 도기로 된 용기(또는 도기를 모르는 주민들은 나무로 된 용기를 사용하지만, 이 용기의 물속에 뜨거운 돌을 넣는다)를 활용한다. 모든 경우에 사용된 용기들은 수선하여 대대로 보관되는데, 이 용기들은 가장 오랫동안 남아 있는 문화재들이다. 훈제에 대해 보자면 이것은 어떤 또 다른 방법으로 익힌 음식들보다 가장 오랫동안 부패에 잘 견디는 음식물을 만들어준다. 모든 것은 마치 때로는 의례의 장에서, 때로는 신화의 장에서 문화적 작품의 연장된 즐거움이 자연을 대신해 이룬 양도인 것처럼 이루어진다. (음식의) 결과가 지속적일 때 그 (익히는) 수단은 보잘것없으며, 그 반대의 경우도 마찬가지이다(수단이 지속적일 때 그 결과는 지속적이지 못하다).

그런데 우리가 본 것처럼 훈제와 삶은 것을 비슷하게 표현하고 있으나 이는 다른 방향에서 표현하고 있으며, 이런 모호성은 사람들이 고기를 굽는다는 생각(개념)과 이어져 있는 그런 모호성과 같은 것이다. 한쪽은 타고, 다른 한쪽은 설은 또는 바깥쪽은 그을리고 속은 피가 흐르는 (이런) 구운 고기는 날것과 익힌 것, 자연과 문화의 모호성(양면성)을 구현하며, 이것은 또한 적합한 구조를 만들기 위해 훈제와 삶은 것이 자신들의 방식대로 표현하는 것이기도 하다. 그러나 여기에서 이것들을 강제하는 이유는 단순히 형식적인 것이 아니다. 이러한 수단(모호성)을 통해 체계는 취사의 기술이 전적으로 문화 쪽에 위치하지 않는다는 것을 증명한다. 이곳이나 저곳(모든 곳)에서 인간은 세계 속에 포함되어 독특한 양상으로 자기 삶의 방식 중 하나에 한정되어 있는 인간과 그리고 인간의 신체적 요구에 답을 주는(응하는) 취사는 차라리 (취사방식에) 필요한 분절을 보장한다. 취사는 이런 두 영역(문화적, 체질적)과 관련되며, 각 영역의 표현에서 이런 이중성을 반사한다.

그러나 취사는 항상 이를 같은 장(층위)에서 행할 수 없다. 굽는 것의 모호성은 내재적(본질적)이고, 훈제와 삶는 것의 모호성은 외래적(비본질적)이다. 취사는 물질 자체와는 관계 없지만, 사람들이 이에 대해 말하는 양상이나 물질에 대해 갖는 행동과 관련된다. 왜냐하면 이곳에서도 역시 구별이 필요하다. 말하자면 흔히 언어가 삶은 음식에 대해 부여하는 자연적인 것의 성질은 은유적인 서열상에 있다. 삶는 것은 썩은 것이 아니며 단순히 삶는 것은 썩은 것과 유사할 뿐이다. 반대로 훈제가 자연적인 것으로의 변모는 훈제기인 부칸의 부재 결과가 아니라 의도적인 파괴 결과로부터 오는 것이다. 그러므로 이런 변모는 환유적 서열과 관련된다. 왜냐하면 이런 변모는 마치 결과가 원인이 필요치 않고 동시에 두 개의 기능을 행할 수 있었던 것처럼 이루어지기 때문이다. 심지어 하나의 불균형을 극복하기 위해 구조가 변하거나 또는 풍부해질 때도 그것은 다른 장(場)에 나타나는 새로운 불균형의 대가가 전혀 아니다. 우리는 구조가 신화를 생성할 수 있는 힘이 관여적인 비대칭(불균형)에 유래한다는 사실을 한 번 더 확인한다. 사실 신화는 이러한 구성적 비대칭을 바로잡거나 감추기 위한 노력 이외에 다른 것이 아니기 때문이다.

요리의 삼각(틀)으로 다시 돌아가 보자. 이 삼각의 내부에 우리는 요리법—적어도 가장 단순한—과 관련된 또 다른 삼각을 그려넣었다. 왜냐하면 우리는 세 가지 조리 유형, 즉 굽는 것, 삶는 것과 훈제를 취하는 것으로 만족했기 때문이다. 훈제와 삶는 것은 불과 음식물 사이에—공기이든 물이든—놓인 요소의 성격에 따라 대립한다. 훈제와 굽는 것은 공기 요소와 다소간의 위치(가깝고 멀고)에 따라 대립한다. 굽는 것과 삶는 것은 물의 출현이나 부재에 의해 대립한다. 공기의 축이나 물의 축과 평행관계를 의도에 따라 그릴 수 있는 자연과 문화 사이 경계선은 (요리의) **수단**에 따라 굽는 것과 훈제를 자연 쪽에, 삶는 것은 문화 쪽에 놓고, 또는 (음식의) **결과**에 따라 훈제를 문화 쪽에, 굽는 것과 삶는 것을 자연

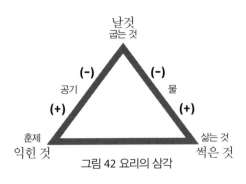

그림 42 요리의 삼각

쪽에 놓는다(그림 42).

모든 요리법 체계들이 이 모델을 같은 이유와 같은 양상으로 존중하고 있다고 생각해 우리가 순진하다고 책하지 말기를 바란다. 우리는 이 모델을 예로 들었으며, 이 모델은 우리의 고유한 음식체계의 측면을 반영하고(이에 대한 완전한 분석은 무엇보다 보충적인 차원을 요구할 것이다) 있으며, 우리가 알기에 다른 몇몇 체계들의 측면을 반영하고 있다고 생각한다. 그러나 이 도표가 여러 개의 다른 것들 중 하나의 변형만을 설명하고 있으며, 무한히 복잡한 전체 중에 틀림없이 우리는 그 조각들밖에는 취할 수 없을 것이다. 인류학자(민족학자)들이 전혀 주의를 기울이지 않는 세계 주민들의 요리 활용에 대한 충분한 정보가 부족하기 때문이다.

우리가 앞(이 책 698~699쪽, 703~704쪽)에서 인용한 대평원의 몇몇 부족들의 비정상적인 (요리의) 체계를 좀더 보기 위해 우리는 우선 이 부족들이 훈제(그림 43)를 모르거나 무시하며, 그렇지만 얇게 저민 고기를 말리려고 공기가 통하는 곳에 펼쳐 놓는데, 이 기술은 우리 자신이 브라질에서 흔히 사용한 것으로 **카르네 데 벤토**(carne de vento)라는 이름을 갖고 있다. 이렇게 조리한 고기는 대단히 맛있지만 사전에 소금에 절이거나 훈제한 고기보다 훨씬 빨리 부패한다. 블랙후트족, 쉐이옌족과 오글랄라다코타족 역시 그 정도로 그치지 않고 한 단계 더 나간다. 단단하고 마른 고기를 얇게 저민 후 이것을 뜨거운 숯불에 직접 올려놓아 우선 한쪽을 구운 다음 다른 쪽을 올려놓는다. 이어서 이 고기를 도리깨 같은 것으로 잘게 부순다. 그런 다음 기름이나 녹인 들소의 골수와 반죽한다. 그리고 이렇게 준비한 음식을 가죽자루에 넣고 내부에 공기가 남아

있지 않도록 조심하여 조인다. 그리고 여자들은 꿰맨 자루들 위에 올라
가 전체(반죽)를 고르게 만들기 위해 발로 밟는다. 각각의 자루와 그 속
의 내용물이 밀집한(꽉 들어찬) 덩어리가 만들어졌을 때 이를 다시 햇빛
에 완전하게 마를 때까지 놓아둔다(Grinnell 3, 206쪽; Beckwith 2, 431

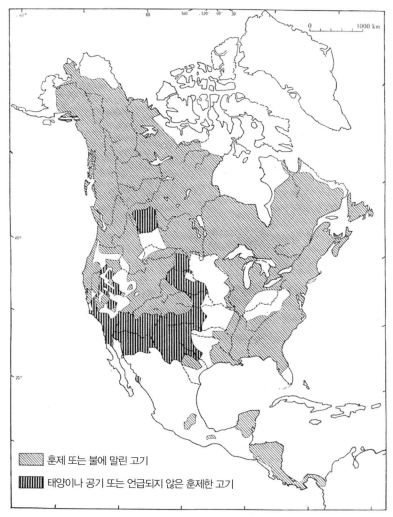

훈제 또는 불에 말린 고기

태양이나 공기 또는 언급되지 않은 훈제한 고기

그림 43 북아메리카의 말린 고기와 훈제한 고기
(드라이버와 마쎄이에 따른 그림. 지도 53 참조)

쪽 주 1; Berthrong, 31쪽).

이런 페미칸(pemmican: 앞쪽에서 설명한 인디언 음식)의 가공기술이 훈제를 대체하는 한, 이 기술이 요리의 삼각에서 삶은 것과 구운 것에 대립하는 항인 꼭짓점의 항의 분열을 야기하는 것은 당연하며, 상관과 대립관계에 있는 한 쌍의 항들은 이 항을 대체한다. 한편으로 **말린 것**─불을 사용하지 않기 때문에 굽는 것과 삶는 것보다 더욱 익힌 것으로부터 멀리 위치하는─과 다른 한편으로 **통조림**, 이것은 말린 것을 상정할 수 있지만 불과 고기가 직접 접촉한다는 점에서 차이가 난다. 그러므로 이것은 익힌 것 이상의 익힌 것(익힌 것의 극대치)이다.

블랙후트족은 우리에게 문제를 제기하는 것 같다. 왜냐하면 그들의 요리체계로 볼 때 삶는 것을 거의 날것 쪽에 놓고, 굽는 것을 익힌 것 이상의 익힌 것 쪽에 놓기 때문이다. 그런데 우리는 그들의 요리에 대해 보충적인 내용을 갖고 있다. 우선 이들에 대한 최고의 관찰자들 중 한 명(Grinnell, 앞의 책)은 페미칸의 가공과정을 구성하는 말린 고기를 구울 때는 곁에 있는 두 개의 화덕에서 이루어진다고 한다. 사실상 태운 고기로 인해 얼마 동안은 화덕을 사용할 수 없다. 아직 남아 있는 매운 연기 냄새로 인해 바로 작업하기에는 너무 독한 냄새가 나기 때문이다. 그래서 이들은 금방 사용한 화덕에 남아 있는 고기 조각들을 완전히 태워 없애기 위해 두 개의 화덕을 교대로 사용한다. 과도하게 고기를 굽는 이런 요리체계에서는 태운 것의 범주가 썩은 것의 범주를 대체할 수 있다. 전개과정이 전혀 낯선 점을 고려해 우리는 이 두 개의 범주들이 상관관계에 있으며 대립적인 한 쌍의 항들을 형성하고 있는 것으로 보아 이들의 대체를 상정할 수 있다(『날것과 익힌 것』, 364~366쪽, 538~542쪽, 582~587쪽). 썩은 것이 태운 것으로의 전도는 병존하는 현상의 요청에 의해 날것과 익힌 것의 극(꼭짓점)과 관련해 삶은 것과 구운 것의 전도를 야기했을 수 있다.

그러나 무엇보다 중요한 것은 블랙후트족이 다양한 부족들의 영향과, 서로 부딪치는 언어와 문화의 교차로에 살고 있었다는 점이다. 숲속의 알곤킨족과는 언어로 연결되어 있고, 대평원 부족들의 삶의 양식을 서로 나누고 있었으며, 북서부의 아타파스칸족과 고원지대의 인디언들과는 상업적 관계를 갖고 있었다. 이러한 범세계성 역시 요리체계에도 영향을 미쳤다. 대평원의 다른 부족들처럼 블랙후트족은 대형 솥(임시변통 솥)에 고기를 삶을 줄 알고 있었다. 말하자면 그들은 작은 구덩이에 칸(들)을 만들고 생가죽으로 덮은 후 물을 부은 다음 뜨겁게 달군 돌을 넣어 끓였다. 그런데 이들은 돌항아리를 만든 유일한 부족들인 것 같다(Grinnell 3, 202쪽).[9] 이것은 그들이 백합과의 구근(camas, *Camassia quamash*)을 먹을 수 있도록 만드는 대단히 복잡한 기술을 받아들인 고원 문화의 영향을 받은 것이 틀림없어 보인다. 이들은 백합과의 구근을 땅속 화덕에 며칠 동안 익힌 다음 햇빛에 말려 자루에 담아 보관한다.

삶은 취사를 위해 블랙후트족은 아주 다양한 일련의 식기, 말하자면 생가죽에서 부드러운 가죽 자루, 나무로 만든 그릇, 옛날에는 도기로 된 그릇은 물론 돌로 만든 항아리까지 사용했는데, 갓 벗긴 가죽 같은 곧 소멸되는 그릇은 물론 돌로 만든 식기처럼 오래 견디는 그릇을 사용했다. 삶은 요리의 기술적 수단의 각도에서 생성된 취사의 이러한 이중성(이원체계)에 이번에는 요리 결과의 각도에서 상정된 전도된 요리방법(취사가 물을 배제하는 의미에서)의 이중성이 일치한다. 사실 공기중에서 말린 고기는 곧 소멸될 수 있다. 그러나 고기를 변형시킨 페미칸의 경우는 그렇지 않다. 결론적으로 블랙후트족의 네 가지 핵심적인 요리방법은 페미칸의 가공, 화덕에서 백합구근의 익힘(먹을 수 있도록), 끓는 물 속

---

9) 적어도 그리넬은 이를 확인하고 있다. 크로우족과 관련한 같은 의미의 증언은 특히 신화들로부터 유래한다(Lowie 11 참조).

에 담근 고기의 '백색으로의 표백' 또는 백화시킨 고기를 공기 중에서 말림(의 방법)은 상관관계와 대립관계로 항들의 짝으로 축소될 수 있는 것처럼 보인다. 첫 두 항들은 복잡하고, 나중의 두 항들은 단순하다. 첫 번째 항과 마지막 항은 바깥 공기 중에서 조리과정이 이루어지며, 두 번째와 세 번째 항은 물이 찬 구덩이 속이나 물 없는 땅 표면 밑에서 이루어진다. 식물성 음식의 조리와 관련된 땅속 화덕은 중간지점(공중)에 매달려 조리되는 동물성 고기와 대립한다. 이것은 마치 마른 가죽 속에 담겨서 완전히 밀폐된 페미칸이 동물성 음식과 관련해 날고기를 열린 공간에서 물속에 넣어져 순간적으로 하얗게 변하는 고기와 대립하는 것과 같다. 두 개의 항은 **거의 날것**(말리거나 희게 만든 고기)을 나타내고, 그리고 다른 두 개의 항은 **익힌 것 이상의 것**(페미칸과 카마스, 또는 통조림화된 동물성 음식과 식물성 음식)을 나타내는 이 사각형의 느슨한 체계에 두 개의 내재적 받침점이 필요하다. 이것도 간접적으로 다른 네 개의 항들이 함축하고 있는 **날것**과 **익힌 것**의 단순한 유의성(끌어당기는 힘)에 이 체계의 정착을 확실히 하기 위해서이다. 사실상 블랙후트족은 사냥감의 내장—창자와 간—을 즐겨 날것으로 먹지만, 우리가 이를 이야기한 것처럼 이들은 고기를 구울 때 너무 익혀 거의 탄 것을 요구했다.

우리는 모델 변형의 한 예를 보았다. 이런 유형의 변형들은 또 있다. 구운 것의 범주가 굽는 것과 그을리는 것, 둘로 나뉘는 한 요리체계에서 요리의 삼각(틀)의 정점에 자리하는 것은(고기와 불 사이의 가장 짧은 거리[떨어진]의 의미를 내포하고 있는) 마지막 항이며, 굽는 것은 공기의 축 위에 그을린 것과 훈제 사이의 중간 지점에 기록된다. 만일 고려하는 요리체계가 물로 익힌 것과 증기로 익힌 것 사이를 구별한다면—우리는 유사한 방법으로 과정을 진행할 것이다—음식과 물이 떨어져 있는 이 마지막 항(증기로 익힌 것)은 삶은 것과 훈제 사이의 중간 지점에 위치할 것이다.

튀김의 범주를 유입시키기 위해서는 더욱 복잡한 변형을 사용해야만 할 것이다. 요리의 삼각틀 대신 세 번째 축인 기름의 축을 공기의 축과 물의 축에 더한 각추(각뿔)로 대체해야 할 것이다. 그을린 것은 정점에 머무르겠지만, 훈제와 튀김을 잇는 모서리(각) 중간에 오븐에 구운 것(기름[비계·버터 등]을 첨가하여)을 놓아야 하며, 이것은(기름을 첨가하지 않고 구운) 적쇠(꼬치)에 구운 것과 대립한다. 마찬가지로 튀김과 삶은 것을 이은 모서리에 (물이나 기름에 넣어) 담가 익힌 것을 놓아야 하고, 이것은 (기름이 아니라 물과 거리를 둔 익힘인) 증기로 익힌 것과 대립하며, 이어서 (물 없이 기름류를 바탕으로) 오븐에서 구운 것과도 대립한다. 튀김의 축이 아메리카 대륙에서는 매우 드물다.[10] 그렇지만 메노미니 신화($M_{476b}$: Bloomfield 3, 434~435쪽)에서 볼 수 있는데, 이 신화의 여주인공은 구르는 머리를 증기 목욕시킴으로써 그로부터 해방된다. 여기서 끓는 기름은 물로 대체된다. 이 에피소드는 폭스 신화($M_{476}$)의 에피소드를 전도하며, 여기서 여주인공은 식인귀에게 날기름을 주어 핥아먹게 함으로써 식인귀의 추적을 더디게 만든다.

필요하다면 아직도 동물성 음식과 식물성 음식이 서로에 대해 독점적인 조리를 요구할 때 이 두 종류의 음식을 대립시키며 모델을 더욱 풍부하게 할 수 있을 것이다. 식물성 음식의 범주에 곡식과 야채 종류를 분리해 그을리는 것으로 만족할 수 있는 첫 번째(동물성 음식)와는 달리 두 번째(식물성 음식)는 물 없이 또는 기름 종류 없이, 또는 둘 다 없이 익힐 수가 없다. 곡물을 발효시킬 때 역시 요구되는 것은 물이며, 작업이 진행되는 동안 불은 배제된다(Anderson-Culter, Aschmann, Braidwood 참

---

10) 여기서 그렇지만 튀김요리는 취사에서 자리 잡고 있으며, 특히 이로쿼이족 (Waugh, 137~138쪽)과 서부 해안 지역에서 두드러진다(Elmendorf, 133~134쪽; Haeberlin-Gunther, 23쪽).

조). 끝으로 양념도 각 유형의 음식(식품) 유형과 허용 또는 배제되는 조합의 서열에 따라, 그리고 각 문화가 두 범주 사이에 창시하는 대조의 성격에 따라 체계 내에 자리 잡게 될 것이다. 사실상 대부분의 아메리칸인디언 사회들은 썩은 음식 속에서 전(前) 문화적 음식의 전형을 보며, 그들의 중요한 양념인 고추를 자연과 문화(사이)를 분리하는 차단기로 둔다는 사실은 놀라운 일이다. 반면에 아프리카의 도공족(Dogon) 사회에서는 선-문화적 음식을 깨(참깨) 소스로 양념한 모래 형식으로 묘사한다(Dieterlen-Calame-Griaule). 이것은 양념과 비(非)-음식의 결합을 의미한다.

모델에 또 다른 차원의 음식을 첨가해 공시적인 측면을 말하자면 식사의 순서, 조리 그리고 먹는 태도와 관련된 그런 것들을 통합할 수 있을 것이다. 이 점에 있어서 미국 서부 해안의 두 주민 트와나족(Twana)과 유록족의 식사처방(배열)에 대해 엘멘도르프-크뢰버(139~140쪽, 146쪽)가 묘사한 비교표보다 더 암시적인 것은 아무것도 없는 것 같다. 여기서 이들은 일련의 대조(또는 대립)를 식별하고 있다. 비규칙적인 식사 또는 규칙적인 식사, 이어서 제공되는 음식 또는 동시에 제공되는 음식, 몇몇 유형의 음식 사이에 불일치가 나타나는지 또는 나타나지 않는지, 한 부족에서는 폭식(대식) 경연대회가 열리고 다른 부족에서는 부에 대한 경쟁대회가 열리는 등의 대조가 나타난다. 물론 그러한 대조(대비)가 많은 다른 대조들과 포개놓을 수 있는 것들은 아니며, 이들의 속성은 음식적인 것이 아니라 사회학적, 경제적, 미적 또는 종교적이며 남자와 여자, 가족과 사회, 마을과 숲, 절약과 낭비, 귀족과 평민, 성스러움과 속됨……이다. 이처럼 각 특별한 (사회의) 경우에서 우리는 어떻게 한 사회의 취사가—더 많이 알 수 없어도 자신의 모순을 표현하기 위해 중재 사용을 포기하지 않는 한—무의식적으로 자신의 구조를 드러내는 하나의 언어라는 사실을 발견하기를 희망할 수 있다.

# 3 신화의 도덕

안녕! 파리: 우리는 사랑, 행복, 순결을 찾고 있다.
우리는 결코 너로부터 그렇게 멀리 떨어져 있지 않을 것
이다.

장 자크 루소, 『에밀』, 제1부 제4장

앞에서 행한 우리의 논증으로 신화가 제공한 구운 것과 삶은 것의 대립 같은 풍성하고 풍부한 대립을 보여줄 수 있었다면 이 논증은 변명의 기회를 갖게 된다. 그런데 신화들은 이러한 요리법들을 대비하는 것으로 만족하지 않고, 이것들을 각각 두 종류의 고기, 살코기 부분과 내장—아메리카에서 또 다른 예를 알 수 있는(『꿀에서 재까지』, 489쪽과 주 31) 요리 유형과 일치하는—에 연결시키는 것으로 만족하지 않는다. 신화들은 굽는 것과 삶는 것을 식사하는 동안 적응하거나 끊어버려야만 할 구별행위와 결부시킨다.

중앙 브라질의 팀비라 인디언의 한 신화($M_{10}$)에서 뚜렷한 성징을 보이지 않는—사춘기에 이르지 않은—한 소년은 임신한 한 부부의 손님으로서 구운 살코기를 씹으며 절대 소리를 내서는 안 된다. 이와는 달리 북아메리카 대평원의 아라파호 인디언들의 신화($M_{425}$~$M_{428}$), 여러 판본에 따르면 매력적인 배우자로서 강하게 유표된(뚜렷한) 성징을 보이는 한 여인—인간과 가까운 존재이거나 임신한 여인으로 늙은 부부와 그들의 두 아들로 구성된 가정적인 가족에 의해 (며느리로) 받아들여진다—은 삶은 창자 조각을 씹으며 소리를 내야만 한다.

(두 사건의) 일치는 우연일 수 없다. 왜냐하면 두 경우에 있어서 의미

론적인 주변 환경이 같기 때문이다. 대평원의 이야기는 인간들의 신체적 외모에 대해 잘못 생각하고 있는 해의 잘못으로 시작된다. 인간들은 해를 정면으로 쳐다볼 수 없다. 그래서 해는 인간들의 참다운(실제의) 얼굴을 알지 못한다. 그런데 제족 인디언들의 신화와 의례는 해와 인간들, 하늘과 땅의 결합이 지상(하층) 세계와 그 주민들에게 대재앙을 야기하게 될 것이다. 이러한 관점에서 눈부신 관람자들의 얼굴 찡그림은 불길한 근접의 전조처럼 나타날 것이다. 이런 일이 강화된다면 가뭄과 대화재가 일어날 것이다.

이러한 주제에 대해 대평원의 인디언들은 제족들의 믿음과 대단히 비슷한 생각을 주장한다. 해는 여러 곳에서 식인괴물로 여겨진다. 농부였던 만단족에서 태양이 그들의 정원을 태울까봐 그 두려움으로 거행하는 의례는 셰렌테족이 거의 같은 엄격함으로 가뭄을 극복하기 위해 거행하는 의례와 유사함을 관찰할 수 있다. 왜냐하면 해와 인간 사이에 소통이 배제되어 있기 때문이다.

대평원의 신화 시리즈 첫 구조(구도)는 취사의 기원에 관한 제족 신화들 배후에서 우리가 찾은 구조(구도)와 일치한다. 그리고 뒤 이어 나오는 이야기는 요리의 에피소드이거나 또는 차라리 식사예절의 이야기이며 이것은 우리의 눈으로 볼 때 틀림없이 엉뚱한 이야기이다. 왜냐하면 규정된 행위는 소리 내어 먹는 데 있기 때문이다. 그런데 우리는 조용하게 씹어 먹는 모습에 익숙해 있으며, 이것의 예외적인 중요성에 대해 의문을 제기한 적이 있던가? 조용히 씹어 먹는 행위는 우리 사회(프랑스)에서 이런 관습에 적응할 수 없는 이방인을 결정적으로 평가(분류)하기에 충분한 표준(준거)으로 사용된다.

아라파호 신화 시리즈에서 인간 여주인공의 행위 또는 만단 시리즈에서 동족 여인의 행위를 규정짓기 위해서 우리는 이 인물이 여기나 거기 어디서도 모두 모호한 위치를 차지하고 있다는 사실을 강조했다. 지상의 인간들은 천상의 식인하는 족속들보다 더욱 평온한 관습(습성)을 갖고 있다. 그렇지만 물이 하늘과 땅 사이에 중재항의 역할을 수행함에도 불구하고 땅의 요소는 물의 요소보다 훨씬 강하다. 말하자면 해는 개구리가 자신을 정면으로 바라볼 수 있다는 구실로 개구리와 결혼하는 잘못을 범한다. 왜냐하면 만일 이런 관계 아래서 자신의 여인이 (북구 신화의 물의) 요정보다 열등하다면 다른 관계에서 지상의 여인은 하늘과 힘을 더욱 잘 겨룰 수 있기 때문이다. 자신의 날카로운 늑대의 이빨과 소리 내어 씹는 그녀에게서 식인을 하는 해는 우리가 이야기했던 것처럼 대결할 상대를 찾은 것이다.

그래서 우리는 왜 제족 신화의 주인공이 조용히 씹어 먹어야만 했는지, 그리고 대평원의 여주인공이 소리 내어 먹는지를 이해하게 되었다. 첫째로 날 음식에서 익힌 음식으로의 이동을 완성하는 것과 관련되고, 음식을 먹는 행위가 문화적이고 중재적인 활동이 되게 하는 것과 관련된다. 이것이 이 신화들에서 주인공이 첫 번째로 해야 할 일이며, 여기서 팀비라 주인공은 문명화된 모든 어린아이들의 수호성인이 될 만한 자격이 있다. 여기서 어린아이들의 부모는 끊임없이 "먹을 때 절대 소리를 내서는 안 된다"고 반복해서 이야기한다. 그에 반하여 그리고 이중적인 자격으로 소리 내며 입을 벌리고 씹는 행위는 일반적으로 사람들이 그대로 유지하려는 별개의 힘과 결합한다(만나게 된다). 그러나 우리가 이 책 479~480쪽과 626쪽에서 서술했던 같은 항들에서 제기된 문제가 바로 식인을 하는 해에게 인간은 일부분의 악한 힘을 자신의 것으로 만들어 그들의 공모자가 됨으로써 그들에게 승리할 수 있다는 것을 증명해 보이는 것과 관련되기 때문이다. 만일 취사용 불의 주인 식탁에서 먹을 때 내는 소리가 질책받을 만한 것이라면 이와는 반대로 천상의 불의 주인 식탁에서는 의무적으로 (소리를 내도록) 강제된다.

그렇지만 두 아메리카 대륙의 신화들이 상황(처한 환경)에 따라 차별

적으로 행위를 규정한다는 사실 때문에 어려움이 남는다. 그렇기 때문에
우리 자신(유럽인들)은 나타날 수 있는 모든 경우 중 단지 하나만을 인
정할 뿐이다. 말하자면 모든 곳과 모든 시간에 우리(유럽인)의 예절 코
드는 소리 내어 먹을 수 있다는 것을 배제한다. 이러한 불일치는 신화적
표상들과 관습 사이에서 관찰할 수 있는 당연한 불일치로 귀착되지 않는
다. 왜냐하면 이 마지막 층위(관습의 층위)에서도 아메리칸인디언들의
행위는 상황에 적합한 것이라야 한다는 점을 받아들이고 있기 때문이다.
오마하 인디언들은 먹을 때 소리를 내거나 얼굴을 찡그린다면 애들을 질
책한다. "그러나 어린아이들이 추장의 명령에 따라 스튜(국)를 먹을 때
를 제외하고는 조용히 씹어 먹으라고 요구하지 않는다. 이렇게 조용히
먹어야 되는 종교적 이유가 있는 것으로 믿고 있으나 아무도 그 이유를
기억하지 못한다"(Fletcher-La Flesche, 336쪽). 일상적으로 조용히 먹는
잉갈리크족의 (행동) 동기는 더욱 실제적이었다. 음식물이 먹기 고약했
거나 취사자를 부끄럽게 하기를 원했을 때 이들은 입술을 쩝쩝거려 소리
를 내어 듣도록 했다(Osgood, 166쪽).

그러니까 어떤 의미에서 우리가 원시적이라고 부르는 사람들의 식사
예절은 일종의 자유로운 코드를 형성하는 것처럼 보인다. 이들은 변별적
인 메시지를 보내기 위해 코드의 항들을 조합할 줄 알고 있었다. 그렇다
면 최근의 시대까지 우리(프랑스) 사회에서도 그렇게 하지 않았던가? 19
세기에 프랑스인들은 푸짐한 식사 끝에 온순한 트림으로 잘 먹었음을 알
리는 이베리아반도식의 예절을 인정하고 있었다. 더더욱 우리의 조상들
은 그들과 외국인들 사이에 감지할 수 있는 씹는 방식의 차이를 마치 언
어에서처럼 알아냈다. "독일인들은 입을 다물고 씹으며 다른 방식으로
먹는 것을 추하다고 생각한다. 프랑스인들은 이와 반대로 반쯤 입을 벌
리고 씹는데, 독일인들의 씹는 과정을 약간 오르드(ord: **구역질 난다**)하
다고 생각한다. 이탈리아인들은 씹을 때 아주 부드럽게 씹으며, 프랑스

인들은 더욱 신속하고 효과적으로 씹는데, 따라서 이들은 이탈리아인들의 씹는(먹는) 과정이 너무 세련되고 값지다고 생각한다. 이처럼 각 국가는 다른 국가들과 달리 고유하고 차별된 어떤 것을 갖는다. 이것이 어린아이가 왜 태어날 곳의 관습과 장소에 따라 다른 식사과정을 갖는가이다"(Franklin, 201~202쪽에서 칼비악이 모작한 에라스무스의 프랑스어판 『예절』, 1560 인용). 이처럼 프랑스인들이 자발적으로 인디언 신랑의 여주인공처럼 행동한 것이 그리 오래전 일이 아니다!

그러니까 우리(프랑스인)는 우리의 식사예절을 다른 식사예절로 바꾸었는데, 이 예절은 적어도 서구에서 일반화된 표준이다. 왜냐하면 우리(서구)의 문명에서 다양한 씹는 방식은 이제 더 국가적이거나 지역적이라는 의미를 드러내지 않는다. 이것들은 단순히 좋거나 나쁠 뿐이다. 다시 말하자면, 그리고 미국 사회에서 관찰한 것과 대비해 (씹는, 먹는) 행위는 이제 더 우리에게 **자유로운 코드**를 구성하지 않는다. 우리는 몇몇 행위를 붙들고, 다른 몇몇 행위를 배제한다. 그리고 우리는 **불가피한 메시지**를 전달하기 위해 붙들고 있는 행위들에 맞춘다.

그런데 사회적 방식의 이런 예민한 변화는 다른 변화를 동반하는데 이를 예로 들 것이다. 만일 오늘날 몇몇 부모들에게 왜 어린아이들에게 포도주를 못 마시게 하냐고 질문한다면 모든 부모들은 틀림없이 같은 말로 대답할 것이다. 포도주, 그것은 너무 강하다고 이야기할 것이다. 기관이 허약한 애들이 위험 없이 이를 소화할 수 없다. 그들의 기관은 단지 그들에게 적합한 음식만 허용돼야 한다. 그런데 이런 설명보다 더욱 최신의 설명은 아무것도 없다. 왜냐하면 고대로부터 르네상스 시기까지 아마도 그 이후까지도 사람들은 전혀 앞의 설명과는 반대의 이유를 들어 어린아이들에게 포도주를 금지했다. 외부침입에 어린 기관의 허약함 때문만이 아니라 어린아이들의 생명유지 현상에 독성으로 작용한다. 이것(포도주)은 차라리 완화하는 보조약을 요구해야 할 어린아이들의 폭발적인 활력(힘)과 결합할 위험이 있다. 이처럼 사람들은 포도주가 어린아이에게 너무 강하다고 판단하는 대신 포도주에 어린아이가 너무 강하다고 판단하고 있었다. 또는 적어도 포도주보다는 더 강하다고 판단하고 있었다. 우리가 바로 앞에서 참조했던 에라스무스의 『예절(또는 경의)』(la Civilité)의 프랑스어판 모작의 한 구절은 아주 자세하게 이 이론을 진술하고 있다. "어린아이의 음료가 물은 아니지만 물을 탄 포도주임이 틀림없다. 왜냐하면 이와 같은 점에 대해 플라톤이 이야기한 것처럼 '불에 불을 놓는 것은 자제해야만 한다'. 만일 (열과 불일 뿐인) 어린아이가 순수한 포도주나 서투르게 섞은 포도주, 또는 맥주나 강한(호프를 넣지 않은 보리나 밀로 빚은) 맥주를 마시게 된다면 아래와 같은 일이 벌어질 것이다. 무엇보다 더 서투르게 섞은 포도주나 대단히 강한 맥주를 먹어 온 어린아이들이 어떤 벌을 받는지 열거해 보자면 이들의 이빨은 노랗거나 검게 변하며, 볼은 늘어지고 눈에는 눈곱이 끼고, 분별력은 흐려지고 어리석고 얼빠지게 된다"(Franklin, 197쪽에서 인용).[11] 인용한 이런 교훈은 **규범**(Lois)으로부터 유래한다(II, 666a). 이것은 틀림없이 플루타르크에게 영향을 주었으며, 그는 이런 교훈을 순수 포도주를 마시는 늙은 사람들의 입맛을 정당화 할 목적으로 돌린다. "이들의 체온이 약화되고 나약해지면 몸이 활성화되고 더욱 분별력 있기를 바란다"(『식탁에서의 화제[이야깃거리], 일곱 번째 질문: "왜 나이 든 사람들은 순수한 포도주를 더 좋아할까?"). 결과적으로 우리는 옛 사람들이 늙은 사람들에게 부여했던 특성과 같은(유사한) 특성을 어린아이들에게 부여하며, 과거에 다

---

11) 에라스무스의 본문은 번역본을 보라(1, 67쪽). "포도주와 역시 포도주처럼 취하는 맥주는 물론 어린아이들의 건강을 해칠 뿐만 아니라 관습을 타락시킨다. 이것은 물을 마시는 열정적인 젊은이에게 더욱 그러하다……. 달리 말하자면 포도주에 열광하는 어린아이들이 갖게 될 보상은 아래와 같다. 검은 이빨, 늘어진 볼, 눈곱 낀 눈, 지적인 무기력, 조로 현상 등이다."

른(나이 든) 사람들에게 포도주를 권장했던 것과 같은 이유로 어린아이들에게 포도주를 금하고 있다.

그럼에도 불구하고 도덕교육과 관련해 우리는 전통 모델을 계속 존중할 것이다. 우리는 아주 흔히 무질서와 내재적 원천의 폭력을 제어하는 것처럼 행동한다. 하지만 위생 분야에서도 우리는 역시 내재적 원천으로부터 오는 허약함과 외부로부터의 침입에 대해 아직 약한 균형을 보호하는 데 골몰하고 있다. 신화M₄₂₅~M₄₂₈과 다른 신화들에서 우리가 접한 교육에 대한 철학에 우선적으로(더 많이) 대립하는 것이 아무것도 없다고 볼 수 있다. 이 신화들에서 천상주민의 피후견인들(인간 학생들)은 동시에 가정의 식기 사용법, 취사 요리법과 그들의 신체적 기능의 제어를 배우며, 그녀들의 여성적 덕목을 증명하기 위해 가사(일)의 능란함, 규칙적인 월경을 하고 있으며, 출산할 시기의 날짜에 정확히 출산하는 것을 보여야 할 의무가 있다.

그런데 신화들이 이야기하기를 동시에 신체적이고 도덕적인 것을 알아듣게 할 바른 예절의 법칙 수탁인들은 사춘기에 도달한 남아메리카에서는 소년들, 북아메리카에서는 소녀들이다. 이것은 마치 문명의 역사 속에서 우선적으로 '작은 소녀들의 전형(원형)'이 월경하는 처녀의 이미지로 상정된 것처럼 나타난다.

그러면 우선 실제로 이런 내부적 격렬함은 어떤 조건을 나타내는가? 억누를 수 없는 이런 힘, 다양한 방식으로 통제하지 않으면 심지어 우리 사회에서조차 거론되며 교육의 엄격함을 정당화하기 위함이기도 하다. 여기서의 논의는 아메리카 대륙에 한정하기로 하자. 왜냐하면 우리가 이미 이 대륙을 실험실로 선택했기 때문이다. 아프리카, 오세아니아 대륙도 여러 면에서 비교할 수 있는 관찰 자료를 제공할 수 있을 것이다. 첫 월경이 시작됐을 때 차코 지역과 그 이웃 지역의 어린 인디언 소녀는 해먹(그물침대)에 묶어 얼마간 매달아 놓는데, 렝구아족(Lengua)에서는

3일 동안을, 쉬리구아노족에서는 두 달까지도 매달아 놓는다. 아마존강 유역과 가이아나의 남부 과라니족에서도 엄격한 격리 조치가 취해진다 (Colleville-Cadogan, 50쪽; Cadogan 5, 6쪽). 북아메리카의 서부와 북서부 지역 전체에서 첫 월경을 하는 소녀는 맨발로 땅을 밟을 수도 해를 쳐다볼 수도 없다. 돌발적으로 첫 월경이 시작될 때에 카리에족(Carrier)은 소녀가 팔로 얼굴을 가리라고 요구한다. 다른 곳에서도 역시 복면(얼굴을 가리는), 수건 또는 바구니로 소녀의 머리를 덮고 그녀를 피하거나 깃털로 된 창으로 이마를 둘러싸 가린다(Dixon 7, 457~458쪽). 대호수 지역의 알곤킨족은 소녀가 눈을 깔고 아래를 쳐다보는 것으로 만족한다. 소녀의 손으로 자신의 몸이나 가정의 식기를 만지는 모든 행위는 결정적인 결과를 초래한다. 역시 아타파스칸족의 여러 부족(카리에족, 체소트족)에서 소녀는 벙어리장갑을 끼고, 머리 긁개와 등 긁개, 때로는 눈썹 긁개를 사용했으며, 마실 때는 대롱(빨대)을 사용했고, 음식은 찍어먹기 위해 뾰족한 뼈를 사용해야 했다(담당자가 옆에서 그녀의 입에 음식을 하나하나 넣어주지 않는다면) 릴로에트족에서는 이런 속박상태가 적어도 1년 때로는 4년 동안이나 엄격하게 지속되었다.

어린 소녀에게 부과된 음식 금기가 아주 다양함에도 불구하고(Frazer 4, 제10권, 22~100쪽; Driver 1 참조), 우리는 몇몇 공통분모를 끌어낼 수 있다. 북아메리카의 서부와 북서부—이곳은 이 모든 금기의 전통적인 땅이다—에서 소녀는 뜨겁게도 차게도 마실 수 없으며, 단지 미지근한 것을 마실 수 있을 뿐이다. 역시 딱딱한 음식도 미지근해야 하며, 날것(흔히 날것으로 먹는 에스키모인들에 따르면)으로 먹어서는 안 되고, 슈스왑족(Shuswap)에 따르면 아직 피가 흐르는 세냥(Saignant: 살짝 익힌 고기)을 먹을 수 없으며, 다른 곳에서는 신선한 것을 먹으면 안 된다. 쉐이옌족에서는 삶은 것(고기)을 먹을 수 없다. 클리키타트족(Klikitat)은 산패한 음식을 배제했으며, 그러면 은둔한(격리된) 소녀는 무엇을 먹는가? 만일 어려운 조건에 처한 모든 사람들을 위해 몇몇 동물의 머리를 때리는 금기와 이러한 금기가 신대륙 곳곳에 퍼져 있는 이상한 현실에 대한 특별한 연구[12]의 가치가 있다는 점을 남겨놓고 보면 우리는 우선 어린 소녀가 대단히 적게 먹는다고 말할 수 있다. 그것도 단지 너무 익힌, 아니면 워싱턴주의 트와나족(Twana)이 말린 고기와 물고기, 조개, 야채와 과일을 먹게 하듯이 말린 음식을 먹는다(Elmendorf-Kroeber, 440쪽). 문명화된 기술이 유입되자마자 이것은 토착민들에게 그들의 전통적인 규칙을 존중할 수 있으며 음식 제공의 문제를 단순하고 멋지게 해결할 수 있는 방법을 제시했다. 이들은 이 기술에 때로는 열성적으로 적응했다. 이처럼 위스콘신주의 치페와족(Chippewa)의 한 인디언 여인은 아래와 같은 표현으로 32일 동안의 은둔생활을 설명한다. "…… 나의 할머니는 또한 물통을 나에게 가져왔다. 그러나 할머니는 호수의 물을 떠오지 않았다. 펌프로 물을 퍼 올리러 갔다. 나는 땅에서 나는 어떤 것도 먹을 권리가 없었다. 그것이 야채건 감자건 무엇이든 ……먹을 수 없었다. 할머니……는 나에게 빵을 주었고, ……오렌지, 사탕 …… 그리고 깡통에 든 강냉이를 주었다. 그것은 허용되었다. 왜냐하면 그것은 통에서 나

---

12) 북아메리카에서는 침시안족(Boas 2, 110쪽), 타나나족(McKennan, 137쪽, 141~142쪽), 빈투족(C. DuBois, 9쪽), 메노미니족(Skinner 14, 194쪽), 남아메리카에서는 구아야키족(Clastres, ms.), 지바로족(Karsten 2, 515쪽), 카추야나족(Frikel 1, 여러 곳), 힉스카르야나족(Dersbyshire, 167쪽). 몇몇 부족들은 동물의 장애가 전염에 아주 '취약한' 소비자들에게 전염될까 하는 두려움으로 이러한 금기를 정당화한다. 다른 부족들 사이에서 그것은 머리에 대한 어른들이나 노인들의 선호에 기인하는 것처럼 보인다. 왜냐하면 머리는 특등육으로 간주되기 때문이다. 어린 시절 이래로 우리 자신들은 몇몇 나이 든 어른들, 일반적으로 가정의 여주인의 몫인 생선대가리나 토끼의 머리를 어린 초대 손님들에게 나누어 주어 이들이 받았던 두려움을 느꼈던 식사의 기억을 간직하고 있다. 만일 이런 관습이 공통적으로 증명되는지를 찾고 그 (행동의) 인과관계를 찾는다면 흥미로울 것이다. 이런 인과관계는 틀림없이 단순하지도 순수하지도 않을 것이다.

왔기 때문이다. 그러나 할머니는 내게 신선한 강냉이를 줄 수 없었다. 나는 역시 깡통에 든 연어와 정어리를 먹을 수 있었다"(Barnouw, 118~119쪽).

전통적인 관습이 우리의 현대 요리기술을 받아들여 관찰하기가 더욱 쉬워진다는 사실로 인해 우리는 그들의 의미를 이해하는 데 도움을 받세 된다. 우리가 목록화한 모든 금기들은 동등하다. 사춘기의 소녀는 신선하거나 또는 상한 음식을 먹을 수 없는 것과 같은 이유로 인해 뜨거운 것이나 찬 것을 마실 수 없다. 소녀는 내부적 강렬한 동요의 근거지로 만일 소녀의 신체조직이 딱딱하거나 또는 유동의 액체—이것들은 하나의 또는 다른 하나의 의미에서 강하게 대립됐던 것들이다—와 결합하게 되면 요동은 더욱 커질 것이다. 토착민들이 만든 또는 산업적인 통조림(깡통) 음식—이것은 또한 조리과정도 유사하다—을 소비하게 함으로써 소녀에게 움직임이 적은 무기력한, 어떤 의미에서는 안정화된 물질(음식)을 제공하려고 노력한다.

자연을 배려하는 취사가 자연의 매력을 보존하고 또는 자연의 파괴적인 측면을 제거할 의도라 할지라도 항상 문화가 바라는 균형점의 이쪽에 처하게 할 위험이 있으며, (문화가 원하는 상태에 있기를 바라지만) 반대로 그것의 저쪽(자연)으로 나가게 할 위험이 있다. 결국 인디언들은 사춘기의 딸들을 날것의 상태와 썩은 것의 상태로부터 격리하기 위해 통조림 체제(식이요법)로 처리한다(『날것과 익힌 것』, 340~344쪽 참조). 이러한 이유(모티브)는 편리함의 단순한 관심에 영향을 받는 다른 이유(모티브)들을 배제하지 않는다. 모든 것은 단순하게도 아메리카 주부(틀림없이 곧 많은 다른 주부들이 따르게 될)가 자신의 가족에게 같은 양상으로 음식을 제공하도록 만드는 다른 이유들과 대단히 닮아 있다.

우리가 이것을 주도하지 않았어도 현대와 과거, 이국적인 관습과 국내의 관습 사이에 대화가 이어진다. 그렇지만 이번에도 역시 토착민들의 철학은 자신의 독창성을 보전한다. 왜냐하면 이곳이나 저곳(어디에서나) 이러한 행위의 법칙을 제정하기 위해 각 행위가 어떤 위험과 관련되는가를 알아야 하기 때문이다. 자신과 자신의 가족의 위험을 걱정하는 현대의 주부는 신선한 음식이 혹시 너무 익었거나 너무 오래되어 상하지나 않았을까 우려되는 신선한(가공하지 않은) 음식보다 통조림 음식을 선호한다고 말할 것이다. 다른 사람들에게 위험이 될까봐 걱정하는 이른바 야만인 주부들은 놀랄 만한 만장일치로 이에 반박할 것이다.

만일 가이아나 인디언들이 자신들의 딸과 배우자들이 월경을 할 때 그녀들을 굶주리게 한다면 그것은 그녀들의 몸이 독을 제거하기 위해서이고, 그렇게 하지 않으면 그 독은 농작물을 말라죽게 할 것이며, 그녀들이 밟은 곳의 남자들의 다리를 부어오르게 할 것이기 때문이라고 말할 것이다(Roth 2, 680쪽). 대륙의 다른 끝에 살고 있는 쉬누크족은 이런 소문을 퍼뜨리고 있다. "옛날에 여자들이 월경을 할 때 병자가 있는 집의 방문을 자제했다고 노인들은 이야기한다. 왜냐하면 월경 중인 인물과 병든 사람이 만나면 병자의 상처는 더욱 나빠질 것이기 때문이다. 월경 중에 여자가 병자에게 음식을 제공하거나 그녀의 시선이 다른 사람이 먹으려고 하는 음식에 미친다면 마찬가지 일이 일어날 것이다"(Jacobs 2, 제2부, 496쪽). 코울리츠강 유역의 살리시족에 따르면 월경 중인 소녀는 남녀 양성의 나이 든 사람들, 그들의 나이를 불문하고 남성 개인들과 심지어 하늘도 쳐다보지 말아야 한다. 그들에게 중대한 위협을 초래할 것이기 때문이다(Adamson, 261~262쪽). 알래스카의 틀린지트족은 챙 넓은 모자의 사용 이유를 소녀의 눈이 하늘을 쳐다보게 되어 하늘을 더럽히는 것을 막으려는 염려 때문으로 정당화한다(Krause, 153쪽). 우리는 북부의 아타파스칸족이 월경 중인 여자에게 대단히 엄격한 속박을 강요한다는 사실을 알고 있으며, 이들은 이런 여자의 자연적 불구가 남자에게 병과 죽음의 원인이기 때문이라고 설명한다(Petitot 2, 76쪽). 캘리포니아의 후

파족(Hupa)은 '나쁜 인물들'이라는 이름으로 상당한 사람, 막 어린아이를 출산한 여자들 또는 유산한 여자를 혼동하여 사용한다. 그들은 또한 이 범주에 묘혈을 파는 인부를 포함한다. 이들 인부들의 전통적인 기도는 자신들의 비극적인 삶의 조건을 설명한다. "이 세상에 우리에게 남겨진 이런 주검으로 우리는 고통을 겪는다. 사람들은 우리를 두려워한다. 나는 다른 사람들이 그들의 화덕을 갖고 그곳에 나의 화덕은 없다. 나는 나 혼자만의 화덕을 갖고 있을 뿐이다. 그런데 다른 사람들이 먹는 것을 나는 먹을 수 없다. 더욱 나는 다른 사람들을 쳐다볼 수조차 없었다. 나의 모든 육체가 그들을 공포에 빠뜨린다……"(Goddard, 266쪽 주, 357쪽).

이른바 원시부족과 우리 자신들이 훌륭한 예절(좋은 예절)이라고 설명하는 이유들의 완전한 전도를 증명할 수 있는 그러한 예를 얼마든지 들 수 있을 것이다. 왜냐하면 비〔雨〕로부터 우리를 보호하기 위해 모자를 쓰고, 손을 더럽히지 않기 위해 외부에 장갑을 끼고 식사용 포크를 사용하며, 음료의 냉기로부터 보호하기 위해 빨대를 통해 음료를 마시고, 그리고 번잡스러움으로부터 벗어나기 위해 통조림을 먹거나 또는 날것과 상한 것에 붙어 있는 이론적 위험으로부터 우리를 보호하려고 통조림을 소비하기 때문이다. 그러나 모자, 장갑, 포크, 빨대와 통조림은 다른 사회에서 옛날에도 그리고 늘상 사용자 자신의 몸에서 내뿜는 감염에 대항하는 방벽(울타리)을 구성했고 지금도 지속되고 있다. 우리가 생각하는 것처럼 존재나 사물 외부의 부정으로부터 주체(나)의 내부적 순수성을 보호하는 것보다 미개인들에게 있어 훌륭한 예절은 주체의 부정으로부터 존재와 사물의 순수성을 보호하는 데 있다.

그렇지만 앞에서 고찰한 방식을 완화할 필요가 있다. 사실 어린 사춘기 소녀에게 부과하는 금기의 위반 역시 그녀에게 위험을 야기한다. 그러나 문제가 되는 사회가 어떤 사회이든 간에 이 사회는 항상 같은 용어로 또는 아주 유사한 용어로 위험을 규정한다. 줄루족(Zoulou)은 금기를 어긴 자는 깡마른 해골이 될 것이라고 이야기한다. 그녀가 불임으로 남게 되거나 또는 그녀의 애들이 어린 나이에 죽게 될 것이며, 그녀 자신의 삶이 단축될 것이라고 아프리카의 아캄바족(Akamba)과 바간다족(Baganda)은 생각한다. 아메리카에서도 마찬가지로 월경하는 어린 소녀 또는 금기를 존중하지 않는 산모는 근육이 약화되고, 출혈로 고통을 받게 되며, 꽃 같은 나이에 죽게 될 것이라고 북부의 아타파스칸족은 믿고 있다. 이들 부족 중 타나나족은 미지근하게 음식을 먹지 않고 뜨겁게 또는 차게 마시거나 먹으면, 한 경우는 그녀의 머리카락을 잃을 것이라고 하고, 다른 경우는 그녀의 이를 잃을 것이라고 자세히 설명한다. 월경하는 동안 해를 쳐다본 여자의 머리칼은 너무 이른 나이에 희게 될 것이다(McKennan, 143쪽, 167쪽). 퓨젯사운드의 트와나족은 은둔해 있는 여자가 손으로 머리칼을 만지게 되면 자신의 머리칼이 썩는 것을 보게 될 것이며, "그녀의 머리칼은 더 이상 자라지 않을 것이다. 여자가 길고 무성한 머리칼이 아니면 무엇을 더 바랄 수 있을까?"(Elmendorf-Kroeber, 440쪽). 쉬누크족에서도 역시 홀아비 또는 과부가 자신의 얼굴에 손을 대게 될 때의 운명 역시 일찍 얼굴에 주름이 지고 머리칼이 희게 될 것이다. 같은 인디언들에 따르면 훌륭한 예절에 대한 존경심이 없고 게걸스럽게 가장 큰 고기 조각을 탐하는 청소년들은 후에 늙은 배우자를 얻게 될 것이다(Jacobs 2, 501쪽, 530쪽). 그곳으로부터 멀리 떨어진 열대아메리카의 한복판에 사는 보로로족은 남성의 집 신성한 울타리 안에서 음식을 먹는 사람들은 나이보다 이른 늙음을 맞이하게 될 것이며, 또한 접시를 비우는 예의를 지키지 않는 무례한 사람들은 나이보다 빨리 머리가 희고, 이들의 눈썹은 탈모에 무기력해질 것이라고 믿는다(E.B., 제1권, 371쪽). 위에서 인용한 16세기의 프랑스어 원본(이 책 724쪽)은 순포도주를 식사마다 상용한 어린아이들이 다양한 해악을 얻게 될 것이며, 일반적으로 나이보다 먼저 늙은 모든 사람들과 관련된다고 예견한 사실을 상기해보자.

사춘기 소녀들에게 부과되는 금기들―때로는 산모, 홀아비와 과부, 살인자, 묘혈 관리자, 신성하거나 또는 세속적인 의례 집행자―이 하나의 의미(또는 방향성)를 갖는다면 그것은 우리가 분리해서 묘사했던 두 가지 측면을 통합하는 조건에서만 그럴 수 있다. 식사(음식)체계를 위반하는 것, 식탁이나 화장실 집기의 사용을 무시하거나 금지된 행위를 하는 것, 이런 것들은 세상을 오염시키며, 수확을 파괴하고, 사냥감을 쫓아내며, **타인들을** 병들고 굶주리게 한다. 그리고 **자기 자신**에게는 조로의 징후를 나타나게 하며 인간 생명의 정상적인 삶의 길이를 단축한다. 그러나 만일 두 가지 유형의 체제가 서로 배제하고 있다는 사실을 주의하지 않는다면 이 체계에 대해 아무것도 이해할 수 없을 것이다. 규율을 존중하지 않고 월경하거나 출산한 여인은 늙게 된다. 그녀가 타인을 늙게 만들지는 않는다. 그녀의 행위가 야기한 위험들도 말하자면 원인이 되는 부분에 따라 다르다. 그녀에게 있어 위험은 내부의 요인들로부터 오는 존재(삶) 과정의 **촉진**으로 이루어진다. 타인들에게 이런 위험은―이번에는 전염과 결핍(병) 같은 외부의 요인들로부터 오는―같은 삶의 과정의 **중지**로 이루어진다.

잡다한 외양의 규정과 금기의 전체를 동시에 두 가지 관점에 놓았을 때 일관성 있게 된다는 사실을 받아들이지 않고는 이런 이중성은 설명될 수 없을 것이다. 공간적인 관점에서 이것들(규정과 금기)도 같은 축의 두 극에서 지배적인 위험해질 높은 잠재성 때문에 결합을 예방하는 데 사용된다. 자연적 힘의 극―여기서의 조건은 통상적이다―과 특별한 개인이 잠시 접하게 되는 극은 생리적 또는 개인의 상태를 변화시키는 사회학적 상황의 결과로 강렬한 동요(흥분)의 무대가 되기도 한다. 사회적 인물과 자연의 사슬이 풀리는(감정이 폭발하는) 자신의 고유한 몸 사이에서 이 몸 자체와 생물학적이며 육체적인 세계 사이에서 식탁 또는 위생의 집기들은 절연자 또는 중재자의 자격으로 효과적인 역할을 완수한다. 이것들의 '삽입된 출현'은 발생할 위험이 있는 비극적인 방전(放電)을 막는다. 우리는 이미 『날것과 익힌 것』(342쪽)에서 이러한 측면을 강조했는데, 여기서 정돈된 풍부한 자료와 분석의 엄격함으로 사실상 고전적인 작품으로 남아 있는 프레이저(Frazer)의 해석을 다시 취해 설명했다.

그러나 우리는 지금 이러한 해석이 불완전하다는 사실을 알 수 있다. 왜냐하면 이 해석은 단지 사실들의 일부만을 포함하고 있기 때문이다. 사춘기 의례들은 프레이저가 『황금가지』의 결론 권 첫 장의 타이틀을 달면서 상정했던 '하늘과 땅 사이'처럼 공간적 축 위에만 위치하지 않는다. 이 의례들은 또한 내부의 외양을 띠고 있지만 시간적 축 위에 위치한다. 왜냐하면 우리는 이 전체 『신화학』첫 부분(제1권)에서부터 신화들이 근본적인 범주인 주기성을 유입시키기 위해 노화의 주체($M_{104}$: 『날것과 익힌 것』, 366쪽과 이 책의 283쪽 이하; $M_{149a}$: 같은 책 231~233쪽)를 사용하고 있다는 사실을 알고 있기 때문이다. 이 주기성의 범주는 지속 기간의 할당으로 인간 존재(기간)를 조절하며, 이 지속 기간 자체 안에서 여성조직체 내부에 본거지를 갖고 있는 커다란〔大〕생리학적 리듬의 설치를 통해 인간존재를 조절한다. 다른 신화들($M_{425}$~$M_{428}$, $M_{444}$~$M_{447}$ 등)을 통해 우리는 또한 소녀의 교육이 근본적으로 주기성의 정신적·생물학적 내재화를 통해 얻어진다는 사실을 알았다.

현재로서 우리는 주인(그녀) 자신과 그녀 몸 사이에, 말하자면 빗, 머리 긁개, 장갑, 포크 같은 중개적인 집기의 결손이 흰 머리칼이나 주름진 피부를 나타나게 한다는 사실을 확인한다. 규칙적인 주기성의 지배―어떤 의미에서는 자신에 의해 중재된 주기성의 지배―가 이중적인 위험을 벗어날 수 있게 하는데, 한편으로 흔히 신화들에서 연속적인 낮 또는 밤의 모습으로 표현되는 주기성의 부재의 결과로부터 오는 위험, 다른 한편으로 너무 빨라진 주기성과 연관된 위험, 이것은 실제에 있어서 주기가 점점 빨라지게 되면 교류전기의 흐름이 이를 보이는 것처럼 직류전기의 흐름(주기가 연속되는 것)과 같아져 구별할 수 없게 된다는 점에 그 이유(원인)가 있지 않을까?

그런데 만일 여자들이 무엇보다 더 교육이 필요하다면 그것은 여자들이 주기적 존재이기 때문이다. 이런 점에서 방금 우리가 설명한 두 가지 가능성(우발성)에 의해 여자들은—그리고 그녀들 때문에 그녀들과 함께 세계 전체가—끊임없이 위협을 받고 있다. 또는 그녀들의 주기적 리듬이 느려지거나 사물의 흐름을 멈추는 경우, 또는 리듬이 가속되어 세상을 혼돈으로 몰아넣는 경우를 들 수 있다. 왜냐하면 우리의 정신은 쉽게 여자들이 애 낳기를 그치고, 그녀들의 월경을 그치거나 또는 그녀들이 끊임없이 피를 흘리고, 줄곧 애를 낳는 경우를 상상할 수 있기 때문이다. 그러나 이런 경우나 저런 경우의 가설에서 날[日]과 계절의 교대를 규제(조정)하는 전체들은 그들의 임무를 수행할 수 없을 것이다. 완전한 배우자를 찾는 것이 불가능해진 천체들은 하늘 멀리서 그들의 배우자를 찾기는 결코 끝나지 않을 것이다.

음식체계(음식요법), 예절, 식사 또는 위생 집기, 이 모든 중재수단들은 말하자면 이중적인 기능을 행한다. 프레이저가 이를 이해했듯이 이것들은 틀림없이 절연체 또는 변압기의 역할을 행하며, 비정상적으로 올라간 두 극의 전하(電荷) 사이의 전압(긴장)을 떨어뜨리거나 또는 없앤다. 그러나 이것들은 또한 계량 원기(原器)로 사용된다. 이것들의 기능은 먼저의 경우에서처럼 부정적이 아니라 긍정적이 된다. 불가피한 (집기의) 사용은 각 생리적인(측면) 소송, 각 사회적 행위(측면)의 소송에 따른 합리적인 (생명) 지속 기간을 할당한다. 왜냐하면 결국 훌륭한 사용은 꼭 있어야만 할 것은 실현되지만, 급한 방식으로는 아무것도 실현될 수 없음을 요구하기 때문이다. 그처럼 이들 집기에 매일 매일의 생활 속에서 오늘날도 역시 머리빗, 모자, 장갑, 포크 또는 우리가 음료를 마시는 빨대 등의 외양으로는 하잘것없는 물건들, 이들에게 할당된 평범한 미션(임무)에도 불구하고, 이들 물건들은 극단들(두 극) 사이에 중재자로 남아 있다. 어느 날 필요하고 계산된 무기력의 짐을 진 이 집기들은 우리 세상과의 교류를 완화하고, 이들에게 침착하고 평화로운 그리고 길들여진 리듬을 받아들이게 한다(『꿀에서 재까지』, 210쪽 참조). 우리들 각자에 의해 사용된, (우리의) 신체의 보잘것없는 규모에 적응한 이 집기들은 이 책의 분석과정에서 나타났던 해와 달의 카누의 전설적인 이미지를 반복하고 있다. 카누 역시 기술적인 물건이다. 그러나 카누는 집기들을 잉태시킨 문화 그 자신과 모든 기술적 물건들에게 아마도 마지막 분석에서 인정해야만 할 기능을 명명백백히 나타내고 있다. 존재들을 동시에 분리시키고 결합시키는 기능, 말하자면 이것은 인간을 무기력과 이성의 결여로 시달리게 하는 존재들을 서로서로 너무 근접시키거나 너무 멀리 떨어지지 못하게 하는 기능이다.

수천 년 동안 인간이 만족했던 목표와 어울리지 않게 사용된 무능(무기력)에 대한 승리가 이성의 결여로 귀착시키지나 않았는지를 알아보는 것이 남은 문제이다. 신화학 전권 중 앞의 두 권은 질(質)의 논리와 형식의 논리의 이중적 측면에서 신화적 사고를 인도하는 비밀스런 논리를 끌어낼 수 있게 했다. 지금 우리는 신화학 역시 하나의 다른 모럴(도덕)을 내포하고 있으며, 그러나 아. 슬프도다! 우리의 것과 너무 멀리 떨어져 있으며, 그의 논리는 우리의 논리와 같지 않다는 것을 확인한다. 만일 식사예절의 기원과 좀더 일반적으로 말하자면 훌륭한 관습의 기원이 우리가 이를 제시했다고 생각하는 것처럼 "예의범절은 의무(지워진 책무)를 존중하는 것"이라는 세상에 대한 공경 속에 있다면, 신화들에 내재하는 도덕은 오늘날 공언하는 도덕에 정반대의 입장을 취한다는 결과에 이르게 된다. 이들의 도덕은 어쨌든 우리에게 다음과 같은 사실을 가르친다.

(우리들에게 있어) "지옥, 그것은 타인들이다"라는 커다란 결과를 나타내는 문구는 철학적인 명제를 구성하는 것이 아니라 문명에 대한 민족지적 증언이다. 왜냐하면 우리들은 어린 시절부터 밖(외부)으로부터 오는 부정을 두려워하는 데 익숙해 있기 때문이다.

반대로 그들이 "지옥, 그것은 우리 자신들이다"라고 선언할 때 야만적인 사람들은 우리가 아직도 알아들을 수 있다고 생각하기를 바라는 겸손한 가르침을 주는 것이다. 태고로부터 많은 사회의 부와 다양성으로 대부분의 문화유산을 구성한 이후 인간은 금세기에 들어 헤아릴 수 없이 많은 살아 있는 형식들을 집요하게 파괴해왔다. 신화들이 말하는 것처럼 잘 정돈된 휴머니즘(인본주의)은 자신 스스로 시작되지 않으며, 생명 이전에 세상이 있었고, 인간 이전에 생명이 있었으며, 이기심 이전에 타인(타 존재들)에 대한 존중이 있었다. 그리고 이 지구 위에 일이백만 년 동안의 삶―어쨌든 지구의 종말을 알게 될 것이기 때문에―을 어떤 종의 생명체(우리일 수 있으며)에 대한 변명으로 마치 자신을 사물처럼 적응하여 부끄러움과 신중함도 없이 행동하기 위해 사용할 수는 없을 것이다.

1966년 2월, 파리-1967년 9월, 리뉴롤

# 참고문헌

■ 약어(저자, 논문집, 학회지)

| | |
|---|---|
| *AA* | *American Anthropologist.* |
| *APAMNH* | *Anthropological Papers of the American Museum of Natural History.* |
| *ARBAE* | *Annual Report of the Bureau of American Ethnology.* |
| *BBAE* | *Bulletin of the Bureau of American Ethnology.* |
| CC | C. Lévi-Strauss, *Mythologiques*. Le Cru et le Cuit,* Paris, 1964. |
| Colb. | Colbacchini, A. |
| *CUCA* | *Columbia University Contributions to Anthropology.* |
| E.B. | Albisetti, C. e Venturelli, A. J. : *Enciclopédia Boróro,* vol. 1, Campo Grande, 1962. |
| *HSAI* | *Handbook of South American Indians,* BBAE 143, 7 vol., Washington, D.C., 1946~1959. |
| *JAFL* | *Journal of American Folklore.* |
| *JRAI* | *Journal of the Royal Anthropological Institute of Great Britain and Ireland.* |
| *JSA* | *Journal de la Société des Américanistes.* |
| K.-G. | Koch-Grünberg, Th. |
| L.-N. | Lehmann-Nitsche, R. |
| L.-S. | Lévi-Strauss, Cl. |

MAFLS    *Memoirs of the American Folk-Lore Society.*

MC       C. Lévi-Strauss, *Mythologiques* **. *Du Miel aux cendres*, Paris, 1967.

Nim.     Nimuendaju, C.

RIHGB    *Revista do Instituto Historico e Geografico Brasileiro.*

RMDLP    *Revista del Museo de la Plata.*

RMP      *Revista do Museu Paulista.*

SWJA     *Southwestern Journal of Anthropology.*

UCPAAE   *University of California Publications in American Archaeology and Ethnology.*


ABBEVILLE, Cl. d' :

*Histoire de la mission des pèeres Capucins en l'isle de Maragnan et terres circonvoisines,*
Paris, 1614.

ABREU, J. Capistrano de :

*Rã-txa hu-ni-ku-i. A Lingua dos Caxinauas.* Rio de Janeiro, 1914.

ADNEY, E. T. and CHAPELLE, H. I. :

*The Bark Canoes and Skin Boats of North America,* Smithsonian Institution,
Washington, D.C., 1964.

AMÉRO, J. :

*Les Classiques de la table,* n. éd., 2 vol., Paris, 1855.

ANDERSON, E. and CUTLER, H. C. :

"Methods of Popping Corn and their Historical Significance", *SWJA,* 6, 3, 1950.

ARMENTIA, N. :

"Arte y vocabulario de la Lengua Cavineña", *RMDLP,* vol. 13, 1906.

ARNAUD, E. :

"Os Indios Galibi do rio Oiapoque", *Boletim do Museu Goeldi, n.s., Antropologia 30,*
Belém-Pará, 1966.

ASCHMANN, H. :

"A Primitive Food Preparation Technique in Baja California", *SWJA,* 8, 1, 1952.

AUDUBON, J. J. :

*Scénes de la nature dans les États-Unis et le nord de l'Amérique,* trad. par E. Bazin, 2 vol., Paris, 1868.

BALDUS, H. :

(2) *Lendas dos Indios do Brasil*, São Paulo, 1946.

(6) "Karaja-Mythen", *Tribus, Jahrbuch des Linden-Museums*, Stuttgart, 1952~53.

BALLARD, A. C. :

(1) "Mythology of Southern Puget Sound", *Univ. of Washington Publications in Anthropology*, vol. 3, no. 2, 1929.

BARBEAU, M. :

(1) "Huron and Wyandot Mythology", *Memoir 80, Anthropol. Series no. 11, Geological Survey of Canada*, 1915.

(2) "Huron-Wyandot Traditional Narratives", *National Museum of Canada, Bull. no. 165*, Ottawa, 1960.

BARBUT, M. :

"Le sens du mot 'structure' en mathématiques" *in* : "Problèmes du Structuralisme", *Les Temps Modernes*, 22$^e$ année, no. 246, nov. 1966.

BARKER, M. A. R. :

(1) "Klamath Texts", *University of California Publications in Linguistics*, vol. 30, Berkeley, 1963.

(2) "Klamath Dictionary", *ibid.*, vol. 31, Berkeley, 1963.

BARNOUW, V.

"Acculturation and Personality Among the Wisconsin Chippewa", *Memoir Number 72, AA 52, 4, 2*, 1950.

BARRAU, J. :

L'A *griculture vivrière autochtone de la Nouvelle-Calèdonie* (Commission du Pacifique Sud), Nouméa, 1956.

BARRÈRE, P. :

*Nouvelle relation de la France èquinoxiale*, Paris, 1743.

BARRETT, S. A. :

(1) "The Cayapa Indians of Ecuador", *Indian Notes and Monographs, Museum of the American Indian, Heye Foundation*, 2 vol., New York, 1925.

(2) "Pomo Myths", *Bulletin of the Public Museum of the City of Milwaukee*, vol. 15, 1933.

BEALS, R. L. :

"The Contemporary Culture of the Cáhita Indians", *BBAE 142*, Washington, D.C., 1945.

BECHER, H. :

(1) "Algumas notas sôbre a religião e mitologia dos Surára", *RMP*, n.s. vol. 11, São Paulo, 1959.

(2) "Die Surára und Pakidái. Zwei Yanonámi-Stämme in Nordwetbrasilien", *Mitteilungen aus dem Museum für Völkerkunde in Hamburg*, vol. 26, 1960.

BECKER-DONNER, E. :

"Nichtkeramische Kulturfunde Nordwestargentiniens", *Archiv für Völkerkunde* VIII, Wien, 1953.

BECKWITH, M. W. :

(1) "Mandan-Hidatsa Myths and Ceremonies", *MAFLS*, vol. 32, New York, 1938.

(2) "Mythology of the Oglala Dakota", *JAFL*, vol. 43, 1930.

BENNETT, W. C. :

"Numbers, Measures, Weights, and Calendars", *HSAI*, vol. 5, 1949.

BERTHRONG, D. J. :

*The Southern Cheyennes*, Norman, Oklahoma, 1963.

BLOOMFIELD, L. :

(1) "Sacred Stories of the Sweet Grass Cree", *Bulletin 60, Anthropological Series no. 11, National Museum of Canada*, Ottawa, 1930.

(2) "Plain Cree Texts", *Publications of the American Ethnological Society*, vol. 16, New York, 1934.

(3) "Menomini Texts", *Publications of the Americajn Ethnological Society*, vol. 12, New York, 1928.

BOAS, F. :

(2) "Tsimshian Mythology", *31st ARBAE* (1909~10), Washington, D.C., 1916.

(4) ed. : "Folk-Tales of Salishan and Sahaptin Tribes", *MAFLS*, vol. 11, 1917.

(5) "Mythologie der Indianer von Washington und Oregon", *Globus*, vol. 43, 1893.

(6) "Traditions of the Ts'Ets'ā'ut", *JAFL*, vol. 10, 1897.

(7) "Kathlamet Texts", *BBAE 26*, Washington, D.C., 1901.

(8) "The Eskimo of Baffin Land and Hudson Bay", *Bulletin of the American Museum of Natural History*, vol. 15, New York, 1901~1907.

(9) "Kutenai Tales", *BBAE 59*, Washington, D.C., 1918.

(10) "Chinook Texts", *BBAE 20*, Washington, D.C., 1894.

(11) "Property Marks of the Eskimo", *AA*, n.s., vol. 1, 1899.

(12) "The Mythology of the Bella Coola", *Memoirs of the American Museum of Natural History*, vol. 2, 1900.

BOGORAS, W. G. :

(1) "The Folklore of Northeastern Asia as compared with that of Northwestern America", *AA*, n.s., vol. 4, 1902.

(2) "The Chukchee", *Memoirs of the American Museum of Natural History*, vol. 11, 1904~1909.

BOWERS, A. W. :

(1) *Mandan Social and Ceremonial Organization*, Chicago, 1950.

(2) "Hidatsa Social and Ceremonial Organization", *BBAE 194*, Washington, D.C., 1965.

BRAIDWOOD, R. J. *et al.* :

"Symposium : Did Man once live by beer alone?", *AA*, 55, 4, 1953.

BREHM, A. E. :

(1) *Brehms Tierleben. Allgemeine Kunde des Tierreichs*, Leipzig und Wien, 10 vol., 1890~93.

(2) *La Vie des animaux*, 4 vol., Paris, s.d.

BRETT, W. H. :

(1) *The Indian Tribes of Guiana*, London, 1868.

(2) *Legends and Myths of the Aboriginal Indians of British Guiana*, London, s.d.

(1880).

BRIDGES, E. L. :

*Uttermost Part of the Earth,* London, 2nd ed., 1950.

BRIGHT, W. :

"The Karok Language", *University of California Publications in Linguistics,* vol. 13, Berkeley, 1957.

BRINTON, D. :

*Native Calendars of Central America and Mexico,* Philadelphia, 1893.

BRUNER, E. M. :

"Mandan-Hidatsa Kinship terminology", *AA,* 57, 4, 1955.

BULLEN, R. P., ed. :

"Caribbean Symposium", *American Antiquity, 31, 2, part 1,* 1965.

BUNZEL, R. L. :

(1) "Introduction to Zuni Ceremonialism", *47th ARBAE* (1929~30), Washington D.C., 1932.

BURT, W. H. :

*A Field Guide to the Mammals,* Cambridge, Mass., 1952.

BUSHNELL, Jr., D. I. :

"Tribal Migrations East of the Mississipi", *Smithsonian Miscellaneous Colletions,* vol. 89, no. 12, Washington, D.C., 1934.

CADOGAN, L. :

(4) "Ayvu Rapyta. Textos míticos de los Mbyá-Guarani del Guairá", *Antropologia, no. 5, Boletim no. 227, Universidade de São Paulo,* 1959.

(5) "En torno al BAI ETE-RI-VA y el concepto guarani de NOMBRE". *Suplemento Antropológico de la Revista del Ateneo Paraguayo,* vol. I, no. 1, Asunción, 1965.

CALLENDER, C. :

"The Social Organization of the Central Algonkians", *Milwaukee Public Museum, Publications in Anthropology,* no. 7, Milwaukee, 1962.

CARDUS, J. :

*Las misiones Franciscanas entre los infieles de Bolivia,* Barcelona, 1886.

CATLIN, G. :

Voir : Donaldson, Th.

CHAMBERLAIN, A. F. :

"The Maple amongst the Algonkian Tribes", *AA*, o.s. 4, 1891.

CHAMBERLAIN, L. S. :

"Plants Used by the Indians of Eastern North America", *American Naturalist,* vol. 35, Jan. 1901.

CHAPMAN, J. W. :

"Athapaskan Traditions from the Lower Yukon", *JAFL,* 16, 1903.

CHATEAUBRIAND, F. de :

(1) *Voyages en Amérique, en Italie, au Mont Blanc,* nouvelle éd., Paris, 1873.

(2) *Mémoires d'Outre-Tombe,* éd. de la Pléiade, 2 vol., Paris, 1951.

(3) *Génie du Christianisme,* éd. Garnier-Flammarion, 2 vol., Paris, 1966.

CLASTRES, P. :

*La Vie sociale d'une tribu nomade : les Indiens Guayaki du Paraguay (ms.).*

COLEMAN, B., FROGNER, E. and EICH, E. :

*Ojibwa Myths and Legends,* Minneapolis, 1962.

COLLEVILLE, M. de et CADOGAN, L. :

"Les Indiens Guayaki de l'Yñarö", *Bulletin de la Faculté des Lettres,* TILAS 3, 4. Strasbourg, 1963~64.

COOPER, J. M. :

"The Araucanians", *HSAI,* vol. 2, *BBAE 143,* Washington, D.C., 1946.

COPE, L. :

"Calendars of the Indians North of Mexico", *UCPAAE,* vol. 16, Berkeley, 1919.

CORNPLANTER, J. :

*Legends of the Longhouse,* Philadelphia-New York, 1938.

COUES, E., ed. :

*Manuscript Journals of Alexander Henry and of David Thompson,* 3 vol., New York, 1897.

COUTO DE MAGALHÃES, J. V. :

*O Selvagem*, 4ª ed. completa com *Curso*, etc., São Paulo-Rio de Janeiro, 1940.

CRESSWELL, J. R. :

"Folk-Tales of the Swampy Cree of Northern Manitoba", *JAFL*, vol. 36, 1923.

CULIN, S. :

"A Summer Trip among the Western Indians", *Bulletin of the Free Museum of Science and Art*, Philadelphia, Jan. 1901.

CURTIN, J. :

(1) *Myths of the Modocs*, Boston, 1912.

(2) *Seneca Indians Myths*, New York, 1922.

CURTIN, J. and HEWITT, J. N. B. :

"Seneca Fiction, Legends and Myths. part I", *32nd ARBAE* (1910~11), Washington, D.C., 1918.

CUSHING, F. H. :

"Zuñi Breadstuff", *Indian Notes and Monographs, vol. 8, Museum of the American Indian, Heye Foundation*, New York, 1920.

DANGEL, R. :

"Bear and Fawns", *JAFL*, vol. 42, 1929.

DEETZ, J. :

"The Dynamics of Stylistic Change in Arikara Ceramics", *Illinois Sudies in Anthropology*, no. 4, Urbana, 1965.

DEMPSEY, H. A. :

"Religious significance of Blackfoot quillwork", *Plains Anthropologist*, vol. 8, 1963.

DENIG, E. T. :

"Indian Tribes of the Upper Missouri. Edited with notes and biographical sketch by J. N. B. Hewitt", *46th ARBAE* (1928~29), Washington, D.C., 1930.

DENSMORE, F. :

(1) "Uses of Plants by the Chippewa Indians", *44th ARBAE* (1926~27), Washington, D.C., 1928.

(2) "Chippewa Customs", *BBAE 86*, Washington, D.C., 1929.,

DERBYSHIRE, D. :

*Textos Hixkaryâno,* Belém–Pará, 1965.

DIETERLEN, G. et CALAME–GRIAULE, G. :

"L'Alimentation dogon", *Cahiers d'études africaines,* 3, 1960.

DIXON, R. B. :

(1) "Shasta Myths", *JAFL,* vol. 23, 1910.

(2) "Maidu Myths", *Bulletin of the American Museum of Natural History,* vol. 17, 1902~1907.

(3) "Maidu Texts", *Publications of the American Ethnological Society,* vol. 4, 1912.

(7) "The Shasta", *Bulletin fo the American Museum of Natural History,* vol. 17, 1902~1907.

DIXON R. B. and KROEBER, A. L. :

"Numeral Systems of the Languages of California", *AA,* vol. 9, no 4., 1907.

DONALDSON, Th. :

"The George Catlin Indian Gallery", *Annual Report... of the Smithsonien Institution,* part II, Washington, D.C., 1886.

DORSEY, G. A. :

(1) "Traditions of the Skidi Pawnee", *MAFLS,* Boston–New York, 1904.

(2) "The Pawnee. Mythology", *Carnegie Institution of Washington,* Publ. no. 59, 1906.

(3) "The Mythology of the Wichita", *Carnegie Institution of Washington,* Publ. no. 21, 1904.

(4) "The Cheyenne. I. Ceremonial Organization", *Field Columbian Museum, Publication 99, Anthropol. Series, vol. IX, no.1,* Chicago, 1905.

(5) "The Arapaho Sun Dance ; the Ceremony of the Offerings Lodge", *Field Columbian Museum, Publ. 75, Anthropol. Series,* vol. IV, Chicago, 1903.

(6) "Traditions of the Arikara", *Carnegie Institution of Washington,* Publ. no.17, 1904.

(7) "Sun Dance" in : Hodge, F. W., ed. "Handbook of American Indians North of Mexico", *BBAE 30,* 2 vol., Washington, D.C., 1910.

DORSEY, G. A. and KROEBER, A. L. :

"Traditions of the Arapaho", *Field Columbian Museum, Publ. 81, Anthropol. Series,*
vol. V, Chicago, 1903.

DORSEY, J. O. :

(1) "The Cegiha Language", *Contributions to North American Ethnology,* vol. VI,
Washington, 1890.

(2) "A study of Siouan Cults", *11th ARBAE* (1889~90), Washington, D.C.,
1894.

(3) "Omaha Sociology", *3rd ARBAE* (1881~82), Washington, D.C., 1884.

DRIVER, H. E. :

(1) "Culture Element Distribution : XVI. Girls' Puberty Rites in Western North
America", *Anthropological Records,* 6, 2, Berkeley, 1941.

(2) "Geographical-Historical *versus* Psycho-Functional Explanations of Kin
Avoidances", *Current Anthropology,* vol. 7, no. 2, April 1966.

DRIVER, H. E. and MASSEY, W. C. :

"Comparative Studies of North American Indians", *Transactions of the American
Philosophical Society,* n.s., vol. 47, *part* 2, Philadelphia, 1957.

DUBOIS, C.

"Wintu Ethnography", *UCPAAE,* vol. 36, no.1, Berkeley, 1935.

DUBOIS, C. and DEMETRACOPOULOU, D. :

"Wintu Myths", *UCPAAE,* vol. 28, 1930~31.

DUBOIS, C. G. :

"The Religion of the Luiseño Indians", *UCPAAE,* vol. 8, Berkeley, 1908.

DUMÉZIL, G. :

*Les Dieux des Germains, essai sur la formation de la religion scandinave,* Paris, 1959.

EGGAN, F. :

"The Cheyenne and Arapaho Kinship System" in : Eggan, F. ed., *Social
Anthropology of North American Tribes,* Chicago, 1937.

ELMENDORF, W. W. :

"The Structure of Twana Culture [with] Comparative Notes on the Structure of Yurok Culture [by] A. L. Kroeber", *Research Studies, Monographic Supplement 2,* Pullman, 1960.

ÉRASME DE ROTTERDAM :

(1) *La Civilité puérile,* trad. nouvelle, texte latin en regard... par Alcide Bonneau, Paris, 1877.

(2) *Declamatio de pueris statim ac liberaliter instituendis,* étude critique, traduction et commentaire par J. C. Margolin, Genève, 1966.

ERIKSON, E. H. :

"Observations of the Yurok. Childhood and World Image", *UCPAAE,* vol. 35, Berkeley, 1943.

EWERS, J. C. :

"The Horse in Blackfoot Indian Culture", *BBAE 159,* Washington, D.C., 1955.

FARABEE, W. C. :

(1) "The Central Arawak", *Anthropological Publications of the University Museum,* 9, Philadelphia, 1918.

(2) "Indian Tribes of Eastern Peru", *Papers of the Peabody Museum, Harvard University,* vol. 10, Cambridge, 1922.

FARON, L. C. :

(1) "Mapuche Social Structure", *Illinois Studies in Anthropology,* no. 1, Urbana, 1961.

(2) "The Magic Mountain and other Origin Myths of the Mapuche Indians of Central Chile", *JAFL,* vol. 76, 1963.

(3) *Hawks of the Sun,* Pittsburgh, 1964.

FARRAND, L. :

"Traditions of the Quinault Indians", *Memoirs of the American Museum of Natural History,* vol. IV, New York, 1902.

FEJOS, P. :

"Ethnography of the Yagua", *Viking Fund Publications in Anthropology,* vol. 1, New York, 1943.

FENTON, W. N. :

"An Outline of Seneca ceremonies at Coldspring Longhouse", *Yale University Publications in Anthropology*, no. 9, New Haven, 1936.

FERNALD, M. L. and KINSEY, A. C. :

*Edible Wild Plants of Eastern North America* (Gray Herbarium of Harvard University, Special Publication), Cornwall-on-Hudson, 1943.

FISHER, M. W. :

"The Mythology of the Northern and Northeastern Algonkians in Reference to Algonkian Mythology as a Whole" in : F. Johnson, ed. : *Man in Northeastern North America, Papers of the R. S. Peabody Foundation*, vol. 3, Andover, Mass., 1946.

FLANNERY, R. :

"The Gros Ventres of Montana ; Part I , Social Life", *The Catholic University of America, Anthropol. Series*, no. 15, Washington, D.C., 1953.

FLETCHER, A. C. and LA FLESCHE, F. :

"The Omaha Tribe", *27th ARBAE* (1905~1906), Washington, D.C., 1911.

FOCK, N. :

"Waiwai. Religion and Society of an Amazonian Tribe", *National-museets skrifter. Ethnografisk Roekke*, VIII, Copenhagen, 1963.

FONTANA, B. L. :

(lettre du 11 décembre 1963).

FRACHTENBERG, L. J. :

(1) "Coos Texts", *CUCA*, vol. 1, New York-Leyden, 1913.

(2) "Shasta and Athapaskan Myths from Oregon (Collected by Livingston Farrand)", *JAFL*, vol. 28, 1915.

FRANCISCAN FATHERS :

*An Ethnological Dictionary of the Navaho Language*, Saint Michaels, Arizona, 1910.

FRANKLIN, A. :

*La Vie privée d'autrefois. Les repas*. Paris, 1889.

FRAZER, J. G. :

(4) *The Golden Bough*, 3rd ed., 13 vol., London, 1923~26.

FRIKEL, P. :

(1) "Morí-A Festa do Rapé. Indios Kachúyana ; rio Trombetas", *Boletim do Museu Paraense Emilio Goeldi,* n.s., *Antropologia,* no. 12, Belém-Pará, 1961.

(2) "Ometanímpe, os Transformados", *Boletim do Museu Paraense Emilio Goeldi,* n.s., *Anthropologia,* no. 17, Belém-Pará, 1961.

FULOP, M. :

"Aspectos de la cultura tukana : Cosmogonia ; Mitología, Parte I", *Revista Colombiana de Antropologia,* vol. 3, 5, Bogotá, 1954, 1956.

GARTH, Th. R. :

"Early Nineteenth Century Tribal Relations in the Columbia Plateau", *SWJA,* 20, 1, 1964.

GATSCHET, A. S. :

"The Klamath Indians of South-Western Oregon", *Contributions of North American Ethnology,* vol. II, *two Parts,* Washington, 1890.

GILIJ, F. S. :

*Saggio di storia americana,* etc., 4 vol., Roma, 1780-1784.

GILMORE, M. R. :

(1) "Uses of Plants by the Indians of the Missouri River Region", *33rd ARBAE* (1911~12), Washington, D.C., 1919.

(2) "Notes on Gynecology and Obstetrics of the Arikara Indians", *Papers of the Michigan Academy of Science, Arts and Letters,* vol. 14 (1930), 1931.

(3) "Months and Seasons of the Arikara Calendar", *Indian Notes,* vol. VI, no. 3, *Museum of the American Indian, Heye Foundation,* 1929.

GODDARD, P. E. :

"Hupa Texts", *UCPAAE,* vol. 1, no. 2, Berkeley, 1904.

GODEL, R. :

*Les Sources manuscrites du Cours de linguistique générale,* Genève, 1957.

GOEJE, C. H. de :

(1) "Philosophy. Initiation and Myths of the Indians of Guiana and adjacent countries", *Internationales Archiv für Ethnographie,* vol. 44, Leiden, 1943.

(2) "De inwijding tot medicijnman bij de Arawakken in tekst en mythe".

*Bijdragen tot de taal-, land- en Volkenkunde*, 'S-Gravenhangen, 101, 1942,

GOLDER, F. A. :

"Tales from Kodiak Islands", *JAFL*, vol. 16, 1903.

GOLDMAN, I. :

"The Cubeo Indians of the Northwest Amazon", *Illinois Studies in Anthropology,* no. 2, Urbana, 1963.

GOLDSCHMIDT, W. :

"Nomlaki Ethnography", *UCPAAE*, vol. 42, 4, Berkeley, 1951.

GRANET, M. :

*Danses et légendes de la Chine ancienne*, 2 vol., Paris, 1926.

GRINNELL, G. B. :

(1) "Falling star", *JAFL*, vol. 34, 1921.

(2) *The Cheyenne Indians*, 2 vol., New Haven, 1923.

(3) *Blackfoot Lodge Tales*, New York, 1892.

(4) "Coup and Scalp among the Plains Indians", *AA*, vol. 12, 1910.

(5) "Cheyenne Woman Customs", *AA*, vol. 4, 1902.

(6) "Some Early Cheyenne Tales", *JAFL*, vol. 20~21, 1907-1908.

GUALLART, J. M. :

"Mitos y leyendas de los Aguarunas del alto Marañon", *Peru Indigena*, vol. 7, nos. 16~17, Lima, 1958.

GUNTHER, E. :

"Ethnobotany of Western Washington", *University of Washington Publications in Anthropology*, vol. 10, no. 1, Seattle, 1945.

GUSINDE, M. :

*Die Feuerland Indianer*, 3 vol. Mödling bei Wien, 1931~39.

HAAS, M. R. :

"Addenda to Review of Bloomfield's 'The Menomini Language'", *AA*, vol. 68, 2, 1, 1966.

HAEBERLIN, H. :

"Mythology of Puget Sound", *JAFL*, vol. 37, 1924.

HAEBERLIN, H. and GUNTHER, E. :

"The Indians of Puget Sound", *Univ. of Washington Publications in Anthropology,* vol. 4, 1, 1930.

HAGAR, S. :

"Weather and the Seasons in Micmac Mythology", *JAFL,* vol. 10, 1897.

HALL, E. R. and KELSON, K. R. :

*The Mammals of North America,* 2 vol., New York, 1959.

HARRINGTON, J. P. :

"The Ethnogeography of the Tewa Indians", *29th ARBAE,* Washington, D.C., 1916.

HAVARD, V. :

(1) "Food Plants of the North American Indians", *Bulletin of the Torrey Botanical Club,* 22 (3), 1895.

(2) "Drink Plants of the North American Indians", *Bulletin of the Torrey Botanical Club,* 23 (2), 1896.

HEISER, Jr., Ch. B. :

"The Sunflower among the North American Indians", *Proceedings of the American Philosophical Society,* vol. 95, no. 4, Philadelphia, 1951.

HENRY, J. :

(1) *Jungle People. A Kaingáng Tribe of the Highlands of Brazil,* New York, 1941.

HENSHAW, H. W. :

"Indian Origin of Maple Sugar", *AA,* o.s. 3, 1890.

HEWITT, J. N. B. :

(1) "Iroquoian Cosmology", *21st ARBAE* (1899~1900), Washington, D.C., 1903.

(2) "Iroquoian Cosmology – Second Part", *43rd ARBAE* (1925~26), Washington, D.C., 1928.

HILGER, I. M. :

(1) "Menomini Child LIfe", *JSA,* t. 40, 1951.

(2) "Arapaho Child Life and tis Cultural Background", *BBAE 148,* Washington,

D.C., 1952.

HISSINK, K. und HAHN, A. :

*Die Tacana, I. Erzählungsgut,* Stuttgart, 1961.

HOFFMAN, W. J. :

"The Menomini Indians", *14th ARBAE* (1892~93), Washington, D.C., 1896.

HOLTVED, E. :

(1) "The Eskimo Legend of Navaranâq", *Acta Arctica,* 1, Copenhagen, 1943.

(2) *The Polar Eskimos Language and Folklore,* 2 vol., Copenhagen, 1951.

HUBAUX, J. :

*Les Grands Mythes de Rome,* Paris, 1945.

HUMBOLDT, A. de, et BONPLAND, A. :

*Voyage aux régions équinoxiales du nouveau continent,* 23 vol., Paris, 1807~1835.

HUNTER, J. D. :

*Manners and Customs of Several Indian Tribes Located West of the Mississipi,* reprinted.
Minneapolis, 1957.

HUXLEY, F. :

*Affable Savages,* London, 1956.

HYMES, V. D. :

"Athapaskan Numeral Systems", *International Journal of American Linguistics,* vol.
21, 1955.

IHERING, R. von :

*Dicionário dos animais do Brasil,* São Paulo, 1940.

IM THURN, E. F. :

*Among the Indians of Guiana,* London, 1883.

JABLOW, J. :

"The Cheyenne in Plains Indian Trade Relations, 1795~1840", *American
Ethnological Society Monographs,* 19, New York, 1951.

JACOBS, E. D. :

*Nehalem Tillamook Tales,* Eugene, Oregon, 1959.

JACOBS, M. :

(1) "Northwest Sahaptin Texts", *CUCA*, vol. 19, 1~2, New York, 1934.

(2) "Clackamas Chinook Texts", *International Journal of American Linguistics*, vol. 25, 1~2, 1958~59.

JENNESS, D. :

"Myths and Traditions from Northern Alaska", *Reports of the Canadian Arctic Expedition*, 1913~18.

JETTÉ, Fr. J. :

"On the Superstitions of the Ten'a Indians", *Anthropos*, vol. 6, 1911.

JONES, W. :

(1) "Ojibwa Tales from the North Shore of Lake Superior", *JAFL*, vol. 29, 1916.

(2) "Ojibwa Texts", *Publications of the American Ethnological Society*, vol. 7, 2 parts, 1917~19.

(3) "Kickapoo Tales... translated by T. Michelson", *Publications of the American Ethnological Society*, vol. 9, Leyden-New York, 1915.

(4) "Fox Texts", *Publications of the American Ethnological Society*, vol. 1, Leyden, 1907.

JOSSELIN DE JONG, J. P. B. :

(1) "Original Odzibwe Texts", *Baessler Archiv*, 5, 1913.

(2) "Blackfoot Texts", *Verhandelingen der Koninklijke Akademie van Wetenschappen te Amsterdam, Afdeeling Letterkunde Nieuwe Reeks*, Deel XIV, no. 4, 1914.

KARSTEN, R. :

(2) "The Head-Hunters of Western Amazonas", *Societas Scientiarum Fennica. Commentationes humanarum litterarum*, t. 7, no. 1, Helsingfors, 1935.

KEESING, F. M. :

"The Menomini Indians of Wisconsin", *Memoirs of the American Philosophical Society*, 10, 1939.

KENNARD, E. :

"Mandan Grammar", *International Journal of American Linguistics*, vol. 9, 1, 1936~38.

KENSINGER, K. :

"The Cashinahua of Southeastern Peru", *Expedition,* vol. 7, no. 4, 1965.

KILPATRICK, J. F. :

"The Wahhenauhi Manuscript : Historical Sketches of the Cherokees", *Anthropological Papers,* nos. 75~80, *BBAE 196,* Washington, D.C., 1966.

KINGSLEY NOBLE, G. :

"Proto-Arawkan and its Descendants", Publ. 38, *Indiana University Research Center in Anthropology, Folklore and Linguistics, International Journal of American Linguistics,* vol. 31, no. 3, *part* 2, 1965.

KLEIVAN, I. :

"The Swan Maiden Myth among the Eskimo", *Acta Arctica,* 13, Copenhagen, 1962.

KOCH-GRÜNBERG, Th. :

(1) *Von Roroima zum Orinoco. Zweites Band. Mythen und Legenden der Taulipang und Arekuna Indianer,* Berlin, 1916.

(2) *Zwei Jahre bei den Indianern Nordwest Brasiliens,* n. ed., Stuttgart, 1921.

(3) *Indianermärchen aus Südamerika,* Iena, 1921.

KOHL, J. G. :

*Kitchi-Gami. Wanderings Round Lake Superior,* n. ed., Minneapolis, 1956.

KRAUSE, A. :

*The Tlingit Indians,* transl. by E. Gunther, Seattle, 1956.

KRICKEBERG, W. :

*Felsplastik und Felsbilder bei den Kulturvölkern Altamerikas,* etc., 2 vol.. Berlin, 1949.

KROEBER, A. L. :

(1) "Handbook of the Indians of California", *BBAE 78,* Washington, D.C., 1925.

(2) "Arapaho Dialects", *UCPAAE,* vol. 12, Berkeley, 1916.

(3) "The Arapaho", *Bulletin of the American Museum of Natural History,* vol. 18, *part* 1, 2 and 4, New York, 1902~1907.

(4) "Cheyenne Tales", *JAFL,* vol. 13, 1900.

(5) *Cultural and Natural Areas of Native North America,* Berkeley, 1939.

(6) "Gros Ventre Myths and Tales", *APAMNH*, vol. I, *part* 2, New York, 1907.

KRUSE, A. :

(2) "Erzählungen der Tapajoz-Munduruku", *Anthropos*, t. 41~44, 1946~49.

LADD, J. :

*The Structure of a Moral Code*, Cambridge, Mass., 1957.

LATCHAM, R. E. :

(1) "Ethnology of the Araucanos", *JRAI*. vol. 39, 1909.

(2) *La Organización social y las creencias religiosas de los antiguos araucanos*, Santiago de Chile, 1924.

LEHMANN-NITSCHE, R. :

(8) "El Caprimúlgido y los dos grandes astros", *RMDLP*, vol. 32, 1930.

(9) "La Cosmogonia según los Puelche de la Patagonia", *RMDLP*, vol. 24, *2da parte*, 1918.

(10) "El viejo Tatrapai de los Araucanos", *RMDLP*, vol. 32, 1929.

(11) "El Diluvio según los Araucanos de la Pampa", *RMDLP*, vol. 24 (*2da serie*, t. 12), 1916.

LELAND, Ch. G. :

*The Algonquin Legends of New England*, London, 1884.

LENZ, R. :

"Estudios araucanos", *Anales de la Universidad del Chile*, vol. 91, 1895.

LÉVI-STRAUSS, C. :

(5) *Anthropologie structurale*, Paris, 1958.

(9) *La Pensée sauvage*, Paris, 1962.

(10) Mythologiques. *Le Cru et le Cuit*, Paris, 1964 (cité CC).

(13) "Résumé des cours de 1960-1961", *Annuaire du Collége de France*, 61^e année, 1961-1962.

(14) "The Deduction of the Crane", *AA (à paraître)*.

(15) Mythologiques. *Du Miel aux cendres*, Paris, 1967 (cité MC).

(16) "Guerre et commerce chez le Indiens de l'Amérique du Sud", *Renaissance, revue trimestrielle publiée par l'École libre des hautes études*, vol. I, fasc. 1 et 2, New

York, 1943.

(17) "Résumé des cours de 1964–1965", *Annuaire du Collège de France*, 65ᵉ année, 1965~66.

(18) "Le Sexe des astres", *Mélanges offerts à Roman Jakobson pour sa 70ᵉ année*, La Haye, 1967.

(19) "Rapports de symétrie entre rites et mythes de peuples voisins" *(à paraître)*.

LOTHROP, S. K. :

"The Indians of Tierra del Fuego", *Contributions from the Museum of American Indian, Heye Foundation*, vol. 10, New York, 1928.

LOUNSBURY, F. G. :

"Stray Number Systems among certain Indian Tribes", *AA*, n.s., vol. 48, 1946.

LOWIE, R. H. :

(1) "The Test-Theme in North American Mythology", *JAFL*, vol. 21, 1908.

(2) "The Assiniboine", *APAMNH*, vol. 4, *part* 1, New York, 1909.

(3) "Myths and Traditions of the Crow Indians", *APAMNH*, vol. 25, *part* 1, New York, 1918.

(4) "Shoshonean Tales", *JAFL*, vol. 37, 1924.

(5) "Studies in Plains Indian Folklore", *UCPAAE*, vol. 40, no. 1, Berkeley, 1942.

(6) "A Few Assiniboine Texts", *Anthropological Linguistics*, Nov. 1960.

(7) "The Religion of the Crow Indians", *APAMNH*, vol. 25, *part* 2, New York, 1922.

(8) "Sun Dance of the Shoshoni, Ute, and Hidatsa", *APAMNH*, vol. 16, *part* 5, New York, 1919.

(9) "Societies of the Arikara Indians", *APAMNH*, vol. 11, *part* 8, New York, 1915.

(10) "The Topical Forests : An Introduction", *HSAI*, vol. 3.

(11) "The Material Culture of the Crow Indians", *APAMNH*, vol. 21, New York, 1922.

LUOMALA, K. :

"Oceanic, American Indian, and African Myths of Snaring the Sun", *Bernice P.*

*Bishop Museum Bulletin 168*, Honolulu, 1940.

MCCLINTOCK, W. :

*The old North Trail*, London, 1910.

MCGREGOR, S. E. :

(lettre du 22 novembre 1963).

MCKENNAN, R. A. :

"The Upper Tanana Indians", *Yale University Publications in Anthropology*, 55, 1959.

MCLAUGHLIN, M. L. :

*Myths and Legends of the Sioux*, Bismarck, N. D., 1916.

MCNEISH, R. S. :

"The Origin of New World Civilization", *Scientific American*, vol. 211, 5, 1964.

MANDELBAUM, D. G. :

"The Plains Cree", *APAMNH*, vol. 37, *part* 2, New York, 1940.

MATTHEWS, W. :

*Grammar and Dictionary of the Language of the Hidatsa*, New York, 1873.

MATTHEWS, C. :

*The Indian Fairy Book*, 1869 (trad. française : *Légendes Indiennes*, s.d.).

MAXIMILIAN, Prince of Wied :

*Travels in the Interior of North America*, transl. by H. E. Lloyd, London, 1843.

MAYERS, M. :

*Pocomchi Texts*, University of Oklahoma, Norman, 1958.

MECHLING, W. H. :

"Malecite Tales", *Memoirs of the Canada Department of Mines, Geological survey*, vol. 49, Ottawa, 1914.

MEDSGER, O. P. :

*Edible Wild Plants*, New York, Macmillan Co, 1939.

MÉTRAUX, A. :

(5) "Myths of the Toba and Pilagá Indians of the Gran Chago", *MAFLS*, vol. 40, Philadelphia, 1946.

(8) "Mythes et contes des Indiens Cayapo (groupe Kuben-Kran-Kegn)", *RMP*,

n.s., vol. 12, São Paulo, 1960.

(15) "Tribes of Jurua-Purus Basins", *HSAI*, vol. 3. *BBAE 143*, Washington, D.C., 1948.

MICHELSON, T. :

(1) "The Narrative of a Southern Cheyenne Woman", *Smithsonian Miscellaneous Collection*, 87, no. 5, Washington, D.C., 1932.

(2) "The Narrative of an Arapaho Woman", *AA*, n.s., vol. 35, 1933.

(3) "Some Arapaho Kinship Terms and Social Usages", *AA*, n.s., vol. 36, 1934.

(4) "Micmac Tales", *JAFL*, vol. 38, 1925.

(5) "The Mythical Origin of the White Buffalo Dance of the Fox Indians", *40th ARBAE*, Washington, D.C., 1919.

(6) "Notes on the Buffalo-Head Dance of the Thunder Gens of the Fox Indians", *BBAE 87*, Washington, D.C., 1928.

(7) "The Proto-Algonquian Archetype of 'Five'", *Language*, vol. 9, 1933.

MONTOYA, A. R. de :

*Gramatica y diccionarios (Arte, vocabulario y tesoro) de la lengua tupi o guarani*, n. ed., Viena-Paris, 1876.

MOONEY, J. :

(1) "Myths of the Cherokee", *19th ARBAE* (1897~98), Washington, D.C., 1900.

(2) "Calendar History of the Kiowa Indians", *17th ARBAE, part* 1 (1895~96), Washington, D.C., 1898.

(3) "The Cheyenne Indians", *Memoirs of the American Anthropological Association*, I, 1907, *part* 6.

(4) "The Ghost-Dance Religion", *14th ARBAE* (1892~93), *part* 2, Washington, D.C., 1896.

MOONEY, J. and OLBRECHTS, F. M. :

"The Swimmer Manuscript. Cherokee Sacred Formulas and Medicinal Prescriptions". *BBAE 99*, Washington, D.C., 1932.

MORGAN, L. W. :

*League of the Ho-de-no sau-nee of Iroquois* (Reprinted by Human Relations Area Files), 2 vol. New Haven, 1954.

MURIE, J. R. :

"Pawnee Indian Societies", *APAMNH*, vol. 11, *part 7*, New York, 1914.

MURPHY, R. F. :

(1) "Mundurucú Religion", *UCPAAE*, vol. 49, 1, Berkeley–Los Angeles, 1958.

(2) *Headhunter's Heritage*, Berkeley–Los Angeles, 1960.

(3) "Matrilocality and Patrilineality in Mundurucú Society", *AA*, 58, 1956.

MURPHY, R. F. and QUAIN, B. :

"The Trumaí Indians of Central Brazil", *Monographs of the American Ethnological Society*, 24, New York, 1955.

NEILL, E. D. :

"Life Among the Mandan and Gros Ventre Eighty years Ago", *The American Antiquarian and Oriental Journal*, vol. 6, 1884.

NIMUENDAJU, C. :

(2) "Sagen der Tembé–Indianer", *Zeitschrift für Ethnologie*, vol. 47, 1915.

(3) "Bruchstücke aus Religon und Überlieferung der Šipaia–Indianer", *Anthropos*, vol. 14~15, 1919~20 ; 16~17, 1921~22.

(5) "The Apinayé", *The Catholic University of America, Anthropological Series no. 8*, Washington, D.C., 1939.

(6) "The Šerenté", *Publ. of the Frederick Webb Hodge Anniversary Publication Fund*, vol. 4, Los Angeles, 1942.

(8) "The Eastern Timbira", *UCPAAE*, vol. 41, Berkeley, 1946.

(13) "The Tukuna", *UCPAAE*, vol. 45, Berkeley, 1952.

(15) *Wortliste der Tukuna-Sprache*, Belém do Pará, 1929 (ms. du *Museu Nacional*, Rio de Janeiro).

NORDENSKIÖLD, E. :

(1) *Indianerleben, El Gran Chaco*, Leipzig, 1912.

(3) *Forschungen und Abenteuer in Südamerika*, Stuttgart, 1924.

NYE, W. S. :

*Bad Medicine and Good. Tales of Kiowas,* Norman, Oklahoma, 1962.

NYKL, A. R. :

"The Quinary-Vigesimal System of Counting in Europe, Asia and America",
*Language,* vol. 2, 1926.

ORCHARD, W. C. :

"The Technique of Porcupine-quill Decoration among the North-American
Indians", *Contributions from the Museum of the American Indian, Heye Foundation,* vol. 4,
no. 1, New York, 1916.

OSBORN, H. A. :

(1) "Textos Folkloricos en Guarao", *Boletín Indigenista Venezolano,* Años III-IV-V,
nos. 1~4, Caracas (1956~57), 1958.

(2) "Textos Folkloricos en Guarao II", *ibid.,* Año VI, nos. 1~4, 1958.

(3) "Warao II : Nouns, Relationals, and Demonstratives", *International Journal of
American Linguistics,* vol. 32, 3, *part* 1, 1966.

OSGOOD, C. :

"Ingalik Social Structure", *Yale University Publications in Anthropology,* 53, 1958.

OWEN, Trefor M. :

*Welsh Folk Customs,* Cardiff, 1959.

PALMER, R. S. :

*The Mammal Guide. Mammals of North America North of Mexico,* New York, 1954.

PARKER, H. :

"The Scobs Was in her Lovely Mouth", *JAFL,* vol. 71, 1958.

PARSONS, E. C. :

(3) "Kiowa Tales", *MAFLS,* vol. 22, New York, 1929.

(4) "Micmac Folklore", *JAFL,* vol. 38, 1925.

PETITOT, E. :

(1) *Traditions indiennes du Canada nord-ouest,* Paris, 1886.

(2) *Monographie des Déné-Dindjié,* Paris, 1876.

PETRULLO, V. :

"The Yaruros of the Capanaparo River, Venezuela", *Anthropological Papers no. 11,*

*Bureau of America Ethnology,* Washington, D.C., 1939.

PHINNEY, A. :

"Nez Percé Texts", *CUCA,* vol. 25, New York, 1934.

PIGANIOL, A. :

"Le Rôti et le bouilli", *A Pedro Bosch-Gimpera,* Mexico, 1963.

PREUSS, K. Th. :

(1) *Religion und Mythologie der Uitoto,* 2 vol., Göttingen, 1921~23.

(3) "Forschungreise zu den Kagaba", *Anthropos,* vol. 14~21, 1919~26.

PRICE, R. :

"Martiniquan Fishing Magic" (*ms.,* communiqué par l'auteur en 1964.)

PRINCE, J. D. :

"Passamaquoddy Texts", *Pubications of the American Ethnological Society,* vol. 10, New York, 1921.

PRYTZ-JOHANSEN, J. :

*The Maori and his religion,* Copenhagen, 1954.

RADIN, P. :

(1) "The Winnebago Tribe", *37th ARBAE* (1915~1916), Washington, D.C., 1923.

(2) "The Thunderbird War Club, a Winnebago Tale", *JAFL,* vol. 44, 1931.

(3) "Ethnological Notes on the Ojibwa of Southeastern Ontario", *AA,* vol. 30, 1928.

RAND, S. T. :

*Legends of the Micmacs,* New York-London, 1894.

RASSERS, W. H. :

"Inleiding tot een bestudeering van de Javaansche Kris", *Mededeelingen der Koninklijke Nederlansche Akademie van Wetenschappen; afdeeling letterkunde, Nieuwe Reeks deel 1,* no. 8, 1938.

RAY, V. F. :

(2) "Sanpoil Folk Tales", *JAFL,* vol. 46, 1933.

(3) *Primitive Pragmatists. The Modoc Indians of Northern California,* Seattle, 1963.

REICHARD, G. A. :

(2) "Literary Types and the Dissemination of Myths", *JAFL*, vol. 34, 1921.

(3) "An Analysis of Cœur d'Alene Indian Myths", *MAFLS*, vol. 41, 1947.

REICHEL-DOLMATOFF, G. :

(1) *Los Kogi*, 2 vol., Bogota, 1949–50~51.

(2) "Mítos y cuentos de los Indios Chimila", *Boletín de Arqueología*, vol. 1, no.1, Bogotá, 1945.

(3) "The Agricultural Basis of the Sub-Andean Chiefdoms of Columbia" *in :* Wilbert, J., ed., *The Evolution of Horticultural Systems in Native South America. Causes and Consequences. A symposium*, Caracas, 1961.

REINACH, S. :

*Cultes, mythes et religions*, 5 vol., Paris, 1905~23.

REINBURG, P. :

"Folklore amazonien. Légendes des Zaparo du Curaray et de Canelos", *JSA*, n.s., vol. 13, 1921.

RIGGS, S. R. :

"A Dakota-English Dictionary", *Contributions to North American Ethnology*, vol. VII, Washington, D.C., 1890.

ROBINET, F. M. :

"Hidatsa I, II, III", *International Journal of American Linguistics*, vol. 21, 1955.

RODRIGUES, J. Barbosa :

"Poranduba Amazonenese", *Anais da Biblioteca nacional de Rio de Janeiro*, vol. 14, fasc. 2 (1886~87), Rio de Janeiro, 1890.

ROLLAND, E. :

*Faune populaire de la France*, tome II, "Les Oiseaux sauvages", Paris, 1879.

RONDON, C. M. da Silva :

"Esbôçô grammatical e vocabulário da lingua dos Indios Boróro", *Publ. no. 77 da Commissão... Rondon ; Anexo 5, etnografia*, Rio de Janeiro, 1948.

ROTH, H. L. :

"American Quillwork : a Possible Clue to its Origin", *Man*, 23, 1923, p. 113~116.

ROTH, W. E. :

(1) "An Inquiry into the Animism and Folklore of the Guiana Indians", *30th ARBAE* (1908-1909), Washington, D.C., 1915.

(2) "An Introductory Study of the Arts, Crafts and Customs of the Guiana Indians", *38th ARBAE* (1916~17), Washington, D.C., 1924.

ROUSSEAU J. :

(lettre du 25 juin 1964).

ROUSSEAU J. et RAYMOND, M. :

"Etudes ethnobotaniques québécoises", *Contributions de l'Institut botanique de l'Université de Montréal,* no. 55, 1945.

SAINTYVES, P. :

*L'Éternuement et le bâillement dans la magie, l'ethnographie et le folklore médical,* Paris, 1921.

SAAKE, W. :

(1) "Die Juruparilegende bei den Baniwa des Rio Issana", *Proceedings of the 32nd Intern. Congress of Americanists,* Copenhagen (1956), 1958.

(3) "Aus der Überlieferung der Baniwa", *Staden-Jahrbuch,* Bd. 6, São Paulo, 1958.

SALZMANN, Z. :

"A Method for Analyzing Numerical Systems", *Word,* vol. 6, no. 1, New York, 1950.

SAPIR, E. :

(1) "Wishram Texts", *Publications of the American Ethnological Society,* vol. 2, Leyden, 1909.

(2) "The Algonkin Affinity of Yurok and Wiyot Kinship Terms", *JSA,* vol. 15, 1923.

(3) "Yana Texts", *UCPAAE,* vol. 9, 1, Berkeley, 1910.

SAUSSURE, F. de :

"Notes" *in : Cahiers Ferdinand de Saussure,* 12, 1954.

SCHAEFFER, Cl. E. :

"Bird nomenclature and principles of avian taxonomy of the Blackfeet Indians",

*Journal of the Washington Academy of Scieneces,* vol. 40, no. 2, 1950.

SCHAUENSEE, R. M. de ：

(1) *The Birds of Colombia,* Narberth, Pennsylvania, 1964.

(2) *The Species of Birds of South America and their Distribution,* Narberth, Pennsylvania, 1966.

SCHOMBURGK, R ：

*Travels in British Guiana 1840~44.* Transl. and ed. by W. E. Roth, 2 vol., Georgetown, 1922.

SCHOOLCRAFT, H. R. ：

(7) *Oneóta, or Characteristics of the Red Race of America,* New York, 1845.

(2) *The Myth of Hiawatha,* Philadelphia, 1856.

(3) *Historical and Statistical Information Respecting… the Indian Tribes of the United States,* 6 vol., Philadelphia, 1851~57.

SCHWARZ, H. F. ：

(2) "Stingless Bees (Meliponidae) of the Western Hemisphere", *Bulletin of the American Museum of Natural History,* vol. 90, New York, 1948.

SHAFER, R. ：

"Notes on Penutian", *International Journal of American linguistics,* 18, 4, 1952.

SILVA, P. A. Brüzzi Alves da ：

*A Civilização Indigena do Uaupés,* São Paulo, 1962.

SIMMS, S. C. ：

"Traditions of the Crow", *Field Columbian Museum, Publ. 85, Anthropol. Series, vol. 2, no. 6,* Chicago, 1903.

SIMPSON, R. de E. ：

"A Mandan Bull-Boat", *The Masterkey,* vol. 23, no. 6, 1949.

SKINNER, A. ：

(1) "Notes on the Eastern Cree and Northern Saulteaux", *APAMNH,* vol. 9, New York, 1911.

(2) "Some Aspects of the Folk-Lore of the Central Algonkin", *JAFL,* vol. 27, 1914.

(3) "Plains Ojibwa Tales", *JAFL*, vol. 32, 1919.

(4) "Social Life and Ceremonial Bundles of the Menomini Indians", *APAMNH*, vol. 13, *part* 1, New York, 1913.

(5) "Political Organization, Cults, and Ceremonies of the Plains-Ojibway and Plains-Cree Indians", *APAMNH*, vol. 11, *part* 6, New York, 1914.

(6) "The Sun Dance of the Plains-Cree", *APAMNH*, vol. 16, *part* 4, New York, 1919.

(7) "Associations and Ceremonial Bundles of the Menomini Indians", *APAMNH*, vol. 13, *part* 2, New York, 1915.

(8) "Plains Cree Tales", *JAFL*, vol. 29, 1916.

(9) "Observations on the Ethnology of the Sauk Indians", *Bulletin of the Public Museum of the City of Milwaukee*, vol. 5, nos. 1, 2, 3, 1923~25.

(10) "The Mascoutens or Prairie Potawatomi Indians", *Bulletin of the Public Museum of the City of Milwaukee*, vol. 6, nos. 1, 2, 3, 1924~27.

(11) "War Customs of the Menomini", *AA*, vol. 13, 1911.

(12) "Societies of the Iowa, Kansa, and Ponca Indians", *APAMNH*, vol. 11, *part* 9, New York, 1915.

(13) "Sauk Tales", *JAFL*, vol. 41, 1928.

(14) "Material Culture of the Menomini", *Indian Notes and Monographs, Museum of the American Indian, Heye Foundation*, New York, 1921.

SKINNER, A. and SATTERLEE, J. V. :

"Folklore of the Menomini Indians", *APAMNH*, vol. 13, *part* 3, New York, 1915.

SMITH, E. A. :

"Myths of the Iroquois", *2nd ARBAE*, Washington, D.C., 1881.

SMITH, H. H. :

(1) "Ethnobotany of the Ojibwe Indians", *Bulletin of the Public Museum of the City of Milwaukee*, vol. 4, no. 3, 1932.

(2) "Ethnobotany of the Forest Potawatomi Indians", *ibid*, vol. 7, no. 1, 1933.

SPARKMAN, P. S. :

"Notes on California Folklore. A Luiseño Tale", *JAFL*, vol. 21, 1908.

SPECK, F. G. :

(2) "Reptile-Lore of the Northern Indians", *JAFL*, vol. 36, 1923.

(3) "Penobscot Tales and Religious Beliefs", *JAFL*, vol. 48, 1935.

(4) "Montagnais and Naskapi Tales from the Labrador Peninsula", *JAFL*, vol. 38, 1925.

(5) "Bird-Lore of the Northern Indians", *Public Lectures of the University of Pennsylvania*, vol. 7, 1921.

(6) *Naskapi. The Savage Hunters of the Labrador Penisula*, Norman, 1935.

(7) "Myths and Folk-Lore of the Timiskaming Algonquin and Timagami Ojibwa", *Canada Department of Mines, Geological Survey, Memoir 71, no. 9, Anthropol. Series*, Ottawa, 1915.

(8) "Some Micmac Tales from Cape Breton Island", *JAFL*, vol. 28, 1915.

(9) "Huron Moose Hair Embroidery", *AA*, n.s., vol. 13, 1911.

(10) *Penobscot Man*, Philadelphia, 1940.

SPENCE, L. :

*The Myths of the North American Indians*, London, 1916.

SPENCER, R. F. :

"The North Alaskan Eskimo", *BBAE 171*, Washington, D.C., 1959.

SPIER, L. :

(2) "Klamath Ethnography", *UCPAAE*, vol. 30, Berkeley, 1930.

(3) "Notes on the Kiowa Sun Dance", *APAMNH*, vol. 16, *part* 6, New York, 1921.

(4) "The Sun Dance of the Plains Indians : its Development and Diffusion", *APAMNH*, vol. 16, *part* 7, New York, 1921.

SPINDEN, H. :

(1) "Myths of the Nez Percé Indians", *JAFL*, vol. 21. 1908.

(2) "A Study of Maya Art", *Memoirs of the Peabody Museum of American Archaeology and Ethnology*, vol. 6, 1913.

SPOTT, R. and KROEBER, A. L. :

"Yurok Narratives", *UCPAAE*, vol. 35, no. 9, Berkeley, 1942.

STAMP, H. :

"A Malecite Tale : Adventures of Buckchinskwesk", *JAFL*, vol. 28, 1915.

STEPHEN, A. M. :

"Hopi Journal, edited by E. C. Parsons", 2 vol., *CUCA*, vol. 23, New York, 1936.

STERN, Th. :

"Klamath Myths Abstracts", *JAFL*, vol. 76, 1963.

STIRLING, M. W. :

"Historical and Ethnographical Material on the Jivaro Indians", *BBAE 117*, Washington, D.C., 1938.

STOCK, C. de B. :

"Folklore and Customs of the Lepchas of Sikkim", *Journal of the Asiatic Society of Bengal*, vol. 21, 1925.

STRADELLI, E. :

(1) "Vocabulario da lingua geral portuguez-nheêngatú e nheêngatú-portu-guez, *etc.*", *RIHGB*, t. 104, vol. 158, Rio de Janeiro, 1929.

STRONG, W. D. :

(1) "Aborigianal Society in Southern California", *UCPAAE*, vol. 26, Berkeley, 1929.

(2) "From History to Prehistory in the Northern Great Plains" *in : Essays in Historical Anthropology of North America, Smithsonian Miscellaneous Collections*, vol. 100, Washington, D.C., 1940.

STURTEVANT, W. C. :

"The Significance of Ethnological Similarities between Southeastern North America and the Antilles" *in :* S. W. Mintz, ed. "Papers in Caribbean Anthropology", *Yale University Publications in Anthropology*, nos. 57 to 64, New Haven, 1960.

SUSNIK, B. J. :

"Estudios Emok-Toba. Parte I$^{ra}$ : Fraseario", *Boletín de la Sociedad Científica del Paraguay*, vol. VII, 1962, *Etno-linguística*, 7, Asunción, 1962.

SWANTON, J. R. :

(1) "Myths and Tales of the Southeastern Indians", *BBAE 88*, Washington, D.C., 1929.

(3) "Some Neglected Data Bearing on Cheyenne, Chippewa and Dakota History", *AA*, vol. 32, 1930.

(4) "Southern Contacts of the Indians North of the Gulf of Mexico", *Annaes do XX Congresso Internacional de Americanistas, 1922*, Rio de Janeiro, 1924.

(5) "The Indians of the Southeastern United States", *BBAE 137*, Washington, D.C., 1946.

TASTEVIN, C. :

(2) "Nomes de plantas e animaes em lingua tupy", *RMP*, t. 13, São Paulo, 1922.

(3) "La Légende de Bóyusú en Amazonie", *Revue d'Ethnographie et des Traditions populaires*, 6ᵉ année, no. 22, Paris, 1925.

(4) "Le fleuve Murú. Ses habitants. Croyances et moeurs Kachinaua", *La Géographie*, vol. 43, no. 4~5, 1925.

(5) "Le Haut Tarauacá", *La Géographie*, vol. 45, 1926.

TAYLOR, D. :

"The Dog, the Opossum and the Rainbow", *International Journal of American Linguistics*, vol. 27, 1961.

TEIT, J. :

(1) "The Shuswap", *Memoirs of the American Museum of Natural History*, vol. IV, Leiden-New York, 1909.

(2) "Traditions of the Lilloet Indians of British Columbia", *JAFL*, vol. 25, 1912.

(3) "Coeur d'Alene Tales". Cf. Boas, F. : (4).

(4) "Traditions of the Thompson River Indians", *MAFLS*, vol. 6, 1898.

(5) "Mythology of the Thompson Indians", *Memoirs of the American Museum of Natural History*, vol. XII, Leiden-New York, 1912.

(6) "The Salishan Tribes of the Western Plateaus", *45th ARBAE* (1927~1928), Washington, D.C., 1930.

(7) "Tahltan Tales", *JAFL*, vol. 32, 34, 1919~21.

(8) "Kaska Tales", *JAFL*, vol. 30, 1917.

TERRELL, R. H. :

"Petroglyphs, Huge Honey Combs Found in Sonora, Mex.", *Press-Enterprise,* February 20, 1966.

THOMPSON, J. E. :

(1) *The Civilization of the Mayas.* Chicago, 1927.

(2) *The Moon Goddess in Middle America. With notes of related deities,* Washington, Carnegie Institution of Washington, 1939.

THOMPSON, S. :

"The Star-Husband Tale", (Liber saecularia in honorem J. Qvigstadii), *Studia Septentrionalia,* 4, Oslo, 1953,

THOMSON, Sir A. L. :

*A New Dictionary of Birds,* London, 1964.

TRIK, A. S. :

"The Splendid Tomb of Temple I at Tikal, Guatemala", *Expedition,* vol. 6, no. 1, Fall, 1963.

TROWBRIDGE, C. C. :

"Meeārmeear Traditions", *Occasional Contributions from the Museum of Anthropology of the University of Michigan,* Ann Arbor, 1938.

TURNER, G. :

"Hair Embroidery in Siberia and North America", *Pitt-Rivers Museum Occasional Papers in Technology,* vol. 7, Oxford, 1955.

TURNEY-HIGH, H. H. :

"Ethnography of the Kutenai", *Memoirs of the American Anthropological Association,* vol. 56, 1941.

UHLENBECK, C. C. :

"Original Blackfoot Texts. A New Series of Blackfoot Texts", *Verhandelingen der Koninklijke Akademie van Wetenschappen te Amsterdam, Afdeeling letterkunde, Nieuwe Reeks,* Deel XII, 1 ; XIII, 1, Amsterdam, 1911~12.

UHLENBECK, C. C. and VAN GULIK, R. H. :

"An English-Blackfoot and Blackfoot English Vocabulary", *ibid.,* Deel XXIX, 4 ;

XXXIII, 2 ; 1930~34.

VOEGELIN, E. W. :

"Kiowa-Crow Mythological Affiliations", *AA*, vol. 35, 1933.

WAGLEY, Ch. and CALVÃO, E. :

"The Tenetehara Indians of Brazil", *CUCA*, vol. 35, 1949.

WALKER, J. R. :

"The Sun Dance and other Ceremonies of the Oglala Division of the Teton Dakota", *APAMNH*, vol. 16, *part* 2, New York, 1917.

WALLIS, W. D. :

(1) "Beliefs and Tales of the Canadian Dakota", *JAFL*, vol. 36, 1923.

(and WALLIS, R. S.) :

(2) *The Micmac Indians of Eastern Canada*, Minneapolis, 1955.

WASSÉN, S. H. :

(1) "Some General Viewpoints in the Study of Nativ Drugs Especially from the West Indies and South America", *Ethnos*, t. 2, Stockholm, 1964.

(2) "The Use of Some Specific Kinds of South American Indian Snuff and Related Paraphernalia", *Ethnologiska Studier*, 28, Göteborg, 1965.

WASSÉN, S. H. and HOLMSTEDT, B. :

"The Use of Paricá, an Ethnological and Pharmacological Review", *Ethnos*, 1, Stockholm, 1963.

WATERMAN, T. T. :

"The Explanatory Element in the Folk-Tales of the North-American Indians", *JAFL*, vol. 27, 1914.

WAUGH, F. W. :

"Iroquois Foods and Food Preparation", *Canada Department of Mines, Geological Survey, Memoir 86*, Ottawa, 1916.

WAVRIN, marquis de :

*Moeurs et coutumes des Indiens sauvages de l'Amérique du Sud*, Paris, 1937.

WEDEL, W. R. :

(1) "An Introduction to Pawnee Archaeology", *BBAE 112*, Washington, D.C.,

1936.

(2) "The Great Plains" *in :* Jennings, J. D. and Norbeck, E., ed. : *Prehistoric Man in the New World,* Chicago, 1964.

WILBERT, J. :

(7) "Erzählgut der Yupa-Indianer", *Anthropos,* Band 57, 1962.

(8) *Indios de la región Orinoco-Ventuari,* Caracas, 1963.

(9) "Warao Oral Literature", *Instituto Caribe de Anthropologia y Sociologia, Fundación La Salle de Ciencias Naturales,* Monograph no. 9, Caracas, 1964.

(10) "Zur Kenntnis der Yabarana", *Naturwissenschaftliche Gesellschaft, Antropologica, Supplement-band no.1,* Köln, 1959,

WILL, G. F. :

(1) "No-Tongue, a Mandan Tale", *JAFL,* vol. 26, 1913.

(2) "The Story of No-Tongue", *JAFL,* vol. 29, 1916.

WILL G. F. and SPINDEN, H. J. :

"The Mandans. A Study of their Culture. Archaeology and Language", *Papers of the Peabody Museum of American Archaeol. and Ethnol., Harvard University,* vol. 3, *part* 4, Cambridge, Mass., 1906.

WILLIAMS, M. L., ed. :

*Schoolcraft's Indian Legends,* East Lansing, Mich., 1956.

WILSON, E. W. :

"The Owl and the American Indian", *JAFL,* vol. 63, 1950.

WILSON, G. L. :

"Hidatsa Eagle Trapping", *APAMNH,* vol. 30, *part* 4, New York, 1928.

WIRZ, P. :

"The Social Meaning of the Sept-house and the Sept-boat in Dutch and British New-Guinea", *Tijdschrift voor Indische Taal-, Land- en Volkenkunde,* Deel LXXIV, Afl. 1, Batavia, 1934.

WISSLER, C. :

(1) "Some (Oglala) Dakota Myths", *JAFL,* vol. 20, 1907.

(2) "Sun Dance of the Plains Indians ; General Introduction", *APAMNH,* vol.

16, New York, 1921.

(3) "Indian Beadwork", *Guide Leaflet* no. 50, *American Museum of Natural History*, 2nd ed., New York, 1931.

(4) "The Social Life of the Blackfoot Indians", *APAMNH*, vol. 7, *part* 1, New York, 1911.

(5) "Societies and Dance Associations of the Blackfoot Indians", *APAMNH*, vol. 11, *part* 4, New York, 1913.

(6) "Societies and Ceremonial Associations in th Oglala Division of the Teton-Dakota", *APAMNH*, vol. 11, *part* 1, New York, 1912.

WISSLER, C. and DUVALL, D. C. :

"Mythology of the Blackfoot Indians", *APAMNH*, vol. 2, New York, 1908.

WOODMAN, J. J. :

*Indian Legends and Tales of Captivity*, Boston, 1924.

WOOD, R. :

"An Interpretation of Mandan Culture History", *River Basin Surveys Papers*, no. 39, *BBAE 198*, Washington, D.C., 1967.

YARNELL, R. A. :

"Aboriginal Relationship between Culture and Plant Life in the Upper Great Lakes Region", *Anthropological Papers, Museum of Anthropology, University of Michigan, no. 23*, Ann Arbor, Michigan, 1964.

# 레비스트로스 연보

**1908년**(1세)  2월 28일, 벨기에의 브뤼셀에서 태어남. 인상파 화가였던 아버지 레몽과 어머니 엠마는 모두 프랑스 국적의 유대인임. 생후 2개월이 되어 다시 파리로 돌아감.

**1914년**(6세)  제1차 세계대전으로 파리에서 베르사유로 옮겨 그곳에서 초등교육을 받음.

**1921년**(13세)  대전 후 파리로 돌아와 고등학교에 입학. 이 시절에 벨기에인 사회주의자를 알게 되어 그로부터 마르크스주의에 처음으로 접하게 됨. 그리하여 마르크스의 저작들을 탐독함. 소년시절부터 이국정취가 깃들인 물품들을 수집하거나 야산에 나가 화석을 채집하거나 혹은 동식물이나 화석을 관찰하는 습관을 계속 지니게 됨. 특히 지리학에 관한 관심은 그의 학문에 막대한 영향을 끼쳤음.

**1927년**(19세)  고등학교를 졸업하고 파리 대학 법학부와 문학부에 입학하여, 1930년에는 법학사와 철학사 학위를 받음. 재학 중에는 심리학자 조르주 뒤마의 강의를 듣고, 임상심리학·정신분석학에 흥미를 느낌. 또한 루소의 저작들도 탐독하였으나, 아직까지 인류학이나 민족학에 특별한 관심을 지니지는 않아 후일에 그에게 커다란 이론적 영향을 미쳤던 마르셀 모스의 강의도 청강하지 않았음.

합격하기 어려운 철학교수 자격시험에 1회의 응시로서 최연소자로 합격함. 세 사람이 한 조가 되는 교육실습에서 메를로-퐁티와 같은 조가 되어 그와 친교를 맺음.

**1932년**(24세) 병역을 마치고 난 다음, 프랑스 남부의 고등학교에서 철학을 가르침.

**1933년**(25세) 프랑스 북동부의 고등학교에서 철학을 가르치면서 로버트 로위의 『미개사회』를 우연히 읽게 되어, 강한 감명을 받고 인류학·민족학에 관심을 갖게 됨.

**1935년**(27세) 셀레스탱 부글레의 소개에 의하여 신설된 브라질의 상파울로 대학의 사회학 교수에 부임. 대학의 휴가를 이용하여 3, 4개월 간 카두베오족과 보로로족의 사회를 방문·조사함.

**1936년**(28세) 「보로로족의 사회조직에 대한 연구」, 「문명화된 야만인 가운데서」 등의 논문들을 발표함.

**1938년**(30세) 대학을 떠나 1년 간 남비콰라족, 투피 카와이브족 등 브라질 북서부의 원주민 사회를 조사함.

**1939년**(31세) 프랑스로 귀국. 제2차 세계대전이 시작되어 영국군의 통역장교로 근무.

**1941년**(33세) 유대계이므로 마르세유에서 배편으로 프랑스를 탈출하여, 푸에르토리코를 거쳐 미국으로 감. 미국의 인류학자 로버트 로위의 알선으로 뉴욕의 신사회조사연구원에서 문화인류학을 연구.

**1942년**(34세) 미국으로 망명해온 러시아 태생의 유대인 언어학자 야콥슨과 알게 되어, 그로부터 언어학, 특히 구조언어학의 방법에 흥미를 갖게 됨.

**1944년**(36세) 파리 해방 후 프랑스 정부의 요청으로 일시 귀국.

**1945년**(37세) 문화의 구조적 분석의 방법론에 관한 최초의 노작인 『언어학과 인류학에서의 구조적 분석』을 야콥슨과 공동으로 발표함.

**1946년**(38세) 주미 프랑스 대사관의 문화고문으로 다시 미국으로 건너감.

**1948년**(40세) 프랑스로 귀국하여 인류학 박물관의 부(副)관장이 됨. 파리 대학에서 문학박사 학위를 수여받음.

**1949년**(41세) 박사학위를 받은 논문 『친족의 기본구조』가 출판되어 프랑스 학계와 사상계에 커다란 반향을 일으켰고 '폴 베리오상'을 수상함.

**1950년**(42세) 유네스코의 문화사절로서 동 파키스탄과 인도를 약 4개월 간 여행함. 이 내용은 『슬픈 열대』에 단편적으로 기록됨.
파리 대학 고등연구원의 종교부문의 연구지도 교수가 되어 「무문자(無文字) 민족종교의 비교 연구」라는 주제의 세미나를 담당함. 그를 위하여 고등연구원 부속의 사회인류학 연구실이 창설.

논문 「언어와 사회법칙의 분석」 「파키스탄의 사회과학」을 발표함.

논문 「마르셀 모스 작품 서설」을 『사회학과 인류학』에 게재.

『슬픈 열대』가 출판되어 독서계의 화제가 됨. 조르주 구르비치와 로당송 등이 레비-스트로스에 대해 비판을 제기함.

논문 「양분제(兩分制)는 존재하는가」 「구조와 변증법」을 발표함.

**1958년**(50세) 논문 「사회 조직에 있어서 양분제와 종교적 표상」을 발표함. 이때까지 발표하였던 15개의 논문들을 보완하고 비판에 대한 대답을 첨가하여 『구조인류학』이란 표제로 출판하여, 민족학에서 구조주의 방법론을 체계적으로 설명함.

**1959년**(51세) 콜레주 드 프랑스의 정교수에 취임하여 사회인류학 강좌를 창설함. 『대영백과사전』에서 마르셀 모스의 「통과의례」의 항목을 집필함.

**1961년**(53세) 인류학 종합잡지 『인간』을 여러 사람과 함께 창간함.

**1962년**(54세) 『오늘날의 토테미즘』 『야생의 사고』가 출판되어 사상계에 커다란 반향을 불러일으킴.

**1963년**(55세) 논문 「문학적 불연속과 경제적·사회적 발전」을 발표.

**1964년**(56세) 『신화학』 제1권 『날것과 익힌 것』을 출판함.

**1965년**(57세) 『신화학』 제2권 『꿀에서 재까지』를 완성하여 그 집필에 많은 협력을 하였던 부인 모니크에게 헌정. 『아르크』지가 레비-스트로스 특집호를 펴냄.

**1966년**(58세) 미국의 스미스소니언연구소에서 열린 '스미스슨 탄생 2백년제'에 참석하여 인류학자로서 최고의 영예인 바이킹 메달을 수여받음.

**1968년**(60세) 『신화학』 제3권 『식사예절의 기원』이 출판됨.

**1971년**(63세) 『신화학』 제4권 『벌거벗은 인간』이 출판되어 신화학의 전 체계가 완성됨. 프랑스의 학자로서는 최고 영예인 아카데미 프랑세즈의 회원이 됨.

**1973년**(65세) 『구조인류학II』를 출판함.

**1976년**(68세) 논문 「밴쿠버의 살리시족에서의 통과의례」를 발표. 「자유에 관한 성찰」을 La Nouvelle Revue des deux Mondes, 11월호에 발표함.

**1977년**(69세) 논문 「뉴욕의 그 후(後)와 예시(豫示)」를 국립 조르주 퐁피두 예술문화센터의 Paris-New York지에 발표함.

**1978년**(70세)  미국 존스 홉킨스 대학 창립 200주년 기념강연과 함께 명예박사
학위를 받음.

논문 「신화와 의미」를 토론토 대학 출판부에 발표.

논문 「쌍생아 출생의 해부학적 예시 : 기호의 체계」를 G. 디테를렌 교수
기념논문집에 발표.

**1979년**(71세)  멕시코 국립대학의 초청으로 12일 간 체류. 명예박사학위를 받았
으며 여러 차례의 강연과 발굴 중인 고고학적 현장을 방문했다.

논문 「마거릿 미드」를 『정보』지 28호에 발표.

「일본에서의 구조·신화·노동」을 동경의 미쓰즈 출판사에서 출판.

캐나다 퀘벡의 라발 대학에 초청되어 명예박사학위를 받고 여러 세미나
에 참석함.

『아메리카에 있어서 피타고라스』를 아카데미 프레스에서 출판(R.H.
Cook 편집).

세 번의 여행을 통해 새로워진 마음으로 「가면의 길」 증보개정판을 플롱
사에서 출판.

「레비-스트로스의 답사」(아카데미 프랑세즈에서 행한 M.뒤메질의 회원수
락 연설문)를 갈리마르에서 출판.

**1980년**(72세)  「인류학적 인식에 비추어본 인간조건」을 윤리·정치연구소의 『문
화와 커뮤니케이션』지 24호에 발표.

일본 오사카 시의 '산토리' 기금이 마련한 '일본을 말한다' 국제학술대회
에서 10일 간 체류하며 여러 차례 강연함.

「인디언의 가문(家紋)」을 『예술의 인식』지 338호에 발표.

**1981년**(73세)  정신문화연구원 초청으로 한국방문. 『레비-스트로스의 인류학:
사회조직과 신화학』, 한국정신문화연구원 사회연구실 편.

**1984년**(76세) 『멀어진 시선』 출판(플롱사).

강의록 모음집 『주어진 말』(*La Parole donnée*) 출판(플롱사).

**1985년**(77세) 『시샘하는 여 도공』 출판(플롱사).

**1988년**(80세) 『가까이 그리고 멀리서』 출판(오딜자콥사).

**1989년**(81세) 『상징들과 그들의 이중성』 출판(플롱사).

**1991년**(83세) 『시라소니 이야기』 출판(플롱사).

**1993년**(85세) 『보다, 듣다, 읽다』 출판(플롱사).

# 옮긴이의 말

수천 년 동안 인간이 만족했던 목표와 어울리지 않게 사용된 무능과 무기력에 대한 '승리'가 이성의 '결여'로 귀착시키지나 않았는지를 알아 보는 것이 남은 문제다. 신화학 전권 중 앞의 두 권은 '질(質)의 논리'와 '형식의 논리'의 이중적 측면에서 '신화적 사고'를 인도하는 '비밀스런 논리'를 끌어낼 수 있게 했다. 지금 우리의 신화학 역시 하나의 다른 모럴 (도덕)을 내포하고 있다. 그러나 '슬프게도' 우리의 것과 너무 멀리 떨어 져 있으며 '그의 논리'는 '우리의 논리'와 '같지 않다'는 것을 확인한다. 만일 식사예절의 기원을 좀더 일반적으로 말하자면 '훌륭한 관습'의 기 원이 (우리가 이를 제시했다고 생각한 것처럼) "예의범절은 의무(지어 진 책무)를 존중하는 것"이라는 세상에 대한 공경 속에 있다면, 신화들 에 내재하는 '도덕'은 오늘날 공언하는 '도덕'에 '정반대'의 입장을 취한 다는 결과에 이르게 된다. 이들의 '도덕'은 어쨌든 우리에게 다음과 같은 '사실'을 가르친다. (우리에게 있어) "지옥, 그것은 '타인'들이다"라는 커다란 결과를 나타내는 문구는 철학적인 '명제'를 구성하는 것이 아니 라 '문명'에 대한 '민족지'적 '증언'이다. 왜냐하면 우리는 어린 시절부 터 '밖(외부)'에서 오는 '부정'을 두려워하는 데 익숙해 있기 때문이다.

반대로 그들이 "지옥, 그것은 '우리 자신'들이다"라고 선언할 때 '야만

적'인 사람들은 아직도 우리가 알아들을 수 있다고 생각하기를 바라는 '겸손'한 가르침을 주는 것이다. 태고로부터 많은 사회의 '부'와 '다양성'으로 대부분의 '문화유산'을 구성한 이후 인간은 금세기에 들어 '헤아릴 수 없이 많은 살아 있는 형식들'을 집요하게 '파괴'해왔다. 신화들이 말하는 것처럼 잘 정돈된 휴머니즘(인본주의)은 "자신 스스로 시작되지 않으며" "생명 이전에 세상이 있었고" "인간 이전에 생명이 있었으며" "이기심 이전에 타인(타 존재들)에 대한 '존중'이 있었다."

2021년 5월
임봉길

# 찾아보기 · 신화

## 신화번호와 주제에 따른 분류

### a) 『신화학』 3권에 새로 등장한 신화

656, 658, 659, 661, 662, 680

M<sub>461</sub>. 만단족의 신화: 별들의 분쟁 2  438, 465, 467, 468, 470, 471, 473, 487, 489, 492, 493, 550, 619, 621, 622

M<sub>465</sub>. 히다차족의 신화: 구원적인 들소들  485, 487~489, 493, 548, 549, 550, 594

M<sub>471d</sub>. 아타파스칸(주슈아)족의 신화: 여분(정상 개수 이외)의 별들  255, 503, 517, 560

M<sub>475c</sub>. 메노미니족의 신화: 동쪽하늘[東天]의 여자들  511, 524~526, 532, 561, 575, 578, 614, 704

M<sub>478</sub>. 메노미니족의 신화: 10명의 천둥(천둥새)  519, 520, 523~527, 534, 536, 538, 594

M<sub>479</sub>. 메노미니족의 신화: 천둥-새(들)와 그들의 조카  361, 509, 520, 523~527, 530, 531, 533, 534, 536, 538, 543, 566, 594, 601, 602, 621, 622

M<sub>480a</sub>. 블랙후트족의 신화: 붉은-머리 남자  534, 538, 542, 566

M<sub>485</sub>. 크로우족의 신화: 붉은-머리  541, 546, 568, 570

M<sub>486</sub>. 크로우족의 신화: 상처자국을 가진 사람  542~544, 578, 589

M<sub>487</sub>. 오글랄라다코타족의 신화: 돌소년 1(M<sub>489</sub> 참조)  515, 544, 546, 556, 558, 561, 562

M<sub>488</sub>. 아라파호족의 신화: 붉은-머리  554, 563, 565, 567

M<sub>466</sub>. 아라파호족의 신화: 돌소년  438, 495, 496, 555, 557, 567, 571~573, 583, 593

M<sub>489</sub>. 오글랄라다코타족의 신화: 돌소년 2(M<sub>487</sub> 참조)  544, 558, 560~563, 565~567, 574, 579, 589

M<sub>490</sub>. 키오와족의 신화: 붉은-머리  563, 565, 582, 583

M<sub>493a</sub>. 메노미니족의 신화: 올무(덫)에 걸린 해 1  562, 573, 591

M<sub>495</sub>. 메노미니족의 신화: 붉은-머리  62, 128, 590, 594, 597~599, 614, 615, 619~625

M<sub>499</sub>. 오지브와족의 신화: 두 개의 달  293, 601, 604, 606, 612, 614, 615, 618, 625

M<sub>501a</sub>. 메노미니족의 신화: 단풍나무 설탕의 기원 1  609, 612

M<sub>501b</sub>. 메노미니족의 신화: 단풍나무 설탕의 기원 2  609, 610, 612

M<sub>503</sub>. 만단족의 신화: 하늘 방문  32~39, 41, 52, 432, 635, 640~647, 649, 651, 655, 656, 658~662, 664, 665, 678, 687

M<sub>402</sub>. 문두루크족의 신화: 페리수아트의 모험(세부)  35, 53, 203, 207, 208, 213, 216, 217, 376, 647, 658, 680

$M_{508}$. 다코타족의 신화: 큰 물고기  651, 664, 680

$M_{509}$. 아라와크족의 신화: 섬의 기원  652, 653, 671

$M_{512} \sim M_{515}$: 기원신화  654, 669

$M_{524}$: 톨리팡족의 신화: 소화의 기원  53, 680, 689

## b) 『신화학』 3권에 나오는 다른 판본들

## c) 『신화학』 2권에 소개된 신화

$M_{265}$ 108

$M_{266}$ 423

$M_{275} \sim M_{276}$ 272

$M_{278} \sim M_{279a \sim d}$ 97

$M_{279}$ 96, 111

$M_{279a \sim c}$ 106, 185

$M_{285}$ 106, 111

$M_{298}$ 251

$M_{299}$ 255, 433

$M_{300a}$ 505

$M_{317}$ 166, 172, 217, 376

$M_{326a}$ 282, 286~288, 294, 417, 420, 435

$M_{332}$ 230

### d) 『신화학』 1권에 소개된 신화

$M_1$ 61, 62, 91~93, 96~98, 105, 108~ 111, 148, 165, 166, 170, 177, 186~ 188, 190, 192, 197, 231, 233~235, 250, 251, 256, 267, 283, 286~290, 292, 294, 296, 299, 317, 318, 332, 358, 384, 385, 435, 453, 454, 479, 623, 624, 649, 681, 689, 693, 694, 719, 733

$M_{10}$ 62, 283, 286~289, 292, 294, 435, 453, 454, 479, 624, 681, 693, 694, 719, 733

$M_{106}$ 317

$M_{112}$ 317

$M_{124}$ 647

$M_{129a}$ 197

$M_{13}$ 91~93, 96~98, 105, 108~111, 165, 166, 186~188, 267, 289, 649

$M_{130}$ 91~93, 96~98, 105, 110, 165, 166, 185~188

$M_{131b}$ 105

$M_{131c}$ 109

$M_{132}$ 108

$M_{134}$ 93, 108, 111

$M_{134} \sim M_{135}$ 93

$M_{134} \sim M_{136}$ 106, 166, 190

$M_{135} \sim M_{136}$ 108, 111, 185, 188

$M_{136}$ 93

$M_{139}$ 647

$M_{145}$ 190

$M_{149a}$ 327

$M_{149a \sim b}$ 233

$M_{149b}$ 233, 256, 288

$M_{150}$ 177, 190

$M_{150} \sim M_{159}$ 177, 189

$M_{165} \sim M_{168}$ 166, 572

$M_{24}$ 64, 73, 117, 125, 126, 128~130, 133, 154~156, 158, 159, 190, 212, 215, 459, 514, 532, 554, 604, 623, 685

$M_{28}$ 92, 106 , 107, 110, 180, 181, 184, 185, 646

$M_{49}$ 62, 128, 180, 293, 563, 565, 573, 575, 577, 580, 582, 583, 590, 591, 594, 598, 599, 601, 604, 606, 612, 614, 615, 618~625

# 찾아보기 · 사항

## 지은이 클로드 레비스트로스

클로드 레비스트로스(Claude Lévi-Strauss)는 1908년 벨기에의 브뤼셀에서 태어나
생후 2개월 때 파리로 갔다. 파리 대학 법학부와 문학부에 입학하여
1930년 법학사와 철학사에서 학위를 받았다. 재학 중에는 조르주 뒤마의 강의를 듣고
임상심리학·정신분석학 등에 흥미를 가졌고, 루소의 저작들도 탐독하였으나
이때까지는 인류학이나 민족학에 아직 관심을 두지 않아 마르셀 모스의 강의도
청강하지 못했다. 합격하기 어려운 철학교수 자격시험에 최연소자로 붙었으며,
세 사람이 한 조가 되는 교육실습에서 메를로-퐁티와 같은 조가 되어 그와 친교를 맺었다.
1933년에 우연히 로버트 로위의 「미개사유」를 읽게 되어 강한 감명을 받고
인류학·민족학에 관심을 갖게 되었다. 이후 대학교수로 있으면서 카두베오족과
보로로족을 방문·조사하여 「보로로족의 사회조직에 대한 연구」
「문명화된 야만인 가운데서」 등의 논문을 발표하였다. 또 대학을 떠나 1년 간 남비콰라족,
투피 카와히브족 등의 원주민 사회를 조사하기도 하였다. 1941년에는 미국으로 가
뉴욕의 신사회조사연구원에서 문화인류학을 연구하였고, 미국으로 망명해온
러시아 태생의 언어학자 야콥슨과 알게 되어 언어학에 흥미를 갖게 되었다.
야콥슨과 공동으로 「언어학과 인류학에서의 구조적 분석」을 발표하였다.
이후 프랑스로 귀국하여 파리 대학에서 박사학위를 받았는데, 박사학위논문이
『친족의 기본구조』라는 책으로 출판되자 프랑스 학계와 사상계에 커다란 반향을 일으켰다.
그밖에도 『슬픈 열대』『구조인류학』『오늘날의 토테미즘』『야생의 사고』
『신화학』(1: 날것과 익힌 것, 2: 꿀에서 재까지, 3: 식사예절의 기원, 4: 벌거벗은 인간) 등
굵직한 저술들을 내놓아 사상계에 화제를 불러일으켰다.
콜레주 드 프랑스와 파리 대학 고등연구원에서 교수를 지냈으며,
지금은 아카데미 프랑세즈 회원으로 있다.

## 옮긴이 임봉길

임봉길(任奉吉)은 서울대학교 불어불문학과를 졸업하고,
대학원 재학 중 프랑스 외무부 장학생으로 도불, 파리5대학교(옛 소르본 사회과학부)와
몽펠리에3대학에서 인류학 학사(리상스 학위), 석사, 박사학위를 받았다.
한국문화인류학회 회장을 지냈다. 지금은 강원대학교 문화인류학과 교수로 있다.
저서로는 『구조주의 혁명』『아편을 심는 사람들, Hmong(몽)족 민족지』
『한국 중산층의 생활문화』가 있으며, 역서로는 한길사에서 펴낸
『신화학 1』(레비-스트로스)을 비롯해 『정치인류학』(류웰린, 공역),
『루시는 최초의 인간인가』(이브 코팡), 『문화인류학의 역사』(가바리노, 공역) 등이 있다.
주요논문으로 「문화에 있어서의 진보의 개념」「한국인의 이중성-문화인류학적 접근」
「동북시베리아지역 퉁구스족의 민족정체성」,
「프랑스 입양고아의 정체성의 형성과 위기」 등이 있다.

신화학 3
식사예절의 기원

**지은이** 클로드 레비스트로스
**옮긴이** 임봉길
**펴낸이** 김언호

**펴낸곳** (주)도서출판 한길사
**등록** 1976년 12월 24일
**주소** 10881 경기도 파주시 광인사길 37
**홈페이지** www.hangilsa.co.kr
**전자우편** hangilsa@hangilsa.co.kr
**전화** 031-955-2000~3 **팩스** 031-955-2005

**부사장** 박관순 **총괄이사** 김서영 **관리이사** 곽명호
**영업이사** 이경호 **경영이사** 김관영 **편집주간** 백은숙
**편집** 김대일 노유연 김지연 김지수 최현경 김영길
**마케팅** 정아린 **관리** 이주환 문주상 이희문 원선아 이진아
**디자인** 창포 031-955-2097
**CTP출력·인쇄** 예림 **제본** 경일제책사

제1판 제1쇄 2021년 8월 10일

값 42,000원

ISBN 978-89-356-6494-8 94080
ISBN 978-89-356-6427-6 (세트)

# 한길그레이트북스 인류의 위대한 지적 유산을 집대성한다